Das deutsche Dekameron

Herausgegeben
von Wolfgang Spiewok

Albatros

Titel der Originalausgabe: *Altdeutsches Dekameron*
© Rütten & Loening, Berlin

Die Deutsche Bibliothek – CIP-Einheitsaufnahme
Ein Titeldatensatz für diese Publikation ist bei
Der Deutschen Bibliothek erhältlich.

© 2002 Patmos Verlag GmbH & Co. KG
Albatros Verlag, Düsseldorf
ISBN 3-491-96055-x

Vorwort

Ein „Altdeutsches Decamerone"? Das hat es im Mittelalter freilich nicht gegeben. Doch wir wissen von „decameronischen" Geschichten, die zwischen 1200 und 1500 in deutscher Sprache erzählt wurden und den Novellen des großen italienischen Dichters Boccaccio gar nicht so unähnlich sind. Nennen wir sie vorerst dreist „decameronische" Geschichten und vermeiden wir zunächst alles Kopfzerbrechen um die rechte Bezeichnung für ein Phänomen, dessen Eigenart weniger in der Einheitlichkeit als in der überraschenden Vielfalt der Erscheinungen faßbar und beschreibbar ist. Man hat errechnet, daß in den oben genannten drei Jahrhunderten des deutschen Hoch- und Spätmittelalters etwa zweihundert solcher Geschichten von Mund zu Mund gegangen sein mögen. Sie in ihrer Anzahl zu überschauen wird uns dadurch erleichtert, daß Liebhaber solcher Dichtungen im 14. Jahrhundert all das, was erzählt wurde, in großen Sammelhandschriften zusammentragen ließen. Diese Sammlungen sind allerdings nicht vergleichbar mit dem „Decamerone" des Giovanni Boccaccio (1313—1375), das zwischen 1348 und 1353 entstanden ist. Sie lassen sich auch nicht vergleichen mit anderen berühmten Sammlungen der Weltliteratur, so etwa den „Trecento novelle" („Dreihundert Novellen") des Francesco Sacchetti (1330—1400), dem „Liber facetiarum" (Schwanksammlung) des Gian-Francesco Poggio Bracciolini (1380—1459) oder dem „Novellino" des Masuccio Salernitano (um 1415 bis nach 1480). In diesen italienischen Sammlungen tragen alle „Novellen" die Handschrift des gleichen Autors, weist jede Erzählung unverwechselbare Kennzeichen eines einheitlichen künstlerischen Stils auf. Ganz anders unsere deutschsprachigen Sammlungen. Hier besitzt fast jede Geschichte ihre Eigenheit, wurde doch Erzählgut unterschiedlicher Autoren inventarisiert, das zudem nicht selten Merkmale verändernder oder gar deformierender Einwirkungen auf den zahlreichen Stationen schriftlicher oder mündlicher Überlieferung aufweist.

Bei Geschichten dieser Art handelt es sich also keineswegs um ein Phänomen, dessen Entstehung und Wirkung wir nur in Italien oder Deutschland beobachten könnten. Gleichartiges begegnet uns in Frankreich, hier *nouvelles* oder *fabliaux* benannt; repräsentativ sind die nach italienischem Vorbild am burgundischen Hof entstandenen „Cent nouvelles nouvelles" (zwischen 1456 und 1461). Auch England leistete mit Geoffrey Chaucers „Canterbury Tales" (1387—1400) seinen weltliterarischen Beitrag. Wollten wir alles „decameronische" Erzählgut des Mittelalters erfassen, müßten wir die Grenzen Europas überschreiten. Indien und die arabische Welt kennen ähnliche Erzählungen, ja die Überlieferung beginnt in diesen Räumen sogar viel früher. Auffällig ist mannigfache inhaltliche Übereinstimmung in den verschiedenen Volksliteraturen. Der Gedanke liegt nahe, daß Stoffe und Motive von einem Volk zum anderen „gewandert" sind. Man hat von „Wanderstoffen" gesprochen und große Anstrengungen unternommen, die „Wanderwege" nachzuzeichnen, um Abhängigkeiten zwischen den Volkskulturen sichtbar zu machen. Diese Bestrebungen sind gewiß sehr verdienstvoll, doch sicherlich nur insofern, als es beim Aufdecken kultureller Beziehungen bleibt und als Behauptung oder Beweis stofflich-motivlicher Übernahmen nicht zum wesentlichen Wertungskriterium werden für Kunst, die letzten Endes im Nährboden einer bestimmten Volkskultur wurzelt und nach Gestaltung wie Funktion ihren Eigenwert beanspruchen darf.

Übrigens kennt bereits das Altertum seine „decameronischen" Geschichten. Der im 2. Jahrhundert v. u. Z. lebende Grieche Aristides von Milet hat solche Kleinkunstwerke zusammengetragen, die sich später in Rom als „milesische" Geschichten großer Beliebtheit erfreuten, uns jedoch schriftlich in ihrer ursprünglichen Form nicht überliefert sind. Daß allerdings solches Erzählgut mit zäher Lebenskraft die Jahrhunderte überdauerte, bezeugen mittellateinische Schriften. Der Zisterziensermönch und theologische Schriftsteller Caesarius von Heisterbach (um 1180 bis um 1240) brachte einige Bücher von „Wundererzählungen" („Libri miraculorum") zusammen, die mancherlei an epischer Kleinkunst enthalten. Eine Fülle von Fabeln, Legenden, Schwänken bieten die „Gesta Romanorum" („Taten der Römer") aus dem 14. Jahrhundert. In (mittel)lateinischem Sprachgewand sind aus dem 10./11. Jahrhundert die ergötzliche Geschichte vom Bauern Einochs („Unibos") und der Ehebruchschwank vom Schneekind („Modus Liebinc") überliefert.

Man wird also die Schlußfolgerung wagen dürfen, daß sich über Jahrhunderte hin in vielen Volksliteraturen eine „decameronische" Erzähltradition entwickelt hat, von deren Existenz die großen Sammelschriften mit unterschiedlicher künstlerischer Qualität zeugen, wenngleich die ureigene Existenzform dieser Kunstwerke eigentlich nicht die Schrift, nicht das Buch war, sondern der mündliche Vortrag. Dies beweist das Auftreten unterschiedlicher Stoffgestaltungen in ein und derselben Volksliteratur.

Es ist nun wohl an der Zeit, etwas mehr über die Eigenart „decameronischer" Sprachkunst in der deutschsprachigen Überlieferung zu sagen. Schon die Betrachtung der Form läßt das Nebeneinander relativer Gemeinsamkeit (die allerdings nicht genrespezifisch ist!) und — weit mehr ausgeprägter — Verschiedenartigkeit erkennen. Gemeinsam ist allen Erzählungen die Versform und die Art der Reimbindung, der Paarreim, so daß man auch (wenngleich wenig glücklich) von „Reimpaardichtung" gesprochen hat. Wie so etwas im Original aussieht, mag eine Probe aus des Strickers „Geschichte vom klugen Knecht" zeigen:

> Horet waz einem manne geschach.
> andem sin elich wip zebrach
> Beide ir triwe vnd ir reht
> der het einen gefugen chneht
> . . .

Daß diese Versdichtung oftmals sehr einfach, schlicht, anspruchslos war, wird schon beim Lesen dieses kurzen Textauszuges deutlich. Sehr unterschiedlich ist allerdings der Umfang dieser Geschichten: Uns begegnen Erzählungen von drei oder vier Dutzend, doch auch welche mit 2000 Versen! Daß für solche Literatur hie und da die Bezeichnung „Kurzerzählung" oder „Kleinepik" auftaucht, wird nur dann begreiflich, wenn man sie mit den großen Epen des Mittelalters vergleicht, Kunstwerken bis zu 30 000 Versen!

Das Nebeneinander von Gemeinsamkeit und Verschiedenheit wird auch dann faßbar, wenn wir den Inhalt — besser die Inhalte — betrachten. Man gewinnt den Eindruck, daß hier Dichtung zum Spiegel des Volkslebens geworden ist; das farbenreiche, vielfältige, bewegte Leben aller Klassen, Stände, Schichten bricht ungehemmt, fast zügellos ein in die Dichtung, und es entsteht eine Literatur, die sehr absticht von der idealen, Illusionen nachhängenden, einen kulturellen Eliteanspruch verfechtenden Literatur der feudalhöfischen Zeit zwischen 1170 und 1230. Diese Literatur gönnte literarisches Daseinsrecht allein oder doch vornehmlich dem Adel; dessen Interessen, Lebensprobleme und kulturellgeistige Ideale standen im Brennpunkt künstlerischer Gestaltung. Die übrigen — die „niederen" — Stände waren nicht darstellenswürdig, gehörten nicht in die klassische feudalhöfische Dichtung. Nun aber halten die Gestalten des Volkes Einzug in die deutsche Literatur, mit fröhlichem Lärm und völlig unidealer Turbulenz! Und da gibt's freilich — hier beginnen Verschiedenheiten — mancherlei zu erleben: Wir begegnen dem Bauern beim Holzschlagen, während sich sein Weib daheim mit einem Liebhaber amüsiert. Wir schauen dem Schuster beim Schuhanmessen zu, dies allerdings mit einigem Kopfschütteln, sind wir doch — im Gegensatz zu dem biederen Handwerksmann — im Bilde darüber, daß er Maß nimmt am Füßchen der eigenen Frau, die in diesem Augenblick im Bett des Geliebten liegt! Wir begleiten den trinkfesten Müller auf einer Zechtour, die damit endet, daß ihn der brummige Müllersknecht auf dem Fuhrwerk heimkarren muß, was nicht ohne böse Folgen bleibt. Wir schließen uns dem Kaufmann an bei einer Handelsfahrt, die er so nebenbei nutzen will, seine Konkubinen mit begehrten Modeartikeln zu versorgen. Wir folgen dem Bildschnitzer in die Werkstatt, in die sich der verängstigte Anbeter seiner Frau geflüchtet hat und — nackt an ein Kreuz gelehnt — den leidenden Christus imitiert. Wir sehen dem wortkargen Fischer beim Reusenlegen zu und erleben, wie sich ein ehebrecherisches Priesterlein in den Maschen fängt. Wir wandern auf Schusters Rappen mit unternehmungslustigen Studenten von Universität zu Universität und erfahren dabei von so manchem galanten Abenteuer. Wir beobachten, wie der schmächtige Schreiber der Gattin seines Brotherrn nachstellt und nach beharrlichem Werben auch schließlich erhört wird. Wir sind dabei, wenn die Dienstmagd der hochmütigen Dienstherrin trotzig die Meinung sagt und dabei mit ihrem Wissen um die außerehelichen Vergnügungen der scheinheiligen Bürgersfrau auftrumpft. Immer wieder werden wir Zeugen, wie der Dorfpfarrer oder der geistliche Hirt einer städtischen Gemeinde bei einer liebesdurstigen Frau Trost sucht für die ihm auferlegten Härten keuscher Enthaltsamkeit. Wir sehen zu, wie der junge, unerfahrene Mönch in den Armen einer käuflichen Schönen die Künste der Liebe erlernen will, sich jedoch am Ende selbst geschwängert wähnt.

Auch der Adel tritt auf, doch er wird uns nicht so sehr — in idealisierender Verklärung — auf glanzvollen Turnieren und ruhmreichen Abenteuerfahrten vor Augen geführt, sondern in recht alltäglichen, oft komischen Situationen. Es wäre dem feudalhöfischen Epiker um 1200 kaum eingefallen, einen Burgherrn in der geheizten Badestube zu schildern, in die er sich mit seiner Familie zurückgezogen hat, um das Repräsentationszimmer zu schonen; oder einen Ritter zu zeigen, der in der Kemenate an der Seite seiner lieben Frau Nüsse knackt, während nebenan im verhängten Himmelbett der überraschte Liebhaber der Burgherrin liegt; oder einen stolzen nackten Rittersmann unter einem umgestülpten Zuber zu verstecken, auf dem die von ihrem eifersüchtigen Ehemann überrumpelte Bäuerin hockt.

Die Entdeckung des ereignisreichen Alltags aller Klassen und Stände ist wohl das augenfälligste Merkmal einer Literatur, deren Wirklichkeitssinn, deren derbe und unverhohlene Sinnenfreude kraß abstechen von einer Dichtung, die übersteigerten Idealen nachhängt oder einem blutlosen religiösen Asketismus das Wort redet. Es ist dies eine Literatur, die vor allem unterhalten, die bei einem möglichst weitgefächerten Publikum „ankommen", Resonanz finden will. In diesem Bestreben bedient sie sich hie und da bedenkenlos der grellsten Effekte, greift sie zu Derbheiten, scheut sie nicht einmal vor Obszönitäten und Zotereien zurück. Wir werden zu Mitwissern raffinierter Diebereien, zu Zeugen haarsträubender Mordgeschichten, zu Teilnehmern wüster Zechereien, zu Beobachtern übelster Eheskandale.

Daß dabei auch die Komik zu ihrem Recht kommt, ist nur zu begreiflich, hat doch Unterhaltung viel zu tun mit Erheiterung, die über die Nöte des Alltags hinwegtröstet mit stillvergnügter Fröhlichkeit oder mit schallendem Gelächter. Sinn für Komik, für komische Figuren und für komische Situationen, ist augenfällig, ja wesensprägend für diese Literatur, und dieses Gespür bestimmt in hohem Maße Stoff- und Motivwahl, Handlungsführung und sprachliche Eigenart.

Die Inhalte „decameronischer" Erzählungen lassen erkennen: diese Geschichten werden getragen von dem stets neuen, ewig lebendigen und spannungsvollen Thema der Beziehungen zwischen Mann und Frau; und da werden wirklich alle Register gezogen. Wir hören von jungen Menschen, die trotz strenger Aufsicht der Eltern in leidenschaftlicher Liebe zusammenfinden. Tief rührt uns die Schilderung lebensbestimmender, inniger Verbundenheit zweier Menschen, deren Liebe so stark ist, daß dem einen ein Leben ohne den anderen nicht mehr lebenswert ist. Mit zornigem Mitgefühl erfüllt uns die Geschichte von der schuldlos verleumdeten treuen Gattin. Oft aber lesen wir auch Erzählungen von der liebestollen Frau, die aus der Ehe ausbricht und in außerehelichen Beziehungen Erfüllung sucht.

Fast immer ist es die Frau, die im Mittelpunkt dieser Liebesgeschichten steht, die Frau mit all ihren Reizen, mit all ihren weiblichen Vorzügen und Schwächen. Da ist die treue, schuldlose, von bösen Neidern oder zurückgewiesenen Freiern verleumdete Ehefrau, die unter dem Mißtrauen, der Eifersucht, der Wut des getäuschten Gatten leiden muß, am Ende aber ihre Unschuld beweisen kann. Da ist die hingebend treue Gattin, die dem geliebten Mann seine Seitensprünge verzeiht, ihm in größter Gefahr selbstlos und tapfer zur Seite steht und ihm mit kluger Nachsicht und Geduld die charakterlichen Mängel seiner Konkubinen sowie ihre eigenen Vorzüge bewußt macht. Doch da ist auf der anderen Seite die listige, den gutgläubigen und liebenden Mann schamlos betrügende Ehebrecherin, da ist die böse, herrschsüchtige, hochmütige Frau, zuweilen ein wahrer Zankteufel, ein Ehedrachen, der dem biederen Ehemann das Leben zur Hölle macht und in der Ehe eben unbedingt „die Hosen anhaben" will. Die Bosheit einer solchen Teufelin kann sich steigern bis zu verbrecherischer Gewissen-

11

losigkeit, die dann dem ahnungslosen Pantoffelhelden zum todbringenden Verhängnis wird.

Man hat diese unbedenkliche, oft aller Zurückhaltung bare und gar Abscheu erregende Charakteristik der Frau als Reaktion auf die Frauendarstellung feudalhöfischer Literatur gedeutet. Die „böse" Frau, die Ehebrecherin, sei gleichsam ein Gegenbild zur idealisierten, hochstilisierten Herrin des Minnekults gewesen, die namentlich in den lyrischen Dichtungen feudalhöfischer Zeit bis zu ermüdender Stereotypie verherrlicht wurde. Doch nicht von der Hand zu weisen sind andere, überzeugendere Deutungen: Hier scheint neuer dichterischer Realitätssinn zu walten, der die Frau in die Vielfalt alltäglicher, wohl auch aufregender, spannender, gar anstößig-pikanter Situationen stellt und sie mit bislang wenig gewohntem dichterischem Eifer zur handlungsbestimmenden Mittelpunktsfigur dichterischer Werke macht. Die Frau dieser „decameronischen" Geschichten kann sich als tatkräftige, kluge Familienmutter und verläßliche Gefährtin des Mannes erweisen, aber auch als seine selbstbewußtüberlegene, nach eigenverantwortlicher Gestaltung ihres Lebens drängende, den eigenen Lebens- und Glücksanspruch rücksichtslos durchsetzende Gegnerin. Es ist die ganze spannungsreiche Fülle realer Beziehungen zwischen Mann und Frau, die hier dichterisch genutzt, künstlerisch verarbeitet wird, die in entscheidendem Maße Motive und Stoffe „decameronischer" Erzählungen bestimmt.

Eine solche Dichtung konnte nur entstehen auf dem Boden neuer gesellschaftlich-kultureller Verhältnisse, auf der Grundlage neuer ethischer Überzeugungen, auf dem Niveau einer neuen Geschmacksbildung beim Publikum. Sicher geht man nicht fehl in der Annahme, daß sich im Aufblühen dieser Literatur die neuen Kulturbedürfnisse, der neue Kunstgeschmack des aufstrebenden, die Arena des gesellschaftlichen Lebens immer stärker beherrschenden Stadtbürgertums niederschlagen. Es ist eine Dichtung, die vor allem in der Stadt ihren Lebensraum fand, die weitgehend von bürgerlichen Autoren getragen wurde. Sicher: Viele Werke sind namenlos; niemand weiß, wer sie geschaffen hat. In manchen Fällen wird zwar im Untertitel oder irgendwo im Text ein Name genannt, doch vermögen wir oft nicht die geringste biographische Einzelheit zu ermitteln. Wer mag jener Mann gewesen sein, der sich „Schondoch" nannte? Oder jener Dichter, der sich als „der Vriolsheimer" vorstellt? Daß wir in dem Verfassernamen „Niemand" ein verschleierndes Pseudonym zu sehen haben, bedarf kaum eines Beweises. Fest steht, daß es eine ganze Anzahl stellungslos umherziehende Berufsdichter (die sogenannten „Fahrenden" wie etwa den Stricker), aber auch gebildete Kleriker (wie Ulrich Boner) gab. Zweifellos bürgerlicher Herkunft sind Dichter wie Konrad von Würzburg und Heinrich Kaufringer sowie die beiden Nürnberger Handwerkerdichter Hans Rosenplüt und Hans Folz. Die genannten Autoren sind es denn auch, von denen uns eine größere Anzahl erzählerischer Kleinkunstwerke überliefert ist. Sonst sind die „decameronischen" Geschichten des deutschen Mittelalters weithin Einzelschöpfung; sie stammen von verschiedenen Autoren, so daß sich uns eine verwirrende Fülle unterschiedlicher dichterischer Handschriften darbietet, die den Philologen zu zeitlichen oder räumlichen Zuordnungen oder gar zu dem Versuch reizen, dies oder jenes Werk eines Unbekannten dem Gesamtwerk eines bekannten Autors zuzuschlagen.

Es wäre freilich verfehlt, das „decameronische" Erzählgut ausschließlich bürgerlichen Autoren zuzuschreiben oder zu glauben, es habe einzig und allein bei städtischem Publikum Zuspruch gefunden. So erweist sich zum Beispiel Herrand von Wildonje, ein steirischer Adliger und Schwiegersohn des vornehmen Ulrich von Lichtenstein (Truchseß der Steiermark), gleichermaßen als begabter Autor „decameronischer" Erzählungen und bezeugt auf diese Weise, daß sich auch der Adel aufgeschlossen zeigte für dieses Genre, daß er sich dem neuen

Kunstgeschmack anschloß und interessierter Zuhörer war, wenn „decameronische" Geschichten vorgetragen wurden. Schließlich werden diese heiteren, schwankhaften Erzählungen auch auf dem Dorf — bei Pächtern, Bauern, Mägden und Knechten — ein aufnahmebereites Publikum gefunden haben, erfährt doch der „Bauer" in diesen Geschichten zuweilen ganz erstaunliche Hochschätzung.

Ein vielgefächertes, ständisch undifferenziertes Publikum legt die Wandlungsfähigkeit dieses Erzählgutes nahe. Figuren und Aktionsräume können in verschiedenen Fassungen des gleichen Stoffes unterschiedliche ständische Einbettung erfahren. Die hochmütige oder die ehebrecherische Frau ist auf dem Burgsitz, im Hause des städtischen Handwerkers und in der Bauernstube zu finden. An Stelle ständischer Variabilität kann sogar völlige Indifferenz treten, die den „Pantoffelhelden" oder die „böse Frau" zum nicht mehr einem Stande zuzuordnenden Typ stilisiert. Diese Typisierung, die bestimmte allgemeinmenschliche Verhaltensweisen, Charakterzüge, Vorzüge oder Mängel besonders deutlich ins beurteilende, wertende Licht dichterischer Gestaltung rückt, lenkt unsere Aufmerksamkeit auf eine weitere, nicht minder wesentliche Funktion „decameronischer" Erzählungen: die sittliche Erziehung des Menschen. Diese Geschichten sind in der Tat unverkennbar — allerdings mit unterschiedlicher Betontheit — geprägt von einem didaktischen, volkserzieherischen Anliegen, das sowohl durch die Handlung selbst als auch durch deutende, moralisierende Anhänge realisiert werden kann. In extremen Fällen sind solche expliziten moralischen Nutzanwendungen (Epimythien) umfangreicher als die Erzählung selbst. Was sollten diese Erziehungslehren bewirken? Uns dünken sie heute oft recht hausbacken und abstrakt-moralisierend: Da wird vor Hochmut gewarnt, vor Geiz und vor falschen Freunden — all dies Mahnungen, die keine Grenzscheide gegen die Tugendlehren feudalhöfischer Dichtung zulassen. Aufmerken läßt die

Hochschätzung des Verstandes, der menschlichen Klugheit, die dem Menschen bei der Bewältigung aller Lebensaufgaben wirksame Hilfe zu leisten vermag. Klugheit erscheint nachgerade als ein Schlüssel, der das Tor öffnet zu einem Wunschleben, frei von Gefährdungen, erfüllt von Wohlstand und Zufriedenheit. Klugheit vermag nahezu alles: Sie ist die wirksame, unfehlbare Waffe des Schwachen gegen die Bedrängnis durch den Starken, sie ist ein fester Schild, der vor ungerechter Anmaßung schützt. Man bedarf ihrer bei Handel und Gewerbe, aber auch auf den Pfaden der Liebe. Ihrer Wertschätzung werden selbst Stoffe dienstbar gemacht, die sich weder durch· übertriebene Prüderie noch durch überbetonte Moral auszeichnen: Mit Hilfe gesunden Mutterwitzes zieht sich der Dieb aus der Schlinge; raffinierte Schelmerei verhilft dem Landstreicher zu einem unbeschwert-munteren Leben auf Kosten anderer; durch listige Übertölpelung macht sich der verliebte Bursche das umworbene Mädchen gefügig. Und Lobpreisung der Klugheit sind natürlich auch solche Geschichten, die alle nur denkbaren Folgen der Torheit, der „Narrheit", drastisch vor Augen führen, gewürzt mit bissiger Satire, die den Einfaltspinsel (närrisches Gegenbild des Gewitzten) höhnischem Gelächter aussetzt. Doch Narretei hat zwei Gesichter: Sie kann Trägerin bedenklichen, törichten Verhaltens sein, aber auch in die Rolle des verschmitzten närrischen Provokateurs schlüpfen, der andere entlarvt, ihre Dummheit heiterer Aburteilung überliefert. Diese Doppelfunktion der Narrheit will bedacht sein, wenn wir Schelmengestalten wie den raffinierten Pfaffen Amis des Strickers, den Eulenspiegel oder die Narren in Sebastian Brants „Narrenschiff" beurteilen. Amis und sein jüngerer Bruder Eulenspiegel sind durchtriebene, schalkhafte, ihrem Widerpart geistig oft turmhoch überlegene Schelme; die Narren des „Narrenschiffs" dagegen treten als Träger aller nur denkbaren Dummheiten, Verderbtheiten, Laster auf.

Sind diese unterhaltsamen wie lehrreichen „decameronischen" Geschichten in ihrer Mehrzahl auch geprägt von Komik, Turbulenz der Handlung, von drastischen, zum Lachen reizenden Pointen, so gibt es auch andere, ernste Geschichten. Die Darstellung tragischer Schicksale, tiefbewegender Begebenheiten, menschlichen Leides soll den Zuhörer ergreifen, sein Mitgefühl erwecken, ihn durch Erschütterung und Rührung läutern.

Und mehr noch: Ist diese Dichtung auch zweifellos geprägt vom Aufbruch einer neuen Klasse, des Bürgertums, so kann doch von einem völligen Bruch mit Kultur und Kunst feudalhöfischer Zeit nicht die Rede sein. Im Gegenteil: Die Kunst der Vergangenheit wird als wertvolle, nachahmungswürdige Leistung geschätzt, deren Aneignung man als notwendigen Bestandteil des Prozesses kultureller Selbstbetätigung empfindet. Diese grundsätzlich produktive, nachschöpferische Einstellung zur feudalhöfischen Kunst läßt mancherlei an Stoffen, Motiven, ja ganzen Werken jener Epoche einfließen in den Lese- und Vortragskanon des Frühbürgertums. So darf es nicht verwundern, wenn in unseren Geschichten zuweilen ritterliche Turniere ausgetragen, wenn Lanzen gebrochen, wenn ethische Ideale des Adels oder ästhetische Vorstellungen aufgegriffen werden.

Vielfalt und Reichtum „decameronischer" Geschichten stürzen uns in größte Schwierigkeiten dann, wenn wir unsere bequeme, dank ihrem Assoziationsreichtum vielleicht gar nicht so unpassende Hilfsbenennung beiseite tun und im Arsenal literaturwissenschaftlicher Termini Umschau halten nach einer brauchbaren Bezeichnung. Damit begibt man sich allerdings in einen Irrgarten, denn obwohl es niemand wagen würde, dem Italiener die Vokabel *novella* oder dem Franzosen das Wort *fablel* übelzunehmen, dürfte sogleich ein wütender Streit entbrennen bei dem Versuch, für das gleichgeartete deutsche Phänomen etwa den Terminus „Novelle" zu verwenden, der seit Goethe mancherlei gelehrte Begriffsbestimmung erfahren hat und damit eher ein Reiz-

16

wort denn eine passende Bezeichnung für unsere anspruchslosen Musenkinder zu sein scheint. Von „Schwänken" zu reden verbietet sich gleichfalls angesichts dessen, daß manches besinnliche, tiefernste, sogar von Tragik und Pathos bestimmte Werk untergemischt ist. Sollen wir nun — wie's zuweilen geschieht — in unserer Verlegenheit von „Kleinepik", von „Kurzerzählung", von „Versnovellistik" oder von „Reimpaardichtung" sprechen? Alles hat sein Für und Wider, und so ist es verständlich, wenn Wissenschaftler in jüngerer Zeit auf Benennungen zurückgegriffen haben, die von den mittelalterlichen Autoren selbst gebraucht wurden: *maere* (Geschichte, dichterisches Werk schlechthin), *âventiure* (Geschichte mit leichter Betonung des stofflichen Reizes, des Handlungsreichtums) oder *bîspel* (lehrhafte Erzählung, Gleichnis). Da sich bei generalisierender Verwendung natürlich auch in diesem Falle Schwierigkeiten ergeben, hat man von „schwankhaften", „höfisch-galanten" und „moralisch-exemplarischen Mären" gesprochen. Viel scheint damit nicht gewonnen, und so zögen wir die relativ variabel einsetzbare Bezeichnung „mittelalterliche Kleinepik" vor. Eine Kleinepik, die — wenn man die Fabel hinzurechnet — die lebensvollsten Werke der mittelalterlichen deutschen Literatur vereint, die mit den Werken des Strickers im 13. Jahrhundert einsetzte und im 14./15. Jahrhundert zu voller Blüte gelangte. Diese Kleinepik behauptete in jenen Jahren der Vielfalt, des zunehmenden Reichtums der Literatur (befördert durch den Buchdruck, der es gestattete, Schriftwerke in kürzeren Abständen, in größerer Anzahl und vor allem zu weit niedrigeren Preisen zu verbreiten) eine gewisse Vorzugsstellung, erwies sich gar als zukunftsbestimmend, wie die rasch zunehmenden Schwanksammlungen des 16. Jahrhunderts beweisen.

Wir stellen diese hoch- und spätmittelalterliche Kleinepik unter der Hilfsbezeichnung „decameronische Literatur" vor und wollen damit zweierlei erreichen: Es soll auf den gemeinsamen kulturgeschichtlichen Nährboden und auf die weltliterarische Bedeutsamkeit dieses kulturellen Phänomens hingewiesen werden; aber wir wollen auch darauf aufmerksam machen, daß die Entdeckung renaissancehafter Züge in dieser Literatur nicht auf Italien beschränkt werden darf. Unsere Hilfsbezeichnung „decameronische Literatur" soll also keineswegs als ernstgemeinter terminologischer Beitrag zur Gattungs- und Genretheorie verstanden werden; beabsichtigt ist vielmehr heitere Provokation, die auf eine Reihe durchaus wichtiger wissenschaftlicher Probleme aufmerksam machen und zugleich eine assoziationsreiche Einstimmung bewirken will.

Doch bekümmern wir uns nicht um den Streit der Gelehrten und vertiefen uns unbelastet in die quicklebendigen und erquicklichen Geschichten aus ferner Vergangenheit! Lassen wir uns von ihnen unterhalten, rühren, vielleicht auch ein wenig belehren! Belehren nicht so sehr durch die hie und da auftauchenden moralischen Nutzanwendungen, sondern vor allem durch Einblicke in die Eigenarten, in die Schönheiten, in die lebendige Fülle unserer Volkskultur. Sie hat dem sicherlich oft harten, entbehrungsreichen, von Schwertgeklirr, von Raub und Mord verstörten mittelalterlichen Alltag einige Lichter aufgesteckt, die auch heute noch zu leuchten und zu erwärmen vermögen.

I.

Mit den Augen des Volkes

Die unfichtbaren Gemälde

Nachdem der Priester Amis unversehens zu Wohlstand gekommen war, wurde er übermütig und wälzte kühne Pläne, wie er noch größeren Reichtum häufen könne. Er ritt nach Frankreich, in die Hauptstadt Paris, und drang bis zum König des Landes vor. Unterwürfig sprach er zu ihm: „Wenn Ihr Euch meiner vielen Künste bedienen wolltet, wäre ich der glücklichste Mensch auf Erden."

Der König fragte: „Welche Künste beherrscht Ihr denn, Meister?"

„Ich kann zum Beispiel so herrliche Gemälde schaffen, daß alle Welt des Lobes voll ist über meine Pinselführung. Dabei ist es mir möglich, einen Kunstgriff anzuwenden, den niemand außer mir kennt; ich habe ihn nämlich selbst ersonnen: So könnte ich Euch einen Palast oder einen Saal mit den Bildnissen aller zahmen und wilden Tiere ausschmücken. Wenn alles fertig ist, lasse ich Ritter und Edeldamen ein, damit sie meine Bilder betrachten können. Aber kein Mensch — er sei noch so tüchtig, klug und rechtschaffen — kann meine Gemälde sehen, wenn er nicht ehelich geboren ist. Wer unehelich geboren ist, sieht von meiner Kunst keinen Strich und keinen Schimmer. Wenn Ihr mein Können erproben wollt, zeige ich Euch mit Freuden, daß ich ein Meister meines Faches bin."

„Aber natürlich, gern!" stimmte der König zu, und er führte den großen Künstler auf der Stelle in einen prächtigen, weiträumigen Palast, wo er ihn Umschau halten ließ. Danach fragte er ihn, welches Honorar er für das Ausmalen des Palastsaales fordern würde.

Der Priester Amis erwiderte listig: „Alle Welt ist voll von Euerm Ruhm, so daß es Euch gewiß nicht schwerfallen wird, mir für mein Werk dreihundert Goldstücke zu geben. Bei meinen hohen Aufwendungen wird ohnehin alles für das Beschaffen von Material draufgehen, so daß mir kaum etwas übrigbleibt."

Der König versicherte eifrig: „Braucht Ihr mehr, bekommt Ihr's ohne weiteres! Lieber wollte ich selbst die höchsten Forderungen erfüllen als auf eine Probe Eurer Kunst verzichten. Ich möchte Euch nur herzlich bitten, Euer Werk möglichst bald zu vollenden! Für solche Künste ist mir nichts zu teuer!"

Der Priester sprach bedächtig: „Gut, ich male Euch diesen Saal aus, aber nur unter einer Bedingung: Solange ich arbeite, darf niemand den Saal betreten. Ich denke, daß ich dann mein Werk nach höchstens sechs Wochen vollendet habe. Befehlt also allen Euern Höflingen, daß in dieser Zeit kein Mensch die Schwelle dieses Saales überschreiten darf."

Der König sagte sofort zu: „Ich bin mit dieser und mit allen anderen Forderungen einverstanden. Macht nur die Tür fest zu. Ich stelle Euch außerdem zwei Posten davor, die niemanden einlassen. Auch ich werde mich während der sechs Wochen nicht sehen lassen. Dann aber will ich der erste sein, der Euer Werk bewundert, und ich bringe alle meine Ritter mit. Für diesen Tag erteile ich Euch die Erlaubnis, von einem jeden Ritter, der den Saal betritt, eine Eintrittsgebühr zu erheben. Bin ich an diesem Tag noch gesund und munter, so müssen alle meine Ritter hinein! Jeder von ihnen soll offenbaren, ob er ehelich geboren ist oder nicht! Wer aber illegitimer Abkunft ist, dem entziehe ich — bei Gott! — alle seine Lehen!"

Mit diesen Worten ritt der König an der Spitze seines Gefolges davon und erzählte jedem, der's nur hören wollte, von seinem Handel. Der Priester aber ging mit seinen Helfern in den Saal und begann mit seiner Malerei. Hört zu, wie er's anfing: Alle Saalfenster wurden verdunkelt, und niemand außer seinen Helfern durfte in den Saal. Fleisch, Fisch, Met, Wein und alles, was sein Herz begehrte, wurde in Hülle und Fülle hereingeschleppt. Laßt euch sagen, was er nun begann: Er wälzte sich träge aufs Lager und tat keinen einzigen Pinselstrich! So hauste er in dem Saal, bis die festgesetzte Frist verstrichen war und der König mit vielen Rittern erschien. Kein einziger Edelmann, der ihm in den vergangenen sechs Wochen begegnet war, hatte wegbleiben können; alle mußten mit in den Saal! Als der König mit Pomp und Gepränge erschien, trat der Meister aus der Tür des Saales und hieß ihn herzlich willkommen: „Tretet erst Ihr herein und laßt die Ritter draußen warten. Ich möchte Euch in Ruhe die Details der Gemälde erklären und dann Euer Urteil hören."

Der König war begeistert. Er trat in den Saal und schloß hinter sich sofort die Tür. Doch als er voller Spannung und Erwartungsfreude die Blicke über die Wände schweifen ließ, sah er überall nur leere Flächen. Was Wunder: Kein Pinsel hatte die Wände berührt! Der König erschrak so heftig, daß er fast in Ohnmacht gefallen wäre. Während er hilflos und verzweifelt im Saal umherschaute, wurde sein Herz immer schwerer, denn er hätte darauf schwören mögen, daß der Künstler den Palast tatsächlich ausgemalt hatte. So dachte er kummervoll: Die Ehre meiner Mutter und die meine sind dahin! Erkläre ich, ich könnte keinen Pinselstrich entdecken, werden alle, deren Augen die Gemälde des Künstlers sehen können, sofort sagen, ich sei illegitim geboren. Da ich wie blind bin und nichts entdecken kann, ist erwiesen, daß ich einer Mesalliance entstamme. Ich muß also behaupten, alles sehen zu können, dann ist meine Ehre gerettet. Es drückt mir das Herz ab, daß Ritter, Edelmann und Knappen die Gemälde sehen können, während sie meinen Blicken entzogen sind. Das ist ja schlimmer als der Tod! Schließlich wandte er sich an den Künstler: „Meister, erklärt mir bitte, welche Themen Ihr hier so vortrefflich gestaltet habt!"

Amis begann salbungsvoll: „Ich behandle hier den Stoff von Salomon, von seinem Vater David und dem schweren Zerwürfnis zwischen ihm und Absalom. Ihr wißt von der Geschichte, als er ihn verfolgte und dabei mit dem langen Haar an einem Ast hängenblieb, so daß er sich selbst henkte. — Hier geht's um den König Alexander, wie er Darius und Porus von Indien besiegte und was er sonst noch für Taten vollbrachte. — Hier sind Leben und Taten der römischen Könige festgehalten. — Hier wiederum ist das Leben und Treiben zu Babylon gestaltet bis zu dem Zeitpunkt, da Gottes Strafgericht über die Stadt hereinbrach und die Bewohner auf einmal vielerlei Sprachen zu sprechen begannen. — Oben seid Ihr mit Euren Rittern dargestellt, Ihr seht, wie Ihr mit ihnen in den Saal tretet und die Gemälde bewundert. Einige, die nichts sehen, schlagen sich vor Verzweiflung die Fäuste an die Brust; die aber alles sehen können, strahlen vor Glück und Begeisterung."

„Nun habe ich alles in Ruhe betrachten können", sprach der König, obwohl er damit eine dicke Lüge auftischte. „Wer's nicht sehen kann, soll's mit sich selber abmachen. Jedenfalls habe ich noch nie einen Saal gesehen, der herrlicher ausgemalt wäre."

Der Meister meinte nun: „Geht hinaus und laßt die Ritter eintreten. Vergeßt auch nicht, ihnen zu sagen, welche Vergünstigung Ihr mir zugestanden habt."

Der König schloß die Tür auf und sprach zu seinen

Rittern: „Jeder Ritter, der heute den Saal betritt, hat bei dem Künstler eine Eintrittsgebühr zu entrichten. Sonst bleibt er draußen! Ich selbst habe dem Meister die Erlaubnis dazu erteilt."

Nun drängten die Ritter heran. Die einen gaben ihr Gewand hin, die anderen Geld. Einige überließen ihm gar ihre Pferde oder ihre Schwerter, so daß am Ende ein ungeheurer Reichtum zusammenkam. Lärmend schoben sich die neugierigen Ritter in den Saal, und es war keiner unter ihnen, der nicht beim Anblick der kahlen Wände fürchterlich erschrak — ohne diesen Eindruck natürlich einzugestehn. Jeder dachte an seine Ehre und behauptete überzeugend, alle Gemälde zu sehen und sie vortrefflich zu finden. Alle aber waren sehr bedrückt und leichenblaß vor Angst, denn sie fürchteten, durch ein offenes Eingeständnis ihrer Blindheit um ihre Lehen zu kommen und elendiglich verderben zu müssen. Daß sie die Gemälde nicht sehen konnten, erfüllte sie mit solchem Gram, daß sie sich dem Tode nahe wähnten. Nun hörten sie, wie der König (ganz nach der Beschreibung des Meisters) erläuterte, dies wäre hier, das wäre dort zu sehen, und alle murmelten im Chor: „Jawohl, ausgezeichnet getroffen!" Dabei empfand jeder Schmerz und Scham, auf diese Weise von der Schmach einer unehelichen Abkunft zu erfahren. Zugleich versicherte natürlich jeder dem anderen, alles ganz genau zu erkennen, ja, er hätte ohne Zögern einen Eid darauf geleistet. So mancher fühlte aber auch steigenden Grimm gegen seine Mutter, die es offenbar mit der ehelichen Treue nicht so genau genommen hatte. Nachdem sich alle satt gesehen und lauthals verkündet hatten, es sei eine ganz vorzügliche Arbeit, bat der Meister den König um den ausbedungenen Lohn. Nachdem er alles erhalten hatte, verabschiedete er sich und ritt davon. Ihm hatte diesmal wirklich das Glück gelächelt, denn die erhobene Eintrittsgebühr hatte ihm nochmals zweihundert Goldstücke eingebracht. Er schickte alles mit eilenden Boten nach Hause und ließ ausrichten, man solle es während seiner

Abwesenheit den Gästen daheim an nichts fehlen lassen.

Nachdem die Ritter den Saal betrachtet hatten, stellte sich am anderen Tag die Königin mit ihren Edeldamen ein. Alle erschraken ebenso wie die Ritter, ja eher noch mehr, als sie rein gar nichts sehen konnten; alle beteuerten aber auch wie die Ritter, die Gemälde in allen Einzelheiten sehen zu können. Schließlich drängten die Knappen in den Saal, und auch sie sprachen voller Beschämung und Furcht, die Gemälde wären ganz herrlich, sie hätten noch nie im Leben schönere gesehen. Nur ein Einfaltspinsel schüttelte verwundert den Kopf: „Ich hab doch keine Glasaugen! Gäb's da etwas zu sehen, müßte ich's doch sehen können!"

Die um ihre Ehre besorgten Knappen fuhren ihn aber an: „Aha, du bist also ein Bastard! Nur Bastarde sehen diese herrlichen Gemälde nicht!"

Der einfältige Bursche blieb jedoch stur und hartnäckig: „Egal, wessen Kind ich bin! Selbst wenn ihr mich für einen Bastard haltet, sage ich klipp und klar: Hier ist kein Pinselstrich zu sehen! Und auch ihr seht hier bestimmt nicht mehr als ich! Und wer das Gegenteil behauptet, bekommt's noch heute mit mir zu tun!"

Nun entbrannte zwischen den Knappen ein großes Wortgefecht, bis sich schließlich noch andere fanden, die erklärten, nichts von irgendwelchen Gemälden sehen zu können. Wer behaupten wolle, an den Wänden Malereien zu entdecken, sei ein ausgemachter Narr. Nun besannen sich auch die Gewitzteren und Vorsichtigeren, und da sie in der Tat nichts sehen konnten, schlossen sie sich den unvorsichtigeren Gesellen an. Schließlich waren alle Knappen einer Meinung, und als die Ritter davon hörten, gab's auch unter ihnen unterschiedliche Ansichten. Schließlich siegte die Wahrheit über die Lüge, und der gesamte Hofstaat erklärte einhellig, es sei ein einziger großer Betrug. Nur der König blieb bei seiner Behauptung. Er schwieg so lange, bis er merkte, daß sein ganzes Volk anderer Meinung war als er. Als er sicher war, mit seinem königlichen Wort auf keinen Widerspruch zu stoßen, schloß er sich der Meinung aller an und sagte, er könne — bei Gott! — aber auch gar nichts sehen! Da gab's natürlich bei Hofe großen Lärm und Spottreden die Fülle. Schließlich aber waren sich alle einig: „Dieser Priester ist wirklich ein Schlaukopf! Auf so raffinierte Weise solchen Reichtum zu ergattern!"

Das brennende Tuch

Dem Priester Amis war bekannt, daß die Frau eines Ritters von schwachem Verstand war. Einst, als ihr Mann ausgeritten war, tauchte er bei ihr auf und bat um Herberge für die Nacht. Die wurde ihm gern gewährt, und als er sie durch die Wiedererweckung eines angeblich toten Hahns von seiner Heiligkeit und Wundertätigkeit überzeugt hatte, gab sie ihm zum Dank ein feines, weißes Tuch von hundert Ellen Länge. Nun machte Amis, daß er fortkam. Kurz darauf kehrte der Ritter zurück, und die Hausfrau erzählte ihm verzückt, ein Heiliger sei bei ihr eingekehrt und habe ein Wunder gewirkt.

„Was hat er dir abgeluchst?" fuhr der Ritter sie an.

„Es wäre sicher gut gewesen, wenn ich ihn reich beschenkt hätte. Leider hatte ich nur hundert Ellen feines Tuch; die habe ich ihm gegeben."

„Wer eine blöde Gans sucht, hat's bei dir nicht weit", schrie der Ritter. „Weiß Gott, das Tuch muß wieder her!" Er war nämlich ein jähzorniger und geiziger Mann.

28

Schleunigst sprang er auf seinen schnellfüßigen, kräftigen Renner und galoppierte dem Priester nach. Nun war aber Amis ein ganz durchtriebener Schelm, der diese Wendung der Dinge bereits bedacht und befürchtet hatte, daß der zurückkehrende Ritter von der Sache mit dem Tuch hören würde und es ihm wieder abjagen wollte. Als er den Verfolger von ferne sah, hatte er im Nu Feuer geschlagen und eine glühende Kohle ins Tuch geschoben. Mit zorngerötetem Antlitz sprengte der Ritter heran und brüllte wütend: „Ihr betrügerischer Schuft! Meint Ihr wohl, mich freut's, daß Ihr mein Weib betrogen habt? Führt andere Leute hinters Licht! Ihr habt mich bestohlen, und da ich Euch dabei ertappt habe, sollt Ihr dafür büßen!"

Ängstlich barmte der Priester Amis: „Herr, was habt Ihr schon davon, wenn Ihr Euch an einem Priester rächt? Ihr könnt mir glauben, Eure Frau hat mir dieses Tuch geradezu aufgedrängt! Gewiß, ich bin Euch hilflos ausgeliefert, Ihr könnt mich um Besitz und Leben bringen, wenn Euch nicht Ehre, Rittertugend und Gottes Gebot daran hindern."

Zwar war der Ritter fürchterlich ergrimmt, doch als der gewitzte Betrüger ihn so flehentlich umschmeichelte, ließ er ihn ungeschoren weiterreiten; nur das Tuch nahm er ihm ab. Nachdem er eine tüchtige Strecke Weges zwischen sich und den Priester gebracht hatte, begann das Tuch zu brennen. Als er es aufwickelte, war es innen schon völlig verkohlt, und das Feuer fraß unaufhaltsam weiter. Vor Schreck wurde der Ritter leichenblaß. Er war davon überzeugt, dies sei die Strafe für seine Sünde, dem heiligen Manne den gottgewollten Lohn wieder abgejagt zu haben. Ihn überfiel eine schreckliche Furcht, mit dem Leben büßen zu müssen, wenn er nicht auf der Stelle ersetzen würde, was er Gott und seinem Knecht geraubt hatte. Er warf den Tuchballen auf den Rasen, ließ sein Eigentum verbrennen und sprengte doppelt so schnell wie zuvor dem Priester hinterher. Unterwegs bereute er tief die Sünde, dem Heiligen das Tuch abgenommen zu haben. Als er ihn erreichte, beschwor er ihn bei der Ehre Gottes und seinem Christenglauben, seine herzliche Reue und Buße anzunehmen. Er fiel vor ihm auf die Knie und flehte ihn um Vergebung seiner schweren Sündenschuld an.

Priester Amis sprach sanftmütig: „Ich vergebe Euch Eure Sünde. Vor mir seid Ihr ohne Schuld, und wenn Ihr gegen Gott und sein Gebot gefrevelt habt, so möge er Euch dies in seiner unendlichen Güte vergeben. Bei Eurer Ritterehre, sagt mir doch, wie kommt's zu diesem Sinneswandel? Ich habe Euch ohne Widerstand und Zorn das Tuch wiedergegeben und Euch auch keinen Fluch hinterhergeschleudert."

Da erzählte der Ritter, zur Strafe für seine Sünde sei nachgerade das ganze Tuch verbrannt: „Erlaubt, daß ich's Euch doppelt ersetze." Ob es dem Priester lieb war oder nicht, er mußte mit dem Ritter zurück auf seine Burg. Als der Ritter daheim eintraf und seine Frau hörte, was mit dem Tuch geschehen war, sprach sie: „Nun hast du endlich einmal gesehen, daß du ein Sünder und von christlichem Leben weit entfernt bist!"

„Liebe Frau, steh mir bei und hilf, daß ich's wieder gutmache!" jammerte der Ritter.

Da trug sie ihren ganzen Kleiderschatz zum Pfandleiher und bekam dafür zehn Pfund Silber, die sie dem Priester Amis gab. Außerdem erzählte der Ritter seinen Nachbarn diese wunderbare Geschichte, die daraufhin alle des Priesters Fürbitte erkauften, was Amis natürlich höchst angenehm war.

Der entblößte Ritter

Ein Ritter, der sich auf einer weiten Reise befand, gelangte zu einem Burgsitz und wurde vom Hausherrn
gastfreundlich aufgenommen. Obwohl der Burgherr seinen Gast nie zuvor kennengelernt hatte, war ihm doch
zu Ohren gekommen, daß er ein vornehmer Edelmann
sei, und er empfing ihn daher um so ehrerbietiger. Der
Gast — völlig durchfroren und platschnaß vom Regen —
war froh, einen Unterschlupf zu finden. Sein Gastgeber
wiederum fühlte sich durch die Anwesenheit des vornehmen Fremden hoch geehrt, und er gab seiner Freude
dadurch Ausdruck, daß er seiner Ehefrau und seinen
Töchtern gebot, den Gast mit einem Willkommenskuß
zu ehren. Man schärfte dem Koch ein, zum Abendbrot
leckere Gerichte vorzubereiten, und nachdem ein hell
loderndes Feuer angefacht worden war, setzte man sich
in der Stube in froher Runde zusammen. Der Hausherr
hatte drei wunderschöne Töchter, die den Fremdling mit
fröhlichen Plaudereien erheiterten. Das Feuer im Kamin

strahlte eine wohlige Wärme aus, doch nachdem es eine geraume Weile gebrannt hatte, wurde es in der Stube derart heiß, daß den Anwesenden vor lauter Hitze die Schweißtropfen von der Stirn rannen. Nun tat der Gastgeber ungezwungen wie ein Mann, dem es daheim um seine Behaglichkeit zu tun ist: Er winkte einen Knecht herbei und ließ sich von ihm das Obergewand abstreifen. „Ich möchte nicht, daß jemand in der Runde während des Abends unnötig Unbequemlichkeiten duldet", sprach er. Und zu seinem Gast gewandt: „Laßt auch Ihr Euch vom Obergewand befreien. Die Schweißtropfen perlen ja bereits von jeder Locke Eures Hauptes!"

Der Gast aber erwiderte: „Ich finde es ganz behaglich und möchte lieber mein Obergewand am Leibe behalten."

„So laßt es Euch doch abnehmen!" drängte der Hausherr. „Ich bitte Euch darum, ja, ich gebiete es Euch geradezu, denn ich möchte, daß Ihr es Euch recht bequem macht."

Der Gast wandte sich an den Hausherrn: „Wenn Ihr es gut mit mir meint und Eure drei Töchter liebhabt, so drängt mich nicht zu solch einer Unhöflichkeit. Lieber läge ich auf dem Krankenlager, als daß ich mein Obergewand ausziehe, und wäre es auch noch so heiß."

Der Hausherr blieb aber hartnäckig: „Sträubt Euch doch nicht länger. Ich weiß ohnehin, daß Ihr ein feingebildeter Edelmann seid. Lieber wollte ich mich zweimal mit einer Krankheit herumschlagen, ehe ich duldete, daß Ihr Euch aus übertriebener Höflichkeit derart plagt. Ihr hättet allen Grund, mir zu grollen, ließe ich es zu, daß Ihr hier bei mir Unbequemlichkeiten auf Euch nehmen müßt."

Nachdem er heimlich mit seinen Knechten geflüstert hatte, schritten sie plötzlich auf den Gast zu und zogen ihm trotz allen Sträubens das Obergewand über den Kopf. Da zeigte sich aber, daß der Hausherr seinen Gast durch seine übertriebene Liebenswürdigkeit um alles Ansehen gebracht hatte, ja, der Fremde fiel vor Beschämung fast in Ohnmacht, denn er saß unversehens splitterfasernackt — wie ein geschälter Weidenzweig — auf seinem Stuhl. Er trug nämlich unter seinem Obergewand weder Hemd noch Hose. Als die Damen des Hauses unerwartet einen nackten Mann vor sich sahen, erschraken sie. Der Gast war allerdings noch mehr entsetzt als sie, denn bislang hatte er sich stets und immer um vornehmes Auftreten bemüht. Auch dem Hausherrn fuhr angesichts dieser vertrackten Situation ein gewaltiger Schreck in die Glieder. So saßen denn alle in peinlicher Beklommenheit da. Der Gast sah sich um alles Ansehen gebracht, und die erlittene Schmach empörte ihn so sehr, daß er seinen Gastgeber am liebsten erschlagen hätte, wäre sein Roß nur schnellfüßig genug gewesen. Es war jedoch zu erschöpft, so daß an Flucht nicht zu denken war. Er zog also sein Obergewand wieder an und verließ den Hausherrn in solcher Wut, daß er in Zukunft keinen einzigen freundlichen Gedanken mehr an ihn verschwendete.

Dies diene allen gastfreundlichen Hausherrn zur Lehre: Der Gastgeber soll stets alles tun, was sein Gast wünscht, doch mehr auch nicht. Wenn er ihm gegen seinen Willen Freundlichkeiten oder Gefälligkeiten aufdrängt, erreicht er unter Umständen das Gegenteil dessen, was er eigentlich beabsichtigte. Darum mag er lieber darauf verzichten. Eine Gefälligkeit, mit der man keinen Dank erntet, schadet weit mehr, als sie nützt.

Der nackte Bote

Wie man sich erzählt, ritt eines schönen Tages ein Edelmann seine Straße und schickte bei Anbruch der Dunkelheit (wie dies so üblich ist) seinen Knappen voraus,
um einem seiner Lehensleute ankündigen zu lassen, er
wolle in dessen Haus die Nacht verbringen. Wie es sich
gehört, befolgte der Knappe die Weisung. Er ritt dem
Edelmann weit voraus und gelangte schließlich an das
Hoftor des Gastgebers, das er weit geöffnet fand. Auf
dem Hofe entdeckte er einzig ein Kind, und er fragte es,
ob der Hausherr daheim sei.

„Ei freilich!" entgegnete das Kind. „Geht nur in die
Badestube. Dort drin sitzt er, denn dort ist es schön
warm."

Der Knappe bemerkte gar wohl, daß das Kind nicht
nur ärmlich, sondern auch ziemlich einfältig aussah, aber
da er selbst ein rechter Einfaltspinsel war, stellte er keine
weiteren Fragen und setzte einfach voraus, der Hausherr
weile in der Badestube, um zu baden und sich zu sche-

ren. Dabei dachte er: Das hätte ich auch nötig, und was mir mein Herr aufgetragen hat, kann ich ebensogut in der Badestube vorbringen. Voller Vorfreude auf das Bad, das in Aussicht stand, sprang er vom Pferd und entledigte sich rasch seiner Kleider. Dem Kinde aber trug er auf: „Setz dich hier auf dies Gewand, nimm die Zügel in die Hand und gib acht, daß man mich während des Bades nicht bestiehlt. Ich will dich dafür gut belohnen."

Das Kind tat gehorsam, was man von ihm erwartete. Es widersprach nicht und setzte sich auf den Kleiderhaufen.

Es war aber Herbstzeit, in der oft schon der kalte Reif liegt und die Winde umschlagen. Daher heizte das Hausgesinde tagtäglich den Baderaum. Es gab zwar noch einen anderen heizbaren Raum, die gute Stube nämlich, doch der Ritter, der dort Hausherr war, wollte sie nicht heizen lassen, bevor nicht der Sommer vollends zu Ende gegangen und der kalte Winter angebrochen war, damit sich erst einmal die Fliegen verzögen und nicht in die Stube kämen. Diese feine Lebensart war also der Grund dafür, daß der Hausherr die gute Stube ungeheizt ließ und ihre Benutzung untersagte. Gesinde und Hausfrau hielten sich in der Badestube auf. So konnte man darin gar viele liebreizende Gesichter sehen, denn die Hausfrau, ihre Töchter und Mägde nutzten sie als Arbeitsraum.

Der Knappe, der baden wollte, kam nun splitterfasernackt an die Tür der Badestube. Oben auf dem Türrahmen hatte man Badewedel geschichtet, was ihm sehr zustatten kam. Als er nämlich gerade einen genommen hatte, sah er einen wütenden Hofköter heranstürmen, der ihn beißen wollte. Er setzte sich mit dem Badewedel wacker zur Wehr, doch der Hund war so hartnäckig, daß er schließlich keinen anderen Ausweg sah, als mit der Kehrseite voran in die Badestube zu flüchten. Er hatte es brandeilig, die Tür zu öffnen, einzutreten und sich vor dem Hunde in Sicherheit zu bringen. Als die Frauen auf einmal einen nackten Mann vor sich erblickten, erschraken sie und schlugen voller Scham die Hände vors Gesicht. Ganz anders der Hausherr, der sich rasch faßte, in Wut geriet und brüllte: „Schmach und Schande, wer ist das!" Jetzt erst drehte sich der Knappe um und erkannte voller Entsetzen seine peinliche Lage. Blitzschnell riß er die Tür wieder auf und war schneller draußen, als er hineingekommen war. Er fürchtete um sein Leben und war nur darauf bedacht, sein Gewand an sich zu bringen und sich auf sein Pferd zu schwingen. Fast hätte er es nicht mehr erreicht. Er hatte es eilig, den Weg zurückzureiten, den er gekommen war, und hetzte sein Pferd so ab, daß es fast zusammenbrach.

Der Hausherr — das schamlose Verhalten und die Flucht des einfältigen Knappen vor Augen — hätte darauf schwören mögen, daß man ihn voller Absicht beleidigen wollte. Er glaubte es seinem Ansehen schuldig zu sein, sofort Vergeltung zu üben, und er schrie seinen Knechten zu, schnell sein Pferd zu bringen und ihm unverzüglich zu folgen. Dies gebot er seinen vertrauenswürdigsten Leuten. Nachdem man ihm Schild und Lanze gebracht hatte, schwang er sich auf das Pferd und folgte dem Knappen auf jener Straße, auf der er ihn hatte davonreiten sehen.

Unmittelbar darauf sah der Edelmann seinen Knappen in wilder Flucht heransprengen und wollte wissen, was geschehen war. „Heraus damit! Was soll dieser Aufzug? Was ist los mit dir? Wer verfolgt dich?"

Der Knappe wagte keine Antwort, denn er hatte Furcht vor noch größerem Unheil. So sprengte er wortlos einfach weiter. Da kam auch schon der Ritter herangaloppiert und hieß seinen Lehensherrn herzlich willkommen. Hastig sprach er dann: „Lieber Herr, laßt den Kerl nicht entkommen! Er hat mich heute um alle Freude und um meinen guten Namen gebracht. Kommt er ungestraft davon, verwinde ich es nimmermehr!"

Da entgegnete sein Lehensherr: „Der Mann, den Ihr verfolgt, ist mein Knappe. Er soll es büßen, wie sich's gehört! Sagt mir, was er verbrochen hat! Wenn er Euch wirklich so schwer beleidigt hat, geht's ihm an den Kragen!"

„Stellt Euch nur vor, lieber Herr: Als er in die Badestube trat, in der ich mich mit meinen Töchtern und meiner Gattin aufhielt, hatte er genau wie eben keinen Fetzen mehr auf dem Leibe. Das schlimmste an der Sache aber ist, daß er uns beim Eintreten den Hintern zeigte!"

Der Lehensherr sagte: „Das soll er büßen!" Und dann rief er dem Mann, der sein Pferd führte, zu: „Bringt mir sofort mein Roß!" Es war ein schnellfüßiger, hochgebauter Renner, auf den er sich schwang, um dann hinter dem Knappen her zu galoppieren. Als er ihn eingeholt hatte, packte er ihn beim Schopf und führte ihn zurück, um ihn dann wütend niederzuwerfen. Zur Sühne wollte er ihn verstümmeln, und er hätte es beinahe getan, wenn nicht der arme Knecht in seiner Herzensangst gerufen hätte: „Herr, um Gottes und der Gerechtigkeit willen, laßt mich die Sache aufklären!"

Der Ritter, der sich über die zugefügte Schmach beklagt hatte, stand dabei und meinte: „Herr, laßt ihn den Grund für sein Tun sagen! Mag er erklären, was ich ihm angetan habe und was er gegen mich vorzubringen hat."

Da fuhr der Edelmann den Knappen an: „Sprich! Doch ohne Rücksicht darauf wirst du von nun an bis zu deinem Lebensende blind sein!"

„Herr, ich stieß in seinem Hof auf ein Kind. Das fragte ich nach dem Hausherrn. Da wies es mich zu einer Badestube. Er wäre hineingegangen, da es dort schön warm sei. Da glaubte ich, er nehme drinnen ein Bad, und wollte ebenfalls baden. Als ich gerade in die Stube treten wollte, kam ein wütender Hofhund und zwang mich zu meinem Bedauern dazu, rücklings einzutreten. Der Köter ist daran schuld, daß ich den notwendigen Anstand vermissen ließ, doch er hätte mich beinahe mit den Zähnen gepackt, so daß ich es eilig hatte und keinen Blick hinter mich warf. Auf diese Weise kam es zu meinem ungebührlichen Benehmen."

„Wahrhaftig!" rief der Ritter erleichtert. „Ich werde ewig froh darüber sein, daß ich Euch nicht erschlagen habe. Wenn sich die Sache so verhält, will ich Euch nicht mehr gram sein. Ihr braucht von mir nichts mehr zu befürchten. Ich hatte Euch im Verdacht, mich bewußt beleidigt zu haben." So bewirkte er, daß der Knappe verschont blieb, dem er zuvor so sehr gezürnt hatte.

Wäre dem Knappen ein Leid widerfahren, so hätten wir nicht behaupten dürfen, daß der Herr schuldlos daran war. Statt ruhig und überlegt den wahren Sachverhalt zu ermitteln, hatte er sich vom Schein leiten lassen. Von solchen falschen Verdachtsmomenten läßt sich so mancher irreführen. Wer dies nicht bedenkt, verstrickt sich am Ende so sehr in trügerische Vorstellungen, daß er ehrlos wird und zudem schweren Schaden erleidet. Wer sich überflüssigerweise auf den Schein verläßt und dann irregeht, ist selbst daran schuld.

Der tapfere Bauer und der ungetreue Amtmann

Wie ich in alter Überlieferung las, lebte einmal ein hochangesehener, mächtiger und reicher König. In seinem Dienst standen zwei Amtmänner mit unterschiedlichem Charakter und verschiedenartigem Aufgabenbereich. Der jüngere hatte die Verantwortung für die Ritter des Herrschers, der ältere kümmerte sich um das übrige Hofgesinde, Frauen und Männer, und er versah sein Amt mit Ernst und Sorgfalt. Wie es so geht, stellten sich im Verhältnis zwischen den beiden Amtmännern Mißgunst, Neid und Haß ein, von denen bekanntlich selbst der friedfertigste Mann nicht verschont bleibt. Die Sache nahm ihren Ausgang bei jenem Amtmann, der zu den Rittern gehörte. Er hetzte beim König: „Herr, das Verhalten Eures alten Amtmannes ist durchaus nicht in jeder Hinsicht makellos und ehrenhaft, und er hat schon den Unwillen aller Edelleute und Knappen erregt. Er verschwendet Euer Eigentum, er stiehlt und raubt in einem fort, damit seine Verwandten sich in hohen Ämtern spreizen können. Bei Gott, das lasse ich nicht mehr zu! Ich will ihn zum Kampf herausfordern und auf diese Weise seinem verbrecherischen Tun — das lange genug gewährt hat — ein Ende bereiten. Ich werde ihn zwingen, damit aufzuhören!"

Der greise, in Wirklichkeit völlig unschuldige Amtmann geriet durch dieses Vorgehen seines Widersachers in große Bedrängnis, denn er mußte mit dem Schlimmsten rechnen. Tatsächlich verdankte er die Herausforderung nur der Mißgunst und dem maßlosen Haß seines Gegners. Da er — durch sein Alter bedingt — schwach und kraftlos war und sich nicht selbst zum Kampfe stellen konnte, suchte er nach einem Helfer, der an seiner Statt fechten sollte. Nun wurde ihm aber deutlich vor Augen geführt, daß er weder bei Verwandten noch bei Freunden auf Hilfsbereitschaft rechnen konnte. Als er selber Hilfe brauchte, fand er keine bei denen, die oft genug seine Unterstützung erfahren hatten; sie ließen ihn in seiner Bedrängnis im Stich.

Da kam ein Bauersknecht daher und erklärte sich bereit, des bedrohten Amtmannes Kampfeshelfer zu sein. Er dachte nämlich bei sich: Wenn Gott der Unschuld seinen Beistand nicht versagt, werde ich den Ritter besiegen! So betrat er denn zur festgesetzten Zeit unbeschwerten Mutes den Kampfplatz.

Der kampferprobte, furchteinflößend daherschreitende Ritter rief ergrimmt: „Das ist ja spaßig, daß ein Bauerntölpel mich zu verspotten wagt! Aber sein Hohn soll ihm heimgezahlt werden!" Wütend und mit voller Wucht schlug er mit dem Schwert zu. Der Bauer parierte ruhig und besonnen, so daß ihm der Hieb kein Härchen krümmte. Ohne seinerseits anzugreifen, stand er abwartend da. Der gereizte Ritter wollte den Bauern nun unbedingt umbringen und schlug zum zweiten Male zu. Der Bauer parierte wiederum gelassen und mit großer Umsicht. Nun aber ließ er seinerseits die Waffe aufblitzen, die dem Ritter tief durch den Leib fuhr, so daß er vor Schmerz aufbrüllte. Nie wieder sollte er fortan das Schwert gegen einen anderen erheben, denn sein unheilschwangeres Geschick hatte sich erfüllt: Seine gehässige Mißgunst kostete ihn das Leben. Der alte Amtmann aber wurde für unschuldig erklärt.

So ließ Gott die Gerechtigkeit triumphieren und die Bosheit zunichte werden.

Wenn irgendwer einem anderen verräterisch an den Kragen will, so findet er Gründe in Fülle, und wenn dann der Bedrohte in Bedrängnis gerät, so hat er auf einmal weder Verwandte noch Freunde. Erst in der Gefahr zeigt sich der wahre Freund. Hat man aber einen verläßlichen Freund und ist man sich seiner Unschuld bewußt, so kann man guten Mutes sein. Das Recht sei Schutz und Schirm des Gerechten, doch verräterischen Schuften sei keine Schonung gewährt! Ich habe selbst in der Überlieferung gelesen, daß die Lüge vor der Wahrheit zergeht wie Schnee in der Sonne, und dies ist nicht mehr als recht und billig! Der Bauersknecht erschlug den Ritter, und da er brav und tüchtig war, trat er das Erbe des Besiegten an. So kann man's bei Äsopus lesen. Gott gebe uns allen ungetrübtes Glück im Leben!

Der Richter und der Teufel

In einer Stadt lebte einst ein Richter, der so viele Sünden begangen hatte, daß ich sie gar nicht alle aufzählen kann. Seine Sündenbürde war so groß und schwer, daß sich alle Leute baß verwunderten, warum ihn nicht längst schon die Erde verschlungen hatte. Er war aber nicht nur wegen seiner beispiellosen Sündhaftigkeit, sondern auch wegen seines ungeheuren Reichtums bekannt.

Eines Tages, als gerade Markttag war, wollte er ausreiten, um seinen schönsten Weinberg zu besichtigen. Da beschloß der Teufel, ihm frühzeitig aufzulauern, und als der Richter von seinem Weinberg zurückritt, kam ihm der Teufel auf der Straße entgegen. Er trug kostbare Kleider vom schönsten Schnitt, so daß ihn der Richter für einen Mitmenschen hielt, begrüßte und danach fragte, wer er sei und woher er komme. „Das möchte ich wirklich gern von Euch erfahren."

„Das geht Euch gar nichts an!" entgegnete der Teufel.

„Ihr habt mir Rede und Antwort zu stehen!" rief der Richter zornig. „Sonst ist es um Euch geschehen! Ich habe hier die Macht und kann mit Euch nach Gutdünken verfahren, ohne daß mir jemand dreinzureden hätte!" Voller Wut schwor er viele heilige Eide, daß er ihn um Besitz und Leben bringen würde, wenn er ihm nicht sofort gestehe, wer er sei und woher er komme.

„Nun gut, bevor Ihr mir so übel mitspielt, will ich Euch lieber meinen Namen und mein Geschlecht bekennen!" erklärte der Satan. „Ich bin der Teufel in eigener Person!"

Da fragte ihn der Richter, was er in seinem Bezirk zu suchen habe.

„Das sollst du erfahren. Ich gehe jetzt in die Stadt, denn am heutigen Tage ist mir unrettbar verfallen, was man mir allen Ernstes verspricht."

Da rief der Richter vergnügt: „Das muß ich sehen! Gestatte mir, daß ich zuschaue, was man dir an diesem Markttag alles in die Klauen wirft!"

„Das geht nicht!" erwiderte der Teufel.

Da donnerte ihn der Richter an: „Ich befehle dir, daß du mir heute nicht von der Seite weichst und mich zusehen läßt, was du alles anstellst. Ich gebiete es dir bei Gott und seinem Donnerwort, das euch alle in die ewige Verdammnis gestürzt hat! Ich gebiete es dir bei der Allmacht Gottes, bei seinem Zorn und bei seinen Geboten, die für die Ewigkeit bestimmt sind, gegen die dein und deiner höllischen Gesellen Widerstand völlig sinnlos ist. Ich gebiete es dir bei Gottes Gericht, daß du mich Zeuge sein läßt, wenn man heute irgend etwas deiner Gewalt überliefert!"

„Wehe, daß ich je geschaffen ward!" krümmte sich der Teufel. „Du hast mich in so unzerreißbare Bande geschlagen, daß mir noch nie solch harter Zwang auferlegt wurde. Soviel ich aber auch nachdenke, ich komme nicht darauf, was du davon hast! Erlasse mir das, wozu du mich zwingen willst, denn es bringt dir ja doch keinen Nutzen!"

Der Richter aber beharrte auf seinem Willen: „Ich denke nicht daran! Ich will mit eigenen Augen sehen, wie es ist, wenn jemand dem Teufel verfällt, was immer mir geschehen mag!"

Da meinte der Teufel achselzuckend: „Nun gut, so sollst du deinen Willen haben. Es bedrückt und verdrießt mich aber, daß du so hartnäckig darauf bestehst. Wärest du klug, so ließest du die Finger davon. Du weißt doch, daß zwischen dem Menschengeschlecht und uns teuflischen Geistern ewige Feindschaft besteht. Es gibt keine Versöhnung, und es könnte dir leicht etwas zustoßen, wenn du mich nicht meiner Wege ziehen läßt!"

Da lachte der Richter. „Du brauchst dir keine Gedanken darüber zu machen, daß ich auf deiner Begleitung bestehe. Wann immer dir heute etwas aus freien Stücken überliefert wird, will ich dabei sein und zusehen, wie du es ergreifst, selbst wenn ich selber dabei Haare lassen sollte. Ich denke nicht daran, dich zu entlassen. All dein Gerede ist vergeblich!"

„Brauchst nicht gleich zornig zu sein!" murrte der Böse. „Du wirst schon merken, wie das zugeht!"

Der Richter aber war vor Schadenfreude ganz erwartungsvoll, denn er konnte sich nichts Ergötzlicheres vorstellen als das nie erlebte Schauspiel einer Höllenfahrt.

So begaben sich die beiden gemeinsam in die Stadt. Da Markttag war, wimmelte es von Leuten. Als man den Richter daherkommen sah, reichte man ihm allenthalben den Becher. Da niemand seinen Begleiter kannte, bot man ihm keinen Trunk, so daß der Richter ihm selbst einen Becher reichte. Der Teufel aber lehnte ab.

Nun geschah folgendes: Eine Frau ärgerte sich über ihr Schwein und trieb es voller Zorn vor das Haustor. Dabei wütete sie: „Fahr zum Teufel! Hoffentlich holt er dich noch heute!"

Der Richter hetzte eilfertig: „Nun mein Freund, greif dir das Schwein! Ich habe gehört, man schenkt es dir!"

Der Teufel aber lehnte ab: „Sie meint es leider nicht

im Ernst. Wäre es so, griffe ich es herzlich gern. Doch wenn ich es wirklich mit mir nähme, täte es ihr leid."

Und weiter schritten sie durch das Marktgewühl. Nun weiß ich nicht, was eine andere Frau an ihrem Rinde ärgerte, daß sie rief: „Hol dich der Teufel! Wenn er dich doch heute noch umbrächte!"

Wieder stachelte der Richter: „Du hörst doch, das Rind ist dein!"

„Wie neunmalklug!" meinte verdrießlich der Teufel. „Wenn ich es wirklich mit mir nähme, lebte sie ein ganzes Jahr in Trauer. Ich kann nichts darauf geben, wenn etwas unbedacht dahergeschwätzt wird, sofern es nicht wirklich ernst gemeint ist. Ich habe kein Recht auf das Rind!"

Wenig später zankte eine Frau ihr Kindchen aus: „Nie willst du auf mich hören! Wenn dich doch der böse Teufel holte!"

Der Richter stieß den Teufel an: „Los, nimm das Kind!"

„Ich habe kein Recht darauf", knurrte der Teufel erbost. „Nicht einmal zweitausend Pfund Silbers brächten sie dazu, auf das Kind zu verzichten und es mir zu überlassen. Ich packte es herzlich gern, wenn ich nur dürfte."

Weiter drängten sie sich durch die Marktbesucher, bis sie zur Mitte des Marktplatzes gekommen waren, wo das Gedränge am dichtesten war. Sie konnten nicht weiter und mußten stehenbleiben. Da schleppte sich ihnen eine kranke, alte, ganz von Kräften gekommene Witwe entgegen, die sich nur mit Mühe vorwärtsbewegen konnte und sich auf einen Stock stützen mußte. Als sie den Richter erblickte, brach sie in bittere Tränen aus und schluchzte: „O Richter, was hast du dir nur gedacht! Du bist steinreich, ich bettelarm. Dennoch hast du mir erbarmungslos, gegen alles göttliche und irdische Recht, mein einziges Kühlein aus dem Stall holen lassen, von dessen Milch ich armes Weib mein Leben gefristet habe! Ich bin zu krank und zu schwach, mir mein bißchen Brot um Gottes willen zusammenzubetteln. Du aber hast mich noch verspottet und verhöhnt! So flehe ich denn zu Gott beim Sterben Christi und bei dem furchtbaren Leid, das er in Menschengestalt für uns arme Erdenkinder auf sich nahm: Möge er mich armes Weib erhören und dich samt deiner Seele vom Teufel holen lassen!"

Da wandte sich der Teufel hohnlachend an den Richter: „Die meint es ernst! Und nun sollst du etwas erleben!" Er packte ihn beim Schopf und riß ihn vor den Augen aller Marktbesucher mit sich empor in die Lüfte. Das mochte eine grauenvolle Reise sein, weit fürchterlicher, als wenn der Adler ein Huhn mit sich fortführt. Während der Teufel blitzschnell davonfuhr, starrten ihm alle wie vom Donner gerührt nach. Er verschwand irgendwo in der Ferne, und was dann passiert ist, entzieht sich meiner Kenntnis. Damit ist die Geschichte zu Ende.

Der Riese

Einst gerieten zwölf Männer in einen finsteren Wald und verirrten sich darin. Dies sollte ihnen zum Unheil gereichen. In großer Eile hasteten sie vorwärts, bis sie endlich in tiefer Nacht einen Lichtschein erblickten. Unverzüglich gingen sie darauf zu und entdeckten ein Haus, in dem sich eine hübsche Frau befand. Nachdem sie das Haus betreten hatten, hörten sie fern im Wald einen Riesen. Er kam mit so fürchterlichem Gebrüll herbeigerannt, daß sie alle mutlos wurden.

„Weh mir!" rief die Frau. „Mein Mann wird euch umbringen! Klettert dort in den Verschlag hinauf! Ich will nicht, daß ihr in euer Verderben stürzt, und möchte euch gern retten, wenn ich nur einen Ausweg wüßte!" Damit ließ sie alle zu dem hochgelegenen Verschlag emporklimmen.

Als der Riese in das Haus gestürmt kam, fuhr er die Frau heftig an, wo die Menschen geblieben wären. Sie wollte sie aber nicht verraten und sagte: „Es ist niemand hier!"

Er jedoch schrie: „Wenn hier jemand sein sollte, werde ich rasch genug dahinterkommen!" Er suchte überall herum, bis er sie schließlich hoch oben stehen sah.

„Einen von euch muß ich unbedingt haben!" rief er hinauf.

„Werft ihn mir sofort herunter, oder ich bringe euch alle um!"

Da taten sie, was er von ihnen verlangte, und warfen den Schwächsten hinab. Im Handumdrehen hatte ihn der hinterlistige Menschenfresser verschlungen. Darauf schrie er wütend: „Gebt mir einen zweiten heraus!" Wiederum warfen sie ihm einen aus ihrer Mitte hinab, und er verschlang ihn mit Haut und Haar.

„Ihr kommt noch alle an die Reihe!" verhieß das gräßliche Ungeheuer. Einen nach dem anderen ließ er sich herabwerfen, um sie über dem Feuer zu braten, bis er ohne Gnade und Erbarmen alle außer einem einzigen umgebracht hatte. Dem befahl er, herunterzukommen. Doch jener hoch oben rief: „Dies wird nie geschehen!" — „Dann hole ich dich selbst", brüllte der Riese, „denn ich will dich fressen!"

„Dagegen werde ich mich wohl zu wehren wissen!" erwiderte flugs der letzte der zwölf Männer.

„Hoho, dafür ist es nun zu spät!" hohnlachte der unersättliche Riese. „Ja, als ihr noch zu zwölft wart, hättest du dich zur Wehr setzen sollen. Dann hättest du dich retten können. Nun aber bist du mir gegenüber wehrlos!" Er sprang zu ihm hinauf und verschlang ihn wie die anderen.

So wie der Riese handelt ein habgieriger, mächtiger Edelmann, der ein anderes Geschlecht von seinem Besitz vertreiben will. Er beginnt mit den Feindseligkeiten bei dem schwächsten Manne. Wenn dann die anderen voller Furcht dessen Vertreibung hinnehmen, um sich nur selbst der Gunst des Mächtigen zu versichern, so überzieht er sofort den nächsten mit grimmer Fehde. Er verschont keinen einzigen und vertreibt sie allesamt.

Keiner von ihnen bleibt ungeschoren, sie alle erleiden das gleiche Schicksal. Sobald sie auch nur einen aus ihrer Mitte verloren haben, wird ihre Kraft, sich zu wehren, geschwächt. Wer männlich-kühn seine Haut retten will, muß beizeiten zu den Waffen greifen und darf nicht zögernd abwarten, bis man ihn mit Übermacht überfällt. Ihm frommt viel mehr, wenn er sich rechtzeitig zur Gegenwehr entschließt, bevor ihn noch der Riese in die Knie zwingen kann. Ist es erst so weit, kommt jeder Widerstand zu spät.

Die reiche Stadt

Es war einmal eine reiche und mächtige Stadt, in der die
Bürger einander unablässig und völlig überflüssigerweise mit Neid und Mißgunst das Leben schwer machten. Einer haßte den anderen, ohne eigentlich zu wissen,
warum. Plötzlich brach in einem Haus Feuer aus. Obwohl es alle anderen Bürger merkten, fing aus lauter
Haß und Mißgunst niemand zu löschen an, bis schließlich ein zweites Haus Feuer fing. Auch jetzt begann man
nur schwerfällig und widerwillig mit der Brandbekämp-
fung, so daß die Flammen schließlich auf ein drittes
Haus übergriffen. Nun hätten sie allesamt das Feuer gern
unter Kontrolle gebracht, doch es war schon zu spät. Es
hatte schon soviel Nahrung gefunden, daß es mit unwiderstehlicher Wut auf die ganze Stadt übergriff und alle
Häuser in Schutt und Asche sanken.

Den Bürgern dieser Stadt gleichen — wie mir scheint —
die Bewohner eines Hauses, die einander ohne Grund
und Rechtsursache feind sind und in sinnlosem Haß ge-

geneinander wüten. Der Hausherr nützt die Lage aus und fügt einem der Hausbewohner Schaden zu. Wer sich dann vor Schadenfreude kaum zu lassen weiß, muß damit rechnen, daß er unversehens selbst Grund zum Weinen hat. Wenn einer von ihnen Unrecht erfährt und die anderen ihm ihre Hilfe verweigern, so wütet der Hausherr bald wie eine Feuersbrunst. Dem einen spielt er in diesem Jahr übel mit, dem anderen im nächsten, und so geht es weiter. Wenn sie dann noch etwas retten wollen, so ist es zu spät. Der Herr hat an diesem Verfahren Geschmack gefunden und giert nach immer mehr, ob es ihnen nun gefällt oder nicht. Wie viele sie auch sein mögen, er vernichtet sie — gleich dem Feuer, das in der wohlhabenden Stadt wütete.

Der Ratgeber

Ein König war in hohem Ansehen zu Jahren gekommen. Er wurde so vom Glück begünstigt, daß ihm nie ein Leid widerfuhr. Alle seine Untertanen im ganzen Reich waren darauf bedacht, stets nach seinem Wunsch und Willen zu handeln. Dies war der Lohn seiner tüchtigen und wohlwollenden Regentschaft: Er erfüllte bereitwillig alle berechtigten Wünsche seiner Untertanen. Als der edle und gütige König starb, erreichte es sein Sohn, daß er sein Nachfolger wurde. In Erinnerung der vorbildlichen Regentschaft seines Vaters ordnete man sich ihm willig unter und war zu allen erforderlichen Diensten bereit. Dieses Entgegenkommen wurde jedoch von dem neuen König schlecht gelohnt. Voller Hochmut grüßte er keinen Menschen, und auch um das Wohl und Wehe seiner Untertanen kümmerte er sich keinen Deut. So geriet er in seinem ganzen Reich im Handumdrehen in solchen Verruf, daß er allenthalben auf Ablehnung stieß. Er war den Menschen so widerwärtig, daß die Bauern achtlos am Straßenrand sitzen blieben, wenn er an ihnen vorbeiritt, und als er darüber in Wut geriet, blieben sie erst recht bei ihrer Mißachtung. Als er im Zorn nichts erreichen konnte, bat er einen klugen Mann um Rat. Er solle ihm doch sagen, aus welchem Grund man ihm mit solcher Abneigung begegne und warum er den Menschen so zuwider sei.

Der Weise hob daraufhin an: „Herr, ich weiß sehr wohl, warum man Euern Vater so hoch in Ehren hielt und warum Ihr den Menschen so verhaßt seid. Euer Vater besaß einen Edelstein. Sobald der — von der Sonne angestrahlt — die Blicke der Untertanen auf sich zog, unterlag man dem geheimen Zwang, Euerm Vater mit der größten Ehrerbietung zu begegnen. Er trug ihn stets an seinem Hut. Wenn Ihr einverstanden seid, soll er in Zukunft Euern Hut zieren, dann kann Euch nichts mehr fehlschlagen. Euer Vater liebte diesen Stein, verdankte er ihm doch Ansehen und Glück. Ihr solltet Euch dazu entschließen, diesen Stein zu tragen. Denkt daran, daß mein Rat Euerm Vater oft genug zustatten gekommen ist, und heftet den Stein an Euern Hut. Im Grunde ist er noch viel wundertätiger, als ich es geschildert habe. Ich rate Euch, ihn fortan zu tragen, denn er sichert Euch Glück und die Ehrerbietung der Menschen. Wenn Ihr es wollt, so könnt Ihr ihn von mir haben."

„Gib mir diesen Stein!" rief der junge König. „Ich will erproben, ob er wirklich so starke geheime Kräfte besitzt. Wenn er tatsächlich so heilbringend ist, wie Ihr versichert habt, so will ich ihn stets und immer bei mir tragen."

Der einfallsreiche Ratgeber verließ den König und hieß, einen Edelstein von herrlicher Farbe zu beschaffen. Er ließ ihn von einem Goldschmied einfassen und an einem Hut befestigen. Dabei war er nicht knausrig, so daß sich der Edelstein in seiner Goldfassung ganz prachtvoll ausnahm und einem König wohl anstand. Er brachte ihn seinem Herrn und sprach: „Seht selber, ob ich die Wahrheit gesagt habe! Wenn Ihr diesen Stein tragt, so wird Euch jeder, der ihn erblickt, mit Achtung begegnen."

Der Herrscher erwiderte: „Dann ist er ganz vortrefflich!" Er setzte sofort den Hut auf, schwang sich auf sein Pferd und ritt los. Zum Ratgeber, der ihn begleitete, meinte er: „Nun will ich erproben, ob du die Wahrheit gesprochen hast!"

„Herr", sprach darauf der weise Ratgeber, „Ihr müßt aber Euer Haupt ein wenig neigen, damit alle Menschen den Stein auch deutlich erkennen. Dann werden sie Euch alle Glück wünschen und Euch Ehrfurcht entgegenbringen!"

Der König verfuhr so. Sobald er irgendwelchen Leuten begegnete, neigte er sein Haupt, so daß man sein Neigen für einen freundlichen Gruß hielt. Da zeigten sich alle Menschen sehr erleichtert. Sie dankten Gott im Himmel, sprangen auf und riefen: „Laßt uns die große Ehre preisen, die uns widerfahren ist. Gott hat den Sinn des Königs gewandelt, denn er hat uns seinen Gruß gegönnt! Gott hat bewirkt, daß er seine Überheblichkeit und Gleichgültigkeit endlich ablegt!" Alle zeigten sich angenehm berührt und erfreut von dem empfangenen Gruß.

Der König fand solches Gefallen an dem ehrerbietigen Betragen seiner Untertanen, daß er sich allen Menschen, die ihm begegneten, entgegenneigte, ob sie saßen, standen, ritten oder gingen. Als er vor ihnen allen sein Haupt beugte, gefiel dies den Leuten vortrefflich, und sie dankten Gott für den Sinneswandel des Königs. „Nun wollen wir auch unsere Klagen vorbringen. Er hat so häufig und so freundlich gegrüßt, daß er auch gegen Unrecht und Gewalttätigkeit einschreiten wird, mit denen wir in reichem Maße heimgesucht sind."

Als sie so miteinander sprachen und der kluge Ratgeber davon hörte, sprach er zu dem König: „Herr, wenn Euch der Stein auch nur ein winziges bißchen wert ist, so sorgt dafür, daß er seine geheimen Kräfte nicht verliert. Ihr macht sie unwirksam, wenn Ihr Euch nicht so verhaltet, wie es erforderlich ist. Wenn jemand vor Euch tritt und über eine Gewalttat klagt, die ihm ein anderer wider alles Recht zugefügt hat, so müßt Ihr sogleich einen gerechten Urteilsspruch fällen. Tut Ihr dies nicht, so verliert der Stein seine geheimen Kräfte, und Ihr geratet überdies persönlich in arge Bedrängnis. Die Menschen würden Euch nicht mehr als Herrscher anerkennen, und wenn Ihr nicht zurücktretet, schlagen sie Euch tot. Selbst die geringsten Untertanen würden nach Eurem Leben trachten, und wenn der Stein Euch nicht mehr hilft, so hättet Ihr es gar mit den mächtigsten zu tun!"

Der Herrscher bat: „So steh mir bei und sage mir stets, was ich tun muß, um die verborgenen Gesetze des Steines nicht zu verletzen. Ich möchte ihnen stets entsprechen, damit er seine Kräfte nie verliert."

„Sehr gern!" sprach der alte Ratgeber. Auf diese kluge Art brachte der weise Mann den König zu großem Ansehen und Ruhm. Er war ein gerechter Richter, zeigte sich seinen Untertanen gegenüber stets wohlwollend und hilfreich und starb schließlich in hohen Ehren.

Auch heute noch sollten kluge Ratgeber ihren Herren empfehlen, ihr Haupt zu neigen und den Edelstein zu zeigen, und die Regenten sollten dem jungen König nacheifern. Niemand erringt den Segen Gottes, er verdiene ihn denn durch barmherzige Taten an den Armen. Voll Mitgefühl möge er ihre Klagen anhören, sich ihnen wohlwollend zeigen und ihnen getreulich helfen. Solches Verhalten ist wie der kostbare Edelstein, der je aus goldener Fassung strahlte. Verlangt jemand nach einem gerechten Richterspruch, so soll er sich Gott zu Ehren bereitfinden und ihn nach bestem Wissen fällen, dann behält der Edelstein seine Kraft. Wer ungerecht Urteile fällt, muß dies dereinst teuer bezahlen, denn am Jüngsten Tag wird ihm die Königskrone vom Haupt geschlagen, und er verliert unweigerlich sein Königreich. So wie er sich hier auf Erden um die Klagen der Armen kümmerte, wird er dereinst nach dem Tode beurteilt werden. Wenn ein christlicher Richter den Qualen der Hölle entgehen will, muß er die Sache derjenigen, die seinen richterlichen Spruch suchen, gerecht entscheiden. So wie er das Recht auf Erden pflegt, wird im Jenseits über ihn gerichtet werden.

Von einem jungen Ratgeber

Ein König hatte einst einen Ratgeber von fürstlichem
Rang, an dessen Rat er sich stets hielt. An Untertanen,
Burgen und Ländereien nannte dieser Ratgeber so viele
sein eigen, wie es seinem fürstlichen Stand entsprach.
Der König wußte seinen klugen Rat zu schätzen, denn
er gereichte ihm zum Vorteil und erhöhte sein Ansehen.
Der Ratgeber war in jeder Hinsicht vom Glück begünstigt, und es fehlte ihm weiter nichts als die Jugend. Er
hatte alle charakterlichen Vorzüge, die den Ruhm eines
Edelmannes begründen. Daher besaß er die Zuneigung
des Königs, der ihm — wäre es sein Eigen gewesen —
ohne Zögern alles Gold der ganzen Welt anvertraut
hätte, und man kann sicher sein, daß der Ratgeber diese
Schätze nur zum Vorteil und zur Ehre seines Königs ver-
wendet hätte. So lebte er denn ehrenfest und in hohem
Ansehen bis an den Tag, da ihn der Tod hinwegnehmen
sollte. Noch an seinem letzten Erdentag ließ er seine
Klugheit erkennen, denn er bat seinen Herrscher zu sich

und sprach zu ihm: „Herr, ich habe Euch zu mir gebeten, weil mein Ende naht und ich mein Lehen und allen mir anvertrauten Besitz in Eure Hände zurücklegen will. Ich habe alles gut verwaltet, und Ihr werdet mir beipflichten müssen, daß es noch weit mehr ist, als Ihr glaubt. Es ist aber nur recht und billig, daß alles wieder in Eure Hände gelangt, denn ich habe es nur dank Eurer Gnade hüten und mehren können. So gebe ich Euch alles gern und willig zurück, was immer Ihr damit tun mögt. Nehmt also meinen Sohn und all mein Eigentum — Burgen, Untertanen und Ländereien — in Besitz. Ach, alles, was mich nun erwartet, bedrückt mich nicht so sehr wie die Tatsache, daß ich Euch verlassen muß. Mein größtes Glück war stets, an Eurer Seite zu weilen, Euch sehen und Eure Stimme hören zu können. Alle Wohltaten, die ich in meinem Leben empfangen habe, habt Ihr mir erwiesen. Daß ich nicht mehr bei Euch sein soll, verdoppelt meinen Todesschmerz. Doch quält mich auch die Ungewißheit, wie es meinem Sohn ergehen wird. Wenn Ihr Euch seiner nicht — in dankbarer Erinnerung an mich — freundlich annehmt, so ist es um ihn geschehen. Mein letzter Rat an Euch sei schließlich, mein Amt nur einem Manne anzuvertrauen, der sich durch große Weisheit und Lebenserfahrung auszeichnet."

Da sprach der König: „Diesen Rat nehme ich nicht an. Du hast an mir stets so redlich und uneigennützig gehandelt, daß ich um meine Verpflichtung wohl weiß und es deinen Kindern lohnen will. Du hast mir so selbstlos gedient, daß ich dafür deinen Sohn erhöhen werde. Er soll mir Ersatz sein für dich, denn er wird gewiß die gleichen Tugenden aufweisen wie sein Vater."

„Nein, mein Herrscher, er ist noch zu jung", widerriet der getreue Ratgeber, „und wenn seine Lebenserfahrung nicht ausreicht, wird er bei Euch unweigerlich in Ungnade fallen. Damit wäre sein Schicksal besiegelt. Daher solltet Ihr es gar nicht erst riskieren!"

„Schweigt still!" schnitt ihm der König das Wort ab. „Weiß Gott, ich bin froh, daß ich ihn habe." Er nahm

Abschied von seinem Getreuen, dem bald darauf der Tod die Augen schloß. Sein Sohn aber richtete dem edlen Toten ein so prachtvolles Begräbnis aus, daß man ihn allenthalben dafür lobte. Wer immer Zeuge wurde, wie hoch er Gott und seinen Vater ehrte, der wußte des Rühmens kein Ende. Man berichtete dem König, daß selbst er sich kein ehrenvolleres Begräbnis wünschen könnte. Der König aber freute sich von Herzen, daß man den Sohn seines toten Ratgebers so günstig beurteilte, und er meinte: „Ich wußte doch, daß er ein ebenso hervorragender Mann ist wie sein Vater! Ich will ihm meine Staatsgeschäfte anvertrauen und ihn zu meinem ersten Ratgeber machen." Kurzerhand schickte er zu dem Jüngling einen Boten, der ihm mitteilte, daß ihn der König in das Lehen und in alle Rechte seines Vaters einsetze.

Er war noch nicht lange in seinem Amt, da brach eine so furchtbare Hungersnot herein, wie sie das Reich noch nie erlebt hatte. Nun hatte sein Vater in den königlichen Vorratshäusern viel Korn gespeichert, um kriegerischen Einfällen anderer Könige und eventuellen Hungersnöten vorzubeugen, wie schwer die Heimsuchungen auch sein mochten. Die vornehmsten Edlen des Reiches stellten dem jungen neuen Ratgeber ihr Elend und ihre Verzweiflung vor Augen. Sie wüßten nicht mehr, wovon sie leben sollten, und sie müßten das Land verlassen, wenn ihnen nicht über dieses schlimme Jahr geholfen würde. Da beruhigte er sie, sie sollten ohne Sorge an ihrem Platz verharren, er wolle ihnen schon ausreichend Nahrungsmittel zur Verfügung stellen, und dies so lange, bis das schlimme Jahr vorüber oder das Korn aus den königlichen Speichern erschöpft sei. Vor Dankbarkeit fielen sie vor ihm auf die Knie und küßten seine Hände. Er aber ließ Speicher für Speicher leeren, bis alles Korn verzehrt war, um alle die zu retten, die des Reiches Ruhm mehrten und dem König treu ergeben waren. Alle glaubten, daß im folgenden Jahr solch eine Hungersnot nicht wieder zu befürchten sei.

Aber ihre Hoffnung sollte sich als trügerisch erweisen, denn als das Jahr vorbei und die Kornspeicher des Königs erschöpft waren, begann ein dreimal so schlimmes Hungerjahr.

„Nun kann uns niemand mehr vor dem grimmen Tode erretten!" sprachen die Edlen des Landes. Da begütigte der junge Ratgeber: „Ich will euch helfen, wenn es nur irgend möglich ist!" Er öffnete die Schatzkammer des Königs und holte den königlichen Schatz hervor. Nun sandte er Boten in alle umliegenden Reiche, um Korn einzukaufen, und er nahm so lange von dem Schatz, bis er erschöpft war. So ging auch dieses schlimme Jahr zu Ende, und es folgte ein so fruchtbares Jahr, daß man allenthalben meinte, noch nie ein Jahr so voller Überfluß erlebt zu haben.

Nun hört aber, was die gehässigen und gewissenlosen Neider für Gerüchte in die Welt setzten, als sie sahen, wie er den Schatz des Königs aufbrauchte und hinweggab. Sie gifteten: „Da haben wir es! Nun wird es den König reuen, das große Lehen uns selbstlosen und ehrenfesten Männern vorenthalten und es einem leichtfertigen Narren überlassen zu haben, der sein ganzes Korn verschwendet hat und jetzt auch noch seinen Schatz verjubelt. Dafür muß er ihn zur Rechenschaft ziehen! Wollen wir dem König ein Licht aufstecken?"

Die Verschlagensten aber widerrieten: „Aber nein doch! Wir wollen im Gegenteil froh sein über den Schaden, den er dem König zufügt. Der wird über den Verlust des Schatzes noch mehr wüten als über den des Kornes. Laßt erst den ganzen Schatz in alle Welt hinaustragen. Erst danach wollen wir dem König reinen Wein einschenken. Wenn er dann in Wut gerät, so wird er den Verlust des Schatzes und des Kornes um so fürchterlicher rächen."

Als das zweite schlimme Jahr zu Ende war und das Volk die Not überstanden hatte, freute sich sein Retter von Herzen. Aber auch die heimtückischen Intriganten, die ihn stürzen wollten, jubelten und erhoben nun Anklage wider ihn. Sie traten vor den König und sprachen:

„Herr, wir versichern Euch ehrlichen Herzens, daß wir den Verlust bedauern, der Euch getroffen hat. Noch mehr aber bedrücken uns Schmach und Schande, die dadurch über Euch kommen können. Zu Eurem eigenen Unheil habt Ihr diesen Mann zu Eurem Ratgeber gemacht, denn er hat Euch um alle königliche Ehre gebracht. Sein Leben ist verwirkt, denn er hat alles Korn und Euern ganzen Schatz vertan! Im Kriegsfall habt Ihr weder Sold noch Lebensmittelvorräte!"

Der König schrie: „Seid Ihr von Sinnen, mir dies so lange zu verschweigen? Nun kommt Eure Warnung zu spät!"

Sie aber sprachen demütig: „Herr, wir hatten Furcht und wagten es nicht!"

„Holt ihn sofort her zu mir! Ich will hören, ob er sich für die Verschwendung meines Korns und meines Schatzes rechtfertigen kann."

Als der junge Staatsbeamte vor den König trat, empfing ihn dieser nicht so freundlich wie sonst. Da fragte er: „Herr, warum seid Ihr so ungnädig zu mir?"

„Man beschuldigt dich, du hättest dich meiner Huld unwürdig gezeigt! Wo ist mein Schatz? Wo ist mein Korn?"

„Herr, ich erinnere mich noch daran, daß mein Vater meinte, ich sei noch nicht erfahren genug, so großen Besitz zu verwalten. Dies hielt ich mir stets vor Augen, und so gab ich ihn an jene Leute, die lebenserfahren genug sind, ihn für Euch zu bewahren und zu mehren. Laßt Euch erklären, mein Herrscher, wie ich dabei vorging: Als das erste schlimme Jahr begann, gerieten die Menschen in so große Not, daß sie vor Hunger dahinstarben. Die am Leben geblieben waren, hätte der Hunger aus Euerm Reich getrieben. Herr, da dachte ich mir, es wäre weit vorteilhafter für Euch, an Eurem Besitz Einbuße zu erleiden als alle Untertanen zu verlieren. So teilte ich denn Euer ganzes Korn aus. Als das Jahr zu Ende ging und ich alles dahingegeben hatte, brach ein noch schlimmeres Jahr an. Sie wären rettungslos verloren gewesen, wenn wir nicht Euern Schatz gehabt hätten. Ich habe ihn ganz und gar erschöpft und rettete Euerm Volk das Leben und Euerm Reich sein Ansehen. Nun kann Euch Euer Land alle gewünschten Dienste leisten, denn es ist reich bevölkert und hat Lebensmittel im Überfluß. Wären die Menschen, denen ich beigestanden habe, tot oder in die Fremde gewandert, so wäre Euer Reich jetzt öd und leer. Die Menschen, die ich Euch gerettet habe, bringen Euch weit höheren Nutzen und tragen mehr zu Eurem Ruhme bei, als wenn Speicher und Schatzkammer voll, das Land aber menschenleer wäre. Ohne Menschen ist das Reich ein Nichts. Hätte sie der Hunger ausgerottet und vertrieben, so wäre es Euch unmöglich, den ungeheuren Verlust auszugleichen und das verlorene Ansehen wiederherzustellen. Ihr müßtet mit Euerm Schatz und Euerm Korn andere Untertanen werben, denn die angestammten Untertanen würden Euch zutiefst hassen dafür, daß Ihr nur auf Euern Hort bedacht wart und des fürchterlichen Elends nicht geachtet habt. Das sage ich nicht, um meine Fehler zu beschönigen. Herr, ich bin noch jung und unerfahren. Wenn ich gefehlt habe, so nehmt all mein Eigen als Buße hin! Ihr habt mich so großzügig mit Burgen, Untertanen und Ländereien belehnt, daß ich Euch alles durchaus ersetzen kann, wenn ich dafür einstehen soll. Nehmt alles hin und laßt mir mein Leben! Ich habe Euern Besitz so angewendet, wie es mir am vorteilhaftesten schien."

Da sagte der König: „Schon damals, als ich dich zum ersten Mal sah, war ich überzeugt, daß ich in dir einen wahren Schatz besäße, Gott ließ mich erkennen, daß du trotz deiner Jugend alle erforderlichen Tugenden für dein hohes Amt besitzt. Im Laufe der Jahre wirst du noch mehr Weisheit und Lebenserfahrung gewinnen. Du sollst als mein erster Staatsbeamter über all mein Besitztum verfügen und jede Vollmacht haben. Wer zur rechten Zeit großzügig sein kann, wird auch zur rechten Zeit Reichtum häufen können. Wie dir meine Ehre am Herzen lag, so ist dir meine Huld sicher. Diejenigen aber, die dich voller Mißgunst schuldlos verleumdet haben, sollen dafür büßen. Sollte ich in Erfahrung bringen, daß sie etwas so recht von Herzen lieben, so will ich meinen Haß darauf werfen, damit sie endlich einmal merken, wie schmerzlich es ist, wenn einem etwas Liebes und Schönes beschmutzt und damit alle Lebenslust vergällt wird."

So fielen seine Neider in Ungnade. Diejenigen, die den jungen Ratgeber für seine Treue und seine Rechtschaffenheit in schlechten Leumund bringen wollten, waren dem König fortan verhaßt und widerwärtig.

Wenn alle Herrscher sich so verhielten, würde ihr Ruhm um so lauter verkündet. Wenn aber einer so unklug ist, den Einflüsterungen von Intriganten Gehör zu schenken und seine rechtschaffenen Diener zu vertreiben, die Redlichkeit mit Füßen zu treten und der Verleumdung zu glauben, so ist er Gott und allen aufrechten Menschen verächtlich. Königlich denkt und handelt, wer Heuchelei und Betrügerei beim Namen nennt, wer den Rechtschaffenen freund ist und die Redlichkeit liebt, wer den Bösewichten sein Ohr verschließt und sie davonjagt. Wenn ein Herrscher eine solche Haltung zeigt, erstrahlt sein Ruhm für alle Zeit.

2.

Unheilige Heilige

Der kluge Knecht

Hört, wie es einem Mann erging, dessen Weib die eheliche Treue brach, zu der sie verpflichtet ist. Dieser Mann hatte einen klugen Knecht, der eines Tages dahinterkam, daß die Hausfrau ein heimliches Verhältnis mit dem Pfarrer hatte. Dies bedrückte den Knecht, doch er verschwieg sein Wissen seinem Brotherrn. Er fürchtete nämlich, der Bauer würde ihm grollen, wenn er ihn von dieser Sache unterrichtete, ohne daß er sich mit eigenen Augen von der Wahrheit überzeugen konnte.

Immer wenn der Bauersmann aufs Feld oder in den Wald fuhr, hatte es sein eingebildetes und dünkelhaftes Weib eilig genug, Met und Wein einzukaufen. Überdies begann dann bei ihr ein gewaltiges Braten und Kochen, um leckere Gerichte auftragen zu können. Sobald sie dem Pfarrer mitgeteilt hatte, daß der Hausherr fort sei, kam er — nach Art der Liebesdiebe — heimlich herbeigehuscht. Dann füllten sie sich erst einmal tüchtig den Magen, um sich danach zu Bett zu begeben, wo sie sich nach Herzenslust ihrem Vergnügen hingaben. So trieben die beiden es lange Zeit.

In tiefer Nacht, als der Hausherr an der Seite seines Weibes den Schlaf des Gerechten schlief, rief sie ihn (wie stets) so lange beim Namen, bis er schließlich erwachte. Dann drängte sie ihn, schleunigst aufzustehen und in den Wald zu fahren: „Wenn du mit dem Fahren bis zum Anbruch des Morgens wartest, kommst du zu spät. Denk daran, daß die Tage schon recht kurz sind, und mach dich gleich auf den Weg. Bis zum Walde ist es weit, und die Ochsen sind träge im Zuggeschirr. Um so früher mußt du losfahren."

Der Knecht aber dachte bei ihren Worten: Wahrhaftig, es wäre nur recht und billig, wenn mein Brotherr Eure Absichten durchschaute, wenn er wüßte, wie Ihr uns betrügt. Fürwahr, wenn ich es irgendwie einrichten kann, will ich Euch mit so eindeutigen Beweisen überführen, daß Euch die Sache gar sehr verdrießlich wird!

Als sie sich nun am Herdfeuer einfanden und ihre Kleider anzogen, schwor der Knecht, er werde keinen einzigen Schritt vor die Tür tun, ohne vorher gegessen zu haben. Er habe einen so gewaltigen Hunger, daß er erst einmal etwas zu sich nehmen müsse, bevor er irgendwohin fahren könne. Der Hausfrau war dies gar nicht recht, doch als sie merkte, daß es ihm ernst war, brachte sie Käse und Brot herbei und sprach giftig: „Friß du den bittren Tod in deinen Wanst hinein! Es ist ja gar nicht der Hunger, der dich trödeln läßt. Es geht dir nur darum, dich vor der Arbeit zu drücken! Wenn sich auch nur die geringste Möglichkeit dazu bietet, nutzt du sie jederzeit mit der größten Unverschämtheit!" Bauer und Knecht aßen nun nach Herzenslust und fuhren schließlich davon — wie es die Frau gewünscht hatte.

Als sie ein Stück Weges gefahren waren, sprach der Knecht zum Bauern: „Meister, nehmt Ihr den Stecken und fahrt ein Weilchen allein weiter. Ich muß noch einmal zurück, denn ich habe meine Fäustlinge und meinen Hut vergessen."

Der Bauer ärgerte sich zwar, doch meinte er dann: „Beeil dich aber!" und fuhr weiter auf den Wald zu.

Dies war nun dem Knecht hochwillkommen. Heimlich wie ein Dieb schlich er sich ins Haus und huschte in ein Zimmer, wo man ihn weder hören noch sehen konnte. Die Hausfrau aber war froh beschwingt. Wie üblich tischte sie leckere Gerichte auf, denn die Närrin glaubte, es geschehe dies alles in tiefster Heimlichkeit und bliebe aller Welt verborgen. Sie füllte ein dralles Spanferkel und briet es dann recht knusprig. Ferner besorgte sie beim Krämer eine Kanne voll köstlichen Mets. Schließlich buk sie geschäftig einen schneeweißen Kuchen, um dann wie stets heimlich nach dem Pfarrer zu schicken.

Die Zubereitung der Speisen hatte jedoch viel zu lange gedauert, und als sie sich gerade zu Tisch gesetzt hatten und den ersten Bissen zu Munde führen wollten, kam der Hausherr bereits zurück.

Als sie ihn kommen hörten, meinte der Pfarrer, es sei lediglich der Knecht, und dies war für die beiden natürlich kein Anlaß zum Erschrecken. Sie wußten freilich nicht, daß der Knecht zu Haus geblieben und es der Bauer selbst war, der mit seinem Ochsengespann aus dem Wald zurückkehrte. Der rannte nun grimmig zur Tür und hämmerte wütend dagegen. Die laute Stimme des Hausherrn und sein zorniges Pochen verdarben dem Pfarrer und der Frau gründlich den Spaß. „Liebste, rette mein Leben!" flehte der Pfarrer. „Erwischt mich dein Mann hier bei dir, dann geht es mir an den Kragen! Noch nie war ich in so großen Ängsten! An seiner Stimme ist zu hören, daß er in Wut ist, und ich fürchte, er bringt mich um!"

Sie überlegte fieberhaft und ließ ihn schließlich unter eine Eckbank kriechen. Auch räumte sie schnell das vorbereitete Festmahl fort. Der Knecht aber beobachtete alles genau und merkte sich, wo sie all die guten Dinge versteckt hatte.

Als man dem Hausherrn noch immer nicht öffnete,

schlug er in steigender Wut an die Tür und begann, seine Frau mit Flüchen zu bedenken. Sie aber rannte endlich im Galopp zur Tür, riß sie auf und sagte ganz außer Atem: „Selbst um mein Leben hätte ich nicht eher kommen können! Ich hatte gerade eine Handarbeit begonnen und konnte sie nicht einfach hinwerfen! Was ist denn los mit dir, daß du so früh zurückkommst? Warum bist du so wütend?"

Der Knecht war inzwischen durch eine Hintertür aus dem Haus gewischt, um das Haus gerannt und kam nun ganz harmlos durch das Hoftor auf die beiden zu. Der Bauer fuhr ihn an: „Welcher Teufel hat dich geritten, daß du nicht zurückgekommen bist! Du bist ja heut schnell mit der Arbeit fertig geworden!" Da erfand der Knecht im Nu eine Geschichte und machte dem Bauern weis, er sei wunder wie fleißig gewesen. Der Bauer ließ es gut sein, denn der Knecht war sonst tüchtig, und er tat recht daran, in solchem Fall einen geringfügigen Ärger rasch zu vergessen. „Fahrt los!" drängte die Frau. „Schont weder die Ochsen noch euch selbst und schafft genügend Holz heran, damit ihr im Sommer wegen der Holzfuhren nicht den Pflug im Winkel stehenlassen müßt! Ihr habt schon lange genug getrödelt. Bis ihr zwei Fuder heranhabt, ist es — weiß Gott — schon finstere Nacht. Macht euch also schleunigst auf den Weg, damit wir keinen Schaden haben." Sie griff beim Abladen selber zu und wiederholte: „Beeilt euch, denn ihr habt schon genug Zeit versäumt!"

Da wandte sich der Knecht dem Bauern zu: „Wenn wir nur zwei Fuhren heranschaffen wollen, haben wir noch genügend Zeit. Seid also so gut, Meister, und gönnt uns vorher einen Bissen. Mich quält der Hunger so sehr, daß ich tot umfalle, wenn ich ohne zu essen ins Holz fahren muß. Laßt uns gemeinsam einen Happen zu uns nehmen. Danach will ich gern alles tun, was Ihr nur von mir verlangt. Wenn Ihr es mir aber abschlagt, werde ich Euch nicht nützlich sein können."

Der Bauer erwiderte: „Das soll geschehen! Wir wollen uns zu Tisch setzen, denn obwohl ich gar nicht hungrig bin, wollte ich mich lieber den ganzen Tag über mit Essen stopfen, ehe ich es riskierte, dich zu verlieren." So traten sie also zur Tür hinein.

Das beunruhigte die Frau sehr, denn es ist schließlich für jede Frau, die sich einen Liebhaber hält, ein übel Ding, wenn man ihn bei ihr ertappt. Während sich die zwei die Hände wuschen, deckte sie den Tisch und trug Käse und Brot auf. Insgeheim verfluchte sie die beiden, laut aber sagte sie: „Eßt nur tüchtig!" Lieber hätte sie den Mann und den Knecht zweiunddreißig Meilen fort gewußt, als sie in diesem Augenblick vor Augen zu haben.

Der Bauer bemerkte verwundert zu seinem Knecht: „Die Hausfrau benimmt sich schon den ganzen Tag über so, als ob sie dich mehr fürchtet als mich. Ich bin sicher, wenn ich an deiner Stelle etwas zu essen verlangt hätte, wäre sie gar nicht so rasch darauf eingegangen."

„Wahrhaftig, Meister", entgegnete der Knecht, „das ist mir schon lange bewußt. Es hat allerdings auch noch nie jemand bereuen müssen, mich in seinen Dienst genommen zu haben. Ein einziges Mal — als der Wald noch voll belaubt war — hatte ich Pech, denn ein Wolf brach in die Schweineherde meines Brotherrn ein. Mich traf allerdings keine Schuld, da ich ihn erst sah, nachdem das Unglück schon geschehen war. Er riß mir damals ein Ferkel, ganz so eines wie jenes, das dort oben gebraten . liegt. Ich könnte nicht sagen, welches von beiden größer ist."

„Deine Geschichten werden ja immer besser!" lachte der Bauer, ging vergnügt zum gewiesenen Ort, erblickte das Spanferkel und holte es herunter.

Der Knecht jedoch fuhr fort: „Als damals der Wolf in die Schweineherde eingebrochen war und ich das laute Quieken hörte, rannte ich natürlich sofort hin. Nun lagen da große Steine herum, und ich raffte einen von ihnen auf. Er war übrigens genauso groß wie jener Kuchen, der dort liegt. Ich weiß nicht, wer sie ausgemessen

71

hat, doch ich habe wirklich noch nie zwei so gleich große Laibe gesehen."

„Unser Herrgott soll dich segnen!" rief der Bauer. „Deine Geschichten sind heute ganz vortrefflich!" Und damit holte er den Kuchen herunter.

Der verschmitzte Bursche fuhr fort: „Nachdem ich den Stein aufgerafft hatte, schleuderte ich ihn dem Wolf an den Schädel, ehe er sich noch davonmachen konnte. Nur mit Mühe entkam er, denn er war ganz betäubt und hatte eine tiefe Wunde davongetragen. Ich kann darauf schwören: Ehe der Wolf noch fliehen konnte, floß aus seiner Wunde mindestens ebensoviel Blut, wie Met in jener Kanne ist, die Ihr da hinten stehen seht!"

Der Patron ging hin, zog die Kanne hervor und schmunzelte: „Fürwahr, ich merke wohl, daß mir deine Geschichten Glück bringen. Ich höre sie voller Begeisterung, denn sie sind ebenso vortrefflich wie wahr!"

„In der Tat, Meister", setzte der Knecht seine Enthüllungen fort, „nachdem ich den Wolf so gut getroffen hatte und ihm sein bester Saft aus dem Leibe geflossen war, konnte er sich kaum noch davonschleppen. Als ich ihm nachging, kroch er in ein Verhau. Es lagen dort derart viele Baumstämme und Äste übereinander, daß ich ihm nicht mehr ans Fell konnte. Unter diesem Verhau schmiegte er sich an den Boden und schielte ebenso ängstlich hervor wie jener Pfarrer, der dort unter der Bank steckt und auch um seine Haut fürchtet."

In hellem Zorn sprang der Bauer auf, zog den Pfarrer an den Haaren aus seinem Versteck und brüllte: „Nun habe ich in der Tat den Schluß deiner Geschichte gehört und weiß endlich Bescheid, warum mich mein Weib stets vor Tau und Tag aus dem Hause treibt!"

Der Pfarrer wurde gefesselt, und man zog die Stricke schmerzhaft zusammen. Voller Angst versprach der Pfarrer dem Hausherrn eilfertig soviel von seiner Habe, daß er sein Versprechen später kaum erfüllen konnte. Es wäre ihm nun tausendmal lieber gewesen, er hätte die Frau niemals gesehen. Freilich konnte er sich noch glücklich preisen, daß er nur an Besitz geschädigt wurde und nicht mit dem Leben zahlen mußte. Das Weib aber wurde so fürchterlich verbleut, daß sie lange Zeit Grund genug hatte, über ihre Schmerzen zu jammern. Doch wie sehr sie in der Folge dem Bauern auch um den Bart ging, er war ihr doch nie mehr so zugetan wie früher. Dem Knecht aber war er stets freundlich gesinnt, da er ihm den Dieb seiner Ehre so geschickt und ohne üble Tratscherei vorgeführt hatte. Hätte er ihn auf andere Weise aufgeklärt, wäre es sicher sehr schmerzlich für ihn gewesen. Hätte der Knecht dem Bauern geradezu gesagt: „Der Pfarrer und Eure Frau treiben es miteinander!", wäre der Bauer zornig geworden und vielleicht mit Schlägen über seine Frau hergefallen, ohne einen sicheren Beweis für den Ehebruch in der Hand zu haben. Frau und Pfarrer brauchten nur standhaft zu leugnen, dann hätte der Bauer am Ende gezweifelt und gemeint, der Knecht habe ihn betrogen und die Hausfrau in gehässiger Weise verleumdet. Diese Gefahr hatte der Knecht in kluger Voraussicht vermieden.

Die Wolfsgrube

Nun seid still, denn ich erzähle euch jetzt eine kurzweilige Geschichte von einem Edelmann, den seine Frau hinters Licht führen und zum Hahnrei machen wollte. Der Edelmann wohnte auf einer stolzen Burg, doch seine Frau scheute nicht davor zurück, einem Pfaffen heimlich schöne Augen zu machen. Sie versprach ihm ihren Schild, in den man mit Lanzen stößt, deren Stoß den Bedrängten weder Ach noch Weh schreien läßt. Er solle sich des Nachts beim letzten Hornsignal des Türmers durchs Kornfeld an die Hinterpforte schleichen und leise anklopfen. Ihr Mann hätte sich dann längst zur Ruhe gelegt.

Nun kam ihr der Ehemann aber auf die Schliche. Er holte alle seine Knechte zusammen, schärfte ihnen ein, nur recht leise zu sein, und führte sie aus der Hinterpforte, durch die der Pfaffe kommen sollte. Dann befahl er ihnen, eine tiefe Grube auszuheben, und erklärte: „Ich sah hier einen Wolf herumschleichen, der nach Hühnern, Gänsen und Enten ausspäht. Ich will versuchen, ihm das Handwerk zu legen."

Nachdem man die Grube ausgehoben und oben mit einer dünnen Reisigschicht getarnt hatte, band man vorn als Köder für den Wolf eine Gans fest.

Die Zeit des letzten Hornrufes kam, ohne daß die Frau von den Vorkehrungen ihres Mannes die geringste Ahnung hatte. Der Burgherr plauderte freundlich mit ihr und stellte sich an, als wolle er — wie stets um diese Zeit — zu Bett gehen. Tatsächlich ging er mit seinem verläßlichsten Diener in sein Schlafgemach und stellte sich mit ihm in einen Fenstererker, so daß er die Wolfsgrube beobachten konnte. Dabei knurrte er grimmig: „Ich hoffe, wir erwischen ihn!"

Während sie auf ihrem Beobachtungsposten standen, kam ein hungriger Wolf. Vorsichtig schlich er an die Fallgrube heran, ob nicht eine Beute zu erhaschen wäre. Als er die Gans erblickte, schnappte er zu und brach natürlich durch die dünne Reisigschicht. Mit schwerem Plumps fiel er in die Grube. Als der Diener hinlaufen wollte, hielt ihn sein Herr zurück: „Hiergeblieben, wenn dir dein Leben lieb ist! Meine Frau darf nichts merken. Ich bin sicher, wir machen noch größere Beute. Wir wollen also nichts übereilen und so lange warten, wie einer braucht, um zu Fuß oder zu Pferd eine Meile zurückzulegen."

Jetzt ertönte das Horn des Wächters, und der Pfaffe machte sich auf den Weg zur Burg, zur durchtriebenen Burgherrin. Er ging seines Weges, ohne die Fallgrube zu beachten. So trat er auf die Reisigschicht und brach mit lautem Gepolter in die tiefe Grube. Zu Tode erschrocken stöhnte er: „Da hat mich jemand bös hereingelegt! Der Teufel muß ihn beraten haben, denn er hat mir die Suppe fürchterlich versalzen. Hätte ich die geringste Ahnung gehabt, was mich hier erwartet, niemand hätte mich hergebracht! Auf diese Idee muß ein ganz ausgekochter Spitzbube gekommen sein!"

Wieder wollte der Diener aus der Tür stürzen, um

dem Priester das Fell zu gerben, wieder hielt ihn der Burgherr zurück. „Nein! Es ist noch nicht soweit. Ich wittere noch mehr Wild in der Gegend. Wart's ab, laß uns noch ein Weilchen auf dem Anstand bleiben; mögen die da draußen vor Angst Blut und Wasser schwitzen."

Als der Pfaffe zur ausgemachten Zeit nicht kam, wurde die Burgherrin unruhig, denn er hatte es nicht weit bis zu ihr. Da sie ihren Ehegespons schlafend im Bette glaubte, rief sie heimlich ihre Magd herbei und tuschelte ihr zu: „Zieh dich an und schleiche leis wie ein Mäuslein zur Hinterpforte hinaus. Renn zum Hause des Priesters und sage ihm, wenn ihm noch an dem Handel liegt, soll er sich beeilen und hertraben, solange der Krämer den Laden noch offen hat und die Ware noch feil ist. Der Krämer würde bald schließen."

Die Magd machte sich auf den Weg, schlüpfte durch die Hinterpforte und stürzte prompt in die Fallgrube.

Als der Diener losstürzen wollte, hielt ihn sein Herr am Ärmel fest. „Nein, bleib hier oben! Laß uns Gott preisen und Dank sagen, daß er uns heute nacht so reich mit einem Wildbret bedenkt, wie man's sonst kaum in Topf und Pfanne hat."

Als die Zeit verging und die Magd trotz des kurzen Weges nicht zurückkehrte, wunderte sich die Edelfrau. Da gab's freilich nichts zu wundern, saßen doch Magd, Pfaff und Wolf in der Patsche. Die Burgherrin starrte aus dem Fenster, ob die Magd nicht endlich gelaufen käme, denn sie hatte keine Ahnung, daß sie im Loche saß. Schließlich dachte sie: Mein Mann liegt im Bett und schnarcht und ahnt nichts! Ich habe keine Lust, auf den Spaß zu verzichten! Draußen stürmt's und regnet's nicht, also will ich mich selbst auf den Weg machen. Da sowohl der Priester als auch die Magd ungewöhnlich lange ausblieben, argwöhnte sie, die beiden lägen aufeinander und trieben's miteinander. Voll Ingrimm verhieß sie der Magd eine Tracht Prügel. Schließlich litt es sie nicht länger in der Kammer. Sie rannte zur Hinterpforte, und als sie sich der Fallgrube näherte, trieb sie ihr Argwohn zu noch größerer Eile, so daß sie blindlings auf die Reisigdecke trat und auf die drei Gefangenen hinabstürzte.

Jetzt sprach der Burgherr: „So, nun haben wir sie alle! Mehr Beute ist heute nacht nicht zu erwarten. Hätte ich mich schon früher aufs Fallenstellen verlegt, hätte ich eine gute Milchkuh eingespart, sicher sogar zwei!" Dem Knecht befahl er, sich aufs Pferd zu schwingen, um alle Verwandten und Bekannten der Frau herbeizuholen. Vor ihnen allen wollte er Klage über die Schmach erheben, die ihm seine Ehefrau, diese ehrvergessene Teufelin, angetan hatte. Als der Knecht mit einem großen Menschenhaufen zurückkehrte, führte der Edelmann alle zur Fallgrube, wo die vier gefangen saßen, drei Menschen und ein Raubtier. Dann begann er: „Seht hin, liebe Freunde und Gefährten! Wer auf seinen guten Ruf bedacht ist, mag Zeuge sein der Schande, die meine Frau über mich gebracht hat! Endlich kommt ihr böses Tun und Treiben ans Licht der Sonne! Nur meiner Gutmütigkeit hat sie's zu verdanken, daß sie noch am Leben ist. Doch eher wollte ich mich selbst umbringen, als Hand an sie zu legen."

Die Burgherrin erschrak, wurde feuerrot vor Scham und bat ihn flehentlich um Verzeihung. Die Freunde des Hauses mischten sich ein und bewahrten sie vor einer noch größeren Blamage. Sie versöhnten die Ehegatten unter der Bedingung, daß die Frau bei Gott und allen Heiligen solche Seitensprünge in Zukunft unterließe. Bräche sie dies Versprechen, sollte ihr Ehemann sie töten dürfen, indem er ihr Hände, Füße und Kopf abhackte. Auch für den Priester baten sie um Nachsicht, doch hier bestand der Burgherr auf einem Denkzettel: „Bosheit muß bestraft werden! Das ist eine alte Weisheit. Und die Strafe soll so bemessen sein, daß es ihm in Zukunft unmöglich ist, solche Schandtaten zu wiederholen. Jedes Mehr an Nachsicht wäre vom Übel."

Er ließ dem Priester beide Hoden abschneiden. Der eine Hoden wurde an einem Kettchen der Magd um den Hals gehängt, die ihm so schlecht gedient hatte, und dies als Mahnung, so etwas nie wieder zu tun. Dann ging er in sein Schlafgemach und hing den anderen Hoden über sein Bett an die Wand. Er sollte die Burgherrin an ihren Fehltritt erinnern; sie sollte ihn Tag für Tag vor Augen haben und ihn bei Todesstrafe nicht entfernen dürfen.

Diese Erzählung ist eine Freundesgabe an alle anständigen Frauen. Sie mögen sich diese Ereignisse stets vor Augen halten, damit sie vor Anfechtungen bewahrt bleiben und sich vor solchem sündhaften Tun hüten, das ihren guten Ruf und ihre Ehre vernichtet. Lassen sie sich aber nicht von mir belehren, werden sie's weit eher bedauern als ich, denn ihre Ehre trägt dann einen unauslöschlichen Schandfleck. Zugleich haben sie die Ehrenkrone verspielt, die alle reinen und tugendhaften Frauen im ewigen Leben vor Gottes Angesicht tragen dürfen. Daß wir dereinst zu ihm gelangen, dazu verhelfe uns Gott in seiner unendlichen Gnade, sagt Hans Rosenplüt.

Der Priester in der Reuse.

Soweit ich den Lauf dieser Welt beurteilen kann, wird
er von schamloser Unzucht und hemmungsloser Besitzgier bestimmt. Sangeskunst und Dichtkunst hält man für
überflüssige Narretei. Dennoch, ich lasse mich davon
nicht beeindrucken, sondern ich erzähle jetzt — aller
Welt zur Belehrung — eine abenteuerliche Geschichte
von einem wackeren Fischer, der ein ehrbares und ge-
achtetes Leben führte. Er wohnte unterhalb eines Burg-
berges, wo das Wasser über runde, harte Kiesel dahin-
schoß. Für das Fischrecht war er dem Burgherrn zinspflichtig, und er brachte ihm regelmäßig die besten
Edelfische als Zins auf die Burg.

Dieser Fischer hatte eine wunderschöne Frau; der
Ruhm ihrer Schönheit überstrahlte den aller anderen
Frauen. Sie war ganz reizend, von guten Manieren und
tadelloser Gestalt; leider liebte sie einen Geistlichen
weit mehr als den eigenen Mann, ohne daß der Fischer
die geringste Ahnung von ihrem Verhältnis hatte. Im-

mer dann, wenn er seine Fische auf den Markt brachte, besuchte der Pfaffe heimlich wie ein Dieb des Fischers Frau. Die wußte genau, wo ihr Mann seine Netze ausgeworfen hatte. Sie zeigte dem Pfaffen die Reusen mit den besten Fischen und brachte sie dann höchst vergnügt samt anderen leckeren Speisen auf den Tisch. Nachdem sie sich gestärkt hatten, begannen sie das leidenschaftlichste Liebesspiel, das ihnen unbeschreibbare Lust schenkte.

Eines Tages kam der Burgherr hinter die Sache, er entdeckte, daß sein Kaplan auf dem Fluß den Fischen nachstellte. Dies sah er sich eine Weile an, bis es ihm zuviel wurde, und er beschloß, den Pfaffen einen Denkzettel zu verpassen.

Der Fischer fand nämlich lange Zeit keinen Edelfisch mehr in seinen Reusen, den er seinem Herrn hätte bringen können. Tagtäglich dachte er bei sich: Morgen werde ich mehr Glück haben! Dennoch ging ein halbes Jahr hin, ohne daß ihm ein Edelfisch ins Netz ging, denn der Pfaffe und sein Weib waren ihm zuvorgekommen.

Der Fischer war schier verzweifelt, doch auch seinem Herrn ging die Sache schließlich über die Hutschnur, so daß er den Fischer holen ließ. Als dieser dienstfertig und ängstlich vor ihn trat, hieß er ihn willkommen. Der Fischer sprach bedrückt: „Mit Gunst, Herr, was wünscht Ihr von mir?"

Sein Herr sagte geradeheraus: „Seit einem halben Jahr hast du mir keinen Fisch mehr auf den Tisch gebracht, obwohl du zinspflichtig bist. Doch es wird damit sicherlich seine Richtigkeit haben: Offenbar bist jetzt du mein Herr, während ich dein Knecht geworden bin, mit dem du nach Gutdünken umspringen kannst!"

„Gnade, Herr!" rief der Fischer. „Edler, würdiger Gebieter, die ganze Zeit über ging mir im Fluß kein einziger Fisch ins Netz, den ich Euch guten Gewissens hätte schicken können. Das kann ich Euch schwören!"

Der Burgherr sprach nachdenklich: „Das kann schon sein, und wäre ich nicht selbst hinter die Ursache gekommen, so würde es dir jetzt und hier übel genug ergehen. Die Fische sind aus dem Fluß ans Land spaziert. Wenn dir an meiner Huld gelegen ist, so befolge daher den Rat, den ich dir geben werde: Nimm die größten drei Reusen, die du auftreiben kannst. Lege die erste unweit des Flusses am Waldessaum aus. Die zweite legst du mitten auf den Waldweg. Die dritte schließlich hängst du in deinem Haus über den Herd in den Rauchfang. Was du am nächsten Morgen in diesen drei Reusen gefangen findest, hast du mir unverzüglich herzubringen! Dieser Fang gehört mir!"

„Aber gern, gnädiger Herr! Euer Gebot wird strikt befolgt! Allerdings habe ich auf dem Trockenen — überm Herd, im Wald oder am Ufersaum — noch niemals Fische entdeckt!" sagte verwundert der wackere Fischer.

Nachdem er sich von seinem Herrn verabschiedet hatte, ging er schnellen Schrittes nach Hause. Spornstreichs eilte er dahin, wo er seine Reusen liegen hatte, nahm die größte von ihnen und hängte sie im Rauchfang am Räuchergestell auf. Dabei brummte er vor sich hin: „Mich wird vor Staunen der Schlag treffen, wenn hier Fische hineinwandern! Seit wann laufen Fische auf Holzlatten entlang?" Danach packte er an die zwanzig Reusen in seinen Kahn und rief der schönen Hausfrau zu, sie solle sich ruhig zu Bett legen, er käme vor Morgengrauen nicht nach Hause. Diese Worte ließen ihr Herz vor Freude hüpfen. Als der Fischer auf den Wald zuschritt, der unweit des Flusses gelegen war, wurde er sogleich von dem lauernden Kaplan entdeckt, der unverzüglich und in aller Heimlichkeit den Burgberg hinab ins Fischerhaus eilte, wo ihn die wunderschöne Hausfrau zärtlich in die Arme schloß. Ohne Zögern trug er sie auf das Bett, wo es den beiden bald wohl und wohler wurde.

Der Fischer war inzwischen im Wald und legte mitten auf dem Waldweg die zweite Reuse aus. Er konnte sich dabei des Lachens nicht erwehren. „Ich habe zwar schon gesehen, wie man in den Wäldern mit Windhun-

81

den auf die Jagd geht. Doch daß es hier Fische gibt, habe ich nicht gewußt!" Dann beeilte er sich, die dritte Reuse am Flußufer auszulegen. Dabei knurrte er kopfschüttelnd: „Ich begreife gar nichts mehr! So etwas hat es noch nie gegeben, daß man hier Fische fängt! Wahrscheinlich treibt mein Herr seine Possen mit mir. Doch wie dem auch sei, ich tue willig alles, was er mir befohlen hat!"

Mit den anderen Reusen fuhr er auf den Fluß hinaus und legte sie an den gewohnten Stellen aus. Dabei brummte er: „Wenn alles mit rechten Dingen zugeht, sollte ich mit größerer Wahrscheinlichkeit hier im Fluß ein paar brauchbare Fische fangen als draußen auf dem Waldweg!" Dann ruderte er seinen Kahn ans Ufer und beeilte sich, heimzukommen. Es war eine ziemlich kalte Mondnacht. Als er an die Haustür kam, fand er sie verschlossen. Er begann laut zu rufen und pochte an die Tür: „Mach auf! Mach auf! Es ist schon Tag!"

Frau und Pfaffe wurden von einem fürchterlichen Schrecken gepackt. „Das ist ja mein Mann!" rief sie.

Der Pfaffe flüsterte hastig: „Beste, liebste Frau! Wo soll ich hin?"

„Da auf das Lattengerüst im Rauchfang! Dort liegt eine große Reuse! Schlüpft schnell hinein, so nackt, wie Ihr seid! Habt keine Angst, er findet Euch nicht!" So drängte die brave Ehefrau.

Der Pfaffe flüchtete sich im Nu in die Reuse über dem Herd, während sie seine herumliegenden Kleidungsstücke zusammenraffte, tief in ihrer Truhe vergrub, die sie zusperrte. Darauf rannte sie in einem kurzen Hemdchen zur Tür und öffnete mit dem freundlichsten Gesicht. Die liebeswarme Frau umschlang den eintretenden Fischer heftig mit beiden Armen, küßte ihn und drängte sich mit ihren Brüsten an ihn. „Die ganze Nacht war mein Herz schwer von Sorgen! Ich konnte keine Ruhe finden! Liebster Mann, ich hatte solche Angst, dir könnte etwas zustoßen auf dem Fluß. Der Gedanke hat mich derart bedrückt und beschäftigt, daß mir wahrlich nicht fröhlich zumute war! Nun wollen wir erleichtert schlafengehen; aller Kummer ist vorbei! Wenn dich friert, so will ich dein Blut schon in Wallung bringen!" So sprach die junge, blühende Fischersfrau.

Der Fischer aber erwiderte abwehrend: „Das geht nicht! Ich muß bis zum hellen Morgen wach bleiben und Reusen flicken. Viele sind schadhaft geworden." Er ging zum Herd und schürte das Feuer. Die Hausfrau aber litt fürchterliche Qualen, noch mehr allerdings der arme Pfaffe in der Reuse, denn der Rauch benahm ihm den Atem, so daß er sein Ende nahe wähnte. Außerdem peinigte ihn die rasch zunehmende Hitze, so daß ihm an seinem ganzen weißen, glatten Leib der Schweiß ausbrach. Er dachte bei sich: Das geschieht dir recht so! Du konntest die Löffelei nun mal nicht lassen! Für deine böse Lust mußt du nun mit Schmach und Schande zahlen, ja mehr noch, mit dem Heil deiner armen Seele! In der Kirche wäre mein Platz, hätte mich nicht der Teufel mißleitet! Wäre ich doch nie auf diese Hühnerbalken hier oben geflattert!

Auch die reizende Hausfrau litt aus Angst um ihren geliebten Pfaffen bittere Herzensqualen und großen Kummer. So hatte jeder von den beiden heimlich im Herzen seine Nöte durchzustehen. Der Fischer flickte indes gemächlich seine Reusen und schürte eifrig das Feuer. Der Pfaffe im Rauchfang rang vor Verzweiflung die Hände und bejammerte in Gedanken sein trauriges Geschick.

Als der Tag angebrochen war und das erste Morgenlicht die Landschaft erhellte, murmelte der Fischer: „Es ist an der Zeit. Ich will einmal sehen, ob sich das ungeheuerliche Wunder ereignet hat und ich in der großen Reuse im Rauchfang tatsächlich Fische gefangen habe!" Der splitternackte Pfaffe erschrak heftig und meinte, nun sei es vorbei mit ihm. Der Fischer kletterte auf den Herd und beschaute verwundert seine Reuse am Kamingerüst. Dann knurrte er: „Das nenn ich mir einen gelungenen Lachsfang! So einen großen Lachs habe ich noch nie gesehen, und vor allem einen, der einem Pfaffen so ähnlich ist!" Der war natürlich rußig und schmutzig vom Rauch. Sein schneeweißer, ranker Körper war kohlrabenschwarz und runzlig wie der einer hinfälligen Alten, die sich gerade aus dem Krankenbett gequält hat.

Der Pfaffe begann zu jammern: „Gnade, lieber, bester Fischer! Schenke mir mein Leben! Ich gebe dir als Buße zwanzig Pfund Silber!"

„Ich krümme Euch kein Haar! Ganz anders werde ich Euch dies heimzahlen! Was Ihr mir auch an Schmerz zugefügt habt, Euch trifft kein Schlag und kein Stich! Dazu habe ich viel zuviel Furcht vor dem Bann des Papstes, den ich zeit meines Lebens tragen müßte. Aber ich schleppe Euch vor meinen Herrn auf die Burg, wie ich es versprochen habe!"

Voll verbissener Wut stieß der Fischer den Pfaffen von sich, so daß die Reuse mit dem geräucherten Liebhaber auf den Herd klatschte. Der Pfaffe tat einen so schweren Fall, daß ihm das Bewußtsein schwand. Der Fischer aber sprang vom Herd und brüllte: „Wo steckst du Schlampe! Du ehrvergessene Pfaffenhure! Mit Schmach und Schande hast du mich bedeckt! Verschwinde unverzüglich aus dem Haus! Doch vorher will ich dir den Buckel gerben, daß dir Hören und Sehen vergeht!" Seine Blicke fielen auf einen derben Knüppel, doch ehe er den noch aufheben konnte, entwischte die Frau aus der Hintertür, bevor ihr Mann etwas bemerkte. Der drang in die Schlafkammer ein, und als er keine Spur von seiner Frau fand, schrie er wütend: „Hölle und Teufel über diesen Glatzkopf, der mir solchen Herzenskummer und solche Schmach bereitet hat! Ihr ehrvergessenen und verwünschten Schufte habt die Fische aufgefressen, die eigentlich auf den Tisch meines Herrn gehört hätten! Wo steht das in der Bibel geschrieben? Ihr durchstöbert also die Reusen nach Fischen, Ihr verdammter Dachs? Forellen und Lachse habt Ihr verwünschter Lotterpfaffe heimlich wie ein Otter aus den Flußreusen gestohlen und aufgefressen!"

Der Pfaffe barmte in Todesängsten: „Gnade, Fischer! Ich flehe dich an!"

Die wütende Antwort war: „Euch hilft kein Bitten und kein Flehen! Rauf auf die Burg müßt Ihr! Laßt Euer Gewinsel!"

Erbost griff er sich den Pfaffen, warf ihn wie einen Mehlsack auf seinen Karren, spannte ein Pferd davor und fuhr in größter Eile auf den Wald zu, um nach der anderen Reuse zu sehen. Darinnen hockte ein Junghase, der in seiner Unerfahrenheit hineingeraten war. Der Fischer staunte und sprach: „Stets will ich der Weisheit meines Herrn vertrauen und seinen Befehlen gehorchen!" Er warf den Hasen zu dem Pfaffen auf den Karren und ratterte im schnellen Trab zum Flußufer hin, wo er die dritte Reuse fand. Sieben Rebhühner hatten sich darin verstrickt. Der Fischer meinte voller Genugtuung: „Das wird mir mein Herr gewiß danken! War ich vorher nur Fischer, so bin ich — sein Gebot befolgend — fortan auch Jägersmann und Vogelsteller, habe ich doch mit den drei Reusen Rebhühner, einen Hasen und dazu einen Kaplan gefangen. Wo hat man je von solchen Wunderdingen gehört?" Damit fuhr er durch den Wald auf die Burg zu.

Als sie sich der Zugbrücke nahten, krümmte sich der Pfaffe zusammen, und als er die Brücke passierte, bedeckte er mit der einen Hand seine Schamteile, mit der anderen seine Augen. Noch nie war er in eine so verzweifelte Lage geraten; vorbei war's nun mit Glück und Fröhlichsein! Der Fischer aber rumpelte in rascher Fahrt auf den Burghof, wo ihm der Burgherr und das ganze Burggesinde mit lautem Geschrei entgegenliefen. Der Burgherr hob lachend an: „Fischer, du bist meinem Rat gefolgt und hast — wie ich sehe — Erfolg gehabt. Da du mit gefüllten Reusen an den Hof gekommen bist, sollst du den gebührenden Lohn erhalten. Ich spreche dir das Fischrecht auf Lebenszeit zinslos zu. An deiner Statt muß jener da Zins geben, denn er hat dich um dein Eigentum gebracht. Mir scheint, wir haben jetzt den Hecht, der die

Edelfische verschlungen hat! Ich werde ihn schon dazu zwingen, daß er dir allen Schaden ersetzt!"

Der Kaplan wurde von dem Hofgesinde mit Hohn und Spott überschüttet, als plötzlich aus der Burg in prachtvollem Aufputz des Burgherrn Gattin eilte. Obwohl er die Hände vors Gesicht geschlagen hatte, erkannte sie ihren Kaplan: „Ist das nicht unser Kaplan? Was hat er denn nur angestellt, daß er nackt und bloß daliegt?"

Der Pfaffe schluchzte demütig: „Hochverehrte, gütige Herrin! Bei Eurer edlen Bildung beschwöre ich Euch, rettet mich aus dieser schmachvollen Lage! Ich gelobe auch, das Land sofort zu verlassen! Gebt mir nur ein einziges Gewand! Meine ganze übrige Habe könnt Ihr behalten!"

Die Edelfrau erreichte es beim Burgherrn, daß er den Pfaffen aus der Reuse holen und ihm seine Kleider geben ließ. Der mußte aber schwören, das Land zu verlassen, und auch sein ganzer Besitz war verloren. Das ist aber nur recht und billig: Wer einem anderen die Ehre raubt, sollte wie dieser Pfaffe aufgegriffen und öffentlich angeprangert werden. Das wäre vortrefflich gehandelt! Der Lohn der Bosheit sei die Schande; dies kommt ihr rechtens zu. Ihr Frauen und Männer, laßt euch raten und hütet euch um Gottes willen vor Sünde und Freveltaten!

Der Herrgottſchnitzer

Ich will euch eine wahre Geschichte erzählen, die ihr sicherlich mit Vergnügen hören werdet. Sie spielt — wie man mir versichert hat — in einer Stadt am Rhein. In dieser Stadt wohnte als angesehener Bürger ein begabter Maler und Holzschnitzer. Er hatte eine der schönsten und liebenswürdigsten Frauen, die damals auf Erden lebten. Die beiden führten eine harmonische Ehe, und die Gesellen malten und schnitzten nach dem geachteten Vorbild ihres Meisters. Ihre in Silber und Gold erstrahlenden Schöpfungen bewahrte er in einem großen Raum auf, wo sie zum Verkauf bereitlagen.

Nun war ein Benediktinermönch — vom Teufel verführt — seinem Orden abtrünnig geworden. Voller Lebensgier legte er weltliche Kleidung an und wanderte bis in jene Stadt, wo der Maler mit seiner reizenden Ehefrau wohnte. Dort wurde er Pfarrer. Außer Gott und ihm selbst wußte niemand, daß es sich um einen abtrünnigen Mönch handelte, zumal er bemüht war, seine

Messen und Predigten stets ordentlich und eindrucksstark zu gestalten.

Unvermittelt überfiel ihn jedoch eine leidenschaftliche Liebe zu der Malersfrau, die er fortan bei jeder sich bietenden Gelegenheit mit seiner Werbung bedrängte. Ob sie in die Kirche ging oder Besorgungen machte, stets war er zur Stelle in der Hoffnung, daß sie sein Flehen endlich erhören werde. Nun war sie aber eine charakterfeste Frau und wies ihn standhaft ab, zumal sie an ihre eheliche Treuepflicht und an ihren guten Ruf dachte. Da sich der liebestolle Pfarrer um keine Zurückweisung scherte, wurde sein Werben der Malersfrau schließlich lästig. Ich will mich kurz fassen: Er bot ihr eine große Summe, falls sie ihm ihre Gunst gewähren würde, doch sie sann nur darauf, wie sie auf glimpfliche Weise den lästigen Nachstellungen des Pfarrers ein Ende machen könne, die ihren Ruf gefährdeten und sie in Schwierigkeiten zu bringen drohten.

Eines Nachts, als sie sich ihrem Manne liebend hingegeben und er Liebe mit Liebe vergolten hatte, plauderten sie über allerlei Dinge. Da sprach die ehrenfeste Frau vertrauensvoll zu ihm: „Mein Liebster, mein Eheherr, wenn du es erlaubst, möchte ich dich über eine heikle Angelegenheit unterrichten, damit nicht am Ende irgendein Unheil geschieht."

„Sprich nur, Liebste, damit wir dem Unheil wehren. Laß hören, ob uns irgend jemand Böses getan hat oder tun will."

„Unser Pfarrer stellt mir unaufhörlich mit Liebeswerben nach. Lange genug habe ich ihm angedroht, daß ich offen mit dir sprechen und dich von seinen ehrenrührigen Bemühungen in Kenntnis setzen würde."

„Liebste, beste Frau, ich weiß, daß du von untadeligem Charakter bist. So wahr ich lebe, ich will ihm seine geilen Nachstellungen versalzen. Was hat er dir denn angeboten?"

„Er bietet mir jährlich goldene Ringe, vierzig Pfund Silber und einen Hermelinpelz, wenn ich seine Wün sche erfülle. Liebster Mann, such bitte nach einem Ausweg, damit wir die ganze leidige Geschichte ehrenvoll aus der Welt schaffen, ohne daß es ihm ans Leben geht!"

Da faßte er einen Plan, wie sie dem Pfarrer so mitspielen wollten, daß der Ausgang ihm zur Schande, ihnen beiden aber zum Ruhm gereichte.

Nun fügte es sich, daß der Pfarrer die Malersfrau wieder einmal um ihre Liebesgunst anging. Die Frau erklärte sich einverstanden, doch sollte er zum Stelldichein die versprochene Summe Geldes mitbringen. Wirklich steckte er das Silber ein und schlich sich zu ihr. Sie führte ihn heimlich in einen Raum, der voller Bilder und Schnitzarbeiten war. Auch ein Bett befand sich darin. Kaum hatte er sich ausgezogen, da pochte ihr Ehemann an die Tür und verlangte Einlaß. Sie flüsterte ängstlich: „Liebster Herr Pfarrer! Wie soll ich Euch nur vor der Wut meines Mannes retten?" Der arme, verblendete Tor geriet in solche Panik, daß er sich von der Frau — wie ihr gleich hören werdet — willenlos zum Narren machen ließ. Sie lehnte ihn an ein aufrecht stehendes Kreuz, holte — ihren listigen Plan ausführend — einen Farbtopf herbei und bemalte ihn mit roten Streifen, als hätten ihn die Juden ans Kreuz geschlagen. Danach ließ sie ihren Ehemann eintreten, der ein Schnitzmesser in der Hand trug. Er trat vor das Kreuz und tat sehr erstaunt: „Wann haben denn die Gesellen dieses Schnitzwerk angebracht? Es ist ja vorzüglich gelungen. Die Lippen prangen in frischer Röte, die Augen blicken lebensvoll, die Zähne strahlen blendend weiß, der Hals ist kräftig, die Ohren sind allerdings etwas langgezogen. Ein großes Lob gebührt meinen Gesellen! Bei meiner Treu, sie haben alle neue Gewänder verdient, und ich kaufe sie ihnen auf der Stelle, denn sie haben ein hervorragendes Bildnis geschaffen!" Dann sah er nochmals hin und stutzte: „Nanu, was hängt denn da so lang herunter? Die Länge ist ja abnorm und schändet unseren Heiland! Nun merkt man doch, daß nur die Gesellen am Werke waren!"

Er gab sich den Anschein, als sei er höchst erzürnt. Nun lag ein Wetzstein bei der Hand, mit dem er vom Kreuz zurücktrat, um sein Messer grimmig darauf zu wetzen. Dabei sprach er: „So lasse ich das Ding nicht stehen! Ich muß es ein wenig kürzen, damit mein Künstlertum nicht in Verruf gerät!" Doch ehe er noch ans Werk gehen konnte, stieß sich der Mönch vom Kreuze ab und floh in weiten Sprüngen aus der Bilderkammer auf die Straße. Alle Bürgersleute, die da standen oder saßen, waren baß erstaunt, denn der Maler hetzte hinter ihm her und brüllte aus voller Kehle: „Packt ihn! Haltet ihn! Mein Schnitzwerk nimmt Reißaus! Es ist mir plötzlich vom Kreuz gesprungen!"

Der Mönch floh Hals über Kopf und verließ eilig Stadt und Land. Zurück ließ er all seine Habe und seine wertvollen Kleider, so daß er völlig mittellos war. Männer und Frauen strömten indes zusammen und umringten den Maler, der ihnen vorlamentierte, daß ihm sein Herrgottbildnis fortgelaufen sei. „Ich möchte es gern verkaufen, wenn man es mir nur wiederbrächte!" Als man aber schließlich dahinterkam, um was für ein Herrgottbildnis es sich gehandelt hatte, lachte die ganze Stadt über den Streich.

Die drei Mönche von Kolmar

Mir wurde versichert, daß die folgende Geschichte, die ihren Schauplatz in Kolmar hat, auf wahren Begebenheiten beruhe. Vernehmt also die merkwürdigen Geschehnisse, von denen uns ein Mann berichtete, der aus Kolmar geritten kam.

In dieser Stadt lebte dereinst ein reicher und unabhängiger Bürger, dessen Glücksstern jedoch unaufhaltsam sank, denn Tag um Tag hatte er große Vermögensverluste hinzunehmen. Er war mit einer überaus reizenden Dame verheiratet, die alle glückverheißenden weiblichen Vorzüge ihr eigen nannte und im Überfluß all jene Reize besaß, die eine schöne Frau begehrenswert erscheinen lassen. Sie war etwa zwanzig Jahre alt und hatte einen vollendet schönen Körper. Im tiefsten Herzen war sie Gott ergeben: Sie erfüllte alle seine Gebote und liebte ihn wie sich selbst.

Einst wollte sie vor Ostern im Kloster der Predigermönche beichten. Sie kleidete sich sorgfältig an und machte sich auf den Weg zum Kloster. Als der Beichtvater die Eintretende erblickte, sprach er freundlich: „Seid Gott willkommen, schöne Frau!"

Sie erwiderte schüchtern: „Habt Dank, mein Herr!"

Der Anblick ihrer vollkommenen Schönheit entzückte den Mönch. Sie setzte sich zur Beichte nieder und gestand — wie es sich gehört — rückhaltlos alle ihre Sünden. Nachdem sie alles gesagt hatte und nach vollzogener Beichte davongehen wollte, bat sie der Mönch: „Meine herzliebste Schöne, zur Buße für deine Sünden erlege ich dir auf, daß du mich zu dir läßt und alle meine Wünsche erfüllst! Diese Buße mußt du annehmen! Ich will dir auch dreißig Mark Silbers geben!"

Über diese Zumutung erschrak die Dame im tiefsten Herzen. Sie war betrübt und bekümmert und dachte bei sich: Wie komme ich nur los von diesem Mann? Laut aber sagte sie: „Lieber Herr, ich weiß nicht, ob es sich einrichten läßt. Daheim will ich sehen, ob sich irgendeine Möglichkeit findet, und Euch dann Bescheid geben. So lange müßt Ihr Euch schon gedulden!"

Dem Mönch gingen diese Worte ein wie Honigseim, und sein Herz hüpfte vor brünstiger Freude. Die Frau aber dachte nicht einmal im Traume daran, seine Wünsche zu erfüllen. Sie verabschiedete sich von ihm und ließ ihn allein in seinem Beichtstuhl zurück.

Als sie das Kloster verließ, lag ihr das schamlose Ansinnen des Mönches schwer auf der Seele. Sie dachte nämlich voller Sorge, wo sie denn in Zukunft beichten sollte. Schließlich entschloß sie sich, ins Kloster der Barfüßermönche zu gehen, die Gott mit Meßandachten und Predigten voller Eifer dienen. Kaum hatte sie das Kloster betreten, kam auch schon ein Mönch auf sie zu und bot ihr ein Gottwillkommen.

„Habt Dank, mein Herr!" sprach die keusche, fromme Dame, denn sie fühlte so recht die Last ihrer Sünden. Der Mönch geleitete die Frau zum Beichtstuhl, und als sie alle ihre Sünden rückhaltlos gestanden hatte, stellte ihr der Barfüßermönch das gleiche Ansinnen wie der

Predigermönch: „Sechzig Mark Silbers sollt Ihr haben, wenn Ihr mich dafür heimlich Eure Liebe genießen laßt. Ihr könnt Euch darauf verlassen, daß Ihr das Geld bekommt!"

Da verhielt sich die lobenswerte Frau ihm gegenüber genauso wie beim Antrag des Predigermönchs. Dann nahm sie Abschied und ging davon. Als sie auf die Straße trat, überlegte sie bekümmert: Ach, Herr und Gott, wie soll ich in Zukunft nur zum Sakrament der Beichte kommen?

Wie es heißt, wandte sie sich einem anderen Kloster zu und trat durch die Klosterpforte. In diesem Kloster lebten Augustinermönche, die Gott im Herzen dienten. Sobald unsere Schöne das Kloster betreten hatte, wurde sie sogleich von einem Mönch begrüßt. Sie dankte ihm und fragte: „Könnt Ihr mir die Beichte abnehmen?"

„Aber natürlich!" erwiderte der Gefragte. Wieder beichtete sie, wiederum warb der Mönch um ihre Liebe und bot ihr sogar einhundert Mark Silbers. Der Augustinerorden brauchte nicht zu knausern, und sie hätte den versprochenen Lohn gewiß erhalten, doch sie wollte sich nun einmal nicht wegwerfen. So gab sie ihm die gleiche Antwort, die sie bereits den anderen beiden gegeben hatte. Dann verabschiedete sie sich und ließ ihn in seinem Beichtstuhl allein.

Daheim eilte sie sogleich ins Schlafgemach, riß sich den Mantel vom Leibe und weinte vor Gewissensnot herzzerbrechend. Sie war tieftraurig darüber, daß sie die drei Mönche mit ihrem üblen Trick zur Beischläferin gewinnen wollten, denn sie liebte ihren eigenen Mann ohne jeden Hintergedanken. Als er hinzukam und sie in Tränen aufgelöst fand, fragte er bestürzt: „Liebste, beste Frau, was hat dich denn bekümmert, daß du so heftig weinst? So in Tränen aufgelöst habe ich dich noch nie gesehen!"

Sie wollte ihr tränenüberströmtes Antlitz rasch verbergen, doch er hatte es schon gesehen und drang weiter in sie: „Was ist dir widerfahren!" Sie solle ihm doch erzählen, was geschehen sei. Sie wollte ihren Kummer verleugnen, doch er rief: „Was ich gesehen habe, das habe ich gesehen!" Da konnte sie nicht länger schweigen und klagte ihm ihre Herzensnot. Sie erzählte, wie ihr die Mönche mitgespielt hatten und wie sie ihnen beim Abschied zum Schein versprochen hatte, sie wolle alles nach ihren Wünschen einzurichten suchen.

Der Hausherr grübelte: Mein Hab und Gut schwindet leider immer mehr dahin. Wenn ich je wieder zu Reichtum kommen will, muß ich die gebotene Gelegenheit nutzen. So redete er auf seine Frau ein: „Es kommt schon alles in Ordnung! Bestelle nur ungesäumt den ersten Mönch zu dir. Er solle am Abend — wenn die Weinschenken schließen — herkommen und sein Silber mitbringen. Dem anderen bestelle, er solle heimlich um Mitternacht kommen und nur ja sein Silber nicht vergessen! Der dritte soll zur Frühmesse erscheinen und die hundert Mark Silbers unbedingt einstecken! Lasse sie alle wissen, ich sei weit fortgeritten."

Nachdem ihr Mann dies geraten hatte, handelte die fromme und hübsche Frau unverzüglich nach dem Willen des Hausherrn. Sie sandte Boten zu den drei Mönchen und ließ ihnen ausrichten, sie sollten des Nachts zu ihr kommen. Als die drei Mönche vernahmen, daß ihnen bereits in dieser Nacht ein Stelldichein gewährt würde, wußten sie sich vor Freude nicht zu fassen.

Bei Anbruch des Abends ließen der Hausherr und die Hausfrau viel Wasser herbeischleppen, denn es war höchste Zeit. Sie kamen überein, es im Kessel heiß zu machen und dann in aller Heimlichkeit einen großen Zuber mit kochend heißem Wasser zu füllen, der an die Wand gerückt wurde. Als alles fertig war, hörten sie bereits die Schritte des ersten Mönchs. Nun ging alles wie am Schnürchen: Der Hausherr rannte mit einem Knüppel durch die Tür in ein anderes Zimmer. Da kam auch schon der Mönch an die Pforte, und als die Hausfrau dies merkte, fragte sie leise: „Wer ist da?"

„Ich bin's, der Bruder Tetia!"

Die Frau ließ den Mönch eintreten, der sogleich anhob: „Meine herzliebste Dame, erfüllt mein Begehr, das mich zu Euch getrieben hat, schenkt mir Eure Liebe. Kein Mann auf Erden wird dann glücklicher sein als ich!"

„Gern will ich Euern Wunsch erfüllen. Doch gebt mir erst, was Ihr mir versprochen habt, dann will ich Euch zu Diensten stehn!" Der Mönch händigte ihr das Silber aus. Als der Hausherr merkte und durch die Worte seiner Frau bestätigt fand, daß sie das Silber hatte, drosch er mit seinem Knüppel wie verrückt auf die Zimmerwand los. Er und seine Frau hatten dies vorher nämlich so verabredet. Als sie nun den Lärm hörte, barmte die tugendhafte, schöne Frau: „Wehe, Herr, mein Mann ist gekommen! Schnell in den Zuber, bis er sich beruhigt hat! Ich will mich dann schlafen legen, so daß er das Zimmer wieder räumt und uns zwei hier in Ruhe läßt!"

Da der Hausherr mit seinem Getobe fortfuhr, konnte es der Mönch kaum erwarten, in den Zuber zu kommen, in dem er sich tödliche Verbrühungen zuzog. Die beiden zerrten den Leichnam heraus und lehnten ihn an eine Wand. Der Mönch troff nur so von Wasser. Als Mann und Frau hörten, daß man Mitternacht läutete, lauerten sie auf die Ankunft des zweiten Mönchs. Es dauerte auch nicht lange, da stand er vor der Pforte. Wieder fragte die Frau: „Wer steht vor der Tür? Seid Ihr's, mein lieber Herr?"

„Ja!" erwiderte er flüsternd. „Laßt mich zu Euch!"

Die Frau ließ den Mönch eintreten und nahm das Silber in Empfang. Als der Hausherr merkte, daß sie das Geld hatte, ergriff er wieder den Knüppel und schlug wie rasend auf die Wand ein. Der Mönch suchte nach einem Fluchtweg, geriet in den Zuber und erlag gleichfalls den erlittenen Verbrühungen. Auch ihn lehnten sie danach an die Wand.

Als alles vorbei war, hörte man die Frühmesse läuten. Nun kam der dritte Mönch gelaufen. Als die Hausfrau hörte, daß er vor der Tür stand, ging sie hin und ließ ihn ein. Nachdem sie das Silber in Händen hatte, gebärdete sich der Hausherr wie zuvor. Der Mönch suchte nach einem Rettungsweg, stürzte in das siedende Wasser und kam ums Leben.

Als alles vorbei und alle drei Mönche verbrüht waren, packte der Hausherr den ersten beim Schopf und schleifte ihn vor die Haustür. Da kam ein schwer betrunkener fahrender Scholar vorbei. Der Hausherr sprach ihn an: „Sag, willst du dir vier Taler verdienen?"

„Immerzu, bester Herr!" lachte der Scholar. „Was soll ich dafür tun?"

„Da, nimm den Mönch hier und wirf ihn in den Rhein!" Wie es der Hausherr gewünscht hatte, lud sich der Scholar den toten Mönch auf und warf ihn in den Fluß.

Nun packte der Hausherr den zweiten Mönch, schleppte ihn vors Haus und lehnte ihn an die Mauer. Kaum war er damit fertig, kam der Scholar zurück und wollte seinen Lohn haben. Der Hausherr entrüstete sich: „Der Mönch lehnt ja noch immer hier!"

Der Scholar stierte auf den Leichnam, packte ihn am Schopf und sprach: „Daß dich der Teufel hole!" Als der Hausherr merkte, daß er den zweiten forttrug, schleppte er — wie vorher die zwei anderen — auch den dritten Mönch vor das Haus. Der Scholar kam angekeucht und wollte sein Geld. „Du bist schon zurück?" tat der Hausherr verwundert. „Er lehnt doch noch immer an der Wand!"

Der Scholar verfluchte sein Geschick und rief: „Ich habe ihn doch in den Rhein geworfen, wo er am tiefsten ist! Er müßte auf dem Grunde des Flusses liegen, wenn ihn nicht der Teufel wieder hergebracht hat!"

Der Hausherr forderte ihn auf: „So sieh doch hin, er lehnt noch immer dort!"

„Daß Gott dich verdamme!" schrie der Scholar den Toten an. „Bist du schon wieder zurückgelaufen?" Arglos und wütend packte er sich den dritten auf und verfuhr mit ihm so wie mit den beiden anderen. Dann rannte er zurück, um endlich den versprochenen Lohn zu kassieren, als er vor sich einen Mönch zur Frühmesse eilen sah. Der Scholar fiel ohne viel Federlesens über ihn her und zerrte ihn wütend an den Haaren wie an der Kutte. Der Mönch wehklagte: „Was habe ich Euch denn getan?"

Der Scholar brüllte ihn außer sich an: „Die ganze Nacht läufst du mir nach! Kann ich dich gar nicht wieder loswerden? Wenn dich doch der Satan holen wollte!"

„Nein, Herr, so wahr mir Gott helfe! Ich wollte nur zur Frühmesse und meine Sünden büßen, das ist die reine Wahrheit!"

Der andere aber schleppte ihn weiter, ohne auf seine Worte zu achten. Zwar gelang es dem Mönch für einen Augenblick, sich loszureißen, doch der andere haschte ihn sofort wieder bei der Kutte und frohlockte: „Hiergeblieben, Bruder Tollkopf!" Er versetzte ihm Hiebe und Püffe und schleppte ihn eilends zum Fluß hinunter. So laut der Mönch auch um Hilfe schrie, er kehrte sich nicht die Bohne darum, sondern zog ihn unverdrossen mit sich zum Rhein hinunter. Dem Mönch ging die Sache über den Spaß. Er dachte: Ach, lieber Herrgott! Was will dieser Mann mir antun? Ich habe ihm doch kein Leid zugefügt! Der Scholar war fast am Ende seiner Kräfte und wußte sich kaum noch zu helfen, als er endlich an sein Ziel kam. Da verfuhr er mit dem Mönch wie mit den drei Toten. Danach ging er zurück zum Hause seines Auftraggebers und erhielt die vier Taler. Das war freilich ein Bettellohn, denn für jeden Taler hatte ja der Scholar einen Mönch fortschleppen müssen. Er lamentierte vor dem Hausherrn, der Mönch sei ihm wieder gefolgt, doch er habe ihn gepackt, zurückgeschleppt und gehörig verprügelt. Als der Hausherr dies hörte, sprach er zu sich: Da hast du was Schönes angerichtet! Gott nehme sich seiner Seele an!

Die Richtigkeit dieses Exempels bestätigt sich jeden Tag aufs neue. Oft genug passiert es, daß ein Unschuldiger die Freveltat des wirklich Schuldigen entgelten muß.

Damit ist unsere Geschichte zu Ende. Jedermann aber hüte sich davor, das gleiche Verbrechen zu begehen wie die drei Mönche, denn wer wie sie in fremden Revieren wildert und nicht davon lassen will, riskiert Kopf und Kragen. Da sie das Sakrament der Beichte schändeten, haben die drei ihre gerechte Strafe erhalten. Gott läßt solch ein Vergehen nicht ungerächt, sagt „Niemand".

Der Liebeszehnte

Ich habe schon früher oft davon erzählt, wie die durchtriebenen Weiber mancherlei Gaukelspiele veranstalte-
ten und die einfältigen Männer hinters Licht führen. Es
gibt wohl kaum eine Frau auf Erden, die sich nicht auf
solche Künste verstünde, denn beim Betrügen sind die
Frauen in ihrem wahren Element. Es bereitet ihnen eine
unbeschreibliche Befriedigung, die Männer mit ihren
raffinierten Machenschaften so recht um den Verstand
zu bringen. Wohin ich auch immer kam — in Städte, auf
Märkte, in Dörfer —, selbst das dümmste Weib war in
dieser Hinsicht ein Ausbund an Verschlagenheit, ausge-
nommen eine einzige Frau, von der ich nun erzählen
will. Sie war schön, sittsam, geradsinnig, charaktervoll
und unwandelbar treu. Arglist fand in ihrem Herzen keinen Platz, jede Bosheit war ihr fremd. Dazu war sie an-
mutig, reizvoll und nicht unbegütert. Sie lebte in einem
wohlhabenden Dorf und war mit einem tüchtigen, fröhlichen Bauersmann verheiratet.

Zu dieser Frau entbrannte der Dorfpfarrer in heißer, unbezwinglicher Liebe, ohne daß er es gewagt hätte, seine Gefühle zu offenbaren. Er wußte nämlich, daß sie sittsam, anständig und keinesfalls leichtfertig war. Nun geschah es zur Fastnachtszeit, daß sämtliche Bauern des Dorfes mitsamt dem Pfarrer bei der sittsamen Bäuerin zu Gast geladen waren und recht ausgelassen feierten, wie es um diese Jahreszeit üblich ist. Der Pfarrer paßte die Gelegenheit zwischen zwei Trinksprüchen ab, nahm die Gastgeberin beiseite, setzte sich unauffällig neben sie und flüsterte ihr leise zu: „Liebste Frau, ich muß Euch heute sagen, was ich schon lange Zeit in meinem Herzen herumtrage. Ich sehe an Eurer Lebensführung, daß der Segen Gottes auf Euch ruht. Ihr gebt Gott jederzeit das, was ihm rechtens zukommt. Euer Opfer ist rein und makellos, Eure Spenden sind reichlich und wohlbemessen. Wenn Ihr allerdings den Zehnten unverkürzt hingeben und damit Eure Seele von jeder Sündenschuld befreien würdet, so erlangtet Ihr gewißlich die Gnade Gottes und kämt bestimmt ins Himmelreich. Tut Ihr dies nicht, so seid Ihr verdammt in alle Ewigkeit und müßt die Qualen der Hölle dulden."

Die Hausfrau erschrak heftig und sprach: „Herr, so ratet mir doch, wie ich das Himmelreich erwerben kann! Bisher glaubte ich, Gott den Zehnten unverkürzt gegeben zu haben."

Der Pfarrer meinte kopfschüttelnd: „Ihr könnt mir glauben, daß Ihr Euch in einem furchtbaren Irrtum befindet! Mir gebührt nämlich auch der Liebeszehnte. Bisher habt Ihr ihn mir vorenthalten und Euch dadurch versündigt, so daß Gott Euch zürnt!"

Die Bäuerin fragte arglos: „Davon habe ich noch nie gehört! Es tut mir herzlich leid, daß ich wider Gottes Gebot gehandelt habe. Eurem Rat gemäß will ich gern die Buße auf mich nehmen."

Der Pfarrer fuhr fort: „Haltet aber unbedingt reinen Mund und sagt vor allem Eurem Manne kein Wort! Ihr könnt Euch selber ausrechnen, was Ihr mir an Liebeszins

— der mir rechtens zukommt — im letzten halben Jahr schuldig geblieben seid. Eure weiter zurückreichenden Schulden will ich Euch nachlassen. Gott wird Euch dann Eure Sündenschuld verzeihen, denn Ihr seid ja unwissend in Sünde gefallen!"

Die Bäuerin erwiderte treuherzig: „Im vergangenen Halbjahr hat mein Mann dreißigmal mit mir geschlafen und das Liebesspiel gespielt."

Der Pfarrer sprach nachdenkend: „Dann gebühren mir als Zehent akkurat drei Liebesspiele. Sie gehören eindeutig mir, und wenn Ihr mir sie pflichtgemäß liefern wollt, so komme ich morgen, während Euer Mann auf dem Feld ist, zu Euch und nehme mir meinen Zehnten!"

Die gutgläubige Frau versprach: „Wenn Ihr wirklich Anspruch auf diese Abgabe habt, so sollt Ihr sie gern haben."

Am nächsten Morgen machte sich der Bauer frühzeitig fertig, um aufs Feld zu fahren. Kaum war er fort, so huschte der Pfaffe ins Haus und begab sich sofort zur Hausfrau. Sie hieß ihn liebenswürdig willkommen, doch er drängte die reizende Schöne: „Schnell, liefert mir meinen Zehnten aus, oder Ihr habt die Gnade Gottes verscherzt!"

Die Frau fürchtete sich vor Gottes Zorn und ließ ihn widerstandslos auf ihrem wohlbestellten Acker seinen Zehnten sammeln. Der Pfaffe blieb bis zur Mittagszeit bei der Bäuerin liegen und holte sich dreimal reichlichen Zins. Als er seinen Zehnten geerntet hatte, machte er sich davon. Triumphierend darüber, daß alles nach Wunsch gelaufen war, trat er aus der Haustür, da kehrte gerade der Bauer vom Felde heim. Der Pfaffe konnte sich nicht mehr vor ihm verbergen. Der Bauer aber war baß erstaunt, was wohl der Pfarrer auf seinem Hof gesucht habe. Er fragte seine Frau: „Sag mir die reine Wahrheit! Was hatte der Pfaff bei dir zu schaffen?"

Die Frau war töricht genug, die ganze Sache für völlig normal zu halten, und erklärte ihrem Mann ohne Zögern: „Das will ich dir gern berichten. Er hat mir ins Gewissen geredet und mir versichert, ich hätte mich an Gott versündigt, da ich meinen Zehnten nicht unverkürzt ablieferte. Zur Strafe drohten mir die Qualen der Hölle. Diese Sünde lag mir schwer auf der Seele. Wenn du ehrlich und aufrichtig zu mir wärest, wie es Gott eigentlich von dir erwarten dürfte, so hättest du mich schon längst aufmerksam machen müssen, daß ich dem Pfarrer ständig den fälligen Liebeszehnten zu zahlen habe. Wenn ich fortan den Zehnten immer pünktlich zahle, so will er auf den bislang unterschlagenen Zins verzichten und mir auch so die Gnade Gottes erwirken. Aus diesem Grunde habe ich eben die ausstehende Liebesschuld dreimal beglichen. Grad ehe du kamst, hat er sie sich genommen."

Als ihr Mann dieses Geständnis hörte, gefiel es ihm ganz und gar nicht. Er sprach: „Solchen Liebeszins darfst du dem Pfaffen nie mehr geben, oder ich bringe dich um! Diesmal will ich es dir noch nachsehen, doch darf sich das nicht mehr wiederholen!"

Verschüchtert sagte die Frau: „Ich will's gewiß nie wieder tun! Ich bitte dich nur, mir diesmal zu verzeihen!"

Der Mann vergab ihr und sprach ohne Groll: „Verrate dem Pfaffen nicht, daß ich ihm auf die Schliche gekommen bin. Ich denke nicht daran, dies hinzunehmen! Diese Schurkerei soll er mir büßen!"

Die Frau rief: „Was du auch ersinnst, ich helfe dir! Ich brenne darauf, diesen Schalk von einem Pfaffen so zu bestrafen, daß er in Schmach und Schande fällt!"

Der Bauer hatte einen vortrefflichen Einfall. Er erklärte seiner Frau, er wolle den übermütigen Pfaffen zu einem Gastmahl mit leckeren Speisen und einem würzigen Wein einladen. Alsbald kaufte er zwei neue Fäßchen. Das eine füllte er mit vorzüglichem Wein. Dann trug er das andere herbei, das ein ungewöhnlich großes Loch aufwies. Nun gebot er seiner Frau, in dieses Faß ihr Wasser abzuschlagen, denn dies wäre nötig, um dem Pfaffen einen tüchtigen Denkzettel zu verpassen. Die Bäuerin entleerte sich so lange in das Fäßchen, bis es randvoll war. Am festgesetzten Tag kam der eingeladene Pfarrer völlig ahnungslos zum Frühmahl. Er war so recht vergnügt und in Hochstimmung, wie es jedem Schürzenjäger geht, der seiner Geliebten einen Besuch abstatten will. In seinem Herzen verborgen wucherten die Erinnerungen an genossene Liebeswonnen und lustvolle Liebesspiele; er fühlte Liebe, Sehnsucht und war heiterster Laune. Man bat den Pfarrer zu Tisch und traktierte ihn auf das beste mit Wildbret, Fisch und allem, was das Herz sich nur wünschen kann. Bei dem Geschmause konnte er es nicht unterlassen, der geliebten Frau schmachtende Blicke zuzuwerfen. Der Hausherr bemerkte dies gar wohl, doch tat er, als ob er völlig ahnungslos sei. Als die Schüsseln leer, alle vollauf gesättigt und die Reste abgeräumt waren, wandte sich der Hausherr an den Pfarrer: „Herr, nach dem Essen soll uns ein ganz vorzüglicher Wein munden! Der Tischwein war ein wenig herb. Wenn es Euch recht ist, wollen wir uns jetzt einen süßen Wein genehmigen!" Diese Worte behagten dem Pfarrer gar sehr. Der Hausherr aber war — der erfahrenen Kränkung eingedenk — nichts weniger als aufrichtig zu seinem Gast. Er gebot seiner Frau, sogleich das größere Fäßchen herbeizuschaffen. Die Hausfrau erfüllte ihres Mannes Begehr und brachte es. Als es vor dem Hausherrn stand, bot er es dem Pfarrer: „Herr, probiert einmal den Sauser! Er kommt von einem edlen Rebstock!"

Der Pfarrer packte das Fäßchen mit der großen Öffnung, und da der Hausherr fortfuhr, seinen Wein über den grünen Klee zu loben, nahm der Pfarrer ohne Arg einen gewaltigen Schluck. Der Zug fiel so kräftig aus, daß ihm ein starker Strahl durch den Hals in den Leib schoß. Sofort begann er sich zu krümmen und heftig zu würgen, bis er alles von sich gab, was er gegessen und getrunken hatte. Nachdem er alles ausgebrochen und nichts mehr im Magen hatte, ächzte er: „Das war ein schlimmer Trunk! Er hat mir Lunge, Leber und das ganze Eingeweide zerfressen. Dies werde ich sicherlich nicht überleben!"

Der Hausherr sprach spöttisch: „Was habt Ihr nur? Ich kann Euch versichern, es ist der beste und klarste Wein, der je auf einem Rebstock gewachsen ist, von dem Ihr kürzlich den Zehnten eingenommen habt. Mein Weinberg ist tadellos; ich habe ihn gehegt und gepflegt und für meine Mühe viel Liebes und Gutes geerntet. Er ist aber mein persönliches Eigentum und kein Lehen. Daher habe auch nur ich allein etwas darin zu suchen, sonst niemand, weder Laien noch Geistliche. Das merkt Euch künftig. Zeit meines Lebens habe ich dafür nie den Zehnten geben müssen, und wer ihn trotzdem fordert, der wird so fürchterlich Not und Wehsal kosten, daß ihm selbst der Tod noch eine Gnade dünken wird."

Als der Pfaffe dies hörte, erschrak er sehr. Er war in großer Angst vor dem Rachezorn des Hausherrn, den er herausgefordert hatte. Flehentlich und demütig bat er ihn um Vergebung: „Lieber Hausherr, verzeih mir, was ich dir angetan habe! Vergiß es und denke an deinen guten Ruf, denn du bist der Hausherr, und ich bin dein Gast. Wenn du mir etwas Böses antust, verstößt du gegen das Gastrecht. Ich schwöre dir, daß ich es nie wieder tun werde! Außerdem kannst du in Zukunft stets auf meine aufrichtige Hilfe rechnen. Laß dir versichern, daß einzig und allein ich der Schuldige bin. Deine Frau ist brav und makellos. Ich habe sie arglistig belogen und betrogen, so daß sie mir in ihrer Unschuld und in ihrer Herzenseinfalt auf den Leim gegangen ist. Strafe sie nicht und behandle sie in Zukunft nicht schlechter als bisher, denn sie hat es ohne böse Absicht getan."

Da der Pfarrer aufrichtig seine Schuld bekannte, vergab ihm der Hausherr die Kränkung, die er ihm angetan hatte. Er ließ die Verfehlung der Vergangenheit auf sich beruhen, und es kam zwischen den beiden zu einer festen, dauernden Freundschaft. Der Pfarrer war dem Bauern behilflich, wo er nur konnte, und er versuchte nie mehr die alten Schliche, die auf Kosten des Bauern gegangen waren. Damit ist unsere Geschichte zu Ende.

Der vertaufchte Müller

Heute will ich euch eine merkwürdige Geschichte erzählen! Es lebte einst ein Müller, der in den besten
Mannesjahren war und daheim eine ganz reizende Frau
hatte. Trotzdem zog's ihn schon früh am Morgen in die
Weinstube, denn aus dem Frankenland war eine neue
Weinsorte eingetroffen. Der Wein stieg ihm schnell zu
Kopf, und es dauerte nicht lange, da war er sinnlos betrunken. Nun kam sein Wagen durch die Stadt gerattert,
der die Städter mit Mehl beliefert hatte. Einer der Zecher trat aus der Schenke und hielt den Müllersknecht
an: „Herein mit dir, Gesell! Dein Herr liegt mit schwerem Kopf in der Schenke. Er hat so gewaltig gesoffen,
daß er vom Tisch unter die Bank gerollt ist. Nun liegt er,
ein Opfer des Weines, wie ein voller Mehlsack da, in
den nichts mehr reingeht."

Kurz und gut, man wuchtete den Müller auf den Wagen, und der Knecht fuhr mit ihm zur Stadt hinaus. Nun
paßt mal auf, was jetzt passiert! Der verteufelte Müllers-

knecht fuhr in einem solchen Tempo über die holprige Straße, daß der Müller vom Wagen fiel und wie eine tote Krähe auf der Straße lag. Als sich der Knecht nach einer Weile umsah und merkte, daß er seinen Herrn verloren hatte, war er natürlich wütend. Er lief zurück, um ihn zu suchen, und fand unter einer Buche einen schnarchenden Priester. Der Knecht schrie ihm ins Ohr: „Steht auf, Herr Müller! Ihr macht mir's Leben wirklich sauer! Fallt einfach vom Wagen! Das erzähle ich der Hausfrau, die daheim allein im Bette liegen muß. Es ist an der Zeit, endlich wieder nach Haus zu Eurer Frau zu finden!"

Der Priester hörte die Vorwürfe des Knechtes und begriff sofort: Das verspricht ein hübsches Abenteuer! Er verhielt sich also still wie ein Lämmlein, so daß der Knecht sich den vermeintlichen Müller schließlich auf den Buckel packte und mit ihm zum Wagen trabte. Er warf ihn auf die Bretter und brummte: „Da liegt nun, Ihr verdammter Trunkenbold! Und wenn's ganz und gar aus wär zwischen uns beiden: Ich ließe Euch liegen, tät mir nicht die Hausfrau leid."

Paßt auf, was der Esel nun tat! Er karrte den Priester bis zur Mühle, schlug ans Tor und rief: „Aufmachen!"

„Wer ist da?" fragte die hübsche Müllerin.

„Ich bin's, Knecht Heinrich!"

Die Hausfrau lief hinaus, öffnete das Tor und fragte: „Wo hast du deinen Herrn gelassen?"

„Der Teufel soll ihn holen! Ums kurz zu machen: Er liegt besoffen hinten auf dem Wagen und hat mir genug zu schaffen gemacht!"

Sie fuhr auf: „Das ist ja heiter! Mich läßt der verwünschte Mehlsack nachts ungeliebt allein im Bette. Lieber liegt er beim Weinfaß und läßt sich bis zur Bewußtlosigkeit vollaufen! Am liebsten möchte ich ihm den Hals umdrehn! Doch ich will mir an ihm die Hände nicht beschmutzen! Lad ihn dir auf und trag ihn ins Haus!"

Der Knecht trug den Priester also ins Haus und warf

ihn aufs Bett. Der aber dachte voller Erwartung: Nun werde ich wohl auf meine Kosten kommen! Die reizende Müllerin entblößte erst ihren ranken, geschmeidigen Körper, dann zog sie ihm die Kleider vom Leibe. Als der Priester dies merkte, konnte er seine Hände nicht mehr bezähmen: Sie griffen nach der Müllersfrau und zogen sie in die Arme des geistlichen Herrn. Als er den weichen, warmen Frauenkörper spürte, begann er ohne ein einziges Wort ein vergnügliches Treiben, bei dem das Bett bedenklich krachte. Wie man mir versicherte, führten die zwei einen fröhlichen Liebeskrieg miteinander, so daß die Frau vor Lust aufkreischte. Da sich der Priester als wackerer Kämpe erwies und sie mit heiterer Inbrunst traktierte, ächzte sie verwundert: „Ach, liebster Mann, hat dich der neue Wein aus dem Frankenland so erhitzt? Ah, ihm sei Preis und Dank! Solange noch ein einziges Schwein im Stalle grunzt, sollst du zur Schenke gehen und Wein trinken dürfen! Gottes Segen über das Land, das uns einen Wein schickte, der aus trägen Männern feurige Liebhaber macht! Tief verneige ich mich vor der Erde, die einen solchen Wein hervorgebracht hat. Ich bin überzeugt, du wirst auch künftig deinen Mann stehen und sollst auch fleißig deinen Wein trinken, denn er wirkt vortrefflich und hat dich mit starker Leidenschaft erfüllt."

Nun legte der Pfaffe erst richtig los und brachte die Müllerin mit seiner Brunst ganz außer Atem. Sie stöhnte beglückt: „In nomine domine, Amen! Gepriesen sei die edle Rebe! Vorher warst du eine träge Haut, jetzt bist du die ganze Nacht von unersättlicher Begier! Gesegnet sei der Wein, der so etwas zustande bringt!"

Der Priester aber hütete sich, auch nur ein einziges Wort zu sprechen. Es dauerte nun nicht mehr lange, da tappte der vorher weinselige, jetzt endlich ausgenüchterte Müller heran. Das war nun freilich eine ganz vertrackte Situation! Der Müller wummerte an das Tor, und der Knecht schrie unwirsch, wer denn draußen sei.

Der Müller antwortete kleinlaut: „Ich bin's, der Müller, dein Herr!"

Der Knecht rief aufgebracht: „Bei meiner Ehr, ich habe doch meinen Herrn heut besoffen vom Mehlwagen gehoben und ins Haus geschleppt. Er hat sich zur Hausfrau gelegt und sie wacker beschlafen. Was wollt Ihr also draußen vor dem Tor?"

Der Müller barmte: „Lieber Knecht, was sagst du da? Tu's bitte um meinetwillen und laß mich ein."

Der Knecht aber wies ihn ab: „Was wollt Ihr hier bei uns? Seid Ihr verrückt geworden?"

Nun begann der Müller zu schimpfen, und schließlich sagte er zum Knecht: „Also gut, wenn ich nicht mehr der Müller bin, kann ich nur noch mein Unheil beklagen."

Er zog los und jammerte bei seinen Nachbarn: „Um Gottes willen, steht auf und hört mein Unglück! Der Wein hat mich in einen anderen Menschen verwandelt!"

Da liefen seine Nachbarn zusammen und bestürmten ihn mit Fragen: „Sprich, lieber Müller! Warum klagst du so gottsjämmerlich? Ist dir ein Unglück geschehen?"

Darauf der Müller: „Ich wollt's euch schon sagen, wäre ich nur sicher, daß ich tatsächlich noch euer Müller bin."

„Nanu, warum solltest du denn etwas anderes sein?"

„Ich hab's euch doch schon gesagt: Der Wein hat mich in einen andern Menschen verwandelt. Hört nur zu: Sooft ich auch vor meinem Haus beteuerte, daß ich der Müller sei, man hat mich nicht erkennen wollen. Der Knecht behauptet sogar, ich sei verrückt! Das ist die reine Wahrheit."

Da riefen alle: „Was sagst du da? Davon wollen wir uns mit eigenen Augen überzeugen."

Alle waren sich einig und folgten ihm im Sturmschritt zu seinem Haus. Als der Müller ans Tor klopfte, rief der Knecht: „Wer ist da?"

Der Müller erwiderte: „Ich bin's, dein Herr!"

Der Knecht aber rief aufgebracht: „Ich möchte wissen, was das heut abend für komische Geschichten oder für neue Moden sind!"

Der Müller schrie erneut: „Laß mich rein! Hier stehen alle Bauern aus dem Dorf und bezeugen, daß ich die Wahrheit sage!"

Der Knecht lachte und sprach: „Was für ein Blödsinn! Wäre hier die ganze Pfarrgemeinde mit Greisen und Säuglingen, ja wäre die ganze Welt versammelt, ich glaubte weder ihr noch Euch diese Narrheiten. Meine Hausfrau hat unseren Hausherrn schon zwischen ihre Schenkel geklemmt, und er hat sie heute nacht in lustvoller Bewegung gehalten. Sucht Euch einen Dümmeren für Eure Kläffereien. Noch besser ist's, Ihr verschwindet und legt Euch schlafen."

Der Müller brüllte: „Ich bin der Mann deiner Herrin! Sie soll sofort rauskommen!"

Der Knecht erschrak und lief zur Kammer der Hausfrau. Dort rief er: „Müllerin, ist der Hausherr in der Kammer?"

Sie antwortete: „Aber ja, er ist bei mir!"

„Was soll ich nur machen? Da ist ein zweiter Müller angekommen!"

Sie lachte. „Das laß ich mir gefallen! Ich habe hier drin den zärtlichsten Mann von der ganzen Welt. Bekäme ich noch so einen, könnte ich im Glück schwimmen."

Der Knecht blieb beharrlich. „Alle Bauern aus dem Dorf sind gekommen und behaupten, er sei der rechte Müller."

„Also gut, zünde eine Kerze an und laß mich einmal sehen, welche Lügen sie uns auftischen."

An der Tür fuhr die Müllerin ihre Nachbarn ärgerlich an: „Was soll der Unfug? Hat Euch der Wein den Verstand vernebelt? Verschwindet von meiner Tür und laßt uns weiterschlafen. Das ist wirklich unerhört! Was steht ihr da und reißt eure Mäuler auf? Sage ich's morgen dem Hausherrn, wird er's euch schon heimzahlen, ob's euch paßt oder nicht!"

Die Nachbarn aber drängten: „Kommt heraus, Müllerin! Euer Mann steht doch hier vor der Tür!"

Sie lachte. „Das ist unmöglich! Heute nacht lag er
doch in meinen Armen!"

Endlich öffnete sie die Tür, und die Bauern drängten
ins Haus. Als die Hausfrau den Müller erblickte, erkannte sie ihn sofort. Sie gab zu, daß es ihr Mann, der
Müller, sei, und begann voller Bestürzung zu wehklagen. „Ruf den Knecht!" sprach ihr Mann. „Er soll in die
Kammer gehn! Frau, wer hat heute nacht bei dir gelegen
und mit dir geschlafen?"

Die Müllerin aber hatte sich schnell gefaßt: „Das
kannst du gern wissen. Ein sinnlos betrunkener Kerl lag
heute nacht bei mir! Er hat sich ohne Abendgebet ins
Bett gewälzt und liegt noch jetzt starr wie ein Holzklotz
da. Bei meiner Ehr: Er ist sternhagelvoll ins Bett gefallen
und hat sich seitdem nicht gerührt."

Der arme Geistliche hörte die Verhandlung und
dachte verängstigt: Ach, läge ich doch noch auf freiem
Feld unter der Buche! Dann ginge mich der ganze
Handel gar nichts an!

Nun schob sich die Menschenmenge zur Schlafkammer. Als die Müllerin die Kammertür öffnete, stand der
Priester Todesängste aus. Er verhielt sich aber ganz so,
wie es die Hausfrau gesagt hatte: Mucksmäuschenstill
lag er im Bett und rührte kein Glied, als sei er stockbetrunken vom Wein. Der Müller, bei diesem Anblick
merklich beruhigt, rief mit lauter Stimme: „Steh auf,
Herr Pfarrer!"

Der Pfarrer sprach mühsam lallend: „Bist du's, Mesner? Hast du schon die Glocken geläutet? Na schön,
dann will ich aufstehn, denn heut muß ich die Messe lesen!"

Der Müller aber dachte erleichtert: Das klingt beruhigend! Er glaubt sich daheim. Also hat er's nicht mit
meiner Frau getrieben.

Der Pfarrer starrte den Müller an und sagte: „Sprich,
um Gottes willen, was ist los? Heut nacht hat mir allen

Ernstes geträumt, der Dorfmüller sei gestorben und die Bauern hätten mich gebeten, ihn unter die Erde zu bringen."

Die Nachbarsleute riefen: „Steht endlich auf, Herr Pfarrer! Wißt, das ist eine merkwürdige Geschichte: Der Müller ist leider tatsächlich gestorben."

Da sprach der geistliche Herr salbungsvoll: „Gott nehme ihn in Gnaden auf! Ich will mich erheben und ihn begraben."

Die Bauern stießen sich vergnügt an: „Hat man je einen solchen Mordsrausch erlebt? Er glaubt, er sei bei vollem Verstande und ist doch völlig benebelt vom Wein. Wir wollen ihm ein Meßgewand besorgen, damit er die Totenmesse halten kann."

Sie umwickelten einen Bottich mit Leinentüchern und wandten sich dann wieder an den Geistlichen: „Beginnt, Herr Pfarrer. Man bringt bereits die Leiche."

Der Pfarrer hatte sich angekleidet, torkelte gefährlich umher wie ein Betrunkener und stammelte: „Hat man schon die Totenglocke geläutet?"

Alle versicherten: „Selbstverständlich! Auch der Altar ist hergerichtet. Zieht Euer Meßgewand an und nehmt das Meßbuch!"

Er seufzte: „Das ist gut! Hätte ich doch nur einen Beichtiger, damit ich vor der Messe noch meine Torheiten bekennen und die Sünde beichten kann, die ich heute nacht begangen habe."

Sofort wußte der Müller Rat: „Da kann ich Euch helfen; eben habe ich einen Dominikaner gesehen."

„Bringt ihn her! Sobald ich gebeichtet habe, werde ich gern und frohen Herzens die Messe lesen."

Der Müller rannte los, nahm seinen Nachbarn beiseite und sagte: „Hört zu, Gevatter! Ich kann's nicht länger verschweigen und muß Euch die verrückteste Geschichte erzählen: Unser Pfarrer ist sternhagelvoll und will sich jetzt ein tolles Stück leisten. Er möchte in der Mühle die Totenmesse lesen und braucht vorher einen Beichtiger." Und zu seiner Frau: „Übernehmt Ihr die

111

Rolle des Beichtvaters, dann werdet Ihr bestimmt die wildesten Geschichten zu hören bekommen!"

„Wie soll ich denn als Beichtvater auftreten?" fragte sie.

Der Müller erheiterte sich immer mehr: „Tut, was ich sage. Wir brauchen zwei schwarze Umhänge. Hängt Euch den einen um, dann seht Ihr wie ein Dominikaner aus und werdet sicher die spaßigsten Sachen hören."

Die Müllerin warf den schwarzen Umhang über ihr weißes Nachthemd und trat dann in Begleitung des Müllers in die Schlafkammer, wo der Pfarrer den „Dominikaner" feierlich willkommen hieß: „Benedicite, dominus! Herr Mesner, was bringt Ihr uns da?"

„Einen Dominikaner, damit Ihr ihm Eure Verfehlungen bekennen könnt."

Die herumstehenden Bauern priesen scheinheilig Gott und freuten sich diebisch, ihren Pfarrer so recht hereinlegen zu können. Hört aber nun, wie diese heitere Geschichte weiterging. Die Bauern drängten: „Herr Pfarrer, warum zögert Ihr? Jetzt ist doch Euer Wunsch erfüllt. Ihr sagtet, Ihr brauchtet einen Beichtiger, dann würdet Ihr den Müller begraben." Sie brachten den zurechtgemachten „Leichnam" herbei und riefen: „Aus dem Wege, Herr! Hier bringen wir den Verstorbenen."

Da wandte sich der Pfarrer an den „Dominikaner": „Kommt mit, Bruder! Ich bin ein sündiger Mensch und werde Euch hinter dem Altar alle meine Sünden bekennen."

Die Bauern aber tuschelten untereinander: „Wir wollen unseren Pfarrer so richtig äffen, damit er einen tüchtigen Denkzettel bekommt." Und laut zum Pfarrer: „Geht nur hinaus mit Eurem Kaplan und bekennt ihm Eure Sünden!"

Die Frau wandte sich fragend an den Müller: „Soll ich ihn wirklich begleiten?"

„Natürlich", grinste der Esel von Müller. „Er hält dich doch für einen Kaplan."

Der geistliche Herr aber dachte bei sich: Geb's Gott,

daß sie mit mir hinauskommt! Ich wollte mit ihr ein fröhliches Gefecht beginnen, ohne daß jemand etwas davon erfahren sollte.

Wirklich rief der törichte Ehemann: „So macht doch endlich, Herr Pfarrer und Herr Kaplan!"

Pfarrer und „Dominikaner" gingen aus der Tür. Der Pfarrer preßte seinen Beichtiger an die Wand, suchte und fand die „Pönitenz" und besorgte es seinem „Kaplan" mit größter Gründlichkeit.

Damit wollen wir die Geschichte beenden. Merkt euch: Einen gelehrten Geistlichen kann man nicht so leicht übers Ohr hauen! Auch unser Pfarrer hatte einen klugen Einfall, der ihm aus der Klemme half, so daß er dem Müller entwischen konnte.

Der Teufel im Kloster

Nun seid mal fein still und spitzt die Ohren, denn ich erzähle euch jetzt eine originelle Geschichte von einem Mönch und einer Frau, wie sie ihren guten Ruf ruinierten und sich vor allen Leuten maßlos blamierten.

Der Mönch war in heißer Liebe zu einer Frau entbrannt und bedrängte sie unablässig, sich ihm hinzugeben. Sie möchte doch nur eine einzige Nacht an seiner Seite liegen und ihm alles gestatten, was ein Mann in der Nacht so mit einer Frau anstellt. Die Frau war nicht abgeneigt, doch sie sagte zum Mönch: „Mein allerliebster Freund, greift erst in den Beutel und zahlt mir ein Draufgeld. Damit ist der Handel abgeschlossen, und ich komme heute nacht zu Euch in Eure Zelle. Sorgt auch für einen guten Tropfen und einen leckeren Imbiß, denn Ihr wißt ja selbst, daß durstige und hungrige Pferde träge sind."

Der Mönch zeigte sich großzügig und drückte dem Weiblein einen böhmischen Pfennig in die Hand, der bekanntlich den Wert von sieben gängigen Pfennigen hat.

Nachts zur Schlafenszeit machte sich die Frau auf den Weg ins Kloster und schlüpfte zum Mönch in die Zelle. Der schloß sie freudetrunken in die Arme, drückte sie auf sein Lager und sagte: „Ich war schon völlig niedergeschlagen, denn ich fürchtete, Ihr könntet Euer Haus nicht verlassen und ich müßte auf die Wonnen Eurer Liebe verzichten."

Die Frau lächelte und sprach: „Aber mein lieber, guter Herr! Ich hab's Euch doch versprochen, zur Nachtzeit zu kommen, und wie Ihr seht, habe ich mein Versprechen gehalten."

Der Mönch legte sich zu der Frau und stillte gierig seine Gelüste. Auf den Knien liegend, betete er über ihr ein Gebet nach dem andern, bis man zur Frühmesse läutete. Nun hatte er die halbe Nacht kein Auge zugetan, mußte er sich doch die ganze Zeit über in dem Graben abplagen, in dem man die Kinder macht. Da er nach diesen Anstrengungen bleich und mitgenommen aussah, entzündete er ein Licht und holte vom Wandbord eine Flasche Rosenessenz, mit der er seine Stirn kräftig einrieb. So ermunterte er seinen Geist und vertrieb das Schwächegefühl, das ihn überkommen hatte. Danach stellte er das Fläschchen wieder auf das Wandbord zurück und sprach zu seinem Bettschatz: „Wart auf mich, mein Liebchen! Schlaf inzwischen und ruh dich ein wenig aus. Ich schüttel nur eins, zwei, drei die Frühmesse aus der Kutte. Sollte jemand an die Tür klopfen, dann erschrick nicht und verhalte dich mucksmäuschenstill. Ich komme bald zurück und lege mich dann wieder zu dir."

So ging der Mönch, um die Messe hinter sich zu bringen. Kaum war er fort, überkam auch die Frau ein Schwächegefühl; alles drehte sich vor ihren Augen, ihr Kopf wollte fast zerspringen vor Schmerz. Ihr wurde ganz elend, und ihr Antlitz war totenbleich. Da dachte sie daran, wie sich der Mönch durch das Einreiben seiner Stirn gekräftigt hatte. Sie schlüpfte aus dem Bett und tastete auf dem Wandbord nach dem Fläschchen mit der Rosenessenz. Dabei griff sie aber daneben und holte des Mönches Tintenfläschchen herunter. Erleichtert, daß sie die Wunderessenz gefunden hatte, goß sie einen tüchtigen Schwapp in die hohle Hand und rieb dann ihr Gesicht kräftig ein, so daß sie schwarz wie der leibhaftige Satan aussah. Dann wälzte sie sich behaglich wieder ins Bett.

Nach einem Weilchen kam der Mönch mit einer brennenden Kerze zurück in seine Zelle. Das Herz hüpfte ihm im Leibe, als er die Frau schlafend im Bette liegen sah. Zärtlich drehte er ihr Gesicht zu sich herum und erschrak fürchterlich. Vor Entsetzen tat er einen Riesensatz zur Tür, der Angstschweiß brach ihm aus allen Poren, in Panik stürzte er aus der Zelle und brüllte alle Klosterbrüder zusammen: „Hilfe, in meinem Bett liegt der Teufel!"

Die Mönche hasteten zur Zelle des verängstigten Bruders und schielten vorsichtig hinein. Die Frau war von dem Lärm wach geworden und richtete sich — schwärzer als jeder Mohr — im Bette auf. Voller Grauen schrie einer der Mönche: „Er hat recht!" Beim Anblick der tintengeschwärzten Frau zerstob die ganze Mönchsherde in alle Winde; man versteckte sich ängstlich in Ecken und Winkel. Verstört sprang die Frau aus dem Bett, hüllte sich rasch ins Bettlaken und lief ohne Mantel und Rock aus dem Kloster bis in ihre Wohnung, wo sie sich im Spiegel betrachtete. Da merkte sie, was geschehen war, und wusch sich wütend die Tinte ab. Die zurückgelassenen Kleidungsstücke brachten jedoch den ganzen Handel an den Tag, so daß die Frau seit diesem Vorfall von allen verachtet wurde.

Ich wünsche allen das gleiche Los, die sich mit Schmach und Schande bedecken. Schleicht sich jemand nachts ins Kloster, um dort Unzucht zu treiben, so wär's nur recht und billig, wenn seine Büberei ruchbar würde, dann blieben sicher viele Sünden, mit denen man sich die Gnade Gottes verscherzt, ungetan, sagt Hans Rosenplüt.

Der Pfaffe im Käsekorb

Ein Bauer hatte eine schöne und stolze Frau, die er mehr liebte als sein eigenes Leben. Sie hielt ihm aber nicht die Treue, denn sie hatte sich in einen Priester verguckt, den sie mehr liebte als ihren Ehemann und den sie mit vielen Aufmerksamkeiten verwöhnte. Sobald der Bauer sein Haus verließ, erhielt der Pfaffe unverzüglich Nachricht und durfte dann nach Herzenslust sein Spiel mit ihr treiben. Sie gewährte ihm alles, was sein Herz begehrte.

Nun fuhr der Bauer eines schönen Tages mit seinem Gespann zur Mühle, und flugs war der Pfaffe nach alter Gewohnheit wieder im Hause.

Die Bäuerin tischte erst einmal eine Stärkung auf, denn die beiden hatten sich vorgenommen, es diesmal besonders tüchtig miteinander zu treiben. Unversehens kam der Bauer früher als vermutet von der Mühle zurück und pochte an die Haustür. Die Bäuerin merkte, daß es ihr Mann war, und wisperte voller Angst dem Priester zu: „Mein Liebster, was soll ich nur tun? Mein

Ehemann ist zurückgekehrt. Wenn er Euch bei mir entdeckt, sticht er uns beide nieder."

Der Pfaffe flüsterte hastig zurück: „Meine Liebste, wenn es dir recht ist, so klettere ich dort in den Käsekorb hinein. Ich will mich darin so mucksmäuschenstill verhalten, daß dein Mann überhaupt nichts merkt."

Erleichtert hauchte sie: „Ja, das ist ein guter Einfall! Wenn Ihr Euch da hinein flüchten könnt, entdeckt Euch der Hausherr nie im Leben."

Schnell sprang der Pfaffe in den Käsekorb, und es war allerhöchste Zeit, denn der Bauer zwängte sich bereits durch die Tür. Die Frau überfiel ihn gleich mit schmeichlerischen Worten: „Ei, setz dich bei mir nieder, liebster Mann, und laß uns heut so recht in Saus und Braus leben. Ich habe ein köstliches Mahl bereitet, das wir nun zu zweit verzehren wollen. Auch habe ich mir gedacht, es könnte nichts schaden, wenn ich einen Krug Wein herbeihole."

Der Bauer sprach: „Das ist mir recht, liebe Frau. Ich verachte einen guten Happen und einen erquickenden Trunk ebensowenig wie du. Trag du nur tüchtig auf, und wenn du etwas Gutes zu bieten hast, so kannst du beim Essen meiner Hilfe gewiß sein!"

Nachdem sie sich zu Tisch gesetzt hatten, langte der Bauer kräftig zu, doch seine Frau ließ ihre Blicke unruhig schweifen und entdeckte, daß der Käsekorb ein Loch hatte und ausgerechnet aus diesem Loch eine gute Spanne lang jenes Glied des Priesters herauslugte, das ihm zwischen den Beinen festgewachsen war.

Voller Angst und Bangen überlegte die Frau hin und her, wie sie den Priester — ohne Verdacht zu erregen — dazu veranlassen könne, sein Glied in den Käsekorb zurückzuziehen, denn sie fürchtete sich vor dem Rachezorn ihres Mannes.

Schließlich wandte sie sich mit folgenden Worten an ihn: „Mein liebster Ehemann, wie wollen wir uns morgen in der Kirche verhalten, wenn der Priester vor dem Altar seinen Umgang mit dem Kreuze macht? Sollten wir nicht in seinen Gesang einstimmen, damit man uns für unsere Frömmigkeit vor allen anderen preist?"

„Natürlich!" pflichtete der Mann ihr bei. „Das ist ein guter Gedanke. Ich sing dir alle Lieder, die du willst. Bei meinem Eid, ich sing mit dir im Chor!"

Da meinte die Hausfrau zu ihm: „Nun gut, ich kenne einen ganz wunderschönen Chorgesang!"

Der Bauer ermunterte sie: „Liebste Hausfrau, so leg los und bringe ihn mir bei!"

„Also gut! Ich will dich gerne unterrichten!" Sie erhob ihre Stimme und sang so laut, daß es im ganzen Hause widerhallte:

Unser Pfarrer mußte sich
fliehend in 'nen Käsekorb zwängen,
leider ließ er sein Gemächt
ellenlang nach unten hängen.
Mir zuliebe soll er es
schleunigst einziehn. Wenn der Bauer
es entdeckt, macht er uns beiden
unser Leben tüchtig sauer!
Kyrie eleison!

Als der Priester diesen Text vernahm, begriff er sofort, daß sein Ding durch das Loch nach draußen geschlüpft war. Schleunigst zog er es zurück und blieb im Korbe hocken, bis der Mann das Haus wieder verlassen hatte. Dann sprang er mit einem Satz aus dem Korb und lief im Galopp nach Hause, heilfroh, daß er ungerupft davongekommen war.

Ich denke mir, unter dieser Sonne gibt es kein durchtriebeneres Geschöpf als das Weib. Im Handumdrehen hat sie eine List parat, die es ihm ermöglicht, aus jeder Bedrängnis und Gefahr heil hervorzugehen. Ist so ein Weib ihrem Manne untreu geworden und hat der Gehörnte die Wahrheit fast schon entdeckt, so fällt ihr am Ende immer noch etwas ein, wie sie den Kopf glücklich aus der Schlinge ziehen kann. Genauso war es bei dieser Bauersfrau.

Der durstige Einsiedel

Es lebte einst ein rechter Lotterbube, der wegen seines
üblen Lebenswandels weit bekannt war. Er war beim
Saufen, beim Fressen und bei seinen zahllosen Amouren
derart maß- und hemmungslos, daß er am Ende sein
ganzes — ihm von Gott beschertes — Hab und Gut ver-
schleudert hatte. Als er schließlich das Ende seines ver-
gnüglichen Lebenswandels herannahen sah, schlug ihm
der unausbleibliche Verlust von Freunden, Habe und
Ansehen schwer aufs Gemüt. Er dachte bei sich: Nun, da
ich nichts mehr besitze, grüßen mich Freunde und Verwandte schon merklich kühler. Ehe ich dieses schimpf-
liche Dasein dulde, will ich lieber der Welt — die mich
verleitet hat — entsagen und auf das Heil meiner Seele
bedacht sein!

So raffte er sich eines Abends zu vorgerückter Stunde,
als er schon schwer geladen hatte, auf und tat vor seinen
Freunden den feierlichen Eid, hinfort aller Hoffart und
allem Übermut zu entsagen und sich in Zukunft wie ein

Mann zu halten, der sich den Klauen des Satans entziehen will. Schon am nächsten Morgen würde er sich in einen nahegelegenen Wald zurückziehen. „Wer in mein Gebet eingeschlossen sein will", schluchzte er mit tränenerstickter Stimme, „der komme morgen früh hierher, denn ich will Abschied von euch nehmen."

„Überstürzt nur nichts, Gevatter!" meinten die anderen. „Überschlaft erst einmal die Sache! Jetzt ist Euer Kopf vom vielen Wein vernebelt. Darum übereilt Euch nicht, legt Euch aufs Ohr und schlaft erst einmal richtig aus. Morgen früh reden wir weiter."

Dieser Rat gefiel ihm aber ganz und gar nicht, und er beteuerte zornig unter vielen Schwüren, weder der Teufel selbst noch einer seiner Abgesandten würden ihn von seinem Entschluß abbringen, sich Gott zuzuwenden. Viel zu langsam verging ihm die Nacht, zumal ihn sein fester Entschluß und viele bedrückende Gedanken nicht einschlafen ließen. Tränenüberströmt betete er die ganze Nacht zu Gott, denn seine Reue war noch frisch und hielt ihn wach bis zum hellen Morgen.

Als seine Freunde kamen und wissen wollten, was er nun zu tun gedenke, rief er ihnen zu: „Hinfort will ich ein Büßer sein und bleiben!"

Sie aber sprachen erstaunt untereinander: „Gott will offenbar ein Wunder wirken!" und baten einen Geistlichen, er möge die Hilfe des Heiligen Geistes für ihn erflehen und eine Messe lesen, damit ihm sein Vorhaben um so besser glücke. Der Priester hielt die Messe und sprach einen urkräftigen Segen über den bekehrten Sünder. Als die Abschiedsstunde gekommen war, wollten ihn seine Freunde nicht allein davonziehen lassen. Sie folgten ihm allesamt, um zu sehen, wo er sich niederlassen würde, damit sie ihn ab und an besuchen könnten. Sie ließen sich nicht davon abbringen und folgten ihm eine Meile weit in den Wald. Da hielt er inne und sprach feierlich: „Hier will ich bleiben, und nur der übermächtige Tod soll mich vertreiben! Ich bitte euch, schickt mir einmal in der Woche ein wenig Brot. Dafür will ich zeit meines Lebens von Gott so reiche Gnaden für euch erflehen, daß euch die Gabe nicht reuen wird."

Nachdem ihn seine Freunde verlassen hatten, legte er sich nieder. Seine Reue war so groß, daß er nicht einmal mehr weinen konnte, aber auch wachen konnte er nicht mehr, die Augen fielen ihm einfach zu. Als er nach erquickendem Schlafe erwachte, hielt er es wie alle weisen Männer: Er pries Gott aus tiefstem Herzen, daß es ihm grad noch rechtzeitig gelungen sei, den Banden des Teufels zu entkommen. „Lieber Herr und Gott, du hast mich liebreich bekehrt, und gerne werde ich nach deiner Lehre leben!"

Obwohl er seinen Entschluß, die Menschen zu fliehen und der Welt zu entsagen, im schweren Rausch gefaßt hatte, hielt er es zwanzig Wochen lang aus, ohne sich zurückzusehnen. Solange das Fleisch vorhielt, das er mitgenommen hatte, blieb er bei Kräften und hielt an seinem Vorsatz fest. Als aber alles Fleisch verzehrt war, überfiel ihn eine solche Schwäche, daß Zweifel auf ihn einstürmten. Besonders gelüstete es ihn nach Wein, und bei diesem Gedanken fühlte er, wie er schwankend wurde. Ich riesengroßer Esel, dachte er bei sich, wie komme ich nur zu Wein! Wenn er mir hier fließen würde, brächte mich nichts von der Stelle, denn solange ich hier ausharre, achtet man mich, doch kehre ich zu den Menschen zurück, so bin ich allen widerwärtig. So grübelte er lange hin und her, und obwohl man ihm Bohnen, Erbsen und Brot brachte, so daß er nicht zu hungern brauchte, wollte es ihm nicht mehr recht schmecken. Immer heftiger gierte er nach Wein.

Zwölf Tage später kam eine Frau, um sich von ihm wahrsagen zu lassen. Sie bot ihm Geld für seine Dienste, doch er lehnte ab: „Dann würde ich nicht gottwohlgefällig leben! Ich halte mich strikt an Gottes Gebot, und in der Bibel steht geschrieben, daß Gott sich seine Hilfe nie bezahlen ließ. Wenn du aber über das, was ich dir jetzt sagen werde, Schweigen bewahrst, so will ich dir gern deine Zukunft deuten!"

„Aber natürlich, Herr!" versicherte die Frau. „Du bist mit deiner unbefleckten Seele ein wahrer Himmelsbote!"

„So kehre ungesäumt nach Hause zurück und bringe mir einen Krug voll guten Weines. Ich werde dann so lange meinen Segen über ihn sprechen, bis er mir die Zukunft deines sterblichen Leibes und deiner Seele enthüllt."

So brachte er die Frau dazu, daß sie heimeilte, einen großen Krug ergriff und im Wirtshaus den besten Wein verlangte, mit dem sie den Krug bis zum Rande füllen ließ. Sie scheute weder Geld noch Mühe, und am anderen Morgen erschien sie bereits frühzeitig bei dem Einsiedler. Der empfing die Bäuerin und ihren Kleinknecht — der den Krug tragen mußte — sehr freundlich und sprach: „Liebe Schwester, es ist nur recht und billig, daß du nun den Lohn für deinen Gang erhältst. Er ist kurz und lang zugleich, lang durch die Mühe, die du auf dich nahmst, kurz ob der Seligkeit, die ich für dich erflehte. All deine Sünden sind dir vergeben. Gott hat sie dir auf meine Fürbitte hin nachgesehen. Als Buße ist dir allerdings auferlegt, mir zu beichten."

Die Bäuerin hatte nichts dagegen einzuwenden. Sie bat ihn, Platz zu nehmen, und gestand ihm dann alle ihre Sünden. Danach erklärte er feierlich: „Nun bist du erlöst! Ich bin Gottes Zeuge, daß er dir deine Sünden vergeben hat. Du bist jetzt so rein wie die Heiligen im Himmel. Schätze diese Glückseligkeit, die dir zuteil wurde, nicht gering, und achte hinfort auf Gedanken, Worte und Werke. Dies sei mein wohlmeinender Rat. Du kannst dich deiner Erlösung freuen!"

Dann stellte er den Krug mit dem Wein auf den Boden, vollführte segnende Gebärden und murmelte dabei vor sich hin wie jemand, der einen Segen tut und Gott um seine Gnade anfleht. Dies trieb er eine geraume Weile. Schließlich stierte er verzückt auf den Wein und sprach: „O meine Schwester! Glück und hohes Ansehen sind dir gewiß! Gott wird das Füllhorn seiner Gnade über dich ausschütten, denn in Kürze wirst du solche Seligkeit und solche Erhebung erfahren, wie sie noch nie eine Frau aus deiner Verwandtschaft erfahren hat! Danke Gott für seine Huld! Wenn du es nicht durch sündhaftes Tun selbst verwirkst, begegnet dir in Kürze ein unerhörtes Glück! Geh hin in Frieden! Gott segne dich! Ich selbst aber muß mich nun wieder meinem Gebet widmen, das ich lange genug unterbrochen habe!"

Die Frau dankte ihm tausendmal und eilte beglückt davon. Kaum war sie fort, zögerte er nicht länger, sondern hob voll durstiger Begier den Krug an den Mund und trank ihn in einem Zug leer bis auf den Grund. „Herrgott!" seufzte er danach behaglich. „Weshalb soll denn verdammt sein, wer einen guten Wein zu schätzen weiß? Auch dies geschieht doch dir zum Preis! Du weißt ja selbst, wenn ich ihn entbehren müßte, ginge ich zugrunde, oder ich könnte nicht länger hier verweilen. Da ich aber gern hier ausharren möchte, so sende mir doch nur recht viel davon, damit ich mich daran ergötze und nicht wie ein Ehrloser diese Stätte meines frommen Wirkens verlassen muß."

Nun hört, was jene Frau dachte, sprach und tat: Sie war überzeugt, durch ihren Gang zu diesem frommen Einsiedler ihr Glück gemacht und das Heil ihrer Seele gesichert zu haben. Flugs eilte sie zu einer Nachbarin, mit der sie seit langem befreundet war, und erzählte: „Ach, wenn du wüßtest, was ich an diesem Tage erlebt habe, so würdest du gern zehn Pfund Silber dafür hingeben! So etwas Großartiges hast du noch nicht gehört! Ich muß allerdings absolutes Stillschweigen bewahren!"

„Nanu!" empörte sich die andere. „Bisher haben wir es doch immer so gehalten, daß wir keine Geheimnisse voreinander hatten. Und wenn du nicht unsere Freundschaft aufs Spiel setzen willst, mußt du dich auch jetzt daran halten. Ich sage dir ja auch alles, was ich erfahre."

„Dann mußt du mir aber versprechen, daß du es tief in dir verbirgst und keinem Menschen ein Wort sagst!" Nachdem dies mit einem Handschlag bekräftigt war, fuhr sie fort: „Kaum kann ich dir die Glückseligkeit und die Gnadenfülle beschreiben, die bei dem Heiligsten aller Heiligen zu finden sind. Es ist dies der Einsiedler, der im Walde lebt. Renne auch du schnell zu ihm und nimm ihm einen Krug voll Wein mit. Etwas anderes nimmt er nicht an. Er murmelt dann so lange seine Segensbeschwörungen darüber, bis er im Wein entdeckt, was dir auf Erden und nach dem Tode beschieden ist."

Da nahm ihre Freundin die Beine in die Hand. Sie rannte wie eine Besessene, um nur ja noch vor Einbruch der Dunkelheit zum Einsiedler zu kommen. Dort empfing sie verschwenderische Gnadenverheißungen, wie sie je eine Frau gehört hat; selbst wenn sie nach Rom gepilgert wäre, hätte es ihr nicht besser ergehen können. Der Einsiedler segnete ihren Wein und verhieß ihr dann vielfältiges Glück in der Zukunft. Da wurde sie derart vergnügt und übermütig, daß sie meinte, in Zukunft würde selbst unser Herrgott nach ihrer Pfeife tanzen. Überglücklich kehrte sie nach Hause zurück und sagte — bevor sie sich noch niedersetzte — erst einmal ihrer Freundin heißen Dank.

Bald war bei sämtlichen Frauen in der ganzen Gegend herum, wie erfolgreich die beiden bei dem Einsiedler gewesen waren. Nun machte sich eine nach der anderen auf den Weg, den berühmten Propheten aufzusuchen, und man schleppte soviel Wein heran, daß er mehr als genug bekam. Bald schlossen sich den Frauen sogar die Männer an, und das ging solange gut, bis sie einsahen, daß all ihre Bemühungen vergeblich waren. Es wurde nämlich nicht einmal die Andeutung solcher Glückseligkeiten sichtbar, wie er sie den Menschen verhieß. So nahm das Wallfahrten ein Ende, und er war wieder ohne Wein. Da dachte er bei sich: O weh, wie komme ich nur zu Wein? Doch ich glaube schon zu wissen, warum man mich nicht mehr aufsucht: Ich lebe einfach zu weit entfernt von ihnen. Bevor ich auf mein Ergötzen verzichte, will ich meinen Wohnsitz lieber näher bei den Menschen nehmen. Es war ein verrückter Einfall, mich so fern in der Einöde niederzulassen. Weiß Gott, ich muß näher heranrücken!

Er machte sich unverzüglich auf und verkürzte die Entfernung im Wald um eine halbe Meile. Dann überlegte er: Ich will es erst einmal an dieser Stelle ausprobieren. Wenn sie dann immer noch nicht zu mir kommen, so rücke ich noch ein Stück näher heran.

Die ihn mit Brot versorgten, fragten ihn, was ihn aus seiner ursprünglichen Einsiedelei vertrieben habe. „Es war zu weit für jene, die ich Gott näherbringen und zu einem gottwohlgefälligen Leben bekehren will. Ihnen war der Weg zu weit, und so habe ich die Entfernung verkürzt. Da ich Gottes Botschaft verkünde, hat Gott nur seinen Nutzen davon, wenn ich den Menschen näher bin. Die Menschen brauchen die Lehren des Propheten Gottes zu ihrem Heil. Zudem ist es doch so: Wirkten dreiunddreißig von meiner Art im Verborgenen, so nützten wir nicht soviel, wie ich allein vor Augen und Ohren des Volkes ausrichten kann, weil nur so alle meine Heilsbotschaft vernehmen. Ich weiß den Weg, der in den Himmel führt."

Als aber immer noch kein Wein herangeschafft wurde, dachte er bei sich: Es hilft nichts, ich muß aufs offene Feld hinaus, was immer auch die Leute sagen mögen. Ich brauche Wein, Wein! Lieber wollte ich aufs Leben denn auf den Wein verzichten! Bin ich denn ein Mörder oder Räuber, daß ich hier draußen hausen soll? Ach, wer die Gemeinschaft nicht verläßt und dort in aller Behaglichkeit seinen Wein schlürft, ist tausendmal klüger als ich! Gott, der sich seiner angenommen hat, möge sich auch meiner erbarmen. Dies hier ist ein Platz für Wölfe! Unter Menschen, bei einem Humpen Wein bin ich besser aufgehoben als hier!

Er schlug also seine Wirkungsstätte vor dem Walde auf, doch auch dort wollte sein Weizen nicht blühen. Ja mehr noch: Nachdem er den Wald verlassen hatte, wollte man überhaupt nichts mehr von ihm wissen und sandte ihm keinen Bissen mehr.

Da kehrte er kurz entschlossen in die Stadt zurück. Jedem, der ihn in seinem Haus bewirtete, dankte er vieltausendmal. Zuletzt fiel er aber allen Leuten, die einigen Verstand hatten, mit seinem Heilsgeschwafel auf die Nerven. Er wurde allen widerwärtig, denn wo immer eine Kneipe voll weinseliger Zecher war, erschien er ungebeten und begann so gewaltig zu predigen, daß die Trunkenbolde voll scheinbarer Reue ihre Sünden beweinten, ihm allesamt die Becher hinhielten und schluchzten: „Trinkt aus bis auf den Grund! Trinket, Ihr größter aller Propheten! Und hätten wir noch etwas Besseres als Wein, wir würden es Euch von Herzen gern geben. Dies gebenedeite Lokal ist erfüllt von Euren köstlichen Lehren, und man schenke den edelsten Wein aus, den es gibt. Gepriesen seien Eure goldenen Worte, Ihr seid ein wahrer Born aller Weisheit!"

So sangen sie sein Lob und gaben ihm dabei tüchtig zu saufen, bis er besinnungslos unter eine Bank rollte. Es dauerte nicht lange, bis er völlig verkam und am Ende nur noch den Kindern auf den Gassen als Zielscheibe ihres Spottes diente. Seit er das Leben eines Stadtnarren führte, nannte man ihn einen Toren und behandelte ihn entsprechend. Er aber hatte auch das letzte Schamgefühl längst verloren. Es war ihm egal, wofür man ihn hielt, wenn er nur genügend Wein für seine immer durstige Kehle fand.

3.

Hochmut
kommt vor dem Fall

Des Muses Lehre

Einst saßen zwei über einer Schüssel voll Mus und aßen gierig. Da widerfuhr es beiden, daß sie sich bekleckerten, doch jeder beobachtete nur beim anderen das peinliche Mißgeschick, ohne des eigenen Versehens gewahr zu werden. Der eine von den beiden überging die Sache mit Stillschweigen, doch der andere legte los:

„Wie sitzt du eigentlich da?"

„Was meinst du damit?"

„Du sitzt da wie ein Tolpatsch."

„Wie kommst du zu dieser Meinung?"

„Ich sehe doch mit eigenen Augen, daß dies die reine Wahrheit ist."

„Woran kannst du das erkennen? Was ist mit mir?"

„Du bist noch dämlicher als ein Ochse, hast du dich doch noch ungeschickter als ein Kind mit dem Mus bekleckert. Nun hast du dich derart vollgeschmiert, daß mir der Appetit völlig vergangen ist. Du bist ein ausgemachtes Ferkel! Schau doch selbst hin oder fühle mit der Hand nach, so wirst du mir glauben müssen."

Der andere aber erwiderte: „Das gleiche habe ich bei dir schon die ganze Zeit über bemerkt. Hätte ich es für erwähnenswert gehalten, so hätte ich es dir gleichfalls unter die Nase reiben können. Laß mich also gefälligst in Ruhe! Sieh dich selber an, mein Freund, denn du hast durchaus mehr Grund dazu als ich."

So war der erste der beiden abgefertigt, und er mußte noch froh darüber sein, daß der andere — an dem er nach Herzenslust sein Mütchen hatte kühlen wollen — sich nicht weiter über ihn ausließ.

Mit demjenigen, der mit den Beschimpfungen begann, läßt sich ein Mann vergleichen, der einen anderen verächtlich machen will, obwohl ihm dieser viermal so viele schmachvolle Dinge vorhalten könnte. Dem kann es dann passieren, daß er durch seinen Hohn die eigene Verhöhnung provoziert, die ihn mit unauslöschlicher Schmach bedeckt. So wird ihm dann am Ende klargemacht, welches Ansehen ihm eigentlich sein eigener Charakter einträgt. Daher scheint es mir recht getan, wenn sich jemand erst einmal selbst überprüft, bevor er den anderen kritisiert. Wer befürchten muß, daß man ihm die gleichen Fehler vorhält, der sollte mit rügenden Scheltworten fein vorsichtig sein. All meine lieben Zuhörer will ich eindringlich mahnen: Wenn jemand sich mit Mus bekleckert hat, was man mit einigem Takt übersehen kann, so möge man ihn so lange ungeschoren lassen, bis man sich davon überzeugt hat, daß man nicht in die gleiche Verlegenheit geraten ist. Sonst kann es einem wie jenem Manne ergehen, der überheblich zu tadeln begann und dann hinnehmen muß, daß Gleiches mit Gleichem vergolten wird.

Der nackte Kaiser

Wenn ihr fein still sein und aufmerken wollt, erzähle
ich euch eine Geschichte, die ich vor langer Zeit in einer
deutschsprachigen Chronik in Prosa gefunden habe.
Nach Überlesen dieser Geschichte schien sie mir bemerkenswert. Später bat mich eine liebenswürdige Dame,
diese Historie künstlerisch zu gestalten und in eine
Reimfassung zu bringen. Um ihretwillen habe ich's getan, und nun bitte ich all jene, die sie hören, meine
Mühe nicht geringzuachten und mich nicht zu schelten,
wenn sie hie und da unvollkommen ist. All mein künstlerisches Können möchte ich in den Dienst jener Frau
stellen, der ich ganz und gar verfallen bin.

. Einst herrschte in Rom ein Kaiser, der gewaltiger war
als alle anderen seines Standes. Er schwamm förmlich im
Reichtum, doch dieser Überfluß ließ ihn jedes Maß verlieren und verdarb seinen Charakter, wie's in solchen
Fällen gar nicht selten ist. Er war am Ende so überheblich, daß er sich vollkommen wähnte und fest davon

überzeugt war, ihm könne kein Unheil widerfahren, seine Herrlichkeit sei ohne Ende und nach seinem Tode wären ihm Reichtum und Ruhm im Jenseits sicher. Hätte ein kleines, unverständiges Kindlein solche Gedanken gehabt, so wären sie nicht einmal so originell gewesen. Nun hatte dieser mächtige und reiche Tor nicht bedacht, daß allein unser Herr Jesus Christus über alle Dinge gebietet und daß er jedem nach seinem Verdienst Gutes und Böses zumißt.

Wie es in unserer Quelle heißt, begab sich der Kaiser am zwölften Sonntag nach Pfingsten zur Messe, die glanzvoll gefeiert wurde. Nach der Messe winkte er einen Priester herbei und fragte: „Wie heißt es heute im Evangelium?"

Der Priester erwiderte: „Ich will's Euch sagen. Durch den Mund des Evangelisten Lukas kündet Gott uns dies: Was sich erhöht, das wird erniedrigt, und was sich erniedrigt, das wird erhöht!"

Der Kaiser sah den Priester zornig an und sprach: „Wer hier auf Erden groß und mächtig ist, muß es folgerichtig auch im Jenseits sein. Soll all mein Mühen um Ruhm und Glanz vergebens gewesen sein? Es wäre ja schändlich, würde mir im Jenseits irgendein Jämmerling vorgezogen. Das kann ich einfach nicht glauben. Wer so etwas behauptet, hat Euch belogen und betrogen."

Der Priester erwiderte erschrocken: „Dann will ich schweigen. Seht zu, wie Ihr zurechtkommt. Ihr behauptet, das Wort der Bibel sei eine Lüge. Doch der dieses Wort spricht, hat noch nie gelogen, und die Lauterkeit aller lauteren Menschen auf Erden hat bei ihm ihren Ursprung. So ist er der Lauterste über allen, und wer da lügt, kann nicht lauter sein. Daher ist ihm auch jeder Lügner widerwärtig. Wie könnte er, der seinen Geschöpfen jede Lüge verbietet, da die Lüge der Lauterkeit entgegensteht, selbst lügen?" So behauptete der Priester seinen Standpunkt, doch der Kaiser scherte sich wenig um das Wort Gottes.

Nun hatte der Kaiser seit zehn Jahren nicht mehr Gericht gehalten, so daß im Reich alles drunter und drüber ging. Wie's so üblich ist in rechtloser Zeit, herrschten im Lande Raub und Brand. So hatte sich der Kaiser endlich dazu entschlossen, einen Gerichtstag abzuhalten. Er ließ überall bekanntmachen und verkünden, daß er an diesem Tag alle Klagen hören würde. Ihm schlug nämlich das Gewissen, und er fürchtete, seine Lässigkeit habe ihm die Gnade Gottes verscherzt. So riefen denn seine Boten überall aus, nach Ablauf von vierzig Tagen wolle der Kaiser in Rom Gericht halten und alle Rechtsstreitigkeiten entscheiden. Alle ehrsamen Menschen, die des Kaisers Botschaft hörten, waren höchst zufrieden; jene freilich, die auf Diebstahl und Raub sannen, waren es nicht. Ob er die lange um Erlaubnis fragte? Natürlich nicht! Sie sollten ihre gerechte Strafe erhalten und mit Schrecken an diesen Tag zurückdenken. Als es soweit war, strömten riesige Menschenmassen zusammen, Arme und Reiche, Weltkinder und Geistliche, Nonnen und Mönche. Sie alle hatten, meine ich, genug auf dem Herzen. Auch viele kluge Edeldamen erschienen, die sicher daheim geblieben wären, wenn sie nicht Ursache zur Klage gehabt hätten.

Als der Kaiser von der Ankunft so zahlreicher schöner und edler Damen hörte, überlegte er: Morgen soll ich vor all diesen hochstehenden Frauen auftreten. Da gehört es sich, daß ich ein Bad nehme und mich morgen früh sorgfältig kleide, damit ich ihre Augen und Herzen entzücke. So schwang er sich auf sein Pferd und ritt spät am Abend durch die Stadt zum Bad. Nachdem er es betreten hatte, nahmen vor dem Tor zahlreiche Ritter Aufstellung. Drinnen mühten sich um den Kaiser drei Junker und einige gefällige Badeweiber. Nachdem er, wie's dort so üblich war, gebadet hatte, befahl er: „Gießt Wasser auf die Steine! Bevor wir zu den wartenden Rittern und unseren Rossen gehen, wollen wir erst noch in Hitze geraten."

Man schloß die Fenster, und der Kaiser legte sich bei zunehmender Hitze auf eine Bank. Da schritt plötzlich aus der Badestubentür ein Mann, der dem Kaiser nach Aussehen, Stimme und Gebaren zum Verwechseln glich. Sofort sprangen die Kammerdiener auf und reichten ihm sein Badelaken. Vor dem Tor sprach er zu den Rittern: „Es tut mir leid, daß ich so lange Zeit im Bad zugebracht habe. Ihr seid sicherlich schon ungeduldig geworden."

Die Ritter aber versicherten: „Keineswegs, Herr. Die Mühe ist nicht der Rede wert."

Nun schwang sich der „Kaiser" aufs Pferd und ritt mit seinem Gefolge zu „seinem" Palast. Die Kammerdiener hasteten mit dem Badezeug hinterher. Bald saß der, der des Kaisers Stelle eingenommen hatte, mit den Rittern beim Mahle und plauderte fröhlich mit ihnen.

Inzwischen ließ es sich der törichte Kaiser im Bade wohl sein. Da machte ein Badeknecht der Idylle plötzlich ein Ende. Er stürzte in die Badestube und rief: „Der Kaiser ist schon fort zum Palast!" Da schlüpften die Junker in größter Hast in ihre Kleider und rannten los, denn sie waren untröstlich, daß der Kaiser ohne ihre Begleitung fortgeritten war. Als man die Fenster aufstieß, sah man den Kaiser noch auf den Brettern liegen. Der Bedienstete schüttelte sich vor Lachen und erklärte, der Kaiser sei längst fort: „Was liegt Ihr hier noch herum, Ihr Haderlump! Ihr wollt wohl morgen früh unsere Kleider stehlen? Das fehlte noch!"

Der Kaiser fuhr ihn an: „Holt meine Kammerdiener! Ich will mich anziehn und heimreiten. Gott behüte euch diese Nacht! Ich habe gar nicht die Absicht, nachtsüber hierzubleiben, denn ich hab's woanders weit bequemer. Was sollte ich auch mit euern Fetzen?"

Der Badeknecht spottete: „Ich könnte lange suchen, ehe ich die fände, nach denen Ihr verlangt. Ihr habt heute bestimmt ebenso viele Kammerdiener und Kleider wie gestern. Bei Gott, ich habe hier im Hause weder das eine noch das andere gesehen, auch nichts von Ehrerbietung Euch gegenüber, und so, wie Ihr daliegt, habt Ihr wohl auch noch nie welche erfahren."

Der Kaiser überlegte: Wie? Sollte man mich nicht erkennen? So will ich denn selbst vor die Tür treten, und wenn man dort nicht das Badelaken bereit hält, wird's so manchem übel genug ergehen! Doch als er vor der Tür stand, fand er weder dort noch gaßauf irgendeinen Menschen. Fern aus seinem Palast ertönte allerdings fröhlicher Lärm, und er sah, wie man Kerzen herbeitrug, die den Palast taghell erleuchteten. Dazu hörte er das Hofvolk sprechen, der Kaiser habe bereits die Tafel aufgehoben. Da dachte er tödlich erschrocken: Allmächtiger, was bin ich Jahr und Tag gewesen, wenn man jetzt plötzlich einem anderen meinen Titel gibt und ich hier dastehe wie einer, der sein Lebtag lang bettelarm war? Er überlegte, was in dieser Lage zu tun sei, und da er sich seiner Nacktheit schämte, rannte er in die Badestube zurück. Die Badeknechte aber fuhren ihn an: „Schert Euch hinaus, wenn Euch Eure Haut lieb ist! Tut Ihr's nicht, passiert gleich etwas, was Euch gar nicht gefallen wird!"

Der nackte Kaiser flehte: „Liebe Freunde, laßt mich um Gottes willen bei euch bleiben. Ihr habt von mir nichts zu befürchten, ganz im Gegenteil. Ich bin ganz verzweifelt."

Sie aber höhnten: „Eure Verzweiflung hättet Ihr dem Kaiser vorjammern sollen, solange er im Bade war. Der hätte Euch eher helfen können. Nun aber hinaus mit Euch!"

Mit Tränen schlich der nackte Kaiser vor die Tür, die man hinter ihm versperrte. Da stand er also entblößt und jämmerlich davor, der Badewedel war Ersatz fürs Unterkleid, und er war heilfroh, daß die Finsternis der Nacht seine Blöße verhüllte. So schlich er sich an den Hauswänden entlang zum Tor der Kaiserburg. Diese Burg wurde verwaltet von seinem besten Ratgeber. Er hatte ihn für seinen Dienst mit Ehren überhäuft und dachte: Wenn's irgendeinen Menschen gibt, der mich Bedauernswerten aus Not und Verzweiflung erlösen kann, ist's dieser Mann! Er lief auf die Burg zu und bat den Torhüter, ihn einzulassen. Der aber sprach: „Da müßte ich ja verrückt sein. Ließe ich Euch Jämmerling hier drinnen schalten und walten, wären wir beide übel dran. Verschwindet, denn mein Herr macht sich nichts aus Narren."

Der Kaiser bat dringlich: „Geht zu Euerm Herrn, guter Mann, und bittet ihn, zu mir zu kommen. Sagt ihm ins Ohr, hier stehe Kaiser Gorneus, der ihn mit Wohltaten überhäuft hat. Er möge sich dafür erkenntlich zeigen."

Der alte Pförtner ging tatsächlich zu seinem Herrn und sprach: „Herr, vor dem Burgtor steht ein Mann, der sich für den Kaiser Gorneus ausgibt. Er bat mich, zu Euch zu eilen und Euch an empfangene Wohltaten zu erinnern. Dieser angebliche Kaiser ist allerdings splitterfasernackt."

Da meinte der Burgherr: „Schön, spaßeshalber will ich hingehen und mir den Narren ansehen." Er ging zum Burgtor, trat vor den Wartenden, und als er den Nackten musterte, sprach er erstaunt zu sich: Du lieber Gott! Was soll man davon halten? Dieser Mann sieht ja meinem verehrten Herrscher nach Aussehen und Gebaren zum Verwechseln ähnlich. Hätte ich ihn nicht eben in der Stadt beim Mahle gesehen, wäre ich überzeugt, den Kaiser vor mir zu sehen.

Da redete ihn der nackte Kaiser an: „Lieber Freund, im Vertrauen auf deine Hilfe komme ich zu dir. Rette mich! Ich bin in einer verzweifelten Lage. Erinnere dich der Ehren, mit denen ich dich überhäuft habe, und steh mir nun getreulich bei in meiner Not!"

Der Burgherr erwiderte: „Wer wollt Ihr sein?"

Der nackte Kaiser rief empört: „Wie kannst du fragen? Ich bin dein Herrscher Gorneus, dem du viel zu verdanken hast. Du weißt recht gut, daß ich dich allen anderen vorgezogen habe. Stets warst du mein erster Ratgeber, und du sollst es auch bleiben, wenn ich wieder auf dem Thron sitze."

Der Burgherr aber fuhr ihn an: „Fort mit Euch! Eben habe ich meinen Herrscher verlassen; er residiert grad glanzvoll in seinem Palast. Da Ihr ihm aber ähnelt,

138

schenke ich Euch diesen grauen Knechtsrock hier. Und dann schert Euch fort von der Burg! Legt Euch nicht wieder den Namen des Kaisers zu, sonst wird's Euch übel ergehen!"

Der von allen Verlassene seufzte: „Nun ist auch meine letzte Hoffnung dahin!" Weinend lief er in die Stadt zurück und bat die Köche der kaiserlichen Küche um einen Bissen Brot. Die aber schrien ihn an: „Von Rechts wegen sollte man Euch aufhängen! Ihr seid doch ein kräftiger Bursche, habt glänzendes Haar und eine glatte Haut wie ein Weib. Also könnt Ihr Euch Eure Nahrung auch erarbeiten. Wie kommen wir dazu, Euch durchzufüttern? Nicht ein Krümchen bekommt Ihr. Hier, das könnt Ihr haben!" Und damit warfen sie ihm eine Schüssel vor die Füße. Hungrig kratzte er die Speisereste aus, und mehr konnte er in dieser Nacht nicht ergattern. Am Morgen machte er sich nützlich, indem er in einem Zuber Wasser in die Küche schleppte, obwohl ihm dies sauer genug wurde. Als er eine Pause einlegte, um den schmerzenden Rücken geradezubiegen, saß ihm sofort eine Faust im Nacken: „He, Ihr stinkfauler Freßsack! Ihr könnt wohl nur schlingen und pennen! Euch wird Eure Trägheit noch in manche böse Klemme bringen! Oder tragt Ihr etwa Eure Nase so hoch, weil Ihr dem Kaiser ähnlich seht?" Ihm aber brach bei jeder Erwähnung dieser Ähnlichkeit bereits der Angstschweiß aus, und er wäre am liebsten ein ganz anderer gewesen.

Nach dem Frühstück hockte der Kaiser neben seinem Gefährten, dem zweiten Wasserträger, als der oberste Koch erschien und gewichtig verkündete, der Kaiser habe den Gerichtstag eröffnet. Als unser von Gott und der Welt Verlassene das hörte, plagte ihn die Neugier. Er wollte hingehen und sich dies unerhörte Schauspiel ansehen: Wer kann's nur sein, der sich an meiner Statt auf den Thron geschwungen hat? Als er über den Marktplatz schritt, erblickte er zahlreiche Pfähle mit den Köpfen Enthaupteter, die von den Angehörigen mit großem Wehgeschrei umlagert wurden. Weiter sah er, wie Geblendete über den Platz gezerrt wurden. Andere waren aufs Rad geflochten und brüllten entsetzlich vor Schmerzen. Wieder andere wurden zum Richtblock geschleppt. Ferner sah man so manchen Bösewicht auf dem Scheiterhaufen brennen. Er sah allenthalben Gerichtete, und zwar lauter Edelleute, die sich in seiner Gnade gesonnt hatten und denen er alles hatte durchgehen lassen. Als er dies fürchterliche Strafgericht vor Augen hatte, flüsterte er erschüttert: „Allmächtiger Gott, du hast recht getan, mir die Herrschaft zu nehmen und sie einem Herrscher zu übertragen, der ihr besser gerecht wird! All dies hier wäre meines Amtes gewesen. Und wenn nun ein anderer das tut, was ich leider unterlassen habe, so gibt's keinen Grund, ihm zu zürnen, denn er strebt im Gegensatz zu mir nach wahrem Herrscherruhm. Ich war bislang nur darauf bedacht, Besitz und Reichtum zusammenzuraffen, ohne daß dies meinen Untertanen zugute kam. Wie sehr bereue ich, so schlecht regiert zu haben. Wenn mir die Armen ihre Not klagten, ließ ich mich von ihren Bedrängern mit Silber bestechen und füllte meinen Schrein. Ihre Klagen über diesen schlechten Richter haben sicher das Ohr Gottes erreicht, der mich zur Strafe zum Gespött der Menschen gemacht hat. Er hat ihre Klagen erhört, mich gerichtet und damit in tiefe Verzweiflung gestürzt. Doch ich kann meine Ankläger nicht Lügen strafen. Gott, ich bekenne meine Schuld und lege mein Geschick in deine Hände. Welche Strafe du auch über mich verhängst, ich will sie im Vertrauen auf deine göttliche Gnade geduldig ertragen. So groß auch meine Verzweiflung ist, deine Güte ist größer. Erbarme dich meiner bösen Taten und gib mir deinen Rat, damit ich nie mehr Übles tu!" Und weiter dachte er: Ich möchte doch gar zu gern jenen Gerechten sehen, den man für mich hält und der die Herrschaft in seine Hände genommen hat! Er eilte zu den Schranken des Gerichts und drängte sich mühselig durch die Menschenmassen, die sich versammelt hatten, bis er den von allen gepriesenen Richter erblicken konnte. Und man rühmte ihn zu Recht, denn er war voller Edelsinn. Als der arme Kaiser sein Aussehen überprüfte, entdeckte er, daß er sein vollkommenes Ebenbild vor sich hatte. Nun begriff er, warum alle Welt überzeugt war, den echten Kaiser vor sich zu sehen, und er dachte bei sich: Dazu zeichnet ihn ein so hervorragender Charakter aus, daß man ihn mir aus gutem Grund vorgezogen hat, denn Gott richtet über einen jeden nach Verdienst. Sein edelsinniges Ebenbild hatte die glänzendsten Kleider aus der kaiserlichen Kleiderkammer angelegt und trug auf seinem Haupte die kostbare Kaiserkrone.

Der Herrscher sprach nun zu den umstehenden Reichsfürsten: „Gestattet bitte, daß ich mich für eine Weile in meine Kemenate zurückziehe. Inzwischen mag einer von euch meinen Platz einnehmen und an meiner Statt Recht sprechen."

Die Fürsten erwiderten: „Glück auf den Weg! Ihr habt die Zeit wohl genutzt und im Namen Gottes gerichtet, so daß alle Eure Untertanen überzeugt sind, nie zuvor einen solchen Gerichtstag erlebt zu haben." Man war ihm behilflich beim Aufstehen, und er ging auf seinem Weg vorbei an der Stelle, wo jener armselige Bursche seinen Kopf durch die Menge zwängte, der vorher Kaiser genannt wurde. Er griff ihn beim Schopf und führte ihn mit sich in die Kemenate, die er hinter sich verschloß. Sein Begleiter aber stand voller Schrecken vor ihm. Da sprach der Herrscher: „Nun, wie steht's, törichter Kaiser Gorneus?"

Der Verstoßene warf sich unter Tränen vor ihm in den Staub und flehte: „Gnade, Herr! Ich maße mir nicht an, Kaiser zu sein. Ihr allein seid's, und dies mit Recht."

Da fuhr der Herrscher milder fort: „So sag denn, ob du nun glaubst, daß unser aller Herr Jesus Christus alles vermag, daß er erniedrigen kann, wen er erniedrigen will, und daß er jeden Menschen, der sein Leben makellos und lauter verbringt, nach Gebühr auch erheben wird? Sag, wer hat dich erhoben und nun in Schmach und Schande gestürzt? Beides verdankst du Gott, sowohl den Ruhm als auch die Verachtung der Menschen. Du aber glaubtest, deinen Ruhm aus eigener Kraft errungen und gefestigt zu haben. Nun siehst du, was deine Kraft wert ist, wenn Gottes Hilfe ausbleibt. Du hast den Priester einen Betrüger genannt und Gott der Lüge geziehen. Wie kamst du zu dieser Kühnheit, sprich, da Gott doch der Hort aller edlen Tugenden und der Quell aller Lauterkeit ist? Du jämmerlicher Erdenwurm, erkenne den, dem du Ruhm, Besitz und Leben verdankst und der dafür verlangen kann, daß du jetzt und immerdar nach seinem Willen lebst."

Bitterlich weinend, lag der Verstoßene zu seinen Füßen und bekannte reuig seine Schuld: „Gnade, Herr! Vor Gott und Euch bekenne ich mich schuldig. Falsch und treulos war ich gegen meinen Schöpfer, und wenn Ihr mich erretten wollt, so will ich fortan nach Eurem Rat und Willen handeln, da Ihr doch ins Innerste meines Herzens seht."

Da sprach der Herrscher: „Nachdem du deine Schuld bekannt und versprochen hast, nach dem Willen Gottes zu leben, erhebe dich und höre: Ich bin ein Engel Gottes. Nimm jetzt dein kaiserliches Gewand und verabscheue in Zukunft alles, was des Kaisers unwürdig ist und dich Gott widerwärtig macht. Begreife, daß Gott dich gnädiger behandelt hat als viele andere, denn er hat dich hier auf Erden auf den rechten Weg geführt. Und wenn du fortan nach meinem Rat leben wirst, ist dir nach der Herrlichkeit des irdischen Daseins ein ewiges Leben voller Glückseligkeit beschieden." Der Engel legte ihm die kaiserlichen Gewänder an, setzte ihm die goldene Krone aufs Haupt und fuhr fort: „Damit übernimm wieder alle deine Reiche und deine kaiserliche Herrschergewalt. Sei edelmütig und hab ein Herz für deine Untertanen, dann erfüllst du — das sei dir versichert — den Willen Gottes."

Gorneus aber fiel ihm erneut zu Füßen und bat: „Gnade, du Bote Gottes. Sei mein Bürge vor Gottes Thron dafür, daß ich gern und willig nach seinen Geboten leben und regieren werde." Damit nahm der Engel Abschied.

Der Kaiser ging zurück zu seinen Fürsten und setzte den Gerichtstag fort. Niemand nahm Anstoß daran, denn er sah seinem Vorgänger vollkommen ähnlich. Ob er nun den Armen ein gerechterer Richter war als zuvor? Gewiß, darauf könnt ihr euch verlassen. Zwölf Tage lang dauerte das Gericht, dann war auch der letzte Streitfall entschieden. Da gebot der Kaiser Stille und begann: „In Zukunft will ich so leben und regieren, daß ihr mit meiner Herrschaft zufrieden seid. Ich bitte euch, alle diejenigen herbeizurufen, denen ich Unrecht getan habe. Ihnen soll Recht werden, so daß auch sie Grund haben, meine Herrschaft zu preisen. Wem ich sein Erbe vorenthalten habe, der soll es bekommen. Wo ich jemanden gegen alles Recht mit Zoll oder Abgaben belegt habe, will ich's sofort aufheben, denn es haftet kein Segen an so gewonnenem Gut. Der Münzwert bleibt unverändert, solange ihr und alle Untertanen es nur wünschen. Und wenn irgendwo das geltende Recht nicht genügt, dann wird es verbessert."

Die Fürsten sprachen ehrerbietig: „Edler Herrscher, wir preisen Gott, daß Ihr Euch nun von Gottes Willen leiten laßt. Ihr werdet an uns um so bereitwilligere Diener haben, die alle Eure Gebote getreu erfüllen."

Der Kaiser hielt sein Wort, das er den Fürsten gegeben hatte, und öffnete die Schatzkammern, so daß alle Untertanen ihn priesen. Danach begab er sich ohne viel Gepränge in seinen Palast und ließ drei Reichsfürsten zu sich kommen, die ihm bei seinem Vorhaben behilflich sein sollten; es waren dies ein Bischof, ein altersgrauer Abt und sein weiser Beichtvater. Zu ihnen sprach er: „Gebt mir Euern Rat. Alle, die Ansprüche anzumelden hatten, habe ich zufriedengestellt, ohne ihnen das Geringste vorzuenthalten. Mit dem, was von meinem Schatz übriggeblieben ist, möchte ich zahlreiche Klöster stiften, denn ich will nichts zurückbehalten. Mit Unrecht habe ich ihn gewonnen und gemehrt, so daß schließlich

143

fast meine Seele Schaden genommen hat. In Zukunft will ich nicht mehr allein darauf bedacht sein, riesige Reichtümer zu häufen und zu horten. Seid Ihr damit einverstanden?"

Seine Ratgeber riefen freudig: „Herr, wer wollte einem so edlen Vorhaben widerraten? Was für einen Grund sollte der wohl haben? Zu Recht träfe ihn Gottes Zorn."

Der Kaiser fuhr fort: „Gut, dann nehmt Euch der Sache an. All mein Gold und Silber stehen Euch zur Verfügung. Es ist eine Riesenmenge, doch will ich in Zukunft keinen Schatz in meinen Kammern, der unrechtmäßig gewonnen wurde. Auch stehe er stets bereit, wenn es Gottes Willen zu erfüllen oder des Reiches Not zu steuern gilt. Ich will so leben, daß der Teufel nach meinem Tode keinen Anspruch auf meine Seele erheben kann." Und der Kaiser regierte fortan so, daß alle seine Untertanen ihn für einen Heiligen hielten, und ein wenig war schließlich wahr daran.

Ich flehe zu Gott, er möge mich wie ihn läutern von allen törichten Gedanken. Allmächtiger Gott, du hast an diesem Erdenherrscher deine unendliche Güte geoffenbart. Nach großem Reichtum fiel er in Armut und hatte weder Ansehen noch einen Fetzen auf dem Leibe. Danach hast du ihm alles in Fülle wiedergegeben und ihn dazu noch weise gemacht, an dir das höchste Gut des Menschen zu erdienen: dein ewiges Reich, allmächtiger Christus. Da du voller Güte bist, beweise sie um seinetwillen auch an mir. Ich flehe auch bei jener Frau, die dir am nächsten steht; ich meine deine gebenedeite Mutter. Um aller Wesen willen, die dir auf Erden und im Himmel angenehm und erfreulich sind, erlöse mich von meinen Sünden und lasse mich einst eingehen in die ewige Seligkeit, mich, deinen Knecht Herrand von Wildonie.

Der Bauer und die Prinzessin

Wer immer das letzte Wort behalten will und mit den lieben Mitmenschen seinen Spott treibt, wird am Ende selber Hohn und Schande ernten. Das ist eine alte Wahrheit, die sich jeden Tag aufs neue bestätigt. Ebenso sicher ist, daß ein aufrechter, unbeugsamer Mann zu Glück und Ruhm gelangt. Die folgende Geschichte soll euch gleichnishaft die Wahrheit des Gesagten deutlich machen.

Es lebte einst ein mächtiger König, der hatte eine wunderschöne Tochter. Sie war voller Liebreiz, und viele Edelleute warben um ihre Liebe. Sie wollte aber nur den zum Manne nehmen, der sie an Witz übertraf und sie im Redegefecht besiegte. Dreimal müßte er sie an Schlagfertigkeit übertreffen, dann würde sie ihn nehmen. Wer aber unterlag, verlor den Kopf. So mancher brave Edelmann hatte bereits seine Liebe zu der Prinzessin mit dem Leben bezahlen müssen. Weiß der Himmel, wer ihr soviel Witz und Schlagfertigkeit gegeben hatte. Selbst der, der Zeit zum Nachgrübeln hatte, kam beim besten Willen nicht auf diese Fülle treffender Sentenzen und Pointen.

Nun lebte in einem Dorf in der Nähe ein Bauer, der hatte einen Sohn namens Konni. Dieser Konni hielt sich nach Wesen, Gebärden, Sprache und Kleidung wie ein vollendeter Narr. In Worten und Taten war er der größte Bauerntölpel, den man sich nur denken kann. Der trat eines Tages vor seinen Vater und bettelte: „Vater, gib mir einen Batzen Geld! Ich will an den Königshof und ein Höfling werden."

Der Vater fuhr ihn an: „Die Pest dir an den Hals! Geh lieber zum Galgen als an den Königshof und heul mir nicht die Ohren voll! Was meinst du, wie sehnlich man dich bereits bei Hofe erwartet!"

Konni aber murrte: „Ob du herumtobst oder nicht, ist mir egal! Du bist ein ungebildeter, böser Tropf. Ich geh auf jeden Fall zu Hofe. Will's Gott, mache ich dort mein Glück!"

Er zog seinen Feiertagsanzug an, haschte vom Ofen ein Hühnerei, stopfte es unters Hemd und ging los. Unterwegs fand er einen Eggezahn und schob ihn in den Ärmel. So lief er weiter zum Königshof. Da begegnete ihm ein junger, hübscher Edelmann, der ihm freundlich zurief: „Grüß Gott, Gesell!"

„Vergelt's Euch Gott!" erwiderte Konni.

Der junge Edelmann lenkte sein Pferd näher heran und fragte: „Wohin des Weges, Gesell?"

„Zum Königshof, Herr!"

„Wollen wir zusammen hinziehen?"

„Aber gern!" rief Konni.

Der junge Edelmann war von so eindrucksvoller Schönheit, daß ihm nicht einmal der Gedanke kam, er könne bei der Werbung um die Prinzessin scheitern. Nach glücklicher Vereinigung wollte er den Bauerntölpel als Hofnarren behalten. Als sie in den Königssaal traten, war er voller Edelleute; Herren und Damen betrachteten verwundert das Paar, den hübschen Jüngling und seinen närrischen Gefährten.

Nun waren gerade in diesen Tagen drei angesehene Ritter beim Rededuell gescheitert, und sie hatten das Haupt auf den Block legen müssen. Die Herren bei Hofe waren aufgebracht und voller Zorn über die unmenschliche Prinzessin, doch der König erklärte: „Ich habe geschworen, nur der wird ihr Gatte, der sie im Rededuell besiegt! Es ist doch unglaublich, daß ihr kein Mann an Witz überlegen ist."

Nachdem sich die Erregung gelegt hatte, wurde das Abendessen aufgetragen. Nun setzte man den hübschen Junker und den blöden Konni an einen Tisch, und Konni aß so, wie er's gewöhnt war: Mit der einen Hand grapschte er nach einem tüchtigen Stück Fleisch, mit der anderen nach einem Brotkanten. Der Junker wurde vor Scham über die Tischsitten seines Gefährten feuerrot. Er nahm ihm das Fleischstück aus der Hand und belehrte ihn leise, wie man bei Hofe essen müsse. Konni aber wehrte ab, er wisse selbst, wie man sich zu benehmen habe: „Eßt, wie Ihr wollt! Ich will mich in Ruhe satt essen, denn ich hab's nötig!" Er stopfte sich gierig voll bis zum Platzen, so daß er am Ende kaum sitzen konnte.

Als es zum Schlafen ging, wurden die beiden auf ein Lager gewiesen. So war's Sitte am Königshof. Der Junker und Konni lagen also Seite an Seite. Gegen Mitternacht befiel den Vielfraß Konni ein gewaltiges Bauchgrimmen, so daß er sich vor Schmerzen wand und schrie: „Au, mein Bauch tut weh! Wo kann ich mich ausscheißen?"

„Bist selber schuld!" schalt der Junker. „Halt's zurück! In der Finsternis fällst du von der Mauer und brichst dir das Genick!"

Aber Konni wußte sich zu helfen: Er nahm seine Mütze, schiß sie randvoll, band sie mit einem Hosenband zu und bettete sich mit dem Kopf auf das stinkende Bündel. Konnis Kopfkissen stank so entsetzlich, daß der Bettnachbar sehnlichst den Morgen erwartete.

Am nächsten Morgen stand der Junker schon frühzeitig auf, während Konni sich faul auf dem Lager räkelte, bis man die Frühmesse sang. Nun sollte es losgehn: Man führte den Junker vor die Prinzessin. Er versuchte sein Glück, doch dieses Teufelsmädchen war so schlagfertig, daß es dem jungen, von allen Anwesenden recht wohlwollend betrachteten Edelmann wie allen anderen Bewerbern erging: Er wurde im Rededuell niedergerungen und enthauptet.

Nach der Hinrichtung wollte man sich den Spaß machen und Konni zur Redeprobe zwingen. Er hatte sich endlich aus dem Bett gewälzt und trug seine übelriechende Mütze unterm Arm. So führte man ihn vor die Prinzessin und redete ihm zu: „So sprich doch endlich! Sag dein Sprüchlein!"

„Was soll ich denn reden?"

„Nun, der Prinzessin hier sollst du irgendwas sagen!"

„Na schön!" meinte Konni. Er starrte die Prinzessin lange an und sagte dann unbeholfen: „Warum habt Ihr einen so knallroten Mund?"

Sie antwortete: „Das kommt von dem Feuer, das drinnen brennt!" Konni zog blöde grinsend das Ei hervor und sagte: „Dann bratet mir doch dieses Ei!"

Ärgerlich, daß er sie zum ersten Mal hereingelegt hatte, fuhr ihn die Prinzessin an: „Steck dir's in den Arsch, du Narr!"

„Ein Ei kann ich nicht reindrücken. Das Ding hier schon eher!" Und er holte den Eggezahn hervor. Die Prinzessin wurde wild vor Zorn über die zweite Niederlage und schrie ärgerlich: „Wieder verschissen!"

Der Ausruf war Konnis Glück. Er band nämlich seine Mütze auf, zeigte den Inhalt herum und beteuerte: „Nein, das hier habe ich geschissen!"

Damit war die Prinzessin zum dritten Mal abgefertigt, und die gesamte Hofgesellschaft rief schadenfroh: „Die Prinzessin muß den dummen Bauerntölpel heiraten!"

Der König mußte sich fügen und ihm die Prinzessin zur Frau geben, für die so mancher wackere Mann sein Haupt unter dem Henkerbeil verloren hatte. Wie's dem Bauern weiter erging, weiß ich nicht. Sicher ist, daß alle bei Hofe der Prinzessin den Reinfall und das Unglück von Herzen gönnten, da sie so viele Edelleute ums Leben gebracht hatte.

Laßt euch also raten: Treibt nicht gefährliche Späße mit euern Mitmenschen, sonst fallt ihr am Ende selbst herein. Das Schicksal der Prinzessin beweist das deutlich genug. Wäre sie klüger gewesen und hätte sie ihren Übermut gezügelt, hätte sie einen vornehmen Edlen zum Gatten bekommen. Wer den Spaß zu weit treibt, kann daher hereinfallen. Dies lehrt die Erzählung, die Heinz, der Kellner, euch zu Gefallen gedichtet hat. Gott gebe uns Verstand und seinen Rat, damit wir seine Huld erringen.

Die halbe Birne

In Frankreich lebte einst ein König, der bekanntmachen
ließ: Wer bei den Turnieren an seinem Hofe ein ganzes
Jahr lang stets am besten abschneide, solle die Hand seiner Tochter und sein halbes Königreich erhalten. Diese
Mitteilung rief im ganzen Land große Aufregung und
Bewegung hervor, und so mancher Edelmann rüstete
sich zum Streit. Wirklich wurden bei ritterlichen Turnieren von zahlreichen tapferen Helden viele Lanzen zerbrochen.

Besonders großen Anteil nahm ein Mann, den man
als Anerkennung für eine Fahrt nach Jerusalem zum
heiligen Grab in den Ritterstand erhoben hatte. Da
er alle anderen Männer an Stärke übertraf, hoffte er,
den in Aussicht gestellten Preis zu erringen. Ob er nun
mit Grafen, Freiherrn oder Rittern kämpfte, seine
Lanzenstöße waren stets so wuchtig und unwiderstehlich,
daß er allemal Mann und Roß über den Haufen warf,
was mancher mit dem Leben bezahlen mußte. An

jedem Turniertag ging er aus den Kämpfen als Sieger hervor.

Nachdem er sich wiederholt in solcher Weise ausgezeichnet hatte, wurde der König auf ihn aufmerksam und lud ihn schließlich an seine Tafel. Da geriet der Ritter in große Verlegenheit, denn mit der Hofetikette stand er auf Kriegsfuß, doch sein Knappe ließ es sich nicht verdrießen und unterwies ihn in allen Einzelheiten, so gut er es nur konnte. Als er an den königlichen Hof kam, erhielt er den Platz an der Seite der Königstochter. Sie plauderte unbefangen und freundlich mit ihm, bediente ihn beim Essen und nötigte ihn, tüchtig zuzulangen. Dabei wußte sie ihre Rede so wohl zu setzen, daß er vor lauter Befangenheit kein Wort herausbrachte und es überdies versäumte, sie bei Tisch zu bedienen. Nach einem Weilchen dachte die Königstochter bei sich: Was ist das nur für ein ungehobelter Bauernflegel! Als man schließlich als Nachtisch Birnen und Äpfel auftrug, langte sich der Ritter eine Birne, legte sie vor sich hin und schnitt sie in zwei Hälften. Die eine Hälfte steckte er samt Schale und Kerngehäuse in den Mund, die andere reichte er — unbeholfen und ungeschliffen, wie er war — der Königstochter. Damit verstärkte er aber den Groll und die Abneigung der schönen Jungfrau, die sich jedoch nichts anmerken ließ.

Der Ritter dankte dem König für die erwiesene Ehre, verabschiedete sich und stürzte stolz und mutgeschwellt erneut in das Turniergetümmel. Wieder stach er alles über den Haufen, was ihm nur vor die Lanze kam, und wenn er einen Gegner aus dem Sattel geworfen hatte, blickte er sofort zur Königstochter, ritt vor ihren Platz unter die Tribüne, stieß einen gewaltigen Juchzer aus und glaubte, er sei ihr der Liebste von allen. Die Jungfrau sah sich das ein Weilchen an und rief schließlich zu ihm hinab: „Da kommt ja wieder dieser unmanierliche Haudegen, der neulich eine halbe Birne ungeschält in den Mund stopfte. Von höfischer Bildung hat der keinen blassen Schimmer!"

Als des Ritters Knappe diese Worte hörte, zog er seinen Herrn rasch beiseite und drang in ihn, doch sofort zu sagen, was er mit der Birne angestellt hätte. Nun schilderte ihm der Ritter seine „höfischen" Tafelsitten: Er habe eine Birne in zwei Teile geschnitten, die eine Hälfte in den Mund gesteckt und die andere mit ausgesuchter Höflichkeit auf den Teller der Königstochter gelegt. Da fragte der Knappe: „Habt Ihr sie nicht ausgeschnitten und geschält, bevor Ihr sie der Prinzessin reichtet?" — „Nein, daran habe ich nicht gedacht, das hat mir niemand beigebracht!" gestand der Ritter.

Da seufzte der Knecht: „Herr, dann laßt uns fortziehen! Ihr habt hier nichts mehr zu erhoffen. Ich will Euch aber einen guten Rat geben: Zieht weit weg vom Königshof, wo Euch niemand kennt, und kleidet Euch dann wie ein Narr. Laßt Euch wie ein Narr die Haare stutzen und haltet Euern Mund, als wäret Ihr stumm. In diesem Aufzug begebt Euch dann wieder hierher und mischt Euch unter das Gefolge der Königstochter. Wenn man Euch dann gröblich behandelt — mit Schimpfworten bedenkt, Euch etwas an den Kopf wirft, Euch schlägt oder Euch sonst irgendein Leid zufügt —, so flüchtet stets zur Prinzessin. Schlaft jede Nacht vor ihrem Kamin und laßt Euch von keinem Menschen fortbringen, selbst wenn man Euch halbtot schlagen sollte. Etwas Besseres könnt Ihr in Eurer Lage nicht tun."

Der Ritter gab sich alle Mühe, einem Narren und einem Stummen ähnlich zu werden, und begab sich dann schleunigst an den Königshof zurück. Er schloß sich dem Gefolge der Prinzessin an und suchte in Notlagen stets Schutz bei ihr, so daß sie schließlich erklärte: „Dieser Narr gehört mir, und wem an meiner Gunst gelegen ist, der lasse ihm in Frieden."

Eines Nachts, als sie mit ihren Jungfrauen vor dem Kaminfeuer saß, schien die angenehme Wärme auch den Stummen anzulocken, und er ließ sich der Prinzessin gegenüber nieder, als wolle er schlafen. Er ließ jedoch erkennen, daß er in heftiger Leidenschaft zu ihr entbrannt war. Damit erweckte er auch die Begierde der Prinzessin, und zwar wegen eines Zeichens, das sie an lustvolle Seufzer, begieriges Bangen und brünstiges Stöhnen erinnerte. Sie erblickte nämlich das starke Werkzeug der Männlichkeit, das hier besser ungenannt bleibt. Da schickte sie alle ihre Zofen fort und behielt nur eine alte Hofdame bei sich, der sie danach noch mehr zugetan war, denn die hatte gleich erkannt, wo die Prinzessin der Schuh drückte. Sie schmunzelte: „Mein Fräulein, Euch quält die Liebespein mehr denn je zuvor. Euer Herz ist entbrannt zu dem Narren, der Euch so lange nachgeschlichen ist, bis er den rechten Augenblick abgepaßt hat. Nun gut, in dieser Sache kann Euch geholfen werden. Legt Euch zu Bett! Ich bringe ihn ohne Umstände zu Euch!"

Die Prinzessin erwiderte: „Hab Dank, Irmeltraut! Du hast immer meine Wünsche erraten und erfüllt!"

Nun zog die Alte den Narren (der ihr nur allzu gern folgte) diensteifrig zum Bett der Prinzessin, zog ihm die Kleider herunter und legte ihn dann fein säuberlich an die Seite ihrer Herrin. Der Narr drängte sich an den warmen Frauenkörper, auch die Prinzessin schmiegte sich voller Begierde an ihn. Sosehr sie aber auch der Hafer stach, er tat, als sei er völlig unerfahren, und lag wie ein Holzklotz an ihrer Seite. Die Alte bemühte sich zwar tatkräftig, bei dem Geschäft nachzuhelfen, aber bei diesem Toren verfing rein gar nichts, weder Erfindungsreichtum noch weibliche Erfahrung. Da fiel der Alten ein erprobter Kunstgriff ein: Sie holte eine Nadel hervor und stach damit den Narren in den Hintern, sooft er nur zurückzuckte. Wenn sie aber nicht mehr zustach, regte er kein einzig Glied. Da rief die Prinzessin voller Brunst: „So stich doch, liebste Irmeltraut! Stich hurtig ohne Unterlaß, sonst ist mit diesem Narren nichts anzufangen!" Auf diese Weise wurde das Geschäft nun eifrig betrieben, bis die Prinzessin völlig befriedigt war. Danach kleidete die Alte den Stummen wieder an und schickte ihn vor die Tür, wo er bis zum Tagesanbruch schlief.

Wenig später verließ er den Königshof und rüstete sich auf den Rat seines Knappen erneut zum Turnier in der Hoffnung, daß ihm der Handel nun besser glücken werde. Er kam mit seinem Knappen angeritten, und sobald er im Turnier den ersten Gegner über den Haufen gestochen hatte, sprengte er wiederum vor die Prinzessin. Die hatte natürlich keine Ahnung, daß er und der Narr eine Person waren, und rief ihm zu: „Da kommt ja schon wieder dieser unmanierliche Raufbold, der die halbe Birne ungeschält in den Mund stopfte! Von höfischer Bildung hat er keinen Schimmer!"

Da schrie der Ritter aus vollem Halse zurück: „So stich doch, liebste Irmeltraut! Stich hurtig ohne Unterlaß, sonst ist mit diesem Narren nichts anzufangen!" Dann ritt er davon.

Die Königstochter begriff sofort, daß er der Stumme war. Sie war sehr besorgt, daß er die Geschichte im ganzen Land verbreiten und ihre Schande auf diese Weise noch größer würde. So lag sie denn ihrem Vater und ihrer Mutter in den Ohren, er habe sich doch vor allen anderen ausgezeichnet und man solle ihm den ausgesetzten Preis nicht vorenthalten. Der König entsprach ihrem Wunsch und ließ die beiden trauen.

Aus dieser Geschichte möge man lernen, daß es nur Schande bringt, wenn man andere verachtet. Zuerst argwöhnt man nichts Schlimmes, bis dann die Zeit gekommen ist, da irgend etwas an den Tag kommt. Und wenn eine Dame noch so vornehm und erhaben tut, vor lauter Überheblichkeit kaum pinkelt und glaubt, daß niemand gut genug für sie sei, dann kommt schließlich doch einmal der Augenblick, da ihr aufgeht: „Du hast so lange Körbe ausgeteilt, daß dich am Ende niemand mehr begehrt!" In ihrer Unentschlossenheit gibt sie sich dann unbesonnen einem Kerl hin, der keine Ehre im Leibe hat. Wie sie vorher andere mit Ehrabschneiden und Verleumden nicht verschont hat, so erfährt sie nun selber keine Schonung, mag sie auch noch so vornehmer Geburt sein. Dies zeigt euch das Beispiel der Königstochter, die jenen Mann verachtete, der als Auszeichnung für seine Ritterstärke an den Tisch des Königs gebeten wurde und alle anderen Turnierteilnehmer im Kampfe übertraf. Danach ließ sie sich von einem blöden Narren beschlafen, der ihr völlig unbekannt war, und am Ende mußte sie noch froh sein, daß er sie überhaupt zur Frau nahm. Wer kann schon sagen, wie es in ihrer Ehe aussah, ob er ihr überhaupt je über den Weg traute! Doch man muß zugestehen, daß ihr recht geschehen ist! So sei allen Frauen dringend geraten, Hohn und Spott für sich zu behalten, damit sie nicht am Ende ihre weibliche Scham von irgendeinem Schandkerl beflecken lassen und zum Schluß noch froh sein müssen, wenn sie ihn bekommen. Hütet euch wohl vor solcher Schmach und laßt euch den Reinfall der Prinzessin ein warnendes Beispiel sein, spricht Hans Folz, der Barbier.

Das Häschen

Vertäte ich, den man „von Gottes Gnaden" nennt,
meine Zeit ohne Sinn und Zweck, so hätte man ein
Recht, mich zu beschimpfen. Nun will ich aber alle Neider widerlegen und zu eurer Unterhaltung eine Feier-
abendgeschichte in deutscher Sprache erzählen. Ich
hoffe, daß meine Dichtkunst ausreicht, eine gute Arbeit
zu liefern, so daß ich das mißgünstige Geschrei zungen-
fertiger Neidhammel gelassen hinnehmen kann, die
schnell bei der Hand sind, andere mit Kübeln übler Ver-
unglimpfungen zu überschütten, und sich damit nur
selbst als ehrlose Wichte entlarven. Ich hoffe, mit meiner Geschichte die Gunst edler Herren — und natürlich
besonders edler Damen — zu erringen, und wenn mich
gar Frau Venus persönlich beflügeln sollte, so werde ich
durch meine Erzählung allen wahrhaft Liebenden die
Gewißheit endlicher Liebeserfüllung geben.

Einst zur Erntezeit ritt ein edler Ritter, der durch
seine Freigebigkeit und seine Mannhaftigkeit die Her-

zen der Menschen zu gewinnen wußte, mit zwei flinken Jagdhunden und einem Jagdsperber hinaus auf seinen Landsitz. Da erblickte dieser Jägersmann unversehens ein junges Häschen, dem er sofort seine Hunde auf den Pelz hetzte. Er selbst sprengte ihm voller Eifer nach. Der Hase lief um sein Leben und glaubte sich in einem Kornfeld schon in Sicherheit, als er gerade dort seine Freiheit einbüßte. Ihn packte nämlich ein Schnitter und übergab das gefangene Häschen dem Rittersmann. Das war, weiß Gott, recht gehandelt, denn der Ritter hatte es ja auf seiner Jagd in diese Richtung getrieben. Der Jäger, voller Freude über diesen Erfolg, dachte bei sich: Das war ja ein hübsches Abenteuer!

Nun überlegte der Edelmann, was er mit seinem Fang tun sollte. Da kam ihm der Gedanke, das Tierlein einem Mädchen zu verehren, die er schon seit langer Zeit vergebens umwarb und nach deren Liebesgunst sein Herz voll Sehnsucht glühte wie flüssiges Gold im Feuerofen. Sein Entschluß war goldrichtig, denn man macht sich ja auch mit kleinen Geschenken beliebt. Ein Kind ist sogar über einen Apfel glücklich und würde für ein Ei sogar das ganze deutsche Reich verschenken. So ritt er denn ohne Verzug auf ein Dorf zu, das er auf seinem Wege durchqueren mußte, und unterwegs streichelte er zärtlich das gefangene Häschen.

Nun saß dort in einer Laube, die an der Straßenseite gelegen war, ein blutjunges und völlig unverbildetes Mädchen, zauberhaft schön, von zierlicher Gestalt. Als er mit seinem scheuen Tierchen an ihr vorüberritt, erblickte sie das Häschen und rief dem grüßenden Ritter zu: „Wie seid Ihr zu dem Häschen gekommen? Wollt Gott, es wäre mein! Ob ich es wohl kaufen kann?"

„Wenn Ihr es unbedingt kaufen wollt, mein schönes Kind, so läßt sich darüber reden."

„Aber natürlich, liebster Herr! Wie gern ich doch das Häschen hätte! Sagt mir schnell, was es kosten soll. Wenn ich den geforderten Preis aufbringen kann, bin ich der glücklichste Mensch auf der ganzen Welt!"

„Nun gut, ich gebe es hin um den Preis Eurer Liebe!"

„Was ist denn das: Liebe? Bei Gott, Ihr fordert etwas, was ich nicht einmal kenne! Wenn Ihr wirklich verkaufen wollt, so nehmt, was ich Euch geben kann. In meiner Truhe habe ich viele Ringe — insgesamt an die drei Pfund schwer! — und zehn Würfel und einen schönen Seidengürtel, mit Gold durchwirkt, mit roten und weißen Perlen bestickt, von meiner Mutter mit viel Fleiß und großer Kunst gefertigt. Wenn es Euch ernst ist mit dem Handel, so nehmt ihn als Preis. Etwas Besseres kann ich Euch nicht bieten."

Der Ritter aber sprach: „So wird nichts aus dem Handel! Ich will kein Gold und keine Edelsteine; ich will einzig und allein Eure Liebe!"

„Aber ich besitze doch nichts dergleichen!"

„Wenn Ihr mir erlaubt nachzusuchen, dann werde ich sie bestimmt finden!"

„Dann nehmt sie Euch doch! Was zögert Ihr? Gebt mir das Häschen und nehmt Euch Eure Liebe!"

Der Ritter sagte schmunzelnd: „Wenn jemand im Hause sein sollte, der uns beobachtet, dann kann ich sie nicht nehmen. Ihr müßtet ganz allein sein."

Da sprach das unschuldige Mädchen, die zarte, kleine Turteltaube: „Mein Mütterchen ist mit dem ganzen Hausgesinde in die Kirche gegangen."

Da schwang sich der Ritter rasch vom Pferde, setzte seinen Sperber auf einen Zaunpfahl, band sein Pferd fest, ging in die Laube und gab dem Mädchen das Häschen. An der Jungfrau hatte aber Gott in bester Schöpferlaune ein wahres Meisterwerk geschaffen; nichts war vergessen von alledem, was die Schönheit einer Frau ausmacht. Überall zeichneten sich lockende Rundungen ab, ihr Antlitz war engelschön, an ihrem fraulichen Wesen war nichts auszusetzen. Sie war von einer solchen Vollkommenheit, daß selbst Gott im Himmel sie mit größtem Wohlgefallen gemustert hätte. Als sie das Häschen auf den Arm genommen hatte, sprach sie zu dem Ritter: „Herr, ich habe nun, was ich wollte. Nehmt selber, was Ihr als Preis begehrt!"

Das ließ sich der Ritter nicht zweimal sagen. Er zog das junge Mädchen voll Verlangen an sich und küßte ihre rosenroten Lippen nach Herzenslust. Gott im Himmel, wie der die Gelegenheit zu nutzen verstand! Hingebend und ohne Widerstreben sank sie mit ihm zu Boden und besiegte ihn gelehrig mit den Waffen der Frau, die schon ganze Heere in den Staub warfen und alle Könige zur Unterwerfung zwingen. Wer da liebt, soll ruhig wissen: Die Liebe mit ihrer Zaubermacht besiegt alle Geschöpfe auf der großen weiten Welt! Liebe fand auch der Jüngling, und er genoß die Süßigkeiten ihres jungen, entzückenden Körpers, bis die Jungfrau zur Frau geworden war. Eine wunderbare Verwandlung, bei meiner Dichterehre!

Als aber das zierliche Jungfräulein die Glut des heißen Liebessommers spürte, stöhnte sie: „Sucht weiter, teurer Recke! Sucht unverdrossen, solange Ihr wollt, bis Ihr die Liebe gefunden habt! Denkt daran, daß Euer Häschen bezahlt sein will!"

Da setzte der Jüngling die Suche eifrig fort, während sie ihm voller Lust willfährig war. Als es ihm schließlich an der Zeit schien, wegzureiten, zog ihn das Mädchen in heißem Verlangen erneut liebevoll an ihre Brüste und flehte ihn zärtlich an, doch noch bei ihr zu bleiben, weiterhin nach der Liebe zu suchen, wenigstens noch ein einziges Mal! Er aber fürchtete, daß längeres Verweilen gefährlich werden könne, und nahm Abschied. Da rief ihm das Mädchen nach: „Herr, warum seid Ihr so in Eile? Ihr habt ja die Liebe gar nicht ganz genommen! Ich fühle doch, bei Gott, ganz deutlich, daß Ihr sie nur zum Teil bekommen habt. Wenn Ihr nicht zurückkehrt, tut es mir leid um Euer Verlustgeschäft!" Der Ritter aber sprengte laut lachend davon.

Nun hatte die Mutter des Mädchens die Messe gehört und war heimgekommen. Als die Tochter sie erblickte, lief sie ihr fröhlich entgegen und rief: „Schau nur, liebstes Mütterchen! Sieh her, was ich habe! Ist das nicht ein wunderschönes Häschen?"

„Wer hat dir denn das niedliche Tierchen geschenkt, mein Kind?"

Nun erzählte ihr die Tochter in aller Unschuld und ohne Umschweife, auf welche Weise sie den Hasen erstanden hatte. Da fiel die entsetzte Mutter über sie her, zauste ihre blonden Locken und zwackte mit harten Fingern wütend ihre zarten Wangen. Die Tochter aber hielt nicht etwa still, sondern sprang hurtig davon und entzog sich dem Strafgericht der erzürnten Mutter. Sie war tiefbetrübt über den schlimmen Ausgang der Sache, doch die Schläge der Mutter schmerzten sie weit mehr als der Verlust ihrer „Liebe". Kein Fünkchen des Bedauerns regte sich in ihrem Herzen. In dieser Stimmung setzte sie sich Tag für Tag in die Laube und hoffte darauf, daß der Ritter wiederkäme, um ihr die empfangene Liebe zurückzugeben und mit ihr wieder all das zu tun, was er bereits einmal getan hatte. So wollte sie ihre Liebe zurückgewinnen, auch wenn sie das erhandelte Häschen wiedergeben müßte.

Drei Tage später kam der Ritter wirklich angeritten. Kaum hatte sie ihn erblickt, schrie sie ihm eifrig, als wäre sie von Sinnen, entgegen: „Herr, gebt mir meine Liebe zurück! Meine Mutter macht mir das Leben zur Hölle und hat mir nicht gerade Festtage bereitet. Vor Wut hat sie mir ganze Haarbüschel ausgerissen! Das war kein guter Handel mit Euch! Gebt mir meine Liebe zurück und nehmt Euer Häschen! Wir wollen den Handel rückgängig machen, denn seit ich meine Liebe verloren habe, ist es mir übel genug ergangen."

Da sprach der edle Rittersmann: „Nun gut, wenn Ihr meint, auf diese Weise Verzeihung zu finden, will ich Euch die Liebe, die Ihr mir gegeben habt, wieder zurückerstatten. Sind wir denn allein?"

Da kam die Schöne schnell aus der Laube gelaufen, brachte dem Ritter das Häschen und sprach: „Liebster Herr, ich bin ganz allein. Nehmt also Euern Hasen und gebt mir meine Liebe zurück!"

Zuvorkommend erfüllte der Ritter die Bitte des Mädchens. Er ließ sich nicht lange um einen Dienst bitten, den er ohnehin mit Vergnügen leistete. Das ist ja auch noch heute so: Wenn einen Mann das Verlangen gepackt hat, braucht die Frau nur mit dem kleinen Finger zu winken!

Daß auf diese Weise aus einer Frau wieder eine Jungfrau wurde, hat euch sicher noch niemand weisgemacht. Es ist natürlich so gemeint: Die Schöne glaubte in ihrer Herzenseinfalt, nach dieser Prozedur wieder eine Jungfrau zu sein wie zuvor. Niemand braucht daran zu zweifeln, daß sich der brave Rittersmann beim Genuß ihrer Liebe wohlfühlte. Auch möge niemand das, was geschehen ist und was noch geschehen wird in unserer Geschichte, verunglimpfen! Hier geht es schließlich darum, die unwiderstehliche Macht der Liebe zu zeigen! Wer ihre Gunst erfahren hat? Natürlich der überglückliche Ritter. Das liebliche Mädchen aber meinte, die verlorene Jungfernschaft zurückbekommen zu haben, und nachdem sie wieder im Besitz ihrer Liebe war, blickte die neu erstandene „Jungfrau" traurig ihr geliebtes Häschen an. Der Ritter zeigte sich großzügig, denn obwohl er ihr die Liebe zurückgegeben hatte, ließ er ihr den Hasen. Sie aber glaubte in ihrer Einfalt, ein großartiges Geschäft gemacht und den Rittersmann tüchtig übervorteilt zu haben.

Als der Ritter mit kluger Voraussicht längst schon zu Pferde das Weite gesucht hatte, kehrte die Mutter heim. Schon von weitem lief ihr die Tochter winkend entgegen und rief immer wieder: „Mutter, nun wird alles gut! Der Ritter ist wieder dagewesen. Er hat mir meine Liebe zurückgegeben und auch noch den Hasen gelassen. Habe ich nicht einen guten Handel gemacht?"

Da rief die Mutter zornig: „Weh über dein Glück und über deinen Handel!" Wieder zerrte sie ihre schöne Tochter wütend an den Haaren und jammerte: „So wahr ich deine Mutter bin, jetzt ist völlig klar, daß er dich um deine Jungfernschaft gebracht hat! Das werde ich nie verwinden! Wehe, mein Kind, du bist entehrt! Hätte ich dich besser gehütet, wäre dieses Unheil nicht geschehen. Zeit unseres Lebens wird es mir das Herz abdrücken!"

„So beruhige dich doch! Es ist nun mal geschehen, und man muß daraus das Beste machen!" sprach das zierliche Mädchen.

„Nein, mein Kummer ist unermeßlich! Er wird mir das Herz brechen!"

„So tröste dich doch, liebste Mutter! Ich hab's nun mal getan und will auch zu meiner Tat stehen. Sei still und klage nicht länger!"

Die beschwichtigenden Worte ihrer Tochter beruhigten die Alte ein wenig, und sie schluchzte: „Wenn ich doch endlich Glück und Freude an dir erleben könnte! Noch ist dir der Weg zum Glück nicht versperrt! Schmücke dich also stolz mit dem Jungfernkranz, denn bis jetzt ist nichts verloren. Schweig still über diese Sache, zeige dich fröhlich und unbefangen, dann kann vielleicht ein Wunder geschehen!"

Ein Jahr darauf sollte der Rittersmann vor aller Welt mit einem Edelfräulein vermählt werden. Sie war hübsch und gewitzt, hatte eine große Verwandtschaft und verfügte über reichen Besitz. Zum Zeichen ihrer Unberührtheit trug sie den Jungfernkranz, der ja das Vorrecht der Jungfrauen ist. Der ritterliche Ehrenmann wähnte sich im siebenten Himmel. In seiner Hochstimmung scheute er keine Kosten und keinen Aufwand. Zu seinem Ehrentag lud er rings im weiten Land alle Damen und Herren seiner Verwandtschaft ein. Ich behaupte aber: Was geschehen soll, das geschieht! Das beweist auch das nun Folgende, denn es kam wirklich, wie es kommen mußte.

Dem edlen, feinen Junker fiel die Sache mit dem Häschen und dem lieblichen Mädchen wieder ein. Er erinnerte sich der Geschichte mit dem Liebeshandel, und sein hochedles Herz fand keine Ruhe: Mädchen und Häschen sollten zu ihm an den Hof. Wie durften sie an diesem Tag fehlen! Sofort ritt er in das Dorf, wo der ergötzliche Handel stattgefunden hatte. Als die Jungfrau den Junker erblickte, den sie im Herzen unvermindert liebte, rief sie ihrer Mutter zu: „Schau, liebe Mutter, das ist der, der mir die Liebe genommen hat."

Die Mutter erschrak heftig: „Ach, Kind, woran erinnerst du mich!"

Da war der Ritter auch schon heran, und er bat die Mutter des Mädchens, samt ihrer Tochter und dem Häschen zu seinem Ehrentag zu kommen. Die Alte dachte bei sich: Das ist mir eine schöne Ehre! Zur Hochzeit jenes Mannes kommen, der meine Tochter zur Hure gemacht hat! Ich brauche ihn nur anzusehn, da kommt mir die Galle hoch. Eigentlich hätte es sich gehört, daß er die Hochzeit mit meiner Tochter feiert! Doch ich fürchte, wenn ich ablehne, tratscht er die ganze Sache herum! Da sie also die Einladung schlecht ausschlagen konnte, sagte sie laut: „Gerne, Herr! Ich freue mich über Euern Ehrentag, und wir werden beide kommen."

Da meinte dieser vortreffliche Rittersmann: „Habt herzlichen Dank. Ich werde Eure Liebenswürdigkeit nie vergessen!" Höchst vergnügt kehrte er nach Hause zurück.

Nun war sein Freuden- und Hochzeitstag gekommen. An seiner Seite saß jene Dame, die ihm zur Gattin bestimmt war, und er plauderte verliebt mit ihr. Da kam in strahlender Schönheit und mit kindlicher Anmut jenes Mädchen geritten, von dem ich erzählt habe. Fröhlich und arglos trug sie das Häschen auf dem Arm. Der Hausherr, der genau wußte, um welchen Preis der Hase eingehandelt, wie das Mädchen gezaust und wie der Kauf rückgängig gemacht worden war, begann in Erinnerung an diese Geschichte lauthals zu lachen. Er schüttete sich geradezu aus vor Lachen und konnte sich gar nicht wieder beruhigen, so daß man sich um ihn bemühte, bis er sich endlich einigermaßen gefaßt hatte. Da wollte natürlich jedermann den Grund für sein Gelächter wissen, doch er blieb fest und verweigerte die Antwort. Ich denke mir, er wollte sein Geheimnis nicht gern offenbaren.

Nun setzte ihm aber das Edelfräulein, das ihm zur Gattin bestimmt war, mit Fragen zu, warum er denn so herzhaft gelacht habe. Er wollte sein Geheimnis nicht enthüllen und bat sie, auf eine Antwort zu verzichten. Damit reizte er aber ihre Neugier nur noch mehr; sie bestürmte ihn beharrlicher mit Fragen und wollte unbedingt den Grund für seine Fröhlichkeit erfahren. Er lehnte ab: „Ich sage es Euch nicht!"

Darauf sie: „Wenn Ihr mir nicht sofort Rede und Antwort steht, so schwöre ich Euch, daß Ihr vergebens auf eine liebevolle Gattin und auf glückliche Ehetage hoffen werdet!"

Ihre Drohung erschreckte ihn so sehr, daß er seiner jungen, zarten Braut nachgab und ihr alles erklärte. Er erzählte ihr von der Flucht des Hasen, wie man ihn im Kornfeld erhaschte, wie er ihn danach verkaufte, wie man dafür das Mädchen wegen der verlorenen Liebe zauste und wie er sich bei Rückgabe der Liebe zum zweiten Mal an ihr ergötzte. Da lachte die Braut und sagte: „Beim Grab des Heilands, was für eine Närrin! Ich an ihrer Stelle hätte weiß Gott den Schnabel gehalten! Was für eine ungeheure Dummheit! Unser Kaplan hat es mit mir wohl hundertmal ebenso getrieben, und ich würde mich heute noch ohrfeigen, wenn meine Mutter davon erfahren hätte! Warum hat diese Närrin überhaupt den Schnabel aufgesperrt! Sie hätte die Sache doch für sich behalten können!"

Als der Rittersmann dies hörte, fuhr ihm ein eisiger Schrecken durch alle Glieder. Er wechselte die Farbe und konnte sich vor peinlicher Überraschung kaum aufrecht halten. Als er die Fassung zurückgewonnen, überlegte er das, was er eben erfahren hatte, und dachte bei sich: Wenn sich das so verhält, dann geht meine Hochzeit anders aus als geplant!

Es hielt ihn nicht länger auf seinem Platz. Wutschnaubend sprang er auf und trat auf das kindliche Mädchen zu, das den Hasen im Arme hielt. Die er zuerst mit Hohn und Spott begrüßt hatte, setzte er nun an seine

Seite. Alle Damen und Herren, die seiner Einladung gefolgt waren, hielten das anverlobte Edelfräulein für die
rechte Braut. Der Hausherr aber erhob sich, forderte Gehör und erzählte von seinem erhöhten Platz aus alles,
was geschehen war: wie er sich das Mädchen erhandelt,
ihre Liebe fortgeführt und sie ihr wiedergegeben hatte.
Dann enthüllte er auch, was es mit seiner Braut und
ihrem Kaplan auf sich hatte.

Nachdem alles berichtet war, bat er seine Verwandten, sie möchten doch ihm zuliebe untereinander beraten und darüber entscheiden, welche von den beiden
ihnen besser gefiele. Die wolle er dann zu seiner Ehefrau
machen. Da gaben ihm ohne Zögern und wie aus einem
Munde alle den Rat, er solle das zierliche junge Mädchen mit dem Häschen zu seiner rechtmäßigen Gattin
machen. Das sei er Recht und Anstand schuldig. Da ließ
er sich ohne Zögern vom Priester mit ihr verbinden. Die
andere aber schickte man heim zu ihrem Kaplan.

Ich meine, glaube und behaupte zum Schluß: Was geschehen soll, das geschieht. Dies hat das Schicksal des
Ritters und des Mädchens doch eindeutig bewiesen.

Das roßlederne Kleid

Einst lebte im Oberland ein Ritter, der als wackerer
Dienstmann seines Lehensherrn einen guten Ruf genoß.
Dieser Ritter hatte eine hochmütige Frau, die darauf bestand, sich ebenso prächtig zu kleiden wie die Gattin seines herzoglichen Lehensherrn, wenngleich sich ihr
Mann an Reichtum längst nicht mit seinem Herrn messen konnte. Außerdem war er schließlich nach Recht und
Gesetz ein Untertan des Herzogs. Darum bereitete es
ihm nicht geringen Verdruß und Ärger, daß sich sein
Weib durchaus so großartig kleiden wollte wie die Herzogin. Nun hatte diese grad ein herrliches neues Staats-
kleid im Wert von mehr als tausend Mark erhalten. Sofort lag die Frau unserem Dienstmann in den Ohren:
„Wenn Euch an meiner Liebe und an Eurem Hausfrie-
den gelegen ist, beschafft Ihr mir auch so ein Kleid. Ich
muß es haben!"

Der wenig begüterte Hausherr mahnte: „Liebe Frau,
das gehört sich nicht! Selbst wenn wir das Geld dazu

hätten, dürften wir uns nicht hochmütig auf eine Stufe mit der Frau unseres mächtigen Herzogs stellen. Wir können uns weder an Besitz noch an Macht mit unserem rechtmäßigen Lehensherrn vergleichen."

Alles vernünftige Zureden war jedoch in den Wind gesprochen. Die Frau bestand darauf, ein gleiches Prunkkleid zu erhalten. Nun war der Rittersmann ein anschlägiger Kopf. Er hatte ein Pferd von gleichem Wert wie das Kleid der Herzogin. Das tötete er und ließ es heimlich — ohne Wissen der Frau — abhäuten. Die Haut aber ließ er gerben, zuschneiden und aufbewahren. Dann kündete er seiner Frau an: „Ich habe Euch das gewünschte Gewand gekauft. Am nächsten hohen Festtag könnt Ihr's anziehen und Euch dann glanzvoll mit der Herzogin messen!"

Die Frau war fest überzeugt von der Wahrheit seiner Worte, und als der Festtag herankam, drängte sie ihren Mann: „Wann holt Ihr endlich das versprochene Gewand hervor?"

Der Ritter erwiderte: „Verlaßt Euch darauf, morgen früh habt Ihr's in Händen."

Am nächsten Morgen, als alle Welt zur Kirche ging, sprach der Ritter zu seiner Frau: „Nun paßt auf! Gleich bringt man Euch das herrlichste Festgewand!" Und als man die Roßhaut herbeischleppte, fuhr er scharf und bestimmt fort: „So, und nun hinein in die Pferdehaut!"

Sein Weib rief empört: „Was fällt Euch ein? Wollt Ihr mich verspotten?"

Der Ritter aber erwiderte mit finsterer Miene: „Es ist mir Ernst! Verlaß dich drauf! Von Spaß kann keine Rede sein! Rein mit dir in die Pferdehaut, oder dein letztes Stündlein hat geschlagen!"

So brach er ihren Widerstand. Sie zog das Kleid aus Roßhaut an und schritt in diesem Aufzug neben der Herzogin in die Kirche bis vor den Altar. Dabei nahm sich der hinten herabhängende Pferdeschwanz kurios genug aus. Alle Edeldamen und Edelherren waren wie erstarrt und fragten sich natürlich, was das Schauspiel zu bedeuten habe. So mußte die überspannte Rittersfrau also öffentlich für ihren Hochmut büßen. Als der Herzog hinter den Sinn des wunderlichen Aufzugs kam, zeigte er sich dem Ritter und seiner Frau gnädig: Dem Ritter schenkte er ein Roß vom gleichen Wert, seiner Hausfrau aber ein Gewand, das dem der Herzogin zum Verwechseln glich, so daß sie sich glanzvoll neben ihrer Herrscherin sehen lassen konnte.

So hatte der kluge Rittersmann seiner Frau den Hochmutsteufel ein für allemal ausgetrieben, und er hatte in Zukunft keinen Anlaß zur Klage. So mancher Mann aber hätte heutzutage allen Grund, sich an ihm ein Beispiel zu nehmen und seiner Frau zu zeigen, wer Herr im Hause ist. Das empfiehlt euch Hanns Ramminger.

Die Heimholung

Ein wohlhabender Bürgersmann hatte eine Frau, die der
Hochmutsteufel plagte. Diese üble Eigenschaft seiner
Gattin war dem ehrsamen und geradsinnigen Hausherrn
seit eh und je ein Dorn im Auge; eines Tages hielt er es
nicht länger aus, und er sprach vorwurfsvoll: „Liebe
Frau, nun höre mir einmal gut zu. Du hältst dir gleich
zwei Hausmägde, die dir auf Schritt und Tritt das Geleit
geben müssen, während für unseren Haushalt ein einziger Dienstbote mehr als genug wäre."

Das niedliche Weibchen entgegnete schnippisch:
„Aber bester Mann! Was regst du dich auf, wenn mir
zwei Dienstboten das Geleit geben! Ich kann's mir
schließlich leisten. Jetzt läßt doch schon jede Handwer-
kersfrau stets und ständig eine Dienstmagd hinter sich
her laufen. Soll ich mich mit denen auf eine Stufe stellen?"

Damit war die Debatte zu Ende. Der Hausherr wagte
kein Widerwort und muckte nicht mehr auf, wenn sein

hochmütiges Weib die Hausmägde als ständige Eskorte mit sich herumschleppte. Ein halbes Jahr verging, da wandte sich eines schönen Sonntagmorgens der Bürger an seine Mägde: „He, deckt den Tisch! Es ist Essenszeit, und ich habe Hunger!"

Die Mägde zuckten die Achseln: „Wie kommen wir dazu, Euch den Tisch zu decken? Die Hausfrau ist noch in der Kirche, und sie wartet darauf, daß wir sie abholen."

Da riß dem Hausherrn der Geduldsfaden, und er fuhr die beiden grimmig an: „Hiergeblieben! Keine von euch wird sie abholen! Sie wird schon allein nach Hause kommen!"

Die Mägde erschraken und wagten nicht zu widersprechen. Die Hausfrau in der Kirche aber wartete, daß man sie in Glanz und Gloria heimhole, und als niemand kam, dachte sie voller Erbitterung: Ich geh auf keinen Fall allein, und wenn ich sämtliche Messen hören müßte! Tatsächlich verging der ganze Vormittag, die letzte Messe war vorbei, und noch immer wartete der Hausherr mit knurrendem Magen auf seine Frau. Die Mägde drängten: „Lieber Herr, laßt uns doch um Himmels willen die Hausfrau heimholen, sonst ergeht's uns schlecht! Sie kommt bestimmt nicht allein und wird vor Scham und Verzweiflung sicher weder aus noch ein wissen. Wir hätten schon längst essen können. Verlaßt Euch darauf, sie wagt es nicht, allein zu gehen."

Scheinbar entsetzt, fuhr der Hausherr in die Höhe: „Und das erfahre ich erst jetzt? Dann kann ich ihr natürlich keinen Vorwurf machen! So steht die Sache also: Sie käme zwar gern allein, wagt aber vor Furcht keinen Schritt vor die Kirchentür! Dann nichts wie hin! Persönlich eile ich ihr zu Hilfe! Sie soll auf meinen Schutz und Schirm rechnen können!" Er schrie nach seinem Knecht: „Her mit meinem festen Harnisch, mit Schwert und Hellebarde! Ich ziehe aus, meiner lieben Frau beizustehen! Und wenn sämtliche Kirchengänger sie bedrängen sollten, sie werden an mir einen furchtbaren Gegner finden! Mein Weib wird gerettet, und wenn sie haufenweise niedergemäht werden!"

Indes hatte er sich gewappnet; waffenklirrend und zornige Drohungen ausstoßend, stampfte er durch die Gassen zur Kirche hin. Als er mit solchem Gebaren auf den Schwall der Kirchengänger eindrang, stob alles entsetzt auseinander. Die Kirche erdröhnte vom Angstgeschrei der Gläubigen, als er gar das Schwert aus der Scheide riß, wild um sich schlug und zum Betstuhl seiner Gattin vordrang. Wie sie schreckensbleich aufsprang, brüllte er los: „Wer will dir ein Leid tun? Komm raus mit mir! Ich bahne dir kühn den Weg! Zeig mir die Schurken, die dir den Heimweg versperren! Und wären's fünfzig oder mehr, ich schlage sie alle zu Brei! Der Teufel fahre ihnen ins Gebein! Meine scharfe Klinge macht sie alle nieder!"

Niemand widerstand natürlich, denn niemand hatte ihm Anlaß gegeben, zu Schwert und Harnisch zu greifen und so mörderisch um sich zu hauen. Begütigend redete man auf ihn ein: „Wer will ihr denn den Heimweg verlegen?"

„Was weiß denn ich? Das ist's ja, warum ich so wütend um mich schlage."

Seine Frau, die ihm in größter Beschämung folgte, schluchzte herzzerreißend: „Ich wollt nur nicht allein nach Hause gehen. Er weiß recht gut, daß niemand mir ein Leid tut! Ihn stört nur, daß wir uns zwei Hausmägde halten. Einzig aus diesem Grund macht er mich zum Gespött der ganzen Stadt!"

Da erhob sich ein schallend Gelächter, man wies mit Fingern auf die hochmütige Hausfrau und überschüttete sie mit Spott und Hohn. Der Bürgersmann hatte es nun eilig, nach Hause zu kommen, doch der ganze Schwarm kam johlend hinterher. Er packte sein Weib hastig beim Mantel und fuhr sie an: „Los, nimm die Beine in die Hand, sonst wirst du noch entführt! Du siehst, der ganze Pöbel rennt uns hinterher! Furchtbar, wenn er über dich herfällt!" Damit stieß er sie vorwärts, zerrte sie am Mantel mit sich, und als sie sich vor Verwirrung und Beschämung niedersinken ließ, zerrte er sie vor aller Augen im Galopp durch den Straßenkot. Niemand von allen Kirchengängern wollte sich dieses ergötzliche Schauspiel entgehen lassen, und so folgte man den beiden bis zu ihrem Haus. Erst jetzt nahmen Schmach und Hohn ein Ende, denn der vergnügt tobende Haufen blieb draußen vor der Tür. Die Hausfrau aber entließ die eine Hausmagd auf der Stelle und wies die zweite mit scharfen Worten an, sofort das Essen zu bereiten. Wenngleich sie nach dieser drastischen Belehrung von ihrem Hochmut geheilt war, wurde die Hausfrau seitdem einen Spottnamen nicht mehr los, denn man nannte sie fortan „die geharnischte Bürgersfrau".

Der Spiegel

In einem Dorf lebte ein Bauer, der eine Magd und einen Knecht im Dienst hatte. Der Knecht hieß Herolt und hatte die Magd, Demut mit Namen, von Herzen lieb. Von früh bis spät bat er sie, ihn doch zu erhören. Sooft sie ihm aber auch versprach, sie wolle ihm zu Willen sein, immer wieder fand sie einen Vorwand, ihr Wort zu brechen. Nachdem das eine ganze Weile so gegangen war, bekam's der Knecht schließlich satt und dachte bei sich: Da ich deine Liebe nicht gewinnen kann, werde ich die nächste Gelegenheit nutzen, dir deine Sprödigkeit tüchtig heimzuzahlen. Ich bin entschlossen, etwas so Tolles anzustellen, daß man überall noch lange davon reden wird.

Nun stand die Magd eines Morgens auf, um für den Bauern den Ofen anzuheizen, was zu ihren Pflichten gehörte. Als das Feuer im Ofen zu flackern begann, überkam sie ein unwiderstehliches Schlafbedürfnis. Sie legte sich vor dem Ofen nieder und schlief ein. Wie's heißt, hatte sie sich, nur mit dem Hemd bekleidet, so recht verlockend hingestreckt. Herolt hatte sie in der Küche rumoren hören und schlich nun leise durch den dunklen Raum auf die Magd zu. Als er sie so sah, überlegte er: Was soll ich nur tun? Mit der Magd ist nicht zu spaßen, und dazu liegt sie noch nahe am Feuer. Wenn ich mich über sie her mache, wirft sie mich mit dem Arsch in die Glut, und ich kann mich mit den Brandwunden herumquälen. Hätte ich doch nur einen Einfall, wie ich mich auf andere Weise rächen könnte. Wie gern täte ich's!

Er ergriff ein brennendes Holzscheit und ging hinaus in die Kammer, wo an der Wand ein Spiegel hing. Der dreiste Herolt bestrich den Spiegel mit angewärmtem Pech und klebte ihn der Magd vor die Scham. Dann schlich er, sich vor unterdrücktem Lachen schüttelnd, davon.

Als die Magd erwachte, merkte sie natürlich, daß etwas zwischen ihren Schenkeln klebte. Sie sah an sich herunter und erblickte zu ihrem Entsetzen, daß zwischen ihren Beinen Flammen züngelten, denn der Spiegel fing das Bild des flackernden Ofenfeuers ein. Sie schrie: „Ich bin verloren! Hilf, heiliger Michael! Leib und Seele stehen in Flammen! Bauer, Bäuerin, wacht auf! Wenn das Feuer erst das Bettstroh erfaßt, sind wir alle hin!"

Erschrocken lief die Bäuerin herbei und wollte sehen, was mit dem Mädchen eigentlich los sei. Sie blickte zwischen ihre Schenkel, wo im Spiegel gewaltige Flammen züngelten.

„Aber Demut, was ist denn passiert?"

„Mein Leib ist innen voller Flammen, Bäuerin!"

„Hast du denn keine Schmerzen, Demut? Wart, ich hole schnell Wasser oder noch besser Schnee, um die Flammen zu ersticken!"

Da sprang auch der Bauer aus dem Bett. Seine Frau lief ihm entgegen, schlug die Hände über dem Kopf zusammen und jammerte: „Lieber Mann, komm schnell her und sieh dir das größte Wunder an, das Gott seit Er-

174

schaffung des Menschen auf Erden vollbracht hat! Unsere Magd verbrennt allmählich von innen!"

Der Bauer rannte zur Magd und wollte sich überzeugen, ob das tatsächlich der Fall sei. Auch er sah zwischen ihren Schenkeln wilde Flammen züngeln. Kühn griff er mit der Hand in die Flammen und merkte, daß man der Magd nur einen Spiegel vor die Scham geklebt hatte. Er rief lachend: „Meinen Glückwunsch, Herolt! Sie wollte dich nicht erhören! Dafür hast du sie zur Strafe mit Pech verklebt! Den Schrecken, den du uns eingejagt hast, wollen wir dir verzeihen. Meine treue Demut, du hättest besser daran getan, unseren Herolt zu erhören. In Kürze ist der Spaß überall herum, und kommt diese tolle Geschichte schließlich einem Schreiberling zu Ohren, dann macht er eine Erzählung daraus, die alle Welt erheitern wird. Der Spaß wird den Leuten bestimmt gefallen!"

So geht's allen Frauen, die die Männer an der Nase herumführen.

Der Rosenbusch

Gar oft geschehen seltsame und komische Dinge, die man kaum glauben möchte. Von einem solchen Ereignis will ich jetzt erzählen. Es ist keine Spiegelfechterei; die Sache hat sich wahrhaftig so und nicht anders zugetragen. Ihr könnt's mir ruhig glauben, denn ich war Augen- und Ohrenzeuge.

Eine Jungfrau hatte einen schönen Kräutergarten angelegt. Sie liebte ihn über alles, hegte und pflegte ihn von früh bis spät und achtete sorglich darauf, daß kein Schädling eindringen konnte. Es machte ihr große Freude, vielerlei Gewürzpflanzen und Heilkräuter aufzuziehen. In ihrem Garten hatte die Jungfrau auch einen Rosenbusch gepflanzt, so hoch, dicht und ausladend, daß sein Schatten zwölf Ritter vor den Strahlen der Sonne schützen konnte. Er war mehr als mannshoch und wurde von einem Reifen zusammengehalten. Grad unter diesem Rosenbusch wuchsen die köstlichsten Kräuter und das saftigste Gras, von der Jungfrau so recht zu ihrer

Augenweide gepflanzt und gesät. Aus den wertvollsten Kräutern und aus den Rosen des Busches stellte sie überdies allerlei Essenzen her, mit denen sie ihre Schönheit pflegte. Jeden Morgen noch vor Sonnenaufgang ging die liebliche Schöne splitternackt aus ihrem Schlafgemach in den Kräutergarten und benetzte sich unter dem Busch mit Rosenessenz.

Eines Tages war ich heimlich hingeschlichen, um ein paar Rosen zu stehlen, leider ohne Erfolg, denn als ich durch ein Astloch lugte, mußte ich entdecken, daß jemand im Garten war. Und nun hatte ich ein höchst seltsames Erlebnis. Ich würde euch gern erzählen, was ich in dem Kräutergarten sah und hörte, wenn's mir mein liebes Jungfräulein gestatten wollte. Es war wirklich zu merkwürdig! Soll ich's erzählen? Oder möchtet ihr lieber, daß ich schweige? Wenn ihr wünscht, daß ich's für mich behalte, dann ist mir euer Wunsch Befehl, denn dem Gebot edler Frauen muß man widerspruchslos gehorchen. Eure Erlaubnis wäre mir allerdings recht lieb, denn ich möchte nicht gern in den Verdacht geraten, ich hätte den Mund zu voll genommen und wüßte im Grunde nur Belanglosigkeiten zu berichten. Ihr könnt mir ruhig glauben, daß ich's euch nur gar zu gern erzählte, denn derb-drollige Begebenheiten muß man einfach unter die Leute bringen.

Zuvor noch dies: Es ist ja allgemein bekannt, daß bestimmte Kräuter zauberkräftig sind. So gibt's welche, die einem Stummen die Sprache schenken, wenn man sie zwischen seine Lippen schiebt. Diese besondere Wirkung lernte auch die Jungfrau kennen, als sie eines Morgens wie gewöhnlich aus ihrer Schlafkammer in das Kräutergärtchen ging, um sich mit der Rosenessenz zu benetzen. Sie hatte sich unter dem Rosenbusch niedergelassen, da begann dank der wundertätigen Wirkung eines Kräutleins plötzlich ihre Scham zu sprechen: „Da pflegt Ihr nun Euern Körper überall mit Eifer und Sorgfalt, doch ich werde schändlich vernachlässigt! Nie schenkt Ihr mir Beachtung, nie tut Ihr mir etwas Gutes!"

Das Fräulein blickte überrascht hinab und sprach zu dem vorlauten Ding: „Dich habe ich ja noch nie sprechen hören! Wie kommt's, daß du plötzlich reden kannst?"

Die Scham erwiderte: „Ein Kräutlein, das sich zwischen meine Lippen geschoben hat, verlieh mir die Gabe, Euch endlich einmal alles zu sagen, was mich bewegt. Ich bin es leid, daß Ihr einen wahren Kult mit Euerm Körper treibt, ohne daß ich das geringste davon hätte. Und in Wirklichkeit ist's so, daß man Euch nur meinetwegen allenthalben umschwärmt. Wenn Ihr mich nicht hättet, könntet Ihr lange auf Verehrer warten."

Das Fräulein sagte spöttisch: „Was für ein Unsinn! Ich soll glauben, daß man mich nur deinetwegen verehrt? Noch jeder Mann hat mir versichert, ich sei eine wahre Augenweide, er sei mir gern wegen meiner Schönheit mit Herz und Sinnen untertan. Und du bildest dir ein, es geschehe einzig und allein deinetwegen! Ich bin überzeugt, man würde dich verabscheuen, wenn man dich sähe! Du bist doch nur ein braunes, struppiges Ding, das sich da unten an meinem Leib festklammert. Zu Tode müßte ich mich schämen, wenn dich jemand an mir erblickte! Was ist schon an dir, daß man mir deinetwegen den Hof machen sollte?"

Glaubt's oder nicht, dem Ding sträubten sich vor Empörung die krausen Haare, und es sprach zu seiner Herrin: „Gewiß, Ihr zieht die Blicke der Männer an, seid Ihr doch wirklich von großer Schönheit. Doch ich kann mich mit meiner braunen Farbe auch sehen lassen; sie steht mir gar nicht so schlecht. Jeder hat schließlich sein eigenes Aussehen, und wenn es zu ihm paßt, sollte man ihn nicht geringschätzen. Ich bin eben von Natur aus braun und struppig, habe meinen Platz am Unterleib und trage ein hochgewölbtes, ansehnliches Hügelchen. So bin ich nun einmal beschaffen. Ihr dagegen seid von anmutigem, edlem Wuchs, Eure Haut zeigt eine helle, rosig-blühende Tönung. Bedenkt jedoch: Wenn man Euer Lob singt, dann im Grunde nur meinetwegen.

178

Glaubt Ihr, man findet Euch wegen Eurer Schönheit so begehrenswert? Ihr könntet lange darauf warten, daß Euch jemand ihretwegen verehrte und begehrte. Selbst der Schönsten aller Frauen nützt ihre ganze Schönheit keinen Deut, wenn sie nichts zwischen den Schenkeln hat. Ihr aber seid nur darauf bedacht, mich vor aller Augen zu verbergen, und verhüllt mich mit allerlei minderwertigem, unansehnlichem Leinenzeug. Dabei umschwärmen Euch Eure vielen Verehrer nur meinetwegen! Und was habe ich davon? Nicht einmal eine winzige Spange gönnt Ihr mir als Schmuck!"

Das Fräulein schaute an sich herab und sprach aufgebracht zu dem Ding: „Pfui über dich! Schluß jetzt mit dem Gekeife! Wie komme ich dazu, dich da unten mit meinem Schmuck herauszuputzen? Mach dich fort, du Satansbrut, du verruchtes schwarzes Monstrum, greulicher als jedes Meeresungeheuer! Wie abscheulich du bist! Höre endlich auf, mich anzugeifern, denn ich habe dich schließlich nicht nötig, doch du bist auf mich angewiesen. Mit deinem Gezänk hast du dir meine Freundschaft ganz und gar verscherzt, du widerliches, abstoßend häßliches Geschöpf. Das sollst du bereuen! Nun lasse ich's darauf ankommen, wen die Männer lieber mögen, dich oder mich!"

Unter Tränen trennten sich Jungfrau und Scham. Das Ding, allein gelassen, schlich zu einer grünen Wiese, während die liebreizende Schöne die Geselligkeit suchte.

Nun wurde sie seit langem von einem Studenten umworben, den es heftig nach ihrer Liebe verlangte. Die Jungfrau beschloß, ihn zu erhören, um so herauszubekommen, worum es ihm eigentlich ginge: um ihre jugendblühende Schönheit und ihre Tugendhaftigkeit oder um dieses abscheuliche Ding. Als aber der Student entdeckte, daß zwischen ihren Schenkeln nichts zu finden war, verwünschte er sein langes, nutzloses Werben und machte aus seiner Enttäuschung auch öffentlich kein Hehl. So wurde überall bekannt, daß dem Fräulein zwischen den Beinen ein wichtiges Teil der Weiblichkeit fehlt. Man zeigte mit Fingern auf sie und rief: „Seht mal, da geht die Scham-lose!" Wenn sie auf Männer traf, sahen die beiseite und taten, als sei das Fräulein Luft für sie. Da man sie überall mit kränkender Verachtung behandelte, war sie ganz niedergeschlagen, bis sie vor lauter Verzweiflung den Tod herbeiwünschte.

Doch sollt ihr auch erfahren, was indessen der Scham widerfahren war. Wo immer sie sich blicken ließ, wurde sie übel behandelt, denn man hielt sie für eine Kröte. Sooft sie die Augen der Männer auf sich zu ziehen suchte und auf freundlichen Empfang hoffte, wurde sie enttäuscht; man traktierte sie nämlich mit kräftigen Fußtritten. Da wurde sie ganz verzagt und sprach am Ende zu sich: „Was für ein Unheil! Wie konnte ich nur so töricht sein und mich von meiner Herrin trennen! Bei ihr ist's mir doch weit besser ergangen als jetzt. Sie hatte recht; ohne sie bin ich aller Welt ein Greuel. Ich muß mich darum bemühen, sie wieder freundlich zu stimmen."

Auch das Fräulein litt — wie gesagt — unter der Mißachtung der Menschen und überlegte: Wie glücklich wäre ich doch, wenn ich mein Ding wieder hätte!

Auf den Zufall hoffend, ging sie schließlich zu jenem Ort, wo sie sich getrennt hatten. Und wirklich kam auch schon über die Wiese ihr Ding herangekrochen. Was war das doch für eine herzliche Begrüßung auf beiden Seiten! Beide waren überglücklich, einander wiederzusehen; sie klagten sich gegenseitig ihre Leiden und die kränkende Mißachtung der Männer. Kurz und gut: Die Schöne hatte ihr Ding endlich wieder.

Nun aber ließ sie mich zu ihr kommen und sprach: „Gib mir deinen Rat, denn mir ist's übel genug ergangen. Mir war mein Ding davongelaufen. Nun habe ich's endlich wieder, doch wie stelle ich es an, daß alle Männer davon erfahren! Und dann rate mir noch, was ich tun muß, daß es mir nicht wieder fortrennt. Du bist doch ein kluger und erfahrener Mann."

Da empfahl ich der Schönen, das Ding an ihrem Leibe festnageln zu lassen, und als sie mich bat, ich möge dies selbst besorgen, tat ich ihr den Gefallen: Ich setzte das Ding an den rechten Platz und trieb dann mit Wucht einen starken Nagel hindurch, so daß es sich seitdem nie wieder von der Stelle gerührt hat.

Zum Schluß einen Freundesrat für jeden wackeren Mann: Wer eine Frau hat, die er von Herzen liebt, der soll ihr das Ding nur immer recht kräftig an den Leib nageln, damit es nicht das Weite sucht. Tut er's nicht, dann ist's um seine Liebe schlecht bestellt.

Hausfrau und Magd

Eines Nachts, nach einem unbeschwerten Beisammensein beim Wein, ging ich mit meinem Freund nach
Hause. Im Plaudern gerieten wir an ein Haus, wo wir
unversehens Zeugen eines erbitterten Wortstreits zwischen Hausfrau und Magd wurden. Die Hausfrau, offenbar höchst erbost über ihre Magd, schrie sie an: „Ich
habe endlich genug davon, daß du die Kerle bei dir ein
und aus gehen läßt! Du veranstaltest in meinem Haus
das reinste Kirchweihfest! Fort mit dir auf den Marktplatz! Treib Unzucht, wo du willst, und besudle nicht
mein ehrbares Haus! Am Ende wird man noch meinen,
die Kerle stiegen bei mir ein. Das wäre so etwas, deinetwegen in Schmach und Schande zu geraten!"

Die Magd blieb gelassen. „Bei Gott, liebe Frau, hütet
Euch, damit Ihr Euch nicht selbst um Eure Ehre bringt!"

„Was, du willst auch noch die Zunge wetzen? Du bist
entlassen! Ich rate dir, verschwinde auf der Stelle, oder
ich mache dir Beine! Der Teufel soll dich holen!"

Darauf die Magd: „Beruhigt Euch, Hausfrau! Euer Gerede kümmert mich nicht. Was geht's Euch an, mit wem ich's halte? Ihr möchtet wohl so lange in der Scheiße rühren, bis sie zum Himmel stinkt. Kümmert Euch nicht um meinen Ruf; wie er auch ist, Euch bringt's doch keine Schande. Und wenn Ihr nicht endlich den Mund haltet, werde ich auspacken und sagen, was ich in meiner Dienstzeit in diesem Haus erlebt habe."

Nun legte die Hausfrau erst richtig los: „Du elender Madensack! Du willst mir Übles nachreden?" Sie schoß in die Ecke, riß einen Knüppel hervor und wollte auf die Magd los. Die aber war nicht faul, griff nach dem Tragholz der Wassereimer und schrie: „Was, Ihr wollt mich ohne Grund verletzen? Das soll Euch schlecht bekommen! Von Euch lasse ich mich weder beschimpfen noch verprügeln! Und bläht Ihr Euch auch noch so auf, gleich soll diese Stange auf Euerm Buckel tanzen! Zupft Euch nur an der eigenen Nase. Ich kenne wenigstens zwei, die's mit Euch getrieben haben. Nun wollen wir sehen, wie's um Eure Ehrbarkeit bestellt ist! Verwünscht sollt Ihr sein! Nicht lang ist's her, da sah ich, wie einer nachts aus dem Fenster Eurer Schlafkammer kroch. Ich tat, als hätt ich nichts gesehen, wollte ich doch keinen Unfrieden stiften. Ja, hört nur zu! Ich weiß noch eine Menge; jetzt wird Euch endlich heimgezahlt! Einst ging ich in die Küche, um das Feuer auf dem Herd zu löschen. Da entdeckte ich einen Kerl, der sich in den Winkel gedrückt hatte, wo wir das Feuerholz aufbewahren. Er trug einen grauen Rock und flüsterte mir zu: Schweig still, ich bin kein Dieb! Mich hat die Liebe hergetrieben. Deine Hausfrau hat mich herbestellt, doch ich kam zu spät, das kannst du mir glauben. So bin ich hier in den Winkel geschlüpft, um im passenden Augenblick das Weite zu suchen. Da sagte ich: Gut, ich helfe dir, doch du mußt schwören, der Hausfrau nie wieder nachzustellen. Wenn sie dich fragt, was geschehen sei, mußt du erklären, du hättest ein Gelübde getan, auf sie zu verzichten. Mir geht's darum, meiner Herrschaft treu zu dienen, steh ich doch hier in Lohn und Brot."

Da sprach die Hausfrau liebenswürdig: „Ach, Liebste, das hast du für mich getan? Daß du dich so verhalten hast, wird dir nimmermehr vergessen! Ich nehm's auf meinen Eid! Doch bring mich nur nicht ins Gerede! Beim barmherzigen Gott und der Heiligen Jungfrau Maria: Es soll dir bei mir auch an nichts abgehen. Du kannst dich darauf verlassen, daß ich mich nie wieder auf solche Sachen einlassen werde. Du hast meinen guten Ruf behütet, und hätte mein Mann davon erfahren, so wär's mir übel genug ergangen. Wie gut, daß du alles zum besten gewendet hast! Ja, ein treuer Dienstbote ist wahrlich Goldes wert."

So also ging der Streit zu Ende. Er lehrt, daß jeder vor der eigenen Tür kehren und sich hüten möge, anderen die Ehre abzuschneiden. Wenn man sich so verhält, lebt man nach den Lehren Gottes und seiner Priester.

4.
Siege der Klugheit

Die zwei Könige

Es lebten einst zwei Könige, die einander mit grimmigem Haß und ebensolcher Mißgunst verfolgten. Der mächtigere von den beiden mißgönnte dem anderen, daß er überhaupt etwas besaß, und er hätte ihn längst unterworfen, wäre jener weniger klug und tapfer gewesen. Überdies genoß er dank seiner Rechtschaffenheit und seiner Weisheit solchen Ruhm, daß ihn sein mächtiger Nachbar nicht zu vertreiben wagte. So regierte er in hohen Ehren bis zum Todestage des mächtigen Königs.

Nach dessen Tod kam sein Sohn an die Regierung, der dem schwächeren König sogleich ans Leder wollte, doch seine Gefolgsleute rieten ihm dringend ab und versicherten ihm, daß schon seinem Vater jeder Versuch einer Auseinandersetzung wenig Ehren eingetragen hätte. „Ihr könnt doch keinem Menschen überzeugend erklären", meinten seine Ratgeber, „warum Ihr auf einmal das gutnachbarliche Zusammenleben zerstören wollt. Er hat Euch kein Leid zugefügt, und so solltet Ihr ihn in Frieden lassen."

Der junge König aber rief wütend: „Er allein ist schuld daran, daß es mir übel genug ergangen ist, und wenn er mich nicht demütig um Vergebung anfleht, werde ich mich fürchterlich rächen! Ich habe seinetwegen einen so schweren und entsetzlichen Traum gehabt, daß er mir in aller Form Genugtuung geben muß, oder es ergeht ihm schlecht, und er bekommt meine Überlegenheit zu spüren!" Seinen erfahrenen Ratgebern wollte diese unüberlegte und heftige Aufwallung bei so nichtigem Vorwand zwar gar nicht gefallen, doch der König schenkte ihren Einwänden keine Beachtung und schickte seinem Nachbarn einen Boten.

Die Grenze zwischen den beiden Reichen bildete ein breiter Fluß, der von großen Schiffen befahren wurde. Dort traf der Bote den König des Nachbarreiches und übermittelte ihm seine Botschaft. Nachdem man sie angehört und den gleichlautenden Begleitbrief gelesen hatte, sprach der König zu dem Boten: „Teile deinem Herrscher folgendes mit: Wenn er mir grollt, will ich ihn gern besänftigen. Ich habe ihm wissentlich kein Leid zugefügt, doch wenn ich ihn — ohne es zu ahnen — gekränkt haben sollte, so will ich ihm bereitwillig eine angemessene Buße leisten. Ich verfüge über viele Ritter, reichen Besitz und rechtschaffenen Sinn, so daß ich für jede Verpflichtung aufkommen kann und werde. Nach vierzig Tagen, von heute an gerechnet, möge er sich an diesen Fluß begeben und hier seine Klage vorbringen. Was immer er mir vorzuwerfen hat, ich werde ihm nach Recht und Gerechtigkeit Buße leisten."

Der Bote verabschiedete sich. Als er vor seinen Herrscher trat und ihm von dem vorgeschlagenen Vergleichstermin berichtete, rief dieser triumphierend aus: „Mein ganzes ritterliches Aufgebot muß mich dorthin begleiten, und wenn ich merken sollte, daß er sich mir auch nur im geringsten widersetzt, so ist er im Nu sein ganzes Königreich los!"

Beide begaben sich zum festgesetzten Termin an den Fluß, der die Grenze zwischen ihren Königreichen bildete. Der schwächere König schlug vor, mit jeweils zwölf Rittern auf eine idyllische kleine Insel mitten im Fluß überzusetzen. Nachdem beide mit ihrer Begleitung gelandet waren und nun Auge in Auge voreinander standen, fragte der schwächere Herrscher: „Bei Gott, nun laßt mich wissen, was ich Euch Böses angetan habe!"

Der mächtige König entgegnete: „Ihr habt doch schon durch meinen Boten und den Begleitbrief erfahren, um was es geht, doch wenn Ihr beiden keinen Glauben schenkt, so will ich Euch mit eigenem Mund und ungeschminkt die Wahrheit sagen. Ihr habt mir ohne jeden Grund großes Leid zugefügt, denn ich habe Euretwegen einen schweren Traum gehabt! Ich müßte mich mein Leben lang vor mir selber schämen, wenn ich für dieses nächtens erduldete Ungemach nicht die gebührende Buße von Euch erhielte."

Der schwächere König überdachte, daß er von einer großen Schar seiner hervorragendsten Ritter begleitet werde, die auf prächtigen Streitrossen saßen. Die Rosse waren ungeduldig die Uferböschung herabgedrängt, so daß sein Heer das Ufer säumte und man im Wasser die Spiegelbilder der Ritter und der Rosse sehen konnte. Der schwächere König erfaßte dies mit einem schnellen Blick, wies dann mit seiner Hand auf die Spiegelbilder im Wasser und sprach gelassen: „Die Gelegenheit, Euch Genugtuung zu geben, ist recht günstig, auch bin ich willens und bereit dazu. Da Ihr so schweres Leid erfahren habt, mögt Ihr sämtliche Ritter, die Ihr den ganzen Flußlauf entlang im Wasser erblickt, als Eure Gefangenen mit Euch fortführen. Sie alle sind mir untertan, und es sind meine hervorragendsten Edlen. Mögen sie dann bei passender Gelegenheit Eure Huld erdienen. Auf diese Weise will ich Euch Buße leisten für das Leid, das Ihr um meinetwillen erfahren habt."

Der mächtige König rief empört: „Wer kann die denn anfassen oder wegführen? Es sind doch nur Spiegelbilder! Es scheint, Ihr haltet mich für einen unmündigen Knaben, daß Ihr es wagt, mich so zu verhöhnen!"

Der schwächere König tat verwundert: „Ihr habt doch erklärt, daß Euch jenes Ungemach, für das Ihr mich hier anklagt, im Traume widerfahren sei. Da Ihr selbst ausdrücklich versichert habt, daß Euch ein Schemen geängstigt hat, so ist es doch nur eine angemessene Buße, wenn ich mit einem Spiegelbild bezahle. Nehmt es mit Euch, dann ist dem Recht und der Gerechtigkeit Genüge getan. Sollte ich Euch zukünftig im Traum noch mehr Leid zufügen, so kommt nur ruhig immer wieder hierher zurück. Ich werde Euch zu jeder Zeit bereitwillig mit der gleichen Buße dienen. Wenn Ihr meint, mit Euren Träumen Macht und Reichtum erringen zu können, so haltet Euch an alte Weiber. Die werden Euch Eure Träume deuten und Euch versichern, daß Ihr große Macht, Glück und ein langes Leben zu erwarten habt. Auf diese Weise hättet Ihr sogar dreifachen Gewinn zu erwarten."

Dieser Hohn war so ätzend, daß er den mächtigen König im tiefsten Herzen traf. Wütend kehrte er an sein Ufer zurück und berichtete seinen Gefolgsleuten, was sich auf der Insel abgespielt hatte. Man muß es fast ein Wunder nennen, daß er das ausbrechende Gelächter und den Spott der Seinen überstand. Alle waren sich einig, daß selbst der Klügste keine angemessenere Buße hätte ersinnen können. Da mußte sich der mächtige König voller Grimm zurückziehen. Der Flußlauf war nämlich so reißend, daß ihn sein Gegner auch bei größerer Heeresmacht leicht zurückgeschlagen hätte.

Wer unbesonnen aufbricht und dann ohne Erfolg und ruhmlos zurückkehrt, braucht sich nicht zu wundern. Wer mit dem dicken Kopf durch die Wand will, ohne seinen Verstand zu gebrauchen, und dann noch nach dem gefestigten, schwer erringbaren Ruhm anderer strebt, der muß ganz einfach scheitern. Nichtswürdige Absicht wird in der Regel allein deshalb zunichte, weil die Bösewichter, die sich mit solcher Absicht tragen, viel zu dumm und töricht sind.

Priester und Bischof

Vormals standen fröhliche Geselligkeit und guter Ruf
noch hoch im Kurs, und wenn ein gebildeter Mann bei
Hofe auftauchte, konnte er sicher sein, daß man seiner
Lied- und Tonkunst Aufmerksamkeit schenkte. Doch
was man früher mit Achtung und Kunstverstand genoß,
ist heute keinen Pfifferling mehr wert. Jetzt sind den
Menschen nur solche Geschichten willkommen, die sie
von den drückenden Alltagssorgen ablenken und nicht
mehr an die Nöte der Armut denken lassen. Dichtungen
anderer Art finden kein Publikum mehr. Wie also soll
sich heute ein Künstler bei Hofe verhalten? Ich weiß
keine rechte Antwort darauf. Zwar kann ich kunstvoll
dichten, und wenn jemand eine Probe wünscht, wäre er
leicht zu überzeugen. Doch wenn solche Kunst bei Hofe
nicht gefragt ist, verschafft sie mir nur den Ruf eines
Narren. So hört denn jetzt Geschichten aus alten Zeiten,
als fröhliche Geselligkeit den Kummer vertrieb, guter
Ruf der Schande vorgezogen wurde, Freigebigkeit den

Geiz besiegte, Treue über Untreue gestellt ward, Rechtschaffenheit vor Bosheit ging und Wahrheit vor Lüge.
Damals galt gute Erziehung noch mehr als Ungezogen-
heit; Tugendhaftigkeit herrschte allenthalben und gab
der Schlechtigkeit keinen Raum; Güte hatte höheren
Rang als Gemeinheit, und Frohsinn stand höher als
Trübsal blasen. Damals schützte man mutig den Frieden
und stellte das Recht hoch übers Unrecht. Es war eben
jene Zeit, bevor Lug und Trug in Mode kamen.

Nun erzählt uns der Stricker von einem Mann, der
sich als erster mit Lug und Trug durchs Leben schlug
und dies so geschickt tat, daß er jedes Ziel erreichte und
jeden Widerstand brach. Dieser Mann, ein Priester namens Amis, lebte in einer englischen Stadt. Amis war
hochgelehrt und so mildherzig, daß er alle seine Einkünfte zum Ruhme Gottes und zu seinem eigenen
Ruhm an Bedürftige austeilte. Da es ihm seine Mittel
gestatteten, war er seinen Gästen der freigebigste Wirt.
Diese ungewöhnliche Großherzigkeit wurde schließlich
dem vorgesetzten Bischof zum Ärgernis, neidete er doch
Amis den guten Ruf, den er genoß. Plötzlich tauchte er
bei ihm auf und fuhr ihn mit harten Worten an: „Herr
Bruder, Ihr treibt hier unaufhörlich einen so ungeheuren
Aufwand, wie selbst ich ihn mir nicht leisten kann. Das
gehört sich nicht! Offenbar seid Ihr mit Glücksgütern
überreich gesegnet, da Ihr sie mit großer Geste ver-
schleudert. Daher bestehe ich darauf, daß Ihr ein Gutteil
an mich abführt. Bildet Euch ja nicht ein, Ihr könntet
Euch meinem Befehl entziehen. Her mit dem, was mir
zusteht!"

Amis erwiderte milde: „Es ist nun einmal meine Art,
all meine Einkünfte auch wieder auszugeben, und ich
setze meinen Ehrgeiz darein, daß kein Gulden in der
Truhe verschimmelt. Hätte ich mehr davon, wüßte ich
schon Verwendung dafür. Also kommt nur als mein
Gast in dieses Haus, sooft es Euch beliebt. Ich will von
Herzen gern Euer Wirt sein und auftischen, was Küche
und Kammer hergeben. Zu mehr kann ich mich nicht

verstehen. Ihr habt keinen einzigen Pfennig von mir zu erwarten."

Der Bischof brauste zornig auf: „Dieser unverschämte Ungehorsam kostet Euch die Pfründe, mit der ich Euch belehnt habe."

Amis aber ließ sich nicht aus der Ruhe bringen. „Ihr jagt mir keine Angst ein! Ihr habt mich sonst stets gehorsam gefunden und werdet mir diese Sache nicht anhängen können. Es steht Euch frei, meine Eignung zum Priesteramt in jeder Hinsicht — mit Disputation und Befragung nach den heiligen Schriften — zu überprüfen. Wenn ich den Anforderungen entspreche, dürft Ihr mich auch nicht des Amtes entsetzen."

Wutschnaubend fiel ihm der Bischof ins Wort: „Jawohl! Das werde ich auch. Wenn Ihr schon auf einer Überprüfung besteht, werdet Ihr eins-zwei-drei der völligen Unfähigkeit überführt! Ihr sollt schon merken, daß Ihr an Euern Meister geraten seid! Alsdann: Wieviel Wasser hat das Meer? Nun, ich bestehe auf einer Antwort! Überlegt genau, denn trefft Ihr's nicht, gerate ich in Zorn und nehme Euch die Pfründe."

„Es faßt gerad eine Wagenlast!" erwiderte Amis geruhsam.

Der Bischof fuhr in die Höhe: „Woher wollt Ihr das wissen? Bringt Zeugen!"

Amis aber lächelte: „Wieso denn ich? Ihr seid am Zuge! Ich sagte die reine Wahrheit, und wenn Ihr mir nicht glaubt, so haltet sämtliche Flüsse und Bäche auf, die ins Meer fließen. Dann beginne ich zu schöpfen, und Ihr werdet sehen, daß ich recht habe."

Der Bischof sprach zähneknirschend: „Na schön, wenn Ihr die Sache so dreht, dann mögen Flüsse und Bäche weiterfließen. Da ich sie nicht aufhalten kann, erlasse ich Euch das Schöpfen. Nun aber die zweite Frage: Wie viele Tage sind von Adams Zeiten bis zum heutigen Tag verstrichen?"

„Na, sieben sind's, und danach immer wieder sieben, so lang die Welt besteht!"

Der Bischof hätte aus der Haut fahren mögen und schrie Amis an: „So sagt mir jetzt sofort, wo ist der Mittelpunkt der Erde! Bestimmt Ihr ihn nicht haargenau, seid Ihr die Pfründe los!"

Amis erwiderte unerschütterlich: „Aber gewiß doch! Die Kirche, die ich dank Eurer Gnade verwalte, steht genau auf dem Mittelpunkt der Erde. Befehlt nun Euren Knechten, nach allen Seiten hin die Entfernung bis zum Rand der Welt auszumessen, und ist's an einer Seite nur um Halmesbreite mehr, so dürft Ihr mir die Pfründe nehmen."

Der Bischof meinte unwirsch: „Ihr lügt in Euern Hals hinein! Doch so unverschämt Euer Betrug auch ist, ich will Euch lieber Glauben schenken als diese Messerei in Gang setzen. Hört weiter, Ihr Schlaukopf: Wie weit ist es von der Erde bis zum Himmel?"

Amis schmunzelte: „Es ist so weit, daß man die Rufe eines Mannes auf der Erde ohne weiteres hört. Habt Ihr Zweifel, so steigt hinauf. Ich werde rufen, und hört Ihr mich nicht ohne Schwierigkeiten, so steigt wieder herunter und nehmt Euch die Pfründe."

Diese Antwort wurmte den Bischof natürlich sehr, und er knurrte ärgerlich: „Eure klugen Sprüche fallen mir auf die Nerven! Aber nun sollt Ihr mir sagen, wie weit der Himmel ist, sonst gebt Ihr die Pfründe ab."

Amis meinte munter: „Das erledige ich im Handumdrehen. Nach meinen Forschungen ist er tausend Klafter und tausend Ellen breit. Also bitte, wenn Ihr nachmessen wollt, holt Sonne, Mond und Sterne herunter, legt das Himmelszelt hübsch von allen Seiten zusammen, und Ihr werdet sehen: Der Himmel hat genau die von mir bestimmte Weite. Ihr werdet mir also auch diesmal die Pfründe lassen müssen."

Der Bischof war fast schon erschöpft, doch er raffte sich nochmals auf. „Ihr seid recht beschlagen, wie ich merke. Doch ich bestehe auf einer letzten Probe: Ihr sollt einem Esel das Lesen beibringen. Ihr habt ja schon den Himmel ausgemessen und dazu den Weg von der Erde bis zum Himmel, außerdem seid Ihr ein großer Meister im Bestimmen der Meereswassermenge und des Erdmittelpunkts. Laßt sehen, ob Euch auch dies gelingt. Habt Ihr Erfolg, mag alles wahr sein, was Ihr mir gesagt habt. Bringt Ihr dem Esel das Lesen bei, so will ich Euch auch in allen anderen Dingen Glauben schenken."

Amis antwortete: „Also gut, man hole einen Esel. Ich werde ihm schon das Lesen beibringen."

Bald war ein junger Esel aufgetrieben. Man brachte ihn herbei, und der Bischof sprach: „Fangt an! Wenn Ihr's ihm beigebracht habt, laßt es mich wissen."

Amis erwiderte: „Nun gut, Herr Bischof. Doch Euch ist sicherlich bekannt, daß ein Kind mindestens zwanzig Jahre lernen muß, bis man mit Fug und Recht sagen kann, es sei gelehrt. Nun kann ein Esel nicht einmal sprechen. Wenn ich ihn in dreißig Jahren so weit habe, wie Ihr's wünscht, müßte es Euch recht sein."

Der Bischof war einverstanden: „Also gut. Doch wenn's Euch nicht gelingt, wird es Euch leid tun!"

Amis aber dachte bei sich: Es ist recht unwahrscheinlich, daß wir drei nach dreißig Jahren noch einträchtig leben. Vielleicht stirbt vorher der Esel, vielleicht ich, vielleicht der Bischof. All seinen üblen Anschlägen wird mich also sicherlich der Tod so oder so entziehen.

Als der Bischof fort war, ließ Amis für seinen Esel einen Stall bauen, denn er wollte ihm die Lektionen insgeheim erteilen. Dann holte er ein zerlesenes Buch herbei, legte es vor den Esel, schüttete Haferkörner zwischen die Seiten und ließ das Tier hungern, damit es lernte, in dem Buche zu blättern. Fand nun der Esel zwischen den Seiten keine Körner mehr, so blätterte er immer weiter, um so sein Futter zusammenzulesen. Nachdem er gelernt hatte, wie aus dem Buch Futter zu gewinnen war, „las" er regelmäßig und gewann im Herumblättern erhebliche Übung. Da erschien eines Tages der Bischof und wollte wissen, wie weit Amis mit der Ausbildung des Esels gekommen sei. Amis holte ein neues Buch herbei, legte es vor sich auf den Tisch und sprach zum Bischof: „Herr Bischof, er hat es bereits gelernt, die Blätter zu wenden!"

„Das möchte ich sehen!" Der Bischof fuhr erstaunt in die Höhe. „Wenn er das tatsächlich kann, wird's bis zum Lesenlernen nicht mehr weit sein. Laßt sehen, ob er tatsächlich im Buche blättern kann."

Amis sagte: „Wie Ihr wünscht." Er schlug das Buch auf und holte den Esel herbei. Als der das Buch erblickte, begann er eifrig zu blättern, um die gewohnten Haferkörner aufzudecken, denn bislang hatte ihm ja ein Buch als Futterkrippe gedient. Als er hinter der ersten Seite nichts fand, schlug er die nächste auf und so weiter, bis er das ganze Buch durchgeblättert hatte. Wäre ein Körnchen drin gewesen, hätte er es gierig gefressen, doch als er rein gar nichts fand, begann er aus voller Lunge zu schreien. Der Bischof schrak zusammen: „Was soll das?"

„Das ist leicht zu erklären!" antwortete Amis. „Er hat darin die Buchstaben entdeckt, doch bislang kennt er vom gesamten Abc nur das A. Nun hat er im Text das A entdeckt und es immer wieder aufgesagt, um es besser im Gedächtnis zu behalten. Er ist durchaus gelehrig, und ich werde aus ihm sicherlich ein hochgebildetes Tier machen."

Da war der Bischof froh erstaunt, und die beiden trennten sich in Friede und Eintracht. Gott aber erlöste Amis von aller Not, denn kurze Zeit später verstarb der Bischof. Da hörte Amis flugs mit den Eselslektionen auf, doch alle Welt war überzeugt von seiner unerhörten Weisheit und glaubte fest daran, daß er das Bildungswerk zu einem guten Ende gebracht hätte. So drang sein Ruhm weit ins Land, und wer die Geschichte hörte, kam herbeigegangen oder -geritten, zumal des Priesters Gastfreundlichkeit gleichermaßen bekannt war. Die Zahl der Gäste nahm derart zu, daß er am Ende in Bedrängnis geriet und man ihm auch nicht mehr borgen mochte. Nun war guter Rat teuer. Da überlegte Amis: Was immer ich

an Gutem gewirkt habe, ist gefährdet, wenn ich das mir
lieb gewordene Heim aufgebe. Es wird mir sicher leichter fallen, wieder zu Gut und Geld zu kommen, wenn
ich mein Haus behalte. Um Haus und Hof zu retten,
will ich in der Welt mein Glück versuchen.

Das erzwungene Gelübde

Einst sprach ein Mann zu seiner Frau: „Ich bitte dich, nimm nach meinem Tode keinen zweiten Mann. So ein Tun verheißt reichen Lohn: Alle Menschen werden deine Treue preisen, und du kommst nach deinem Tod bestimmt ins Himmelreich. Ich will dich dafür auf Händen tragen und dir's tausendfach vergelten. Du wirst für deinen Entschluß mehr Dankbarkeit finden, als je eine Frau bei ihrem Manne gefunden hat."

„Ihr fühlt Euch wohl schon als gebrechlicher Greis!" sprach die Frau verwundert. „Was macht Ihr Euch unnütz schwere Gedanken über das, was sich nach Eurem Tode ereignen wird. Dankt Gott im Himmel, wenn's Euch im Leben gut geht! Mich könnt Ihr höchstens darum bitten, daß ich Euch zu Lebzeiten keine Hörner aufsetze, und froh sein, wenn ich's Euch verspreche. Mir ist's ja auch herzlich egal, was Ihr nach meinem Tode tut. Hättet Ihr ein wenig Grips im Kopf, so wäre Euch ebenfalls gleichgültig, was ich nach Eurem Tod anfange.

Ihr führt Euch ja wie ein rechter Narr auf. Wenn Ihr nicht selber errötet, muß ich mich für Euer kurioses Ansinnen schämen."

Er fuhr sie an: „Schweig still! Ich bestehe auf meinem Willen! Versprichst du's nicht, bringe ich dich um. Aha, dein Christenglauben ist nicht stark genug! Je mehr du dich aber sträubst, um so beharrlicher werde ich sein. Ich verlange Sicherheit, daß du nach meinem Tode der Welt entsagst. Von dieser Forderung gehe ich auf keinen Fall ab. Widersetzt du dich, ist dein letztes Stündlein gekommen."

Sie erwiderte erschrocken: „Mein Gott, ich hielt das alles für bloßen Spaß! Da es dir aber blutiger Ernst ist, gib mir bitte drei Tage Bedenkzeit. Du kannst dir in dieser Zeit überlegen, welche Sicherheit du von mir verlangen willst."

„Einverstanden!" sprach der Mann. „Nach drei Tagen bringe ich deine und meine Verwandten hierher, damit sie Zeugen unseres Vertrages sind."

In der gesetzten Bedenkzeit eilte die Frau zu einer Gevatterin. Der berichtete sie, ihr Mann verlange von ihr, nach seinem Tode keinem anderen Manne anzugehören und wie eine Nonne zu leben. „Heute nach drei Tagen soll ich's ihm feierlich geloben, ob's mir recht ist oder nicht. Sagt doch um Gottes willen, ob sich etwas dagegen tun läßt. Ich gebe Euch dafür alles, was ich habe."

Die Gevatterin lachte. „Bekäme er Euch tatsächlich so weit und würde die Geschichte in aller Welt bekannt, dann wären alle Männer flugs mit der gleichen Forderung bei der Hand. Da wollen wir lieber gleich einen Riegel vorschieben! Seid unbesorgt und wohlgemut! Behaltet nur Euer Geld! Ich werde Euch auch umsonst gut beraten. Ihr werdet ihn umgekehrt so weit bringen, daß er Euch noch zu seinen Lebzeiten einen zweiten Mann gestattet. Dafür setze ich meinen Kopf zum Pfande!"

Sie winkte die ratlose Frau zu sich auf die Bank und

setzte ihr dann eingehend auseinander, wie sie es anstellen sollte, ihren Mann zu diesem Zugeständnis zu zwingen. Als die andere alles angehört hatte, hüpfte ihr Herz vor Freude; alle Sorgen waren vergessen, und sie trällerte vor lauter Lust fröhliche Lieder vor sich hin.

Am vierten Tage erschienen ihre Verwandten und die ihres Mannes. Da nahm sie selbst gleich zu Beginn das Wort: „Mein Mann bittet mich, nach seinem Tode auf eine zweite Ehe zu verzichten. Nun soll er vor euch allen sagen, ob er dies aus Liebe oder aus Haß fordert. Tut er's aus Liebe, werde ich das Gelöbnis um so lieber tun."

Der Mann hob feierlich an: „Wie einen Dieb soll man mich um Besitz und Leben bringen, wenn ich dich nicht von Herzen liebe; ich habe diese Bitte aus reiner Liebe an dich gerichtet. Hätte ich bereits heute die Gewißheit, daß du nach meinem Tode keinem anderen Mann angehören wirst, würde ich willig zehn Jahre vor dem mir gesetzten Ende sterben."

Die Frau erwiderte ebenso feierlich: „Dann beweise deine Liebe, indem du auch meine Bitte erfüllst und nach meinem Tode keine andere Frau nimmst. Versprichst du's, werde ich jedem Manne entsagen."

„Aber gern!" rief der Mann. „Ich schwöre bei meinem Leben, daß ich mich keiner anderen Frau zuwenden werde!"

Die Frau fuhr fort: „Das gefällt mir. Nun gib mir aber auch Sicherheit dafür, daß du dein Wort halten wirst. Ich will sie dir meinerseits auch nicht verweigern."

Er sprach: „Wenn du dein Wort in gleicher Weise erhärten willst, bin ich zu jeder Sicherheit bereit!"

Darauf die Frau: „Gut, das beschwöre mit einem feierlichen Eid!"

Der Mann schwor sofort hoch und heilig, er wolle sein Wort halten. Darauf forderte sie weiter: „Setze jetzt dreißig Pfund Silber zum Pfande. Brichst du deinen Eid, mußt du sie ohne Winkelzüge an meine Verwandten zahlen."

Der Mann setzte die dreißig Pfund Silber zum Pfande

und erfüllte also alle ihre Forderungen. Da zeigte sie sich glücklich und erleichtert und sagte heiter: „Die beste Sicherheit ist, wenn wir uns sofort trennen, unseren Besitz aufgeben und mit frommem Sinn in zwei verschiedene Klöster eintreten. Das wird uns vor jeder Versuchung bewahren! So kann ich mich schon bis zu deinem Tode an ein Leben ohne Mann gewöhnen, so daß es mir danach leichter fallen wird, mein Wort zu halten. Auch du kannst dich bis zu meinem Tode der Frauen entwöhnen, so daß dir danach ein Leben ohne Frau keine große Überwindung abfordern wird. Auf dieser Sicherheit bestehe ich, wir wollen sie uns sofort gegenseitig geben!"

„Um Himmels willen!" schrak der Mann zusammen. „Liebste Frau, wenn ich auf dich verzichten soll, falle ich hier auf der Stelle tot um! Und hätte ich dir diese Sicherheit mit tausend Eiden beschworen, ich wollte sie alle brechen!"

Da mischten sich die Verwandten der Frau ein: „Wollt Ihr Euern Eid nicht halten, dann gebt die dreißig Pfund heraus!"

Er jammerte: „Nehmt alles, was ich habe, aber den Eid kann ich nicht halten."

Die Frau fuhr dazwischen: „Halt! Die Hälfte unseres Besitzes gehört mir! Dafür will ich mich in ein Kloster einkaufen und dort ein frommes Nonnenleben führen. Und Ihr sollt gleichfalls das Leben eines Mönches wählen! Es wäre eine unerhörte Schande, wenn Ihr Euern Eid brechen und dafür die dreißig Pfund Reuegeld zahlen würdet. Euer Besitz wäre dahin wie Eure Ehre, alle Menschen würden Euch verabscheuen, und auch mir wäret Ihr so widerwärtig, daß mir ein weiteres Leben mit Euch undenkbar schiene."

Da warf er sich vor den Verwandten der Hausfrau auf die Knie und flehte sie an, ihm um Gottes willen die dreißig Pfund und den Eid zu erlassen. Auch sollten sie die Hausfrau im Namen der Heiligen Dreieinigkeit beschwören, doch ja nicht mehr böse zu sein. Man erwiderte ihm jedoch: „Wenn sie sich nicht selbst beruhigt und dir aus freien Stücken den Eid erläßt, bist du deine dreißig Pfund los." Diesen Beschluß beschworen sie allesamt hoch und heilig.

Da wandte er sich an seine Frau, warf sich vor ihr in den Staub und wimmerte, sie möge an ihren Schöpfer und an ihr tugendsames Frauenherz denken und ihm wieder gut sein. Er wolle auch alles tun, was sie von ihm fordere. Sie aber lehnte schroff ab. Nun bat er seine Verwandten um Beistand. Sie sollten die Verwandten der Frau auf ihre Seite ziehen und dann sein Weib gemeinsam bei Gott und seinem Kreuzestode beschwören, ihm doch zu verzeihen.

Seine Verwandten waren peinlich berührt von dieser unwürdigen Szene. Einige zögerten, doch andere beeilten sich, der Sache ein Ende zu machen, so daß sich schließlich alle Verwandten bei der Hausfrau für ihren Gatten einsetzten. Die überwand sich schließlich und sagte: „Ich verzeihe dir nur, wenn du eine entsprechende Buße versprichst."

Er barmte: „Jede Buße, liebste Frau! Du kannst völlig sicher sein!"

Da erklärte sie: „Gut, dann mußt du mir erlauben, zu deinen Lebzeiten jederzeit einen anderen Mann zu lieben. Von deinem Verhalten wird's abhängen, ob ich darauf verzichte. Der Gedanke, ich könnte mich nach deinem Tode einem anderen Manne zuwenden, schien dir unerhört. Jetzt bestehe ich darauf, dies bereits zu deinen Lebzeiten tun zu dürfen."

Er flüsterte verzweifelt: „Mir ist schon alles egal! Sei nur wieder gut! Ich weiß, daß du eine ehrenfeste Frau bist, also tu nur, was du für richtig hältst."

Da machte sie der Sache ein Ende, hob ihn aus dem Staube und küßte ihn liebevoll. Vorbei war aller Groll und Zwist, und der Hausherr bedankte sich überschwenglich bei allen Verwandten für ihre Hilfe: „Euch danke ich das große Glück, wieder mit meiner Frau versöhnt zu sein. Das soll gefeiert werden!"

Da lachten alle schallend darüber, daß er die erlittene

Blamage noch für ein großes Glück ansah. Er feierte ein Fest und trug seitdem seine liebe Ehehälfte geradezu auf Händen, damit sie nur nicht böse würde und zu seinen Lebzeiten einen anderen Mann nähme. Was er vorher nicht geachtet hatte, schien ihm jetzt der Gipfel allen Glückes. Sie aber lebten seit dieser Zeit in Eintracht und Harmonie und hatten nie wieder Streit miteinander. Er las ihr jeden Wunsch von den Augen ab, und sie erfüllte redlich ihre Hausfrauenpflichten, so daß keiner über den anderen klagen konnte. Da er sie nicht mehr mit solchen Forderungen plagte, gab sie ihm ihrerseits keinen Anlaß zu Leid und Trübsal. So, damit ist die Geschichte aus.

Das Rädchen

Johannes von Freiberg, der schon mancherlei erstaunliche Dinge zu berichten wußte, will aufs neue die Stimme erheben und eine überaus merkwürdige Geschichte erzählen. Sie ist wirklich und wahrhaftig geschehen, denn ich habe sie von einem Manne, der Augen- und Ohrenzeuge war. Vernehmt denn also, ihr fröhlichen jungen Leute, die kuriose Begebenheit.

In einer Stadt lebte einst ein höchst ehrenwerter Bürger. Er war derart rechtschaffen und wohlhabend, daß sich ihm zu seinen Lebzeiten in seiner Heimatstadt niemand vergleichen konnte. Auch genoß er weit und breit einen guten Ruf, und er lebte so ehrenhaft, daß er im ganzen Lande wohlbekannt war. Seine Ehefrau war wunderschön und herzensgut. Beide waren von freundlicher Wesensart, so daß sie alle Voraussetzungen besaßen, in Zufriedenheit und Harmonie ein hohes Alter zu erreichen und sich ihres Glückes zu erfreuen. Dieser Bürgersmann bewohnte ein prächtiges Haus, in dem

Edelleute — Ritter und andere vornehme Gäste — ein und aus gingen. Sie alle wurden gastlich aufgenommen.

Der Hausherr beschäftigte bei sich einen Schreiber. Sein Name tut nichts zur Sache. Er war von guter Lebensart, dazu grundanständig, und er setzte alles daran, seinen Platz in der Welt zu erringen. Daher nahm es nicht wunder, daß er die Wünsche schöner Damen stets bereitwillig erfüllte. Man findet bei vielen stattlichen Burschen die gleiche Einstellung: Für eine großzügige Entlohnung sind sie den Damen gern gefällig, doch geht es bei diesem Lohn nicht um Silber oder Gold, sondern einzig und allein um die Liebe. Dies war auch unseres Schreibers ganzes Sinnen und Trachten.

Mit ihm zusammen diente im Hause ein Mädchen, in das er sich derart verliebte, daß er sich von morgens bis abends in Sehnsucht verzehrte. Nun, wer das Mädchen gesehen hätte, müßte mir beipflichten, daß sie wirklich makellos war. Sie hatte ein schmales, zartes Gesichtchen, seidenweiche Locken und war zierlich wie ein Püppchen. Schlank und rank in den Hüften, sah das liebliche Kind von Kopf bis Fuß überaus reizend aus. Gott hatte sie mit allen Gaben reichlich ausgestattet: Ihre Lippen glänzten lockend und prall wie ein roter Rubin, und der Schreiber wand sich vor Qual, daß er auch nicht ein einziges Mal ihren roten Mund küssen sollte. Ihre Wangen blühten wie zwei rote Rosen. Wenn er sich der Jungfrau näherte, um freundlich mit ihr zu plaudern, so wies sie ihn schnöde zurück. Sobald er sie mit zärtlichen Worten um ihre Liebe anflehte, erwiderte sie schnippisch: „Ihr habt wohl den Verstand verloren! Was fiept Ihr da wie eine Rohrpfeife? Ich glaube fast, Ihr habt den Koller, der Euch im Kopf ganz wirre macht. Euer Gerede läßt mich kalt! Hört auf damit und laßt mich in Ruhe! Ich höre mir das nicht länger an! Wenn Ihr mich noch ein einziges Mal belästigt, beklage ich mich bei meinem Herrn!"

Er mochte ihr noch so freundliche Worte geben, ihre Entgegnungen waren stets spitz und kränkend. Sagte er ja, so erwiderte sie nein. Dies war so die Art ihres freundlichen Einvernehmens. Sagte er schwarz, so meinte sie weiß, und sie versteifte sich regelrecht auf diese Widerborstigkeit. Alles, was er nur sagen mochte, schien ihr schlecht und verdammenswert.

Diese Fehde dauerte lange Zeit, bis eines Sonntags viele Gäste im Haus waren, so daß die schnippische Schöne ein Übermaß an Arbeit leisten mußte. Vom frühen Morgen bis in die späte Nacht hinein war das Mädchen auf den Beinen, bis die Gäste sich endlich zur Ruhe begaben. Da war die Kleine von des Tages Mühen so erschöpft, daß sie einfach auf eine Bank in der Küche niedersank und fest einschlief. Nun kam der Schreiber herein, und als er sah, daß die Jungfrau eingeschlummert war, ließ er sich neben ihr auf dem Ofenrand nieder. Während sie schlief, war er hellwach, und allerlei krause Gedanken (die ich mir hier schenken will) gingen ihm durch den Kopf. Schließlich machte er einen Finger naß und fuhr damit über einen Ofenstein, so daß er rußig wurde. Dann erhob er sich, nahm ein Licht zur Hand und raffte die Röcke der Jungfrau hoch bis zu ihrem Kinn, ohne daß sie etwas merkte. Da sah er ihre beiden kleinen Brüste prall wie zwei Paradiesäpfel emporragen. Wer sich in Lust und Wonne an sie hätte schmiegen können, wäre bestimmt nicht unglücklich gewesen. All die anderen beglückenden Freuden, die seiner harrten, vermag ich nicht zu schildern. Sicherlich wären ihm dabei tausend Jahre wie ein Tag verflogen. Ihr Körper war in jeder Hinsicht makellos und vollkommen. Eine schmale Taille hatte das liebliche Mädchen, und auch tiefer hinab — bis zum Rosengärtchen hin — sah sie ganz berückend aus. Wer nach Lust und Verlangen eine kleine Reise da hinein hätte tun dürfen, wäre bestimmt trunken gewesen vor Glück. Nun malte unser Schreiberlein mit seinem Rußfinger ein kleines Rädchen oberhalb des Rosenbusches, so behutsam und zart, als wäre ein Würmchen darüber hingeglitten. Hört zu: Unterhalb des Nabels malte er es mit schwarzem Ruß kreisrund auf ihren weißen Leib. Mich wundert nur, daß er die ganze Zeit über soviel Selbstbeherrschung aufbrachte, nicht laut loszukichern. Als das Rädchen fertig war, zog er den Rock wieder herunter, küßte sie sacht auf ihre roten Lippen und ging, sehnsüchtig seufzend, hinaus.

Nun überlegt einmal folgendes: Wie wäre wohl einem Menschen zumute, der drei Tage lang keinen Bissen in den Mund bekommen hat und plötzlich in einen Garten gerät, der voller Obst ist, ohne daß er eine einzige Frucht brechen dürfte. Solche Gefühle bewegten unseren Schreiber, als er seufzend von dannen schlich. Es drückte ihm beinahe das Herz ab, daß er sie nicht hatte umarmen dürfen. Er legte sich zu Bett, doch hätte er am liebsten seinen Jammer in die Welt hinausgeschrien, daß ihn das hübsche Mädchen so schnöde abwies und ihm nicht einmal den Schatten einer kleinen Freude schenken wollte. Wie soll ich euch seine Sehnsucht noch deutlicher beschreiben? Nun, er war voller Verlangen wie ein Fisch, der aus dem Wasser auf das trockene Land geraten ist. So quälte sich der Schreiber, und sein Herz zuckte vor Schmerz, so daß er vor kummervollen Gedanken nicht einzuschlafen vermochte und kaum den Anbruch des Tages erwarten konnte.

Als er dann dem Mädchen begegnete, sprach er sie freundlich an: „Gott schenke dir einen guten Morgen!"

Sie erwiderte kratzbürstig: „Das braucht nicht Eure Sorge zu sein!"

„Warum seid Ihr denn so widerborstig und gönnt mir nicht einmal, daß ich bei Gott einen guten Morgen für Euch erbitte?"

„Einen frohen Morgen habe ich auch ohne Eure Wünsche! Ich brauche sie nicht, sie sind mir völlig gleichgültig!"

„Nanu, wie sprichst du denn jetzt zu mir? Wie zärtlich sprachst du, als ich dich liebevoll in die Arme schloß, und als du dich mir hingegeben hast, kam kein Wort des Widerstrebens über deine Lippen, denn du warst nur gar zu gern einverstanden!"

Sie rief empört: „Bei Gott, das ist gelogen! Eher wollte ich mir lebendigen Leibes die Haare ausraufen und die Haut abziehen lassen! Wenn Ihr meint, mir mit Euern gemeinen Worten die Ehre rauben zu dürfen, sollt Ihr für alle Zeit verflucht sein!"

Der Schreiber meinte: „Nun gut, wenn du es nicht mehr wahrhaben willst, ist es mir recht. Doch brauche ich keine schönen Worte zu verschwenden, um dich zu überführen. Ich will dich durch einen unwiderleglichen Beweis dazu bringen, mir einzugestehen, daß es wirklich und wahrhaftig geschehen ist. Als ich bis Tagesanbruch an deiner Seite lag, malte ich kurz vor dem Abschiednehmen ein Rädchen auf deinen Bauch. Um die Wahrheit zu sagen, ich habe es wohlüberlegt getan, denn es ist mir wohl bekannt, daß manche Frauen nicht gebeten werden möchten. Wenn sie sich jedoch herablassen, das zu tun, um was man sie liebevoll bittet, so behaupten sie dann steif und fest, man habe sie im Schlafe überrumpelt. Das ist — ob's dir recht ist oder nicht — die reine Wahrheit!"

Sie sprach höhnisch: „Bei Gott, das ist ebensowenig wahr, wie meine Haare aus Gold sind!"

Der Schreiber lächelte: „Sieh selber nach, dann wirst du dich zu deiner Tat bekennen müssen!"

Um sich zu überzeugen, rannte das Mädchen in den Hausgarten, trat hinter einen Baumstamm, packte den Rocksaum und hob die Unterkleider hoch. Da erblickte sie doch tatsächlich auf ihrem Bauch ein kreisrundes schwarzes Rad. Vor Wut standen ihr die Tränen in den Augen, und sie jammerte: „Wie hat er das nur fertiggebracht, welcher Satan hat es zuwege gebracht, daß er mir so nahe gekommen ist? Das müßte ja ein wahres Wunder Gottes sein, wenn er mich im Schlafe zur Frau gemacht hat! Es ist doch ganz unmöglich! Wie hätte er mir im Schlafe meine Jungfernehre rauben sollen? Ich kann's nie und nimmer glauben!" Sie hockte sich nieder und sah grübelnd vor sich hin, doch als ihre Blicke wieder auf das Rädchen fielen, meinte sie nachdenklich:

„Solche Schreiber sind mit allen Wassern gewaschen. Wahrscheinlich hat er mich mit Hilfe irgendeiner heimtückischen List um meine Jungfernschaft gebracht. Doch was ist das nun wieder für ein kindischer, verrückter Einfall! Wie soll mich ein Mann entjungfert haben, ohne daß ich das geringste bemerkt hätte?"

So schleppte sie sich bis zur Mittagszeit mit schweren Gedanken, die sie arg bedrückten und quälten. Schließlich kam sie wieder auf das gleiche Problem. „Herrgott, wie ging das nur zu, daß er mir das Rädchen auf den Bauch malen konnte? Fast will mir scheinen, ich sei betrunken gewesen. In diesem Zustand hat er das an mir getan, was er selbst um Gottes willen nicht lassen konnte. Ich will zu ihm gehen und ihn flehentlich bitten, mir zu sagen, auf welche Weise ich Arme um meine Jungfernschaft gekommen bin!" Nun war die Jungfrau soweit, daß sie einen Eid darauf geleistet hätte, der Schreiber habe sie zur Frau gemacht. Das Verhalten dieser Jungfrau bezeugt euch die Wahrheit eines alten und bekannten Sprichwortes: „Frauen haben langes Haar und kurzen Verstand!" So heißt es bei Herrn Freidank.

Jetzt eilte die Jungfrau zum Schreiber und sprach lächelnd zu ihm: „Ich müßte Euch eigentlich heftig zürnen, daß Ihr mir meine Ehre geraubt habt. Wer hat es Euch erlaubt?"

„Nun, ich habe mir selbst die Erlaubnis erteilt. Nun magst du mich nach Herzenslust dafür beschimpfen oder verprügeln!"

„Aber nein! Ich will Euch weder schlagen noch schelten. Ich möchte Euch nur herzlich bitten, habt soviel Ehre und Anstand, nichts zu verraten. Obwohl du allein die Schuld an meinem Fall trägst, will ich dir nicht böse sein, und da es nun einmal geschehen ist, will ich versuchen, das beste daraus zu machen. Wenn du erlaubst, möchte ich dir gern eine Frage stellen, denn ich grüble schon die ganze Zeit vergeblich nach einer Lösung."

„Frag nur, und wenn ich kann, will ich dir antworten."

„So verrate mir doch, mein Liebster, wie ist es dir nur — Gott möge dich dafür belohnen — gelungen, mich so behutsam und zartfühlend in Besitz zu nehmen, daß ich nicht das geringste gemerkt habe?"

Darauf hatte er rasch genug eine Antwort zur Hand: „Nun, ich habe mich einfach zu dir gelegt."

„Aber wie ging's dann weiter? Sag es nur ruhig. Ich will mich ja nicht etwa beklagen, sondern dir auch in Zukunft angehören."

„Ich kann es schlecht beschreiben, wie es war, als wir beieinander lagen. Ich muß es dir schon zeigen."

„Wo und wann soll das geschehen?"

„Auf deinem Bett, wenn alles schlafen gegangen ist. Dann brauchen wir weder Entdeckung noch Schelte zu fürchten."

Die Jungfrau konnte es kaum erwarten, bis ihr Herr und das Hausgesinde sich zur Ruhe begaben. Sie setzte sich zum Schreiber und begann ein zärtliches Geplauder, während er fröhlich zuhörte. Schließlich meinte sie: „Nun ist es spät genug! Gehen wir auf meine Kammer!"

„Ich komme natürlich gern mit dir, doch ich befürchte, daß es noch zu früh ist und man uns bemerkt, solange nicht alles in tiefem Schlummer liegt. Der Gang ist lang, und wenn wir darüber hin tappen, so hört man die Bretter knarren. Das weißt du doch selbst!"

„Dem will ich schon abhelfen! Sei nur nicht bange! Ich trage dich einfach auf meinem Rücken, dann merkt niemand, daß wir zu zweit sind."

„Liebste, das willst du wirklich tun?"

„Aber natürlich!" erwiderte die Jungfrau.

Der Schreiber war nicht faul und hockte sich auf den weichen, warmen Rücken der Jungfrau. (Wahrhaftig, der Kerl konnte sein Glück in allen Tönen singen, daß ihn ein so schmuckes Mädchen auf dem Rücken zu Bett trug! Wenn das kein unverschämtes Glück ist! Wollte man mich so zu Bette tragen, würde ich mich glücklich preisen!)

Der Schreiber flüsterte: „Geh nur recht vorsichtig,

stolpere nicht und laß mich nicht fallen, denn sonst wacht alles auf!"

Sie lachte: „Laß mich nur machen! Du bist ja leicht wie ein Huhn! Bei der heiligen Helene, ich trüge ohne weiteres zwei von deiner Sorte!"

„Liebste, ist das wirklich wahr?"

„Du kannst ganz beruhigt sein, ich belüge dich nicht." Und um ihn zu überzeugen, sprang sie mit ihm wie eine Ziege quer durch die Stube, einmal hin, einmal zurück. Schließlich sprang sie mitsamt dem Schreiberlein sogar über eine hohe Bank, so wie ein Hase über eine Furche setzt. Dies alles tat sie, um ihm zu zeigen, daß sie ihn ohne Schwierigkeit tragen könne. Danach sprach sie triumphierend: „Siehst du, wie fest ich auf den Beinen stehe?"

„Liebste, tu dir nur nicht weh! Du bist doch so zart gebaut!"

Wie ein Reh den Bach überspringt, so setzte sie ellenweit mit ihm über die Schwelle und schleppte ihn endlich in ihr Bett. Das Mädchen suchte wohlüberlegt den Riegel hervor, legte ihn quer vor die Tür und sprach dann: „Nun brauchst du nicht zu befürchten, daß man uns entdeckt!"

Er bat: „Nun zieh deine Kleider aus! Da Gott uns glücklich hergeführt hat, will ich dir zeigen, was dir vergangene Nacht widerfahren ist."

Sie seufzte: „Ich gebe mich ganz in deinen Willen! So wie du es wünschst, will ich fortan leben und ganz dein eigen sein. Tu mit mir, was du willst. Ich will kein Wörtchen dawider sagen!"

Nachdem sich beide ihrer Kleider entledigt hatten, genossen sie unbeschreibliche Wonnen. Sie schmiegten sich eng aneinander und umschlangen sich mit ihren Armen. Wäre jemand hinzugekommen, so hätte er nicht sagen können, welches von beiden der Mann und welches die Frau war. Sie hatten ihre Lippen so fest aneinandergepreßt, daß man nicht einmal ein Mohnblatt hätte dazwischenschieben können. Liebevoll und hingebend

211

spielte er mit der Jungfrau das altbekannte Spiel, das alle Welt spielt, wenn man sich in Liebe vereint. Als das Mädchen merkte, wie lustvoll und süß dieses Treiben war, stöhnte sie: „Und wenn ich mein Leben lang keinen frohen Tag mehr haben sollte, ich würde alles hingeben, wenn dieses Spiel nur bis zum Morgen dauerte! Selbst wenn ich wählen könnte, alt zu werden wie Elias oder gar in einem römischen Palast zu herrschen, ich würde zugunsten dieses Spieles darauf verzichten."

Der Schreiber fragte zärtlich: „Liebste, wie ist es dir bekommen?"

„Ach, die Lust dieser Liebe kann kein Mensch vollständig beschreiben. Wäre das Meer voller Tinte, das riesige Himmelszelt ein Pergamentblatt, wären schließlich alle Sterne, Sonne, Mond, sämtliche Grashalme, Staubkörnchen, Laubblätter und Sonnenstäubchen Geistliche oder Schreiber, sie könnten nicht beschreiben, wie wunderschön es gewesen ist. Die Zeit war wie ein Augenblick. In meinen Ohren klang es wie ein Chor von kleinen Waldvöglein und wie Musik von tausend Harfen. Die Augen gingen mir über, ich glaubte zu sehen, daß auf taubedeckter grüner Aue blutrote Rosen erblühten. Ganz unbeschreiblich ist unser Glück! Tausend Jahre würden mir kurz wie ein einziger Tag! In meinem Mund hatte ich den Geschmack von Honig und Zucker, die mir tief in die Kehle flossen! Solange mich diese unerhörten Wonnen durchströmten, war mir zumute, als schwebte ich schwerelos durch die Lüfte."

Als das Spiel zu Ende ging, tastete sie zur Wand hin und erhaschte zwei Nachtigallen, die kraftvoll sangen wie im schönsten Maien. Da flüsterte sie leidenschaftlich: „Als wir ineinander vergingen, gab es — du kannst mir glauben — auf mir nicht das kleinste Fleckchen, auf dem sich nicht ein Fiedler niedergelassen hätte, und alle zusammen spielten eine so zauberhafte Elfenweise, daß mir die Sinne schwanden und ich weder hörte noch sah. So etwas Wunderbares habe ich noch nie gefühlt! Wenn jemand in mich dränge, diese Wonnen zu beschreiben, ich könnte ihm nicht sagen, was wir miteinander taten. Gott behüte dich! Nun zeig es mir ein zweites Mal, damit ich es noch besser lerne!"

Der Schreiber war nicht träge, und er erfüllte dem Mädchen diesen Wunsch viermal vor dem ersten Hahnenschrei und danach noch dreimal bis zum Tagesanbruch. Und als die Verliebten voneinander scheiden mußten, waren ihre Herzen voller Trauer. Immer wieder, wohl tausendmal, küßte er ihre roten Lippen und flüsterte: „Gott beschütze dich!" Dann ließ sie der Jüngling allein.

Ihr wackeren Schreiber, entnehmt dieser Geschichte eine wichtige Lehre und bewahrt sie fest in euren Herzen: Ihr müßt euch gründliche Kenntnisse vom Wesen der Frauen aneignen, wenn ihr um Liebe werben wollt. Ob Mädchen oder Frau: Die sich zu Anfang am meisten sträubt, ist schließlich am leichtesten zu besiegen, wie ihr es am Beispiel des Mädchens gesehen habt, von dem ich erzählte. Erst war ihr Herz so hart wie Stein. Sprach er ja, so meinte sie nein. Zuletzt brachte er sie aber so weit, daß sie ihn auf ihrem Rücken zu ihrem Bett schleppte und ihn für alles entschädigte.

Hier schließt die Geschichte vom Schreiber und der Jungfrau. Ihr Titel aber ist „Das Rädchen".

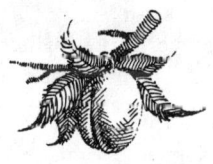

Tumult im Bürgerhaus

Wer, wie's jungen Menschen geht, gern zu seiner Kurzweil vergnügliche Geschichten hört und an dem, was
nun folgt, seinen Spaß hat, mag dem Autor Rüdiger
danken. Er erzählt nun zu eurer Erheiterung von tumul-
tösen Geschehnissen und verlangt als Lohn nichts weiter
als ungeteilte Aufmerksamkeit.

Zwei wackere junge Burschen beschlossen eine Bil-
dungs- und Studienreise und trafen ohne Verzug ihre
Vorbereitungen. Beide waren reicher Leute Kind, wohlerzogen und von gutem Benehmen. Sie wußten sich
mühelos den jeweiligen Landessitten anzupassen und erfreuten sich daher überall großer Beliebtheit. Eines Tages gelangten sie in eine große und reiche Handelsstadt.
Sie wollten zwar am gleichen Tage noch weiterziehen,
da erblickte der eine unversehens im Fenster eines prächtigen Hauses eine Jungfrau, schön wie die Morgenröte,
von Gott verschwenderisch mit allen Reizen ausgestattet, die Mannesaug an einer Frau erfreuen. Da drang der

214

Pfeil der Liebe tief in sein Herz und erfüllte es mit süßer Sehnsuchtsqual, so daß er liebeskrank alle Vorsätze und Pläne vergaß und zu seinem Freunde sprach: „Ich bin ratlos, was ich tun soll. Ich fühle solche Erschöpfung, daß ich nicht von der Stelle weichen mag. Weiterziehen wäre mein Tod. Laß uns die Reise unterbrechen, damit ich mich von den Strapazen erholen kann."

Sein Freund war einverstanden. „Mir ist's zwar nicht ganz recht, daß wir unseren Reiseplan ändern sollen, doch mich erschreckt dieser plötzliche Zusammenbruch. Bevor dir ganz übel wird, wollen wir lieber die Nacht über hierbleiben. Morgen wird's dir sicher wieder besser gehen, und wir können die verlorene Zeit mühelos aufholen. Wenn du einverstanden bist, suchen wir uns eine behagliche Herberge."

Der Liebeskranke seufzte erleichtert: „Mein Freund, ich bin sicher, daß die gesunde Luft und die erholsame Stille hier am Ort mir guttun werden. Gehen wir doch geradeswegs zu jenem Haus und versuchen wir dort unser Heil."

Die beiden Fremdlinge trafen vor dem Haus auf den Hausherrn, der auf einer Bank an der Tür saß. Mit wohlgesetzten Worten baten sie ihn, er möge ihnen ein Nachtlager gönnen, da sie von der langen Reise sterbensmüd seien. Der Hauswirt, ein älterer Mann, wies sie jedoch ab. „Ich bin auf Gäste nicht eingerichtet. Zudem ist mein Haus keine öffentliche Herberge. Sucht also nach einer anderen Statt, wo ihr euch ausruhen könnt."

Als die Haustochter diese Ablehnung hörte, sprach sie vorwurfsvoll zu ihrem Vater: „Was ist denn nur mit dir? Ich hab's noch nie erlebt, daß du einen wegmüden Wanderer, der um Herberge bat, von der Tür gewiesen hast. Mag ich auch ein dummes Ding sein, soviel sehe ich, daß diese Gäste deinem Haus keine Schande bereiten werden. Nach Aussehen und Verhalten dürften sie vornehmer Leute Kinder sein. Nimm sie doch bitte um meinetwillen auf!"

Der Alte gab nach und schickte den beiden Jünglingen einen Boten hinterher, der sie zurückholen sollte. Sie waren natürlich von Herzen froh und bedankten sich höflich für die freundliche Aufnahme. „Kommt herein und setzt euch", sprach der Hausherr. „Ich will euch die Nacht über beherbergen. Ihr braucht um die kleine Gefälligkeit nicht viele Worte zu machen. Und wenn ich vorher sagte, daß ich auf Gäste nicht eingerichtet sei, so braucht ihr nicht zu fürchten, daß ihr Mangel leiden werdet."

Er nötigte sie auf eine Polsterbank, ließ den Tisch decken und versorgte die beiden zufriedenen und vergnügten Jünglinge aufs beste. Die waren auch nicht kleinlich und ließen allerlei Getränke — Met, Weiß- und Gewürzwein — herbeiholen. Die Haustochter war inzwischen in ihr Kämmerchen geeilt, wo sie ihr bestes Kleid angelegt hatte. Prächtig geschmückt, kam die wunderschöne, liebliche und unverdorbene Jungfrau herbei, um die Gäste zu begrüßen. Ich will um ihren Aufputz nicht viele Worte machen. Nur dies: Bestimmt gibt's auf der ganzen Welt kein blühenderes Mädchen, und sicher sieht man nirgendwo ein prächtigeres Gewand. Die beiden Jünglinge versicherten ihr eifrig, daß der Hausherr all seine Ehre darein gesetzt hätte, sie gastlich zu bewirten, und sie bestanden darauf, daß alle Hausbewohner an dem Mahle teilnahmen und nach Herzenslust aßen und tranken. Die größten Humpen leerte der Hausherr selbst, und er trank so maßlos, daß er in seiner Wein- und Schlaftrunkenheit kaum zu seinem Bette fand. Auch das Hausgesinde zog sich bald zurück, nur die Hausfrau und die Tochter verweilten noch ein wenig bei den Gästen und plauderten munter mit ihnen. Als man schließlich daran dachte, zu Bett zu gehen, sorgte die Hausfrau für weiche Ruhelager. Der liebeskranke Jüngling aber fühlte sich unwiderstehlich zu der schönen Jungfrau hingezogen. Oft genug hatte er ihr verliebte Blicke zugeworfen oder heimlich unter dem Tisch ihren Fuß gesucht. Die Hausfrau aber sagte: „Gott schenke euch eine gute Nacht! Wir alle wünschen euch nach den Strapazen der Reise einen erholsamen Schlaf."

Sie und ihre Tochter nickten den beiden einen freundlichen Gruß zu und begaben sich zur Ruhe. Bald lag alles im Hause im tiefsten Schlaf, außer dem verliebten Jüngling, dem die Sehnsüchte der Liebe keine Ruhe gönnten. Von Begierden und Zweifeln gequält, lag er unruhig auf seinem Lager und überlegte: Gehe ich nun zu ihr hin oder nicht? Vorhin beim Wein schien die Schöne durchaus nicht abweisend, doch als ich dann mit meinem Fuß den ihren suchte, hat sie überhaupt nicht reagiert. Gewiß, als sie sich dann zurückzog, hat sie mir freundlich zugenickt, doch ist das Grund genug, mein Leben aufs Spiel zu setzen? Natürlich war es nur eine Geste der Höflichkeit, doch mir schien, als habe ein verborgenes Lächeln um ihre Lippen gespielt. Ach was, und wenn's die größte Dummheit ist, ich will's versuchen! Bestimmt hat auch sie mich in ihr Herz geschlossen, gewiß läßt sie mich zu sich!

Von Liebe beflügelt, mit klopfendem Herzen, auf Zehenspitzen gleich einem Kranich über Hocker und Bänke steigend, tastete er sich zum Ziel seiner Wünsche, der Kammer des Mädchens. Wie ein Blinder griff er umher, bis er schließlich durch die Dunkelheit ein schneeweißes Bein schimmern sah, das die Jungfrau auf die dunkle Bettdecke gelegt hatte. Von seinem Herzen gedrängt und von der Liebe ermutigt, berührte er vorsichtig ihr Kinn. Nun war seine Hand eiskalt, so daß die Jungfrau jäh emporschreckte. Sie glaubte, ein Gespenst sei ihr erschienen, und stammelte verstört: „Alle guten Geister loben Gott den Herrn! Wer bist du? Wer weckt mich da?" .

„Ich bin's, der heute abend bei Euch saß. Ein verliebter Jüngling!"

„Geht sofort hinaus! Was denkt Ihr Euch nur?"

„Liebstes Mädchen, es ist die Liebe, die mich zu Euch zwingt!"

„Ach was, Euch geht's wohl weniger um die Liebe als

um mein schönes Gewand. Stehlen wollt Ihr's! Wenn Ihr nicht sofort geht, schrei ich das ganze Haus zusammen, und dann geht's Euch an den Kragen!"

Er flüsterte drängend: „Ihr würdet Euch versündigen, denn Ihr tut mir unrecht! Ich bin ganz und gar in Eurer Hand und will Euch jeden Wunsch von den Augen ablesen!"

Sie aber zischte: „Ich finde es empörend, daß Ihr Euch solche Kühnheiten herausnehmt!"

Er flehte: „Jungfrau, ich bin mit Leib und Gut Euer Sklave!"

„Gebt's auf! Es hat keinen Zweck. Säuselt einer anderen Eure Honigworte ins Ohr!"

„Ach, Angebetete! So werde ich rettungslos dahinsiechen und am Ende jämmerlich verderben."

„Ist mir gleich. Ehe ich Euch zu Willen bin, wollte ich Euch lieber vor meinen Füßen sterben sehen."

„Ach, edle Frau, erbarmt Euch meiner!"

„Wie komme ich denn dazu?"

„Euer edles Herz läßt Euch nicht so grausam sein."

„Damit Ihr Euern Spaß und ich am Ende das Elend habe."

„Himmel, nein, ich will Euch glücklich machen."

„Euch gehen die Worte so glatt von den Lippen wie einem raffinierten Dieb!"

„Edle, Schöne, Ihr habt recht, ich bin ein Dieb!"

„Was? Ihr habt die Kühnheit, Eure böse Absicht zu gestehen?"

„Ihr seid schuld daran, Geliebte! Ja, ich will Eure Liebe stehlen."

„Bei Gott, und wenn Ihr Euch in den fürchterlichsten Qualen windet, ich erhöre Euch nicht. Ihr Männer seid ein treuloses Volk, und wenn Ihr zum Ziel Eurer Wünsche gekommen seid, schreit Ihr Euern Sieg in alle Welt hinaus."

„Angebetete Frau, wenn Ihr meine Sehnsuchtsqualen von mir nehmt, wird mein Mund mit tausend Schlössern verriegelt sein. Und wenn alle Menschen dieser Welt auf mich einredeten, ich bliebe stumm."

Als die Jungfrau die Verzweiflung des Jünglings merkte und überdies hörte, daß ihm vor Kälte die Zähne klapperten, ließ ihr Zorn nach, und sie erlaubte ihm, an ihr Lager zu treten. „Bildet Euch aber nicht ein, daß ich Eure Wünsche erfülle. Ich habe nur Mitleid mit Euch, und wenn Ihr versprecht, alle Späße und Zudringlichkeiten zu lassen, dürft Ihr Euch unter der Decke ein wenig aufwärmen. Danach aber müßt Ihr unbedingt zurück zu Euerm Lager."

„Edle Frau, ich bin mit allem zufrieden. Ihr habt die Verzweiflung von mir genommen und mich dem Leben wiedergegeben."

Nun ließ die Jungfrau den Liebeskranken zu sich unter die Decke schlüpfen, wo er sich überaus wohl fühlte. Ob er sein Versprechen hielt oder nicht, wird nicht verraten, nur soviel: Die Jungfrau vertrieb ihm die Kälte gründlich aus allen Gliedern, und beiden war nur wohl dabei.

Indes erwachte der zurückgelassene Gefährte und fand sich allein auf dem Lager. Ihm war sofort klar, daß seinen Freund Liebesverlangen fortgetrieben hatte. Da knarrte in der nächtlichen Stille ein Brett an der Wand. Die Hausfrau schreckte empor und glaubte die Haustür unverschlossen. So tappte sie vorsichtig durch den Raum. Den alleingelassenen Jüngling verdroß es, daß er in dieser Nacht leer ausgehen sollte. Daher erhob er sich leise vom Lager, schlich zum Bett der Hausfrau und trug die Wiege mit ihrem kleinen Liebling an seine Ruhestatt. Auf diese Weise wollte er die Hausfrau mißleiten. Die List gelang: Das Kind erwachte und begann zu schreien, so daß die Mutter rasch hineilte, um es zu beruhigen. Danach legte sie sich neben dem Jüngling zur Ruhe nieder. So war dem schlauen Wiegendieb der Diebstahl bestens gelungen. Die Hausfrau war noch jung an Jahren, ein vollreifes, blühendes Weib, so daß der junge Mann seine Freude an ihr haben konnte. Er begann mit ihr das altbekannte fröhliche Spiel und trieb es so toll und eifrig, daß sie besorgt einwandte: „Bei Gott, lieber Mann, du bist ja diese Nacht so unersättlich! Was ist mit dir, daß du kein Ende findest? Ist der Wein daran schuld? Das ist nicht gut! In Zukunft solltest du den schweren Wein lieber meiden, denn wenn du dich übernimmst und krank wirst, kann ich mir die Vorwürfe anhören." In Wirklichkeit war es ihr aber sehr recht, und sie hoffte, daß er noch oft zu solch feurigem Wein greifen würde.

So waren beide Gäste wohl versorgt. Schließlich flüsterte der Liebhaber der Tochter: „Geliebte, es beginnt zu tagen. Ich will fort, ehe man mich entdeckt."

„Aber warum denn? Wir haben noch viel Zeit, und ich habe gar nichts dagegen, daß Ihr Euch bei mir noch gründlicher erwärmt."

„Ach Liebste, diese Worte sollen Euch nicht gereuen. Ihr allein sollt mein ein und alles sein. Für alle anderen Frauen habe ich kein Auge mehr."

Da schlang sie verliebt die Arme um ihn und brachte ihn in solche Glut, daß er für seine Liebe reich belohnt wurde; doch auch ihr war nicht wehe dabei. Wär's nach ihr gegangen, hätte er nicht zu scheiden brauchen. Sie zog ihn immer wieder an sich und bedeckte seinen Mund mit tausend Küssen. Als sie Abschied nahmen, weinte sie vor Kummer darüber, daß er sich so rasch erwärmt hatte. Wäre es nach ihr gegangen, hätte er — bei Gott — noch länger frierend nach Wärme suchen können. Glücklich schlich sich der Jüngling zu seinem Lager, doch als er auf die Wiege und das Kind stieß, dachte er: Ich bin wohl in die falsche Richtung gegangen. Er tastete sich daher zur anderen Stubenseite und traf auf das Ehebett des Hausherrn. Er legte sich nieder, stieß ihn in die Seite und flüsterte: „He, du Schlafsack. Du schläfst und schläfst wie ein Bärenhäuter. Wenn du aufwachen wolltest, könntest du Erstaunliches hören."

Der Hausherr schreckte hoch: „Gib Ruhe! Was störst du mich? Was mußt du mir so dringend sagen?"

„Ich muß es einfach loswerden. Du hast wie ein Stein geschlafen und warst nicht wach zu kriegen. Da habe ich mir anderswo Unterhaltung gesucht und bin freundlich aufgenommen worden. Die ganze Nacht habe ich bei der Haustochter gelegen und unbeschreibliche Wonnen genossen."

Da wurde der Hausherr hellwach und schrie: „Wer bist du? Was für Unverschämtheiten redest du daher? Dafür sollst du büßen!" Er fiel über den Jüngling her, ohrfeigte ihn mit voller Kraft und versetzte ihm einen tüchtigen Faustschlag auf die Nase. So mußte der Bursche die heimlich genossenen Lüste entgelten. Der Hausherr riß ihn voller Wut an den Haaren vom Bett zu Boden, traktierte ihn ohne Erbarmen, bis sich der entsetzte Bursche zur Wehr setzte. Da ihm der Alte an Kräften unterlegen war, schrie er bald nach seinen Knechten. In der Not der Verzweiflung stieß ihn der Jüngling wuchtig zu Boden und machte, daß er fortkam.

Dieser Lärm hatte die Hausfrau geweckt. Sie eilte herbei und rief: „Was ist denn passiert?"

„Du siehst doch selbst, wie ich zugerichtet bin! Irgendein Kerl ist zu mir gekommen und hat mir gesagt, er hätte die ganze Nacht mit meiner Tochter geschlafen."

„Mann, bist du bei Sinnen! Bei Gott, das ist ein übler Scherz. Du bist ja völlig durcheinander. Das kommt davon, daß du nicht fest im Christenglauben bist. Komm zu dir! Dich hat ein Alp gedrückt. Verscheuch das höllische Geschmeiß mit dem heiligen Kreuz!"

„Das ist typisch Frau! Geht's dem Manne einmal schlecht, war's nur ein Alpdrücken. Hättest du nur halb soviel abbekommen, würdest du mir's unbesehen glauben. So abgrundtief wie du kann nur ein Tauber schlafen. Wie laut ich auch gerufen habe, du hast dich nicht gemeldet. Willst du mich zum Narren machen?" Er brüllte gestikulierend voller Zorn auf sie ein, bis ihn ein Schwächeanfall zu Boden sinken ließ. Indes bemerkte die Hausfrau, wie der eine Jüngling rasch die Wiege herbeischleppte, und ihr ging ein Licht auf. Sie entzündete eine Kerze und sprach ihrem Manne gütlich zu: „Beim barmherzigen Gott! Wer soll denn hier auf dich eingeschlagen haben? Dir hat niemand etwas zuleide getan. Es war ein Alp, der dich gedrückt und mit schweren Träumen geplagt hat. Der Teufel soll ihn holen! Es muß aber irgendeinen Grund haben, daß du derart heimgesucht wurdest. Schau, sonst schläft doch alles im Haus. Deine Gäste liegen in süßem Schlummer. Offenbar haben sie vor dem Schlafengehen einen starken Segensspruch über sich gesprochen. Sicherlich sind sie bereit, auch dich zu unterweisen, wie man solches Teufelszeug bannt."

Auf diese Weise machte sie ihren Mann unsicher, und es schien ihm am besten, den Mund zu halten und wieder ins Bett zu kriechen. Er bat seine Frau, mit dem Gerede aufzuhören. Doch nach diesem listig errungenen Sieg gab sie noch keine Ruhe. Sie „weckte" die beiden Jünglinge und drang in sie, doch einen urkräftigen Schlafsegen über den geplagten Hausherrn zu sprechen.

Die beiden Burschen erfüllten ihr den Wunsch. Sie schlugen mit pathetischen Armbewegungen zahlreiche Kreuze über dem Hausherrn und sprachen im Chor:

> Wir rufen Gottes Segen
> herab. Er schützt dich gegen
> die wilden Weiberaffen
> und alles, was sie schaffen
> an Trug und Gaukelei.
> Orebibamus Kyrielei!
> Der Segen schützt vor Zauberei!

Dazu wurde ein Weihrauchfaß geschwenkt, so daß der verschreckte Tölpel von all dem Singsang und Qualm vollends durcheinander geriet. Nachdem die beiden Jünglinge ihre Scharlatanerie ungestraft zu Ende gebracht hatten, legte sich alles wieder zur Ruhe nieder. Der alte Narr aber grübelte: Oh, mein Gott, was war denn eigentlich los? Wer hat mich so durchgewalkt? Wenn wirklich alles nur Gaukelei war, kann's keiner der beiden Jünglinge gewesen sein. Wer aber war so unverschämt, mir die Buhlerei mit meiner eigenen Tochter auszumalen? Wenn's keiner von den beiden war, wer ist dann mit ihr so rasch handelseins geworden? So treiben's doch höchstens die Tiere im Walde. Habe ich das alles wirklich nur geträumt? Dagegen sprechen eigentlich die Schmerzen in meinen Gliedern. Ach was, alles Grübeln hilft nicht weiter! Ich halte am besten den Mund und lasse den Dingen ihren Lauf. Doch in Zukunft will ich's schlauer anfangen und scharf aufpassen. Wenn hier irgend jemand die Hand im Spiele hat, so wird er sich bestimmt durch sein Verhalten verraten.

Die beiden Burschen aber lagen vergnügt und zufrieden auf ihrem Lager und begannen miteinander zu wispern. Sie wurden sich bald einig, daß man den Aufenthalt durch Vorspiegeln einer Krankheit ausdehnen und das zärtliche Techtelmechtel mit den Frauen fortführen müßte. Der Liebhaber der Haustochter sollte so tun, als habe sich sein Unwohlsein dermaßen verschlimmert, daß an Weiterziehen nicht zu denken sei.

Als die beiden am Morgen ihr Schauspiel aufführten, meinte die Hausfrau besorgt: „Bleibt ruhig bei uns. Wenn Euer Freund nicht weiter kann, seid ihr unsere gern gesehenen Gäste. Wir wollen den Kranken aufs beste pflegen." Der Hausherr unterstützte klüglich seine Frau, und die beiden Jünglinge nahmen das Angebot natürlich froh und dankbar an. Den Tag über begnügten sie sich damit, ihren Auserwählten feurige und verliebte Blicke zuzuwerfen. Der Hausherr aber war ganz erpicht darauf zu erfahren, ob er das ganze Abenteuer nur geträumt oder ob es sich wirklich so zugetragen hätte, denn er fühlte einen gewaltigen Zorn auf den Kerl, der ihm erst so frech seine Buhlerei gestanden und ihn dann auch noch verprügelt hatte. Dabei sollte er allerdings nur vom Regen in die Traufe kommen. Tagsüber ließ er sich nichts anmerken, doch seine Augen waren überall und verfolgten die beiden Frauen auf Schritt und Tritt, so daß es ihnen lästig genug wurde. So nahmen sich die vier Verliebten tüchtig zusammen und wagten bei Tag nicht die geringste Vertraulichkeit. Am reich bestellten

Abendbrottisch hielt sich der Hausherr beim Weintrinken sehr zurück, und dies zur Enttäuschung der sehnsuchtsvoll zueinander drängenden Verliebten, die verzweifelt nach einem Ausweg suchten. Nach dem Essen legte sich alles zur Ruhe, doch der Alte lag wachsam und gespannt auf seinem Kissen. Ach, wie gern hätte sich die Hausfrau wieder durch die umgestellte Wiege mißleiten lassen, und auch ihre Tochter war untröstlich darüber, daß ihr kein rettender Einfall kam, wie sie ihren Geliebten zu sich holen könne.

Die beiden Freunde aber waren nach einigem Ratschlagen auf den Schüttboden über der Kammer der Haustochter geschlichen, genau über jener Stelle, wo sich ihr Himmelbett befand. Beide lösten vorsichtig einige Bretter, bis die Öffnung groß genug war, den lüsternen Liebhaber hindurchzulassen. Sein Freund ließ ihn vorsichtig in einem großen Korb hinab, indem er den Haltestrick über einen der Dachbalken gleiten ließ. Unglückseligerweise roch der Hausherr den Braten. Er stürmte in die Kammer der Tochter und wollte dem Liebhaber an den Kragen, doch in der Eile verhedderte er sich in seinem langen Nachthemd und stürzte — einen Halt suchend — in den Korb am Bett der Schönen. Von dem kräftigen Plumps ruckte das Seil, so daß der Helfer auf dem Boden meinte: Da ist etwas passiert! Sicher will er neuen Krawall melden und möglichst schnell verschwinden. Also rasch herauf mit ihm! Während er den Korb mit kräftigen Rucken nach oben zog, wußte der darin sitzende Alte nicht, was er tun sollte. Er hätte sich vor Wut zerreißen mögen und wußte nicht, ob er Flügel bekommen hatte oder ob ihn ein Alp auf seinem Rücken durch die Lüfte trug. Als nun der Korb durch die Bodenluke fuhr und der schweißtriefende Helfer den Kopf des Hausherren erblickte, der ihnen den ganzen Tag nachgeschlichen war, ließ er vor Schreck den Strick los, so daß Korb samt Inhalt auf das Bett hinabschossen, der Alte überdies noch hinauspurzelte und mit Wucht gegen die Wand polterte, so daß er die Engel im Himmel singen hörte und als Bewacher seiner Tochter nicht mehr tauglich war. Halb betäubt von dem Sturz, blieb er mucksmäuschenstill an der Wand liegen, während der Jüngling oben auf dem Boden flugs den leeren Korb nach oben riß und die Bretter wieder zurechtrückte. Nun hatte man das Gepolter natürlich im ganzen Haus gehört, und die Hausfrau eilte mit einem Licht ängstlich in die Kammer der Tochter, da sie Schlimmes argwöhnte. Ihr braucht aber nicht zu fürchten, daß sie Tochter samt Liebhaber in flagranti ertappte, denn der Vogel war längst ausgeflogen. Als sie nun ihren Mann übel zugerichtet an der Kammerwand entdeckte, erhob sie scheinheilig ein großes Jammergeschrei und brachte ihn wieder zum Bewußtsein. Als er zu sich gekommen war, fragte seine Frau: „Lieber Mann, was ist denn nun wieder geschehen? Was hast du nur davon, soviel Unfug anzurichten? Vorher warst du doch ein vernünftiger und sittsamer Mann, doch nun bist du völlig verwandelt. Ich soll wohl gar noch froh sein darüber? Wolltest du auf mich hören, lägest du in sanfter Ruh — wie's sich gehört — in deinem Bett, statt dich wie ein Nachtmahr aufzuführen!"

Der Alte stammelte mit ersterbender Stimme: „Wie bin ich nur in dieses üble Abenteuer hineingeschlittert? Alles gerät mir daneben, und dazu muß ich noch mit meinen alten Knochen zahlen! Was soll ich nur tun? Ich glaubte, jener Kerl sei wieder im Hause, der mir vergangene Nacht solche Frechheiten gesagt hat. Ich sprang aus dem Bett und wollte ihn packen. Dann muß ich ausgerutscht sein, und danach ging alles durcheinander: Jemand hat mich in einem Korb in die Höhe gerissen und dann wieder fallen lassen, so daß ich zurücksauste und mir sicher den Hals gebrochen hätte, wäre mir nicht Gott zur Hilfe gekommen. Ich weiß weder ein noch aus. Sei, bitte, zeit meines Lebens mein liebes Weibchen, damit ich wenigstens an dir einen Trost habe."

„Ich klage Gott unser Leid!" rief die Hausfrau, und die Tochter fiel ein: „Was stellst du alles an! Ach, Vater, wer hat dich um alle Vernunft gebracht? Du warst doch bislang ein wackerer und geachteter Mann. Soll das nun alles anders werden, dann bleibt uns nur Gram und Verzweiflung!"

Damit trugen sie den alten Narren auf sein Bett, und die Tochter fuhr fort: „Ach Gott, liebster Vater, nun ist mir alles klar. Du magst mich nicht mehr! Mit deinem Mißtrauen hast du mich tief gekränkt und noch dazu in übles Gerede gebracht. Wenn dir auch der Teufel die verrücktesten Verleumdungen wider mich einflüstert, solltest du ihm kein Vertrauen schenken. Jetzt könnte ich mich ohrfeigen, daß ich bis heute ehrbar blieb und meine jungfräuliche Tugend hochhielt. Selbst wenn ich nun wirklich das täte, was mich in Schande brächte, wäre mir dieser Spaß wohl zu gönnen, da man ihn mir ja auch so schon nachsagt."

„Mach dir nichts draus, liebe Tochter", meinte die Mutter. „Geh hin, hole dein Gebetbuch und sprich einen Segensspruch über den Vater, damit ihm Gott gnädig seinen Verstand bewahre und er uns nicht in Schande bringt. Das liegt bei ihm so in der Familie, und seine Mutter hat es versäumt, ihn zu rechter Frömmigkeit zu erziehen, so daß er leider Gottes Huld verloren hat. Ein frommer Mann sollte er sein, doch in Wirklichkeit ist er im Herzen ein wahrer Kobold. So kommt es, daß ihn nächtens schreckliche Gespenster heimsuchen. Gott schenke ihm seine Gnade und errette ihn vor diesen Unholden!"

Beide beteten über ihn und räucherten ihn tüchtig mit Weihrauch, so daß man meinen mochte, sie seien ganz verzweifelt. Damit brachten sie ihn so weit, daß er selbst an ein Familienübel zu glauben begann. „Gott strafe solch eine Mutter mit ewigen Qualen", klagte er, „die ihrem Kind so üble Erbschaft hinterläßt! Jetzt bin ich erledigt! Doch hört endlich auf und haltet eure Mäuler! Seinem Schicksal kann schließlich kein Mensch entgehen."

Seine Frau sprach beruhigend auf ihn ein: „Ich wüßte

schon etwas, was dir hilft. Was immer du siehst, du mußt fest daran glauben, daß es nur ein Trugbild ist. Wenn du wieder schlimme Gesichte hast, kneife die Augen fest zu und sag kein Wort. Dann werden sich die Gespenster ärgern, daß sie nicht mehr ihren Schabernack mit dir treiben und dich mit ihren Truggebilden hinters Licht führen können, und du hast deine Ruhe."

Nun schickte er seine Tochter zu Bett, und sie gesellte sich ungescheut zu ihrem Geliebten, da sie und ihre Mutter die Nachstellungen des Hausherrn nicht mehr zu fürchten brauchten. Sorglos und ungehindert hatten sie ihr Vergnügen, und der Jüngling ritt ein tüchtiges Turnier, das sie nach Lust und Laune wiederholten. Der Hausherr aber schwieg bei all dem Trubel fein stille, da er an gespenstische Heimsuchungen glaubte.

Nun beratschlagten die verliebten vier, wie sie ein neues Rendezvous zustande brächten und mit welcher List sie den alten Gauch völlig von Sinnen bringen könnten. Vor allem war's der Hausfrau darum zu tun, die genossenen Wonnen erneut auszukosten, und der Wiegendieb war durchaus bereit, sie ihr zu verschaffen.

Der Hausherr hatte indes die Bettdecke über den Kopf gezogen, um den Schrecknissen zu entgehen. Er wußte keine Erklärung für die gespenstischen Geschichten, für die Verwirrung seiner Sinne. Endlich erlöste ihn ein tiefer Schlaf von allen Sorgen und Grübeleien. Nachdem nun auch das Licht gelöscht war, setzten die vier ihren Plan ins Werk: Der Liebhaber der Tochter legte Nachthemd und Nachthaube der Hausfrau an und legte sich an ihrer Statt neben den Alten, während sich die Hausfrau zu ihrem Gespielen gesellte, der sich bestens auf jenes Tun verstand, das ihr überaus wohl bekam. Still und heimlich bereitete er ihr immer tiefere Seligkeiten.

Indes lag sein Freund als Stellvertreter bewegungslos an der Seite des Alten, als der unversehens erwachte und das Gelüst empfand, sich und sein Weib mit munterem Spiele zu ergötzen. Das war bei Lage der Dinge natürlich eine riesengroße Narrheit, die ihn vollends um den Verstand bringen sollte. Der Jüngling ließ sich zunächst alle Tätscheleien des Alten gefallen und tat, als sei er im tiefsten Schlummer. Brünstig umarmte ihn der Alte, gab ihm manchen tüchtigen Schmatz und krabbelte schließlich mit der Hand unters Hemd, um das Liebesspiel zu beginnen. Da fand er zu seinem Entsetzen ein unbezweifelbares Zeichen der Männlichkeit, wie's Gott nun mal geschaffen hat. Den alten Affen durchzuckte ein furchtbarer Schreck. Er riß die Hand zurück, um dann erneut hinzutasten, doch die Sache blieb. Da wollte ihm fast der Verstand stillstehn, und er murmelte angstvoll: „Was hat man mit meiner Frau gemacht? Sie ist ja da unten wie ein Mann! So etwas Verrücktes hat's noch nie gegeben. Es scheint, daß Gott mir wirklich grollt, da er zuläßt, daß man mich mit Schreckensbildern quält. Am besten ist's, ich befolge den klugen Rat meiner Frau und kümmere mich nicht um den Wahnsinn um mich. Aber ich ertrag es nicht, all diesen furchtbaren Erscheinungen stumm ausgeliefert zu sein! Ich muß mit jemandem sprechen, der mich in meinem Elend tröstet." Damit wandte er sich an seine „Frau": „Wach auf, liebe Frau, dreh dich herum und sprich ein Wort!"

Der Jüngling flüsterte: „Was gibt's? Was willst du denn?"

„Liebste Frau, eben schien mir, du seiest ein Mann geworden."

„Wie soll denn das passiert sein! Schlaf weiter, Mann! Du redest irre. Wenn du noch viel über deine schlimmen Gesichte sprichst, wird's nur noch ärger. Dir wurden wieder die Sinne verwirrt, denn sonst könntest du nicht solchen Unsinn daherreden. Bei Gott, ich bin eine Frau, wie Gott sie geschaffen hat, das habe ich dir doch seit Jahren überzeugend bewiesen. Versuch's noch mal mit der Hand und lasse dich nicht äffen!"

Als der Hausherr der Aufforderung folgte und das gleiche Ding in der Hand hielt, zischte er empört: „Ich werde doch noch wissen, wie ein Mann zwischen den

Beinen beschaffen ist. Das würde an meiner Stelle auch der blödeste Kerl merken."

„Du bleibst also bei deiner Verrücktheit, ob's mir nun paßt oder nicht? So bist du sicher selbst ein Kobold oder Alp. Wart, ich entzünde jetzt ein Licht, dann kannst du dich mit eigenen Augen überzeugen, wie ich da unten beschaffen bin und was du für ein blöder Kerl bist! War ich mein Leben lang eine Frau, wird sich auch jetzt nichts daran geändert haben. Das wirst du sehen. Höre auf mich und widersteh den Anfechtungen des Bösen, sonst gerätst du am Ende in Schmach und Schande!"

Damit erhob sich der Jüngling vom Ehebett, ging zum Lager seines Gesellen und warf dessen Bettschatz rasch das Nachtgewand zu. Nun eilte die Hausfrau zum Herd und entzündete ein Licht, wobei sie feierlich sprach: „Verflucht seist du, alpischer Unhold! Lasse mich endlich in Ruhe in dieser Nacht! Was habe ich dir denn getan?" Sodann schritt sie mit brennender Kerze zum Ehebett und sagte zu ihrem Mann: „Das ist doch die Höhe, daß du mir so übel mitspielst und dein eigenes Weib nicht mehr erkennst. Jetzt aber will ich dich endlich überzeugen. Gib deine Hand und fühle, daß ich tatsächlich eine Frau bin. Komm endlich zur Vernunft und bringe uns nicht unnötig ins Gerede, so daß sich am Ende die Leute die Mäuler über uns zerreißen. Wolltest du dich endlich nach meinem Ratschlag richten und das gespenstische Treiben der boshaften alpischen Unholde durchschauen. Wenn du überall ausposaunst, was sie dir vormachen, foppen sie dich immer wieder."

„Ach du mein herzliebstes Weib!" heulte der geäffte Tölpel. „Vergib mir meine übergroße Schuld und hab Geduld mit mir! Ich merke ja, was mir fehlt: Man hat mir wieder verrückte Träume vorgegaukelt. Nie wieder will ich mich täuschen lassen und dies gespenstische Treiben für Wirklichkeit nehmen, und beutelten sie mich Tag für Tag neunmal ärger als heute. Blind und taub wollte ich sein, wenn ich auf diese Weise endlich diesen höllischen Spuk loswürde. Eine andere Möglichkeit gibt's offenbar wirklich nicht. In meiner Sinnverwirrtheit habe ich tatsächlich geglaubt, du hättest mich wie eine Katze mit vorgerecktem Halm gefoppt. Segne mich um Gottes willen, liebe Frau, damit mein guter Ruf nicht zuschanden wird und alle Welt mich mit Hohn überschüttet. Sag allen, ich sei krank und leide unter Gesichten, so daß ich nicht selber Rede und Antwort stehen muß."

„Weh, liebster Mann", barmte die Frau heuchlerisch, „wenn's nach meinem Willen ginge, wollte ich lieber den Tod auf mich nehmen als dich länger in solcher Sinnverwirrtheit zu sehen. Lieber hätte ich heute nacht mit einem Bären gerungen, als solch ein Elend zu erleben. Nun hilft aber kein Jammern und Klagen, nur inbrünstiges Gebet zu Gott um seine Hilfe." Sie rief die Tochter herbei, und beide plapperten eilfertig sämtliche Gebete herunter, die sie wußten. Am Ende erklärte die Tochter: „Bei Gott, ich weiß einen fürchterlichen Zauberbann, mit dem ich mich an dem Koboldgesindel rächen werde:

> Beim Psalter Davids ich dich beschwör,
> und bei Wodans wildem Heer
> und bei Sankt Peters Himmelsmacht:
> Jetzt wirst du in den Bann gebracht
> und mußt mir, wer du immer bist,
> jetzt Antwort geben: Welche List
> verfolgst du hier mit deinem Treiben?"

Da ahmte einer der Jünglinge das feine Stimmchen eines Kobolds nach und lispelte in den Rauchfang:

> „Laß nur deinen Bannspruch bleiben!
> Immer toller werd ich's treiben!
> Nein, so treibst du mich nicht aus!
> Nein, ich bleib in diesem Haus!"

Den Hausherrn überkam ein gewaltiger Schreck, und er flehte seine Tochter an, einen noch gewaltigeren Bann zu sprechen. „Das habe ich mir gleich gedacht", meinte sie bedenklich, „doch ich wollte dich nicht erschrecken. Es ist ein Gespenst von der übelsten Sorte. Nun wollen wir's noch mal versuchen:

> Verruchter alpischer Gesell,
> sag deinen Namen auf der Stell!"

Der Jüngling antwortete in gleicher Weise:

> „Den sag ich nicht, weil ich nicht mag,
> und spuke weiter Tag für Tag!"

Das Mädchen ergriff nun ein Buch und tat, als läse sie daraus den folgenden gräßlichen Zauberbann ab:

> „Bei König Karles Brücke,
> bei Flegetanis Krücke,
> bei Herzog Wolvis Barte,
> bei alter Weiber Schwarte,
> bei den fünf Eselshachsen,
> die dort in Bayern wachsen:
> Sagst du den Namen nicht zur Stund,
> bann ich dich in den Höllengrund!"

Da quiekte der Jüngling scheinbar entsetzt:

> „Heia hei und weh und ach,
> armer Kobold wird ganz schwach.
> Irregang heiß ich fürwahr
> und mein Bruder Girregar.
> Menschen machen wir zu Narren,
> trügen, spuken, girregarren.
> Laß uns bei euch, und zum Dank
> gibt's den tollsten Irregang.
> Machen soviel garregirre,
> bis der Hausherr völlig irre."

„Das könnte dir so passen!" erwiderte das Mädchen scheinbar empört. „Such dir nur eine andere Wirkungsstätte! Hier rücke ich dir jetzt mit Zauberbann und Verfluchung so zu Leibe, daß du vor lauter Angst ausrücken wirst. Bei uns hast du nichts mehr zu suchen. Ich befehle dir jetzt, hinauszufahren und nie mehr wiederzukehren!"

Der Jüngling wisperte:

„Ich gehorche deinem Wort,
mache mich jetzt schleunigst fort!"

Dann begann er mit einem Knüppel auf die Töpfe am Herd einzudreschen und mit Stühlen zu rumpeln, daß alles im Haus aus dem Schlaf fuhr und selbst die Pferde im Stall vor Entsetzen auskeilten. Danach schlich er zu seinem Gesellen, und beide barsten fast vor unterdrücktem Lachen.

„Habt Ihr gehört, wie er ausgefahren ist?" fragte die Haustochter. „Vorbei ist's mit seinem Irregang. Alles Sträuben half ihm nichts, er mußte den Platz räumen."

Erleichtert dankte ihr der Hausherr: „Gott sei Lob und Dank! Wie gut, daß meine liebe Tochter so urkräftige Zaubersprüche bei der Hand hat, die mich von dieser Sorgenlast befreit haben. Nun werde ich endlich wieder ruhig und ungestört leben können. Möge Gott verhüten, daß dieser Poltergeist wieder seinen Einzug hält!"

„Was Gott über uns verhängt, müssen wir geduldig tragen", sprach das Mädchen salbungsvoll. „Doch die Sache ist ausgestanden. Er hat jetzt eine Heidenangst vor meinen Bannsprüchen, so daß du keine Furcht zu haben brauchst. Nun laß mich noch einige Segenssprüche über dich sprechen, damit dich dieser Unhold nie wieder heimsucht."

Der törichte Hauswirt aber beklagte im Nachhinein die ausgestandenen Nöte. Daß er fortan tüchtig betrogen und gehörnt wurde, ist selbstverständlich. Die Jünglinge und die beiden Weiber hatten nun ungestört ihren Spaß miteinander und trieben es, so oft und so lang sie's wollten. Zwar schieden die beiden Freunde schließlich von dieser gastlichen Stätte, doch sie kamen noch oft zu Besuch, denn der Hausherr war wie blind und taub und ließ im Hause alles seinen Gang gehen.

Nun habt ihr einen Beweis mehr dafür, daß junge, liebestolle Weiber die verrücktesten Sachen anstellen. Auch wißt ihr jetzt, daß es die Alpen Irregang und Girregar gibt. Hütet euch vor ihnen und heftet zum Schutz ein Kreuz an die Tür, damit sie nicht bei euch einbrechen, denn sie tun mehr Schaden als Donner, Blitz und Hagelschlag. Dies rät euch Rüdiger von Munre. Weiber, die sich aufs Girregarren verstehen und nach Irregangs Melodie tanzen, sind nun mal keine sittsamen Nonnen. Der beste Segen vor solchem Spuk sind drei dicke Eichenknüppel. Sie sind besser als jeder Bannspruch und wohl geeignet, Irregang und Girregar aus dem Haus zu treiben. Die Furcht vor einer gesalzenen Prügelsuppe ist der sicherste Riegel vor solchem Koboldspuk. Damit komme ich zum Schluß. Hoffentlich hat euch die Geschichte Spaß gemacht, wenn nicht, dann tut's mir leid, denn lustiger kann ich sie nicht machen.

Die Martinsnacht

Es lebte einst ein reicher Bauer, der in der Nacht des
heiligen Martin gewaltig zu krakeelen begann. Er hatte
nämlich erheblich über den Durst getrunken, und sein
Gesinde hatte kräftig mitgehalten, denn sein Wein war
ganz ausgezeichnet.

Als alle derart betrunken waren, daß sie nur noch lal-
len konnten, kamen ein paar raffinierte Diebe vorbei.
Die merkten natürlich an ihrem Gestammel, daß jene
schwer geladen hatten, und kamen überein, ohne Verzug ein Loch in die Wand des Rinderstalles zu brechen.
Sie ängstigten sich jedoch vor dem wüsten Gebrüll des
Hausherrn, so daß sie unschlüssig vor der Stallwand ste-
henblieben und jeder den anderen zum Einsteigen ermunterte. Nun war ein beherzter Bursche unter ihnen, der
sich bei allen Diebereien durch besondere Unerschrok-
kenheit und Gewitztheit auszeichnete. Er schlüpfte als
erster hindurch, doch hätten ihn fast zwei Hofhunde um
den Erfolg seines Bemühens gebracht, denn sie kamen

grimmig herbeigerannt und erhoben vor dem Rinder-
stall ein rasendes Gebell. Der Hausherr hörte den Lärm,
ging mit einer Kerze hinaus und entdeckte den Dieb. Als
der erkannte, daß ihm keine Zeit zur Flucht blieb, fuhr
ihm der Schreck in die Glieder, doch schnell gefaßt, riß er
sich die Kleider vom Leibe, so daß ihn der Bauer splitterfasernackt vorfand. Der Dieb schlug nun mit der rechten
Hand über den Hausherrn, dessen Kinder und über jedes
seiner Rinder mehr als zehn Kreuzzeichen und bewegte
dabei murmelnd die Lippen, als spräche er einen Segen.
Dies alles zelebrierte er mit großer Gründlichkeit.

Als der Hausherr dies sah, stand er sprachlos da und
stierte verwundert auf das seltsame Gebaren der nackten
Gestalt. Da winkte ihn der Dieb zu sich heran, und als
der Bauer unsicher näher tappte, hob er an: „Hast du gesehen, wie ich deinen Besitz gesegnet habe? Ich möchte
dich dadurch vor jedem Verlust bewahren, denn ich bin
der heilige Martinus und will dich dafür belohnen, daß
du mir zu Ehren heute so kräftig getrunken hast. Du hast
zu meinem Gedenken so gewaltige Mengen in dich hin-
eingegossen, daß ich beschlossen habe, dir meine Dankbarkeit zu beweisen. Siehe, grad heute waren Diebe
gekommen, die dir deine Rinder und anderen Besitz
rauben wollten. So habe ich mich denn persönlich her-
bemüht, dich und deine Habe zu beschützen. Verlaß
dich ruhig auf mich, denn ich nehme alles in meine Hut.
Ich habe über dich und all dein Eigentum meinen Segen
gesprochen, so daß dir niemand mehr etwas stehlen
kann, wo immer du dein Eigen stehen oder liegen läßt.
So lösche denn die Kerze, guter Mann, und geh zurück
in deine Stube. Ich selbst will wieder dorthin auffahren,
wo ich hergekommen bin, und dich hinfort in meinen
Schutz nehmen."

Der Bauer glaubte dem Dieb aufs Wort, daß er der
heilige Martin sei, und vergoß vor lauter Glück Freu-
dentränen. Heil mir armem Sünder, dachte er bei sich,
daß mir der heilige Martin persönlich erschienen ist und
so gnädig war, mich und mein Eigentum durch seinen

Segen vor jeder Gefahr zu beschützen. Er verneigte sich fügsam vor dem Nackedei und löschte die Kerze. Er hätte darauf geschworen, dem heiligen Martin begegnet zu sein, doch kam dies von dem gewaltigen Rausch, den er sich angetrunken hatte. Der Dieb aber lachte sich natürlich ins Fäustchen.

Vergnügt torkelte der Bauer zurück in die Stube und schrie den Seinen zu: „Wohl mir! Ich bin ein wahrer Glückspilz, denn ich habe den heiligen Martin mit eigenen Augen gesehen. Nun kann mir nichts mehr mißlingen. Er hat sich bei mir dafür bedankt, daß ich ihm zu Ehren so tüchtig gebechert habe, und er hat mir erklärt, daß ich in Zukunft keine Diebe mehr fürchten muß. Er hat mich und mein Eigentum mit so kräftigen Segenssprüchen bedacht, daß mir kein Diebskerl mehr etwas anhaben kann. Alle, denen ich etwas wert bin, sollen heute nacht zu Ehren des heiligen Martin meinen Wein trinken. In Zukunft werde ich ihn hoch in Ehren halten! Selbst wenn meine Hühner Wein saufen wollten, würde ich ihnen einschenken!" Und seinen Knecht forderte er auf: „Schenk munter ein! Heute habe ich erfahren, daß es sich auszahlt, die Heiligen zu ehren. Wir wollen meinem Wein so kräftig zusprechen, daß der heilige Martin in aller Ewigkeit verherrlicht sei. Wir werden ihm ein so unerhörtes Trankopfer bringen, daß er uns ewig dankbar ist. Nun er mich in sein Herz geschlossen hat und mich vor Verlust bewahren will, wird nicht mehr gespart! Alles, was ich in Zukunft erwirtschafte, wird ihm zu Ehren versoffen! Das bin ich ihm schuldig. Und gibt es schließlich eine angenehmere Art, die Gnade eines Heiligen zu gewinnen? Jetzt, da ich weiß, daß ihm das Zutrinken gefällt, werde ich ihn tüchtig ehren!"

Und zu seiner Frau sagte er: „Zieh los, wenn dir dein Leben lieb ist, und hole einen mürben Käse her. Den wollen wir essen, denn dann schmeckt der Wein noch mal so gut!"

Die Hausfrau hastete gehorsam davon und brachte ihm, was er gefordert hatte. Und nun begann eine ungeheure Sauferei. Man hob die Becher aufs Heil der Seele und des Leibes, und der Verstand des Hausherrn, der Hausfrau und aller Trinkgefährten wurde in dieser Nacht völlig vernebelt. Der Bauer grölte: „Sauft nur kräftig, liebe Kinder! Was ihr bisher getrunken habt, ist keinen Heller wert! Heute wird hier so getrunken, daß wir uns damit sehen lassen können! Heil dir, heiliger Martinus! Wer kann sich mit dir messen? Alles, was sich im Himmel herumtreibt, muß dir den Vorrang lassen! Hoch die Becher, liebe Kinder! Schenket ein den kühlen Wein! Möge der heilige Martinus bewirken, daß wir heute nacht genug in uns hineinschütten, unser Seelenheil zu sichern. Sauft, bis es euch aus Nase und Ohren quillt! Welcher Heilige kann sich einer so großartigen Nacht rühmen wie der heilige Martin? Und wenn wir heute nacht meinen ganzen Wein aussaufen, ich werde mir nichts daraus machen!" So zechten sie dem edlen Sankt Martin zum Ruhm und zum Gedächtnis, bis alle völlig berauscht waren, der letzte Rest von Verstand verloren war und niemand mehr wußte, wo er eigentlich lag.

Das war natürlich für den Dieb in dieser Nacht eine großartige Gelegenheit. Er trieb die starken Ochsen und die wohlgenährten Kühe aus dem Stall. Als der Bauer in der Früh aus seiner Trunkenheit erwachte und in den Stall trat, war kein einziges Rind mehr darin. Er brachte die böse Nachricht sogleich den anderen und sprach zu seinem Gesinde: „Ich glaube fast, der heilige Martin hat uns alle Rinder gestohlen. Ich weiß nicht, wo sie hingekommen sind!" Mir scheint, der Morgen glich dem Abend ganz und gar nicht. Wem der Bauer am Abend zwanzig Becher eingeschenkt hatte, dem gönnte er nun nicht einmal einen einzigen. Er vergoß bittere Tränen, und seine Kinder taten es ihm gleich. Seine Frau aber fuhr ihn an, er habe den Verstand eines Ochsen bewiesen, als er glaubte, ihm sei der heilige Martin erschienen. So hatte er zu allem Schaden noch die Schande, doch jammerte er weit mehr wegen des Verlustes, der ihn getroffen, als wegen der Schmach, die er erfahren hatte.

Der Reiher

Wenn jemand mit Singen und Sagen bei allen Menschen und selbst bei Gott Gefallen findet, so kann das nicht mit rechten Dingen zugehen. Wer seine Kunst so vorzutragen versteht, daß er auf schickliche Weise den Beifall eines verständigen Publikums erhält, ist zweifellos ein kluger Mann. Man hat mir immer wieder versichert, Frauen hätten lange Haare und kurzen Verstand — und das wird sicher stimmen. Wer aber die Frauen zuerst „Damen" nannte, hat sie wahrscheinlich besser gekannt als ich. Wenn nämlich eine Dame so handelt, wie es ihr geziemt, wenn sie Herz und Sinn auf rechten Anstand richtet, so wagt sich üble Nachrede nicht an sie heran. Wenn eine Dame ihr Ansehen so erhöht, daß sie eine makellose Frau genannt werden kann, so lohnt es sich für einen Mann, um sie zu werben.

Nun aber schweigt alle fein still, denn ich will eine kunstreiche Erzählung vortragen. Ein wahrer Künstler hat sie gedichtet, und er berichtet in ihr von einem

238

Manne, der einst einen Reiher mit einem Hahne fing. Er verfügte über reichen Besitz, über Wälder, Teiche und weite Ländereien. Oft begab er sich auf die Jagd, und von einem seiner Pirschgänge soll nun die Rede sein. Besondere Freude hatte er nämlich an einem Hahn. Er fütterte ihn so oft auf seiner Hand, bis sich das Tier an ihn gewöhnt hatte. Nun brauchte er nur ein einziges Mal nach ihm zu rufen, und sogleich kam dieser hurtig herbeigelaufen und flog ihm freiwillig auf die Hand, ohne daß eine Fessel nötig war. Er konnte ihn dann mit sich führen, wohin er wollte, denn der Hahn flog nicht davon.

Einst begab sich dieser Mann zu seinen Fischteichen, um sich zu zerstreuen. Da sah er einen Reiher stehen, der darauf lauerte, ob er nicht ein paar Fische fangen könne. Als der Reiher den habichtfarbenen Hahn sah, duckte er sich ängstlich. Da dachte der Mann: Wenn es mir glückte, den Reiher zu fangen, so hätte ich wahrlich einen seltenen Fang getan! Der Reiher war tatsächlich so verängstigt, daß er den Mann näher herantreten ließ und ein Opfer seiner Torheit wurde, denn jener stieß den Hahn fort, stürzte sich auf den Reiher und warf seinen Mantel über ihn. Dann drückte er ihn zu Boden und rief: „Jetzt gehörst du mir!"

Nachdem er den Reiher gefangen hatte, eilte er sofort nach Hause und rief: „Seht, diesen Reiher hier habe ich mit dem Hahn gefangen. Nun hat sich bezahlt gemacht, was wir Gutes an ihm getan haben." Und er trug dabei den Hahn auf seiner Hand.

Seine Frau erwiderte: „Wenn Ihr Euch darauf versteht, mit Hähnen Reiher zu fangen, so solltet Ihr öfter auf die Beizjagd gehen."

Der Hausherr ließ den Koch holen und sprach zu ihm: „Dieser Reiher hier soll mit den besten Gewürzen meisterhaft angerichtet werden!"

Nachdem der Reiher mit hoher Kochkunst zubereitet worden war, trug ihn der Koch unverweilt vor seinen Herrn. Der aber sprach: „Trage ihn jetzt zur Hausfrau und laß sie ihr Urteil abgeben. Danach bewahre ihn gut auf."

Später sprach der Hausherr zu seiner Eheliebsten: „Liebe Frau, wenn du einverstanden bist, möchte ich gern unseren hochgeschätzten Lehensherrn zu diesem Wildbretschmaus einladen."

Sie erwiderte: „Ich bin ganz Eurer Meinung, denn auch mir liegt daran, daß wir uns entgegenkommend zeigen. Was Euch und Eurem Lehensherrn zur Ehre gereicht, macht mich von Herzen froh."

Am Morgen bei Tagesanbruch ließ der Hausherr rasch die Pferde satteln. Dies war bald geschehen, und so ritt er denn zu seinem Lehensherrn. Nun aber hatte es auch die Hausfrau eilig. Sie sprach zu ihrer Magd: „Komm her und hör gut zu, was ich dir sage. Geh zu meiner Gevatterin und schau nach, ob sie zu Hause ist. Sag ihr, sie soll zu mir kommen, da ich sie dringend brauche."

Die Magd tat, was die Frau ihr aufgetragen hatte. Schnell lief sie zu der Gevatterin und sprach: „Unser Herr ist ausgeritten, und unsere Hausfrau läßt Euch zu Gast laden. Wenn Ihr einverstanden seid, wollen wir uns heute miteinander einen guten Tag machen. Sputet Euch also, liebe Frau."

„Wahrhaftig, du trägst deine Botschaft mit großer Überzeugungskraft vor. Es heißt ja auch, daß ein guter Bote seinem Auftraggeber alle Ehre macht. Selbst wenn ich die Einladung nicht annehmen wollte, dürfte ich deine Herrin schon um ihres Boten willen nicht enttäuschen." Und sie rief nach ihrer Magd: „Bring mir meine Kleider und meine Haube!" Nachdem sie sich rasch angekleidet hatte, sprach sie: „Können wir aufbrechen? Ich bin bereit." So gingen sie also zu ihrer Gevatterin, die ihren Gast mit freundlichen Worten begrüßte: „Glück über Euch, liebste Gevatterin! Warum macht Ihr Euch so rar? Nichts Lieberes könnte mir geschehen, als Euch recht häufig bei mir zu sehen."

Auf ihren Wink brachte die Magd etwas zu trinken herbei, man trank und saß beieinander, bis die Hausfrau rief: „He, Mädchen, komm her. Ist das Essen fertig?"

„Ja, Herrin, es ist schon aufgetischt."

„Nun denn, Gevatterin, gehen wir zu Tisch und vergessen wir dabei unsere Kümmernisse und Sorgen."

Sie setzten sich zu Tisch, und nun wurden Fleisch- und Fischspeisen in reicher Fülle vor ihnen aufgetragen. Nachdem sie gegessen hatten, sprach die Hausfrau: „Ach, ich habe ja ganz vergessen, daß mein Mann Wildbret heimgebracht hat. Überlegt einmal, Gevatterin, wie wir ihm listig ein wenig davon abzwacken können."

„Da weiß ich Rat. Laßt nur das Wildbret herbeibringen!" Und nachdem man den Reiher aufgetragen hatte, sprach sie: „Gevatterin, ich habe mir folgendes überlegt. Ihr sagt ganz einfach, ich sei krank und Ihr hättet mir einen Flügel und eine Keule geschickt. Dann ist die Sache ausgestanden. Gott lasse unsere List gelingen!"

So schnitten sie denn zwei Stücke ab, die im Nu aufgegessen waren. Wahrlich, da schnaufte die Gevatterin begierig: „Ich kann mich nicht erinnern, je etwas Besseres gegessen zu haben. Die Sülze ist vortrefflich gewürzt! Gevatterin, ich flehe Euch an, gebt mir noch ein Stück von dem Wildbret!"

Die Hausfrau aber sprach sorgenvoll: „Ich muß Euch Eure Bitte abschlagen, denn ich fürchte meines Mannes Zorn, dessen Wille mir mehr gilt als Gottes Gebot."

„Ach, Gevatterin, mich überkommt ein unwiderstehliches Gelüst. Gebt mir doch noch die Brust des Reihers und nehmt Euch selbst das beste Stück, das übrigbleibt. Wenn wir dann dafür büßen müssen, so will ich mich bücken und mit einer siebenschwänzigen Geißel züchtigen lassen."

„Nun gut, Gevatterin, wenn Ihr dies auf Euch nehmen wollt, so wollen wir uns darüber hermachen. Ihr müßt dann aber auch gemeinsam mit mir die Strafe tragen, wenn den Annehmlichkeiten die Bitternis folgen sollte."

„Aber freilich, liebste Gevatterin! Gott segne Euch für Euern Entschluß!"

Nun ja, der Reiher wurde ganz und gar aufgegessen. Nun erhoben sich die zwei und vergruben die übriggebliebenen Knochen in aller Heimlichkeit im Stall. Nachdem das geschehen war, sagte die Besucherin recht eilig: „Ich muß fort. Mein Mann ist auf einer Wallfahrt zum heiligen Jakobus, so daß ich mich um das Gesinde kümmern muß."

Als sie sich verabschiedete, war der Hausherr gerade bei seinem Lehensherrn eingetroffen und hatte ihn mit folgenden Worten eingeladen: „Herr, wenn Ihr mir wohlgesonnen seid, so tut mir die Freude an und setzt Euch bei Eurem Dienstmann zu Tisch. Nehmt vorlieb mit dem, was er Euch anzubieten hat."

„Da du mich so freundlich einlädst, sei dein Wunsch erfüllt."

Als die Hausfrau sah, daß ihr Ehemann mit seinem Dienstherrn ankam, hieß sie beide herzlich willkommen. Sie ging ihnen entgegen und sprach: „Mein liebster Herr, seid Gott willkommen in diesem Haus. Das ganze Jahr über habe ich wahrlich keinen lieberen Gast begrüßen dürfen." Und zu ihrem Eheherrn gewandt, fuhr sie freundlich fort: „Bittet unseren Herrn doch mit allen Ehren zu Tisch!"

Nachdem sich der Lehensherr die Hände gewaschen hatte, erschienen zahlreiche Speisen und Getränke auf dem Tisch und wurden dankbar entgegengenommen. Nun aber wandte sich der Hausherr an seinen Gast und sprach: „Ihr wißt noch nicht den eigentlichen Grund meiner Einladung. Ich hatte nämlich das Glück, mit einem Hahn einen Reiher zu fangen, den wir nun unverzüglich verspeisen wollen."

„Meiner Treu, hat sich das wirklich zugetragen? So etwas habe ich noch nie gehört."

An seine Frau gewandt, gebot der Hausherr: „Hausfrau, bringt uns bitte den Reiher herein!"

Die Hausfrau aber tat verwundert: „Ich weiß von keinem Reiher. Laßt ihn doch von dem herbeibringen, der ihn Euch aufbewahrt hat."

„Schaden und Spott zugleich sind ein übel Ding! Mir fällt Euer Geschwätz auf die Nerven! Ich bestehe darauf, daß Ihr uns den Reiher herbringt!"

Sie aber rief: „Hört euch das an, liebe Freunde! Wie denkt ihr darüber, daß mein Mann mich dazu zwingen will, einen nicht vorhandenen Reiher herbeizuschaffen."

Da sprachen alle wie aus einem Munde: „Wahrhaftig, so etwas hat es noch nie gegeben, daß jemand mit einem Hahn einen Reiher gefangen hat."

Der Hausherr unterdrückte seinen Grimm und sprach leichthin: „Seht an, so hat man mich also widerlegt. Es wird aber noch jemand dafür bezahlen müssen."

Die Frau aber dachte: Die Zeche wird zahlen, wer mit mir gespeist hat.

Als der Lehensherr merkte, daß sein Gastgeber verstimmt war, meinte er: „Ärgert Euch nicht! Ich will Euch eine Freude machen und Euch bitten, mich auf dem Heimritt zu begleiten. Ihr könnt dann immer noch vor Sonnenuntergang zu Hause sein."

Nachdem ihr Mann vom Hof geritten war, legte sich die Hausfrau sogleich auf ihr Hinterteil und behauptete, sie sei krank. Zu ihrer Magd aber sagte sie: „Komm her und hör gut zu, was ich dir sage. Lauf zu meiner Gevatterin und hol sie zu mir."

Die Magd tat sogleich, was ihr die Hausfrau geboten hatte. Sie lief zu der Gevatterin und bat sie, schleunigst herüberzukommen. Da diese der genossenen Tafelfreuden gedachte, kam sie rasch herbei. Beim Anblick ihrer Gastgeberin sprach sie teilnahmsvoll: „Nanu, liebste Gevatterin, was ist denn geschehen? So schwach und krank habe ich Euch ja noch nie gesehen!"

„Ach ja, ich bin krank. Ich habe Herzkrämpfe und leide große Schmerzen."

„So sagt mir doch, was für ein Mittel Euch helfen kann. Wenn ich Euch damit von Eurer Krankheit heilen kann, will ich es persönlich herbeiholen, wie weit ich auch laufen müßte."

„Ach, Gevatterin, ich weiß nicht, was in meinen

Mann gefahren ist. Wenn ich mich todmüde zu Bett lege, so nimmt er mich — noch ehe ich recht warm werden kann — in die Arme und treibt mit mir das, was man Bettspiele nennt. Er ist dabei von fürchterlicher Ausdauer und kennt kein Maß, so daß ich kein Auge mehr zutun kann. Besonders dann, wenn er ein wenig Fischsalat gegessen hat, findet er kein Ende. Wenn ich heute nacht an seiner Seite liegen muß, überlebe ich es nicht. Wenn Euch an meinem Leben etwas liegt, so legt Ihr Euch heute nacht zu ihm."

„Was fällt Euch ein! Ich beginge ja einen doppelten Ehebruch! Lieber wollte ich für einen Totschlag büßen, als eine einzige Nacht bei ihm liegen."

„Aber nein, Gevatterin, laßt Euch sagen, wie ich es wieder ins Lot bringen will: Ich werde dreißig Messen lesen lassen und — was noch wirksamer ist — ein ganzes Jahr lang jeden Sonntag drei Arme speisen. Damit werden wir erlöst von der Sünde, die wir begehen. Auch will ich alle Schuld auf mich nehmen."

„Nun gut, Gevatterin, wenn es sich so verhält, will ich Euch gern helfen, Eure Gesundheit wiederzuerlangen."

Die Hausfrau nahm eine kleine Truhe auf ihren Schoß, schloß sie auf und holte einen prächtigen Kopfputz heraus: „Da Ihr mir so getreulich beisteht, Gevatterin, nehmt zum Dank diesen neuen Schleier."

In diesem Augenblick ritt der Hausherr auf den Hof. Die Nachbarin fragte: „Gevatterin, was soll ich nun tun?"

„Laßt uns schnell in ein kleines Kämmerchen neben unserer Kemenate gehen. Dort setzen wir uns nieder und trinken den besten Wein, der zu finden ist. Dann werden Sorgen und Trübsal vergehen."

Nachdem der Hausherr vom Pferde gestiegen war, packte ihn erneut die Wut. Stracks ging er zu einem Holzhaufen und zog drei Knüppel heraus. Wozu er die brauchte? Nun, er trug sie rasch in seine Kemenate und schob sie an seiner Seite in die Bettstatt. (Ist euch nun klar, warum er dies tat?) Dann kümmerte er sich um das

Hausgesinde und spielte ein wenig mit dem Kinde. Die Hausfrau aber sprach zur Nachbarin: „Gevatterin, bleibt hier ruhig sitzen. Ich will einmal nachschauen, wie es mit meinem Mann steht."

Als der Hausherr seine Frau erblickte, sprach er grimmig: „Es ist an der Zeit, schlafen zu gehen. Ich habe Euch schon überall suchen lassen."

„Ich bin bereit. Mir ist heute selbst darum zu tun, möglichst früh zu Bett zu gehen."

Dann eilte sie zu ihrer Besucherin und raunte: „Gevatterin, nun gilt's. Mein Mann rief, ich solle mich zu Bett legen." (Dabei dachte sie schadenfroh bei sich: Gott gebe ihr eine gute Nacht!) Leise sprach sie jedoch: „Erhebt Euch schnell, legt Euch an die Wandseite des Bettes und sprecht kein Wort, bis er seine Lust gestillt hat. Danach ist er der liebevollste Ehemann, den sich eine Frau nur wünschen kann."

Der wackere Hausherr aber begab sich still und leise in einer Gemütsverfassung zu Bett, wie sie den grimmen Nibelungenkrieger Wolfhart auszeichnete. Nun begann die Gevatterin vor sich hin zu murmeln, denn sie hatte die heilige Gertrud seit Wochen nicht mehr um gute Nachtruhe angefleht. Hört, was der Hausherr tat, nachdem er sich ein wenig erholt hatte: Er blieb nicht länger bei ihr liegen, sondern erhob sich, und bald prasselte ein Hagel von Schlägen auf die Gevatterin hernieder. Dabei brüllte er: „Hier ist der Mann, der den Reiher mit dem Hahne fing! Ich werd's Euch wahrlich zeigen!" Nachdem er alle drei Knüppel auf ihr entzweigeschlagen hatte, zog er sein Messer aus der Scheide und schnitt ihr beide Zöpfe ab. „Dies will ich als Beweisstück behalten. Nun werdet Ihr es morgen nicht mehr abstreiten können." Ehe er aber die Zöpfe zu fassen bekam, stupste er sie tüchtig mit dem Kopf auf die Dielen. Damit war dann das „Bettspiel" endlich vorbei.

Als die Nachbarin heulend aus der Kemenate rannte, fragte die Hausfrau: „Habt Ihr schon genug von seinen Zärtlichkeiten?"

„Allerdings! Dafür, daß mich nach eurem Reiher gelüstet hat, möge euch alle beide ein Wolkenbruch ersäufen!"

„Behaltet ruhig dies Andenken von uns! Wenn es erst trocken ist, könnt Ihr es abreiben."

Am Morgen, als die Glocken zur Kirche riefen, trat die Hausfrau zu ihrem Liebsten und sprach: „Wollt Ihr nicht aufstehn? Man läutet bereits. Ihr solltet zur Kirche gehen."

„Nanu, seid Ihr schon wieder gesund und munter?"

„Was soll denn mit mir sein?"

„Ich dachte, Ihr wäret längst tot!"

„Wovon denn eigentlich?"

„Aber Liebste, ich habe doch drei Knüppel auf Euch entzweigeschlagen!"

„Natürlich, das hat sich ebenso sicher zugetragen wie Euer Reiherfang!"

„Ich habe Euch aber dabei die Zöpfe abgeschnitten, und ich sollte meinen, ich hätte sie noch hier bei mir! Wenn Ihr imstande seid, sie mir vorzuweisen, so bin ich verrückt."

Da schwang sie einen wachsgelben Zopf vor seiner Nase hin und her und sprach: „Es ist höchst wunderbar, daß Ihr noch am Leben seid, obwohl Ihr Euch wie von Sinnen gebärdet."

„Ach, Liebste, ich bin wohl tatsächlich verrückt. Hilf mir, meinen Verstand wiederzugewinnen. Liebste Frau, wenn du mir nicht beistehst, so ist es um mich geschehen."

Da sagte sie: „So haltet still und laßt Euch messen, ob Euch irgend etwas fehlt." (Sie war in der Tat ein verschlagenes Weibsbild!) Nun ergriff sie ihren neuen Schleier und maß ihren Mann der Länge nach. Da war er zu kurz. Dann nahm sie ihm Maß quer über den Kopf. „Glaubt nur immer alles, was ich Euch sage!"

Schließlich nahm sie den Schleier doppelt und forderte ihn auf: „Nun pustet mit aller Kraft hindurch und tretet mir dabei auf meinen rechten Fuß, dann seid Ihr von Eurer Krankheit geheilt. So, nun legt Ihr Euch ins

Bett und rührt Euch nicht, bis Ihr warm werdet und schwitzt. Danach müßt Ihr zweieinhalb Roggenkörner essen, dann ist Eure Krankheit wie weggeblasen. Gefährdet aber nie wieder Euern Verstand dadurch, daß Ihr an meinen Worten zweifelt!"

Seht ihr, so hält eine Frau ihren Mann zum Narren.

Der entlaufene Hasenbraten

Eines Tages ritt ein Ritter zu seiner Kurzweil auf die
Jagd und erlegte — da er ein vortrefflicher Schütze war
— zwei Hasen. Vergnügt brachte er sie nach Hause und
befahl, sie nach allen Regeln der Kochkunst zuzuberei-
ten. Da meinte seine Frau: „Wir sollten auch unsere Gevattern dazu einladen. Wenn wir die Hasen allein aufessen, wird man uns scheel ansehen. Gastlichkeit fördert
die Freundschaft."

Der Hausherr stimmte zu und sprach: „Dann mußt du
schon mehr auftischen. Doch sei nicht verdrießlich darüber. Ich werde unseren Gevatter, den Pfarrer, zu uns
bitten. Er hat mich oft genug zum Essen eingeladen, und
ich wäre schlecht beraten, wenn ich seine Freundlichkeit
nicht erwidern wollte. Her mit dem Lamm, dem Schaf,
der Gans, dem Kitz, dem Huhn, der Ente! Es soll ein
herrliches Gastmahl werden!"

Da wurde die Hausfrau so ausgelassen, daß sie aus
lauter Übermut ihre Nichten, Muhmen und Basen zu

sich einlud. Dies aber tat sie des Sonntags früh (einen Tag nach der Hasenjagd), während ihr Mann noch in der Kirche weilte. Als alle ihre Verwandten eingetroffen waren, sprach sie zu ihnen: „Meine lieben Muhmen, Nichten und Basen, laßt uns gemeinsam den einen Hasen aufessen. Mein Mann hat genug an dem anderen. Zudem sind der Dechant und er große Jäger vor dem Herrn, so daß sie leicht ein paar andere erlegen können."

Als der eine Hase verzehrt war, ließ sie auch noch den zweiten auftragen und lachte. „Und sollte er mich windelweich prügeln, er bekommt nichts ab von diesen Hasen. Es ist mir gleich, was daraus erwächst. Wenn wir Frauen unseren Spaß haben wollen, müssen die Männer mit langer Nase abziehn."

Indes kam der Hausherr mit dem Pfarrer angeritten. Als er in das Haus trat, fragte er sofort, ob das Essen fertig sei. Die raffinierte Hausfrau aber stellte sich bös und zankte: „Sieh einmal an, wie Ihr nun vor Hunger herumpoltert. Ihr laßt aber unbekümmert Knechte und Mägde bis in den hellen Tag hinein schlafen. Jetzt ist es noch nicht so weit. Faßt Euch also in Geduld und wartet noch ein wenig."

Nun wurde der Pfarrer an die Seite der Hausfrau komplimentiert, und der Hausherr rief nach Wein, denn er war zornig und verdrießlich wie jeder Mann, der Hunger spürt und auf die Mahlzeit warten muß. Voll Ungeduld holte er einen Wetzstein hervor und begann sein Messer zu wetzen. Als der Pfarrer dies sah, flüsterte er beunruhigt der Hausfrau zu: „Liebste Gevatterin, sagt mir doch um Gottes willen, warum der Hausherr so unmutig ist."

„Wißt Ihr wirklich nicht, warum er sich so gebärdet?"

„Bei meiner Treu, ich habe nicht die geringste Ahnung!"

„Man hat uns beide bei ihm verleumdet, wir hätten miteinander etwas getan, was wir lieber unterlassen haben sollten."

„So, so", sprach der Pfarrer, „mir wird ein wenig

heiß!" Und er schlenderte langsam zur Tür. Er dachte nämlich bei sich: Weiß Gott, vielleicht widerfährt mir, was schon so manchem Kleriker passiert ist, der heimlich Liebesfreuden genossen hat! Gott möge mich davor bewahren! Wenn es nur irgend geht, so will ich schon verhindern, daß mir hier das gleiche Geschick zuteil wird.

Ohne auf die Hilfe des Knechtes zu warten, schwang er sich auf sein Pferd und sprengte hurtig davon. Indes brachte ein Kammerdiener ein blütenweißes Tischtuch und ein Becken zum Händewaschen herein. „Wohin ist denn mein Gevatter, der Pfarrer, verschwunden?" fragte der Hausherr verwundert.

Die Hausfrau aber entgegnete: „Er hat die beiden Hasen genommen und ist auf und davon geritten."

„Bei meiner Treu!" schrie der Hausherr. „Das ist nicht gerade die vornehme Art." Und da sein Pferd noch gesattelt war, rief er: „Bei Gott, er muß sie wieder rausrükken! Wenn es ihm gelingt, sie fortzuführen, wird man mich für einen Affen halten und verspotten!" Und schon galoppierte er dem Pfarrer nach. Als er ihn in der Ferne erblickte, brüllte er laut hinter ihm her: „Bei Gott, ich nehme Euch beide ab!"

Der Pfarrer aber stieß seinem Pferd die Sporen in die Seiten und schrie zurück: „Bei Gott, ich denke nicht daran! Mit solchen Späßen habe ich nichts im Sinn! Ich habe mich nicht versündigt! Für meinen Freund habe ich Euch gehalten, doch wie ich sehe, seid Ihr's nicht. Jetzt muß ich vor Eurem Grimm entfliehen!"

„So will ich wenigstens einen haben!"

„Bei meiner Treu, nichts bekommt Ihr, so lange ich es verhindern kann!"

Da seine Kirche ganz in der Nähe lag, konnte er vor seinem Verfolger auf den Friedhof galoppieren und Hals über Kopf in die Kirche flüchten, die er hinter sich verschloß. Als der Ritter merkte, daß er ihn nicht mehr fassen konnte, verbiß er seinen Zorn und kehrte nach Hause zurück. Daheim setzte er sich zu Tisch, ließ auftragen, was Küche und Keller boten, und langte tüchtig zu, bis sein Grimm allmählich verrauchte. Nun beichtete ihm seine Frau, was aus den Hasen geworden und wie es zu dem überstürzten Aufbruch des Pfarrers gekommen war. Da lachte er schallend und rief: „Liebe Frau, das hast du fein eingefädelt! Nun ja, ein rechter Scherz aus Lust und Übermut, der ist schon etwas wert!"

Diese wahre Geschichte erzählt uns der Vriolsheimer.

Des Winzers Frau

Einst machte ein Winzer mit seiner Hacke den Hang
eines hohen Berges urbar, dem er mit aller Energie eine
reiche Weinlese abringen wollte. Jeden Stein — er
mochte noch so groß sein und noch so tief in der Erde
stecken — holte er mit wuchtigen Schlägen hervor, so
daß ihm zuweilen ein Funkenregen entgegensprühte, der
die ganze Gegend erhellte. Das macht euch deutlich, daß
dieser Winzer ein strebsamer Mann war, der es mit ehr-
licher Arbeit gern zu einem bescheidenen Wohlstand
gebracht hätte. Wenn ihm nur seine Frau treu gewesen
wäre!

Oft putzte sie sich heraus, um den Dorfpfarrer zu
empfangen, der sie heimlich besuchte und dem sie nicht
eben feindlich gesonnen war. Sobald er zu ihr kam,
nahm sie ihn bei der Hand und führte ihn in aller
Heimlichkeit zu ihrem Bett, wo sie vor allen Augen verborgen waren. Alsbald fielen sie übereinander her und
begannen den leidenschaftlichsten Liebeskampf, bis sie

erschöpft am Ziel ihrer Wünsche angelangt waren. Vor dem Winzer hatten die beiden keine Furcht. „Er muß bis zum späten Nachmittag arbeiten!" sprach die Frau und blieb bei ihrem Pfaffen liegen. Was die beiden weiterhin miteinander anstellten, mögt ihr selber erraten.

Der Winzer, auf den Hackenstiel gelehnt, hielt Ausschau nach seiner Frau, ob sie nicht daran dächte, ihm das Essen zu bringen. Schließlich wurde er nach langem Warten ärgerlich, schwang er doch den ganzen Tag über seine große, schwere Hacke, um den Boden fruchtbar zu machen. Nachdem er lange Zeit vergeblich auf seine Frau gewartet hatte, eilte er ergrimmt zu seinem Haus. Sobald ihn seine Frau erblickte, rief sie dem Pfaffen hastig zu: „Um Himmels willen, ich sehe meinen Mann! Was soll nun aus uns werden?"

Dem Pfarrer, der im Bett des Winzers lag, fuhr ein eisiger Schrecken in die Glieder, doch die Winzersfrau beschwichtigte ihn: „Seid nicht beunruhigt! Ich habe da einen vortrefflichen Einfall: Ihr setzt Euch an mein Bett. Ich bleibe liegen und wische mir stöhnend die Schweißperlen von der Stirn, als sei ich schwer krank. Ihr aber tut so, als nähmt Ihr mir die letzte Beichte ab. Auf diese Weise wollen wir ihn hinters Licht führen!"

Als der Winzer durch die Tür trat, fragte der Pfarrer gerade die Hausfrau, ob sie ihre Sünden bereue, als ginge es um die Gnade Gottes. Als der Winzer hörte, daß man seiner darniederliegenden Frau die Absolution erteilte, riß er sich vor Verzweiflung die Haare aus, da er glaubte, die liebenswerte, reizende Schöne liege im Sterben. Die Winzersfrau lächelte dem Pfaffen verstohlen zu und sprach mit schwacher Stimme: „Herr, nehmt Euch meines Gatten an, damit er sich nicht vor Verzweiflung umbringt. Er meint, ich läge in den letzten Zügen."

Darauf sagte der Pfarrer salbungsvoll: „Weine nicht, mein Sohn! Behalte deinen aufrechten Christensinn, entschlage dich deines Kummers und bereite dir heute selber das Essen. Wenn Gott sich gnädig zeigt, kann deine Frau die Krankheit überstehen." Besorgt und liebevoll setzte sich der Winzer zu seiner Frau auf das Bett, während der Pfaffe würdig davonschritt.

Nun schaut euch diesen Narren an. Er dankte noch dem Pfaffen dafür, daß er zu seiner Frau gekommen war und ihr Verlangen gestillt hatte. So blieb der ganze üble Spaß ungerächt. Auf diese Art machen die Frauen so manchen Mann zum lächerlichen Toren! Mit ihren raffinierten Ränken ziehen sie sich immer wieder aus der Schlinge. Solchen verblendeten Tölpeln wie dem Winzer sollte man allerdings einen Knüppel über den Schädel ziehen!

Die drei Wünsche

Ein Mann klagte seiner Frau: „Uns beiden ist Gott nicht wohlgesinnt, da er uns in solcher Armut leben läßt. Ehe ich bis an mein Lebensende diese drückende Not der Armut hinnehme, wollte ich mich lieber selbst umbringen. Die Last der Armut plagt mich so, daß ich weder aus noch ein weiß. Ich bin von Zorn und Leid erfüllt. Trotz allem Nachdenken fällt mir nichts ein, womit ich mich an dir oder an Gott vergangen haben könnte. Sage mir doch, ob du vielleicht irgendwann gegen Gottes Gebot verstoßen hast. Ich will dann mit dir gemeinsam die Buße auf mich nehmen, bis ich dich von deiner Sündenschuld befreit und wieder in Gottes Huld gebracht habe."

Sie aber erwiderte: „Alles, was ich getan habe, habe ich nur mit dir getan."

Da seufzte er: „Dann weiß ich wirklich nicht, warum Gott uns Ansehen und Reichtum vorenthält. Gott ist aber so gerecht, daß er uns sicher unsere Wünsche erfüllen wird, wenn wir ihn nur recht zu bitten verstehen. Wir wollen daher unablässig wachen und ihn Tag und Nacht darum bitten, uns mit Reichtum zu bedenken. Wird er unserer Beharrlichkeit und unserer großen Mühe gewahr, die wir Tag und Nacht bei unserem Bittgebet auf uns nehmen, so wird er es uns vielleicht lohnen."

„Dies will ich von Herzen gern tun", sprach die Frau. „Selbst wenn ich dabei den Tod finden sollte, so ist mir ein kurzes Sterben immer noch lieber als diese lang während Not, die ich bei unserer Armut leiden muß. Ich wollte ihr so oder so gern entfliehen."

Ohne langes Zögern flehten sie Gott nunmehr um irdischen Reichtum an. Mit Wachen und Fasten nahmen sie große Mühsal auf sich, und sie gönnten sich bei ihren Gebeten und Bitten nicht die geringste Ruhe. Alle Möglichkeiten, die das Bittgebet eröffnet, schöpften sie völlig aus.

Dies trieben sie so lange, bis Gott ihrer Torheit überdrüssig wurde und ihnen seinen Engel hinabsandte. Der Engel begab sich zu dem Manne und sprach zu ihm: „Laß ab davon, um irdischen Reichtum zu bitten. Gott ist gnädigen Sinnes, und wenn dir irdischer Reichtum wirklich zustatten käme, wäre er dir von Gott verliehen worden wie all jenen Menschen, die er mit großem Besitz begabt hat. Ich bin dein Schutzengel, und es schmerzt mich zutiefst, daß du dich in diese Narrheit verrannt hast, die all meine wohlgemeinten Bemühungen um dich vereitelt."

Der Mann jedoch erwiderte: „Gott hat voller Willkür an mir gehandelt, daß er mich ohne Reichtum ließ. Ihn zu besitzen, bin ich doch ebenso würdig wie jene, die er damit ausgestattet hat. Gäbe er ihn mir, so wäre er mir auch bestimmt, und er würde auf diese Weise dartun, daß er mir gnädig gesinnt ist. Ich werde ihn fortan unablässig um Reichtum anflehen, bis er meinen Wunsch erfüllt."

Da sprach der himmlische Bote ungehalten: „Da du

weder dem allerhöchsten Gott noch mir Glauben schenken willst, so will ich dir mehr als übergenug an Reichtum zukommen lassen, so daß du damit dein Glück versuchen kannst. Wirst du jedoch am Ende elend und unglücklich dabei, so bist du selbst schuld daran. Du sollst drei Wünsche tun dürfen. Was immer du dir wünschen magst, die ersten drei Wünsche werden in Erfüllung gehen. Selbst wenn du tausend Jahre alt würdest, könntest du auf diese Weise für dein ganzes Leben überreichliche Habe erlangen, wenn sie dir bestimmt ist."

Da rief der Mann fröhlich: „Dann bin ich jetzt schon reich!" Vergnügt eilte er heim zu seiner Frau und sagte: „Gott hat alle Not von uns genommen. Er hat uns größeren Reichtum geschenkt, als wir es von ihm erbeten haben. Nun brauchen wir ihn nicht mehr zu bedrängen, sondern wir wollen fortan in Glück und Freude leben. Drei Wünsche hat er mir freigestellt, die alle drei in Erfüllung gehen werden. Denke nach, was uns am besten frommt. Wenn du es für richtig hältst, so will ich auf der Stelle einen Berg von Gold wünschen und rund herum eine Befestigung durch eine hohe und dicke Mauer, so daß uns kein Getier Abbruch tun kann. Dafür möchte ich einen der Wünsche verwenden. Oder ich wünsche mir einen Schrein voller Geld, der immer gefüllt sein soll, wieviel ich ihm auch entnehme oder einem anderen zu nehmen erlaube."

Da rief die Frau eifrig: „Ich merke schon, wir haben fortan mehr als genug zur Verfügung. Erfülle mir also eine Bitte. Laß mich ohne Widerwort einen der drei Wünsche tun, hast du doch an zwei Wünschen immer noch genug. Du weißt gar wohl, daß auch ich oft genug dafür auf die Knie gefallen bin und daß nicht nur dein, sondern auch mein Gebet Gott zu dieser Gunst bewogen hat. Ein Wunsch sollte also zu Recht mir gehören!"

Der Mann erwiderte: „Gut, du sollst einen haben, doch keinen mehr. Sieh nur darauf, ihn so zu verwenden, daß alle Welt sich darüber freut."

„So möge Gott bewirken", sprach sie eilfertig, „daß

ich auf der Stelle das kostbarste Gewand trage, das man je auf dieser Welt an einer Frau gesehen hat."

Sobald sie den Wunsch ausgesprochen hatte, stand sie im Schmuck dieses Gewandes da. Der Mann aber zürnte: „Weh und ach! Du verwünschtes Weib! Du hättest alle Frauen der Welt ebenso einkleiden können wie dich, und du hättest immer noch besser daran getan, einem anderen Gutes zu tun. Deine Seele ist für ewig der Hölle verfallen, weil du keinem Menschen freundliche Hilfe erwiesen hast. Da du so voller Selbstsucht bist, möge der heilige Christus bewirken, daß dir dieser Fetzen in den Bauch fährt, auf daß du dich endlich an Kleidern sättigen kannst!"

Und dies geschah auf der Stelle. Das Gewand fuhr flugs in den Bauch der Frau und ließ sie derart aufschwellen, daß sie zu platzen drohte. Verzweifelt schrie sie um Hilfe, denn sie litt fürchterliche Qualen. Da sie immer lauter brüllte, so daß man ihr Geschrei auch draußen vernahm, rannten von überallher die Bauern herbei und fragten, was ihr denn fehle. Da erzählte sie ihnen die Geschichte, auch daß ihr Mann dies bewirkt hätte. Das erregte den Grimm ihrer Verwandten. Sie stießen laute Drohungen und Verwünschungen aus und schrien: „Wenn Ihr die Frau nicht sofort von diesem Übel befreit, bringen wir Euch um!" Sie rissen ihre Messer und Schwerter heraus und drangen entschlossen auf ihn ein. Als er nun die Qualen seiner Frau und die Drohungen seiner Feinde sah und hörte, machte er sie alle wieder frohgemut, indem er sprach: „Gott, unser aller Helfer, möge sie von ihren Beschwerden befreien und gesund machen wie zuvor."

Da fühlte sie keine Schmerzen mehr. Sie war von ihren Qualen befreit, doch auch die drei Wünsche waren schmählich vertan. Am Ende waren sie zu der Erkenntnis gelangt, daß ihnen nun einmal kein Reichtum bestimmt war. Sie hatten sich beide vergangen, doch gab man alle Schuld dem Manne, der ja auch tatsächlich größeres Ungeschick bewiesen hatte. Dafür mußte er hart

genug büßen. Er wurde so sehr beschimpft und verhöhnt, daß er unseren Herrgott einzig und allein noch
um den Tod bat. Die Schande, die ihn getroffen hatte,
bedrückte ihn schwer. Die Geringschätzung, die er jetzt
hinnehmen mußte, erwies sich als viel quälenderes
Herzeleid als zuvor seine Armut. Im ganzen Land verbreitete man seinen schmachvollen Reinfall. Er galt als
der größte aller Narren und wurde als solcher mit Hohn
und Spott überschüttet, so daß er am Ende diese Not
nicht mehr zu ertragen vermochte und starb.

Wenn jemand solche Möglichkeiten, zu Reichtum zu
kommen, verscherzt, kann er — wie es das Beispiel dieses Narren deutlich macht — gar nicht genug darüber
klagen. Üble Habgier, unrechter Gewinn und sinnloses
Jammern nach dem Verlust sind einzig und allein Nar-
renart. Es gibt drei Sorten von Toren: Die einen sind beschränkt, sie wissen und können nichts. Die zweiten verschließen sich jeder besseren Einsicht, und dies sind
noch kläglichere Wichte. Die dritten gar haben zwar
Verstand, sie sind erkenntnisfähig und könnten auch
dementsprechend handeln, doch sie tun trotz besseren
Wissens die größten Übeltaten. Mancher Narr hält sich
für einen großen Schlauberger, wenn er viele Freunde
und großen Reichtum gewinnen und behalten kann.
Wenn jedoch der hochheilige Christus ihm die Freundschaft versagt, so helfen ihm alle Freunde und aller
Reichtum herzlich wenig. Muß er seine Freunde und
seinen Reichtum auf der Welt zurücklassen und hat er
Schaden genommen an seiner Seele, so ist er zeit seines
Lebens ein Narr gewesen. Wer nicht um das Heil seiner
Seele besorgt ist, der ist ein Narr, was er auch tut. Nur
der handelt klug und verständig, der nach dem Willen
Gottes lebt.

5.

Wunder wahrer Liebe

Die Nachtigall

Wenn ein welterfahrener, gebildeter Mann ungewöhnliche und vergnügliche Geschichten zu erzählen weiß,
dann soll er sie beileibe nicht für sich behalten. Sollte
die eine oder andere auch wegen ihrer ausgefallenen und
ungewöhnlichen Handlung dem einen Hörer nicht gefallen, so behagt sie vielleicht dem anderen um so mehr.
Daher soll man sie ruhig an den Tag bringen. Aus diesem
Grund will ich meine Zurückhaltung aufgeben, denn es
drängt mich danach, euch eine Geschichte vorzutragen.

Wie es heißt, lebte einst auf dem Land ein tapferer
Rittersmann. Er wohnte in einer hochragenden, trutzi-
gen Burg, in der es an nichts mangelte, denn er war ein
recht wohlhabender Mann. Dieser Ritter hatte als einziges Kind eine wunderschöne Tochter. Sie war von
solchem Liebreiz und von solcher körperlichen Vollkommenheit, daß sie im ganzen Land und über seine
Grenzen hinaus alle anderen Mädchen und Frauen an
Schönheit weit übertraf.

Ganz in der Nähe wohnte ein anderer Ritter, der gleichfalls sehr tapfer, sehr reich und sehr mächtig war. Auch er hatte eine stattliche Burg, und er besaß als einziges Kind einen prächtigen Sohn, dem er eine sorgfältige Erziehung angedeihen ließ, bis der Jüngling so weit herangewachsen war, daß er nach einer Gattin Ausschau hielt. Er war rank und schlank, gebildet, begabt und hübsch, nicht älter als zwanzig Jahre. Beide jungen Leute waren also eine wahre Augenweide, und unser Junker warb leidenschaftlich um die Liebe der schönen Jungfrau. Er verwandte all sein Sinnen und Trachten darauf, ihre Liebe zu gewinnen, wie es jeder tut, der das Ziel seiner Wünsche gefunden glaubt. Er umwarb also das Mädchen unermüdlich bei jeder sich nur bietenden Gelegenheit. Auch das Mädchen hatte sich heftig in den Jüngling verliebt, so daß sie alles Silber und Gold der Welt nicht eingetauscht hätte für eine einzige Gelegenheit, mit ihm allein zu sein. Doch wurde sie im Hause ihres Vaters so sorgfältig bewacht, daß sie weder bei Tag noch bei Nacht unbeobachtet mit einem anderen Menschen zusammentreffen konnte. Dieser Zustand bedrückte die beiden Liebenden sehr.

Nun befand sich vor dem Wohnhaus ein Baumgarten, der von einer dichten Hecke umschlossen war. In diesem Garten wuchsen saftiges Gras und bunte Blumen, die von einem weiten Laubdach schlank gewachsener Bäume überschattet wurden. Überdies hatte der Ritter in diesem Garten vielerlei Gewürzpflanzen und Kräuter angebaut, so daß — wie man versichert — die Luft dort besonders angenehm und wohlduftend war. Aus dem Wohngebäude führte eine schmale Pforte in den Garten. Außerdem hatte der Hausherr darin eine hochgewölbte Laube errichten lassen, um dort zur Sommerszeit die Mahlzeiten einnehmen zu können, denn er meinte, daß ihm dann die Speisen besser bekämen.

Eines Tages wählte das Mädchen einen verläßlichen Boten aus, schickte ihn zum Junker und ließ ihm sagen, er solle sich diese Nacht bereithalten und heimlich in den Baumgarten kommen. Wenn es sich irgendwie einrichten ließe, wolle sie ihn dort erwarten und dann alle seine Wünsche erfüllen. Als der Jüngling die Botschaft der Jungfrau gehört hatte, willigte er vergnügt ein. Überglücklich ließ er ihr seinen Dank dafür sagen, daß sie ihm die Freude eines Stelldicheins schenken wolle.

Sobald die Jungfrau diese Nachricht vernommen hatte, legte sie sich zu Bett und begann laut zu stöhnen, als ob sie fürchterliche und unerträgliche Schmerzen litte. Als ihre Mutter dies hörte, eilte sie zu ihr und fragte ängstlich: „Aber mein Töchterchen! Was fehlt dir denn? Wo tut's denn weh?"

Die Tochter erwiderte kläglich: „Mein Kopf schmerzt so arg, daß ich schon völlig schwach und hilflos bin!"

Als ihr Vater von der Sache hörte, kam er ebenfalls herbeigeeilt und fragte seine Tochter: „Wo schmerzt es denn am meisten?"

„Ach, am Herzen und überall!"

„Man wird dich mit einer Heilsalbe einreiben, dann werden Krankheit und Schmerz verfliegen!"

Die Jungfrau aber flüsterte mit brechender Stimme: „Väterchen, ich habe einen guten Einfall! Ich glaube, es wird mir besser gehen, wenn wir ihn verwirklichen. Falls mir überhaupt etwas helfen kann, dann dies allein!"

„So sprich, mein Kind! Ich will dir jeden Wunsch erfüllen!"

„Ach, ich möchte in der Gartenlaube liegen! Von den angenehmen Düften, die den Garten durchströmen, vom würzigen Geruch der Heilkräuter und von der ganzen lauschigen Umgebung wird mir bestimmt besser werden. Auch möchte ich gern aufpassen, ob sich nicht ein Vöglein naht. Wenn ich es fangen kann, ist es sicher vorbei mit all meinem Leid!"

„Gott möge es dir senden!" rief die gutgläubige Mutter eilfertig. Ohne Zögern ließ sie prächtiges, frisch gewaschenes und gestärktes Bettzeug hinabbringen und ein weiches Lager bereiten. Nachdem man noch Speisen und Getränke bereitgestellt hatte, wurde allgemeine Bettruhe geboten und dem Hausgesinde jegliches Lärmen verboten, damit das Kind nicht beunruhigt oder gar aus dem Schlaf geschreckt würde. Bevor die Nacht hereinbrach, erschien noch einmal die Mutter und fragte, ob ihre Tochter irgendwelche Wünsche habe.

„Doch, liebe Mutter, ich hätte gern ein Glas voll des besten Weines. Es soll vor meinem Bett stehen, damit ich mich ein wenig stärke, sobald es mir besser gehen sollte."

Bald war der Wein zur Stelle. Die Mutter ging ins Haus, verschloß hinter sich die Tür und ließ die Tochter allein im Garten. Die aber fühlte sich dort weit besser, als sie sich je zuvor an einem anderen Ort gefühlt hatte.

Sobald sich der Tag geneigt hatte, kam der junge Edelmann herbeigeschlichen, und da er einen anschlägigen Kopf besaß, überwand er geschickt die dichte Hecke. Er hatte nämlich eine lange Sprungstange mitgebracht und schwang sich mit ihrer Hilfe in den Baumgarten, wo er die Jungfrau fand. Sie begrüßten einander voller Zärtlichkeit, begaben sich sogleich zu Bett und begannen ungesäumt mit dem erquicklichen Liebesspiel. Sie unterhielten sich so gut dabei, daß sie selbst dem Gesang der Vögel nicht die geringste Beachtung schenkten und ihnen die Nacht wie im Fluge verging. Als — wie ich hörte — der Tag anbrechen wollte, lagen sie aneinandergeschmiegt und hielten sich mit weißen Armen fest umklammert. Die junge Frau flüsterte: „Ich kann mir kein größeres Glück denken, als dich, du mein Geliebter, die ganze Nacht in meinen Armen zu halten!" Dann versanken beide selig und erschöpft in einen tiefen Schlaf und merkten gar nicht, daß sie bereits von den Strahlen der aufgehenden Sonne gestreichelt wurden.

Die Mutter war am Morgen voll Unruhe und Ungewißheit, und sie sprach zum Hausherrn: „Mir ist recht unwohl, daß ich die Nacht über nicht nach dem Kind gesehen habe. Möge Gott uns das Glück schenken, daß sie noch am Leben ist!"

„Bleibt hier, ich will selber hingehen und nachse-

hen!" erwiderte der Hausherr. Er erhob sich, warf sein
Gewand über und ging dann zu einem schmalen Erker-
fenster. Er wollte nachschauen, ob seine Tochter die
Krankheit überwunden und Ruhe vor den Schmerzen
gefunden hätte. Da sah er durch das Fenster, daß seine
Tochter und der Jüngling in tiefem, erquickendem
Schlaf beieinander lagen. Wie er so dastand und hinab-
sah, erschien ihm das Bild, das sich ihm bot, schön und
ergötzlich zugleich. Beide waren von tiefem Schlummer
umfangen, Bettdecke und Kleider waren hinabgeglitten,
und das Mädchen hielt in ihrer Hand das Glied des
Jünglings, das kraftvoll und stattlich wie eine Lanze vor
ihr aufragte.

Der Ritter vermied es, hinauszugehen. Er ließ die beiden schlafen, tappte zurück zu seinem Bett und sagte
schmunzelnd: „Liebste Frau, steh auf und sieh dir selber
an, wie gut es deiner Tochter geht. Sie hat das Glück gehabt, einen Vogel zu erhaschen, wie sie es dir gestern
abend angekündigt hat. Sie hält ihn fest beim Kragen."

„Du treibst deinen Spaß mit mir!"

„Aber nein! So wahr mir Gott helfe! Ihr könnt es mir
schon glauben, sein Köpfchen ist so leuchtend rot, daß
man sich nichts Hübscheres vorstellen kann!"

„Welch ein Jammer! Das arme Vögelchen!" bärmte
die Hausfrau. „Nun will ich doch selbst einmal hingehen und nachsehen, ob du wirklich die Wahrheit
sprichst." Sie begab sich zu dem Fensterchen und entdeckte nun ihrerseits, wie der Jüngling und das Mädchen eng aneinandergeschmiegt in seliger Ruhe dalagen.
Als sie dies sah, raufte sie sich vor Verzweiflung die
Haare und rief: „Ach, daß ich je das Licht der Welt erblickte!" Vor Kummer schlug sie ihre Hände über dem
Kopf zusammen.

Dies ließ den Jüngling aus dem Schlaf schrecken, und
als er den ganzen Garten von der Sonne überstrahlt sah,
klagte er: „Ach du lieber Gott! Wir haben zu lange geschlafen auf diesem Lager!"

Da trat auch schon der Ritter durch die Pforte in den

Garten, begab sich zu der Laube und sprach zu dem Mädchen: „Nun, meine Tochter, hast du das Vögelchen erhascht? Bist du nun wieder gesund? Das ist recht von dir! Deine Vogeljagd können deine Eltern allerdings nicht leichtnehmen. Nun hüte das Vöglein, so gut du nur kannst, damit es dir nicht entwischt!"

Der Jüngling flehte: „Lieber Herr, laßt mir das Leben!"

„Euch wird kein Haar gekrümmt. Aber Ihr müßt sie jetzt schon zur Frau nehmen. Wenn Ihr nun einmal mit ihr geschlafen habt, so zeigt jetzt, daß es Euch ernst ist mit Eurer Liebe!"

Da rief der Jüngling rasch und erleichtert: „Ich will sie ja nur gar zu gern!"

So wurden die zwei zusammengegeben. Beide Väter statteten sie reichlich aus, waren sie doch wohlhabende Männer. So konnten die jungen Eheleute ihr gemeinsames Leben in Glück und Freude genießen, und sie erlangten dabei Ruhm und hohes Ansehen. Damit ist die Geschichte von der Nachtigall aus.

Der Mönch als Liebesbote

Wer wird sich schon darüber wundern? Noch heutzutage ist's so, daß die Frauen manchen Mann an der Nase herumführen, der sonst ganz verständig und vernünftig ist. Nun habe ich irgendwo gelesen — und angeblich soll's die reine Wahrheit sein —, daß eine Florentinerin sich sowohl auf ihre vornehme Abstammung als auch auf ihre Schönheit viel zugute tat. Sie war zwar verheiratet, doch verachtete sie ihren Mann, denn er war ihr nicht ebenbürtig und ließ es auch an feiner Lebensart fehlen. Er war zwar steinreich, doch gerade seine Protzerei war ihr ein Dorn im Auge, und sie sah voller Ekel auf ihn herab. Da es ihr zudem weder an List noch an Raffinesse mangelte, warf sie eines Tages einem schönen Jüngling feurige, lockende Blicke zu. Der Jüngling war in die Stadt gekommen, um einen Freund aufzusuchen, den er schließlich bei den Dominikanermönchen fand. Dieser Freund war ein grundgelehrter, zutiefst frommer und rechtschaffener Mann. Nachdem der Jüngling seinen Mönchsfreund entdeckt hatte, besuchte er ihn Tag für Tag.

Die durchtriebene Dame kam bald dahinter, daß er mit dem Mönch eng befreundet war. So begab sie sich eines schönen Tages zu dem braven Dominikaner, angeblich um ihre Sünden zu beichten. Der Mönch fragte verwundert: „Edle Frau, warum wendet Ihr Euch plötzlich an mich? Bislang habt Ihr doch noch nie bei mir gebeichtet!"

Sie erwiderte demütig: „Lieber Vater! Ihr könnt mir glauben, daß ich guten Grund dafür habe. Aber hört erst meine Beichte, damit Ihr danach um so nachsichtiger mit mir verfahrt!" Unter vielen erbarmungswürdigen Seufzern begann sie mit ihrem Schuldbekenntnis, doch sie verfuhr dabei wohlüberlegt und beichtete nur Dinge, die sie eigentlich in ein gutes Licht setzten; von der Schelmerei, die sie plante, sagte sie kein Wort. Wonach der Mönch auch fragen mochte, nach der Einhaltung der Fastenzeiten, dem täglichen Gebet, ihrer Mildtätigkeit und weiß Gott was: Sie versicherte eifrig, daß sie alle Pflichten gewissenhaft erfülle. Und als er ihr gar die Todsünden aufzählte, tat sie sehr erschrocken und beteuerte, daß ihr solche Übeltaten nie auch nur in den Sinn gekommen seien. Sie bekräftigte die Wahrheit ihrer Worte zudem auf eine Art und Weise, die den Beichtvater völlig überzeugte. Sie hatte nämlich unter dem Schleier auf ihrer Stirn einen mit Wasser getränkten Schwamm festgebunden, an dem ein Blech befestigt war. Sobald sie die gefalteten Hände an ihre Stirn drückte, preßte sie den Schwamm zusammen, so daß ihr die Wassertropfen übers Gesicht rannen und der biedere Mönch über ihre Gemütsbewegung erstaunt war. Eindringlich fragte er sie: „Liebe Frau, so sagt mir doch, was Euch sonst noch quält und warum Ihr eigentlich zu mir gekommen seid!"

Da begann sie scheinbar verlegen: „So hört mich denn an, Herr! Ihr habt, wie ich glaube, einen Freund; zumindest sehe ich ihn häufig an Eurer Seite. Dieser

Jüngling bringt mich bei den Leuten ins Gerede; sein unsinniges Gebaren ist ihnen ein Ärgernis, zumal sie mich mit ihm im Einverständnis glauben. Seht, solche Briefe steckt er mir durch die Tür!" Damit zog sie drei Briefe hervor, deren Texte sie frei erfunden hatte, und klagte: „Überzeugt Euch selbst, Herr, was für ein schändlicher Bösewicht das ist! Seht her, wofür mich dieser verrückte Mensch hält! Laßt ihn zu Euch kommen und untersagt ihm um Gottes willen solche Schreibereien, oder Ihr bringt Euch noch selbst in Schwierigkeiten!"

Der Mönch rief empört: „Liebe Frau, das verspreche ich Euch! Sollte aber der Schelm dennoch nicht reuig in sich gehen und sein schändliches Treiben fortsetzen, erhebt sofort wieder Klage bei mir!"

Die Dame versicherte ihm: „Lieber Vater, ich werde so lange zu Euch kommen, bis ich armes Weib von seinen Narreteien endlich verschont bleibe!" Sie schob ihm zwei Dukaten hin und fuhr fort: „Für den einen lest mir eine Messe. Den anderen mögt Ihr behalten, kann's doch sein, daß ich Euch erneut aufsuchen und um Euern Rat bitten muß."

Der Mönch erteilte ihr die Absolution und hieß sie in Frieden heimgehen. Dann aber ließ er ungesäumt seinen Freund zu sich rufen und schalt ihn tüchtig aus wegen der Schmach, die der dem armen Weibe angeblich zugefügt hatte. „Verflucht sollst du sein! Was soll nur aus dir werden? Gott sei's geklagt, daß du Elender überhaupt das Licht der Welt erblicktest! Wer hat dir solche Schandtaten beigebracht? Sprich! Ich bin überzeugt, daß dich Gottes Strafgericht ereilt, bevor du noch tiefer in den Sumpf der Sünde sinkst!" Als der Jüngling empört alles abstritt, eiferte der Gottesmann weiter: „Gib nur acht, daß du nicht in dein Verderben rennst! Willst du mich etwa Lügen strafen? Sieh an, jetzt bist du auf einmal der reinste Engel! He, du kennst nicht etwa doch hinter dem Markt ein hohes Haus mit einem Söller? Du hast nicht vielleicht doch einen Brief durch die Türritze geschoben?"

Der völlig verstörte Jüngling bat seinen Freund schließlich um des lieben Friedens willen um Verzeihung und sprach: „Also gut, es wird auch nie wieder geschehen!" Dann hatte er es aber eilig, den Mönch zu verlassen, und eilte spornstreichs zu dem Haus, das ihm sein Freund beschrieben hatte. Dort im Söller sah er die Frau sitzen, die ihn mit den Augen anfunkelte, als wolle sie ihn mit Blicken durchbohren, und als er ihr kühn in die Augen sah, schenkte sie ihm ein verliebtes Lächeln. Der Jüngling war nicht schwer von Begriff. Er schrieb ihr feurige Liebesbriefe, die er heimlich zu ihrem Haus trug und in den Söller warf, so daß sie diese Liebeszeichen später in der Fensternische fand.

Nach sieben Tagen kaufte die Dame Ringe, Edelsteine, Juwelen und einen schön bestickten Geldbeutel, in den sie eine hübsche Summe Geldes hineintat. Dies alles trug sie zu ihrem Beichtvater und rief anklagend: „Seht her, lieber Vater! Ich war fest überzeugt, Ihr hättet Euch meiner Sache angenommen und auf Euern Freund eingewirkt, damit er mich nicht wieder in so beleidigender Weise belästigt. Ich bitte Euch von Herzen, Herr, seht Euch diese Dinge an! Meint dieser Bube vielleicht, ich hätte nicht selbst Ringe und Edelsteine genug, die mir überdies weit besser anstehen? Es bedarf nur eines Wortes zu meinem Mann, und ich habe alle Kleinodien, die ich mir nur wünsche. Seht, nun schleppt er diese Juwelen an und wirft mir sogar noch Geld durch das Fenster! Dazu noch diesen Brief! Lest ihn nur ruhig durch! Meint er vielleicht, daß ich auf seine paar Pfennige angewiesen bin? Selbst wenn er in den letzten Atemzügen läge, brauchte ich mir um meinen Beutel keine Sorgen zu machen. Hier, nehmt seinen Beutel! Ich habe ihn nicht geöffnet. Er findet alles so vor, wie er es hineingetan hat. Gebt ihm alles zurück, lieber Vater, und redet ihm tüchtig ins Gewissen, er soll endlich seine Unverschämtheit lassen! Bringt ihn zur Vernunft, bevor er Schlimmeres anrichten kann!"

Kaum war die Dame fort, ließ der Mönch seinen

Freund holen und nahm ihn tüchtig vor: „Du ehrvergessener Schuft, was hast du nur angestellt, um diese Kostbarkeiten zusammenzuraffen? Keiner deiner Freunde wäre in der Lage, solchen Reichtum aufzubringen. Es gibt nur eine Erklärung: Entweder du bist ein Spieler oder ein Dieb! Heraus mit der Sprache! Du bist nämlich durchschaut! Aus meinen Augen und bringe alles fein säuberlich dort wieder hin, wo du es auf schändliche Weise an dich gebracht hast! Ich warne dich zum letzten Mal! Höre ich noch ein einziges Mal von deinen Glücksspielereien oder deinen Diebereien, dann zeige ich dich selber an. Besser ist's, du hängst hoch am Galgen, als daß du hundert andere Menschen mit ins Verderben ziehst und man deinetwegen Unschuldige verdächtigt!"

Der Jüngling tat zerknirscht: „Heiliger Mann, es soll alles so geschehen, wie du es gebietest. Ich werde alles bis auf den letzten Heller zurückgeben! Es gehört aber in Wirklichkeit einem anderen Manne, in dessen Auftrag ich es einer Dame gebracht habe."

Der Mönch fuhr ihn an: „Halt den Mund! Schluß mit deinen Ausflüchten! Und hinweg mit dir! Sieh zu, daß mir keine Klagen mehr kommen, wenn dir dein Leben lieb ist!"

Der Jüngling schlenderte vergnügt davon und dachte: Alles fügt sich bestens! Mir will scheinen, daß der Beutel voller Geld steckt! Er kleidete sich von Kopf bis Fuß neu ein, kaufte sich ein Reitpferd und paradierte von nun an hoch zu Pferde vor ihrem Haus auf und ab. Er aß und trank nach Herzenslust und lebte so recht in Saus und Braus, ohne die Quelle seines unverhofften Reichtums zu verraten und irgend etwas auszuplaudern.

Nach vierzehn Tagen wallte die Dame in tiefer Andacht zu ihrem Beichtiger, hatten ihr doch inzwischen die Sehnsuchtsqualen tüchtig zugesetzt. Sie sprach zu ihm: „Habt Nachsicht mit mir, lieber Vater! Vielleicht hat Gott dies als Buße für meine Sünden über mich verhängt; die Sache steht weit ärger als je zuvor."

Der brave Mönch fuhr entsetzt in die Höhe: „Liebe Frau, was ist denn schon wieder passiert?"

Sie wollte zunächst nicht mit der Sprache heraus und beichtete erst einmal. Dann aber fragte er eindringlich: „So sprecht doch, liebe Frau! Was bedrückt Euch? Ich habe doch nach alledem, was geschehen ist, meinem Freund gewaltig ins Gewissen geredet."

Sie aber schluchzte erbärmlich: „Lieber Vater, glaubt's mir nur, am liebsten wär's mir, wenn mich der Tod erlöste, bevor noch größeres Elend über mich kommt. Soll man da nicht den Verstand verlieren? Woher weiß nur dieser schreckliche Mensch, daß mein Mann gestern in aller Frühe fortgeritten ist? Und wer hat ihm von meinem Garten hinter dem Haus erzählt? Ich komme aus dem Staunen nicht heraus: Wer hat ihm heimlich die Tür geöffnet, so daß er sich kurz vor Mitternacht durch die Hinterpforte einschleichen konnte? Wer hat ihm nur beschrieben, daß er erst ein Bächlein überschreiten und sich dann links halten muß, bis er zu einer weit ausladenden Linde gelangt, unter der man zur Sommerszeit Gäste zu bewirten pflegt? Was soll ich noch viele Worte machen? Stellt Euch vor, er ist tatsächlich auf den Baum geklettert und dann auf einem Ast entlanggerutscht, dessen Zweige des Sommers bis in mein Fenster sprießen. Diesen Ast hat er benützt, um bis an mein Bett zu gelangen. Kein Mensch weiß sonst etwas davon, daß ich jede Nacht eine brennende Kerze bereitstelle, damit ich im Notfall schneller bei der Hand bin, falls im Hause irgendein Unglück passiert. Stellt Euch nur vor, lieber Vater, was für ein furchtbarer Schreck mein armes Frauenherz befiel! Ich dachte schon: Der bringt dich um! Und denkt Euch, lieber Herr, selbst mein Hilfegeschrei ließ ihn völlig kalt! Erst als Knechte und Hunde im Hause munter wurden, blies er die Kerze aus und war auf einmal weg, keine Ahnung, wohin! Seht, lieber Vater, das muß ich Euch voller Verzweiflung klagen!"

Der Mönch sprach mit entsetzlicher Stimme: „In nomine Domini, Amen! Ha, wie doch Satan seinen Samen

274

aussät! Leider bin ich machtlos gegen den bösen Geist! Wie sehr habe ich diesem Buben ins Gewissen geredet! Als wär's mein eigener Sohn! Was soll man tun, wenn er alles in den Wind schlägt? Doch wenn ich ihn jetzt ein drittes Mal zu mir kommen lasse, dann werde ich ihm einen solchen Schock versetzen, daß er sich die Sache endlich zu Herzen nimmt und mit diesem Unfug ein für allemal aufhört!"

Die Dame redete ihm eifrig zu: „Ach, bester Vater! Das tut nur unbedingt! Wenn er aber mit frecher Stirn alles leugnet, dann erzählt ihm als Wahrheitsbeweis alle Einzelheiten, wie ich sie Euch mitgeteilt habe!"

Er aber sprach salbungsvoll: „Ziehet hin in Frieden! Gott schütze Euch!"

Während die Dame nach Hause ging, schickte der Mönch nach seinem Freund und fiel mit solchem Grimm über ihn her, daß der Arme allen Ernstes fürchtete, der Mönch werde ihn der Obrigkeit ans Messer liefern. Er flehte ihn also an: „Edler Diener Gottes, übereilt bitte nichts! Erst sagt mir in aller Ruhe, um was es eigentlich geht. Ich merke schon, man hat mich böswillig verleumdet! Was ist nur los? Sagt mir's doch, lieber Freund!"

Das schlug dem Faß den Boden aus! Mit sich überstürzenden Worten hielt ihm der Mönch haarklein vor, was ihm die Dame geschildert hatte: vom Garten, von der Hintertür, von der Abwesenheit des Mannes, vom Bach, von der Linde, vom Fenster, durch das die Kerze ihren Schein aussandte, von seinem heimlichen Eindringen kurz vor Mitternacht, vom großen Schreck der Frau, der sie fast das Leben gekostet hätte. So glaubte er ihn eindeutig zu überführen, und er war sicher, daß der Jüngling nichts würde abstreiten können. Schließlich bat ihn der Jüngling demütig um Verzeihung und versprach hoch und heilig, es würde auch nie, nie wieder vorkommen. Wie schwer es ihn ankäme, er wolle sich nie wieder in Liebesabenteuer stürzen. Der Mönch war glücklich über den bekehrten Sünder, der Jüngling aber machte, daß er fortkam, und besichtigte bei Tageslicht die Örtlichkeiten, wie man sie ihm beschrieben hatte: die Tür, den Garten, den Bach, die Linde und den Ast, der zum Fenster führte. Exakt zu der Zeit, die ihm der Mönch genannt hatte, kam er des Nachts zum Hause der Schönen, und er fand das entzückende Geschöpf bereit, ihn von allem Kummer zu erlösen. Was die zwei des Nachts taten, darüber mag sich ein Narr den Kopf zerbrechen.

O Weibeslist! Wie vielgestaltig und erstaunlich ist deine Gewalt über den Mann, der deinen Ränken erliegt! Du machst scharf spähende Augen blind! Du vernebelst Vernunft, Verstand und Hirn! Wer wäre in der Lage, all deinen Listenreichtum zu beschreiben? Du verwandelst Leid in überschäumende Lust und anfängliche Lust in Leid, gegen deine Arglist helfen weder Verstand noch Erfahrung. Die Starken hast du wehrlos gemacht, die Weisen ratlos; du gibst weder Arme noch Reiche frei; die übermütigen Jungen machst du kirre, den alten Narren leerst du die Beutel. Vor dir sind weder Taube noch Blinde, weder Stumme noch Krüppel sicher. Die schon seit ihrer Geburt Narren sind, machst du derart lüstern, daß sie sich willig an dein Narrenseil binden lassen. Man sei klug oder erfahren, reich und mächtig oder arm und bedürftig, hochgelehrt oder einfältig: Aus allen machst du Taube, Blöde, Stumme, Tölpel, Narren, Affen, Esel und Säue. Gegen dich hilft nur ein einziges Mittel: Man gehe dir meilenweit aus dem Wege!

Damit ist meine Geschichte zu Ende. Am Beispiel des Mönches wird überzeugend folgendes bewiesen: Der Mensch mag noch so hochgelehrt, geistlich, fromm und ehrbar sein! Ist er nicht gewitzt genug, Spaß und Ernst auseinanderzuhalten, kann man ihn zu Recht auf einem Auge blind nennen. Diese Geschichte hat Hans Schneeberger verfaßt.

Der arme Heinrich

Es lebte einst ein Ritter, der war so gelehrt, daß er Bücher zu lesen vermochte, was immer in ihnen geschrieben war. Sein Name war Hartmann, und er war ein Lehensmann der Herren von Aue. Vielerlei Bücher durchblätterte er. Er sah sie durch, ob er nicht etwas fände, was in schweren Stunden das Herz erleichtern, aber auch Gottes Ehre mehren könne, um auf diese Weise die Gunst der Menschen zu erringen. So will er euch denn eine Geschichte wiedergeben, die er aufgezeichnet fand. Seinen Namen hat er genannt, damit die aufgewendete Mühe nicht ungelohnt bliebe. Wer diese Geschichte nach seinem Tode vortragen hört oder sie gar selber liest, möge zu Gott für sein Seelenheil beten. Es heißt ja, daß derjenige, der für die Sünden eines anderen betet, zugleich für sich selber spricht und damit sich selbst Erlösung erbittet.

Er las also, in Schwaben habe einst ein vornehmer Herr gelebt, der sämtliche Vorzüge besaß, die einen jungen Ritter auszeichnen müssen, wenn man ihm volles Lob zollen soll. Niemanden rühmte man zu seiner Zeit in allen Reichen dieser Welt so sehr wie ihn. Er war von vornehmer Abkunft, reich, mächtig und besaß zudem zahlreiche persönliche Vorzüge. Doch wie unermeßlich auch sein Besitz, wie makellos und fürstengleich seine Abkunft waren, er übertraf dies noch durch weltliches Ansehen und edle Gesinnung.

Sein Name war wohlbekannt: Er hieß Herr Heinrich und war aus dem Geschlecht derer von Aue. Aller Unlauterkeit und aller niederen Gesinnung hatte er abgeschworen, und er hielt diesen Eid auch streng und getreulich bis zu seinem Ende. Sein Ruf und seine Lebensführung waren ohne jeden Makel. Weltlichen Ruhm besaß er in vollkommenster Weise, und er konnte ihn durch zahlreiche edle Vorzüge auch noch erhöhen. Er war eine wahre Blüte der Jugend, ein Spiegel weltlicher Freude, ein fester Diamant an Beständigkeit und Zuverlässigkeit — ein vollkommenes Muster feiner Erziehung. Er war die Zuflucht der Bedrängten, Schirm und Schild seiner Angehörigen; freigebig und wohlüberlegt beschenkte er die Bedürftigen, so daß ihn weder Überfluß noch Mangel drückte. Aufrecht trug er die schwere Last der Anforderungen, die seine hohe Stellung mit sich brachte. Stets wußte er wohl zu raten, und auch in der Kunst des Minnesangs war er bewandert. Auf diese Weise vermochte er den Ruhm und die Wertschätzung der Welt zu gewinnen. Er war sowohl höfisch gebildet als auch lebenserfahren.

Wie nun Herr Heinrich in Glanz, Reichtum, fröhlicher Unbeschwertheit und weltlichem Glück dahinlebte — er war mehr als alle anderen seines Geschlechtes gerühmt und geachtet —, wurde er aus dem hohen Flug seines Sinnens und Trachtens in ein ganz und gar elendes Leben gestürzt. An ihm wurde wie schon an Absalom offenbar, daß die nichtige Krone irdischen Glücks im Augenblick ihrer größten Herrlichkeit in den Staub fällt, wie es uns schon in einer geistlichen

Schrift überliefert ist. Es heißt dort an einer Stelle: „Media vita in morte sumus!" Dies heißt in der Übersetzung, daß wir dann, wenn wir gerade das schönste Leben zu genießen meinen, vom Tode umfangen sind.

Dieser Welt fehlt es bei aller Festigkeit, bei aller Dauer, bei all ihrer besten und größten Herrlichkeit an Beständigkeit. Hierfür bietet uns die Kerze ein zutreffendes Gleichnis, denn während sie Licht spendet, zerfällt sie zu Asche. Hinfällig ist unser menschliches Sein! Seht nur, wie unser Lachen in Tränen erlischt! Unser Honig ist mit bitterer Galle untermischt! Die Blüte unseres Lebens beginnt zu welken, wenn sie sich am prächtigsten zu entfalten scheint. Deutlich genug wurde an Herrn Heinrich, daß derjenige, der auf dieser Erde im höchsten Ansehen lebt, vor Gott der Geringste ist. Auf Gottes Ratschluß hin stürzte er von der Höhe seines Ansehens und wurde mit einem Unheil geschlagen, das ihm die Verachtung der Menschen eintrug: Ihn befiel der Aussatz! Als man an seinem Körper die Zeichen dieser schweren Strafe Gottes entdeckte, wurde er Männern und Frauen widerwärtig. So seht nur: Wie angenehm er vorher den Menschen gewesen sein mochte, jetzt verabscheuten sie ihn so, daß niemand ihn ansehen wollte. Solches widerfuhr auch dem vornehmen und mächtigen Hiob, der mitten aus seinem Glück gerissen und jämmerlich zum Unrat geworfen wurde.

Als der unglückliche Heinrich schließlich merkte, daß er allen Menschen widerwärtig war (wie es solchen Kranken nun einmal zu ergehen pflegt), da zeigte er in seinem schweren Unglück durchaus nicht die Geduld Hiobs. Der fromme Hiob stellte sich nämlich geduldig dem über ihn verhängten Leid; um des Heiles seiner Seele willen ertrug er die Krankheit und die Verachtung der Menschen, ja, er lobte Gott dafür und freute sich darüber. Der unglückliche Heinrich verhielt sich leider keineswegs so wie Hiob; er war vielmehr niedergeschlagen und tief betrübt. Der Höhenflug seines Herzens ward beendet, seine Freude ertrank im Leid, sein hochgemuter Sinn wurde gebeugt, die Süße seines Daseins ward vergällt. Ein rasch aufziehendes Gewitter verdunkelte jäh den Mittag seines Lebens, eine düstere und hochgetürmte Wolke verdeckte den Glanz seiner Sonne. Er grämte sich tief, daß er so stolzen Ruhmesglanz aufgeben sollte. Vielmehr verfluchte und verwünschte er den Tag seiner Geburt.

Ein einziger Hoffnungsschimmer ließ ihn nicht völlig verzagen. Er hatte nämlich häufig sagen hören, daß diese Krankheit in vielen Formen auftrete und daß einige davon heilbar seien. So ward er von mancherlei Hoffnungen und Überlegungen bewegt. Es kam ihm der Gedanke, daß ihm vielleicht doch geholfen werden könne, und er reiste alsbald nach Montpellier, um dort den Rat der Ärzte einzuholen. Nach kurzer Untersuchung erhielt er jedoch lediglich den niederschmetternden Bescheid, daß es keine Rettung von seinem Leiden gebe. Dies bedrückte ihn sehr, und er reiste nun nach Salerno, um dort mit Hilfe der Heilkunst erfahrener Ärzte Genesung zu finden. Er kam zu dem hervorragendsten Arzt, und dieser gab ihm den sonderbaren Bescheid, daß seine Krankheit zwar heilbar sei, daß er aber nie und nimmer geheilt werden könne. Da rief er: „Wie ist das möglich? Das ist doch ganz und gar widersinnig! Wenn ich gerettet werden kann, so finde ich sicher Genesung. Was immer an Geld oder an Standhaftigkeit im Ertragen von Schmerzen von mir verlangt wird, vermag ich durchaus aufzubringen!"

„Gebt nur alle Hoffnung auf!" sprach jedoch der Arzt. „Um Eure Krankheit steht es so, daß Ihr nur mit Hilfe einer ganz besonderen Arznei geheilt werden könnt. Es nützt Euch allerdings wenig, wenn ich Euch dies offenbare, denn niemand ist mächtig und klug genug, sie erlangen zu können. Daher bleibt Ihr immerdar ungeheilt, es sei denn, daß Gott selbst Euer Arzt würde."

Da klagte der unglückliche Heinrich: „Warum nehmt Ihr mir alle Hoffnung? Ich verfüge über großen Reichtum. Wenn Ihr Eurem ärztlichen Können und Eurer ärztlichen Pflicht nicht zuwiderhandeln, wenn Ihr überdies mein Silber und Gold nicht verschmähen wollt, so will ich Euch so reich belohnen, daß Ihr mich bereitwillig gesund macht."

„Den Willen dazu hätte ich schon", antwortete der Arzt, „und handelte es sich um eine Arznei, die man kaufen oder auf irgendeine andere Art beschaffen könnte, so ließe ich Euch nicht zugrunde gehen. Doch dies ist leider nicht möglich, und so kann ich Euch auf keinen Fall helfen. Nur eine Jungfrau, die frei über sich verfügen kann und aus freien Stücken bereit wäre, für Euch den Tod zu erleiden, könnte Euch retten. Nun ist es nicht die Art der Menschen, so etwas gern zu tun. Eure Krankheit kann jedoch einzig und allein durch das Herzblut einer solchen Jungfrau geheilt werden!"

Der unglückselige Heinrich sah ein, daß es unmöglich war, jemanden zu finden, der gern für ihn den Tod erlitte. Die Zuversicht, die ihn hergeführt hatte, war ihm genommen, und von nun an hatte er keine Hoffnung mehr, genesen zu können. Sein Herzeleid ward so mächtig und stark, daß ihm der Gedanke, unter diesen Umständen weiterleben zu sollen, überaus widerwärtig war. Er kehrte heim und verschenkte seinen ererbten Grundbesitz und sein gesamtes bewegliches Vermögen, wie es nach seiner eigenen Meinung und nach dem Rat erfahrener Männer am besten angewandt erschien. Wohlüberlegt machte er seine armen Verwandten reich, und er beschenkte auch fremde Notdürftige, damit Gott sich seiner Seele erbarmen und ihr das ewige Heil schenken möge. Der Rest seines Vermögens fiel der Kirche zu. So gab er seinen gesamten Besitz dahin bis auf ein Rodegrundstück, auf das er sich — die Menschen fliehend — zurückzog. Sein elendes Schicksal beklagte nicht allein er selbst, es beklagten auch die Menschen aller Reiche, in denen er bekannt war oder die ihn vom Hörensagen kannten.

Der Mann, der diesen Platz urbar gemacht hatte und ihn zu jener Zeit auch noch bewirtschaftete, war ein

Freibauer. Nie hatte er schwere Plagen dulden müssen, wie sie andere Bauern hinnehmen mußten, die von schlechteren Herren abhängig waren und von ihnen weder mit Steuern noch mit willkürlichen Diensten verschont wurden. Sein Herr begnügte sich mit dem, was der Bauer aus freien Stücken leistete. Außerdem gewährte er ihm seinen Schutz, so daß er keine Unterdrückung von fremden Mächtigen zu dulden brauchte. Demgemäß gab es im ganzen Reich keinen Bauern, der so wohlhabend war wie er. Zu ihm zog sich sein Herr, der unglückliche Heinrich, zurück. Daß er ihn vorher mit Milde behandelt hatte, wurde ihm nun vergolten. Wie sehr kam es ihm jetzt zugute! Dem Bauern wurde nichts lästig, was ihm aus dessen Verweilen an Mühen erwuchs. Aus treuer Gesinnung nahm er willig die Last und die Mühe auf sich, die ihm auferlegt wurden, und er bereitete ihm eine behagliche Unterkunft.

Gott hatte dem Pächter — gemessen an seinem Stand — ein glückliches Leben geschenkt. Er besaß einen kräftigen, durch Arbeit abgehärteten Körper, er hatte eine tüchtige Frau und prächtige Kinder, die des Mannes höchste Freude waren. Unter ihnen befand sich, wie es heißt, eine Jungfrau, ein Kind von acht Jahren. Sie war von stets freundlichem Wesen und wollte sich niemals auch nur einen Schritt von ihrem Herrn trennen. Mit freundlicher Fürsorge war sie allenthalben um ihn bemüht, wobei ihr seine Zuneigung und sein grüßendes Lächeln Lohn genug waren. Auch war sie so wohlgestaltet, daß sie dank ihrer Anmut selbst des Kaisers Tochter hätte sein können.

Die anderen waren darauf bedacht, sich — wenn auch taktvoll und unauffällig — von dem Kranken möglichst fernzuhalten. Sie aber eilte stets und immer zu ihm und war regelmäßig an seiner Seite zu finden. Sie war auch seine einzige Unterhaltung. In reiner kindlicher Zuneigung hatte sie ihrem Herrn ihr Herz geschenkt, so daß man sie stets zu seinen Füßen fand. Mit freundlicher Geschäftigkeit umsorgte sie ihn, und er wiederum erfreute sie, womit er nur konnte. Was dem Mädchen zum kindlichen Spiel dienen konnte, damit beschenkte sie der Herr in Hülle und Fülle. Dabei kam ihm sehr zustatten, daß sich Kinder leicht an einen Menschen gewöhnen und anschließen. Er besorgte ihr, was es nur zu kaufen gab, ob Spiegel, Haarbänder, Gürtel oder Ringe, kurz alles, was Kindern Freude macht. Mit seinen Gefälligkeiten brachte er es so weit, daß sie ihm völlig ergeben war und er sie gar im Scherz seine kleine Braut nannte. Das liebe Mädchen ließ ihn nie allein, und er schien ihr ganz und gar vollkommen zu sein. Wie sehr sie aber auch durch seine Geschenke beeindruckt sein mochte, weit stärker nahm sie gefangen der Geist der Liebe, den Gott ihr gesandt hatte. So war sie voller Freundlichkeit um ihn besorgt.

Drei Jahre hatte der unglückliche Heinrich dort zugebracht, in deren Verlauf ihn Gott mit großen Schmerzen gepeinigt hatte. Eines Tages saßen der Pächter, seine Frau und seine Tochter (die Jungfrau, von der ich euch grad zuvor erzählt habe) mit ihrer Arbeit beschäftigt bei ihm und beklagten ihres Herren Leid. Sie hatten allen Grund zur Klage, denn sie fürchteten, daß sein Tod ihnen Schaden bringen — das heißt, sie ihrer bevorzugten Stellung und ihres Besitzes berauben — könnte, daß ein neuer Herr ihnen gegenüber härteren Sinnes sein würde. Sie grübelten lange, bis der Bauer schließlich folgende Frage stellte: „Mein lieber Herr, wenn Ihr gestattet, möchte ich gern etwas fragen. Es gibt doch in Salerno viele ausgezeichnete Heilkundige. Wie kommt es, daß Euch keiner von ihnen trotz seines Wissens einen hilfreichen Rat geben konnte? Das verwundert mich, Herr."

Da seufzte der unglückliche Heinrich in bitterer Verzweiflung aus tiefstem Herzen. Er war so schmerzbewegt, daß er vor Seufzen kaum zu reden vermochte. „Ich habe diese Schmach und Verachtung durch mein Verhalten wider Gott voll und ganz verdient. Du hast ja vorher selbst gesehen, wie das Tor meines Herzens der Weltlust weit geöffnet war. Niemand sah je im Kreise der Seinen alle Wünsche in vollkommenerer Weise erfüllt als ich. Doch gerade das war mein Verhängnis, denn ich hatte mich dabei in Schuld und Sünde verstrickt. Damals kümmerte ich mich kaum um jenen, der mir dank seiner Gnade dieses glückliche Leben gewährt hatte. Um mein Herz war es bestellt wie bei allen törichten Weltkindern, die nur darauf bedacht sind, Ansehen und Besitz zu erhaschen, ohne an Gott zu denken. So hat mich meine Verblendung irregeleitet, denn ich hatte nicht acht auf den, dessen Gnade mir hohen weltlichen Ruhm und Reichtum geschenkt hatte. Schließlich verdroß den hochgestellten Pförtner mein Hochmut so sehr, daß er die Pforte des Glückes vor mir versperrte. Leider werde ich sie nie wieder durchschreiten; meine Torheit hat dies verwirkt. Zur Strafe hat mich Gott mit einer Krankheit geschlagen, die niemand zu heilen vermag. Nun verachten mich die Bösen, und die Guten kümmern sich nicht um mich. Wie übel jemand auch sein mag, er hält mich doch noch für erbärmlicher und zeigt mir seine Verachtung dadurch, daß er die Augen von mir abwendet. Jetzt erweist sich deutlich deine treue Verbundenheit, denn du duldest mich Kranken bei dir und fliehst nicht vor mir. Wie wenig du aber auch vor mir zurückschreckst, wie lieb ich dir auch bin, wie sehr dein glückliches Leben auch von mir abhängen mag, du würdest meinen Tod doch ruhig hinnehmen. Ach, wer war je auf der ganzen Welt verachteter und beklagenswerter als ich! Zuvor war ich dein Herr, nun bin ich auf deine Güte angewiesen. Lieber Freund, indem du mich Kranken bei dir duldest, erwirbst du dir, deiner Frau und meiner kleinen Braut die ewige Seligkeit. Doch deine Frage will ich gern beantworten: Ich konnte in Salerno keinen Heilkundigen finden, der es gewagt oder gewollt hätte, sich meiner anzunehmen. Die Arznei, mit deren Hilfe man meine Krankheit heilen könnte, ist nämlich von solcher Beschaffenheit, daß sie kein Mensch auf der ganzen Welt auf irgendeine Weise zu gewinnen vermag. Ich konnte nur folgendes erfahren: Ich müßte eine Jungfrau finden, die frei über sich verfügen kann und freiwillig den Tod für mich erleiden will. Man müsse ihr das Herz herausschneiden, denn einzig ihr Herzblut könnte mir Heilung bringen. Nun ist natürlich völlig undenkbar, daß irgendein Mädchen um meinetwillen freiwillig den Tod erleidet. So muß ich denn diese schmachvolle Not bis an mein Lebensende tragen. Gott möge es mir bald senden!"

Was er dem Vater mitteilte, hörte auch das makellose, reine Mädchen. Das liebliche Kind hatte nämlich die Füße ihres geliebten Herrn in ihren Schoß gebettet. Ihr frommer kindlicher Sinn war geradezu der Güte der Engel zu vergleichen. Aufmerksam hatte sie seinen Worten gelauscht und sie sich fest eingeprägt. Sie behielt sie in ihrem Herzen, bis sie sich des Abends wie gewöhnlich zu Füßen ihres Vaters und ihrer Mutter zum Schlafen niederlegte. Als die Eltern eingeschlafen waren, entrangen sich ihrem Herzen viele schwere Seufzer. Der Schmerz über das Leiden ihres Herrn wurde so riesengroß, daß die Flut ihrer Tränen die Füße der Schlafenden netzte und das liebliche Kind sie weckte.

Als die Eltern die Tränen fühlten, erwachten sie und fragten, was ihr fehle, was für ein Kummer sie zu diesem verborgenen Wehklagen veranlasse. Sie wollte es ihnen aber nicht sagen. Ihr Vater drang jedoch mit vielen Drohungen und Bitten in sie, es ihnen zu offenbaren. So sprach sie schließlich: „Ihr hättet Grund, gleich mir zu klagen. Was kann uns Schlimmeres widerfahren, als unseren Herrn und damit Besitz und Ansehen zu verlieren? Niemals finden wir einen so gütigen Herrn, der uns so freundlich behandelt wie er."

Sie erwiderten: „Tochter, du hast schon recht. Doch unser Schmerz und alles Wehklagen nützt uns ganz und gar nicht. Liebes Kind, schweig stille davon! Es ist uns so schmerzlich wie dir, doch können wir ihm leider auf keine Weise helfen. Gott selbst ist es, der ihn von uns nimmt. Täte es ein anderer, so sollte ihn unser Fluch treffen."

Damit brachten sie das Mädchen zum Schweigen. Die Nacht aber und den ganzen folgenden Tag zeigte sie sich niedergeschlagen und traurig. Was der Tag von den anderen auch an Beschäftigungen forderte, die Gedanken an das Gehörte kamen keinen Augenblick aus ihrem Sinn, bis man sich in der folgenden Nacht wie gewöhnlich zur Ruhe begab. Nachdem sie sich auf ihr vertrautes Lager gebettet hatte, strömten erneut ihre Tränen. Tief in ihrem Herzen hegte sie nämlich die innigste Liebe, die ich je von einem Kind sagen hörte. Welches Kind hat je gehandelt wie sie? Sie faßte nämlich den festen Entschluß, ganz bestimmt ihr Leben für ihren Herrn hinzugeben, falls sie den nächsten Tag erleben sollte.

Dieser Entschluß erleichterte ihr Herz und stimmte sie fröhlich. Sie hatte keine Sorgen mehr und befürchtete einzig und allein, ihr Herr würde sich — wenn sie es ihm sagte — nicht darauf einlassen, er und ihre Eltern könnten, wenn sie ihnen ihren Entschluß mitteilte, dies nicht zulassen und ihr Vorhaben vereiteln. Dadurch wurde ihre Aufregung so groß, daß ihre Mutter und ihr Vater wie schon in der Nacht zuvor erwachten. Sie richteten sich auf, beugten sich über sie und sprachen: „Was fehlt dir denn? Du bist ein albernes Ding, dich mit solchem Kummer zu belasten wegen einer Not, die niemand abzuwenden vermag. Warum läßt du uns nicht schlafen?" So wiesen sie das Mädchen zurecht und meinten, das liebliche Kind damit wiederum beruhigt zu haben, ohne freilich von ihrem Vorsatz zu wissen. So antwortete denn das Mädchen: „Wie uns mein Herr gesagt hat, kann er sehr wohl geheilt werden, und wenn ihr es mir nicht verbietet, will ich selbst seine Arznei sein. Ich bin eine Jungfrau und will lieber mein Leben für ihn hingeben, als ihn selbst zugrunde gehen zu lassen!"

Diese Worte machten ihre Mutter und ihren Vater tieftraurig. Ihr Vater bat sie, solche Reden zu lassen und ihrem Herrn lieber etwas zu versprechen, was sie wirklich erfüllen könne, denn dies sei durchaus nichts für sie.

Er sagte eindringlich: „Meine Tochter, du bist noch ein Kind und kannst die Konsequenzen deiner hingebungsvollen Treue nicht übersehen. Du bringst es gar nicht fertig, das zu tun, was du uns hier mitgeteilt hast. Bislang hast du dem Tod noch nicht ins Angesicht gesehen. Wenn es erst einmal soweit ist, daß du unweigerlich sterben mußt, so würdest du sehr gern weiterleben, wenn es nur irgend ginge. Du bist noch nie in einer so verzweifelten Lage gewesen. Halte also endlich den Mund! Und wenn du in Zukunft noch einmal davon anfängst, ergeht es dir übel!"

Er meinte, sie mit Beschwörungen und Drohungen zum Stillschweigen zu bringen, doch es war vergebens. Seine Tochter erwiderte ihm nämlich: „Mein Vater, wie unverständig ich auch sein mag, ich weiß durchaus vom Hörensagen, wie hart und schwer die Todesnot ist. Doch jener, der sein ganzes Leben in Mühsal verbringt, fühlt sich dabei auch nicht wohl. Obwohl er sich abmüht und unter großen Plagen das ihm vergönnte Lebensalter erreicht, er muß am Ende ja doch sterben. Ist dann seine Seele verdammt, so wäre er besser nie geboren. Mir ist nun die Möglichkeit gegeben (und ich will Gott immer dafür lobpreisen), mein junges Leben für das ewige Seelenheil hinzugeben. Dies sollt ihr mir nicht verleiden, denn ich will doch nur das Beste für mich und euch. Laßt mich euch klarmachen, daß einzig ich es bin, die euch vor Schaden und Not bewahren kann. Wir sind angesehen und wohlhabend, doch liegt dies nur an meinem Herrn, der uns nie ein böses Wort gab und uns den Besitz nicht schmälerte. Solange er lebt, steht es um unsere Sache gut. Lassen wir ihn aber sterben, so werden auch wir zugrunde gehen. Ich will ihm daher in kluger Überlegung das Leben erhalten, um uns alle zu retten. Erlaubt es mir, denn es ist unabänderlich!"

Als die Mutter sah, wie ernst es ihrem Kinde war, sprach sie unter Tränen: „Tochter, liebes Kind, denke daran, wieviel Schweres ich um deinetwillen durchgemacht habe, und belohne mich besser als durch solche

Worte, die mir das Herz brechen. Mäßige dich in deinen Worten, denn du wirst dich durch dein Verhalten uns gegenüber bei Gott um all dein Seelenheil bringen. Warum hältst du dich nicht an sein Gebot? Er befahl in aller Strenge, Mutter und Vater zu lieben und zu ehren. Dafür stellt er die Rettung der Seele und ein langes Leben auf Erden als Lohn in Aussicht. Du erklärst, du wolltest dein Leben für unser beider Glück dahingeben, doch in Wirklichkeit willst du uns das Leben völlig unerträglich machen. Allein um deinetwillen erscheint deinem Vater und mir das Leben lebenswert. Was sollten uns Leben, Besitz und irdisches Trachten, wenn wir dich verlieren müßten? Du sollst nicht die Betrübnis unseres Herzens sein, liebe Tochter, sondern unser beider Lust und ungetrübte Freude, unsere strahlende Augenweide und unseres Lebens Glück, eine Blüte deines Geschlechtes und eine Stütze unseres Alters. Wenn wir durch deine Schuld vor dein Grab treten müssen, so hast du die Gnade Gottes für immer verscherzt. Dies wirst du am Ende noch um uns verdienen! Willst du dich recht verhalten, so laß bei der Gnade Gottes ab von solchen Worten und Gedanken, wie ich sie bei dir kennenlernen mußte."

Das Mädchen aber sprach: „Mutter, ich bin überzeugt, daß beide, du und mein Vater, mir alle Liebe und Güte entgegenbringen, die Vater und Mutter ihrem Kind erweisen sollen. Ich erfahre es ja täglich von euch. Euch verdanke ich die Seele und die Schönheit meines Körpers. Alle Männer und Frauen, die mich erblicken, rühmen von mir, ich sei das schönste Mädchen, das sie in ihrem ganzen Leben gesehen hätten. Wem sollte ich dafür nächst Gott danken, wenn nicht euch? Daher will ich euch immer gehorsam sein; das ist nur recht und billig. Meine liebe, liebe Mutter, da ihr mir Leib und Leben geschenkt habt, so erlaubt mir bitte, beides dem Teufel zu entreißen und mich Gott hinzugeben. Das Leben auf dieser Welt läßt die Seele Schaden nehmen. Auch haben mich solche irdischen Begierden, die auf den Weg zur

Hölle führen, bislang noch nicht berührt. So will ich Gott lobpreisen dafür, daß er mich in früher Jugend schon zu der Einsicht führte, dieses erbärmliche Leben sei geringzuachten. Ich will mich rein und unberührt Gottes Allmacht überantworten. Ich fürchte sehr, daß mich mit zunehmenden Jahren die verderbliche Erdenlust unterwerfen könnte, wie sie so viele andere schon mit ihrer Süßigkeit betrogen und unterworfen hat. Dann würde ich Gott am Ende noch abtrünnig! Gott sei geklagt, daß ich den morgigen Tag noch erleben soll, denn ich fühle mich abgestoßen von dieser Welt. Ihre scheinbare Behaglichkeit ist in Wirklichkeit arge Mühsal, ihre größte Lust ist das Leid des Herzens, ihr süßer Lohn ist bittere Qual, ihr langes Leben ist ein rasches Sterben. Nichts ist uns sicher als der Wechsel von Glück und Leid und am Ende der Tod.

Dies ist fürwahr eine beklagenswerte Not. Vornehme Geburt, Reichtum, Schönheit, Kraft, edle Gesinnung, charakterliche Vorzüge und Ansehen schützen ebensowenig vor dem Tod wie niedere Herkunft und rohe Art. Unser Leben und unsere Jugend gleichen dem Nebel und einer Staubwolke; statt fest zu sein, zittern wir wie ein Blatt im Wind. Ob Frau oder Mann, wer immer solchen Rauch einatmet und — ohne sich recht zu besinnen — dieser Welt nachläuft, ist fürwahr ein armseliger Tropf. Hier auf Erden hat man für uns über den stinkenden Kot Seidenbahnen gebreitet. Jeder, der sich von dem Glanz verleiten läßt, ist der Hölle verfallen und hat Seele und Leben verloren. Gütige Frau, bewahrt Eure treue Mutterliebe und mäßigt Euren Schmerz, den Ihr um meinetwillen empfindet, so wird auch mein Vater zur besseren Einsicht kommen. Ich weiß, daß er mich gern glücklich sehen möchte. Er ist ein vernünftiger Mann, der sicherlich einsieht, daß ihr an mir doch nicht mehr lange eure Freude haben würdet, selbst wenn ich am Leben bliebe. Wenn ich noch zwei oder drei Jahre unverheiratet bei euch bleibe, so ist mein Herr sehr wahrscheinlich verstorben. Ihr werdet dann möglicherweise durch Armut in solche Bedrängnis geraten, daß ihr mir nur eine kärgliche Aussteuer in die Ehe geben könnt und ich infolgedessen kümmerlich dahinvegetieren muß. Dann würdet ihr mich viel lieber tot sehen. Nun wollen wir aber von solcher Drangsal nicht länger reden und annehmen, daß uns nichts Böses widerfährt, daß uns mein lieber Herr erhalten bleibt und so lange lebt, bis man mich einem wohlhabenden und geachteten Mann zur Frau gibt. Dann hat sich erfüllt, was ihr wünscht, und ihr werdet meinen, daß ich glücklich sei. Mein Herr aber fühlt etwas anderes. Gewinne ich ihn lieb, so wird dies der Seele Not, erwirbt er meine Neigung nicht, so ist dies für mich der Tod. In der Ehe werde ich immer Leid erdulden, werde ich an Stelle von zufriedener Behaglichkeit Mühe und Plage erfahren müssen, bedrängt von vielen Dingen, die den Frauen lästig sind und sie daran hindern, am Leben Freude zu empfinden. So schenkt mir denn das volle, unvergängliche Glück. Um mich wirbt ein freier Landwirt, dem ich mich gern hingeben will. Wahrlich, wenn ihr mich ihm gebt, so wird mein Leben wohl eingerichtet sein. Seine Wirtschaft ist in guter Ordnung, sein Hof mit allem wohl versehen. Dort stirbt weder Roß noch Rind, dort wird man nicht geplagt von plärrenden Kindern, das Wetter ist gleichmäßig mild, auch altert dort niemand (ja der Greis wird gar jünger), es plagen nicht Frost noch Hunger, es gibt dort keinerlei Not, sondern nur ungetrübtes, vollkommenes Glück. Zu ihm will ich mich begeben und jenen Hof fliehen, den Unwetter und Hagel treffen, den Wasserfluten fortschwemmen, mit dem man sich immer und immer wieder plagen muß. Was man hier im Laufe eines ganzen Jahres mühsam erarbeitet hat, wird in einem halben Tag vernichtet. Diesen Hof will ich verlassen, er sei verflucht von mir. Ihr habt mich lieb, und ihr tut recht daran. Ich möchte aber nicht, daß eure Liebe am Ende mein Unheil bewirkt. Wenn ihr an mir recht handeln und mir wirklich Reichtum wie Ansehen schenken wollt, so erlaubt mir, daß ich mich unserem Herrn Jesus

Christus zuwende, dessen Gnade ohne Ende ist und der mir Armen ebenso große Liebe schenkt wie einer Königin. Mit Gottes Willen werde ich nie meine Kindespflicht gegen euch verletzen. Ohne Zweifel hat er geboten, daß ich euch untertan sei, da ihr mir das Leben geschenkt habt. Dies Gebot will ich gern erfüllen. Andererseits darf ich mir aber nicht selbst untreu werden. Oft genug hörte ich sagen: Wer den anderen so froh macht, daß er selbst dadurch betrübt wird, wer den anderen zu hohen Ehren, sich selbst aber in Verachtung bringt, übertreibt seine Dienstwilligkeit. Wie sehr ich euch auch gehorchen und treu sein will, in erster Linie muß ich es mir selbst gegenüber sein. Wenn ihr meinem Glück im Wege stehen wollt, so will ich es eher hinnehmen, daß ihr Tränen um mich weint, als daß ich mir entgehen ließe, was ich mir selber schuldig bin. Es zieht mich unwiderstehlich dorthin, wo ich Freude ohne Ende finde. Ihr habt doch noch mehr Kinder. Laßt die euer Glück sein und verzichtet auf mich. Niemand kann mich daran hindern, daß ich meinen Herrn und mich errette. Mutter, ich hörte dich zuvor klagend rufen, es würde deinem Herzen Weh bereiten, wenn du an meinem Grab stehen müßtest. Das bleibt dir erspart. Du wirst nicht an meinem Grab zu stehen brauchen, denn es wird dich niemand den Ort meines Todes wissen lassen. In Salerno wird es geschehen. Dort wird uns der Tod von den üblen Geistern der Hölle erlösen. Durch diesen Tod werden wir gerettet, und ich noch weit mehr als ihr!"

Als sie sahen, daß ihr Kind so eifrig nach dem Tode verlangte, daß es so verständig redete und im Grunde alle Grenzen menschlicher Natur überschritt, da überlegten sie gemeinsam, daß kein Kindermund solche Weisheit und solche Einsicht von sich aus offenbaren könne. Sie meinten, aus ihr habe der Heilige Geist gesprochen, der auch St. Nikolaus in der Wiege erfüllte und ihn die Weisheit lehrte, sich mit kindlich-frommem Sinn Gott zuzuwenden. Sie sahen ein, daß sie das Mädchen von seinem Vorsatz nicht abbringen dürften, da er ihr von Gott eingegeben sei. Als der Pächter und seine Frau so auf dem Bett saßen, überfiel sie die Verzweiflung wie erstarrender Frost, so daß sie aus Liebe zu ihrem Kind weder zu sprechen noch zu denken vermochten. In diesem Augenblick konnte keiner von ihnen auch nur ein einzig Wort herausbringen. Der Schmerz packte die Mutter wie ein Krampf. Beide saßen gramerfüllt und traurig da, bis sie schließlich überlegten, was ihnen all ihr Trauern nützen könne. Wenn sie niemand von ihrem Willen und Entschluß abbringen könne, so wäre es am besten, die Einwilligung zu geben, da dies immer noch die schönste Art des Scheidens wäre. Zeigten sie sich der Sache abgeneigt, so könnte es ihnen bei ihrem Herrn gar sehr zum Nachteil ausschlagen, und erreichen würden sie damit ja doch nichts. Also stimmten sie am Ende beide zu und erklärten, sich über das Vorhaben ihrer Tochter zu freuen.

Darüber war das makellos reine Mädchen von Herzen froh. Kaum dämmerte der Tag, da begab sie sich zum Lager ihres Herrn. Seine liebe kleine Braut rief ihm zu: „Herr, schlaft Ihr noch?"

„Nein, meine Braut. Doch sage mir, warum bist du heute so früh aufgestanden?"

„Herr, der Schmerz um Eure Krankheit nötigt mich dazu."

Er erwiderte: „Daß dir dies leid tut, liebe Braut, läßt du mich deutlich genug erkennen; Gott möge es dir vergelten! Es läßt sich allerdings nichts dagegen tun."

„Doch, mein lieber Herr! Euch wird mit Sicherheit geholfen werden. Da es sich so verhält, daß man Euch Hilfe bringen kann, lasse ich Euch keinen einzigen Tag mehr warten. Herr, Ihr habt uns doch folgendes mitgeteilt: Wenn es eine Jungfrau gäbe, die um Euretwillen freiwillig den Tod erlitte, so könntet Ihr dadurch Genesung finden. Bei Gott, ich selbst will diese Jungfrau sein, denn Euer Leben ist weit wichtiger als das meine."

Da dankte ihr der Herr von ganzem Herzen für die gute Absicht, und vor verborgenem Weh traten ihm

Tränen in die Augen. Er sprach zu ihr: „Meine Braut, der Tod ist weit furchtbarer, als du meinst. Du hast mir deutlich gezeigt, daß du mir helfen würdest, wenn du es vermöchtest, und das genügt mir vollauf. Ich erkenne darin deine liebenswerte Gesinnung. Dein Wille ist untadelig und gut, doch darf ich von dir nicht mehr verlangen; du darfst mir gar nicht gewähren, was du mir versprochen hast. Gott wird dir deine Treue vergelten, die du mir gegenüber bewiesen hast. Die Leute meines Reiches würden ihren Spott über mich ergießen, wenn ich eine solche Arznei gebrauchte und alles am Ende doch so käme, wie es auch so kommen wird. Meine Braut, du handelst wie ein Kind, das sich unbedacht und schnell für etwas begeistert. Was ihm — ob gut oder übel — gerade in den Sinn kommt, darauf ist es erpicht, doch hinterher bereut es das sehr. So verhältst auch du dich, liebe Braut. Im Augenblick bist du dazu entschlossen, doch wenn dich einer beim Wort nehmen und man es auch ausführen wollte, so würde es dir am Ende doch leid tun." Er bat sie, sich eines besseren zu besinnen, und fuhr fort: „Deine Mutter und dein Vater können dich auch gar nicht entbehren, und ich will jenen kein Leid zufügen, die mir Gutes taten. Handle so, liebe Braut, wie sie es dir raten." Er lächelte dabei, denn er versah sich nicht dessen, was später geschehen sollte.

Als er nämlich der lieben Jungfrau so zusprach, wandten sich ihr Vater und ihre Mutter an ihn: „Lieber Herr, Ihr habt uns in hohem Maße Freundlichkeit und Achtung erwiesen. Da wäre es übel angebracht, wollten wir es Euch nicht entsprechend vergelten. Unsere Tochter hat sich dazu entschlossen, um Euretwillen den Tod zu erdulden. Sie hat uns so weit gebracht, daß wir gern unsere Einwilligung geben. Sie hat diesen Entschluß nicht unüberlegt gefaßt. Es ist heute bereits der dritte Tag, daß sie uns um unsere Einwilligung bestürmt. Nun hat sie es bei uns erreicht. Gott lasse Euch mit ihrer Hilfe Genesung finden; wir wollen sie für Euch hingeben."

Als ihm seine Braut ihren Tod als Heilmittel gegen

293

seine Krankheit anbot und man erkannte, daß es ihr damit Ernst war, zeigten sich alle tief betroffen. Das Kind und die drei Erwachsenen waren schmerzbewegt und tief bekümmert. Vater und Mutter brachen in bittere Tränen aus, und sie hatten allen Grund zu weinen, ging es doch um den Tod ihres lieben Kindes. Dem Herrn kam die grenzenlose Hingabe des Kindes erst jetzt deutlich zum Bewußtsein, so daß ihn tiefe Trauer überfiel. Seine Augen füllten sich mit Tränen, und er konnte sich nicht schlüssig werden, ob er es tun oder lassen sollte. Voll Furcht weinte auch das Mädchen, denn sie meinte, er habe den Mut dazu verloren. So waren denn alle sehr betrübt und ganz in ihrem Schmerz versunken.

Schließlich faßte sich ihr Herr, der unglückliche Heinrich, und dankte allen dreien herzlich für ihre Treue und Güte. Das Mädchen aber war überglücklich, daß er nachgab. Heinrich rüstete sich zur Fahrt nach Salerno, so schnell er nur konnte, und für das Mädchen wurde schleunigst alles herbeigeschafft, was sie nur brauchte: prächtige Rosse, kostbare Kleider, die sie nie zuvor getragen hatte. Aus Hermelinpelz, Samt und dem besten Zobel, den es gab, wurden die Gewänder des Mädchens hergestellt. Wer vermöchte all das Herzeleid, den Jammer und den bitteren Schmerz ihrer Mutter, die tiefe Not ihres Vaters zu schildern? Schrecklich wäre der Abschied von ihrem lieben Kinde gewesen, als sie es bei blühender Gesundheit auf Nimmerwiedersehen in den Tod ziehen ließen, hätte nicht die Güte Gottes ihr Leid gemildert, hatte er selbst doch dem jungen Mädchen den Entschluß eingegeben, freiwillig den Tod auf sich zu nehmen. Dieser Entschluß war ohne Zutun der Eltern gefaßt worden, so daß die Last des Kummers von ihren Herzen genommen wurde; es wäre sonst ein Wunder gewesen, daß sie beim Abschied nicht brachen. Dies tröstete sie in ihrer Betrübnis, und das bittere Weh über den bevorstehenden Tod des Kindes wich aus ihren Herzen.

Frohen Herzens und bereitwillig reiste die Jungfrau

mit ihrem Herrn nach Salerno. Sie war nur verdrossen darüber, daß der Weg so weit war und sie darum so lange noch leben mußte. Als er sie schließlich an das Ziel ihrer Reise — zu jenem bewußten Arzt — gebracht hatte, versicherte er ihm, er habe eine solche Jungfrau gefunden, wie er sie herbeischaffen sollte, und er stellte sie ihm vor. Dies erschien dem Arzt unglaubwürdig, und er fragte sie: „Mein Kind, hast du dich freiwillig dazu entschlossen, oder hat dich dein Herr durch Bitten oder Drohungen dazu veranlaßt?" Die Jungfrau aber antwortete ihm, daß sie diesen Entschluß aus eigenem Antrieb gefaßt habe.

Dies verwunderte ihn sehr. Er nahm sie daher beiseite und beschwor sie hoch und teuer, ihm zu sagen, ob sie nicht doch ihr Herr durch Drohungen dazu gezwungen hätte. Er drang in sie: „Kind, du mußt mit dir zu Rate gehen, und ich will dir auch den Grund sagen. Wenn du nicht freiwillig den Tod auf dich nimmst, so stirbst du in deiner blühenden Jugend, ohne daß uns dein Tod das geringste helfen könnte. Verbirg mir nicht deine wahren Gedanken! Ich will dir schildern, was du erdulden mußt: Ich entkleide dich völlig, und du wirst dich sicherlich sehr schämen, wenn du so ganz entblößt vor mir stehst. Dann binde ich dir Arme und Beine. Wenn dir dein Leben lieb ist, so bedenke den Schmerz, den ich dir dann zufügen werde: Ich schneide nach deinem Herzen und reiße es dir bei vollem Bewußtsein aus der Brust. Nun sage mir, mein Fräulein, was du dazu meinst. Keinem Kind ist je ein solcher Schmerz zugefügt worden, wie ich ihn dir bereiten muß. Mir selbst ist schon furchtbar genug, dies tun und ansehen zu müssen. Und überlege dir noch dies: Reut es dich auch nur im mindesten, so war all meine Mühe umsonst, und du hast dein Leben sinnlos dahingegeben."

Abermals beschwor er sie hoch und teuer, davon abzulassen, wenn sie sich nicht standhaft genug wüßte.

Da sie fest glaubte, der Tod würde sie an diesem Tag vom Elend der Welt erlösen, sprach die Jungfrau lächelnd: „Gott lohne es Euch, lieber Herr, daß Ihr mir die ganze Wahrheit gesagt habt. In der Tat bin ich ein wenig mutlos und unsicher geworden, und ich will Euch auch unverblümt sagen warum: Ich befürchte, daß Eure Verzagtheit unser ganzes schwieriges Vorhaben zunichte macht. Ihr schwatzt wie ein Weib und seid ein rechter Hasenfuß. Ihr seid viel zu sehr besorgt um meinen Tod. Wenn Ihr wirklich über großes ärztliches Können verfügt, so verhaltet Ihr Euch merkwürdig genug. Ich bin nur eine Frau, doch fühle ich mich stark. Habt Ihr Mut genug, den Schnitt zu tun, so will ich ihn schon aushalten. Von der schrecklichen Qual, die Ihr mir eben geschildert habt, weiß ich auch ohne Euer Zutun. Ich wäre wahrhaftig gar nicht erst hergekommen, wüßte ich mich nicht standhaft genug, sie zu erdulden. Ihr seht doch an mir — mit Verlaub — nicht den Ausdruck ängstlicher Schwäche. Ich fühle eine so feste Standhaftigkeit, daß ich nicht ängstlicher bin, als wenn ich zum Tanze gehen sollte. Eine Qual, die ich lediglich einen Tag lang zu dulden brauche, ist nicht unerträglich. Ich meine, daß solch ein Tag ein billiger Preis für das unvergängliche ewige Leben ist. Was mich angeht, so macht Euch nur keine Sorgen! Traut Ihr es Euch zu, meinem Herrn seine Gesundheit und mir das ewige Leben zu schenken, bei Gott, so tut es bald! Laßt sehen, was für ein meisterhafter Arzt Ihr seid! Es verlangt mich sehr danach, denn ich weiß gar wohl, in wessen Namen ich dies tun werde. Er weiß solchen Dienst zu beurteilen und läßt ihn nicht ungelohnt. Ich weiß gar wohl, daß er selbst verkündet hat, den größten Lohn werde jener empfangen, der den größten Dienst geleistet hat. Angesichts so sicheren Lohnes ist mir dieser Tod eine süße Qual. Ich wäre ein törichtes Ding, wollte ich — die ich so niederer Abkunft bin — auf die himmlische Krone verzichten!"

Nachdem der Arzt erkannt hatte, daß sie standhaft genug war, führte er sie zurück zu dem Kranken und sprach zu ihrem Herrn: „Uns kann nichts fehlschlagen, denn diese Eure Jungfrau ist vollkommen geeignet,

Euch zu heilen. Seid frohen Mutes, denn ich will Euch gar bald Eure Gesundheit wiedergeben." Daraufhin führte er sie in ein abgelegenes Zimmer, wo ihm ihr Herr nicht zuschauen konnte. Er schloß vor ihm die Tür und stieß den Riegel vor, wollte er ihn doch nicht sehen lassen, auf welche Weise sie sterben mußte.

In diesem Zimmer, in dem er den reichen Schatz seiner Arzneien aufbewahrte, hieß er das Mädchen sich entkleiden. Sie war darüber froh und glücklich und beeilte sich damit so, daß die Nähte ihrer Gewänder rissen. Alsbald stand sie ohne jede Kleidung — ganz nackt und bloß — vor ihm, ohne sich auch nur im mindesten zu schämen.

Als sie der Arzt betrachtete, gestand er sich insgeheim ein, daß es auf der ganzen Welt kein liebreizenderes Geschöpf gebe als sie. Da ergriff ihn das Mitleid so sehr, daß er fast den Mut zu seinem Werk verlor. Das fromme Mädchen erblickte einen hohen Tisch, auf den sie sich legen sollte. Er band sie darauf fest und ergriff ein bereitliegendes scharfes Messer, das er bei solcher Arbeit zu benutzen pflegte. Es hatte eine lange und breite Klinge, doch schnitt es nicht so gut, wie er es gewünscht hätte. Da sie nun einmal sterben sollte, erbarmte ihn die Qual, die ihr bevorstand, und er wollte ihr den Tod möglichst leicht machen. So begann er denn, das Messer über einen Schleifstein zu führen, um es zu schärfen. Dies hörte der unglückliche Heinrich, der draußen vor der Tür stand und alsbald die frohe Todesbereitschaft der Jungfrau überflüssig machen sollte. Ihn erfaßte nämlich tiefe Trauer darüber, daß er sie nie wieder lebend vor sich sehen sollte. Da suchte er so lange, bis er ein Loch fand, das durch die Wand hindurchging, und er sah sie durch den Spalt nackt und gebunden daliegen.

Als er den ganzen Liebreiz ihres Körpers erkannte und sie mit sich selbst verglich, änderte sich seine bisherige Einstellung. Was er zuvor gewollt hatte, erschien ihm jetzt verwerflich. Er legte seine alte Denkart ab und fand zu selbstloser Herzensgüte. Da er sie in all ihrer Schönheit vor sich sah, sprach er zu sich: Es war eine törichte Einbildung von dir, einen einzigen Tag gegen den Willen dessen leben zu wollen, dem niemand zu widerstehen vermag. Du weißt nicht, was du tust, wenn du dieses Leben in Verachtung, das Gott dir auferlegt hat, nicht willig trägst, da du ja doch einmal sterben mußt. Dazu weißt du nicht einmal sicher, ob dir der Tod dieses Kindes wirklich Genesung bringt. Nimm alles ergeben auf dich, was Gott dir auferlegt hat. Ich will dieses Kind nicht sterben sehen.

Nachdem er diesen Entschluß gefaßt hatte, klopfte er an die Wand und verlangte Einlaß. Der Arzt aber rief: „Ich habe jetzt keine Zeit, Euch zu öffnen!"

„Nein, Meister, hört mich an!"

„Herr, ich kann nicht. Wartet, bis ich fertig bin!"

„Nein, Meister, hört mich erst an!"

„So sagt es mir durch die Wand hindurch."

„Das läßt sich so nicht sagen."

Schließlich ließ der Arzt ihn ein. Da trat der unglückliche Heinrich auf das gebunden daliegende Mädchen zu und sprach zu dem Arzt: „Dies Kind ist so wunderschön, daß ich seinen Tod nicht ansehen kann. Möge sich der Wille Gottes an mir erfüllen! Laßt sie wieder aufstehen! Den Lohn, den ich mit Euch ausgemacht habe, sollt Ihr erhalten, doch das Mädchen laßt am Leben!" Diese Worte hörte der Arzt aus Salerno recht gern. Er tat sogleich, was jener verlangte, und band die Jungfrau wieder los.

Als sie erfaßte, daß sie nicht sterben sollte, war sie zutiefst erschüttert. In ihrer Verzweiflung vergaß sie jeden Anstand und jede gute Erziehung. Mit den Fäusten schlug sie auf ihre Brüste ein, sie raufte ihre Haare und riß sie sich aus. Sie zeigte sich derart verzweifelt, daß jedem Zuschauer die Tränen gekommen wären. In bitterem Schmerz schrie sie: „Ach und weh mir Armen! Was soll nun aus mir werden? Muß ich die herrliche Himmelskrone verlieren? Sie wäre mir für mein Leiden zum Lohn geworden! Jetzt erst bin ich wirklich tot!

Wehe, allmächtiger Jesus Christus, welches Heil ist meinem Herrn und mir genommen worden! Nun sind wir beide um all das Heil gebracht, das wir erlangen konnten. Wäre dies Werk vollbracht worden, so hätte er Genesung und ich die ewige Seligkeit gefunden!"

Eindringlich bat sie immer wieder um den Tod, doch sosehr sie auch danach verlangte, es half ihr nichts. Als man ihrer Bitte nicht willfahrte, begann sie zu schelten: "Ich muß büßen für die Feigheit meines Herren! Nun erst sehe ich, daß die Leute sich in Euch getäuscht haben. Sie versicherten stets, Ihr wäret wacker, tapfer und hättet festen Mannesmut. Bei Gott, sie haben gelogen. Alle haben sich in Euch getäuscht, denn Ihr wart Euer Leben lang und seid auch jetzt noch ein großes Hasenherz. Dies zeigt sich deutlich darin, daß Ihr nicht zulaßt, was ich selbst auszuhalten wage. Herr, aus welchem Grund erschraket Ihr so, als ich gebunden wurde? Zwischen Euch und mir befand sich doch eine dicke Wand. Herr, habt Ihr nicht den Mut, den Tod eines anderen zu ertragen? Ich stehe Euch dafür ein, daß Euch niemand etwas antut und daß es für Euch sowohl nützlich als auch heilsam ist. Wenn Ihr dies aus selbstloser Zuneigung zu mir untersagt, so ist dies ein übler Entschluß, den Gott Euch nicht lohnen wird, denn solche Selbstlosigkeit ist gar zu groß."

Wie sehr sie aber auch zürnte, bat und schalt, es half ihr gar nichts. Gegen ihren Willen mußte sie am Leben bleiben. Und so heftig sie ihn ausschalt, der unglückliche Heinrich nahm alles geduldig und freundlich hin, wie es einem wackeren und wohlerzogenen Ritter ziemt. Als der unglückliche Mann seine Jungfrau wieder angekleidet und dem Arzt den ausbedungenen Lohn gezahlt hatte, reiste er eilends wieder in sein Land zurück. Obwohl er genau wußte, daß er daheim von allen Seiten nur Hohn und Spott hören würde, stellte er alles in Gottes Rat.

Die fromme Jungfrau war vom Weinen und Klagen bereits ganz von Kräften gekommen, so daß sie dem

Tode nahe war. Da erkannte ihre Aufrichtigkeit und ihre Not jener, dem keines Herzens Tor verschlossen ist. Nachdem es ihm in liebreicher Absicht gefallen hatte, sie beide ebenso gründlich zu prüfen wie den reichen Hiob, tat der heilige Christus kund, wie lieb ihm treue Anhänglichkeit und Erbarmen sind, denn er erlöste beide von ihren Schmerzen und machte Heinrich auf der Stelle rein und völlig gesund.

Der edle Herr Heinrich genas dank der Fürsorge unseres Herrgotts auf seiner Heimreise so vollkommen, daß er am Ende aussah wie ein blühender Jüngling von zwanzig Jahren. Nachdem ihnen dieses Glück zuteil geworden war, lud er daheim in seinem Land all diejenigen zu sich ein, von denen er wußte, daß sie dank ihrer Zuneigung und Güte an seinem Glück Anteil nehmen würden. Mit Recht freuten sie sich über die Gnade, die Gott ihm erwiesen hatte.

Als seine besten Freunde von seiner Ankunft erfahren hatten, ritten und eilten sie ihm drei Tagreisen weit entgegen, um ihn willkommen zu heißen. Statt den Worten Fremder wollten sie lieber ihren eigenen Augen trauen, und an der Schönheit seines Körpers erkannten sie Gottes wunderbares Wirken. Vom Pächter und seiner Frau darf man ruhig glauben, daß sie es sich nicht nehmen ließen, ihr Haus zu verlassen und ihm entgegenzueilen. Unbeschreiblich ist die Freude, die sie empfanden, hatte ihnen doch Gott einen beglückenden Anblick bereitet: Mit unbeschreiblichem Vergnügen sahen sie ihre Tochter und ihren Herrn vor sich. Nie hat es je ein größeres Glück gegeben als das ihre, da sie beide gesund vor sich sahen. Sie wußten sich vor Entzücken gar nicht zu lassen, so daß ihre Begrüßung sonderbar zwiespältig war: Ihre Herzensfreude war so groß, daß ihr Lachen sich mischte mit der Tränenflut ihrer Augen. Sie küßten ihre Tochter ungelogen dreimal hintereinander und noch öfter.

Die Schwaben aber empfingen Herrn Heinrich mit einem schönen Geschenk, denn sie begrüßten ihn aus frohem Herzen. Bei Gott, jeder ehrliche Mann, der die

Schwaben in ihrer Heimat kennengelernt hat, muß ihnen zubilligen, daß sie dienstwillige Menschen sind, doch nie zeigten sie größere Herzlichkeit als bei Heinrichs Ankunft. Was soll ich die nachfolgenden Vorgänge lang und breit schildern? Nur so viel: Er ward an Besitz und Ansehen viel reicher als vorher. All dies stellte er jedoch fortan in den Dienst Gottes, und er achtete mehr als zuvor auf seine Gebote. Dies gereicht ihm zum ewigen Ruhm.

Der Pächter und die Pächterin hatten sich um ihren Herrn in so hohem Maße verdient gemacht, daß sie Anerkennung und Belohnung erwarten durften, und er war so ehrenwert gesinnt, daß sie auf seinen Dank rechnen konnten. Er überließ ihnen das große Rodegut, auf dem er sich als Kranker aufgehalten hatte, samt Boden und Hörigen als Eigentum. Seine kleine Braut beschenkte er reich; er bereitete ihr alle erdenklichen Annehmlichkeiten und stattete sie so verschwenderisch aus, als sei sie eine Edelfrau oder gar noch mehr. Dazu trieb ihn das Gebot der Dankbarkeit.

Nun berieten ihn seine erfahrenen Ratgeber, und sie empfahlen ihm, eine Ehe einzugehen. Als man sich jedoch im Rat über die Person der Ehefrau nicht einig werden konnte, teilte er ihnen seinen eigenen Entschluß mit: Wenn sie es für richtig hielten, wolle er seine Verwandten und Freunde zusammenholen und die Sache mit ihnen ins reine bringen. Ihrem Rat wolle er Folge leisten, wie immer er ausfiele. Alsbald ließ er im ganzen Land all jene zu sich laden, die seiner Aufforderung nachkommen mußten. Als alle — Verwandte und Lehensleute — versammelt waren, teilte er ihnen den Grund der Einladung mit, und man war einhellig der Meinung, daß man zu Recht darüber beraten müsse, denn es sei an der Zeit zu heiraten. Nun begann aber ein großer Streit. Der eine riet dies, der andere jenes, wie es im Rat zuzugehen pflegt.

Als sie sich nicht einig werden konnten, sprach Herr Heinrich: „Ihr wißt recht wohl, daß ich noch vor kurzem den Menschen widerwärtig war und von ihnen gemieden wurde. Jetzt aber wenden sich weder Mann noch Frau von mir ab, denn die Macht unseres Herrgotts hat mir meine Gesundheit wiedergeschenkt. Bei Gott, nun ratet mir, wie ich jenem Menschen danken soll, der mir zur Gnade Gottes und damit zu meiner Gesundheit verholfen hat!"

Sie erwiderten: „Entschließt Euch dazu, ihm mit Eurer Person und Eurem Besitz immerdar untertan zu sein!"

Da sah er seine liebe kleine Braut, die neben ihm stand, voller Liebe an, umarmte sie und sprach: „Ihr habt sicherlich erfahren, daß ich dieser selbstlosen Jungfrau, die ihr hier neben mir seht, meine Gesundheit verdanke. Nun ist sie frei geboren wie ich auch, und ich fühle mich unwiderstehlich dazu gedrängt, sie zu meiner Gattin zu machen. Gebe Gott, daß ihr damit einverstanden seid; sollte dies der Fall sein, will ich mich mit ihr vermählen. Und ich versichere euch: Wenn dies nicht möglich ist, will ich ohne Ehgemahl sterben, denn mein Leben und mein Ansehen unter den Menschen verdanke ich ihr allein. Ich bitte euch alle bei der Huld Gottes um euer Einverständnis."

Da riefen sie — ob arm oder reich — wie aus einem Munde, es könne sich nicht besser fügen, und da unter den Versammelten auch zahlreiche Priester waren, vermählten sie ihn mit der Jungfrau. Nach langem und glücklichem Leben gingen sie gemeinsam in die Ewigkeit ein. Möge solches auch uns dereinst widerfahren! Gott schenke uns den gleichen Lohn wie ihnen. Amen.

Die Tochter des Kaisers Lucius

Einst regierte in Rom der mächtige Kaiser Lucius. Er
hatte eine schöne, liebreizende, edel geborene Tochter,
an der er mit großer Liebe hing. Niemand konnte sich
ihr an Tugendhaftigkeit und vornehmer Wesensart vergleichen. Nun diente dem Kaiser ein wackerer, tapferer
Ritter, der aus leidenschaftlicher Liebe zu der schönen
Jungfrau nicht mehr Rast noch Ruhe fand, ja am Ende
sogar dahinzusiechen begann.

Eines Tages, als er sie allein sah, nahte er sich ihr
heimlich und sprach: „Edle Jungfrau, ich liebe dich bis
zum Wahnsinn! Was verlangst du dafür, mich eine
Nacht bei dir schlafen zu lassen?"

Sie erwiderte ohne langes Überlegen: „Dafür will ich
tausend Gulden! Keinen Pfennig mehr und keinen weniger!"

Der Ritter war von Herzen froh und gab der schönen
Jungfrau vor Beginn der gemeinsamen Nacht tausend
Gulden. Als die Sonne gesunken und die finstere Nacht

hereingebrochen war, erschien unser Held wie vereinbart bei der lieblichen Jungfrau, legte sich zu ihr ins Bett und schlief auf der Stelle ein. Die ganze Nacht lag er in tiefem Schlummer. Als die Sonne aufging, erhob sich die Jungfrau, kleidete sich an und weckte dann den wackeren Rittersmann. Der war ganz außer sich vor Ärger, daß er sein Glück so schmählich verschlafen hatte, und bat das Mädchen: „Schöne, liebreizende Jungfrau, hab Erbarmen mit mir und komm bitte zurück ins Bett! Erfülle mein sehnsüchtiges Verlangen!"

Sie aber rief schnippisch: „Ich denke nicht daran! Mein Versprechen habe ich getreulich gehalten, das ist die reine Wahrheit. Wir hatten schließlich vereinbart, daß ich für tausend Gulden eine Nacht mit dir schlafen würde. Das habe ich auch redlich erfüllt. Was kann ich dafür, wenn du in deiner Schlafsucht die ganze Nacht lang meinen schönen Körper nicht einmal eines Blickes würdigst? Dafür kann ich heute und in alle Ewigkeit nur noch Verachtung für dich empfinden!"

Da bat der Ritter trübsinnig und kleinlaut: „Der Schlaf hat mich einfach übermannt. Bitte, komm doch wieder zu mir ins Bett!"

Sie aber lehnte kurzweg ab: „Nie und nimmermehr!" Und sie blieb taub für all sein Flehen. Da sprach der Ritter schließlich: „Also gut, was verlangst du, wenn du mich noch eine zweite Nacht bei dir schlafen läßt?"

Das hübsche Mädchen erwiderte flink: „Für tausend Gulden sollst du auch noch eine zweite Nacht bei mir schlafen dürfen."

Der Ritter wollte sein Glück noch ein zweites Mal versuchen und brachte prompt vor der vereinbarten Nacht die tausend Gulden. Nachdem er dem verschmitzten Mädchen das Geld gegeben hatte, ließ sie ihn in ihr Bett schlüpfen und legte sich neben ihn. Nun widerfuhr dem Ritter alles genauso wie das erste Mal: Mit unwiderstehlicher Macht übermannte ihn der Schlaf, und er schlief fest und tief bis zum hellen Morgen. So war er wieder um tausend Gulden ärmer, ohne ans Ziel seiner Wünsche gekommen zu sein. Nachdem das Mädchen sich erhoben und den Ritter geweckt hatte, packte ihn grimmige Verzweiflung. Völlig vernichtet, bat er flehentlich: „Edle, liebenswürdige Jungfrau, würdest du mir noch ein drittes Mal die Gunst erweisen, eine Nacht bei dir liegen zu dürfen?"

Sie erwiderte spöttisch: „Warum nicht? Bring tausend Gulden, dann darfst du kommen."

Er versprach: „Du sollst sie bekommen!" Dabei dachte er freilich: Für die erste Nacht habe ich dem Mädchen mein ganzes Bargeld gegeben. Beim zweiten Versuch habe ich mein Erbteil und all meine Liegenschaften versetzen müssen, um das Geld für die Liebe des Mädchens aufzubringen, ohne freilich die Reize ihres berückend schönen Körpers genießen zu können. Wenn ich mein Ziel erreichen will, muß ich wohl mein Heil auf andere Weise versuchen!

Er schwang sich aufs Pferd und ritt in eine Stadt, wo er einen reichen Bürger kannte. Bei ihm angelangt, begann er höflich: „Lieber Freund, kannst du mir tausend Gulden leihen? Ich bin in einer üblen Notlage und brauche sie dringend. Ich erfülle dafür auch alle deine Forderungen."

Der Bürger meinte bedachtsam: „Ich leihe sie dir, doch welche Sicherheit kannst du geben?"

Der Ritter erwiderte: „Bestimme du selbst, welche Sicherheit ich geben soll. Ich bin mit jeder Forderung einverstanden."

Da begann der Bürger: „Also gut, ich vereinbare mit dir eine Leihfrist, die wir gleich festsetzen werden. Ist sie abgelaufen, zahlst du mir das Geld bis auf den letzten Heller zurück. Als Sicherheit verlange ich einen mit deinem Blut geschriebenen und von dir gesiegelten Brief, in dem folgendes enthalten sein soll: Kannst du mir das Geld zum angesetzten Termin nicht in voller Höhe zurückerstatten, darf ich aus deinem Körper ein so großes Stück Fleisch herausschneiden, daß es auf der Waage den geschuldeten Betrag aufwiegt. Bist du einverstanden, bekommst du das Geld."

Notgedrungen stimmte der Ritter allen Forderungen zu. Mit seinem eigenen Blut schrieb er einen Brief, in dem der vereinbarte Text zu lesen war, und bekräftigte die Richtigkeit des Geschriebenen durch sein Siegel. Nachdem er dem Bürgersmann den Brief überreicht hatte, erhielt er die erbetenen tausend Gulden.

Während er von dannen ritt, überlegte er: Dieses Geld hier muß ich auf jeden Fall besser anlegen. Es darf nicht wieder sinnlos vertan werden wie die zweitausend Gulden zuvor. Gelingt's mir nicht, kann ich in Zukunft nicht allein in bitterer Armut, sondern auch noch in finsterer Verzweiflung mein Leben fristen. Daher begab er sich zu einem berühmten, in allen Wissenschaften wohlbewanderten Gelehrten und fragte ihn um Rat: „Bester Meister, laß dir in deiner unendlichen Weisheit das tiefste Geheimnis meines Herzens offenbaren. Im Vertrauen auf deine Verschwiegenheit gestehe ich, daß ich die schöne Tochter des Kaisers von Herzen liebe. Ich bin mit der hochgeborenen Jungfrau übereingekommen, daß sie mich eine Nacht lang bei sich schlafen lasse. Dafür habe ich ihr tausend Gulden versprochen. Nun hat sie bereits zweitausend Gulden bekommen, doch in beiden Nächten hat mich unwiderstehlich der Schlaf übermannt. Beide Nächte habe ich fest und tief bis zum hellen Morgen geschlummert, ohne bei dem schönen Mädchen ans Ziel gekommen zu sein. So wurde das viele Geld völlig sinnlos vertan! Nun habe ich mich aber so leidenschaftlich in die Jungfrau verliebt, daß ich nicht von ihr lassen kann. Von einem reichen Bürger habe ich tausend Gulden leihen können. Ich will sie riskieren, doch ergeht's mir wie in den ersten zwei Nächten, dann erwartet mich ein Leben in Armut und Schande. Ich bitte dich herzlich um deinen Rat. Sag mir in deiner Weisheit, was ich tun soll, um nicht wieder vom Schlaf übermannt zu werden. Ich möchte das mühsam beschaffte Geld nicht wiederum sinnlos verschleudern."

Da erklärte ihm der Gelehrte: „Zwischen Steppdecke

und Laken ist ein Blatt Papier mit einem zauberkräftigen Spruch verborgen. Dank seiner Zauberkraft fällt jeder, der in dem Bett mit der Bettdecke zugedeckt wird, in einen abgrundtiefen Schlaf. Er schläft so lange, bis ihn die schöne, liebreizende Jungfrau durch Aufschlagen der Decke weckt. Nachdem du dich mir anvertraut hast, will ich dir einen guten Rat geben, der dich bei dem hübschen, raffinierten Mädchen ans Ziel deiner Wünsche bringen wird. Suche in einem unbeobachteten Moment unter der Bettdecke nach dem Zettel, wirf ihn fort und lege dich dann getrost ins Bett. Dann ist dein Glück gemacht! Das schöne Mädchen gehört dir!"

Dem Ritter fiel ein Stein vom Herzen. Froh beschwingt, begab er sich wieder zu der Jungfrau und drückte ihr das Gold in die Hand. Während er sich auszog, suchte er unauffällig nach dem Zettel, wobei er so tat, als lege er seine Kleidung zurecht. Tatsächlich entdeckte er das Blatt mit dem Zauberspruch und warf es sofort weit fort, ohne daß das Mädchen etwas merkte. Darauf ließ er sich erleichtert auf das Kissen sinken und tat, als wäre er fest eingeschlafen. Nun entkleidete sich auch das Mädchen und legte sich neben den Ritter. Sie hatte ja keine Ahnung, daß der wackere Rittersmann den Zettel entdeckt und fortgeworfen hatte. Paßt auf, was geschah, nachdem sich das wunderschöne Mädchen neben dem Ritter ausgestreckt hatte. Zu ihrem Entsetzen schloß er sie nämlich unversehens zärtlich in die Arme. Sie rief erschrocken: „Weh über meine jungfräuliche Ehre! Man hat mich übertölpelt! Herr, ich beschwöre dich bei deinem Edelsinn, schone meine Jungfrauenehre! Gern gebe ich dir auch all dein Geld zurück, das du mir geschenkt hast!"

Er aber lächelte: „Du verlierst deine Worte!"

Da flehte sie: „Herr, mach bitte nicht meine Ehre zunichte! Du sollst auch dein Gold zweifach zurückbekommen!"

Der Ritter aber sprach zärtlich zu der liebreizenden Jungfrau: „Selbst wenn du mir deines Vaters Reich und

Herrschergewalt versprächest, wollte ich deinen Wunsch nicht erfüllen!" Er drückte sie fester an sich, und trotz ihres Widerstandes rang er so lange mit ihr, bis sie sich ergab und er an das Ziel seiner Wünsche kam. Nachdem er aus dem Mädchen eine Frau gemacht hatte, hing sie mit solcher Liebe und Hingebung an ihm, daß ich's euch gar nicht beschreiben kann.

Der edle Ritter lebte fortan in einem wahren Glücksrausch und verschwendete nicht einmal einen Gedanken an jenen Bürger, dem er das Geld schuldete. Inzwischen aber lief die Leihfrist ab; der Tag nahte, an dem der Ritter dem Bürger das geliehene Geld bar auf den Tisch legen sollte. Schließlich waren gar fünfzehn Tage über die gesetzte Frist verstrichen, doch der Ritter war von seinen Liebesfreuden so sehr in Anspruch genommen, daß ihm die Verpflichtungen, die er beim Entleihen des Geldes eingegangen war, gar nicht in den Sinn kamen. Eines schönen Tages aber, als er wieder neben seiner Geliebten lag und sie aneinander ihre Lust und Freude hatten, fiel ihm urplötzlich ein, daß er ja dem Bürger das geliehene Gold zurückgeben mußte und daß die Frist längst verstrichen war. Vor Schreck begann er zu seufzen und bitterlich zu weinen. Als die liebreizende junge Frau dieses merkwürdige Gebaren ihres Liebsten sah, fragte sie: „Sprich, was bedrückt dich? Was hast du für Kümmernisse?"

Er erwiderte verzweifelt: „Ach, ich habe dich bisher reinen Herzens geliebt und liebe dich auch weiterhin unverändert. Gerade das ist mein Unglück! Meine Liebe zu dir bringt mir den Tod!"

Sie rief verständnislos: „Das verstehe ich nicht! Erkläre mir die Zusammenhänge, mein Liebster!"

Der Ritter seufzte: „Du sollst alles erfahren. Die tausend Gulden, die ich dir zum dritten Mal gebracht habe, hat mir ein Bürger geliehen. Als Sicherheit hat er sich folgendes verbriefen lassen: Sollte ich zur festgesetzten Frist das Geld nicht zurückgeben, dann dürfe er aus meinem Körper nach Belieben ein so großes Stück Fleisch herausschneiden, daß es dem geliehenen Geld an Gewicht gleichkommt. Vor überströmendem Liebesglück habe ich an deiner Seite die eingegangene Verpflichtung völlig vergessen, und nun ist die Frist, da ich dem Bürger sein Gold wiedergeben sollte, schon um fünfzehn Tage überzogen. Gräßliche Not wartet auf mich! Mein Leben ist verwirkt! Das ist der Grund für meine Tränen!"

Da sprach die junge Frau wohlmeinend: „Das ist doch kein Grund zu Furcht und Verzweiflung! Geh zum Bürger und fülle ihm den Sack mit Gold! Biete ihm die doppelte Summe, und wenn er dann immer noch nicht zufrieden ist, gehe auf jede Forderung ein. Lasse ihn nehmen, was er will. Für dein geliebtes Leben gebe ich alles hin, was ich habe!"

Da gewann der Ritter wieder Ruhe und Zuversicht. Er schwang sich aufs Pferd und ritt eilends zu dem reichen Bürgersmann.

Nach freundlichem Gruß sprach er: „Lieber Freund, ich habe leider unsere Vereinbarung nicht eingehalten. Dafür biete ich dir aber reiche Buße: Gern und willig biete ich dir die doppelte Menge Goldes!"

Der Bürger aber entgegnete zornig: „Nun hört mir einmal genau zu! Euer Geld könnt Ihr behalten! Ich bestehe auf meinem Recht, das wir in der gegenseitigen Vereinbarung festgelegt haben und das hier in diesem Brief unwiderruflich bestätigt wird!"

Voller Unruhe begann der Ritter erneut: „Wenn du mit der doppelten Menge Goldes nicht zufrieden bist, so bitte ich dich recht herzlich, fordere von mir, was immer du willst. Mir wird kein Betrag zu hoch sein; du bekommst alles bar auf den Tisch. Ist das nicht ein lohnendes Geschäft für dich?"

Der Bürger aber rief grimmig mit erhobener Stimme: „Du machst mir zu viele glatte Sprüche, mal so und mal so! Ich will aber nur eines, nichts weiter: Du hältst dein Versprechen, das du hier in diesem Brief mit eigenem Blut bestätigt und mit deinem Siegel bekräftigt hast. Auf diesem Recht bestehe ich! Auf andere Weise windest du dich nicht heraus!"

Ohne langes Federlesen setzte es der heimtückische Bürger durch, daß man den Ritter einsperrte und vor Gericht stellte. Das war möglich, denn in jenem Königreich galt rechtens, daß jede freiwillig eingegangene Verpflichtung unbedingt eingehalten werden mußte. Das fiel der Kaiserstochter schwer aufs Herz. Sie hatte nämlich durch ihre Bediensteten in Erfahrung bringen lassen, wie es ihrem Geliebten ergangen war. Ihre Diener kamen außer Atem zurückgerannt und berichteten, daß der Ritter vor Gericht gestellt werden sollte. Da dachte sie bei sich: Wenn ihm jetzt Unheil widerfährt, bin ich allein daran schuld. Nein, ihm darf nichts geschehen! Sie schnitt sich die langen Locken ab, legte Männerkleider an und ritt zum Gericht. Als sie vor den Richter trat, erkannte er sie nicht; er hielt sie für einen Mann und fragte: „Was wollt Ihr von mir, edler Herr?"

„Ich komme von weit her und habe gehört, daß hier ein Ritter von einem Bürger verklagt wurde. Ich bin vor Gericht erschienen, um diesen Ritter vor dem Tode zu bewahren!"

Der Richter erwiderte: „Edler Herr, das ist nicht möglich, denn die Gesetze dieses Königreiches bestimmen, daß eine freiwillig eingegangene Verpflichtung unbedingt zu erfüllen ist. Und dieser Ritter hat sich jenem Bürger gegenüber verpflichtet, eine Schuldsumme zum festgesetzten Termin zurückzuzahlen. Sollte er den Termin nicht einhalten, sei der Bürger berechtigt, ihm ein Stück Fleisch aus dem Körper zu schneiden, das so schwer sein soll wie die geschuldete Summe. Diese Verpflichtung muß er einlösen, und wenn es ihn das Leben kostet!"

Darauf sagte die verkleidete Kaiserstochter: „Herr Richter, und wenn jener Bürger bereit wäre, das Leben des Ritters mit Gold auslösen zu lassen, wäret Ihr einverstanden?"

Der Richter erwiderte: „Wenn sich der Bürger dazu

versteht, ihm Gnade widerfahren zu lassen, habe ich nichts dagegen."

Da wandte sich die verkleidete Dame an den Bürger: „Lieber Freund, überlege einmal: Was hast du schon davon, gegen den gefangenen, arg bedrängten Ritter dein Recht durchzusetzen und ihm so das Leben zu nehmen? Ein Berg roten Goldes bringt dir doch weit größeren Nutzen als sein Tod! Warum lehnst du es ab, als Sühnegabe Silber und Gold zu nehmen? Verlange von ihm, soviel du nur willst. Ich bürge dafür, daß du alles erhältst!"

Der Bürger aber lehnte höhnisch ab: „Hört zu, was ich Euch zu sagen habe! Selbst wenn er mir ein Königreich böte, würde ich ablehnen. Was ich will, ist einzig und allein sein Leben!"

Der angebliche Ritter redete ihm zu: „Besinne dich besser, lieber Freund! Der Richter wäre bereit, ihm das Leben zu lassen. Das sollte dich dazu bewegen, gleichfalls von deiner Forderung zurückzutreten."

Der Bürger blieb eigensinnig: „Ich will's aber nicht! Ich will ein gerechtes Urteil, das sich auf die Festlegungen dieses Briefes und auf die Gesetzgebung dieses Landes stützt! Mir ist ganz und gar nicht zum Spaßen zumute!"

Da wandte sich die Kaiserstochter an den Richter: „Wenn's so steht, daß sich dieser blutdürstige Bürger weder durch Flehen noch durch einen Schatz Goldes von seinem Vorsatz abbringen lassen will, wende ich mich entschlossen an dich, lieber Richter! Laß vorurteilslos beiden Recht widerfahren, dem Ritter und dem Bürger!"

Der Richter erwiderte: „Bester Herr, das soll geschehen. Ihr werdet sehen, daß ich gerecht zu richten weiß."

Da wandte sich die Edelfrau mit scharfer Stimme wieder an den Bürger: „Laß hören, wo willst du dem Ritter das Stück Fleisch aus dem Körper schneiden?"

Der Bürger erwiderte mit finsterer Entschlossenheit: „Aus seiner Brust will ich's schneiden, dort, wo das Herz liegt, und zwar so lang, bis das Gewicht des geliehenen Geldes aufgewogen ist."

Sie aber sprach zum Richter: „Herr, ich erinnere dich daran, daß du in aller Öffentlichkeit vorurteilsloses und gerechtes Gericht über beide — den Ritter und den Bürger — zugesagt hast. Ich verlange also im Namen des Ritters, daß dann auch nach jenem altehrwürdigen und überall stets befolgten Rechtsspruch verfahren wird, in dem es heißt: ‚Quicumque sanguinem alicuius effuderit, sanguis eius effundetur.‘ Das heißt auf deutsch: ‚Wer im Jähzorn oder aus Feindschaft eines anderen Blut vergießt, dessen Blut soll gleichfalls fließen!‘ Wer einen anderen tötet, soll gerechterweise selbst den Tod erleiden. Der Bürger ist entschlossen, dem edlen Ritter ein Stück Fleisch aus dem Leib zu schneiden. Schön, dann muß es der Ritter eben hinnehmen! Also mag der Bürger beginnen und das versprochene Stück Fleisch heraustrennen. Es sei ihm auch überlassen, die Stelle zu bestimmen! Er mag sich aber hüten, das Blut des Ritters fließen zu lassen! Daran haben die beiden wohl nicht gedacht, als sie ihre Übereinkunft trafen. Sobald das Blut des Ritters fließt, muß der Bürger nach den altbewährten Gesetzen dieses Landes die gleiche Qual erleiden, die er dem Ritter zufügt. Das wäre eine gerechte Sühne."

Der Bürger erschrak und sprach: „Wenn die Sache so ist, dann gebt mir die tausend Gulden zurück, die ich ihm geliehen habe. Auf meine ursprüngliche Forderung will ich verzichten."

Die verkleidete Kaiserstochter aber höhnte: „Laß dir von mir versichern, daß er dir nun keinen Pfennig geben wird! Ich habe dir heute und hier wiederholt angeboten, von ihm Gold und Silber zu nehmen, soviel du nur magst. Du aber wolltest sein Leben und nicht das Geld!" Und zum Richter gewandt: „Herr, nimm dich des Ritters an! Ich hoffe auf einen Freispruch! Sprich dein Urteil, lieber Herr!"

Da verkündete der Richter laut das Urteil: „Öffentlich sei kundgetan, daß der Ritter aller Ansprüche des

312

Bürgers ledig ist! Sie haben bei ihrer Übereinkunft nicht bedacht, daß kein Stück Fleisch aus dem Körper geschnitten werden kann, ohne daß dabei Blut fließt. Da es nun der Bürger trotz offensichtlichen Vorteils abgelehnt hat, statt dessen Silber und Gold zu nehmen, soll der Ritter sofort unbelästigt seiner Wege gehen dürfen! Der Bürger kann ihm gegenüber keine Forderung mehr erheben!"

Die Kaiserstochter dankte ihm sehr erleichtert und voller Freude über sein gerechtes Urteil. Dann nahm sie Abschied, schwang sich aufs Roß und ritt ohne Aufenthalt zurück in ihren Palast. All jene, die an der Gerichtssitzung teilgenommen hatten, hätten einen Eid darauf geleistet, daß der Retter des Ritters ein Mann gewesen sei. Alle waren einer Meinung: „Der junge, wackere und edle Ritter, der eben wieder davongeritten ist, hat den angeklagten Ritter mit großer Weisheit vor schwerem Unheil bewahrt."

So nahm denn alles ein Ende. Der Bürger beeilte sich, nach Hause zu kommen, und war fortan Gespött der ganzen Stadt. Und der vor dem Tode errettete Ritter beeilte sich, zu seiner Geliebten zurückzureiten. Nun hatte die liebreizende Kaiserstochter wieder Frauenkleider angelegt und sich so in eine Frau verwandelt. Als der Ritter zu ihr kam, fragte sie lächelnd: „Sprich, Herzallerliebster! Wie konntest du heute dem drohenden Tode entgehen?"

Der Ritter erwiderte: „Gleich sollst du's hören. Heute früh sah's noch recht böse aus für mich. Fast hätte man ein Urteil gefällt, das mich mein Leben gekostet hätte. Das hat ein Ritter verhindert, ein scharfsinniger, welterfahrener, redegewandter, mitfühlender und bedachtsamer Jüngling, den man über alles preisen sollte. Mit überlegener Klugheit hat er mich aus der schier ausweglosen Situation errettet. Nicht nur mein Leben hat er gerettet, er hat es überdies durchgesetzt, daß ich in Zukunft keine Ansprüche und Verfolgungen jenes Bürgerleins zu fürchten habe. Das hat der Richter durch Urteilsspruch unwiderruflich festgelegt, so daß mein Gläubiger der ganzen Stadt zum Gespött wurde."

Die Kaiserstochter sprach vorwurfsvoll: „Nachdem dich Gott durch die Weisheit jenes Ritters aus großer Not und Gefahr errettet hat, wäre es nur recht und billig gewesen, wenn du den Jüngling hierher zu einem Imbiß eingeladen hättest."

Der Ritter erwiderte: „Er ist sofort nach dem Urteilsspruch losgeritten, und ich weiß nicht, wohin er sich gewandt hat."

Sie aber meinte schelmisch: „Sprich, Geliebter, würdest du den edlen Ritter wiedererkennen, wenn er dir nochmals vor Augen käme?"

Darauf gab er zur Antwort: „Gewiß, ich würde ihn sofort wiedererkennen!"

Darauf ging die junge Frau in ihre Kemenate und legte rasch die Männerkleider an, die sie vor Gericht getragen hatte. Als sie in diesem Aufzug wie ein beherzter Rittersmann durch die Tür trat, erkannte der Ritter seinen jungen Retter sofort und wußte sich vor Glück kaum zu fassen. Er küßte die roten Lippen seiner Liebsten und rief: „Gesegnet sei der Tag, an dem du das Licht der Welt erblicktest!"

Wenig später gab der Kaiser seine wunderschöne Tochter dem wackeren Rittersmann in allen Ehren zur Frau, und sie erfreute sich ihr Leben lang der höchsten Achtung ihres Gatten, der sie geradezu auf Händen trug, bis sie gemeinsam in Glück und Frieden Abschied nahmen von dieser Welt.

Möge uns der ehrbare, edle Held bei Gott seine Fürbitte nicht versagen, damit wir unser Leben in der Gnade Gottes in Ruhe und Frieden verbringen bis an unser Ende und unsere Seelen eingehen in die ewige Seligkeit. Diese Geschichte aber hat M. v. G. geschrieben.

Das Herz

Leider habe ich feststellen müssen, daß die echte, lautere
Liebe selten geworden ist auf dieser Welt. So mögen
sich denn Edelherren und Edeldamen an den Geschehn-
nissen dieser Erzählung ein Beispiel nehmen, denn hier
geht es um solche Liebe! Schließlich versichert uns Meister Gottfried von Straßburg, daß all die, die ihren Fuß
auf den Pfad echter Liebe setzen, gut daran tun, Kenntnis zu nehmen von den wahrhaft großen Liebesschick-
salen der Vergangenheit, von jenen unvergessenen Liebenden, die ihre Blicke in inniger, unzerstörbarer Liebe
ineinandertauchen. Und es kann in der Tat kein Zweifel
bestehen: Wer sich in Dichtungen von echter, wahrer
Liebe versenkt, wird selbst um so eher in der Lage sein,
echt und wahr zu lieben. So will ich denn all meine
Kunst darauf verwenden, diese ergreifende Geschichte
so bewegend vorzutragen, daß jedermann überzeugt
wird, was echte, wahre, unverfälschte Liebe zu bewirken
vermag.

Einst waren ein Ritter und eine Edelfrau in Liebe mit Herz und Seele so eins geworden, daß diese zwei Menschen gleichsam zu einem unteilbaren neuen Wesen zusammengewachsen schienen. Der Kummer der Geliebten war der Schmerz des Ritters, bis sie schließlich beide die Bitternis des Todes kosten mußten. Ihre Liebe war für beide zu Inhalt und Sinn ihres Lebens geworden, und so konnte es nicht ausbleiben, daß beide oft genug herbes Herzeleid erdulden mußten. Die Süßigkeit ihrer Liebe wurde für sie zur Qual ihres Herzens. Die Flammen der Liebe hatten ihre Seelen bis in die letzten Tiefen erfaßt und zum Glühen gebracht, so daß die Innigkeit und Größe dieser Liebe mit Worten gar nicht zu beschreiben ist. Vor der Schilderung so völliger Hingabe muß selbst der phantasievollste Dichter verzagen. Nie waren Mann und Frau in festerer und unbedingterer Treue miteinander verbunden. Dennoch war beiden die beglückende Vereinigung versagt, die nach dem Gesetz der Liebe letztes Ziel der Sehnsucht aller Liebenden ist. Die reizende Edelfrau war nämlich mit einem ehrenwerten Mann verheiratet. So war sie häufig im tiefsten Herzen betrübt, wurde doch die bezaubernde Schöne so streng bewacht, daß ihr Geliebter für sein wundes Herz weder Trost noch Hilfe fand. Daher mußten die Liebenden schneidende, peinvolle Sehnsuchtsqualen erdulden, und schließlich bedrängte den verliebten Ritter sein leidenschaftliches Verlangen so sehr, daß er seine Not vor dem Gatten der Geliebten nicht mehr verbergen konnte. Sooft es ihm nur möglich war, ritt er zu seiner Liebsten und offenbarte ihr klagend die Qualen seines Herzens, bis ihm schließlich herbes Leid widerfuhr. Der Ehemann der Edelfrau beobachtete nämlich die beiden scharf, bis er zu seinem Kummer an ihrem Verhalten untrügliche Anzeichen dafür erkannte, daß sie beide in die heftigste Liebesleidenschaft verstrickt waren und vor Sehnsucht nach Erfüllung beinahe verschmachteten. Diese Erkenntnis traf den ehrenwerten Mann tief, und er überlegte bei sich: Wenn ich meine Frau nicht beschütze, kann's nicht ausbleiben, daß mein Auge am Ende Betrübliches zu sehen bekommt! Die Liebe zu diesem vornehmen Edelmann braut Unheil zusammen! Am besten wird's sein, wenn ich die beiden trenne. Ich gehe einfach mit ihr auf Reisen weit über das wilde Meer. So entziehe ich sie seinem Einfluß, bis er seine Liebesleidenschaft auf andere Ziele gerichtet und auch sie ihn vergessen hat. Es heißt schließlich, daß lange Trennung der Tod jeder Liebe ist. Am besten wird's sein, wenn ich eine Wallfahrt zum Heiligen Grab unternehme; in dieser Zeit wird sich die Glut ihrer Leidenschaft zu diesem edlen, stattlichen Ritter bestimmt abkühlen.

Er war also entschlossen, ihren Liebesbund zu zerstören, einen Liebesbund, der bereits unzerstörbar fest geworden war. Bald betrieb er alle Vorbereitungen, um mit seiner Frau nach Jerusalem, ins Heilige Land, zu reisen. Als der liebeskranke, von Liebesglut gepeinigte Ritter von dieser Absicht hörte, beschloß er kurzerhand, der Geliebten nachzureisen. Es schien ihm sicher, daß er ohne sie daheim unabwendbar dahinsiechen und den Tod finden würde. Die Last der erbarmungslosen Liebe bedrückte sein Herz so sehr, daß er für die schöne Geliebte freudigen Herzens den grimmen Tod auf sich genommen hätte. So war es denn sein felsenfester Entschluß, ihr nachzureisen. Als seine schöne Geliebte von seinem Plan erfuhr, ließ die bezaubernde Frau den Liebsten heimlich zu sich kommen und sprach zu ihm: „Gebieter meines Herzens, du mein über alles Geliebter! Wie du weißt, ist mein Mann fest entschlossen, mich von dir zu trennen. Bei deinem Edelmut beschwöre ich dich, du mein Herzensschatz, ihn von seiner Absicht, mit mir über das weite, wilde Meer zu reisen, auf irgendeine Art abzubringen. Wenn's nicht anders geht, fahre du allein ins Morgenland; dann wird er daheim bleiben. Wenn er erfährt, daß du eine Reise mit dem gleichen Ziel angetreten hast, bleibt er bestimmt zu Hause. Zugleich wird der Argwohn, den er gegen mich hegt, zerstreut. Er wird sich sagen: Wäre tatsächlich etwas an dem Verdacht gegen meine schöne Frau, dann wäre der edle, stolze Ritter bestimmt nicht außer Landes gegangen! So wird sein Mißtrauen, das er wider mich im Herzen trägt, von ihm genommen. Du aber sei nicht traurig, wenn du eine Zeitlang fern von mir in der Fremde weilst, denn in der Zwischenzeit verstummt sicher auch das Gerede, in das wir geraten sind. Wenn dich der heilige, angebetete Christus wieder heil und gesund zu mir sendet, kannst du sicher sein, daß wir um so eher Gelegenheit zur liebenden Vereinigung finden werden, denn alle Nachrede ist bis dahin verstummt. Gott sei's geklagt, daß wir nicht stets und immer ungetrennt beieinander sein können, wie wir es beide sehnlichst wünschen. So geh denn, Geliebter, und zum Abschied nimm diesen Ring. Wenn du ihn betrachtest, sollst du erinnert werden an meine unstillbare Sehnsucht, die mich auch dann noch untrennbar mit dir verbindet, wenn du fern von mir weilst. Was auch geschieht, ich werde in Gedanken immer bei dir sein, und die Trennung wird mein Herz bis in die letzten Tiefen mit Not und Elend füllen. Komm zu mir, du mein Geliebter, und küsse mich noch einmal auf den Mund, dann aber tu bitte, worum ich dich gebeten habe."

War ihm auch das Herz unsagbar schwer, so sagte er doch gehorsam: „Ich will gern und willig tun, worum Ihr mich gebeten habt, was immer mir widerfährt. Ihr seid Herrscherin über mein Herz, über meine Seele, über all meine Gedanken, ich bin Euch völlig ergeben. Laßt mich also Abschied nehmen, edle, über alles geliebte Frau, und seid versichert, daß ich mich fortan in Sehnsuchtsqualen nach Euch verzehren werde. Herrlichste aller Frauen, ich bin Euch mit Leib und Seele so ganz und gar verfallen, daß ich fürchte, man wird mich zu Grabe tragen, bevor mir das Glück zuteil wird, Euch wiederzusehen."

Damit waren der schmerzlichen Abschiedsworte genug gewechselt. In unsagbarem Weh trennten sich die beiden Liebenden und litten unter dieser Trennung weit mehr, als ich es euch beschreiben kann. Ihre Herzen waren für alle Freuden dieser Welt gestorben. Noch einmal fanden sich ihre roten Lippen zum Kuß, dann nahmen sie Abschied von den beseligenden Wonnen ihrer Liebe. Der edle Ritter reiste ans Meer und ließ sich vom ersten Schiff, das er dort fand, ins Heilige Land bringen. Er war entschlossen, so lange auf alle weltlichen Vergnügen zu verzichten, bis er mit Gottes Hilfe in die Heimat zurückkehrte und die erste Nachricht von seiner Geliebten erhielt. So litt denn sein Herz unsagbar große Not. Der edle Ritter dachte voller Trauer an seine Geliebte und machte sein Herz zur Heimstatt unendlichen Schmerzes, der sich immer wieder erneuerte bei den sehnsüchtigen Gedanken an ihre beseligende Liebe. Sein Verhalten glich dem der treuen Turteltauben: Voller Sehnsucht nach seiner Geliebten mied er die frischen, grünenden Zweige des Glückes und beschied sich mit dem verdorrenden Ast des Kummers und der Sorge. Sein Sehnsuchtsschmerz steigerte sich zu solcher Stärke, daß er im tiefsten Grund seiner Seele von Jammer und Elend erfüllt war und im Innersten unsäglichen Gram fühlte. Seufzend sprach dieser Märtyrer der Liebe zu sich: Gepriesen sei die makellos reine Frau, deren bezaubernde Schönheit mich mit so namenlosem Jammer erfüllt. Ach, ich bin dem bitteren, furchtbaren Leid, das die heißgeliebte Frau über mich verhängt hat, hilflos ausgeliefert. Wie unsagbar groß ist doch der Schmerz, mit dem mich diese herrliche Frau peinigt! Wenn sie meine Not nicht bald lindert, bin ich bestimmt dem Tode verfallen!

In solchen Herzensqualen lebte er todtraurig Tag um Tag dahin, bis ihn der Sehnsuchtsschmerz schließlich aufs Krankenlager warf und seine Lebensflamme am Erlöschen war. Die qualvolle Verzweiflung hatte ihn äußerlich so deutlich gezeichnet, daß ihm jedermann seine Herzensnot ansehen konnte. Als der edle, wackere Ritter merkte, daß sein Zustand sich verschlimmerte und sein Ende nahte, rief er seinen Knappen herbei und sprach zu ihm: „Lieber Freund, hör mich an! Ich brauche mir nichts mehr vorzumachen: Mein Ende ist gekommen. Schuld daran ist meine Geliebte, denn die Sehnsuchtsqualen nach ihrer Liebe haben mein Herz bis auf den Tod verwundet. So tu denn ohne jede Widerrede das, was ich dir jetzt befehlen werde: Wenn ich vor Sehnsucht nach meiner zauberhaften Geliebten die Seele ausgehaucht habe und kein Leben mehr in mir ist, dann laß meinen Leib öffnen und nimm mein blutiges Herz, das so viele Leiden dulden mußte, aus meiner Brust. Balsamiere es gründlich ein, so daß es möglichst lange der Verwesung widersteht. Hör, was ich dir noch zu sagen habe: Beschaffe einen kleinen edelsteinbesetzten Goldschrein und lege mein Herz wie auch diesen Ring hinein, den mir meine Geliebte geschenkt hat. Verschließe und versiegle das Kästchen und bringe es dann meiner Liebsten, damit sie an meinem todwunden Herzen erkennt, welche Sehnsuchtsqualen ich um ihretwillen durchlitten habe. Ich weiß sie so edelsinnig und treu, daß sie dieser Beweis meines Liebesleids nicht gleichgültig lassen wird. Sie wird die Erinnerung an meine Qual für immer in ihrem Herzen bewahren. Aus diesem Grunde lasse es dir nicht zu schwer sein, meinen Auftrag auszuführen. Der lautere und gütige Gott, der einem edlen Herzen seine Hilfe nie versagt, möge sich meiner armen Seele erbarmen und meiner über alles Geliebten, deretwegen ich hier aus Liebe sterbe, Frohsinn und ein glückliches Leben schenken."

Mit diesen bitteren, leidvollen Worten gab der Ritter seinen Geist auf. Der Knappe rang vor Schmerz über seinen Tod die Hände, doch dann erfüllte er die letzte Bitte seines Herrn und ließ den Körper des Toten öffnen. Danach tat er, um was sein Herr ihn gebeten hatte, und kehrte tieftraurig mit dem Herzen des Toten in die Heimat zurück. Auftragsgemäß ritt er mit dem Schrein zu der Burg, in der er jene Frau wußte, um deretwillen sein verehrter Herr aus Liebessehnsucht die Bitternis des Todes auf sich genommen hatte.

Als er sich der Burg näherte, auf der sich die Edelfrau aufhielt, kam ihm auf der weiten Ebene vor der Burg ihr Ehemann entgegen, der zufällig zu dieser Zeit auf die Beizjagd ritt. Das sollte den Knappen in eine schwierige Lage bringen, denn der Edelmann dachte bei seinem Anblick sofort: Dieser Knappe bringt meiner Frau bestimmt eine Botschaft seines Herrn, der sich nach ihrer Liebe in Sehnsucht verzehrt. So sprengte er auf den Knappen zu, um ihn nach seinem Auftrag zu fragen. Als er sein Pferd zügelte, erblickte er das kunstreich verzierte Kästchen, in dem der Knappe das Herz des Toten und das Ringlein der Dame aufbewahrte. Er hatte es an seinem Gürtel befestigt, als sei es weiter nichts Besonderes. Nachdem der Ritter einen Blick auf das Kästchen geworfen hatte, grüßte er den Knappen und fragte, was in dem kleinen Behältnis sei. Da erwiderte der treue, wohlerzogene Jüngling: „Ach, nur eine Kleinigkeit, die ich aus der Fremde mitgebracht habe."

„Laß sehen!" forderte der Ritter. „Was hast du darin versteckt?"

Der bedrängte Knappe wehrte ab: „Das kann ich nicht zulassen! Kein Mensch darf einen Blick darauf tun außer der, für den es bestimmt ist."

„Damit gebe ich mich nicht zufrieden!" schrie der Ritter ihn an. „Ich nehme es dir mit Gewalt und sehe auch gegen deinen Willen hinein!" Nach kurzem Handgemenge riß er ihm das Kästchen vom Gürtel und öffnete es. Da erblickte er neben dem Ring das einbalsamierte Herz. Als er es sah, war ihm sofort klar, daß der Ritter den Tod gefunden hatte und daß er dies seiner Geliebten als Zeichen seiner immerwährenden Liebe und seines Liebestodes schickte. Finsteren Blickes wandte sich der Ritter an den Knappen und sprach: „Hör meinen Befehl, Knappe! Mach, daß du fortkommst! Dieses kostbare Kleinod aber nehme ich an mich, das laß dir gesagt sein!" Er riß sein Roß herum und ritt in seine Burg zurück. Daheim ließ er den Koch rufen und befahl ihm, aus dem Herzen einen wahren Leckerbissen zu bereiten, er möge alle seine Kunst darauf verwenden. Der Koch tat es mit Freuden. Er nahm das Herz und gab sich bei seiner Zubereitung so große Mühe, daß man bestimmt nie eine köstlichere und trefflicher gewürzte Speise finden wird als dieses edle Herz. Als alles vorbereitet war, ließ der Edelmann unverzüglich den Tisch decken und das verlockend duftende Gericht frisch vom Herd seiner Ehefrau vorsetzen. Liebenswürdig wandte er sich an sie und sprach: „Liebe Frau, dieser kleine Leckerbissen ist für dich allein! Es lohnt sich nicht, ihn zu teilen." Die edle Frau folgte der Aufforderung und aß das Herz ihres Geliebten bis auf den letzten Rest, ohne zu merken, wer es getragen hatte. Die furchtbare Speise schmeckte ihr vortrefflich, und sie war überzeugt, Köstlicheres nie zuvor gegessen zu haben. Nachdem das Herz verzehrt war, wandte sich der Ritter mit verstecktem Hohn an sie: „Liebe Frau, sag selbst, wie dir diese Speise gemundet hat! Ich möchte meinen, du hast dein Lebtag lang keine größere Gaumenfreude genossen!"

„Lieber Herr und Gemahl", sprach sie arglos, „ich müßte lügen, wenn ich behauptete, je ein Gericht gegessen zu haben, das so köstlich und schmackhaft gewesen wäre wie dieser Leckerbissen, den ich eben kosten durfte. Es ist die vorzüglichste Speise, die ich mir denken kann. Sagt doch, lieber Herr und Gemahl, ist dieses vortreffliche Gericht von einem wilden oder von einem zahmen Tier?"

„Edle Frau", begann nun mit höhnischem Triumph der Edelmann, „hör nun genau her, was ich dir mitzuteilen habe. Man kann schon sagen, daß dieses Gericht sowohl von einem wilden als auch von einem gezähmten Geschöpf stammt. Bei Gott, so ist's! Denn vor dem Glück ist es geflohen wie ein Wild, und Qualen hat es stets geduldig getragen wie ein zahmes Haustier. Du hast das Herz deines Geliebten gegessen, dem um deinetwillen sein Leben in Liebesleid dahinschwand. Du kannst mir ruhig glauben: Er ist vor quälender Sehnsucht nach deiner beseligenden Liebe gestorben und hat dir als Zei-

chen dafür sein Herz und deinen kostbaren Ring gesandt. Ein Knappe hat diesen letzten Gruß in die Heimat
gebracht."

Bei dieser furchtbaren Nachricht wurde die schöne
Frau totenbleich. Ihr Herz in der Brust wurde kalt wie
Eis, ihre schneeweißen Hände sanken ihr kraftlos in den
Schoß, vor reuiger Verzweiflung strömte ein Blutstrom
über ihre Lippen. Mühsam die Worte formend, wandte
sie sich an ihren Mann: „Nachdem ich das Herz jenes
Mannes gegessen habe, der mich zeit seines Lebens treu
geliebt hat, könnt Ihr sicher sein, daß ich nach dieser
kostbarsten aller Speisen keine andere Nahrung über
meine Lippen bringen werde. Gott, der wohl weiß, was
Recht und Gerechtigkeit verlangen, verbietet es mir zu
Recht, nach dieser edlen Speise irgendein minderwerti-
ges Gericht zu mir zu nehmen. Nie mehr werde ich etwas essen und geduldig den Tod erwarten, den man auf
Erden fürchtet, den ich jedoch mit sehnsüchtiger Begier
erwarte. Was gilt mir jetzt noch mein Leben? Ich gebe es
hin für den, der um meinetwillen gestorben ist. Ich wäre
ein verräterisches, ehrloses Weib, wenn ich nicht stets
und immer daran dächte, daß mir dieser herrliche Mann
nach seinem Tode sein Herz als Geschenk darbrachte.
Weh über mich, daß ich seinen Tod auch nur um einen
Tag überlebt habe! Es ist mir unmöglich, ohne ihn zu
sein, dieses Leben weiter zu ertragen, nachdem er, der
mir stets unverbrüchlich treu war, im Grabe liegt!" Nach
diesen Worten packte sie der Schmerz um den toten Geliebten mit so furchtbarer Gewalt, daß sie ihre weißen
Hände zusammenkrampfte und ihr Herz vor Weh zer-
sprang. So fand das hoffnungsvolle Leben der jungen
Edeldame ein jähes Ende. Sie gab ihrem Geliebten in
gleichem Maße zurück, was er ihr gegeben hatte, und
zahlte damit in unwandelbarer Treue für ihre Schuld.

Geb's Gott, daß ich alles, was ich mir geliehen habe,
ebenso redlich und treu zurückerstatte, wie es das makellose reine Herz jener Edelfrau tat. Ich glaube allerdings,
heutzutage ist an solch ein Entgelt nicht zu denken. Nir-

gendwo gibt's noch Frauen oder Männer, die — von der Liebe unlösbarem Band umschlungen — füreinander die Bitternis des Todes auf sich nähmen. Weidenbast ist heutzutage weit stärker als das Band der Liebe. Da ist kein Gedanke an Todesnot, wenn zwei auseinandergehen, die sich angeblich untrennbar miteinander verbunden haben. Die Liebe ist wohlfeil geworden; der größte Rüpel kann sie für ein Spottgeld kaufen. Einstmals schien sie den Menschen so kostbar, daß manches edle Herz für sie den Preis des eigenen Lebens zahlte. Nun aber ist ihr Wesen völlig verwandelt. Sie ist so tief gesunken, daß sie jeder Bösewicht für ein paar Pfennige kaufen kann. Kein Mensch denkt heutzutage noch daran, für sie Schmerzen zu leiden. Niemand hat ein Ohr dafür, niemand denkt daran, daß das, was den Menschen zur Selbstverständlichkeit wird, eben dadurch an Wert verlieren muß. So steht's jetzt auch um die Liebe. Wenn sie sich besinnen und höheren Einsatz fordern würde, müßte sie Männern und Frauen größere Lasten auferlegen. Dann würde wieder um Liebe gerungen, dann würden wieder Liebende füreinander willig so schweres Leid auf sich nehmen, daß sie uns Bewunderung abnötigen. Mehr habe ich, Konrad von Würzburg, euch nicht zu sagen! Wer edelsinnig ist und immer hohen Zielen nachstrebt, mag diese Geschichte sorglich in tiefstem Herzen bewahren. Sie weist ihm den Weg zu echter, wahrer Liebe. Und nach solcher Liebe sollte ein edles Herz immer ohne Furcht und Zagen streben.

Frauentreue

Wäre es möglich, möchte ich wünschen, daß diese Geschichte von einer wahren und echten Liebe die Herzen
aller Menschen ergreift. Ich will nämlich vom unverbrüchlich treuen Herzen einer Frau erzählen. Sie vergalt
dem Manne, der ihr in leidenschaftlicher Liebe sein
Herz und Leben, sein Fühlen und Denken geweiht
hatte, diese Ergebenheit mit gleicher Treue. Von der
Flamme einer großen Leidenschaft entzündet, blieb er
ihr bis zum Tode fest verbunden. Dies lohnte ihm die
liebenswerte, edle und lautere Frau durch Hingabe des
eigenen Lebens; um seinetwillen nahm sie den Tod auf
sich. Damit genug der Vorrede! Laßt uns mit unserer
Geschichte beginnen.

Ein edler und tapferer Ritter hatte sein Leben nach
Ritterart in den Dienst edler Frauen gestellt. Obwohl er
in diesem Dienst viele schmerzhafte und gefährliche
Wunden davontrug, war er nicht abzubringen, im Frauen-
dienst mit Lanze und Schild, mit Edelsinn und Groß-

zügigkeit immer wieder ruhmreiche Taten zu bestehen. Wo immer eine Dame seine Dienste annahm, setzte der tapfere Ritter alle Kräfte für sie ein, und so wurde sein Ruhm bald weit und breit bekannt. Nachdem er auf diese Weise wieder und wieder um Preis und Ansehen gerungen hatte, sollte ihm schließlich aus diesem Streben großes Unheil erwachsen, da er das Gefühl für jedes Maß verlor.

Einst ritt er wieder einmal tatendurstig in die Ferne und geriet auf seinem Ritt in eine Stadt, in der er sein Leben beschließen sollte. Die Stadtbewohner waren ihm samt und sonders unbekannt, nur einen Bürger hatte er schon einmal kennengelernt. Er trat auf ihn zu und erkundigte sich im Gespräch danach, wo er die schönste Dame dieser Stadt finden könne. Der Bürger sagte: „Edler Held, wenn's Euch um die schönste Dame dieser Stadt geht, ist leicht Rat zu finden. Morgen ist Sonntag. Stellt Euch an die Kirchentür, dann werdet Ihr alle Frauen dieser Stadt sehen können. Wenn Ihr die erblickt, die Euch am schönsten dünkt, so winkt oder zwinkert mir zu."

Der Ritter war froh über diesen Vorschlag. Während der Messe begaben sie sich gemeinsam vor die Kirche, und als die Bürgersfrauen aus der Kirche strömten, erblickte der Ritter eine Dame von so berückender Schönheit, wie er sie noch nie gesehen hatte. Während er diese Schönheit mit bewundernden Blicken musterte, drang ihr Bild tief und unverlierbar in sein Herz, aus dem es nie mehr weichen sollte, bis es der Tod zerbrach. Selbstvergessen ließ er seine Blicke über die Reize dieses Frauenkörpers schweifen. Von ihrem Haupte rollten blonde Locken, glänzend wie Goldgespinst, gekrönt von einem hübschen Kopfputz. Ihr feinmodelliertes Antlitz bot dunkle Wimpern, darunter zwei schimmernde Sternenaugen und schwellende Rosenlippen in flammendem Rot, die das Herz des Ritters in schmerzlichem Verlangen entbrennen ließen. Ihr Kinn war entzückend weich gerundet, der schlanke Hals schneeweiß, die ganze Gestalt zierlich und in den Hüften aufreizend schmal. Sittsam, mit gesenkten Blicken schritt sie dahin, ohne etwa diesem oder jenem lockende Blicke zuzuwerfen. Mit bewundernden Seufzern hing der Ritter unverwandt an diesem bezaubernden Bildnis, diesem berückend schönen Frauenkörper, ideal in allen Maßen, wie von Künstlerhand gemeißelt. In der Tat, nie sah man zuvor eine herrlichere Frau! Prächtig und sehenswert waren auch ihre Gewänder, durchaus angemessen ihrer Schönheit. Umglänzt vom Zauber der Jugend, gekrönt von fraulicher Güte und Ehrbarkeit, kann ich bei aller Mühe kaum zur Hälfte ihre Vorzüge schildern. Nur soviel noch: Sie hätte selbst dem kaiserlichen Thron zur Zierde gereicht!

Voller Neugier wandte sich der Bürgersmann an den Ritter und fragte: „Nun, welche scheint Euch am schönsten? Ihr habt doch zahlreiche liebenswerte und reizende Damen sehen und mustern können!"

Als der Ritter ihm die Erkorene wies, erkannte der Bürger seine eigene Frau. Überrascht und geschmeichelt lachte er von Herzen und bat den berühmten Ritter, doch sein Gast zu sein. Der Held aber lehnte ab. Fortan dachte er Tag und Nacht nur noch an die schöne Bürgersfrau. Ob er trank, aß, schlief, wachte, stand, ging, lag oder saß: er vermochte keinen anderen Gedanken mehr zu fassen. Die schöne Frau konnte keinen Schritt mehr tun, ohne daß der Ritter ihre Nähe und die Begegnung mit ihr suchte, um so seine Liebesqual ein wenig zu lindern. Sie gönnte ihm wohlerzogen und arglos stets einen freundlichen Gruß, ohne zu ahnen, daß dieser Augenblick und ihr Anblick dem Ritter als das höchste, erstrebenswerteste Glück erschienen. Schließlich mietete sich der Edle ganz in ihrer Nähe ein, um sie häufiger sehen und damit seinen Schmerz lindern zu können. Nun merkte die Schöne, daß er ihr in leidenschaftlicher Liebe verfallen war, und sie begann sich ihm zu entziehen. Seine Hartnäckigkeit beunruhigte und bedrückte sie, denn sie liebte einzig und allein ihren Gatten. Der Ritter aber entflammte immer mehr.

Wenig später trieb ihn seine sinnverwirrende Verliebtheit dazu, in der ganzen Stadt ausrufen zu lassen, er wolle sich mit einem beliebigen Gegner im Zweikampf messen und dabei selbst ungerüstet, nur mit einem Seidenhemd bekleidet, antreten. Irgendein unverständiger Narr nahm die Herausforderung auch wirklich an und verwundete den Ritter schwer. Beim Lanzenrennen bohrte er ihm die Lanze mit voller Wucht in den Leib, so daß der Schaft abbrach und die Spitze in der Wunde steckenblieb. Totenbleich lag der vordem blühende Ritter auf dem Boden. Man glaubte ihn tödlich verwundet, trug ihn jedoch in seine Herberge und holte einen Arzt herbei. Doch obwohl der Ritter die Bitternis des drohenden Todes spürte, sprach er entschlossen: „Mich soll nur jene Frau heilen, um derentwillen ich diese Wunden davontrug. Wenn sie mich in meinem Elend allein läßt, will ich lieber sterben."

Nun erschienen bei dem Todwunden viele edle Frauen und Männer, um ihm Hilfe zu bringen, doch seine innig Geliebte erschien nicht. Sein Herz fühlte mit fortschreitender Zeit immer ärgere Sehnsuchtsqual, und seine blühende jugendliche Schönheit wurde von immer tieferen Todesschatten überdeckt. Da entschloß sich der Ehemann seiner Angebeteten zu einem Schritt, den er später sehr bereuen sollte. Er flehte nämlich seine Gattin an, den verwundeten Ritter zu besuchen. Sie wehrte zunächst ab: „Ich kenne ihn doch gar nicht, und ich weiß auch nicht, was ich dort soll. Er wird schließlich auch ohne meine Hilfe wieder gesund werden." Dies sagte sie, obwohl sie genau wußte, daß er die Wundschmerzen um ihretwillen litt und daß er sie liebte.

Ihr Mann aber ließ nicht nach und redete ihr zu: „Liebe Frau, tu's doch um meinetwillen! Besuche bitte diesen Ritter, denn ich bin der einzige hier in dieser Stadt, der ihn näher kennt, und es würde ihn sicher kränken, wenn wir uns nicht um ihn kümmern. Am Ende argwöhnt er gar, ich hieļte dich mit Gewalt zurück! Ich bitte dich dringend, erfüll mir meinen Wunsch!"

Als wohlerzogene und dem Gatten gehorsame Frau wagte sie kein Widerwort mehr und machte sich auf den Weg. Hätte ihr Gatte freilich gewußt, wie's im Herzen des Ritters aussah, er hätte seine Frau besser gehütet!

Als die Schöne in sein Zimmer trat, fühlte sich unser Held so leicht und glücklich, als sei er bereits im Paradies. Er hieß sie und ihre Dienstmagd liebenswürdig willkommen und bat sie, sich zu ihm zu setzen. Von Schamröte übergossen, ließ sie sich zögernd bei ihm nieder, doch sie brachte vor liebenswerter Verschämtheit kaum ein Wort über die Lippen. Sie gehörte eben nicht zu den schamlosen, aufdringlichen Weibsbildern! Schließlich begann sie schüchtern: „Wie geht es Euch? Mir tut Euer Unglück von Herzen leid."

Er erwiderte: „Edle Frau, was mir widerfahren ist, nahm ich um Euretwillen auf mich. In Eurer Hand liegt mein Wohl und Wehe. Wenn Ihr helfen wollt, so errettet mich vom Tode. Lehnt Ihr die Hilfe ab, so sterbe ich."

Sie aber sprach: „Ich wünschte von Herzen, daß Ihr wieder gesund wäret! Doch glaubt mir, Eure Wunde kann ein Arzt weit besser behandeln als ich. Ich bin doch nicht Gottes Sohn, der die Toten zum Leben erwecken kann. Gott allein hat die Macht dazu! Er möge sich Euer erbarmen."

Der Ritter aber sagte: „Edle Frau, wenn Ihr mich vor dem Tode retten und von den furchtbaren Qualen erlösen wollt, dann zieht mit Eurer schneeweißen Hand nur die Lanzenspitze aus meinem Körper! Tut Ihr's nicht, bin ich des Todes."

Die schöne, liebreizende Frau erglühte über und über vor Scham, ja, es traten ihr vor Verwirrung sogar feine Schweißtröpfchen auf die Stirn. Ihre Dienstmagd redete ihr zu: „Warum zögert Ihr! Was habt Ihr schon zu befürchten?" Mit Mühe und Not brachte sie ihre Herrin dazu, mit der Hand nach der Wunde zu tasten und die Lanzenspitze herauszuziehen. (Für diese keusche Zurückhaltung verdient sie weit mehr Preis als ein keckes

Weib, das vorwitzig ohne langes Überlegen zugreift.) Danach nahm die Bürgersfrau Abschied und ging fort. Erst jetzt ließ der Ritter einen Arzt holen, der ihn mit wirksamen Medikamenten in kurzer Frist wieder gesund machte.

Nun nahm die Liebe zu jener Schönen das Herz des Ritters ganz und gar gefangen, und er überlegte Tag und Nacht, wie er sie zu eigen gewinnen könne. Schließlich hatte er einen verzweifelten Einfall. Sein Leben geringachtend, stieg er eines Nachts durchs Fenster in das Zimmer, in dem die Schöne neben ihrem lieben Manne ruhte. Vorsichtig schlich er zum Bett und berührte sie leis mit seiner Hand. Es war sein Glück, daß der Hausherr und das Hausgesinde in festem Schlaf lagen! Die arglose Schöne erschrak so heftig, als sei ein betäubender Donnerschlag auf sie niedergegangen. (Mag sein, daß mir die eine oder andere dies nicht glaubt, da ihr selbst handgreiflichere Überraschungen nichts ausmachen würden.) Diese Bürgersfrau jedenfalls war vor Schreck am ganzen Leibe kalt wie Eis. Als sie sich gefaßt hatte, flüsterte sie: „Wer ist hier?"

Der Ritter erwiderte leise: „Ich bin's, herzliebste Frau! Jener Mann, der um Euretwillen verwundet wurde."

„Weh", klagte sie unterdrückt, „daß ich je das Licht der Welt erblickte! Wir sind beide verloren!"

Er aber drängte: „Liebste, was gilt mir mein Leben! Lieber wäre ich tot, als meine Tage in Sehnsuchtsqualen, in heißem, unerfülltem Verlangen nach Euch zu verdämmern!"

Die Schöne raufte sich vor Verzweiflung die Haare. Dann kam ihr ein rettender Einfall. Rasch warf sie ein Seidenhemd über, erhob sich vorsichtig von ihrem Lager und wollte den Eindringling leise wieder aus dem Haus geleiten. Er aber schloß sie begierig in die Arme und preßte sie voller Entzücken fest an seine Brust. Dieser wilde Ausbruch leidenschaftlichen Begehrens sollte ihm jedoch zum Unheil gereichen, denn die heftige Umarmung ließ die kaum verheilte Wunde wieder aufbrechen. In Strömen schoß das Blut hervor, ohnmächtig sank er zu Boden und gab seine Seele auf. Ich schwör's euch, daß die Frau furchtbar erschrak und von tiefem Weh ergriffen wurde. Ihr Herz wurde von schrecklichem Leid heimgesucht, so daß sie dem Ritter am liebsten in den Tod gefolgt wäre. Fiebernd überlegte sie, was zu tun sei und wie sie ihn aus dem Hause bringen könne. Ihren Mann wagte sie nicht zu wecken. Doch wie's bei weisen, erfahrenen Leuten heißt: Not bricht Eisen! Die Bürgersfrau lehnte ein Brett an das Fenstersims, schleifte den Leichnam ins Freie und hob ihn dann unter Aufbietung aller Kräfte empor, um ihn in sein Zimmer und in sein Bett zu tragen. Dann lief sie zurück zu ihrem Gatten und legte sich vorsichtig, ohne daß er etwas merkte, an seiner Seite nieder. Nun erst wurde ihr bewußt, was für eine unerhörte, leidenschaftliche Liebe der Ritter zu ihr empfunden haben mußte, doch jetzt war's zur Reue zu spät.

Als am nächsten Morgen die Knappen des Ritters das Zimmer ihres Herrn betraten und sein Kämmerer ihn mit lauter Stimme zu wecken suchte, schlief er leider jenen Schlaf, aus dem es kein Erwachen mehr gibt. Als sie merkten, daß ihr Herr tot war, waren alle zutiefst bestürzt, und es flossen bittere Tränen. Sie waren völlig verstört, weil niemand zu sagen wußte, wie es zu diesem schrecklichen Unglück gekommen war. Schließlich brachten seine getreuen Knappen einen prächtigen Purpurmantel herbei, bekleideten damit den Leichnam des Ritters und trugen ihn dann in die Kirche, wo er in allen Ehren aufgebahrt wurde, wie's einem hohen Herrn zukommt. Dort wurde für seine Seele die Totenmesse gelesen.

Nun paßt auf, wie ihm die edle Frau seine bedingungslose Treue vergalt. Gott möge sie dafür mit der himmlischen Krone belohnen und sie ewig an seiner Seite die Freuden des Himmels genießen lassen! Sie ging zu ihrem Gatten, umarmte ihn mit gebrochenem Herzen und bat ihn, er möge ihr gestatten, dem Toten

ein Seelopfer zu bringen. Der Hausherr war sofort einverstanden und sagte, sie möge nur alles tun, was sie
wünsche und wolle. Die Bürgersfrau aber kam mit ihren
Gedanken nicht mehr von dem Ritter und seiner Liebe
los. Weder ihr Mann noch irgendein anderer Mensch
ahnte allerdings, welchen besonderen Grund die Bürgersfrau für ihr Seelopfer hatte; nur ihrer Dienstmagd,
die sie damals zu dem wunden Ritter begleitet hatte,
vertraute sie an, was in der Nacht geschehen war. Das
Herz von tiefem Gram erfüllt, schritt die liebliche
Schöne zum Opfer. Auf den Altarstufen stehend, gab die
lautere, makellose Frau zuerst Mantel und Überwurf hin.
Danach brachte sie in schmerzlicher Verzweiflung ihr
Gewand dar, so daß sie nur noch mit dem Rock bekleidet war. Schließlich opferte sie mit blassen Lippen, vor
Leid alle Scham vergessend, auch den Rock. Danach
schritt sie zur Bahre des Ritters, und als sie den Toten
ansah, preßte es ihr das Herz zusammen. Sie wurde totenbleich, faltete voller Jammer die Hände und sank
plötzlich mit gebrochenem Herzen zu Boden. Das Herzeleid um den Toten hatte ihr den Tod gebracht. Bei
diesem unerhörten, schrecklichen Ereignis entstand natürlich ein großes Gedränge; alle redeten durcheinander.
Der Gatte der Toten war in heller Verzweiflung und riß
sich vor Schmerz die Haare aus. Dabei rief er aus: „Ich
bin sicher, noch nie hat ein Mann auf dieser Welt mit
solcher makellosen Lauterkeit die Liebe einer Frau errungen!"

Tief erschüttert und unter Wehklagen legte man
beide, in Liebe vereint, in ein Grab. So hatte die edle
Frau Treu um Treue gegeben. Und damit endet auch die
Erzählung von der Frauentreue. Ist ein Mann einer Frau
in Liebe ergeben und läßt sie ihn kaltsinnig und spröde
an seiner Liebe zugrunde gehen, so möge ihr ein Leben in
Gram und Kummer und ein bitterer Tod aus Herzeleid
beschieden sein! Weder Glück noch Freude soll sie fühlen, für ewig verflucht soll sie sein! Das wünsche ich ihr
von ganzem Herzen, mit allen Kräften meines Leibes

und allen Fasern meiner Seele. Nie soll ein wackerer Mann in wahrer, echter Liebe zu ihr emporsehen, zeit ihres Lebens soll sie auf Erden von furchtbaren körperlichen und seelischen Qualen zerfleischt werden, ohne daß ein Hoffnungsschimmer der Erlösung winkt. So wie Eis in der Sonnenglut schmilzt, soll sie ihr Leben lang vor Leid und Elend Blutstropfen schwitzen. — Dahingegen soll jede edle Frau, die ihrem ergebenen Diener den gebührenden Lohn nicht versagt, im Reiche Gottes in aller Ewigkeit die Krone der Seligen tragen und zum Ruhme ihrer Vorbildhaftigkeit den dreieinigen Gott stets vor Augen haben. Nur der ist der wahren Liebe würdig, der Liebe mit Liebe vergilt! Möge auch dem Verfasser dieser Erzählung solche Liebe beschieden sein.

Der Buſſard

Ich bin fest davon überzeugt, daß eine wahrhaft große
Liebe Wunder vollbringen kann, zumal dies in der Vergangenheit oft genug geschehen ist. Damals, als das Maß
wahrer Liebe vor allem die Treue war, konnte ihre All-
gewalt von nichts übertroffen werden. Wenn zwei Menschen von Liebe ergriffen wurden, hingen sie mit unbedingter Hingabe aneinander. Gegenwärtig findet sich
solche Liebe freilich nur noch selten, wie denn auch die
Treue nicht mehr hoch im Kurs steht. Man findet sich
und rennt bald wieder auseinander. Die jungen Weiber
machen heutzutage mit Vorliebe schöne Augen einem
Kerl, der sich durch Flegelhaftigkeit und dumme Narrenpossen auszeichnet. Sie finden ihn weit begehrens-
werter als einen Mann, der immer auf gutes Benehmen,
Ehrbarkeit, Tüchtigkeit und Ernsthaftigkeit bedacht ist.
Früher verhielten sich die Frauen da ganz anders, und
dafür sollte man sie heute noch lobpreisen. Ein ehrloser
Flegel hatte nicht die geringste Aussicht, ihre Neigung

zu erringen, und sie taten recht damit, denn als Lohn könnten sie bei einem solchen Rüpel höchstens üble Nachrede erwarten. Dahingegen sollten sie einem klugen, bedachtsamen Manne ohne Bedenken Neigung und Liebe schenken, denn in ihm gewinnen sie einen entschlossenen Verteidiger ihrer weiblichen Ehre. Sollte jemand ihren guten Ruf in Frage stellen, würde er ihn streng zur Verantwortung ziehen und ihm — wäre er auch noch so widerborstig — eine böse Abfuhr erteilen.

Der König von England entschloß sich, seinen Sohn auf die Hohe Schule von Paris zu senden. Rasch traf man alle Reisevorbereitungen, und beim Ausritt wurden der Königssohn und sein Gefolge von zahlreichen Rittern und Edeldamen vor das Tor der Stadt geleitet. Beim Abschied gab's viele Umarmungen, innig drückte der Jüngling noch einmal seine liebe Mutter an sich, verneigte sich vor ihr tief zum Zeichen des Dankes und ritt dann fort, während die anderen in die Stadt zurückgingen.

Man hatte dem Königssohn einen Kaplan mitgegeben, der ihn schon während der Reise darin unterwies, wie sich ein vornehmer Edelmann zu benehmen habe, wie er als ehrbarer, wohlerzogener Jüngling aufzutreten hätte, damit er nicht in übles Gerede käme. Der edle junge Mann machte seiner vornehmen Abkunft alle Ehre. Er befolgte die Lehren des Kaplans und zeigte sich in jeder Hinsicht als gehorsamer Schüler. Als er in Paris angekommen war, bewies er an der Hohen Schule einen solchen Wissensdurst, daß er alles Lob verdiente und bei Hofe wie an der Schule in großem Ansehen stand. In seinem Lerneifer stellte er bald zwei seiner Mitschüler in den Schatten, die Söhne des Königs von Frankreich. Die beiden Jünglinge waren von ihm so begeistert, daß sie sich ihm eng anschlossen und es durchsetzen wollten, gemeinsam mit ihm von seinem Kaplan unterrichtet zu werden. Der englische Königssohn war einverstanden, und so begaben sich die drei Jünglinge mit dem Kaplan zum Leiter der Schule, der seine Schüler gerade aus einem grundgelehrten Buch unterrichtete. Sie baten ihn: „Gelehrter Mann, schenke bitte diesem Kaplan dein Vertrauen und mache ihn zu unserem Mentor!"

Er sprach: „Wenn ihr es wünscht, bin ich einverstanden. Alles, was er für seinen Unterricht benötigt, steht ihm zur Verfügung."

„Herzlichen Dank!" rief der englische Königssohn, und sie ritten nach höflichem Abschied davon.

Eines Tages erschien ein Bote, der die beiden Prinzen an den Hof ihres Vaters rief. Auf ihr Drängen schloß sich ihnen freundschaftlich der hübsche junge Fürst aus England an, und sie führten ihren neugewonnenen Freund freudestrahlend vor ihren königlichen Vater. Alle Höflinge hießen den Jüngling herzlich willkommen, besonders freundlich begrüßte ihn jedoch die junge, schöne Königstochter. Er verneigte sich tief und schritt dann sittsam weiter auf den König zu.

Der König begrüßte ihn liebenswürdig, und seine Gattin fragte: „Wer ist dieser edle Junker? Er soll mir willkommen sein. Ein Engel könnte ihn um seine Schönheit beneiden!"

Da nahm der Kaplan das Wort und sprach: „Gebieterin, er ist ein Königssohn. Aus Wissensdurst ist er aus England an die Hohe Schule von Paris gekommen; er möchte sein Wissen erweitern und hohe Bildung gewinnen, wie's seiner vornehmen Abkunft entspricht."

Der König meinte freundlich: „Was wir tun können, seine Absicht zu befördern, soll geschehen!" Dieser ehrenvolle Empfang erfreute den ganzen Hofstaat, besonders aber die Königstochter, die den Jüngling auf den ersten Blick in ihr Herz geschlossen hatte. Sie trug bereits ein solches Verlangen nach ihm, daß sie ihre Augen von ihm nicht losreißen konnte. Aber auch der junge Fürst ließ seine Blicke immer wieder zu der schönen Königstochter schweifen und war ihr gleichfalls mit Herz und Sinnen verfallen. Gern hätte er ihr irgendwie seine Neigung offenbart, doch er wagte es nicht, ihr mit Worten seine Liebe zu gestehen.

Als der Kaplan bemerkte, daß die Liebe alle Gedanken des Jünglings von Tag zu Tag mehr gefangennahm, wandte er sich zornig und sorgenvoll an seinen Schüler: „Herr, entehrt Ihr das Kind des Königs, nachdem man Euch um seiner Söhne willen bei Hofe so ehrenvoll empfangen hat, oder entdeckt man auch nur Eure Neigung, dann sehen wir beide unsere Heimat niemals wieder. Ich bin voller Sorge und Furcht, daß Ihr Eure Ehre aufs Spiel setzt und ich mit meinem Leben zahle. Einen solchen Einsatz lohnen sämtliche französischen Schönen nicht! Laßt uns lieber nach Hause reisen, ehe Ihr uns hier noch in Not und Schande bringt."

Der Jüngling ließ den Kopf hängen und sprach: „Du magst recht haben. Brechen wir also auf. Sobald ich mich von der Königstochter verabschiedet habe, reisen wir ab!"

Als der König von seinen Reiseplänen hörte, redete er dem jungen Fürsten freundlich zu: „Bleibt doch wenigstens noch ein Jahr bei uns!" Und die Königin unterstützte ihn: „Er hat ganz recht. Ihr seid mir wirklich schon so sehr ans Herz gewachsen, daß Ihr nicht Hals über Kopf davonreisen dürft. Und nicht ich allein bitte Euch darum, nein, auch meine Kinder und alle Edlen bei Hofe tun dies! Wenn Ihr unser aller herzliches Flehen mißachtet, wird man zu Recht nicht eben gut von Euch denken!"

Nun schloß sich auch die Königstochter ihrer Mutter an und sprach: „Ihr dürft es uns einfach nicht abschlagen!" Und ihre Brüder faßten ihn freundschaftlich bei den Händen. Da blieb dem jungen Fürsten aus England nichts weiter übrig, als nachzugeben, zumal ihn ja auch die Liebe an die Jungfrau kettete. Zwar achtete er in der nächsten Zeit aus Sorge um ihren und seinen guten Ruf sorgfältig darauf, seine Neigung nicht zu verraten, doch wann immer er der edlen Jungfrau begegnete, glaubten sich beide — er und das Mädchen — ins Paradies versetzt.

Eines Tages traf es sich, daß er die reizende Schöne in

einem Erker allein fand, und da geschah es, daß sie ihn mit mädchenhafter Scheu umarmte. Er sprach überglücklich: „Gott sei's gedankt, du meine Herzallerliebste! Endlich hast du mein Herz von Sorgen und Zweifeln erlöst. Es war arg bekümmert, da ich dir, schönste Jungfrau, so lange meine innige und treue Liebe nicht zu gestehen wagte. Und böte man mir Berge von Gold, ich schlüge sie aus, wolltest du mich nur ebenso echt und wahr lieben wie ich dich!"

Sie aber flüsterte verschämt: „Sei gewiß, deine Liebe mag noch so groß sein, meine Lieb und Treu sind's noch weit mehr. Das versichere ich dir aus übervollem Herzen! Ich könnte dir tausend Eide schwören, daß ich dich jedem Jüngling vorzöge, und zierten ihn alle nur erdenkbaren Reize blühender Jugend. Doch ich muß dir leider eröffnen, daß deine Liebe zu mir nicht so ohne weiteres Erfüllung finden kann. Hättest du nur früher bei meinem Vater um meine Hand angehalten! Man hat mich nämlich wissen lassen, ich sei einem König anverlobt, der über ein Königreich herrscht, in dem es Berge von Gold geben soll. Doch wie's auch immer sei; nie und nimmer werd ich die Seine! Mein Herz verlangt einzig und allein nach dir!"

Der Jüngling erwiderte: „So will auch ich fortan keine andere Frau lieben außer dir! Doch wenn dein Vater schon ein solches Abkommen getroffen hat, wird er seinen Entschluß bestimmt nicht ändern! Du mußt dich von mir entführen lassen!"

„Still, jetzt kein Wort davon! Pack deine Sachen und reise auf der Stelle zurück in deine Heimat. Dort halte dich ein Jahr lang auf. Du mußt nämlich wissen, daß man auch schon den Tag der Hochzeit festgelegt hat! Beschaffe inzwischen die schnellsten Rosse, die du auftreiben kannst, und komme dann genau an jenem Tag, an dem man mich mit dem anderen vermählen will, zurück zu mir. Im Baumgarten werde ich dich erwarten. Kommt dann der großmächtige königliche Freier angeritten, wird man ihn mit großem Pomp und Gepränge an den Hof geleiten. Während man mit dem Empfang beschäftigt ist, reiten wir schleunigst davon. Bevor man unsere Flucht entdeckt, haben wir einen solchen Vorsprung gewonnen, daß uns kein Mensch mehr einholen kann."

Nach diesen Worten fielen sie einander in die Arme, und der Jüngling bedeckte ihren Mund mit Küssen. Nun hatte aber der Kaplan beobachtet, was da vor sich ging, und er stellte den Jüngling erzürnt zur Rede: „Weh unserer Not, Herr! Ihr seid offenbar fest entschlossen, uns beide dem Tod zu überliefern."

„Hat dir der Satan den Auftrag erteilt, mich wie ein Kerkermeister zu bewachen? Doch sei unbesorgt! Nimm Silber und Gewänder aus unserer Truhe, packe alles zusammen und leg mein Schwert bereit. Befiehl auch dem Reitknecht, die Pferde zu satteln. Es geht zurück nach England."

Nachdem seine Befehle ausgeführt waren, ging der Jüngling zum König, ließ sich vor ihm auf die Knie nieder und sprach: „Edler, großmächtiger König! Laßt Euch zum Abschied herzlich danken für alle Huld und Fürsorge!"

Vor der Saaltür wartete die liebreizende Königstochter, bis er von der Audienz zurückkehrte. Als er aus der Tür trat, stand er unversehens vor dem schönen Mädchen. Sie bot ihm ihre schneeweiße Hand, und beider Herzen entzündeten sich in herzlicher Neigung und Liebe. Mit tränenüberströmten Wangen sprach die junge Königstochter: „Mein Herzallerliebster, Tag um Tag werde ich vor Sehnsucht nach dir brennen, bis du endlich wieder zu mir kommst. Daß du mich verlassen mußt, liegt mir schwer auf dem Herzen. Unablässig werde ich an dich denken, mein Herz ist bis zum Rande gefüllt mit bitterem Weh! Du warst die Lust und Freude meiner Augen! Fortan werden Tränen ihr einziger Trost sein!"

Der Jüngling erwiderte: „So weine doch nicht, Liebste! Denke an mich, wie ich immer an dich denken werde! Das wird uns Hoffnung und Freude schenken. Die Gedanken an dich werden meinen Kummer lindern und mich mit Geduld jenen glücklichen Tag erwarten lassen, an dem ich dich mit mir nehmen darf. Laß mich aus deinen Armen! Ich muß nun fort! Gott möge dich, meine über alles Geliebte, vor allem Leid bewahren. Ach, lieber wollte ich die Bitternis des Todes auf mich nehmen als den Schmerz dieser Trennung!" Sie bot ihm den Mund, und nach einem zärtlichen Kuß gingen sie tieftraurig auseinander. Während er dem Pferd die Sporen gab, sandte sie ihm voller Liebe Segenswünsche nach und betete bis zu seiner Heimkehr Tag um Tag zu Gott um eine glückliche Reise des Geliebten.

Als der Königssohn in seiner Heimat eintraf, fand er Städte und Burgen in der Blüte friedlichen Wohlstandes. Der König kam ihm mit zahlreichen Edlen entgegengeritten, und man empfing ihn in allen Ehren. Aber sein Herz und seine sehnsüchtigen Gedanken waren bei der schönen und keuschen Jungfrau in der Ferne. Sie ging ihm nie aus dem Sinn, und oftmals dachte er: Ach, ihr geliebten roten Lippen! Wann werde ich euch wieder küssen dürfen? Ich sehne mich so schmerzlich nach euch, daß ich todtraurig bin! Auf dem festlichen Empfang gab es viel Kurzweil, man hörte Trommeln, Flöten, Saiteninstrumente, Gesang und fröhliches Lachen, man konnte Turnierkämpfe und muntere Tänze bewundern, doch der Königssohn blieb völlig unberührt. Sein Herz war von schmerzlicher Liebessehnsucht erfüllt, und je häufiger er die schönen Damen bei Hofe musterte, um so trübsinniger wurde er, mußte er doch unablässig an seine Geliebte denken, die er tiefbekümmert zurückgelassen hatte. Dennoch nahm er sich tatkräftig der Regierungsgeschäfte an. Er ritt durch sein Reich, inspizierte die Burgen und war bemüht, seine Burgvögte kennenzulernen. Eines Tages ließ er die drei vertrauenswürdigsten von ihnen zu sich kommen und bat sie, ihm drei schnellfüßige Rosse zu beschaffen, flinker als alle Pferde, die es sonst gab. Diensteifrig durchforschten die drei das ganze Land, bis sie drei herrliche Renner gefunden hatten, die sie ihm eilends vorführten. Er aber hatte inzwischen einen geheimen Ort ausfindig gemacht, wo sie versteckt vor aller Augen untergebracht und sorgfältig gepflegt wurden, wie man's tut, wenn man edle Tiere für einen gefährlichen Ritt im Dienste der Liebe vorbereitet. Ferner ließ er drei prachtvoll verzierte Prunksättel arbeiten; Zaumzeug und Steigbügelriemen waren mit Gold beschlagen; was gewöhnlich aus Leder hergestellt ist, wurde in diesem Falle aus feinem, goldbesticktem Seidenzeug gearbeitet; Steigbügel, Sporen und Sattelbogen ließ man schließlich aus bestem arabischem Gold treiben. Als alles fertig war, hieß der Jüngling eine wunderschöne Fiedel beschaffen, ein wahres Wunderwerk, das einem Fürsten durchaus zur Ehre gereichte: bespannt mit Saiten aus gedrehten Seidenfäden, das Holz glänzend poliert, das elfenbeinerne Griffbrett mit Gold und Edelsteinen unterlegt, darunter ein goldbesticktes seidenes Tragband, alle Beschläge aus Gold. Der Fiedelsack war aus feinster Seide und mit hübschen Bildnissen bestickt.

Inzwischen war das festgesetzte Jahr fast verstrichen, und der Jüngling brannte darauf, endlich loszureiten. Er befahl seinem Knecht, am Morgen heimlich alles vorzubereiten und ihn vor dem Tor zu erwarten. Dann eilte ihm der tugendreiche, vornehme Edelmann — vom Gedanken an seine Geliebte beflügelt — nach, und beide begaben sich voller Tatendrang heimlich nach Frankreich. Das Herz des jungen, edlen Fürsten schwoll vor Glück beim Gedanken, daß er in Kürze bei seiner Liebsten sein würde. Er rief: „Ich möchte diesen Ritt nicht gegen das Himmelreich eintauschen! Nie hat zwei Menschen innigere Liebe vereint. Lange genug hat sie vor Sehnsucht nach mir Tränen vergossen, lange genug hat mein höchstes Glück auf mich warten müssen! Nichts hat mich je seliger gemacht als die frohe Erwartung unseres Wiedersehens. Mein Herz frohlockt vor Lust und Liebe. Ich bin zuversichtlich, daß mich die Königstochter am vereinbarten Ort erwarten wird." Unterwegs in den Herbergen schlief er selten bis zum Morgen. Vor Tau und Tag weckte er seinen Knappen: „Auf, wir müssen in den Sattel! Ich kann nicht länger warten! Wir müssen uns sputen!" Sein Knappe mußte die kostbare Fiedel tragen, denn er wollte in Frankreich nicht erkannt werden. Als er sich dem Hoflager näherte, waren Ritter und Edeldamen recht verwundert, daß so ein vornehmer Herr als fahrender Spielmann durch die Lande zog. Man brachte ihn vor den König, der ihn freundlich bat, auf der Hochzeit seiner Tochter aufzuspielen. Doch der junge Fürst sprach: „Nein! Ich muß allein weiter zu einem festgesetzten Ort; ich habe mein Kommen fest versprochen."

Der König rief verwundert: „Seht diesen Narren! Er verschmäht meinen reichen Lohn und weiß nicht einmal die Ehre zu schätzen, auf der Hochzeit meiner Tochter spielen zu dürfen!"

Der Jüngling erwiderte: „Laßt Euch bitte erklären, wie sich die Sache verhält. Vor einem Jahr fing ich in einem Netz eine weiße Taube, und sie lag bis zu diesem Tag in ihren Fesseln. Wenn ich noch länger zögere, holt sie sich vielleicht ein anderer, dem ich sie ganz und gar nicht gönne."

Da lachte der König schallend, denn er konnte es nicht fassen, daß jemand so verrückt war, um einer Taube willen die Einladung eines Königs in den Wind zu schlagen. Zum Bedauern der Höflinge nahm der Jüngling freundlich Abschied und ritt unverzüglich den wohlbekannten Weg zum vereinbarten Treffpunkt, wo er sich sorgfältig vor Späherblicken verbarg. Inzwischen kündigte ein Bote die Ankunft des erwarteten Königs von Marokko an, und der Herrscher befahl allen Einwohnern der Stadt Paris, vor die Tore zu ziehen und dem vornehmen Gast den gebührenden Empfang zu bereiten. Niemand dachte in diesem Augenblick an die Königstochter. Die keusche, makellose Schöne war von Herzen froh, allein geblieben zu sein, und lief voller Erwartung zum Baumgarten, wo sie der edle junge Fürst erwarten wollte. Als sie in den Garten kam und er ihr entgegenstürzte, war aller Kummer vergessen. Sie verkürzten jedoch die liebevolle Begrüßung, denn Furcht vor Verfolgung und Unheil drängte sie zu schleunigem Aufbruch. Der Jüngling hob die Jungfrau vor sich aufs Roß und sprengte dann ohne Aufschub mit den drei Pferden in fliegender Eile davon. Während des Rittes hielten sich die Liebenden eng umschlungen und tauschten tausend zärtliche Küsse.

Inzwischen hatte man den fremden König ehrenvoll in die Stadt geleitet und rief vergebens nach der Braut. Der ganze Hofstaat schwärmte auseinander, aber niemand konnte die Jungfrau entdecken. Da malten sich Betroffenheit und Bestürzung auf allen Gesichtern, zumal das Gerücht entstand, ein Engel Gottes hätte sie entführt, damit ihr reiner, jungfräulicher Körper nicht von der Liebe eines Mannes befleckt werde. Man schrie wild durcheinander: „Gott, unser Schöpfer und der Schöpfer aller Dinge, hat sie zu sich gerufen. Kein Mensch darf daher zürnen oder schelten!" Der König von Marokko verabschiedete sich enttäuscht und ritt wieder zurück, wo er hergekommen war.

Inzwischen durchquerte der junge Fürst eine Wildnis und war auf eine Waldwiese geraten, wo die goldene Maiensonne Blüten und Blumen funkelnd aufleuchten ließ. Die liebliche Jungfrau bat ihren Liebsten herzlich, auf der Wiese Rast zu machen und den Knappen in die nächste Stadt zu schicken, wo er für Herberge sorgen sollte. Dies geschah, und die keusche, makellose Schöne schlief erschöpft im Schoße des Geliebten ein. Er beschaute bewundernd zwei schöne Ringe an ihrer Hand und zog ihr sie schließlich vom Finger, um sie genauer zu betrachten. Da stieß plötzlich ein Bussard herab und raubte den einen der beiden Ringe. Nun war dies aber eine so einzigartige Kostbarkeit, daß er den Verlust nicht verschmerzen mochte. Er ließ also das Mädchen allein auf der Waldwiese und rannte mit Prügeln und Steinen hinter dem Bussard her, einmal hierhin, einmal dorthin, bis er sich am Ende in der Wildnis verirrte und nicht mehr zurückfand. Als ihm dies bewußt wurde, brach er in lautes Wehklagen aus und rief: „Weh und nochmals wehe! Ich habe meine Geliebte verloren! Dabei hat sie mich einem weit vornehmeren Manne vorgezogen, der sie in Glück und Herrlichkeit in sein Reich geführt hätte. Sie aber ist ihrem Herzen gefolgt und daher vertrauensvoll mutterseelenallein mit mir geritten. Hätte ich mich doch nie und nimmer auf den Weg gemacht! Wüßte ich sie nur in Sicherheit, ich wollte von Herzen gern ein heimatloser, umherirrender Pilger ohne feste Bleibe sein. Weh über mich, daß wir einander je begegneten! Weh, daß ich sie in diese verzweifelte Lage brachte! Lieber wollte ich den Tod erleiden, als daß ihr etwas zustieße!" Er fuhr fort mit herzzerreißendem Jammer, liebte er sie doch mehr als alles in der Welt. Vor Verzweiflung stürzte ein Tränenstrom über Wangen, Brust und Hände, er raufte sich die Haare, schlug mit den Fäusten an Stirn und Brust, und am Ende wurde sein Jammer so unerträglich, daß er wahnsinnig wurde. Der verzweifelte Jüngling mißhandelte sich, riß sich die Kleider vom Leibe und lief schließlich auf allen vieren gleich einem wilden Tier durch Dickicht und Dorn. So hatte also der vornehme junge Fürst den Verstand verloren; fortan lebte er vertiert im wilden Wald.

Inzwischen war die liebliche, keusche und makellose Jungfrau erwacht. Als sie ihren Liebsten nicht neben sich fand, schaute sie verstört umher. Doch dann sprach sie: „Da sind ja sein Roß und sein Mantel! Sicher wird er jeden Augenblick wiederkehren." So tröstete sie sich, doch als Stunde um Stunde verging, ohne daß er erschien, wurde ihr immer bänglicher. Sie spähte überall umher und rief: „Ach mein Liebster, warum läßt du mich so lange allein?" Sie kannte in der Gegend weder Weg noch Steg, doch sie entdeckte einen Bach, an dem sie entlangritt. Trüben Mutes und voller Verlangen, endlich wieder unter Menschen zu kommen, erblickte die schöne Jungfrau vor sich eine Mühle. Halb beruhigt und getröstet, ritt sie eilends auf die Mühle zu und ließ sich aus dem Sattel gleiten. Aus der Haustür trat der Müller. Er verneigte sich höflich und grüßte freundlich. Als sie ihn um Herberge ansprach, meinte er: „Schönes Fräulein, wie kommt es, daß Ihr so allein durch den wilden Wald reitet?"

Da kamen ihr die Tränen, und sie schluchzte: „Ach, ich habe meinen Begleiter verloren, der mir Schutz und Schirm sein sollte. Könnte ich bei ihm sein, wollte ich gern alle Qualen der Hölle dulden."

Da sprach der Müller beruhigend: „Kommt nur, es wird Euch an nichts fehlen!" Er befahl seinem Müllerburschen, die Pferde zu versorgen, während er die schöne Jungfrau ins Haus an den gedeckten Tisch geleitete. Beim Essen fragte er sie aus, was sich eigentlich im Wald ereignet habe. Da berichtete sie ihm alles, was sich zugetragen hatte. Der Müller meinte überlegend: „Ich möchte Euch raten, hier in der Mühle zu bleiben und zu warten. Wenn er noch am Leben ist, taucht er ehestens hier bei der Mühle auf."

„Wenn es dir ernst ist mit deinem Rat, dann verkaufe die Pferde und kaufe für drei Mark Seide und Goldfäden ein. Damit kann ich mühelos meinen Lebensunterhalt verdienen. Ich bin recht geschickt darin, Stolen, Meßgewänder, Ziertücher und kunstvolle Borten herzustellen. So werde ich dafür sorgen, daß es uns an nichts mangelt." Der Müller war einverstanden und schaffte schleunigst alles heran, was sie brauchte.

Ein ganzes Jahr hielt sie sich in der Mühle auf, bis gegen Ostern, als die Vöglein wieder mit ihrem Gesang begannen und die Blumenknospen aus dem grünen Rasen drängten. Obwohl sie es gut hatte bei dem Müller, packte sie die Sehnsucht nach dem Geliebten mit ungebrochener Stärke. Nun hatte in der Nähe der Mühle ein mächtiger Herzog seinen Stammsitz. Der Fürst liebte es, zur Maienzeit mit seiner Gattin und seinem Hofgesinde in den benachbarten Wald zu ziehen und an einem klaren Quell zu lagern. In der Nähe der Mühle breitete mitten im Wald eine mächtige Linde ihre Äste aus und überschattete den glasklaren, eiskalten Quell. Als der Herzog mit seiner Begleitung an der Mühle vorbeikam, um wie gewohnt am Quell das Lustlager aufzuschlagen, entdeckte die Herzogin das zauberhaft schöne Mädchen. Sie zügelte ihr Roß und rief erstaunt: „Mein Gott, wer ist denn das? Bist du hier in der Mühle aufgewachsen? Wärst du als strahlender lichter Engel aus dem Himmelreich herabgeflogen, du könntest bestimmt nicht herrlicher sein!" Sie bat den Müller, die reizende Jungfrau als Hoffräulein mit sich nehmen zu dürfen. Der Müller aber erwiderte: „Zu Euren Diensten, edle Gebieterin! Was an mir liegt, soll geschehen, doch ich habe darüber nicht zu befinden. Fragt das Mädchen! Sie ist von freier Geburt und soll selbst darüber entscheiden, ob sie Euch folgen will."

Da sprach die Jungfrau: „Ich wäre schon einverstanden, wenn ich mich nur im Hofdienst zurechtfände. Ich habe leider keine Ahnung, was man bei Hofe von mir erwartet."

Die Herzogin aber rief sogleich: „Du kannst mir nichts vormachen! Du bist bestimmt von edler Geburt, dafür spricht nicht nur dein Liebreiz, sondern auch dein ganzes Wesen, dazu deine Näh- und Stickkunst! So kunstvoll mit Nadel und Faden umzugehen lernt man nicht in einer Mühle! Was dich auch hierher verschlagen hat, du bist mit Sicherheit vornehmer Abstammung!" Und der Herzog entschied: „Wir nehmen sie mit!"

Er war aber der Herzog von Engelstein, Bruder des Königs von England. Beide lebten seit dem spurlosen Verschwinden des Königssohnes in großer Trauer. Sie hatten Boten in alle Reiche gesandt und überall Nachforschungen angestellt, aber niemand hatte den jungen Fürsten finden können. So schien dem von Engelstein die liebliche Jungfrau ein wahrer Himmelstrost, doch obwohl man sie in jeder Hinsicht ehrte und verwöhnte, sah man nie ein Lächeln auf ihren Zügen. Sie trug schließlich Leid und Kummer in ihrem Herzen, und wenn sie allein war, weinte sie in tiefem Weh bittere Tränen. So ging ein Jahr dahin.

Einst ritt der Jägermeister des Herzogs mit seinen Gesellen auf die Jagd in den Wald. Sie hetzten einen stattlichen Hirsch, ohne ihn stellen zu können. Da koppelten sie die Hunde los, und nun ging die wilde Jagd über ungebahnte Stege, über Feld, durch Wald und Dickicht. Da erblickten sie plötzlich einen Mann, der auf allen vieren durch das Dickicht brach. Als die Hunde auf ihn zustürzten, kletterte er behende auf einen hohen Baum und wiegte sich oben im Wipfel. Von den drei Jägern blieben zwei zurück, um den wilden Mann zu bewachen, während der dritte auf die Burg eilte und dort aufgeregt hervorstieß, der Jägermeister habe einen völlig verwahrlosten wilden Mann gestellt, der sich auf einen Baum geflüchtet hätte. Der Herzog rief erstaunt: „Das muß ich sehen!" Er zog sogleich sein Reitgewand an, ließ sein Roß vorführen und ritt zum Orte des Geschehens. Ehe er aber noch in den Wald gekommen war, hatten die Jäger den wilden Mann gefangen und trieben ihn dem Herzog entgegen. Als er die verwahrloste Kreatur musterte, erbarmte ihn das Elend dieses Mannes, und er befahl, ihn auf die Beine zu stellen. Aber er war trotz aller Bemühungen nicht zum Gehen zu bewegen. Da gebot der mächtige Herzog: „Gebt's auf! Es will mir aber scheinen, als sei er nicht schon von Geburt an in diesem bedauernswerten Zustand. Vielleicht kann man ihn mit guter Pflege und menschenwürdiger Nahrung dem Leben unter den Menschen zurückgewinnen."

Sie brachten ihn also auf die Burg. Als sie angekommen waren, bat man die Frauen hinauszugehen, denn man wollte ihnen den abstoßenden Anblick ersparen. Erst sollte der wilde Mann gebadet und geschoren werden, war er doch am ganzen Körper von spannenlangem Haar überwuchert. Sechs Wochen lang wurde er nun täglich gebadet, des Abends gesalbt und massiert, Tag und Nacht mit bester Nahrung versorgt, bis sich die

Schatten über seinem Verstand allmählich lichteten. Er begann den Sinn der an ihn gerichteten Worte zu begreifen und lernte wieder gehen und reiten. Eines Tages bemerkte man, wie er einen Falken, der auf einem Wandgestänge saß, aufmerksam betrachtete. Man fragte ihn, ob er mit diesem Tier umgehen könne. Er erwiderte: „Ei freilich! Wenn man mir's erlaubt, reite ich mit diesem herrlichen Falken jagd- und hofgerecht auf die Beiz."

Der Herzog amüsierte sich köstlich und ließ den wilden Mann in Begleitung von vier seiner Leute auf die Beizjagd ziehen. Seine Begleiter verabredeten, ihn nicht aus den Augen zu lassen und bei einem Wahnsinnsanfall sofort einzuschreiten. Da erblickte er auf dem freien Felde hoch in der Luft einen Bussard. Sofort warf er den Falken empor und rief: „Los, hol mir den Bussard!" Der Falke schoß wie ein Pfeil in den Himmel, um dann noch rascher von oben auf den Bussard niederzustoßen und ihn zu schlagen. Kaum hielt der Jüngling den getöteten Bussard in den Händen, da biß er ihm den Kopf ab und zerfetzte ihn dann in rasender Wut, so daß Federn, Hautstücke, Fleischfetzen und Knochen nur so umherflogen. Als seine vier Begleiter diesen Ausbruch erlebten, sprachen sie: „Wir müssen ihn wieder nach Hause bringen! Er ist in seine alte Wildheit zurückgefallen!" Als sie aber Hand an ihn legen wollten, rief er: „Laßt mich noch so lange hier draußen, bis wir einen Vogel erlegt haben, den wir dem Herzog bringen können." In diesem Augenblick flog eine Ente vorbei. Der Falke schwang sich in die Höhe und erlegte sie. Da sprang der junge Fürst vom Pferd, nahm den Falken auf die Faust und streichelte liebevoll sein Gefieder. Nachdem er die tote Ente in die Jagdtasche gesteckt hatte, ritt man zurück. Auf der Burg bewirtete man ihn reichlich mit Brot und Wein, wie es sich für einen erfolgreichen Jäger gehört. Nun hatte man den Herzog darüber unterrichtet, was draußen während der Jagd vorgefallen war. Er setzte sich daher neben den wilden Mann, der wacker aß und trank, und fragte schließlich: „Nun möchte ich aber gern wissen, warum Ihr den Bussard so blindwütig zerstückelt habt."

Der junge Fürst zögerte: „Herr, Ihr solltet lieber nicht darauf bestehen. Selbst wenn Ihr nur zur Hälfte all das Elend kennenlerntet, das ich erleiden mußte, wäre Eure gute Laune dahin. Immer deutlicher wird vor meinem geistigen Auge die Erinnerung an all die Not, die ich im Wald durchlebte! Das Elend begann, als ich meine Liebste verlor, die ich vor allen anderen Frauen zur Geliebten und Gattin erkoren hatte. Sie liebte mich so innig, daß sie meinetwegen einen mächtigen König verschmähte, dem sie bereits anverlobt war, und mir voll Vertrauen mutterseelenallein in die Fremde folgte. Unterwegs schickte ich auf ihre Bitte hin unseren Knappen zur nächsten Stadt, um dort für uns Unterkunft zu sichern, während wir uns auf einer grünen Waldwiese von den Strapazen des Rittes ausruhten. Ihre Bitte war mir Befehl. Die keusche, lautere Schöne schlief in meinem Schoß ein. Ich zog ihr zwei Ringe vom Finger, um sie zu betrachten, als mir ein Bussard einen der beiden Ringe raubte. Es war der schönste Fingerschmuck, den man sich denken kann, und als ihn mir der Vogel frech aus der Hand riß, ließ ich in meiner Empörung die Schöne allein auf der Wiese und rannte hinter dem Bussard her, um ihn durch lautes Rufen, durch Stein- und Astwürfe zur Herausgabe seines Raubes zu bewegen. So irrte ich bald hierhin, bald dorthin, bis ich mich gründlich verlaufen hatte und nicht mehr zurückfand. Vor Verzweiflung brach ich in lautes Jammern und Klagen aus. Ach, mir hätte der Tod längst nicht so weh getan wie der Gedanke, daß ich die Liebste allein ließ und jetzt nicht einmal weiß, was aus ihr geworden ist. O weh, es war die Tochter des Königs von Frankreich, ich aber bin der Sohn des englischen Königs."

Als die Jungfrau diese Worte hörte, sprang sie auf und sank ihm weinend in die Arme. Die freudige Überraschung war zu groß für sie, so daß sie ohnmächtig wurde. Während der Jüngling wie eine Salzsäule starr und stumm dastand, sprang der Herzog in froher Erregung vom Stuhl und schloß beide in seine Arme: „Wenn du der Sohn meines Bruders, des mächtigen Königs von England, bist, dann sei mir gottwillkommen! Willkommen heute und immerdar, vieltausendmal willkommen! Wem immer hier an meiner Ehre und meinem Glück liegt, der trete heran und begrüße wie ich voller Freuden meinen Fürsten und Herrn!" Man geleitete das junge Paar ehrfurchtsvoll zum Ehrenplatz und bewirtete beide noch weit großartiger als zuvor.

Der Herzog aber schickte zwölf Ritter als Boten aus. Sechs ritten nach England, sechs nach Frankreich. In Paris wurden sie vom französischen König ehrenvoll empfangen, und als er ihre Botschaft vernahm, stattete er sie voller Freude mit frischen Rossen und kostbaren Gewändern aus. Er ließ zur Reise rüsten und befahl all seinen Edelleuten, Grafen, Freiherrn, Dienstmannen, Rittern und Knappen, ihn zu begleiten. Außerdem sollten ihnen viele herrliche Frauen folgen. Die Königin ließ ihre Damen vor sich kommen und rief ihnen voller Freude zu: „Ach, schmückt euch, so gut ihr nur könnt! Wer ein edles Herz in der Brust trägt, soll sich mit mir freuen! Ich werde meine liebe Tochter heil und gesund wiedersehen! Kein größeres Glück kann ich mir denken! Und vor überströmender Freude will ich dafür sorgen, daß die Ebene vor Engelstein sich ihres Schmuckes nicht zu schämen braucht!"

Kaum war man angelangt, wurden die prächtigsten Lustzelte aufgeschlagen. Da kam auch schon der König von England mit großem, glänzendem Gefolge heran, und als man auf der Burg sah, daß beide Könige mit riesigem, schimmerndem Hofstaat angekommen waren, erschien der Königssohn, geschmückt mit kostbaren, ritterlichen Gewändern, begleitet von einer stattlichen Ritterschar, gefolgt von vierundzwanzig Knappen, die den Ritterschlag erhalten und dann in seinen Dienst treten sollten. Ihm folgte die französische Königstochter inmitten einer hellen Schar bezaubernder Mädchen. Bei diesem Anblick ging den beiden Königen das Herz auf vor freudigem Stolz. Der junge Fürst aber ließ durch Ausrufer einen gemeinsamen Hoftag zweier Könige verkünden, zu dem viele geistliche und weltliche Fürsten herbeiströmten. Der Ausrufer schrie: „Wer Gott und seine Ehre liebt und reiche Gaben nicht verschmäht, komme aufs glänzende Gefild zu Engelstein! Zwei Könige wollen ihr Glück mit ihm teilen, haben sie doch ihre verloren geglaubten Kinder wiedergefunden! Beide werden einander zu rechter Ehe gegeben! Das wird das größte, herrlichste Fest seit Menschengedenken!"

Immer mehr Menschen, Frauen und Männer, eilten herbei, und selbst als der Truchseß die Ankunft von vierhundert Spielleuten meldete, wurde keiner vom Platze gewiesen, alle erhielten ein Roß und ein ansehnliches Gewand. Nun wurde der junge Fürst zum Ritter geschlagen und danach mit der Geliebten getraut. Er entschloß sich, die unerhört reiche Brautgabe Gott zu opfern: „Sie sei fürs heilige Grab bestimmt, auf daß Gott uns ein langes Leben schenke!" Seine junge Frau ließ sich nicht beschämen und trug ihr Teil dazu bei: „Der unser Glück in Händen hält, möge deine Bitte erhören!"

Das war nun wirklich ein rauschendes Fest! Allenthalben gab's köstliche Speisen, und dazu fand man überall Abwechslung bei mancherlei Lustbarkeit. Es wurde musiziert mit Trommeln, Flöten und allerlei Saiteninstrumenten. Auf dem Turnierplatz konnte man hervorragende Rittertaten bestaunen. Als sich das Fest dem Ende neigte, fragte man den jungen Fürsten, wo er und seine Gattin den Wohnsitz nehmen wollten, in Paris oder in England. Er aber rief, ohne sich lange zu bedenken: „Ich will abwechselnd in dem einen wie in dem anderen Reiche weilen!" Da sprach der König von England: „Damit übergebe ich dir und deiner jungen Frau Städte, Burgen und all meinen Besitz! Er sei fortan deiner Herrschaft anvertraut!"

Damit war das Fest beendet, und die Gäste zerstreuten

sich. Die beiden Liebenden aber lebten glücklich und zufrieden, wie es zwei Menschen zu gönnen ist, die in treuer und unwandelbarer Liebe aneinander hängen. Wäre doch auch uns solches Glück vergönnt! Damit bleibt mir nur noch ein Wort: Amen!

Sociabilis

Einst lebte auf seiner Burg in Schwaben ein kühner,
tugendhafter Ritter mit Namen Sociabilis. Dieser un-
erschrockene Held hatte das Land vor Angriffen zu
sichern. Wo's um Hauen und Stechen ging, war er
bestimmt anzutreffen, und natürlich ließ er auch kein
einziges Turnier aus.

Eines Nachts, als er in tiefem Schlaf lag, träumte
ihm, es öffne sich leise seine Kammertür und eine Jungfrau trete herein. Er erschrak heftig, denn er erkannte in
der Eintretenden die Tochter eines mächtigen Grafen
vom Bodensee, die der lebensfrohe Jüngling insgeheim
schon lange liebte. Das Traumbild näherte sich seinem
Bett und fragte: „Ist jemand hier, der gern eine Jungfrau
in seinen Armen fühlte, bevor ich wieder Abschied nehmen muß?"

Er sprach: „Liebstes Jungfräulein, legt Euch bitte zu
mir!"

Sie aber erwiderte: „Und wenn Ihr noch so sehr danach verlangt, es geschieht nie und nimmer, bevor Ihr nicht bei meinem Vater in allen Ehren um mich angehalten habt. Ich bin nicht so eine, wie Ihr vielleicht denkt. Bei meinem Gang hatte ich nichts Böses und Sündhaftes im Sinn!" Und sie fuhr fort: „Wollt Ihr zur Erinnerung an mich ein bescheidenes Geschenk annehmen?"

„Mit tausend Freuden, wenn's von Herzen kommt, und um noch mehr zu sagen, ich wäre der glücklichste Mensch auf Erden, wenn Ihr Euch weniger abweisend zeigtet."

Sie erwiderte: „Edler Ritter, wenn du dich mit einem Kuß zufriedengibst, will ich ihn dir zum Abschied schenken. Stürze dich aber nicht mehr leichtfertig in allerlei Turnierabenteuer. Und noch dies: Beim heiligen Christus, glaube mir, eine treue Liebe ist mehr wert als alles Gold und Silber der Welt. Ich will dich immer gern haben." In all ihrer berückenden Schönheit, geziert mit einer goldenen Krone, bot sie ihm ihre roten Lippen zu einem Kuß, der ihn mit Seligkeit erfüllte. Dann wollte sie sich verabschieden, er aber sprach: „Beim Heil Gottes, wartet doch so lange, bis ich Euch ein Pferd satteln lasse!"

Sie aber erwiderte: „Ich habe keine Zeit mehr!"

„Dann will ich selbst Euer Roß sein und Euch tragen!"

Sie wehrte ab: „Das ist unmöglich! Es ist mir bestimmt, auch bei Schnee und Regen meine Straße zu gehen, ganz gleich, ob sie steinig ist oder glatt."

Da rief der Ritter: „Da Ihr Euch nicht in meinen Armen ausruhen wollt, bleibt mir nur, Gott mein Herzeleid zu klagen!" Und er schrie im Schlafe lauthals: „Ach und Weh!"

Da wandte sie sich nochmals um: „Hör mich an, lieber Freund! Um was man sich nicht müht, das erringt man auch nicht, wenngleich man's haben könnte, wenn man sich nur mühte!" Mit diesen Worten, die ihn tief im Herzen bewegten, ging sie fort, und als er sie festhalten wollte, erwachte er.

Als er sich erwachend umsah und keine Spur von ihr entdeckte, überlegte er verstört: Gott, was war das? Habe ich wirklich nur geträumt? Er sprang auf: Oder war's Wirklichkeit? Noch vor Jahresfrist will ich wissen, woran ich bin! Da fällt mir ein: Es wurde doch an einem Ort am Bodensee ein Turnier ausgerufen! Er entschloß sich, zu diesem Turnier zu reiten, hoffte er doch, dort seine Geliebte zu finden. Froh über seinen Entschluß, betrieben der tapfere Sociabilis und seine Knappen eifrig die Turnierfahrt, und Sociabilis erklärte: „Von heute an wird mein Bart nicht mehr geschoren bis zu dem Augenblick, da mir meine Liebste einen freundlichen Gruß gönnt!"

Trotz der weiten Entfernung dauerte es nicht lange, bis sie zum Turnierort kamen. Nachdem Sociabilis eine Herberge gefunden hatte, schickte er einen Knappen los, um auszuspähen, ob sich die liebenswerte Jungfrau auf der Burg bei ihrem Vater aufhielte. Bald erschien sein Späher und berichtete: „Ihr könnt's glauben, Herr, sie ist da, umgeben von einer Schar anderer Jungfrauen, und alle wollen dem Turnier zusehen." Sogleich ließ Sociabilis sein Roß satteln und überall mit frischem grünem Laub schmücken. Einen eigenhändig geschriebenen Liebesbrief band er an der Lanzenspitze fest. In diesem Brief war zu lesen: „Gott grüße Dich, Du Kaiserin unter allen Frauen. Von allen Frauen liebe ich in unerschütterlicher Treue nur Dich allein! Und gönnen mir Eure roten Lippen nicht einmal einen freundlichen Gruß, dann finde ich gewiß den Tod! Geliebte, errette mich aus meiner Liebespein, damit ich wieder froh sein kann. Das ist die reine Wahrheit."

Dann schwang er sich aufs Pferd, ergriff die Lanze und ritt zum Kampfplatz. Als ihn die Jungfrau auf dem Turnierplatz entdeckte, wandte sie sich rasch an ihren Vater: „Lieber Vater, erfülle mir bitte einen Herzenswunsch. Lade doch um meinetwillen einen Gast in unser Haus. Siehst du jenen Helden dort auf dem Kampfplatz? Er ist fremd in diesem Land. Es würde dem Ruf unseres

Hauses sehr schade, wenn er in diesem Stechen zu Schaden käme! Lade ihn auf unsere Burg, Vater. Die Ehre deines Hauses wird durch diese Einladung gewiß nicht geschmälert, ist er doch ein achtenswerter Ritter."

Ihr Vater erwiderte: „Da du es willst, soll's geschehen." Er ließ sein Pferd satteln und trabte zu dem Ritter, der auf dem Kampfplatz wartete. Bei ihm angelangt, sprach er: „Herr, erlaubt mir, Euch zum Essen einzuladen!"

Sociabilis erwiderte höflich: „Wenn Euch daran liegt, von Herzen gern." Und er ritt mit ihm hinauf auf die Burg. Der Graf aber hatte noch mehr Edelleute zu Gast geladen, die zu dem Turnier gekommen waren. Um alle war er fürsorglich bemüht, hieß sie herzlich willkommen, und als man auf sein Geheiß köstlichen Wein herbeigetragen hatte, ermunterte er sie alle zu fröhlichem Umtrunk. Er geleitete sie in den Festsaal im Obergeschoß des Palastes und befahl, es an nichts fehlen zu lassen. Nach dem Essen gab man sich allerlei Kurzweil hin. So mancher Gast des Grafen hüpfte beim Tanz dahin und sang dabei mit den Damen um die Wette. Sociabilis hatte die Tochter des Grafen zum Tanze aufgefordert und führte sie mit heimlicher Genugtuung vor aller Augen zum Reigen. Dabei erzählte er der edlen Jungfrau leise, was er daheim im Bett geträumt hatte. Sie erschrak heftig und flüsterte: „Schweigt und redet nicht weiter! Ich will nichts davon hören! Schon um meines lieben Vaters willen darf ich nicht dulden, daß Eure Worte irgendeinem Menschen zu Ohren kommen. Dabei wäre es mir, beim heiligen Christus, das höchste Glück, an Eurer Seite bleiben zu dürfen."

Diese Worte behagten dem Ritter sehr, und er sagte. „Wenn ich tatsächlich ein einziges Mal allein bei Euch weilen dürfte, wäre all mein Sehnsuchtsschmerz verflogen."

Die Jungfrau aber sprach schamhaft: „Ich glaube nicht, daß es mir anders ginge. Gott schütze Euch! Ihr müßt aber bei meinem Vater in aller Form um meine

Hand anhalten. Ich selbst bin mit Eurer Werbung von Herzen gern einverstanden. So würde auch meine geheime Sehnsucht gestillt!"

„Dann bin ich guter Hoffnung, daß ich Euch zur Frau gewinnen werde!"

Nach dem Tanz betrat der Graf mit seinen Rittern die Tanzfläche und bat seine Gäste, sich ein wenig auszuruhen und wacker dem Wein zuzusprechen: „Trinkt, meine Herren, und ihr, meine Gäste! Das scheint mir wohl angebracht, hat euch doch der Tanz in dem weiten Saal ziemlich außer Atem gebracht." Er bat schließlich alle Anwesenden, am Morgen vor dem Aufbruch mit ihm das Frühstück einzunehmen, doch man lehnte höflich ab, da man möglichst zeitig losreiten wollte. Da sprach der Graf: „Gott schütze euch und nehme euch auf dem Heimweg in seine Hut." Er ließ sie mit brennenden Fackeln in ihre Quartiere geleiten, wo sich seine Gäste ermüdet zur Ruhe legten.

Am Morgen rüstete alles zum Aufbruch. Sociabilis hatte großartig geschlafen, die Jungfrau hatte für ein weiches Ruhelager Sorge getragen. Nachdem er sich vom Grafen verabschiedet hatte, kam die Jungfrau heimlich zu ihm und fragte, wie er geschlafen habe. „Ausgezeichnet, liebes Jungfräulein, dank Eurer Fürsorge!" Er küßte ohne langes Überlegen ihre Rosenlippen und sprach: „Damit befehle ich Euch dem Schutz des Allmächtigen!" Der Abschied war beiden schmerzlich genug. Zur Erinnerung schenkte ihm die Jungfrau einen Ring von rotem Gold. Der Ritter dankte ihr vieltausendmal und schenkte ihr als Gegengabe eine goldene Brosche. Als er gehen wollte, sprach sie: „Laß dir noch etwas sagen, lieber Freund. Wenn ich dir Nachricht gebe, dann komme wieder! Ich will dich im Baumgarten meines Vaters erwarten!"

Er erwiderte: „Gern, edles Jungfräulein, wenn ich das Jawort Eures Vaters habe." Sociabilis, der kühne, edelsinnige Held, grub die Worte der Jungfrau tief in sein Herz und schwang sich auf sein Roß. Daheim genoß er zwar allenthalben großes Ansehen, doch die Zuneigung der Grafentochter machte ihn noch glücklicher. Als er zu Hause anlangte, kamen ihm die Seinen entgegen, hießen ihn freundlich willkommen und fragten, wie es ihm ergangen sei. Er rief: „Mit Gottes Hilfe ausgezeichnet! Der Graf hat mich zu Gast geladen und höchst ehrenvoll behandelt. Er hat eine edle Tochter, ein wunderschönes Mädchen. Mir tun schon deshalb die Beschwernisse der Fahrt nicht leid."

Wenig später sandte er seinen Werber zum Grafen, um ihn zu bitten, ihm die Tochter zur Frau zu geben. Der Gräfin sandte er als Angebinde einen kostbaren Ring. (Was er der Jungfrau schickte, ist mir unbekannt geblieben.) Der Graf fragte seine Frau verwundert, um was für einen Ritter es sich denn handle. Sie klärte ihn auf: „Die Botschaft sandte uns Sociabilis, ein vornehmer, tapferer und kluger Held aus Schwaben. Ich weiß nicht, ob Ihr ihn schon einmal kennengelernt habt."

Da erinnerte sich der Graf dunkel: „Ist das nicht jener fremde Ritter, der zum Turnier gekommen und später mein Gast war?"

Die Boten sagten: „Gewiß, Herr. Und er wirbt um die Hand deiner Tochter. Das ist unser Anliegen. Er bittet um Eure Antwort, die wir ihm überbringen sollen."

„Das geht nicht an! Ich habe über die Zukunft meiner Tochter schon entschieden. Sie soll die Gattin eines edlen Herzogs werden." Als die Boten am Morgen Abschied nahmen, sprach er zu ihnen: „Werte Herren und Gäste, es wird wohl am besten sein, wenn ihr euerm Herrn mitteilt, er möge anderswo auf die Brautschau gehen. Meine Tochter kann ich ihm leider nicht geben."

Nach Adelssitte sandte er Sociabilis einen goldenen Ring mit der Versicherung seiner Ergebenheit. Die Jungfrau aber hatte inzwischen einen Brief geschrieben und ihn den Boten heimlich zugesteckt. In diesem Brief forderte sie Sociabilis auf, zu ihr zu kommen. Als sich die Boten auf die Pferde schwangen, rief der Graf: „Gott schütze euch und gebe euch seinen Segen. Von Herzen wünsche ich, daß er euch behüte. Und sagt euerm Herrn, daß ich ihn als wackeren Mann achte und ehre."

Nun gab's kein Zögern mehr. Die Boten ritten ohne Aufenthalt zu ihrem Herrn zurück. Sie berichteten ihm, wie es ihnen ergangen war, und überreichten ihm Brief und Ring. Er eilte in seine Kemenate, um ihn zu lesen, und fand darin beglückende Botschaft. Nachdem er den Brief gelesen hatte, stand ihm klar vor Augen, was er nach dem Willen des Mädchens zu tun hatte. Aller Kummer war vergangen, stand doch in dem Brief zu lesen, er solle in einer bestimmten Nacht zu ihr kommen; sie wolle ihn im Baumgarten ihres Vaters erwarten. Er brach ohne Verzug auf und gönnte seinem Pferd keine Ruhe, bis er am Baumgarten angekommen war. Er fand die Pforte aber versperrt, denn die Jungfrau war vor Müdigkeit unter einem Baum eingeschlafen. Ihr träumte gerade, der Geliebte sei angekommen. Doch das war kein Traum! Man hörte deutlich, daß jemand leise und verstohlen an die Pforte klopfte. Die Schöne trat näher und fragte: „Wer hat an die Pforte gepocht und mich aus dem Schlaf geschreckt?" Als sie den Ritter erkannte, hieß sie ihn in großer Freude willkommen. Wie damals im Traum trug sie eine Krone auf ihrem Haupt. Sie fragte ihn, wie es ihm in der Zwischenzeit ergangen sei.

„Habt Dank für Euer Willkommen, mein liebes Jungfräulein!" sprach er. „Mir ging's recht wohl, doch verlangte mich stets nach Euren roten Lippen. In Gedanken war ich immer bei Euch!" Darauf ließen sie sich ins Gras sinken, und beide waren nie glücklicher als in dieser Nacht. Als sie ihr Verlangen gestillt hatten, lachten und scherzten sie und erwiesen einander viele kleine Zärtlichkeiten. Die ganze Nacht über lag die Grafentochter in schneeweißer, schlanker Nacktheit, mit verlangenden Armen und langem Goldgelock in seinen Armen. Voll heißer Leidenschaft preßte er sie fest an sich, in liebevoller Einmütigkeit tauschten sie vieltausend Küsse und fühlten sich auf dem kalten, taubedeckten Rasen wie im Paradiese. Als die Nacht dem Morgen wich, erschraken beide zutiefst. Der Ritter erhob sich, schlüpfte in seine Kleider und schenkte der Liebsten zur Erinnerung an diese Nacht einen Ring. Wenn Gott ihn heil in die Heimat zurückgeführt hätte, sollte sie beim Betrachten des Ringes immer an ihn denken. Sie aber sagte: „Nie war mir so weh zumute wie in dieser Trennungsstunde!" Dann nahm sie Abschied von ihrem Geliebten, dem sie die ganze Nacht über angehört hatte. Begleitet von ihren Segenswünschen, ritt Sociabilis nun ohne Aufenthalt davon.

Nachdem sich ihre Wünsche erfüllt hatten, schlich sich die Jungfrau vorsichtig in die Burg zurück und legte sich in ihrer Kammer leise zu Bett. Sie dachte schmerzbewegt: Ach, wie schwer ist nun mein Gemüt, das an der Seite des Geliebten so heiter und unbeschwert war! So lebte sie nach der Art der unerfahrenen Mädchen dahin, ohne sich darüber klarzuwerden, daß sie ein Kind unter dem Herzen trug. Als sie aber an untrüglichen Zeichen merkte, daß sie schwanger war, war die Not groß. Sie rang vor Verzweiflung die Hände und rief: „Herr, bei deinem Opfertod! Nun gerate ich sicher in Not und Elend!"

Eines Morgens sprach ihre Mutter, an eine Zinne gelehnt, ihr Morgengebet, als sie das heimliche Weinen und Wehklagen ihrer Tochter hörte. Sie dachte: Sie muß mir den Grund ihres Kummers sagen! Doch als sie ihre Tochter zu sich rief, schwieg die fein still und tat, als ob sie schliefe und nichts gehört hätte. Da ging ihre Mutter zu ihr und trat an ihr Bett: „Sprich, warum hast du vorhin so geweint? Welcher Kummer, welches Herzeleid bedrückt dich? Ich hatte ja gar keine Ahnung, daß dich etwas so sehr quält!"

Nun war nichts mehr zu machen, die Grafentochter mußte mit der Sprache heraus. Da fuhr die Mutter entsetzt auf: „Verworfene Dirne, wer hat dich geschwängert? Erfährt dein Vater von der Sache, bist du rettungslos verloren! Er bringt dich um! Wer hat dich verführt?"

„Was soll ich schon sagen? Damals, als Sociabilis zum

360

Turnier gekommen war und mich nach dem Gastmahl zum Tanze führte, hat er mein Herz gewonnen."

Die Mutter vergewisserte sich: „Ist das auch die reine Wahrheit?"

„Aber gewiß, liebe Mutter!"

„Dann schweig still über alles! Mag alles seinen Gang gehen!"

(Gott schütze alle Mütter, denn sie finden selbst aus den schwierigsten Situationen einen Ausweg!)

Als die Zeit gekommen war, da die Tochter ins Kindbett mußte, nahm die Mutter eines Nachts im Ehebett die Gelegenheit wahr. Sie lag gerade nach fröhlichem Liebesspiel geruhsam neben ihrem Gatten, dem Grafen, als sie begann: „Lieber Herr und Gebieter! Im Vertrauen auf deine Güte muß ich dich von einer betrüblichen Sache in Kenntnis setzen. Als ich dahinterkam, war mir nicht gerade leicht zumute!"

Er sagte: „Sprich nur, liebe Frau! Was hast du auf dem Herzen?"

Sie aber forderte vorsichtig unter Tränen: „Versprecht zunächst, daß Ihr Euch nicht hinreißen laßt, wenn Ihr die Wahrheit erfahrt!"

Er meinte begütigend: „Laßt doch die Tränen, liebe Frau! Glaubt's nur, mein Leben lang seid Ihr vor jähzorniger Aufwallung sicher bei mir!"

Da entschloß sie sich: „Auf meinen Eid, unsere Tochter hat ein Kind von Sociabilis!"

Der Graf fuhr entsetzt in die Höhe: „Wann ist sie denn zu ihm gekrochen, die verworfene Dirne! Ich hätte dem Kerl nicht über den Weg trauen dürfen! Das hat sie nun von dem Spaß! Aus meinen Augen mit der Schlampe!"

Die Gattin sprach ihm gütlich zu: „Tut unserer Tochter kein Leid an! Das Kind geben wir einfach zu einer Amme!"

Der Graf knirschte erbost: „Also gut, mag sie leben, egal wie! Aber sie muß weg, ans andere Ufer des Bodensees!" Alles Bitten und Flehen der Gräfin, die Tochter im Hause zu lassen, war umsonst. Schließlich sprach sie erschöpft: „Dann reden wir eben nicht mehr darüber!"

Der Graf aber rief aufgebracht: „Und an ihr Erbteil braucht sie gar nicht mehr zu denken!"

Am nächsten Tag ließ er ein festes Boot rüsten, stieß seine Tochter hinein und befahl zwei Schiffern, sie über den weiten See zu bringen. An diesem Tage der Trennung erhob sich bei allen Frauen und Mädchen am Hofe großes Wehklagen darüber, daß der Graf die eigene Tochter verstieß. Ihr Kindlein auf dem Arm tragend, betrat die junge Frau unter heißen Tränen das Boot, und obwohl sich ihre Mutter vor Verzweiflung die Haare raufte, befahl der Graf den beiden Schiffern, endlich loszufahren. Beide kannten sich aus auf dem See. Nun hatte man nicht versäumt, die Grafentochter mit Speisen, Getränken und notwendigen Kleidern zu versorgen. Im Schiff stehend, rief sie ihrer Mutter zu: „Liebe Mutter, ich bitte dich mit aufrichtigem Herzen, vergib mir um Gottes willen den großen Kummer, den ich dir bereitet habe."

Die Mutter brach in Tränen aus und wehklagte, daß ihre schöne Tochter in die Fremde ziehen sollte. „Liebes Kind, Gott schütze dich!" rief sie ihr noch zu, dann stießen die beiden Schiffer vom Ufer ab und fuhren auf den weiten See hinaus. Die Gräfin aber konnte ihr Herzeleid um die Tochter kaum verwinden. Vierzehn Tage mußte sie das Bett hüten, verweigerte sie Speis und Trank, bis sie sich endlich ein wenig beruhigt hatte.

Das Schiff mit der Grafentochter fuhr unter einem Segel dahin, als plötzlich ein Sturm heraufzog. Die Schiffer holten das Segel ein und ruderten um ihr Leben. Sieben Tage lang wurden sie auf dem See von wilden Wellen hin und her geworfen, bis sich das Unwetter endlich legte. Danach landeten sie in einer unbekannten Gegend und ließen sich dort in einer Stadt nieder. Es waren zwei wackere, ehrenwerte Männer, und die Grafentochter führte unter ihrem Schutz ein achtenswertes Leben.

Wenig später erhielt Sociabilis eine Einladung zu einem Turnier, und dieses Turnier sollte ausgerechnet in jener Gegend stattfinden, wo sich seine Geliebte aufhielt. Inzwischen hatte er auch von ihrem Unglück erfahren, doch er glaubte, sie hielte sich bei ihren Eltern auf. Das Turnier sollte bei jener großen, reichbevölkerten Stadt durchgeführt werden, in der die Grafentochter wohnte, und sie hatte sich vorgenommen, in der Schar der anderen Frauen dem Treffen zuzusehen, wie sie es gewohnt war. Als das Turnier begann, zeigte sich Sociabilis als verwegener Draufgänger. Er war als erster zur Stelle und schlug sich im Waffengang tapfer herum, wobei einer der Kämpfenden dem anderen nichts schenkte. Die Grafentochter hoffte, daß Gott ihren Geliebten zu diesem Turnier gesandt hätte, und sie musterte eifrig die Kämpfer, bis sie tatsächlich ihren Liebsten entdeckte. Er trug nämlich auf Helm und Schild sein Wappenzeichen. Als sie ihn auf dem Turnierplatz erspähte, brach sie mitten in der Frauenschar in Tränen aus, so daß sie ihre Gefährtinnen fragten, was denn geschehen sei. Sie verschwieg's ihnen, konnte aber das Ende des Turniers kaum erwarten. Als Sociabilis den Turnierplatz verließ, folgte sie ihm heimlich und merkte sich, bei welchem Herbergswirt er einkehrte. Sie ließ einen Vertrauten auskundschaften, wann man sich in der Herberge zu Tisch setzte. Nun hatte sie damals, als sie ihr Vaterhaus verlassen mußte, das Ringlein des Geliebten mitgenommen, und als man in der Herberge das Mahl auftrug, ließ sie Sociabilis durch einen Boten zwei Kannen Wein und den Ring bringen.

Der Bote drängte sich bis zu dem Herrn durch und sprach dann: „Herr, die Mahlzeit segne Euch Gott! Seht, diesen wertvollen Ring sendet Euch meine Herrin."

Als Sociabilis den Ring erkannte, sprang er erfreut auf, schenkte dem Boten als Lohn ein treffliches Gewand und rief: „Warte, mein Freund, ich will dich zu deiner Herrin begleiten!" Er folgte dem Knecht und wurde von seiner Liebsten herzlich willkommen geheißen. Als er sie endlich vor sich sah, rief der Ritter: „Seid tausendmal willkommen! Sprecht, wie seid Ihr an diesen Ort gekommen?" Sie erzählte es ihm, und nun war beider Kummer vorbei. Ohne zu zögern ließ er einen bequemen Reisewagen herrichten, in dem die überglückliche Grafentochter mit ihm fahren sollte, und nachdem er in der Herberge seine Rechnung beglichen hatte, schwang er sich aufs Pferd und reiste mit seiner Liebsten ohne Aufenthalt in seine Heimat. Seinen Knappen hatte er vorausgeschickt, um einen gebührenden Empfang vorzubereiten. Daheim ließ er ausrichten, er komme mit der Tochter des Grafen zurück, man solle ihn und seine Geliebte früh bei ihrem Eintreffen mit großem Gepränge empfangen. Tatsächlich erschienen seine Leute allesamt auf herrlichen, prächtig geschmückten Rossen. Nach seiner Heimkehr heiratete er seine Liebste und regierte an ihrer Seite glücklich und zufrieden im Schwabenland.

Herr, sei auch uns gnädig, damit wir weder am Leib noch an der Seele Schaden nehmen! Gott, nimm uns alle in deine Hut! Herr, gib uns hier auf Erden deinen Segen und nach diesem zeitlichen Leben die ewige Seligkeit.

Damit ist die Geschichte vom Ritter Sociabilis zu Ende. Gott erlöste dessen Liebste gnädig aus der Verbannung, die allerdings eine gerechte Strafe war für ihren Ungehorsam gegen die Eltern, damals, als sie sich im Baumgarten dem Ritter hingab. Gott vergab ihr schließlich diese Sünde. Möge er auch uns unsere Sünden vergeben zu Ehren seines Sohnes, des gebenedeiten Christus, der uns alle erlöst hat.

Die Liebesprobe

Wo findet man heute noch einen Ort, an dem wahre, treue, unverfälschte Liebe ihren Garten bestellt? Nur wenige Menschen gibt's, die den rechten Weg dahin finden. Bei den meisten erkennt man schon von weitem, daß in ihrem Herz Falschheit und Untreue herrschen.

Einst lebte eine Edelfrau, die in der Jugend auf vielen glänzenden Hoffesten auftrat und überall wohlbekannt war. Man suchte ihre Gesellschaft und war untröstlich, wenn man nicht wenigstens ein freundliches Wort von ihr erhaschte. Sie war in der Tat von großer Schönheit und zog mit ihren Reizen so manchen Ritter an. Aber sie machte in der Liebe auch viele bittere Erfahrungen, erlebte viele Enttäuschungen. Doch wenn sie ihren Liebhaber bei Falschheit und Untreue ertappte, zahlte sie ihm mit gleicher Münze heim. Einst besuchte sie wieder einmal ein Hoffest, begleitet von ihrer Nichte, einer schönen Jungfrau von unerhörtem Liebreiz. Vor dem Fest nahm sie das Mädchen beiseite: „Ich will dir vorher ein paar gute Lehren vermitteln. Nimm dir meine Mahnungen zu Herzen! Ich habe selbst erfahren müssen, daß Schönheit die Quelle bitteren Leides sein kann. Wenn dir jemand seine Liebe anträgt, verspricht er dir erst den Himmel auf Erden. Dann nimm ihn beim Wort! Stelle ihn auf die Probe und fordere von ihm als Beweis wahrer Liebe gewaltige Rittertaten. Wenn er darauf eingeht, kannst du einigermaßen sicher sein, daß er dich nicht unglücklich machen wird."

Die edle Jungfrau war einverstanden. „Ich werde deinen Rat befolgen!" Dann gab sie sich unbeschwert der Lust des Tanzes hin und zog bald die Augen so manches Edlen auf sich. Prompt trug ihr auch ein Ritter seine Liebe an und bestürmte sie hartnäckig, ihn zu erhören. Sie aber sprach: „Ich kann Euch meine Liebe noch nicht schenken. Damit ist aber nicht gesagt, daß ich nicht eines Tages doch noch Euch gehören könnte. Wenn Ihr es ernst meint, so begebt Euch auf eine Ritterfahrt nach England und stellt Euch jedem Abenteuer, das Euch begegnet. Ich will's mir inzwischen überlegen und Euch nach Eurer Rückkehr sagen, ob ich mich für Eure Liebe entschieden habe oder nicht." Nachdem sie ihm einen Termin für seine Rückkehr gesetzt hatte, sagte der Ritter freudig: „Damit ist alles klar für mich!" Und er nahm voller Hoffnung Abschied von ihr.

Bald näherte sich der Jungfrau beim Tanz ein zweiter stattlicher Ritter, dem ein zärtliches Gespräch mit ihr höchstes Glück schien, fühlte er doch im Herzen leidenschaftliche Liebe zu ihr. Er hob an: „Jungfräulein, laß uns ein wenig abseits gehen, denn ich möchte dir unter vier Augen etwas gestehen, was dir bestimmt nicht unangenehm sein wird."

Sie aber erwiderte: „Ach, was wird's schon sein, was Ihr mir Angenehmes zu sagen habt! Ich werde Euch anhören, wenn's mir gefällt!"

Da begann er zu schmeicheln: „Du schönstes, reizendstes Jungfräulein! Wolltest du meine Liebste sein, ich wollte dich immer fest im Herzen tragen! Du kannst meiner steten und treuen Liebe sicher sein!"

Da antwortete sie: „Lieber Herr, wenn Ihr mir tatsächlich fest und treu ergeben seid, dann unternehmt eine Ritterfahrt ins Preußenland!" Mit diesen wohlbedachten Worten schickte sie ihn fort auf die Reise.

Wenig später zog sie die Blicke eines jungen Recken auf sich, der sie in der Schar der Damen bewundernd und liebevoll betrachtete. Ihm wollte es scheinen, er sähe eine Taube unter lauter Krähen, und er dachte: Könnte ich doch nur ein einziges Wort mit ihr wechseln, ich wäre der glücklichste Mensch auf Erden! Nach langem, schüchternem Zögern faßte er sich ein Herz und setzte sich in einer Fensternische neben sie. Dann begann er: „Edles Jungfräulein, es schmerzt mich, daß du dein Herz der Liebe verschließt. Da wir nun aber mit Gottes Hilfe hier zu fröhlichem Treiben vereint sind, laß mich dein Diener sein und um deine Huld ringen! Ich verspreche dir hoch und heilig, daß ich dir jeden Wunsch erfüllen werde, was Gott auch über mich verhängen möge."

Sie aber sprach: „Ich weiß nicht, was Liebe ist. Wenn dir aber an meiner Zuneigung gelegen ist, so fahre übers Meer ins Morgenland und vollbringe ruhmvolle Rittertaten. Wenn du mich überzeugen kannst, daß dein Herz ohne Falsch ist, daß es nur Treue und Beständigkeit kennt, dann werde ich lieb zu dir sein und in deinem Herzen die Blume des Glückes erblühen lassen." Wie die ersten zwei versprach auch er, ihre Bedingung zu erfüllen.

Danach begab sich das Mädchen zu seiner Tante und berichtete: „Mir haben gleich drei Ritter ihre Liebe angetragen. Ich habe sie aber alle drei zur Probe auf eine Ritterfahrt geschickt. Warten wir ab, wem's gelingt." Die Tante des Mädchens hörte dies mit innigem Vergnügen. Nachdem das Fest zu Ende war, reisten die beiden Damen zurück nach Hause, und die ältere fragte in freundschaftlicher Neugier: „Welche Termine hast du ihnen eigentlich gesetzt?" Und die junge sagte ihr, wann die drei zurückkehren sollten.

Nach Jahresfrist war der Tag für die Rückkehr des ersten Ritters herangekommen. Nun gebt acht, wie raffiniert sich die Tante des Mädchens verhielt! Sie bat ihre Nichte, ins Bett zu gehen: „Lege dich nieder und stelle dich krank! Ich habe mir eine untrügliche Probe überlegt. Sie wird uns zeigen, ob er dich wirklich treu und innig liebt oder ob sein Herz wankelmütig ist. Je nachdem, wie er die Probe besteht, wollen wir ihn behandeln!"

Als nun der erste Ritter eintraf, lag die Jungfrau im Bett, und ihre Tante empfing ihn in einem schwarzen Mantel unter großem Wehklagen. Der Ritter fragte: „Wo ist die Jungfrau? Führt mich zu ihr!"

Sie aber jammerte: „Ach, ich bin untröstlich! Sie ist leider sterbenskrank!"

Der Ritter wurde bleich vor Schreck: „Wann ist sie denn erkrankt?"

„Es ist noch gar nicht lange her. Ach, daß sie so eine furchtbare, ekelerregende Krankheit überfallen mußte!"

Da sagte er eilfertig: „Dann verzichte ich darauf, sie zu sehen! Was Gott will, das geschieht! Gott segne Euch, meine Dame! Gehabt Euch wohl!"

Sobald er in großer Hast das Haus geräumt hatte, wälzte sich die Jungfrau in ihrem Bett vor Heiterkeit. Ihre Tante aber sagte: „Das wäre kein Mann für dich gewesen! Bei dem wärst du schön hereingefallen. Ei, wie entsetzt er davongeschossen ist! Bei der geringsten Schwierigkeit sind ihm Lieb und Treu nur noch Schall und Rauch! Seine Liebe ist nicht fester als eine Eierschale!"

Bald darauf war's soweit, daß der zweite erscheinen sollte. Als sein Kommen gemeldet wurde, schickte die Tante ihre Nichte wieder ins Bett, ließ es mit einem Vorhang zuhängen, umhüllte selbst ihr Haupt mit einem Schleier und streckte dem triumphierend eintretenden Ritter klagend die Hände entgegen. Erschrocken trat er näher und fragte, was geschehen sei. „Ach, ich bin in bitterster Verzweiflung! Habt Ihr nicht auch meine Nichte gekannt?"

„Aber natürlich!" rief der hochwohlgeborene Rittersmann.

„Nun denkt doch nur, sie ist vom Aussatz befallen! Dort hinten in der Kemenate liegt sie! Gott vergeb's dem Elenden, der sie angesteckt hat! Daß ihr keusches, zurückgezogenes Leben so übel belohnt wurde!"

Der Ritter dachte: Das geht auf mich! Na schön, wenn sie wie eine Nonne gelebt hat, ist's ihr eigener Schaden. Wäre sie heil und gesund, könnte sie mir schon gefallen! Und laut sagte er: „Es tut mir leid um sie! Sie war so reizend, so vornehm, so ehrbar. Ich stelle es nicht in Abrede, daß ich sie mochte. Ach Gott, könnte ich sie doch noch einmal sehen!"

Sie öffnete eine Klappe im Vorhang und ließ ihn näher treten. Vorsichtig hielt er sich die Nase zu, um nicht von dem Gestank der Aussätzigen belästigt zu werden. Seine große Liebe war im Nu verflogen, er mochte gar nicht mehr daran denken. Schnell drehte er sich um und sprach: „Was hätte ich davon, wenn ich mich bei ihr ansteckte und ihretwegen selbst in entsetzliche Not geriete! Segne Euch Gott, meine Dame! Ich muß schleunigst ein Bad nehmen." Er rannte aus dem Haus, so schnell er konnte. Die kluge Tante aber lachte: „Schluß mit der Liebe! Die zwei sind wir los. Wollen sehen, wie sich der dritte Freier anstellt."

Wenig später kam der letzte Bewerber. Nach rühmlicher Ritterfahrt kehrte er zurück und wollte bei der geliebten Jungfrau sein Glück versuchen. Er erschien voller Erwartung, wie sie sich entschieden hätte. Kostbaren Schmuck und herrliches Geschmeide hatte er ihr mitgebracht. Die durchtriebene Tante ging dem biederen jungen Rittersmann entgegen, hieß ihn willkommen und zog ihn neben sich auf eine Bank. Nachdem er für den freundlichen Empfang gedankt hatte, war sie voller Neugier, wie er beginnen würde. Seine erste Frage war:

„Wo ist das schöne Jungfräulein? Tanzt sie noch immer so gern?"

Die Edelfrau erwiderte: „Das hat ihr Gott ein für allemal verleidet. Ich wollte, niemand wüßte von ihrer furchtbaren Not!"

Der Ritter fragte erschrocken, ob sie denn tot sei. Sie aber fuhr mit ersterbender Stimme fort: „In der Tat, sie ist so gut wie tot! Das Unheil hat sie wie ein Jäger mit Hunden gehetzt und gestellt! Sie darf nie mehr unter die Menschen! Sie muß in die Verbannung zu den Aussätzigen!"

Der Ritter hatte Mühe, seine Fassung zu bewahren. Tiefunglücklich, bat er schließlich: „Herzliebste edle Frau! Führt mich zu ihr, ich möchte sie sehen! Ich will's Euch mein Leben lang danken!"

Sie sprach mit dumpfer Stimme: „Seht Ihr dort die Klappe? Dort hindurch reiche ich ihr die Nahrung an einer Stange. Die furchtbare Krankheit ist schon so weit fortgeschritten, daß selbst ich ihr nicht mehr nahe zu kommen wage. Wenn Ihr zu ihr geht, wird Euch ein so furchtbarer Gestank entgegenschlagen, daß Euch der Ekel überwältigen wird!"

Er aber rief mannhaft und entschlossen: „Und wäre ich selbst danach dem schrecklichsten Tod überliefert, ich will zu ihr!"

Als sie merkte, daß es ihm ernst war, führte sie ihn zum Bett. Er tastete nach der Hand der Jungfrau und sagte schmerzbewegt: „Ich bin untröstlich über Euer Unglück! Könnte ich Euch damit heilen, ich wollte tausend Ritterfahrten und mehr auf mich nehmen!"

„Ich muß mich dem Willen Gottes fügen!" sprach die Jungfrau ergeben und sanftmütig. „Doch tretet zurück von meinem Lager! Was hätte ich schon davon, wenn auch Ihr noch Schaden nähmet an Eurer Gesundheit!"

Er aber schloß sie mit schmerzbewegtem Herzen in die Arme und rief anklagend zu Gott: „Herr, wie konntest du mich so vergessen? Ich war stets bemüht, nach deinen Geboten zu leben! Liebste, die ganze Zeit war ich mit meinen Gedanken bei dir! Jetzt, da ich dich in dieser schrecklichen Not gefunden habe, kann ich zeit meines Lebens nicht mehr glücklich sein!" Vom Schmerz übermannt, versagte ihm die Stimme.

Da wandte sich die Edeldame freundlich an den Jüngling: „Nur zu! Schaut hin, wie das Jungfräulein aussieht! Vom Aussatz keine Spur! Glaubt nur, sie wird Euch noch mehr als glücklich machen!" Sie riß den Vorhang beiseite, und der Ritter sah die Jungfrau in all ihrer Schönheit, völlig makellos, mit sorgfältig geflochtenem Haar auf ihrem Bett sitzen. Als er sah, daß sie heil und gesund war, wußte er sich vor Glück kaum zu fassen. Er stürzte zu ihr und riß sie in überquellender Freude an seine Brust. Zärtlich drückte er die Geliebte ans Herz und rief: „Welch ein Glück! Ich habe den herrlichsten Schatz dieser Welt gefunden! Bist du wirklich ganz und gar gesund, mein süßes Lieb? Wie konntet Ihr mich so erschrecken, edle Frau? Ach, wie glücklich machen mich deine roten Lippen!" Und sie bot sie ihm nun auch ohne Widerstreben.

Die Edelfrau aber sprach zu ihrer Nichte: „Dieser Jüngling sei dein Liebster! Sein Herz ist lauteres Gold! Er kennt keine Schlechtigkeit, auf ihn wirst du dein Leben lang bauen können. Gott schenke Euch beiden Glück und Segen!"

So hatte sich sein Leid in Glück verwandelt, und beide jungen Menschen waren selig in ihrer Liebe. Die Jungfrau war aber auch von berückender, nicht zu übertreffender Schönheit. Als sie wieder einmal gemeinsam an einem glänzenden Hoffest teilnahmen, waren auch die zwei anderen Ritter anwesend. Die Jungfrau würdigte sie nicht einmal eines Blickes, und ihr Liebster stach die beiden im Turnier vom Pferd. Seine Liebe verlieh ihm unüberwindliche Stärke und Edelsinn. Schließlich heirateten die zwei, so daß sie ihre Liebe ein Leben lang glücklich machte.

So eine kluge Liebesprobe käme mancher Frau zustatten, wenn man sie mit verlogenen Anträgen verfolgt.

Gelingt es ihr, den glatten, schmeichlerischen Betrüger vorher zu entlarven, bewahrt sie sich vor bitterer Enttäuschung. Wer wahllos Liebschaften eingeht, findet nie die wahre Liebe! Das Herz eines solchen Menschen schlägt ruhelos Haken wie ein flüchtender Hase. Wenn euch einer wie ein Dieb um die Ehre bringen will, dann will ich dafür sorgen, daß es ihm übel bekommt. Ihr lieben Frauen, laßt euch raten: Schenkt nur ehrbaren, wackeren Männern euer Herz und eure Liebe! Dies empfiehlt euch dringend Fröschel von Leidnitz.

Die Rache der betrogenen Frau

Der Gerechte ist stets des väterlichen Schutzes des Allmächtigen sicher. Er rettet ihn jederzeit aus Not und Bedrängnis. Hat der Mensch nur festes Gottvertrauen,
flüchtet er sich in seinem Leid zu Gott, so verläßt er ihn
nie; jederzeit gewährt er ihm seinen Beistand. Laßt euch
denn von einer Jungfrau erzählen, die in ihrem Leben
viel Kummer und Not durchlitten hat, die schuldlos
großes Herzeleid tragen mußte, bis Gott sie in seiner
Huld aus aller Bedrängnis rettete. Diese Jungfrau war
keusch, fromm, schön, lieblich und von vornehmer Abkunft. Von Stand war sie eine Gräfin, und sie herrschte
mit ihrem Bruder, einem stolzen, edelsinnigen, helden-
haften Ritter, über eine große Grafschaft. Nicht weit von
ihnen regierte ein edler, junger und mächtiger König,
der außer der jungen Gräfin nirgendwo eine Edelfrau
von so hoher Geburt wußte, daß er um sie hätte werben
können. So entschloß er sich, um die Hand der Gräfin
anzuhalten, und der junge Graf stimmte einer Heirat

seiner Schwester mit dem König zu. Bald war dem König seine Verlobte lieb wie sein eigenes Leben, und als ihre Verbindung bekannt wurde, rühmte man an beiden ihre Tugendhaftigkeit, ihren Reichtum, ihre Ebenbürtigkeit und ihre Vornehmheit.

Im Dienste des Königs stand ein Ritter, der heimtückisch und verschlagen war, und dieser Ritter hatte wiederum einen schurkischen Knappen. Der setzte seinem Herrn eine völlig aus der Luft gegriffene Behauptung vor: „Hört mich an, lieber Herr! Was ich Euch jetzt sagen werde, ist die reine Wahrheit! Unser Herr, der König, hat bei seiner Verbindung mit der Gräfin einen schlimmen Fehlgriff getan. Diese angebliche Jungfrau hat sich schon vorher so manchem Mann hingegeben. Sie hat mehr Unkeuschheiten begangen als vier Dirnen zusammen. Wenn Ihr's nicht glaubt, richte ich es ohne Mühe ein, daß sie Euch zu Willen ist. Ihr werdet dann selbst merken, daß sie es faustdick hinter den Ohren hat. Wenn Ihr auf meinen Vorschlag eingeht, könnt Ihr einen Hauptspaß erleben."

Als der Ritter dies hörte, stach ihn vor lauter Übermut der Hafer, und ihn packte eine böse Lust an diesem schlimmen Handel. Er grinste seinen Knappen an und sprach: „Mein lieber Freund, steh mir bei und rate mir, was soll ich tun, wenn ich meine Begierde stillen will. Schon morgen nacht will der König die junge Braut zum Brautlager führen und die Ehe vollziehen. Ich nähm's für einen tollen Spaß, wenn es mir gelänge, sie noch vorher zu beschlafen."

Der Knecht lachte. „Dann paßt gut auf, lieber Herr! Ich will Euch raten, wie Ihr die junge Gräfin noch heute nacht nach Herzenslust beschlafen könnt. Ihr Bruder, der junge Graf, reitet heute mit all seinen Leuten zu seinem Schwager, dem mächtigen König, und er bleibt die Nacht über bei ihm. Sie wollen gemeinsam alle Vorbereitungen für ein prächtiges Hochzeitsfest treffen. Die Gräfin wird also in der Burg fast allein sein. Außer dem Pförtner und einem Wächter bleibt niemand zu ihrem

Schutz zurück. Laßt uns gemeinsam zur Burg reiten; ich werde mich im angrenzenden Wald bis zum Morgen verborgen halten. Ihr laßt Euer Roß bei mir und geht zu Fuß zur Burg hinauf. Dem Wächter ruft leutselig zu: ‚Wächter, verdiene dir Gottes Lohn und teile deiner edlen Herrin mit, der König bittet um Einlaß. Er braucht ihren Rat und ihre Hilfe in einer für beide wichtigen Angelegenheit.‘ Sie wird es sicherlich nicht wagen, Euch zurückzuweisen. Wenn dann der Morgen dämmert, kommt zurück zu jener Stelle, wo Ihr mich zurückgelassen habt.“

Der Ritter war ganz entzückt von diesem schändlichen Plan. Nach kurzen Vorbereitungen ritten die beiden über die Heide zur Burg der Gräfin. Kaum waren sie in den unweit der Burg gelegenen dichten Wald gelangt, sahen sie, wie sich in entgegengesetzter Richtung ein riesiger Reiterzug bewegte. Die Reiter waren in prächtige Rüstungen gehüllt und trugen Lanzen und Schilde. Es war der König mit seinem Schwager, dem edlen Grafen. Sie verließen gerade mit ihrem aus Rittern und Knappen bestehenden Gefolge die Burg des jungen Grafen und ritten zur Residenz des Königs, wo sie die Nacht über bleiben wollten. Der Ritter und sein Knappe sprangen von den Pferden und verbargen sich, bis der Zug vorbei war. Dann brachen sie ohne Verzug auf und ritten weiter auf die Burg zu. Der Ritter war guten Mutes, war er doch nun sicher, daß sich niemand in der Burg aufhielt, den er fürchten mußte. Inzwischen war die Sonne gesunken, die Dunkelheit der Nacht breitete sich aus, in der man gern böses, unrechtes Tun verbirgt. Wer wie ein Dieb auf böse Taten sinnt, liebt die Finsternis der Nacht und haßt die Helligkeit des Tages. Während sich der Knecht mit den beiden Pferden still und leise im Walde verbarg, schritt sein Herr vorsichtig zum Burggraben hinauf. Oben rief er gedämpft: „He, Wächter, wackerer Bursche! Sag deiner edlen Herrin, sie soll mir Einlaß gewähren. Ich bin der König und warte hier draußen ganz allein! Ich muß die schöne Jungfrau sehen und mit ihr über eine Angelegenheit von größter Wichtigkeit reden. Lehnt sie's ab, so geraten wir beide mit Sicherheit in Schwierigkeiten und Ärgernisse."

Der Wächter überbrachte der edlen Jungfrau sofort die Botschaft des angeblichen Königs. Als sie dies hörte, erschrak sie und überlegte: Lasse ich den Edelmann herein, so kann ich mich nicht wehren, wenn er etwas unternimmt, was meine Ehre gefährdet. Ich muß dann tun, was er von mir verlangt, und bin ihm in all meinem Stolz auf Gedeih und Verderb ausgeliefert. Schließlich bin ich ihm bereits anverlobt. Lasse ich ihn aber nicht herein und gerät er tatsächlich in Schwierigkeiten, dann wird er mir das nie vergessen. So wurde sie von Gedanken an ihre Jungfernehre und an spätere eheliche Kümmernisse hin und her gerissen. Schließlich entschloß sie sich dazu, ihn ohne Rücksicht auf eventuelle Widrigkeiten einzulassen. Sie ließ sich vom Pförtner den Schlüssel geben und bat ihn, sie zu begleiten. Er mußte die Zugbrücke herunterlassen, und man ließ den Ritter herein in dem Wahn, der edle König sei gekommen. Die Jungfrau führte ihn ohne Verzug in ihre Kemenate und fragte: „Lieber Herr, was ist Euer Anliegen? Warum kommt Ihr ganz allein zu mir? Ihr habt mich sehr erschreckt!"

Da sprach er: „Edle Jungfrau, Ihr könnt mir's glauben, ja, ich nehm's auf meinen Eid, es ist die reinste Wahrheit: Seit Ihr mir anverlobt seid, brenne, tobe, rase ich vor Begier nach Eurer Liebe. Wenn ich Euern herrlichen Körper nicht noch heute nacht besitzen kann, sterbe ich auf der Stelle. Wenn Ihr mir aber ohne Widerstreben zu Willen seid, so verspreche ich Euch, daß Ihr dies nie bereuen werdet!"

Die Jungfrau meinte verwundert: „Edler Herr, ich verstehe nicht Eure Ungeduld! Es wurde doch vereinbart, daß wir schon morgen die ganze Nacht für uns haben, in der wir nach der Eheschließung das Glück der Liebe genießen können. Es sind doch nur noch wenige Stunden bis dahin. Ich bin überzeugt, daß Ihr bis dahin warten und mich nicht in Gewissensbisse stürzen werdet. Damit achtet Ihr meine Ehre jedenfalls weit mehr, als wenn Ihr mir zumutet, jetzt auf der Stelle Eure Begierde zu stillen."

Was soll ich noch viele Worte machen? Er flehte die Jungfrau so heiß und inbrünstig an, daß sie ihm schließlich zu Willen war. Als aus der Jungfrau eine Frau wurde, war sie — sehr zu Unrecht — überzeugt, sie hielte ihren künftigen lieben Gatten, den edlen und mächtigen König, in den Armen. Der Betrüger liebkoste ihren schönen, blühenden Körper und genoß voller Wollust die Freuden der Liebe. Auch die junge Frau hatte ihr Vergnügen dabei, und sie enthielt dem Ritter nichts vor, wie's sich für eine gute Frau gehört, wenn sie mit ihrem lieben Mann fröhliche Bettspiele spielt. Liebevoll und arglos umschloß sie ihn mit ihren weißen Armen und preßte ihn fest an sich. Da kam der Ritter auf allerlei arge, kränkende Gedanken, und er ließ sich in seiner Torheit zu einer höhnischen Bemerkung hinreißen: „Mein Knappe hatte recht! Der König hat sich ein übles Luder angelacht!"

Die Edelfrau fuhr in die Höhe und rief: „Was habt Ihr da eben gesagt?"

Erschrocken suchte er sie zu begütigen: „Liebes, süßes Frauchen! Seid nicht böse, wenn ich in meiner Schlaftrunkenheit dummes Zeug dahinschwätze! Ich weiß selbst nicht, was ich da vor mich hin gemurmelt habe." Doch obwohl er seine überflüssigen Worte gern zurückgerufen hätte, sie waren nun einmal gesprochen, und es ist ganz natürlich, daß seine gemeine Beschimpfung die schöne Edelfrau zutiefst kränkte. Inzwischen war der Ritter, von den Anstrengungen des Tages ermüdet, in einen tiefen Schlummer gesunken. Was tat nun die Frau? Sie schlich sich leise fort und kam mit einer brennenden Kerze wieder. Als sie im Kerzenlicht sein Antlitz erblickte, sah sie sofort, daß es nicht der König war. Da ergriff sie ein furchtbarer Schreck, daß ihr dieser Bube auf so schmähliche Art die Ehre geraubt hatte. Voller Verzweiflung, Ekel und Wut durchsuchte sie die angrenzenden Räume, bis sie ein treffliches, haarscharfes Kurzschwert entdeckte. Das nahm sie mit sich in die Kemenate und trennte mit zornigem Hieb den Kopf des Ritters vom Rumpf; so erhielt er den gerechten Lohn. In ihrer Bedrängnis eilte die Edelfrau zum Pförtner, der den Ritter eingelassen hatte, und bat ihn: „Lieber Freund, rette mich aus großer Not! Als Lohn verspreche ich dir rotes Gold, soviel du nur willst. Du wirst dein Leben lang als wohlhabender Mann leben können. Denk nur, man hat mich furchtbar betrogen! Jener Edelmann, der in der Nacht gekommen ist und den wir eingelassen haben, war gar nicht der König. Er wollte sich heimtückisch meine Liebe erschleichen, doch dafür mußte er mit dem Leben zahlen. Ich habe ihm den Kopf abgeschlagen. Nun beschwöre ich dich, hilf mir und wirf den Körper des Toten in die Zisterne. Er ist mir zu schwer. Ich will dich begleiten und den Kopf tragen. Aber kein Wort zu einem Menschen! Zum Dank dafür will ich dich so reich belohnen, daß du bis an dein Lebensende in Gold und Reichtum schwelgen kannst."

Da schmatzte der Pförtner lüstern und sprach flink: „Ich seh's Euch an, der Edelmann hat Euch bereits an der bekannten Stelle verwundet und Euch nach allen Regeln der Kunst beschlafen. Als Lohn verlange ich, daß Ihr auch mir zu Willen seid. Tut Ihr's, so helfe ich Euch, laßt Ihr mich aber nicht lieben, könnt Ihr lange bitten!"

Die Edelfrau rief verzweifelt: „Was redest du da! Denk doch, ich will dich zum Lohn reich machen! Dein Leben lang kannst du wie ein Herr leben!"

Der Pförtner aber grinste und sprach: „Liebste Herrin, gebt Euch keine Mühe! Es bleibt dabei: Erst laßt Ihr mich lieben, dann erfülle ich Eure Bitte. Eine solche Belohnung reizt mich mehr als all Euer Silber und Gold!"

Sosehr die Edelfrau auch bat und flehte, der Knecht wollte ihr nur helfen, wenn er sie lieben durfte. Ratlos und verzweifelt stand sie da. Was soll ich viele Worte machen? Sie fand keinen Ausweg und mußte schließlich ihren herrlichen Körper den Gelüsten des Pförtners darbieten, der seine Gier nach Herzenslust sättigte. Nachdem er diese Schandtat verübt hatte, begleitete er die Edelfrau in die Kemenate und lud sich den Körper des toten Ritters auf die Schultern, während die Edelfrau den abgetrennten Kopf trug. Als sie zur Zisterne gekommen waren, forderte sie den Pförtner auf: „Beuge dich über den Rand und laß den Körper möglichst vorsichtig hinunter ins Wasser gleiten, damit der Wächter nicht etwa von dem Klatschen aufgeschreckt wird." Der Pförtner folgte ihr und beugte sich weit über den Rand der Zisterne, um den Körper des Toten recht leise hinabgleiten zu lassen. In diesem Augenblick griff die schlaue Edelfrau rasch nach seinen Beinen und riß sie in die Höhe, so daß der verräterische Pförtner samt dem Toten in die Tiefe schoß. So bekam auch er den gerechten Liebeslohn, denn er mußte in der wassergefüllten Zisterne jämmerlich ertrinken. Flugs warf die Edelfrau auch den Kopf des Toten hinein und eilte dann zurück in ihre Kemenate. Nun waren die Bettlaken rot vom Blut, und sie überlegte angstvoll, wie sie das Blut wieder herausbringen könne, so daß niemand Verdacht schöpfte. Sie wusch und wusch im Schweiße ihres Angesichtes die ganze Nacht und gönnte sich keine Ruhe, bis sie es geschafft hatte und alle Spuren restlos beseitigt waren.

Als es tagte, hielt der Knappe des Ritters, der unweit der Burg im Walde lagerte, fleißig Auslug und wartete, daß sein Herr wie vereinbart die Burg verlassen und zu ihm kommen würde. Mit wachsender Sorge harrte er bis zur Mittagsstunde. Da kam durch den Wald in voller Rüstung der junge Graf mit seinem Gefolge heran.

Er hatte es eilig, nach Hause zu seiner Schwester zu kommen. Als sie näher kamen, erblickten sie den Knappen, der ein zweites Roß am Zügel führte. Man sprengte auf ihn zu und fragte ihn, was er hier zu suchen hätte. Da zeigte er sich verlegen und unsicher, hatte er doch keine rechte Erklärung für seine Anwesenheit, und seinen Verrat wollte er natürlich nicht offenbaren. Man schalt ihn einen jämmerlichen Schurken und sagte ihm auf den Kopf zu, daß er die beiden Pferde gestohlen habe. Nachdem man ihn zusammengeschlagen hatte, hängte man ihn — für alle deutlich sichtbar — am Ast eines Baumes auf, so daß er unter Qualen ein gräßliches Ende fand. Dieser Tod war allerdings redlich verdient, hatte doch des Knappen verbrecherischer Rat den Ritter und den Pförtner das Leben gekostet und die junge Gräfin in große Not gestürzt. Sie hatte schließlich die höchste, ihr von Gott verliehene Ehre eingebüßt. Das alles hatten die schurkischen Ränke des Elenden zuwege gebracht. Lassen wir ihn also getrost am Ast hängen.

Recht zufrieden mit diesem schnellen Gericht, ritt der junge Graf nun zu seiner stolzen Burg und erzählte seiner Schwester, was sich zugetragen hatte. Sie durchschaute sofort die Zusammenhänge, doch sie verlor kein Wort über die ganze Sache. Ihr gräflicher Bruder sagte: „Mache dich fertig, liebe Schwester. Wir müssen auf der Stelle losreiten, denn der König wartet darauf, dich endlich als Gattin heimführen zu dürfen. Noch heute wirst du ihm angetraut. Bereite dich also geziemend vor, liebe Schwester." Die junge Gräfin erschrak, hatte man sie doch heimtückisch um ihre Jungfrauenehre betrogen. Trübsinnig, von schweren Gedanken bedrängt, bereitete sie sich mit ihren Kammerjungfern vor, während der Graf auf die Zurüstungen seines ritterlichen Gefolges achtete. Danach führte man die junge Gräfin in prächtigem Zug mit allen Ehren vor den edlen König, der vom Glück ganz berauscht war und sie herzlich willkommen hieß. Ein fröhlicher Festtrubel begann, nur die Braut saß mit tiefbekümmertem Herzen und in verzweifelter Ratlosigkeit da. Doch wenngleich sie im tiefsten Herzen vor Not und Elend ganz untröstlich war, ließ sie sich nichts anmerken. In ihrer Hilflosigkeit klagte sie dem allmächtigen Gott ihren Kummer und ihren Schmerz. Als das Festmahl bereitet war, begaben sich der König, die schöne Braut, ihr gräflicher Bruder und eine große Zahl schöner Damen zu Tisch. Es gab Wildbret, Fische und allerlei leckere Speisen in Fülle, so daß jeder auf seine

Kosten kam und selbst die größten Feinschmecker befriedigt wurden. Nachdem alle gesättigt waren, räumte man die Tische ab, und nun kamen Posaunisten und Flötenspieler zu ihrem Recht. Eine große Anzahl von Musikanten ließ fröhliche Melodien erklingen. Schließlich war's soweit, daß der König mit seiner jungen Frau zu Bett gehen sollte. Der junge Graf führte seine Schwester zur Brautkammer. Nachdem sie eingetreten war, hielt sie nur ihre vertrauteste Kammerjungfer zurück und bat: „Schicke alle anderen Leute hinaus!" Nachdem dies geschehen war, blieben in dem Raum nur die junge Frau, ihre schöne Kammerjungfer und der erwartungsfrohe König. Während sich der König zu Bett begab, machte sich die Kammerzofe an den Lichtern zu schaffen. Da wurde sie von ihrer Herrin beiseite genommen, die zu ihr sagte: „Komm mit hinaus! Wir wollen dein Nachtlager vorbereiten und dann nochmals zurückkehren!" Nachdem die beiden mit brennenden Kerzen das Brautgemach verlassen hatten, flüsterte die Königin ihrer Vertrauten leise zu: „Gib acht, ich habe eine große Bitte an dich! Du weißt, daß du stets meine engste Vertraute warst. Nun erweise dich meiner Zuneigung würdig. Wenn wir beide zurück zu meinem königlichen Gatten gehen, lösche im Raum sofort alle Kerzen. Und dann bitte ich dich bei der Gunst, die ich dir stets erwiesen habe, dich zu meinem lieben Gatten zu legen und bei ihm zu bleiben, bis er seine Lust gestillt hat. Zur Belohnung werde ich dich mit Reichtum überschütten! Bei meinem Eid, ich fülle dir die Truhe mit Gold und Silber bis zum Rande. Und versprich mir, daß du mir dann sofort den Platz an der Seite meines Mannes freimachst!"

Die Jungfrau versprach der Königin hoch und heilig, alles zu tun, was sie von ihr erbeten hatte. Nachdem sie die Kammer betreten hatten, wurden die Kerzen ausgelöscht. Ohne sich lange zu zieren, schlüpfte die Jungfrau geschmeidig zum König ins Bett, als sei sie die Königin. Die aber drückte sich still in einen Winkel. Nun gebt acht, wie's weiterging: Der König schloß die Jungfrau in die Arme und tat mit ihr voll Entzücken, was ihm sein leidenschaftliches Verlangen eingab. Er preßte sie fest an sich und machte aus der Jungfrau eine Frau. Die Königin war Zeugin dieses Geschehens, blieb aber mucksmäuschenstill. Als nun der Herrscher seine Lust an der Jungfrau gestillt hatte, wurden der Königin die Sekunden zu Stunden. Sie wartete ungeduldig, bis der König endlich einschlief und zu schnarchen begann. Dann hielt es sie nicht länger. Sie ging ans Bett und bat die Kammerjungfer, den Platz zu räumen, wie sie es versprochen hatte. Die aber dachte gar nicht daran und wies die edle Königin mit schnippischen Worten ab. Die Ärmste erschrak heftig und flehte das Mädchen an, doch nicht schlecht an ihr zu handeln und ihr Versprechen zu halten. Aber alles Bitten und Flehen war vergeblich. Die Kammerjungfer wollte nicht weichen; sie wollte selbst gern Königin sein. Das war nun ein furchtbarer Schlag für die Königin; diese Gefahr war schrecklicher als alles, was sie zuvor erlebt hatte. Wie von Sinnen tastete sie in der Kammer umher, bis sie sich endlich aufraffte und ihr Glück nochmals versuchte. Sie schlich ans Bett und bat die Kammerjungfer mit tränenerstickter Stimme, sie doch nicht ins Verderben zu stürzen. Die aber begann wütend zu keifen, daß es in der Kammer nur so schallte, und putzte ihre Herrin hochmütig herunter. Ob der Herrscher aus dem Schlaf erwachte? Zum Glück nicht! Er schlief so tief und fest, daß er von dem Streit der beiden Frauen kein Wort hörte. So gern die Königin neben dem edlen König gelegen hätte, sie konnte sich nicht durchsetzen und wagte es nun auch nicht mehr, ihren Anspruch zu verteidigen. Als sie so verzagt und traurig dastand und verzweifelt nach einem Ausweg suchte, merkte sie, daß die Kammerjungfer ebenfalls fest einge schlafen war. Da entschloß sie sich, das Mädchen für diesen Betrug furchtbar büßen zu lassen. Sie schlüpfte leise in die Küche, entzündete dort ein Licht und zündete damit die Kammer an allen vier Ecken an. Als die Flammen hell aufloderten, rannte sie zum Bett, auf dem der König schlief, riß sich die Kleider vom Leibe, so daß sie nackt und bloß dastand, umarmte den König, rüttelte ihn und flüsterte hastig: „Schnell, liebster Mann, wir müssen eilends aus dem Haus flüchten, damit wir nicht in diesem schrecklichen Feuer umkommen!"

Der König schreckte hoch, sprang aus dem Bett, bedankte sich bei seiner Frau für die Rettung aus Feuersnot und rannte mit ihr aus der Kammer. Bevor sie aber mit dem König davoneilte, stieß die Königin den Riegel vor die Kammertür, so daß die Kammerjungfer darinnen zu Asche verbrannte. Sie zahlte also mit dem Leben für ihre Untreue und erhielt damit den gerechten Lohn.

So kamen der König und die schöne Gräfin zusammen, und sie lebten glücklich miteinander. Sie hielt dem edlen König unverbrüchlich die Treue, und er verhielt sich in gleicher Weise zu seiner edlen, liebenswerten Frau. Es vergingen zweiunddreißig Jahre. Eines Tages war der König im Schoß seiner lieben Frau eingeschlummert. Da dachte seine Gattin voller Reue an die Vergangenheit, wie sie den Ritter, den Pförtner und ihre Kammerjungfer umgebracht hatte und wie der treulose Knecht mit seinem Leben bezahlen mußte. Die Erinnerung stieg so deutlich vor ihr auf, daß sie schmerzbewegt zu weinen begann und ihre Tränen auf des Königs Antlitz niederfielen. Er erwachte und fragte erstaunt: „Liebe Frau, was ist dir widerfahren? Wahrhaftig, in so trüber Stimmung habe ich dich noch nie gesehen! Laß mich wissen, edle Frau, wer dir etwas zuleide getan hat! Du kannst sicher sein, daß es ihm ans Leben geht!"

Von trüben Erinnerungen überwältigt, konnte die Königin ihre Fassung nur schwer zurückgewinnen, und ihr Gatte war um so fester entschlossen, die Ursache ihres Herzenskummers zu ergründen. Bevor sie ihm alles gestand, mußte er ihr versprechen, sich nicht zu Zorn und Haß wider sie hinreißen zu lassen. Nachdem er dies versprochen hatte, berichtete sie, wie der schmucke Rittersmann des Nachts zu ihr kam und sich für den König ausgab, wie er sie beschlief und sich mit einer unvorsichtigen Bemerkung verriet, so daß sie ihn zur Strafe enthauptete. Weiter erzählte sie von dem Pförtner, wie er ihre Notlage ausnutzte und ihr damit neues Leid aufbürdete, so daß sie ihn aus Rache in die tiefe Zisterne stürzte. Auch erfuhr ihr Gatte, wie der Knecht aufgehängt wurde, der vor der Burg auf seinen Herrn gewartet hatte; er bekam den gerechten Lohn für seinen verbrecherischen Rat, mit dem die ganze auf ihre Ehre gerichtete Schurkerei begann. Sie erzählte dem Herrscher schließlich von dem Handel mit ihrer Kammerjungfer, die sich in der ersten Nacht an ihrer Statt an seine Seite gelegt hatte, wie sie das Mädchen vergebens anflehte, das Bett wieder zu verlassen, und wie die hübsche Dirne ihre Weigerung mit dem jämmerlichen Tod in der Feuersbrunst bezahlen mußte, die sie mit eigenen Händen entfacht hatte. Nachdem sie ihrem Gatten alles gestanden hatte, schloß der König seine liebe Frau zärtlich in die Arme, drückte sie herzlich an sich und sagte: „Mein Leben lang will ich dir getreulich dienen, denn du hast um meinetwillen viel Leid auf dich genommen. Für das, was du getan hast, werde ich dich weder öffentlich noch insgeheim je zur Rechenschaft ziehen. Du sollst weder in deiner Ehre noch in deinem Denken oder Fühlen auch nur im mindesten beschwert werden." Dies versprach ihr der edle Herrscher feierlich, und ich meine, er hat recht gehandelt. Die Edelfrau hatte schließlich nie etwas Böses getan und kam völlig schuldlos in große Bedrängnis. Diejenigen aber, die sie um ihre Ehre bringen wollten, mußten dies teuer bezahlen, und zwar mit dem Leben. Ganz recht geschah dem Knecht des Ritters, als er für seinen schurkischen Rat wie ein Dieb gehängt wurde. Er brachte seinen Herrn durch Verleumdung der jungen Gräfin dazu, nach einem Schäferstündchen zu gieren, und wurde dafür an einem Ast aufgeknüpft. Auch der Ritter kam jämmerlich um, hatte er doch in übler Heimtücke die Edelfrau hinters Licht geführt und schmählich ihrer Ehre beraubt. Dafür trennte sie ihm fein säuberlich den Kopf vom Rumpf.

Und als der Pförtner im Wasser der Zisterne ertrank, bekam er nur den gerechten Lohn für seine Missetat, hatte er sie doch erpresserisch genötigt, ihren reizvollen Körper seinen geilen Lüsten auszuliefern. Auch der Kammerjungfer ist recht geschehen, daß sie in den lodernden Flammen zu Asche verbrannte. Für ihren hoffärtigen Vorsatz, für immer die Stelle ihrer Gebieterin einzunehmen, bekam sie zu Recht bösen Lohn, und da sie in der Tat eine durch und durch untreue Haut war, bin ich mit ihrem schlimmen Ende ganz und gar einverstanden. Alle Bösewichter haben nur bekommen, was ihnen gebührt, und ich wünsche von Herzen, daß es allen verbrecherischen und treulosen Schurken ebenso ergehen möge! Es gefällt mir recht gut, ich finde es vollkommen richtig, wenn Untreue auf den zurückschlägt, der sie hegt, wie's an jenen vier Bösewichtern offenbar wurde. Was hat doch die rechtschaffene Edelfrau, die edle, schöne Königin für Qualen und Bedrängnisse erleiden müssen dafür, daß sie redlich und gut war!

So nahm sie denn Gott in seine Hut und half ihr aus aller Not. Ohne seinen Beistand hätte sie in dieser schweren Drangsal sicherlich den Tod gefunden. Er aber hilft verläßlich all denen, die unverschuldet in Bedrängnis geraten. Damit endet diese Geschichte, die der Kaufringer gedichtet hat.

6.

Die treue Gattin

Das Auge

Wie man mir erzählt, lebte einst ein freigebiger, unbändig kühner und stolzer Ritter. Was seine charakterlichen Vorzüge und seine Tapferkeit betrifft, gehörte er zu den Besten seines Standes, war er nahezu vollkommen. An Ruhm übertraf er selbst die hervorragendsten Ritter. Er hatte ihn mit starker Hand, mit hoher, meisterhafter Kunst der Waffenführung in manchem Turnier, bei vielen kämpferischen Auseinandersetzungen errungen. Auch war er in jeder Hinsicht ehrenhaft und zuverlässig. Einen Makel hatte er allerdings: Er war kein schöner Mann. Sein Körper war dürr und knochig, sein Haar schwarz und strähnig, seine Gesichtsfarbe fahl und ungesund, so daß sein Äußeres insgesamt abstoßend wirkte.

Zur Gattin hatte dieser häßliche Ritter die allerschönste Frau, die damals zu finden war. Wie überliefert ist, war sie an Tugenden und an Schönheit glänzend und licht wie das Glas eines Spiegels; sie erschien geradezu als das Wunschbild einer Frau, und man rühmte allerorts ihre zahlreichen Vorzüge. Daß sie zu Recht so hohes Ansehen genoß, bewies sie auch durch ihre Haltung ihrem Manne gegenüber: Sie liebte ihn so sehr, wie noch nie eine Frau ihren Mann geliebt hat. Nichts war ihr zuviel, wenn es darum ging, seinen Wünschen zu entsprechen und sein Wohlgefallen zu erringen. Darauf war sie stets und gern bedacht. Sie verhielt sich immer so, daß er nie Grund zum Tadeln fand, und war bemüht, bei all ihrem Tun und Lassen keinen Anlaß zur Verstimmung und Verärgerung zu geben. So zeigte sie sich in ihrer ganzen Lebensführung als das Muster einer tugendhaften Frau, und ihr Mann liebte sie dafür weit mehr als seinen Besitz, sein Leben, sein Seelenheil oder sonst irgend etwas. Beide waren einander in fester, unwandelbarer Liebe zugetan, die ihr ganzes Herz erfüllte.

Der Ritter lebte allerdings in beständiger Furcht, daß sein ungestalter Körper seine bezaubernde Frau durch den einen oder anderen Makel abstoßen und ihm schließlich entfremden könne. Dies war aber völlig überflüssig, denn sie hing mit einer so unwandelbaren und unverbrüchlichen Treue an ihm, daß ihre Festigkeit selbst die eines Diamanten übertraf. Er unterließ daher jede mißtrauische Beobachtung, vielmehr überschüttete er sie mit Liebe und allen möglichen Aufmerksamkeiten, um sie nur ja nicht zu verlieren. Er selbst verhielt sich so, wie man es von einem rechten Ritter erwarten darf. Er war höflich, freigebig, wahrheitsliebend. Oft zog er in die Ferne, um an Turnieren teilzunehmen, seine ritterlichen Dienste anzubieten oder Abenteuer zu bestehen, und er errang dadurch großen Ruhm. Wenn er ehrenvoll von seinen Fahrten zurückkehrte, empfing ihn seine tugendhafte Gattin mit solcher Liebe, daß er sein Leben mit ihr nicht einmal um den Preis der ganzen Welt eingetauscht hätte, und die schöne Frau vergalt ihm seine Neigung mit fester Treue.

Nun fügte es sich, daß der Ritter wieder einmal um des Ruhmes willen zu einem Turnier ausreiten wollte, und seine holdselige Gattin putzte ihn heraus, wie es sich für einen angesehenen Edelmann gehört. Im Verlaufe dieses Turniers maß der edle Held seine Kräfte mit einem anderen kühnen und in jeder Hinsicht ausgezeichneten Kämpfer. Beim Zusammenprall rannte er ihm seine Lanze durch den Oberarm, bevor die Waffe zersplitterte. Doch auch sein Gegner verfehlte ihn bedauerlicherweise nicht: Seine Lanze fuhr durch den Sehschlitz des Visiers und stach ihm ein Auge aus. Dieses Unheil und diese schwere gesundheitliche Einbuße wurden allenthalben beklagt, da man ihn als einen mannhaften Streiter schätzte. Als er in seine Unterkunft kam, begegnete man ihm mit Bedauern und Mitgefühl, doch das widerfahrene Unglück bedrückte und schmerzte ihn in erster Linie seiner geliebten Gattin wegen.

Nun hatte ihn auf dieser Reise sein Lieblingsknappe begleitet, den er wegen seiner Treue und seiner Dienstbereitschaft sehr schätzte. Mit diesem Knappen verbanden ihn überdies verwandtschaftliche Bande. Er bat ihn, er möge sich zu ihm setzen, und sprach dann zu ihm: „Vetter, nun rate mir bitte, was soll ich unter diesen Umständen tun?"

„Wie meint Ihr das, Herr? Ihr habt doch zu entscheiden! Euer Wille ist auch der meine."

Da sprach der unglückliche Mann mit dumpfer Stimme: „Du hast mit eigenen Augen gesehen, was für ein Unheil mir widerfahren ist. Ich bringe es nicht übers Herz, jetzt, da ich noch stärker verunstaltet bin als zuvor, meiner lieblichen Gattin gegenüberzutreten, sie zu erschrecken und zu bekümmern. Lieber wollte ich auf der Stelle den Tod erleiden. Sie hat mich in ihrer edlen Gesinnung durch ihre Liebe und Treue so ausgezeichnet, daß es übel gehandelt wäre, wenn ich sie etwas sehen ließe, was ihr Schmerzen bereitet und um dessentwillen sie sich meiner schämen müßte. Ich war schon vorher keine Augenweide. Nun aber wirke ich bestimmt abstoßend und widerwärtig."

„Herr", rief darauf sein Knappe, „kommt zur Vernunft! Wie könnt Ihr nur so etwas glauben? Meine holdselige Herrin ist von solcher Herzensgüte, daß sie Euch jetzt und künftig genauso lieben wird wie zuvor. Laßt ab von Euern trüben Gedanken, verzweifelt nicht an Euch selbst. Laßt mich die bittere Botschaft überbringen. Erst ihre Reaktion auf diese Unglücksnachricht soll Euch in Euern Entschlüssen bestimmen. Wenn Ihr hier auch zu Schaden gekommen seid, so ist doch damit kein Makel und keine Schande verbunden; das ist die reine Wahrheit. Laßt mich sogleich heimreiten und die Nachricht überbringen!"

Der Rat des Knappen wurde befolgt, und so ritt er denn allein zurück. Als er vor die Edelfrau trat, fragte sie hastig: „Wo ist mein Gatte, sprich!"

„Herrin, es ist ihm unmöglich, jetzt vor Euch zu treten."

„Wehe! Warum denn? Ist ihm ein Unglück widerfahren?"

„Ja, Herrin, er ist ein wenig verletzt worden!"

„Weh mir Armen!" schrie sie auf. „Was ist ihm geschehen? Um Gottes willen, sage es!"

„Edle, hochgeborene Herrin, bedauerlicherweise hat er im Kampf, als er mit seiner Ritterkraft nach hohem Ruhme strebte, ein Auge eingebüßt."

„Dann hätte er doch ohne weiteres mit Euch kommen können!"

Der Knappe meinte zögernd: „Gebieterin, er hat sich aber vorgenommen, nie mehr unter Eure Augen zu treten. Ihr habt ihn Euer Leben lang den Makel seines ungestalten Körpers nicht fühlen lassen, doch nun will er Euch, holdselige Frau, nicht fernerhin zur Last fallen. Es wäre zuviel für Euch, müßtet Ihr fortan stets einen einäugigen Mann um Euch haben. Er sieht nun derart schrecklich aus, daß er Euch seinen Anblick ersparen möchte; Ihr sollt Euch seiner nicht schämen müssen. Selbst wenn dies nicht der Fall sein sollte, würde er doch nie von seinen Zweifeln loskommen. Dies will er Euch und sich nicht zumuten und daher in Zukunft zum Preis Gottes auf allen weltlichen Ruhm verzichten. Zum

heiligen Grab will er wallfahrten, Leib und Leben für-
derhin dem Dienste Gottes weihen, um so Euer und
sein Seelenheil zu erringen. So hat er es beschlossen, und
mich hat er in dies Land zurückgeschickt, um Euch Bescheid zu geben. Doch sollt Ihr wissen, daß er mit
schmerzerfülltem und mutlosem Herzen von Euch
scheidet."

Da sprach die edle Frau: „Ist dies der einzige Grund
für seinen Entschluß, mich zu verlassen? Fürchtet er einzig und allein, daß ich bei seinem Anblick zurückschau-
dern würde?"

„Ja, Herrin, einen anderen Grund gibt es nicht."

„Dann kann die ganze Sache ohne Schwierigkeiten
zum Guten gewendet werden. Wenn dies der einzige
Grund für seine Befürchtungen ist, so will ich all seine
Zweifel beheben und seine Ängste zerstreuen. Bleib hier
stehen und warte auf mich!" Damit eilte sie in ein ent-
ferntes Gemach, wo sie sich allein wußte, um ihren geliebten Gatten von der Last seiner Zweifel zu erlösen.
Mit einer spitzen Schere stach sie sich ein Auge aus, so
daß es bis ans Ende ihrer Tage blind blieb. Dann schritt
sie zurück, wo der Knappe sie erwartete, und sprach zu
ihm: „Nun teile deinem Herrn mit, er solle alle seine
Zweifel und Ängste lassen! Wir tragen nun beide das
gleiche Schicksal. Wenn ich ihm — seit ich zurückdenken kann — stets mit Wertschätzung begegnet bin, so tat
ich dies nicht, weil ich vor ihm zurückschauderte oder
mich seiner schämte. Feste und unverbrüchliche Treue
ist es, die mich an seine Seite zwingt. Sage ihm, was du
gesehen hast, und dringe in ihn, er möge nicht länger
zweifeln, sondern zu mir zurückkehren. Er sei mir nur
um so lieber geworden, ja, ich bin ihm jetzt mit verdop-
pelter Innigkeit und Stärke zugetan."

Der Knappe war tief erschüttert von dem Herzeleid
und dem mutigen Liebesbeweis seiner Herrin. Er ritt zu
seinem Herrn und berichtete, was geschehen war. Der
war vor Entsetzen und Bestürzung ganz außer sich, daß
seine Gattin ihm auf diese unerhörte Art ihre unver-

brüchliche Treue und Liebe bezeugt hatte. Nach seiner Genesung kehrte er zurück zu seiner geliebten Frau, und er lebte mit ihr in Harmonie und Glück bis an ihr beider Ende. Beide aber hegten füreinander zeit ihres Lebens die größte Hochachtung und Wertschätzung.

Der Balken

Es war einmal ein Bauer, dem war seine Ehefrau so widerwärtig, daß ihm das Zusammenleben mit ihr unerträglich dünkte. Kein Mann hat jemals eine Frau so sehr
gehaßt wie er. Daß er sie nicht totschlug, geschah mehr
um der Leute als um des heiligen Ehestandes willen. Er
gab ihr kein freundliches Wort, ja, es drehte ihm fast das
Herz im Leibe herum, daß er sie um sich dulden mußte.
Was sie auch tun oder sagen mochte, sie konnte es ihm
nie recht machen. „Wenn mich doch Gott von dir erlöste!" schrie er sie oft genug an. „Wann endlich wird der
Tod uns scheiden! Wenn uns doch beide der Blitz er-
schlüge! Der Teufel hat mich in deine Arme getrieben,
und dich hat des Teufels Großmutter auf mich gehetzt!"

Wenn er sie an den Haaren zerrte und auf sie einschlug, fand er vor sinnloser Wut so lange kein Ende,
bis sie wie tot vor ihm lag. Er konnte sich kaum daran
ersättigen, sie mit wuchtigen Tritten und Schlägen zu
traktieren, und er schüttete in seinem blinden Haß ganze

Kübel von Flüchen und Beschimpfungen über sie aus. Er schwor hoch und teuer, sie hätte selbst dann noch nicht genügend Prügel bezogen, wenn alle Menschen der Erde — ob Mann, ob Frau, ob Kind — auf sie einschlügen. Wenngleich niemand hätte sagen können, was an der Frau eigentlich tadelnswert war, verabscheute er sie aus vollem Herzen.

Die Frau vergoß oft bittere Tränen, doch schmerzten sie weniger seine Schläge als vielmehr sein unbegreiflicher und unbegründeter Haß. Er fügte ihr bittere Qualen zu, und als einzige Begründung für sein Tun gab er an, daß er sie eben hasse. Kaum hatte sie sich von einer Quälerei erholt, so schlug er erneut unbarmherzig und maßlos auf sie ein, so daß sie am Ende mit Recht einem so jammervollen Leben den Tod vorgezogen hätte.

Aber endlich war die Zeit gekommen, da Gott sie von ihren Leiden erlösen wollte. Eines Tages kam nämlich eine Gevatterin zu Besuch, und sie merkte bald, wie sehr die Hausfrau litt. Da bat sie: „Gevatterin, so sagt mir doch um Gottes willen, warum Ihr so niedergeschlagen seid! Sollte Euch Euer Mann grollen, so mache ich ihn so zahm, daß er Euch sein Leben lang aus der Hand frißt."

„Ach, er haßt mich, und er weiß selbst nicht warum! Ich habe ihn immer treu geliebt und seinen Willen geachtet. Sein Gebot und seine Ehre waren mir stets so teuer wie mein Seelenheil. Gott möge mich arme Frau erlösen! Ich fände kein Ende, wollte ich Euch erzählen, wie oft er mich an den Haaren gezerrt, geschlagen und mit Füßen getreten hat! Und doch, wenn er seinen Zorn endlich verrauchen ließe, so wüßte ich mir keinen besseren Mann. Könntet Ihr es nur erreichen, daß er das ewige Prügeln läßt! Er hat mich derart traktiert, daß ich mir das Leben nehme, wenn er mir noch einen einzigen Schlag versetzt."

Da meinte die Gevatterin eilfertig: „Ich versichere Euch hoch und teuer: Wenn Ihr Euch an meine Worte haltet, so wird er Euch nie wieder mißhandeln, ja, er wird in solcher Liebe zu Euch entbrennen, daß er sämtliche Schätze des Kaisers für Euch dahingeben würde."

„Soviel verlange ich ja gar nicht! Wenn Ihr es nur erreicht, daß er mich nicht mehr schlägt, so sollt Ihr zum Lohne alles haben, was Ihr wollt und was ich besitze."

„Seid guten Mutes! Und Euer Gut will ich nicht. Ich helfe Euch um Euer selbst willen, weil ich Euch liebhabe, Ihr könnt mir volles Vertrauen schenken. Tut ganz genau das, was ich Euch sage, dann mache ich Euch zu einer glücklichen Ehefrau. Wenn Ihr seht, daß Euer Mann von der Feldarbeit kommt, so legt Euch nieder und sagt ihm, Ihr hättet starke Herzschmerzen. Ich selbst werde schon vorher mit ihm sprechen und ihm einreden, daß Ihr nur noch zwei Tage zu leben hättet. Nun nehmt Euch zusammen und verhaltet Euch ganz so, wie ich es Euch gesagt habe. Ihr werdet den Tag, an dem ich zu Euch gekommen bin, noch Euern Glückstag nennen."

Danach begab sie sich eilends zu dem Bauern, der gerade mit seinen Ochsen auf das Feld fuhr. Laut weinend begrüßte sie ihn und rief: „Wehe, mein lieber Gevatter! Fahrt heute nicht auf den Acker! Eure Frau liegt im Sterben, ihre Todesstunde ist gekommen!"

Als er dies hörte, meinte er ungläubig: „Ihr treibt Euren Scherz mit mir!"

„So wahr mir Gott helfe! Wenn Ihr Euch nicht beeilt, findet Ihr sie nicht mehr am Leben."

„Ha, hätte ich zehn Pfund Silber, Ihr solltet es als Lohn für diese Botschaft bekommen! Und wenn ich nur noch sieben Tage zu leben hätte: Stirbt meine Frau, so ist Euch reicher Botenlohn sicher! Doch vor ihrem Hinscheiden bringt Ihr mich nicht ins Haus, und wenn ich noch so lange fasten müßte. Ich will sie nicht mehr sehen, wenn mir schon das Glück widerfährt, sie endlich loszuwerden! Der Priester erhält einen Extralohn, wenn er sie nur schleunigst unter die Erde bringt. Ich fahre erst dann fröhlich und guter Dinge nach Hause, wenn sie begraben ist. Solange sie noch nicht im Grabe liegt, schwitze ich blutigen Angstschweiß, sie könnte wieder zum Leben erwachen. Nehmt Euch der Sache an und besorgt nur rasch das Begräbnis, ob sie nun tot ist oder nicht; sie kann auch in der Grube sterben! Ich will mich nicht lumpen lassen und komme für alle Kosten auf, wenn ich sie nur bei meiner Rückkehr bereits auf dem Friedhof finde!"

Die Frau eilte zurück und überlegte unterwegs, wie sie ihre beiden Gevattern von ihrer Bitternis erlösen könne, denn sie taten ihr beide leid. Als sie ins Haus zurückgekehrt war, sagte sie zu der Hausfrau: „Euer Mann haßt Euch wirklich maßlos! Wenn Ihr ihn wieder ganz für Euch gewinnen wollt, so zeigt Euch jetzt beherzt: Packt Eure beste Wäsche und all Euer Gut, das Ihr vor den Augen des Hausherrn verborgen hieltet, zusammen, all Euer Erspartes und Eure Kleidungsstücke. Bei meinem Leben, ihr werdet miteinander wieder glücklich sein!"

Die Hausfrau raffte ihr Hab und Gut zusammen, und die Gevatterin stopfte alles hastig in Säcke und führte dann das arme Weib in ihr Haus. Dies geschah in aller Heimlichkeit, und sie schleppten das gesamte Gut mit sich, das die geplagte Frau vor den Augen ihres Mannes verborgen hatte. Die Gevatterin — eine gewitzte und ehrbare Person — lebte seit langem ohne Mann und wollte sich auch nicht verehelichen. Da ihre Redlichkeit bekannt war, schenkten ihr Bauer und Bäuerin uneingeschränktes Vertrauen, zumal sie auch stets um ein gutes Einvernehmen bemüht war. Sie hatte daheim ein geräumiges, mit festen Fensterläden versehenes Zimmer. Da hinein brachte sie die angeblich „tote" Hausfrau, um dann ungesäumt wieder zurückzueilen.

Nun hört fein zu, was sie tat: Im Hofe ihres Gevatters lag ein Balken, der das Gewicht und die Größe eines Menschen hatte. Sie schloß das Hoftor und schleppte den Balken ins Haus. Tatsächlich blieb ihr Tun völlig unbemerkt. Dann streifte sie dem Balken Kleidungsstücke der Hausfrau über und richtete ihn mit großer

Geschicklichkeit so her, daß jedermann — ob jung oder alt — darauf geschworen hätte, es liege ein Toter da. Danach begab sie sich zum Priester und teilte ihm mit, ihre Gevatterin sei in der Nacht noch vor dem ersten Hahnenschrei gestorben: „Der Hausherr — in seinem Haß auf die Tote — besteht darauf, daß sie noch heute begraben wird. Er lehnt es auch ab, beim Begräbnis zu erscheinen. Wenn Ihr sie sofort unter die Erde bringt, sollt Ihr es nicht bereuen. Er kommt für alle Eure Forderungen auf."

Der Priester meinte verwundert: „Sie hätte doch vorher beichten müssen, und nach ihrem Hinscheiden hätte man — wie es sich gehört — die Totenglocke läuten sollen. Wie kommt es, daß sich niemand darum kümmerte?"

„Schuld daran ist einzig und allein der abgrundtiefe Haß, mit dem sie der Hausherr seit langem und bis zu ihrem Tode verfolgt hat. Er hat daran nicht recht gehandelt, doch nehmt als Buße das reiche Entgelt, das er Euch bietet. Ich stehe dafür ein, daß Ihr alles erhaltet, was Ihr fordert, wenn Ihr sie nur rasch und ohne langes Zögern in die Grube bringt. Zudem hat sie ja oft genug bei Euch gebeichtet und redlich alle ihre Sünden bekannt. Nun hat sie jählings der Tod hinweggenommen, und in der Bibel steht geschrieben: Stirbt ein Mensch in Reue und Gottesfurcht, so wird sich Gott seiner Seele erbarmen! Ihr könnt Euch also darauf verlassen, daß ihre Seele gerettet ist."

Da erklärte der Priester: „So beeilt Euch und bringt mir als Entgelt zwei Pfund Silber!" Er sandte seine Pfarrdiener zu der Toten, ließ für den Balken ein Grab ausheben, ihn hineinlegen und mit Erde bedecken. Wenngleich die Gevatterin den Priester angeflunkert hatte, kam er doch nicht schlecht weg bei der Sache, denn er hatte als Entgelt seine zwei Pfund Silber im Beutel.

Nun beeilte sich die Gevatterin, die Nachricht dem Bauern zu bringen, der mit vier Ochsen auf seinem Akker pflügte. Er schrie auf vor Freude: „Gevatterin, nehmt alle vier Ochsen samt dem Pfluge! Sagt es offen, wenn Ihr noch mehr wollt! Für diese Nachricht könnt Ihr die Hälfte haben von all dem, was ich besitze. Endlich hat die Freude mein Herzeleid bezwungen! Wie lange habe ich dieses Glück herbeigesehnt!"

Da meinte die Frau: „Gevatter, behaltet Euer Gut! Wenn Ihr wirklich so glücklich seid, so dankt Gott für seine Gnade und laßt mich aus dem Spiel. Als Lohn für meine Botschaft erbitte ich nur, daß Ihr mir Eure Freundschaft bewahrt, und dann noch eins: Versprecht mir aus freien Stücken, daß Ihr — wenn Ihr wieder ans Heiraten denkt — eine Frau nehmt, zu der ich Euch rate. Ihr werdet sicher nicht schlecht dabei fahren. Ihr könnt mir das Versprechen ruhig geben, denn ich würde Euch nur zu der Besten raten, die weit und breit zu finden ist."

„Das will ich beschwören! Ich weiß, daß Ihr von lauterster Gesinnung seid. Die Wölfe sollen mich auffressen, nehme ich je eine andere als die, zu der Ihr mir ratet. Ihr habt soviel Gutes an mir getan, daß ich Euch grenzenlos vertraue und Euch noch mehr schätze als Gott!"

Der Bauer lebte in den nächsten Tagen wie in einem Freudenrausch, und die Erinnerung an die Widerwärtigkeiten seines Ehelebens verblaßten so vollkommen, daß er schon nach Ablauf von fünf Wochen nicht mehr ohne Bettschatz sein mochte. Da wandte er sich an seine Gevatterin: „Meine Beste, ich halte es nicht mehr aus ohne Frau. Nun zeigt ein weiteres Mal, daß Ihr es gut mit mir meint, steht mir bei in meiner Not und laßt mir Eure Erfahrung und Eure freundschaftliche Gesinnung erneut zugute kommen. Man erzählt sich so verlockende Geschichten von der hingebungsvollen Zärtlichkeit der Frauen, daß ich mein Begehren kaum noch zügeln kann. Es zerreißt mich, wenn ich auch nur einen einzigen Tag noch unbeweibt dahinleben soll."

Da meinte sie freundlich: „Habt guten Mut, Gevatter. Ich will es schon einrichten und Euch eine Frau vorstellen, deren körperlicher Liebreiz von Gottes schöpferischer Meisterschaft kündet. Sie besitzt sämtliche Vorzüge, die man bei Frauen wünscht und rühmt. Vor allem ist sie höchst ehrbar und tugendhaft. Wenn Euch das Glück lächelt und sie Euch erhört, so kann sich kein Mann auf der ganzen Welt glücklicher schätzen als Ihr. Sie hat den festen Vorsatz gefaßt, keines Mannes Werbung zu erhören, es sei denn, daß ich sie dazu überrede. Geduldet Euch noch eine Woche, bis ich mit ihr gesprochen habe. Ich werde es innerhalb der nächsten sechs Tage einzurichten wissen, daß ihr einander begegnet. Diese Frist muß ich mir schon ihretwegen ausbitten, denn ich werde keinen leichten Stand bei ihr haben. Da ich aber ihren Ruhm vor Euch gesungen habe, will ich jetzt alles daransetzen, daß sie Eure Frau wird."

Er verneigte sich tief voller Dankbarkeit und sagte: „Gevatterin, ich danke Euch herzlich. Verfügt über mich. Ich will alles tun, was Ihr verlangt. Mit Leib und Seele und allem, was ich habe, will ich mich um Eure Gunst bemühen! Euch habe ich es zu danken, falls ich ein über alle Maßen glücklicher Mann werde."

Nachdem sie Abschied genommen hatte, verwandte er große Sorgfalt auf sein Äußeres. Die Gevatterin wiederum pflegte und umhegte seine Frau so, daß sie dafür alles Lob verdiente. Sie ließ sie keinen Schritt vor die Tür tun, und ihr Tag ging hin mit Essen, Ruhen und Baden. Sie lag auf einem weich gepolsterten, hochbeinigen Bett, auf das selbst der gelenkigste Floh nicht springen konnte. Ein Betthimmel und Vorhänge ringsum hielten jedes Staubkörnchen ab. Auf den Estrich hatte man frisches Gras und grünes Laub gestreut, Dielen und Wände waren mit bunten Blumen geschmückt, und man hatte sie so dicht gesteckt, daß sich den Augen ein wahres Blumenmeer darbot. Die leidgeprüfte Frau fühlte sich dort so wohl, daß sie versicherte, sie sei im Paradies. Auf dem Markt kaufte ihre Gevatterin die besten Leckerbissen in Fülle ein, sei es von Wildbret oder von Schlachtvieh, denn in ihrem Beutel klimperten die Silberstücke ihres Gastes, so daß sie nicht zu geizen brauchte. Da sie zudem eine wahre Meisterköchin war, hatte sie in den vergangenen sechs Wochen ihre Freundin so herausgefüttert, daß weit und breit kein blühenderes Weib zu finden war. Auch legte sie bessere Kleider an, als sie sonst die Bäuerinnen anzuziehen pflegten. So trug sie einen nagelneuen, ausgezeichnet geschneiderten blauen Mantel, darunter einen prunkvollen weißen Pelzrock, und beides stand ihr ganz vortrefflich. Ihr Haupt zierten ein seidenes Kopftüchlein und ein moderner Hut. Unter dem Obergewand lugte die reizvollste Unterwäsche hervor, die man sich nur denken kann.

Wer sie früher gekannt hatte, dem mußte sie jetzt wie eine Fremde vorkommen. Ihr Rock und ihre Bluse waren aus weißem Stoff, kunstreich gearbeitet und sorgsam in Falten gelegt. Die Hüfte umspannte ein geschmackvoller Gürtel, der aus goldbesetzter Borte angefertigt worden war. An diesem Gürtel trug sie stets ein zierliches Beutelchen, aus dem kostbare Gewürze Wohlgerüche verströmten. Ihre Schuhe und ihre weißen Handschuhe konnten sich sehen lassen. So fehlte auch reinweg gar nichts am Bild einer anziehenden, blühenden Frau.

Am Ende der sechsten Woche erschien voller Erwartungsfreude ihr Ehemann. Seine Gevatterin hieß ihn herzlich willkommen und sprach: „Ich weiß gar nicht, wie Ihr mir die Mühe vergelten wollt, die ich in Eurer Liebesangelegenheit aufgewendet habe. In allen Tönen habe ich Eure Vorzüge gepriesen, und wenn Ihr Euch anders als vorbildlich verhaltet, ist meine Ehre dahin. Heilige Eide habe ich geschworen, wie tüchtig, wahrheitsliebend, treu, ehrbar, anständig, freundlich, lieb, bescheiden, zuverlässig und frohgemut Ihr wäret. Dafür habe ich mein Wort verpfändet. Heute nun will jene Dame zu mir kommen, um Euch kennenzulernen. Es muß aber in aller Heimlichkeit geschehen, niemand außer uns darf etwas davon wissen. Sie hat sich bereit erklärt, mit mir zu speisen, und Ihr sollt

Euch ebenfalls einfinden. Vergeßt also nicht, nach der Messe heimlich herzukommen, und laßt niemand wissen, wohin Ihr geht. Wir wollen die ganze Angelegenheit zunächst vertraulich behandeln und erst einmal unter uns ins reine kommen, bevor wir an die Öffentlichkeit treten."

Er mußte also wohl oder übel zur Messe gehen, wenngleich ihm das gar nicht paßte, und es schien ihm eine Ewigkeit zu dauern, bis der Schlußgesang ertönte. Dann machte er sich heimlich davon und kam ungesehen zum Haus der Gevatterin. Sie ließ ihn ein und führte ihn in das blumenübersäte Zimmer. Frisches Laub und grünes Gras — über den Boden gestreut — verbreiteten eine angenehme Kühle. Die Gevatterin hatte die Stühle mit allerlei bunten Kissen gepolstert und die ganze Nacht über ein Festmahl vorbereitet, das sich sehen lassen konnte. Als er in das Zimmer trat, begrüßte ihn seine Frau recht liebenswürdig, und er dankte mit bestem Anstand. Als sie ihm den Platz an ihrer Seite anbot, wähnte er sich im siebenten Himmel. Er musterte sie mit glückstrunkenen Augen, war sie doch in der Zwischenzeit zu solcher Schönheit erblüht, daß er überzeugt war, ihr Jawort würde ihn bis an sein Lebensende zum seligsten aller Menschen machen. Sie zu besitzen, erschien ihm als das höchste und erstrebenswerteste Glück. In keiner Weise glich sie dem Bild seiner verhärmten Frau, so daß er sie nicht erkannte.

Nachdem ihm die Gevatterin das Handwasser gereicht hatte, trug sie leckere Speisen in Hülle und Fülle auf. Der Mann aber war wie verzaubert von der Schönheit der Frau. Sie sein eigen nennen zu können, schien ihm Gewähr dafür, in Zukunft nie mehr unglücklich, trostlos und traurig sein zu müssen. Es drängte ihn, seiner Gevatterin und Gott Dank zu sagen und ihnen zu versprechen, er wolle fortan mehr als jeder andere zuverlässig und getreu ihrem Willen gehorchen. Nachdem man die Tafel aufgehoben hatte, nahm er seine Gevatterin überglücklich bei der Hand, führte sie ein wenig beiseite und flüsterte ihr — ohne daß seine Frau es hören konnte — zu: „Tut alles, was in Eurer Macht steht, verfügt über mich und alles, was ich habe, doch setzt durch, daß ich und jene Frau ein Paar werden. Mein ungeduldiges Verlangen bringt mich noch um!"

Da erwiderte sie: „Mich bedrückt nur, daß Ihr meine verstorbene Gevatterin aus mir unbekannten Gründen zeit ihres Lebens mit hemmungslosem Haß verfolgt habt. Behandelt Ihr diese Frau ebenso, so bringt Ihr mich in eine höchst peinliche und beschämende Lage, denn ich habe für Euch gutgesagt und ihr versichert, Ihr wäret der beste Ehemann auf der ganzen Welt."

„So will ich mich auch wirklich verhalten! Darauf will ich schwören und Euch jede Sicherheit geben, die Ihr nur wünscht!"

„Nun gut, so kommt in der Nacht hierher und haltet heimlich Beilager mit ihr. Je nachdem, wie sie am nächsten Morgen zu Euch steht, wollen wir die Sache entscheiden. Wenn Ihr in dieser Nacht durch Euer Verhalten das Mißfallen dieser Dame erregt, so seid Ihr allein an Eurem Unglück schuld. Ihr habt dann Euch selbst und mich mit Schmach und Schande bedeckt, und es sei Euch die Freundschaft gekündigt. Jene Dame ist in jeder Hinsicht so vollkommen, daß sie selbst ein Edelmann — ließe er sich in seiner Wahl von fraulicher Tugend leiten — in allen Ehren zu seiner Gattin machen würde. Laßt also sehen, ob Ihr dazu taugt, Beglückung zu geben und zu nehmen!"

„Das werdet Ihr sehen!" rief er. „Mit Gottes Hilfe wird's mir schon gelingen. Und wenn ich so glücklich sein sollte, ihre Zuneigung zu gewinnen, so will ich sie mit mehr Ehren überhäufen, als sie ein Geistlicher in all seinen Büchern zusammenlesen kann!"

„So geht nun heimlich fort und kommt des Nachts zur Schlafenszeit ungesehen wieder her. Morgen früh werde ich erfahren, wie Ihr Euch gehalten habt. Wenn Ihr Euch bewährt, so nutzt mir das mehr als alle Eide, die Ihr mir jetzt schwört. Es heißt bekanntlich in einem

Sprichwort: Ein Narr mag einen Schatz erlangen, er weiß damit nichts anzufangen! Wer sich um Ehre und Ansehen müht, dem bleiben sie auch nicht versagt."

So eilte er denn davon, um zur Nachtzeit zurückzukehren. Er wurde liebevoll empfangen, und die Nacht verging ihm wie im Flug, schneller, als es ihm lieb war. Als seine Gevatterin herbeikam und ihn mit den Worten „Aufstehen! Es ist Tag!" wachrüttelte, stöhnte er: „Noch nie war mir das Wecken so zuwider! Gevatterin, ich mag nicht aufstehen! Ganz gleich, was geschieht, von dieser Frau bringt mich jetzt niemand fort. Gott hat mir in seiner übergroßen Gnade ein wahres Himmelreich auf Erden beschert. Möge er mich so lange am Leben lassen, daß ich seine Süße völlig auskosten kann. Danach nehme er als Zins mein Leben und alles, was ich besitze!"

So manche Nacht und manchen Tag blieb er an der Seite seiner Frau, und wie oft er sie auch nahm, er konnte sich nicht an ihr ersättigen. In der Zwischenzeit rührte er weder Wagen noch Pflug an, so daß ihn schließlich seine Verwandten suchten. Als sie ihn an der Seite der Frau liegen sahen, warfen sie ihm vor, er wolle sich wohl völlig zugrunde richten. Er solle arbeiten wie jeder andere und sich nicht auf dem Liebeslager herumwälzen.

Er aber wies sie ab: „Mich kettet eine übermächtige Liebe an diese Frau. Nur durch Zauberkunst könnte man mich von ihr lösen. Endlich habe ich erfahren können, welche Seligkeit eine liebevolle Frau dem Mann zu schenken vermag!"

Er blieb so lange an ihrer Seite, bis seine merkwürdige Lebensführung in der ganzen Umgegend bekannt wurde, zumal er jedem, der es nur wissen wollte, versicherte, Gott habe ihm mit dieser Frau das Himmelreich auf Erden geschenkt. Auf diese Weise vertat er all sein Hab und Gut. Schließlich sagte er betrübt zu seiner Frau: „Nun werde ich an deiner Seite Hungers sterben müssen, denn man will uns jetzt nicht einmal mehr ein Brot leihen oder schenken. Doch wenn ich schon mein Leben verliere, so soll es an deiner Seite geschehen. Ohnehin müßte ich sterben, wenn ich dich nicht mehr sehen könnte."

Als die Frau merkte, daß er sich nicht einmal für so kurze Frist von ihr lösen konnte, ein einziges Brot zu erarbeiten, entschloß sie sich dazu, ihr Geheimnis zu enthüllen, denn sie wollte die Süßigkeit der Liebe nicht mit dem Hungertod bezahlen. „Bei Gott, nun sagt mir doch, wie kommt es nur, daß ich Euch jetzt zu solcher Liebesraserei entzünde, während Ihr für mich früher bei Nacht und Tag nur Schläge übrig hattet! Dabei kann ich von mir sagen, daß ich Euch stets — früher wie auch heute — mit liebevoller Hingabe empfangen habe."

Der Mann bekreuzigte sich voll Entsetzen und stammelte: „Bist du's wirklich?"

„Ich bin es. Ich bin nicht dahingegangen, sondern ich lebe und habe dir nun bewiesen, daß du ein großer Narr bist, der nicht Gut und Böse unterscheiden kann!"

Da flehte er sie an: „Um Gottes willen, schweig nur still über diese Geschichte! Erfahren die Bauern davon, so habe ich zeit meines Lebens unter ihrem Spott zu leiden! Kommen sie erst dahinter, so machen sie mir das Leben zur Hölle, und ich wollte dann lieber den Tod erdulden."

Aber obwohl die beiden Stillschweigen bewahrten und niemandem etwas sagten, war die Geschichte doch schon nach Ablauf von zwölf Tagen in der ganzen Gegend herum. Als man sie in allen Einzelheiten erfahren hatte, war unser Bäuerlein in aller Mund, und seine Nachbarn wurden nicht müde, ihn tüchtig zu foppen und zu verspotten. Bis an sein Lebensende hatte er darunter zu leiden. Selbst wenn ihm tausend Lebensjahre beschieden gewesen wären, hätte er vor dem Spott keine Ruhe gefunden. Seine Frau aber behandelte er fortan mit großer Zurückhaltung. Er wagte weder ein Scheltwort noch ein Lobeswort, denn man hätte das eine wie das

andere als ein weiteres Zeichen seiner Verrücktheit gedeutet. So war seine Narrheit offenkundig und der Ruf
seiner Bauernschläue zuschanden geworden.

Man sollte den Versuch zwar lieber nicht riskieren,
doch täte man es, fände man möglicherweise mehr als
einen Mann, der auf die gleiche Weise hinters Licht zu
führen wäre, wenn man es nur ebenso geschickt einfä-
delte wie unsere Gevatterin.

Ritter Alexander

Hört die Geschichte, wie ein Ritter aus einer gefährlichen Lage gerettet wurde. Er war ein stattlicher,
wohlansehnlicher Mann und hatte die schönste Frau
weit und breit. Er selbst war überdies durchaus ein
Mann von Ehre. Dieser Ritter hieß Alexander und
war in Frankreich geboren. Zu Pferd und zu Fuß hatte
er mit Schild und Lanze mit manchem tapferen
Mann gekämpft und mit seinem Schwert viele Siege
errungen. So genoß er im ganzen Lande hohes Ansehen.

Einst hörte ein Herold von ihm und seinem Ruhm,
und er sagte: „Gott hat diesen Mann mit vielen Vorzügen und seine Frau mit unbezweifelbarer Schönheit beschenkt. Doch schöner noch als sie ist die Krone aller
Frauen. Sie lebt in England in der Stadt London und ist
die herrlichste Frau, die je auf Erden geboren ward." Da
dachte der Rittersmann: Ha, ich will das Wagnis auf
mich nehmen und versuchen, sie zu sehen, ganz gleich,

was kommt. Mein Leben setze ich ein. Ich reite los, selbst wenn ich nie wiederkehrte.

Mit einem einzigen Knecht nur zog er aus, und als er in London angekommen war, ging er jeden Tag zum Münster, da er stets an jene Schöne dachte und ihr beim Kirchgang zu begegnen hoffte. Eines Tages, als sie nach der Messe das Münster verließ, trat ihr der Ritter entgegen und grüßte sie ehrerbietig. Sein Anblick ließ sie in heißer Liebe entbrennen, und sie gab ihm ein Zeichen, indem sie zwei Finger auf ihre roten Lippen legte, hinter denen ihre schneeweißen Zähne schimmerten. Der Ritter begriff sofort und befahl seinem Knecht, ihr heimlich nachzugehen und erst zurückzukehren, wenn er ihre Wohnung ausgekundschaftet hätte. Der Knecht erfüllte prompt den Auftrag und führte dann den Ritter zum Hause der Schönen. Alexander klopfte an und fand Einlaß. Voll Entzücken betrachtete die Dame den hübschen Rittersmann, und da ihr Ehemann gerade in der Fremde weilte, schlang sie ohne lange Vorrede ihre Arme um ihn und bot ihm ihren Mund. Der Ritter erwiderte Gleiches mit Gleichem, und sie entbrannten in so wilder Glut, daß sie nur darauf bedacht waren, mit allen verfügbaren Künsten die Lust des anderen zu steigern.

Nun hatte die Dame aber eine alte Kammerfrau, die im Auftrag des Gatten ein Auge auf die Hausfrau haben sollte. Die Alte war weder mit Silber noch mit Gold zu bestechen und von ihrer Pflicht abzubringen. Da dachte die Dame voller Besorgnis daran, daß sie nicht mehr lange allein bleiben würde, da ihr Mann jeden Tag zurückkehren konnte. Daher kümmerte sie sich nicht um das Murren und Knurren der Alten, sondern sie führte den Ritter in ihr Schlafgemach und verriegelte die Tür hinter sich. Die Alte lief voller Verdruß aufgeregt durchs Haus, doch es war niemand da, bei dem sie ihre Herrin anschwärzen konnte. Was die beiden drinnen auf dem Lager taten, braucht man einem Weltkind nicht lang und breit auseinanderzusetzen, und ein gelehrter Theologe hat gewiß noch viel rascher begriffen.

Die beiden trieben's miteinander, bis der Ehemann überraschend von seiner Reise zurückkehrte. Die Alte zitterte vor Aufregung an Händen und Füßen und entdeckte ihm alles, was sich zugetragen hatte. Schmerzbewegt rief er: „O Schreck, Kummer, Elend und Not! Wie konnte mir ein hergelaufener Ritter die Schmach zufügen, meine herrliche, angebetete Frau zu verführen!" Er versperrte von außen die Kammertür, bohrte dann ein Loch in die Türfüllung und blickte mit Herzklopfen hindurch. Da sah er, wie die beiden eng aneinandergeschmiegt schliefen, Brust an Brust und Mund an Mund. Am liebsten wäre er hineingestürzt und hätte sie mit dem Schwert durchbohrt. Doch die Vernunft behielt die Oberhand, und er entschloß sich, die Sache auf dem Rechtsweg zu bereinigen.

Er ließ eine Menge Soldaten herbeiholen, Berittene und Fußvolk, so daß vor dem Haus ein großer Auflauf entstand. Der Ritter wurde von dem Rumoren aus dem Schlaf geschreckt, überschaute die verzweifelte Lage und suchte fieberhaft nach einem Ausweg. Schließlich weckte er die Geliebte und sagte: „Wir sind verloren! Bei Gott, lieber wollte ich viermal den Tod auf mich nehmen, als daß ich dich dem Verderben überlieferte. Doch wie's mir auch ergehen mag, ich habe die schönste Frau besessen, die je eines Menschen Auge sah." In diesem Augenblick wurde die Kammertür mit Gewalt aufgebrochen, man nahm die beiden gefangen und sperrte sie in einen hoch aufragenden Turm.

Als der Knecht des Ritters das Unheil sah, schwang er sich unverweilt aufs Pferd und galoppierte zurück in seine Heimat. Er unterrichtete die Gattin des Ritters, die sofort alles Geld und alle Wertsachen zusammenraffte und nach London reiste. Der Knecht führte sie zu dem Turm, in dem der Ritter gefangen lag. Als die Nacht hereinbrach, ging sie geradesweges hin und versprach der Wache eine hohe Belohnung, wenn man sie für eine Stunde zu dem Gefangenen ließe. Sie habe mit ihm zu sprechen. Die Rittersfrau wußte, daß ihrem Mann der

Tod drohte, und sie flehte zu Gott, ihn davor zu bewahren. Die Wächter lockte das gebotene Gold. Einer sah den anderen an, und jeder dachte das gleiche: Selbst wenn wir zwanzig Jahre lang Wache schieben, kommen wir nicht zu solchem Reichtum. Und außerdem: Fortlaufen kann er ja doch nicht. Man wurde sich also einig, und die schöne Edelfrau durfte in den Turm. Als sie vor ihrem geliebten Gatten stand, umarmte und küßte sie ihn. Er wollte reuig mit Selbstanklagen beginnen, doch sie unterbrach ihn: „Schweig still und fasse Mut! Rasch, laß uns die Kleider tauschen!" Nachdem dies geschehen war, holte sie Rasiermesser und Schere hervor und rasierte ihm flink den Bart ab, während der Ritter ihr die langen Locken stutzte. Zuletzt hängten sie einander die Mäntel um; die Edelfrau schickte ihren Mann hinaus, während sie selbst an seiner Statt im Turm blieb.

Es währte nicht lange, da trat das Gericht zusammen, um das Urteil zu fällen über den Ritter und die Frau, die ihre Ehre verwirkt hatte. Beide durften einen Anwalt wählen, und die Bürgersfrau nahm einen mit allen Wassern gewaschenen Advokaten, dem sie eine wohlüberlegte Zweckdarstellung der Sache vortrug. Der Anwalt machte sich diese Version sofort zu eigen und rief anklagend, es sei unerhört, die Dame eines so schimpflichen Vergehens zu beschuldigen. Beide hätten doch nur — wegen der Hitze in unbekleidetem Zustand — miteinander geplaudert und wären darüber eingeschlafen. Ob dies wohl ein todeswürdiges Vergehen sei?

Die bewegenden Worte des Anwalts ergriffen die Herzen vieler Zuhörer, und man vergoß Tränen darüber, daß zwei so über alle Maßen schöne Geschöpfe, wie sie wohl in keinem anderen Reich zu finden waren, in ihrer blühenden Jugend schon ein so schmähliches Ende finden sollten. Man bedauerte natürlich auch die Dame, die man für den Ritter hielt. Sie aber wandte sich mannhaft an das Gericht: „Ihr Herren, wenn ihr mir das Wort erteilt, bin ich sicher, daß ich euch von meiner Unschuld überzeugen kann." Als man sich einverstanden erklärte, begann der scheinbare Rittersmann: „Vernehmt, liebe Herren, ich bin selbst eine Frau! Bei mir daheim hörte ich stets sagen, nie habe auf dieser Welt eine Mutter ein schöneres Geschöpf geboren. Da vernahm ich in diesem Jahre, es gebe hier in London eine noch schönere Frau. Da faßte ich mir ein Herz und beschloß, weder Zeit noch Aufwand zu scheuen und herzureisen, um jene Frau zu sehen, der man eine solche Schönheit nachrühmte. Nun ist euch ja bekannt, daß es einer Frau nicht ziemt, ohne Begleitung eine so weite Reise zu unternehmen, und in der Tat sind Frauen allein in der Fremde vielen Gefahren ausgesetzt. So verfiel ich auf den Ausweg, als Ritter verkleidet herzureiten. Gleich nach dem Essen fragte ich voller Ungeduld nach ihrem Haus und eilte hin. Ich klopfte an und fand Einlaß. Als die liebliche, schöne, tugendhafte Frau plötzlich einen Ritter vor sich sah, durchzuckte sie ein gewaltiger Schreck, bis ich die liebreizende Schöne mit freundlichen, begütigenden Worten beruhigen konnte. Ich wies ihr meine beiden Brüste vor und erklärte ihr den Grund meines Kommens. Seht, erst dann führte sie mich in ihr Schlafgemach, wo ich mich nach der langen Reise ein wenig ausruhen sollte. Dort sind wir dann nach langem Plaudern auf ihrem Bett eingeschlafen und lagen gerade in einem erquickenden Schlummer, als auf einmal dieses schreckliche Unheil über uns hereinbrach. Ich denke, damit ist alles klar. Hier, überzeugt euch von meiner Unschuld!" Damit entblößte sie ihre beiden Brüste und wies sie allen Umstehenden, um zu dokumentieren, daß ihnen beiden ein schreiendes Unrecht widerfahren sei. Dazu bat sie die Richter, ein gerechtes Urteil zu fällen.

So rettete die Edeldame listig die Bürgersfrau und ihren treulosen Mann. Der Bürgersmann aber überlegte erschrocken, wie er der Fremden Genugtuung verschaffen könnte, natürlich auch seiner eigenen Frau, die er ja nun für schuldlos und treu halten mußte. Er schritt auf die Rittersfrau zu und sprach: „Verzeiht mir, Herr und Dame zugleich, das eine von Natur, das andere nach

Auftreten, Haltung und Aufmachung. Beides hat sich so harmonisch miteinander verbunden, daß Ihr uns als Mann und Frau zugleich erscheinen mögt." Er tat vor ihr einen Kniefall und bat sie liebenswürdig, sein Gast zu sein. Auch die gesamte Ratsversammlung lud er zu sich in sein Haus.

Nachdem man die Rittersfrau ins Haus des Bürgers geleitet hatte, mußte sie die Kleider ihres Mannes ablegen. Die Hausfrau stellte ihr schönstes Prachtgewand zur Verfügung und zierte das Haupt der Edeldame mit einem reizenden Häubchen. Der Bürger betrachtete mit wachsendem Entzücken die beiden nebeneinander stehenden Frauen und rannte nach einem Spiegel, damit sie entscheiden könnten, welche von ihnen die Schönere sei. Die kluge Edeldame aber überließ der Bürgersfrau den Siegespreis. Nachdem man sich die Hände gewaschen hatte, setzte man sich zu Tisch. Die beiden Frauen aber wurden nebeneinander am Kopfende des Tisches plaziert, damit alle Anwesenden diese zwei auserwählt schönen Geschöpfe ständig vor Augen haben konnten. Obwohl sich einige Künstler, die zur Tafel musizierten, redliche Mühe gaben, sie hätten selbst bei besserem Können nicht verhindert, daß alle Aufmerksamkeit den beiden Frauen galt. Man bewunderte beider Hände, Arme, schwellende Formen, die ganze unerhörte Wohlgestalt dieser Frauenkörper. Nachdem man gegessen und sich in allem gütlich geeinigt hatte, ging die ganze Gesellschaft mit Lachen und Scherzen auseinander.

Auch die Rittersfrau nahm höflich Abschied. Sie zog wieder die Kleider ihres Mannes an und schwang sich aufs Roß. Vor der Stadt fand sie ihren Knecht, der sie ohne Verzug in einen waldnahen Marktflecken führte. Dort traf sie mit ihrem geliebten Gatten zusammen, dem sie erzählte, was sich zugetragen hatte. Der Ritter wußte sich kaum zu lassen vor Freude und Dankbarkeit. Er küßte sie immer wieder und schwor hoch und heilig, in Zukunft nie mehr vom Pfad der Treue und Ehre abzuweichen. So zogen sie denn glücklich und in Eintracht ihrer Heimat zu.

Ihr lieben Frauen, nehmt euch diese Edeldame zum Vorbild. Seid stets sanftmütig, geduldig und vor allem großmütig zu euern Männern!

Friedrich von Auchenfurt

Der Kaiser hatte einst einen treuen, wackeren Gefährten, der den Namen Friedrich von Auchenfurt trug. Friedrich galt als vornehmer Edelmann und hatte schon so mancher hübschen Dame das Herz gebrochen. Schließlich verliebte er sich in eine edle und schöne Gräfin, und er war fest entschlossen, auch sie zu gewinnen. Die Schöne wollte ihn aber nicht erhören und sagte abweisend: „Herr Friedrich, seid gewiß, ich klag's meinem Gatten, wenn Ihr mich nicht in Ruhe laßt."

Er aber erklärte feurig: „Was immer geschieht, ich kann von Euch nicht lassen! Entweder es gelingt mir, Eure Liebe zu erringen, oder ich verliere den Verstand!"

So zogen sich Werben und Versagen über drei Jahre hin. Schließlich überlegte die Gräfin: Ach du barmherziger Gott! Wie bringe ich's nur zuwege, daß dieser Ritter sein hartnäckiges Werben einstellt? Wie kann ich ihn nur dazu bewegen, mir keine Liebesbotschaften mehr zu schicken. Wenn mir nur etwas einfiele, wie ich ihm seine Vernarrtheit verleiden und meine Ehre bewahren kann. Er wird mich noch in Not und Tod treiben! Seiner Liebesbeteuerungen bin ich nun endgültig überdrüssig; ich denke nicht daran, ihn jemals zu erhören. So grübelte sie unter Tränen und Seufzern, hatte ihr doch Herr Friedrich mit seinem starrsinnigen Werben das Herz arg beschwert. Sie dachte sogar daran, ihn heimlich zu sich kommen zu lassen und ihm ernsthaft ins Gewissen zu reden, etwa so: „Lieber Herr, wollte ich dich erhören und meinem Gatten untreu werden, würde ich mich selbst aufgeben, denn jede Falschheit ist mir zuwider. Willst du mich denn unbedingt in Schmach und Schande stürzen? Mein Herz und meine Treue gehören einzig und allein meinem geliebten Gatten, dem ich alles Glück auf Erden wünsche. Ach, du möchtest alles zerstören und mich für immer ins Unglück stürzen." Und sie sagte sich: Sollte ich in völliger Sinnesverwirrung tatsächlich einer solchen Schandtat fähig sein, wollte ich mich eher selbst verbrennen.

Als nun der Ritter eines Tages wieder zu ihr kam und sie um ihre Liebe anflehte, sprach die edle Gräfin entschlossen: „Also gut! Aber was könnt Ihr mir als Gegenleistung bieten?"

Freudig erwiderte Friedrich: „Alles, was Ihr wünscht, edle Frau! Das versichere ich Euch! Für Euch ließe ich mich freiwillig in Stücke schlagen! Ach, wenn Ihr mich erhört, ist Euer Sklave zu allem bereit."

Da sagte die Schöne: „Wenn ich mich Euch hingeben soll, müßt Ihr mir wirklich so dienen, daß ich frohen Herzens ja sagen kann!"

„Herrin, was immer Ihr verlangt, es wird vollbracht!"

„Ich nehme Euch beim Wort! Hier in der Stadt findet in Kürze ein Turnier statt, auf dem viele kampfbegierige römische Ritter ihre Lanzen brechen werden. Wenn Ihr aus diesem Turnier als Sieger hervorgeht, will ich Euch gehören, doch Ihr müßt zum Kampfe so antreten, wie ich es bestimme. Ihr sollt nur mit einem Hemd von mir bekleidet zum Kampfe ausziehen und Euch so einem geharnischten Ritter zum Kampfe stellen. Ich schwöre, daß ich Euch gehöre, wenn Ihr in diesem Kampf Eure spitze Lanze verstecht. Kommt Ihr mit dem Leben davon, werde ich an Eure unbedingte Liebe und Treue glauben und Euch erhören, sosehr ich auch meinen Gatten liebe!"

Der tapfere Herr Friedrich erwiderte: „Ich bin einverstanden und will alles daransetzen, Eure Bedingung zu erfüllen. Ich werde so, wie Ihr es wünscht, auf dem Turnier erscheinen, und wäre es mein Tod!"

„Also gut! Wenn Ihr dies tut, gehöre ich Euch!"

Tatsächlich erschien Friedrich von Auchenfurt auf dem Turnier so, wie es die Gräfin gewünscht hatte. Er ritt einem berühmten Ritter mit erhobener Lanze entgegen und rief: „Edler Herr, wollt Ihr einen Gang mit mir tun? Ich fordere Euch heraus! Stellt Euch, wenn Ihr ein Held und nicht etwa ein Feigling seid. Wir wollen zu Ehren Eurer edlen Dame einen Lanzenkampf ausfechten, bei dem Ihr im Harnisch antretet, während ich nur ein Hemd meiner Dame tragen werde. Dies sei mein Wappenzeichen! Kommt, ich bin zum Kampf bereit!"

Der edle, tapfere Ritter lehnte ab: „Ich wäre ja ein jämmerlicher Feigling, wenn ich in voller Rüstung gegen einen ungeschützten Gegner antreten wollte!"

Doch der edle Herr Friedrich rief unerschrocken: „Finde ich in diesem Kampfe, den meine Angebetete so und nicht anders erbeten hat, von Eurer Hand den Tod, so tragt Ihr keine Schuld und braucht Euch keine Gewissensbisse zu machen. Was könnte erhebender sein als der Tod im Dienste meiner geliebten Herrin!"

Er redete so lange auf den anderen Ritter ein, bis dieser mit ihm auf den Kampfplatz ritt. Tapfer stürmten sie aufeinander los, und Herr Friedrich verstach seine Lanze mit solcher Bravour, daß alle Zuschauer hell begeistert waren. Doch auch sein Gegner traf, und seine Lanze durchbohrte Herrn Friedrich mit solcher Wucht, daß sie ellenweit aus seinem Rücken herausragte.

Ohnmächtig stürzte er vom Roß auf den Boden und wurde von den Seinen unter lautem Wehklagen davongetragen.

Als die Gräfin ihn in seinem Blut liegen sah, schluchzte sie: „Ach, du unerschrockener Held! Für die Gunst einer Frau hast du dein Leben fortgeworfen! Um meinetwillen hast du deinen ruhmreichen Lebensweg leichtfertig jäh beendet! Welch ein Unglück, daß ich dir je vor Augen kam! Meinetwegen liegst du tot auf dem Boden! Ach, du herrlicher Mann, warum hast du deinen Ritterdienst nicht einer Frau angetragen, die dein Werben erhörte! Ich liebe doch einzig und allein meinen Gatten! Wie töricht hast du dein Leben vertan! Ich bin doch nur eine armselige Kreatur! Mit Leichtigkeit hättest du die Gunst weit reizvollerer Frauen errungen und so dein Leben geschont! Ich beklage deinen Tod, dessen Bitternis du um meinetwillen gekostet hast. Doch ich konnte nicht anders: Ich war und bin fest entschlossen, einzig und allein meinem geliebten Gatten zu gehören. Daran wird sich nie etwas ändern!"

Vernehmt nun, wie's Herrn Friedrich erging. Ein Jahr lang lag er auf Tod und Leben darnieder, doch man heilte ihn schließlich durch eine Pferdekur, indem man ein Roßhaar durch die Wunde zog, so daß sie sich allmählich von innen her schloß.

Kaum war er genesen, eilte er zu der schönen Gräfin, die er unverändert liebte. Das im Kampfe von seinem Blut durchtränkte Hemd nahm er mit. Als er vor ihr stand, sprach er: „Edle Frau, endlich bin ich genesen. Bedenkt, schöne Dame, wie viele Schmerzen ich um Euretwillen erlitten habe, und urteilt selbst, ob ich Eure Liebe hart genug erkämpft habe." Er wies ihr das Hemd, das er an jenem Tage getragen, als ihn die Lanze durchbohrt hatte. Als sie das Hemd erkannte, brach sie in Tränen aus: „Beim allmächtigen Gott! Glaubt mir, ich würde lieber das größte Elend auf mich nehmen, als meinem geliebten Gatten die Treue zu brechen. Gibt's nichts anderes, was Ihr von mir verlangen könnt? Bitte stellt mir eine Forderung, deren Erfüllung mich nicht ehrlos macht!"

Der edle, tapfere Ritter war beeindruckt von dieser Standhaftigkeit und sprach: „Da Ihr Eure Frauenehre so standhaft und unerschütterlich verteidigt, will ich verzichten und eine andere Forderung stellen."

Die Gräfin rief erleichtert: „Lieber Herr, das Schlimmste und Schmerzlichste will ich auf mich nehmen, nur mein Leben und meine Ehre will ich behalten."

Da sprach der Herr Friedrich: „Das Pfingstfest steht vor der Tür, das man im ganzen Lande feierlich begeht. Legt am St.-Stephans-Tage dies blutgetränkte Hemd an, in dem ich schwer verwundet wurde. Außerdem dürft Ihr nur noch Mantel, Schleier und Schuhe tragen. Wenn Ihr dann zum Altar geht, um zu opfern, müßt Ihr den Mantel fallen lassen. Ich werde im Chor stehen und beobachten, ob Ihr Euer Versprechen erfüllt. Wenn Ihr dies tut, schöne Frau, so seid Ihr mir gegenüber aller Verpflichtung ledig, wie schmerzlich es auch für mich sein mag."

Da sprach die Schöne: „Was auch geschieht, welcher Kummer mir daraus erwächst, ich werde Eure Forderung getreulich erfüllen, verlaßt Euch darauf."

Als das Pfingstfest gekommen war, legte die Edeldame wirklich das blutige Hemd an, wie es Herr Friedrich gefordert hatte. Dann warf sie einen Mantel darüber und ließ sich von einer Kammerzofe Schuhe und Schleier bringen. In diesem Aufzug ging sie in die Kirche und wartete, bis der Augenblick des Meßopfers gekommen war. Dann geleiteten sie zwei edle Ritter zum Altar, wo sie ihren weiten Samtmantel fallen ließ und schamüberglüht in dem knielangen, blutdurchtränkten Hemd dastand, wie sie es versprochen hatte. Danach warf sie den Mantel wieder über die Schultern und eilte nach Hause.

Ihr Mann, der Graf, war über das Geschehen, das sich vor seinen Augen abspielte, hell empört, und er dachte erzürnt: Barmherziger Herrgott, meine Frau ist verrückt geworden! Ich leiste jeden Eid darauf, daß sie vom Teufel besessen ist! Grimmig und wutschnaubend eilte er hinter ihr her. Daheim stellte er sie zur Rede und verlangte aufgebracht eine Erklärung: „Seid Ihr wahnsinnig geworden, Frau? Ihr seid wohl von Sinnen, daß Ihr Euch zum Gespött der Menschen macht? Was sollte das blutige Hemd vorhin in der Kirche?"

Da erzählte ihm seine Frau wahrheitsgetreu und haarklein die ganze Geschichte von Anfang bis zum Ende. Als ihr Gatte erfuhr, daß sie sich ihrer Frauentreue wegen so schmachvoll zur Schau gestellt hatte, rief er: „Noch nie habe ich solchen Schmerz empfunden wie in dem Augenblick, als ich dich in all deiner Schönheit so entblößt auf den Altarstufen stehen sah." Danach schloß er sie in seine Arme und rief überglücklich: „Geliebte Frau, nun liebe ich dich noch viel mehr!"

Nachdem Herr Friedrich gesehen hatte, wie die Gräfin im blutdurchtränkten Hemd dastand, warf er sich aufs Pferd und sprengte davon, denn er fürchtete um sein Leben.

Die getreue Kaufmannsfrau

Mir geht's wie jenen Toren, die alles, was ihnen gerade einfällt, ohne langes Überlegen erzählen, es sei gut oder schlecht. Sobald man sie darum bittet, liegen ihnen die Worte schon auf der Zunge. Ich bin eigentlich ein törichter Mensch, daß ich bei so wenig Übung eine Geschichte zu erzählen wage, zu der weit mehr Kunstverstand gehörte. Obwohl ich mich dazu entschlossen habe, fürchte ich sehr, daß sie mir nicht recht gelingt, denn ich bin noch recht unerfahren. Darum mögen all jene, die meine Geschichte lesen und vielleicht wenig erbaut von ihr sind, Nachsicht üben und mein Werk nicht tadeln. Ich bin eben ungeübt in der Dichterei. Gott möge mir beistehen, daß ich die Sache zu einem guten Ende bringe.

In Frankreich liegt die blühende Stadt Verdun, allen Kaufleuten wohlbekannt. In dieser Stadt lebten zwei Kaufleute, die miteinander feste und beständige Freundschaft hielten. Diese Freundschaft währte lange Zeit; jeder hätte für den Freund ohne Bedenken Leben, Besitz, Ehre und alle seine Lieben geopfert. Einer der beiden, Gillot, war dank Gottes Hilfe zu weit größerem Reichtum gekommen als sein Freund, so daß dieser von ihm abhängig war wie ein Leibeigener vor seinem Herrn. Dieser Mann, Gillam mit Namen, diente seinem Freund aber gern und freudig. Nun hing Gillot so sehr an seinem Freund, daß er keinen Augenblick ohne ihn auskommen mochte; beide waren ein Herz und eine Seele. Gillam hatte einen Sohn namens Bertram, während Gillot eine Tochter mit Namen Irmengart sein eigen nannte. Irmengart war jugendfrisch, schön, klug und tugendhaft, Bertram wiederum ein ehrenhafter, tüchtiger, bei allen Leuten bekannter und beliebter Bursche.

Die beiden Freunde hatten zu zweit das Stadtregiment fest in der Hand. Niemand vermochte sich ihrem Willen zu widersetzen. Um diese Vormachtsstellung zu festigen, wollte Gillot seinen Freund durch verwandtschaftliche Bande noch enger an sich binden. Ein solch festes Bündnis schien ihm wünschenswert für den Fall, daß es in der Stadt irgendwann einmal zu Wirren kommen sollte. Mit diesem Gedanken trug er sich lange Zeit, und nachdem er ihn zunächst für sich behalten hatte, vertraute er ihn eines Nachts im Ehebett seiner Gattin an: „Liebe Frau, ich möchte gern dem jungen Bertram, dem Sohn meines Freundes Gillam, meine Tochter Irmengart zur Frau geben. Auf diese Weise könnten wir unsere Machtstellung in der Stadt befestigen und brauchten uns nicht mehr zu sorgen."

Die Frau aber erwiderte: „Bester Mann, was sind das für verschrobene Ideen? Bist du noch recht bei Troste! Schweig bitte still, deine Worte treiben mir die Galle ins Blut. Draus wird nichts!"

Gillot aber ließ nicht nach: „Aber Liebste, was bist du so aufgebracht? Denk doch ein wenig nach und versuche, mich zu verstehen! Ich weiß schon, was dir im Kopf herumspukt. Gewiß, jeder Graf oder gar Herzog würde meine Tochter mit Kußhand zur Frau nehmen, wenn ich mich überhaupt herabließe, sie ihm zu geben. Aber ich bin strikt dagegen, denn mich quält der Gedanke, daß man meine geliebte Tochter dann wegen ihrer bürgerlichen Geburt vielleicht wie ein Haustier behandelt. Hör meinen Entschluß: Meine Tochter bekommt einen Mann von gleichem Stande!"

Da fügte sich seine Frau und meinte resignierend: „Also gut, es sei, wie du es willst!"

Der Hausherr küßte sie zärtlich und sagte liebevoll: „Du bist wirklich meine Beste, liebe Frau! Dafür, daß du dich meinem Willen stets gehorsam fügst, will ich dich bis an meinen Tod herzlich lieben. Du bist ein Muster weiblichen Wesens. Nun wollen wir auch nicht länger zögern, sondern die Sache schnell ins Lot bringen. Morgen früh schon ist's soweit!"

„Aber gewiß, lieber Mann. Tu nur, was du für richtig hältst."

Am nächsten Morgen ging Gillot stracks zu Gillam und fragte: „Wo ist Bertram? Ich möchte, daß er meine Tochter heiratet, denn ich wüßte mir — bei Gott — keinen besseren Schwiegersohn als ihn."

Gillam aber erwiderte: „Herr, was treibt Ihr Euern Spott mit mir Armem? Ich habe Euch doch immer treu gedient und will's auch in Zukunft tun. Es wäre nur recht und billig, wenn Ihr mich bei Euch behieltet, ich will es Euch durch treuen Dienst danken."

Gillot aber sprach: „Es ist mein heiliger Ernst! Wie käme ich dazu, dich zu verspotten? Also abgemacht, schicke nach deinem Sohn!" Und der Bund wurde mit einem Handschlag besiegelt.

Als der Jüngling von diesem Beschluß hörte, kam er schleunigst zu seinem Vater. Bald darauf wurde Fräulein Irmengart herbeigeholt und dem Jüngling anverlobt. Als er seine Verlobte in die Arme schloß, flossen Tränen aus ihren Augen, ein Zeichen ihrer Keuschheit und ihrer guten Erziehung. Es wäre ja auch merkwürdig genug, wenn eine Frau ungerührt bliebe in dem Augenblick, da man sie einem Mann anverlobt, den sie bis dahin mit ganz anderen Augen betrachtet hatte. Wie's heißt, wurde Bertram eine so prachtvolle Hochzeit ausgerichtet, daß es weder früher noch später je eine herrlichere gegeben hat.

Als die Sonne versank und der Abendstern erstrahlte, gingen die jungen Eheleute nach altem Brauch ins Schlafgemach, legten sich ins Ehebett und tauschten in inniger Umarmung viele Zärtlichkeiten. Doch halt, ich will meine Phantasie zügeln! Breiten wir lieber den Mantel des Schweigens über diese Szene und sagen wir nur soviel, daß sich Jüngling und Jungfrau in dieser Nacht in Liebe vereinten und Bertram die rosenroten Lippen seiner jungen Frau mehr als tausendmal küßte.

Als diese Nacht ihres jungen Glücks vorbei war, traten Herr Bertram und seine Hausfrau Hand in Hand in den Hochzeitssaal, wo man ausgelassen feierte. Es ertönten Klänge von Tamburin, Flöte, Fiedel und anderen Saiteninstrumenten, und viele reizende Damen drehten sich zu den Klängen im Tanze. Dann schleppte man Eßtische herein, deckte sie und bestreute den Estrich mit Blumen und Gras. Nachdem die Hochzeitsgäste ihre Hände gewaschen hatten, walteten Truchsessen und Schenken ihres Amts und versahen die Gäste in Hülle und Fülle mit allen Köstlichkeiten, die ihr Herz begehrte. Der Brautvater wollte an diesem Tag nicht knausern und verhielt sich so, wie man es von einem vorbildlichen Bürger erwartet.

Nach dem rauschenden Hochzeitsfest führte der junge Mann seine liebreizende Hausfrau in sein Haus. Sie liebten einander so aufrichtig und innig, daß kein anderes Liebespaar ihnen gleichkam. Zwischen ihnen gab's keinen Streit, denn des einen Wille war der Wunsch des anderen. Gott hatte ihnen in seiner Güte bereits auf Erden das Paradies geschenkt, in dem sie froh und glücklich lebten. Und es gibt keinen Dichter, der die Innigkeit ihrer Liebe in all ihrer Tiefe beschreiben könnte. Sie war, ich bin sicher, unzerstörbar.

Zehn Jahre und mehr waltete Bertram mit Klugheit und Geschick in seinem Haus und hatte in Irmengart eine vorbildliche Ehefrau. Kein Frauenherz war dem Gatten treuer ergeben als das ihre. Sie war wie eine feste Säule häuslichen Glückes. Bertram mehrte seinen Reichtum durch einträgliche Geschäfte, und das muß auch so ·sein, denn wer von seinem Besitz nur immer zehren und nichts dazutun will, steht eines Tages vor dem Nichts. Eines schönen Tages bereitete der junge Handelsherr einen Handelszug nach Provins vor. Er kannte sich aus in seinem Gewerbe und besaß große Mengen bester Stoffe — Tafte, Seiden und Wollstoffe —, dazu begehrte Gewürze. Das alles wollte er zum Jahrmarkt bringen, und er versprach sich großen Gewinn.

Als er sich von seiner Frau verabschiedete, kamen ihr trübe Gedanken und beschwerten ihr Herz (so geht's übrigens auch mir oft genug), fürchtete sie doch, daß er zu lange fernbleiben würde. Sie umschlang ihren Mann mit beiden Armen, küßte ihn lange und innig und weinte dabei bittere Tränen. Dann sagte sie: „Liebster Mann, warum willst du mich Arme allein lassen? Dein Abschied erfüllt mein Herz mit großem Weh. Ach, ich werde so lange in Kummer und Trübsal leben, bis du wieder bei mir bist."

Er aber sprach tröstend: „Liebste Frau, warum diese Tränen, die mir den Abschied nur noch schwerer machen? Der liebe Gott wird dich behüten! Du kannst meiner treuen und ergebenen Liebe stets sicher sein, und wenn mich Gott vor allem Unheil behütet, bin ich bald wieder bei dir. Glaub, auch mir wird die Trennung schwer genug!"

Damit machte sich Bertram auf den Weg, und er führte Waren im Wert von zehntausend Mark mit sich, die er in Provins verkaufen wollte. In der Stadt fragte er nach der besten Herberge, wo der Gast vorzüglich versorgt und bedient würde. Man führte ihn zu einem wohlhabenden Wirt, der seinen Gast mit auserlesener Freundlichkeit empfing. Er ging ihm höflich entgegen und bot ihm ein Gottwillkommen. Bertram sprach: „Gott zum Lohn, Herr Wirt! Vermietet mir ein Zimmer, in dem ich mit all meinen Waren gut aufgehoben bin und wo ich alles unter Augen habe." Der Wirt erfüllte seine Bitte und wies ihm sein bestes Zimmer an, wo alles nach seinen Wünschen eingerichtet, auch all seine Handelsware untergebracht wurde. Als alles verstaut war, war Herr Bertram erleichtert und guter Dinge.

Danach setzte man sich in der großen Gaststube zu Tisch, wo alle Stühle von wohlhabenden Kaufleuten besetzt waren. Nach der Mahlzeit bat der Gastwirt um einen Augenblick Gehör und schlug vor, ein jeder möge etwas von seiner lieben Hausfrau zum besten geben, wie ihr Charakter und ihr Hausregiment sei. Der erste Kaufmann begann: „Ach du liebe Güte, die meine ist kein Weib, sondern sie ist so giftig und böse wie des Teufels Großmutter! Und hockten auf meiner Haustürschwelle sämtliche Teufel der Hölle, kein einziger traute sich zu ihr hinein."

Ein zweiter hob an: „Ei, was mußten wir da von dir hören? Wie konntest du dich an deiner Hausehre so versündigen? Die meine ist das reinste Gegenteil. Sie ist so lebensfroh und warmherzig, daß sie sich in meiner Abwesenheit regelmäßig voller Barmherzigkeit ihrer lieben Mitchristen annimmt. Das hat unserem lieben Herrgott so wohl gefallen, daß ich bereits zwei Bastarde aufziehe!"

Ein dritter meldete sich zu Wort: „So schön, so gut! Aber die meine ist nicht nur das beste Weib der ganzen Welt, sie ist auch von unbezweifelbarer Treue. Und noch eine dritte gute Eigenschaft hat sie, noch trefflicher als die eben genannten: Sie säuft Tag für Tag wie ein leckes Faß, so daß sie am Ende nur noch unverständlich lallt. So großartig sorgt sie für Haus und Besitz!"

So ging die Rede hin und her, und jeder wußte seiner Hausfrau etwas anzuhängen, was sie nicht gerade in rosigem Licht erscheinen ließ. Als sich unser junger Herr Bertram all diese Reden anhören mußte, pries er im Herzen Gott im Himmel für die unendliche Güte, die er ihm bezeigt hatte. Da wandte sich der Wirt am Ende freundschaftlich an ihn und sagte: „Nun, junger Herr, warum seid Ihr so still? Wollt Ihr uns nicht auch mit der einen oder anderen Anekdote über Eure liebe Hausfrau ergötzen?"

„Aber gewiß!" erwiderte Bertram. „Ich habe daheim eine Frau von größter Herzensreinheit und bezaubernder Schönheit, die mich immer wieder von neuem beglückt. Wenn meine Augen auf ihr ruhen, ist mein Herz voller Lust und Freude. Umgekehrt hängt sie mit einer Liebe an mir, wie es wohl kein Mann von seiner Frau behaupten kann. Sie hat alle guten Eigenschaften, die eine Frau auszeichnen: Keuschheit, Lauterkeit, Zurückhaltung, Herzensgüte, Wohlerzogenheit, Klugheit und Weltgewandtheit. Sie führt ein Leben, daß man sie zu Recht vor allen anderen Frauen preisen sollte. Wenn ich Euch also den Ruhm meiner Frau singen soll, kann ich zusammenfassend sagen: Sie ist die Schönste aller Frauen und die goldene Ostersonne meines Herzens. Ich kann ihr keine andere vergleichen, denn sie übertrifft sie alle an Wert und guten Eigenschaften."

Der Wirt lachte: „Ich sehe schon, Eure Sinne haben sich verwirrt! Anders ist dieses überschwengliche Lob Eurer Hausfrau gar nicht zu erklären."

„Nicht im mindesten!" wies ihn Bertram zurecht. „Ich kann wirklich nur Gutes über sie sagen, und ich habe noch längst nicht alle guten Eigenschaften aufgezählt."

Der Wirt schüttelte ungläubig den Kopf: „Laßt Euch raten, mein Freund! Dämpft ein wenig Euern Lobgesang, denn Eure Gutgläubigkeit stellt Euch eigentlich als Mann ein schlechtes Zeugnis aus. Es fehlt Euch offensichtlich noch an Erfahrung. Ich wette mit Euch, daß ich Eure Frau in spätestens einem halben Jahr so weit habe, daß sie mich in ihr Bett schlüpfen läßt. Nun, wie steht's? Habt Ihr den Mut, mir freie Bahn zu geben und als Einsatz all Euern Besitz zu wagen? Ich setze ohne Bedenken den meinen dagegen! Der Verlierer ist also am Ende bettelarm! Jeder soll schwören, daß er dem Gegner bei Unterliegen allen Besitz, über den er jetzt verfügt und den er in der nächsten Zeit noch erringt, ohne Widerwort übereignet. Alles muß so abgesichert sein, daß dem Verlierer keine Reue mehr hilft und ein Zurück unmöglich ist."

Tatsächlich leisteten beide einen feierlichen Schwur, daß die abgeschlossene Wette auf jeden Fall gelten sollte. Der Wirt bat seinen Gast, bei ihm zu bleiben und seiner Frau eine Botschaft zu senden, er habe sich dazu entschlossen, nach Venedig weiterzureisen. Sie möge sich um das Hausgesinde kümmern und es den Leuten an nichts abgehen lassen, da ihm alle ans Herz gewachsen seien. Als die junge Frau diese Botschaft erhielt, war sie todtraurig und bekümmert; ein Tränenstrom floß aus ihren schönen Augen über ihre Wangen, und sie schluchzte: „Gott segne und schütze meinen lieben Mann! Warum besinnt er sich nicht auf seine männliche Güte und gönnt mir ein wenig Liebe und Trost? Ach, du mein Herzallerliebster! Werde ich dich denn nie mehr wiedersehen? Ich habe mich ja schon so sehr auf deine Rückkehr gefreut und muß nun meine Hoffnung begraben!" Schließlich aber faßte sie sich und nahm im Haus die Zügel in feste Hände.

Es dauerte nicht lang, da traf der Wirt und Wettpartner in Verdun ein. Hogier war ein stattlicher und kluger Mann, dessen Kopf voller Einfälle und Ränke steckte. Er nahm Quartier in einem Haus, das dem Wohnsitz der jungen Frau direkt gegenüber lag, und von nun an konnte sie keinen Schritt mehr tun, ohne auf ihn zu stoßen und seinen höflichen Gruß notgedrungen durch Neigen ihres Hauptes zu erwidern. Da schwoll ihm gewaltig der Kamm, und er dachte frohlockend: Ich schaffe es! Frau und Besitz sind schon so gut wie mein! Nun aber alles gewagt, denn gelingt's mir nicht, bin ich erledigt! Er zerbrach sich bei Tag und Nacht den Kopf, wie er recht bald zum Erfolg kommen könne. Immer wieder schickte er der jungen Frau Botschaften und kleine Aufmerksamkeiten, die sie aber regelmäßig voller Zorn und Abscheu zerfetzte und zerstampfte. Schließlich ließ sie ihm ausrichten, er möge endlich damit aufhören, sonst würde sie ihn bei ihren Verwandten verklagen, die würden es ihm dann schon eintränken!

Als sich dieser Schachzug als unwirksam erwies, hielt sich Herr Hogier an das Hausgesinde. Er knauserte nicht mit reichlichen Bestechungsgeldern. Dafür mußten sie bei ihrer Herrin sein Lob in allen Tönen singen. Er versicherte den dienstbaren Geistern: „Wenn ich mit eurer Hilfe bei ihr zum Ziele komme, erhaltet ihr — auf Ehre! — so reichen Lohn, daß ihr mich euer Leben lang preisen werdet." So erreichte er es, daß fortan im Haus allenthalben die Vorzüge des fremden Kaufmannes gerühmt wurden. Die Hausfrau aber tat alles Gerede kurz ab: „Ihr Kindsköpfe, seid ihr denn allesamt unklug geworden? Wenn ihr dieses Musterbild eines Mannes unbedingt feilbieten wollt, sucht woanders nach einem Käufer! Ich denke nicht daran, dies Geschäft abzuschließen! Und wenn ihr nicht sofort aufhört mit eurem albernen Geschwätz, werde ich dafür sorgen, daß man euch das Fell gerbt!"

Schlagartig war Ruhe, man duckte sich ängstlich, als müsse man den Rotz abwischen, und brachte das Gespräch auf andere Themen. Von Herrn Hogier war nie mehr die Rede, und so endete dieser Anschlag auch mit einem Fehlschlag. Als Herr Hogier davon erfuhr, war er recht verdrossen und verzagt. Aber er gab nicht auf und sann nach diesem Mißerfolg auf neue Ränke: Ich hab nicht mehr viel Zeit! Nun ist schon alles gleich, ich muß es schaffen! Eines Morgens paßte er beim Kirchgang die Lieblingsmagd der Kaufmannsfrau ab, Amelin mit Namen. Mit Jammermiene hob er an: „Kein Dichter kann meine Verzweiflung schildern! Wenn mich deine Herrin nicht erhört, bin ich des Todes! Sag, willst du dir einen tüchtigen Batzen Geld verdienen?"

„Ei, warum denn nicht!" war die Antwort.

Da steckte er ihr ein Pfund Silbers zu und versprach ihr noch weit reicheren Lohn im Falle des Gelingens: „Sag doch deiner Herrin, wenn sie mich erhört, kann sie von mir haben, was sie will. Ich bin nicht kleinlich! Hundert Mark sind ihr sicher!"

Amelin war glücklich über den Vorschuß und versicherte: „Ich tu's! Und ich wünsche Euch von Herzen Glück und Erfolg! Gleich renne ich zu meiner Herrin und trage ihr Euern Vorschlag vor!"

Aber die Kaufmannsfrau nahm die Botschaft übel auf: „Halte deinen Mund! Diesen Unsinn sollst du nicht einmal im Traume zu denken wagen, oder ich sorge dafür, daß er dir übel bekommt. Ich bin reich genug und denke nicht daran, meine Ehre zu verkaufen!"

Als Hogier von der Abweisung erfuhr, erschien er persönlich und bot zweihundert Mark. Die standhafte Kaufmannsfrau aber blieb völlig unbeeindruckt, so daß er sich vor Verzweiflung die Haare raufte, denn das vereinbarte Halbjahr war fast abgelaufen. Schließlich bot er ihr tausend Mark für eine einzige Liebesnacht. Als sie wieder ablehnte, empörte sich Amelin: „Was denkt Ihr Euch eigentlich? Ihr handelt übel an unserem Hausherrn, daß Ihr so unerhörten Reichtum in den Wind schlagt. So einen Gewinst kann er ja auf all seinen Handelsfahrten nicht herausschlagen! Liebste Herrin, überleg es dir! Nimm das Angebot lieber an, sonst riskierst du am Ende noch den Zorn unseres Hausherrn!"

Die unerschütterlich treue Frau Irmengart aber erwiderte: „Schweig still! Das klage ich vor meinen Verwandten, und die werden dich grün und blau schlagen!"

Amelin aber drängte weiter: „Tut, was Ihr wollt, aber ich kann's keinem Menschen verargen, wenn er Euch für verrückt erklären wird. Noch schlimmer wird's, wenn der Hausherr zurückkommt und von der Sache erfährt! Er wird Euch sicher anfahren, daß Ihr ganz in seinem Sinne gehandelt hättet, wenn Ihr auf den Handel eingegangen wäret. Tut's lieber heimlich, als zu riskieren, daß Eure törichte Ablehnung überall bekannt wird und die Leute sich die Mäuler über Euch zerreißen."

Die Hausfrau blieb standhaft: „Gott verhüte, daß ich in solche Not gerate! Nichts Ärgeres könnte mir widerfahren, als daß man mich in Schande stieße und der Todsünde bezichtigte, drohte mir doch dann der brennende Schwefel im Schlund der Hölle. Ach lieber Bertram, wüßtest du von dieser üblen Geschichte, kämst du sofort zurück zu mir!" Damit ging die tugendhafte Irmengart zu einer Tante. Sie erzählte ihr den Handel und sagte, sie wolle vor ihrem Vater Klage erheben. Die Alte aber erwiderte aufgebracht: „Das laß lieber bleiben! Wenn du so reichen Gewinn leichtfertig ausschlägst, kannst du weder bei mir noch bei irgendeinem deiner Verwandten auf Verständnis und Unterstützung rechnen. Selbst eine mächtige Kaiserin könnte sich auf einen solchen Handel einlassen, ohne ihrer Ehre Abbruch zu tun. Wenn du ihn abgefertigt hast, legst du wieder ein Schloß davor und bist dann die, die du immer gewesen bist."

Der Kaufmannsfrau wurde schwer ums Herz bei diesen Worten. Sie eilte zu ihren Eltern und sprach: „Lieber Vater, liebe Mutter, laßt euch meine Not klagen und helft mir in erprobter Treue!" Als aber ihr Vater den Sachverhalt erfahren hatte, sah er anklagend in die Höhe und rief: „Ach, lieber Schwiegersohn! Wäre meine Tochter Irmengart doch so vernünftig, uns diesen Reichtum zu sichern, ehe er auf Nimmerwiedersehen entschwindet! Meine liebe Tochter, nun höre endlich auf mit der Ziererei und tu ihm den Willen, sonst bist du meine Tochter gewesen! Wenn du diesen unverhofften Reichtum leichtfertig zurückweist, wird es dir nach Bertrams Rückkehr schlecht ergehen! Ich werde dafür sorgen, daß man dich zur Strafe blendet!"

Vor Kummer fing die junge Frau zu weinen an. Keuschheit und Ehrbarkeit ließ sie zu ihrem Schwiegervater Gillam und zu ihrer Schwiegermutter eilen. Sie setzte sich zu ihnen und klagte ihnen ihre Herzensnot. Ihr Schwiegervater aber erklärte ernsthaft: „Liebe Tochter, hör gut zu: Tu nur, was man dir geraten hat. Was an mir liegt, soll geschehen, um die ganze Sache mit Takt und Delikatesse zu behandeln. Du handelst dir sonst eine harte Strafe ein. Wenn Bertram zurückkommt und erfährt, daß du dir diesen Reichtum entgehen ließest, schlägt er dich tot!"

Nun war unsere Hausfrau ganz durcheinander, und ihr natürliches Schamgefühl empörte sich mehr und mehr. Diese Haltung ihrer Verwandten erschreckte und betrübte sie, und sie dachte: Ich will nun einen letzten Versuch wagen. Alle Verwandten will ich versammeln und um ihren Rat bitten. Es ist doch kaum denkbar, daß sie in aller Öffentlichkeit eine solche Zumutung wagen! Aber als sie in ihrem Haus ihre Verwandten versammelte und befragte, hörte sie von allen Seiten den gleichen Ratschlag. Nachdem man sie verlassen hatte, blieb sie in großer Not, mit tief unglücklichem Herzen zurück. Weinend saß sie da und grübelte nach einem Ausweg, der ihr sowohl die gefürchtete Todsünde als auch Zorn und Verachtung ihrer Verwandten ersparen könnte. Vor allem aber ging es ihr darum, ihrem lieben Manne auf jeden Fall die Treue zu halten. Sie seufzte: „Gütiger Gott und du, unbefleckte Jungfrau Maria, erbarmt euch meiner! Laßt euch meine Not und meine Herzensangst klagen und steht mir bei!" Da erbarmte sich Gott ihrer unerschütterlichen Treue und schenkte ihr einen vortrefflichen Rat, denn wer in seiner Treue in Not gerät, kann seiner Hilfe sicher sein.

Die Hausfrau wandte sich an Amelin und sagte: „Hör zu, du hast so eifrig auf mich eingeredet, den mir gebotenen Reichtum nicht zu verschmähen. Nun sprich: Hast du nicht Lust, für eine einzige Nacht mit ihm hundert Mark zu nehmen?"

Amelin überlegte nicht lange und meinte: „Ich tät's auch um die Hälfte!"

Erleichtert ließ Frau Irmengart Herrn Hogier mitteilen, er solle ihr das Geld schicken, sie wolle seinen Wunsch erfüllen. Er solle aber heimlich des Nachts zu ihr kommen. An der Pforte würde ihn Amelin in Empfang nehmen und zu ihr führen. Herr Hogier sonnte sich in seinem Triumph, und er sandte Frau Irmengart sogleich die versprochenen tausend Mark. Als er zur vereinbarten Zeit an der Pforte erschien, hatte Frau Irmengart ihrer Zofe ihr eigenes Nachtgewand angelegt und sie auf das Ehebett gelegt. Sie selbst nahm Amelins Stelle ein, und als sie den Kaufmann kommen hörte, ließ sie ihn leise und freundlich ins Haus. Hogier wähnte sich am Ziele seiner Wünsche, fügte sich bereitwillig, als sie ihn um Vorsicht bat, und schenkte der Hausherrin dankbar mehr als zehn Pfund Silber. Sie dankte ihm vieltausendmal und meinte, Gott möge seine Ehre immerdar behüten. Dann flüsterte sie: „Nun nicht mehr gezögert! Laßt uns zu unserer Herrin gehen, die Euch auf prächtig bereiteter Bettstatt erwartet." Immer wieder zur Vorsicht ermahnt, schlich Herr Hogier hinter ihr zum Schlafgemach. Nun hatte man aber vorsorglich alle Lichter entfernt, um ihn in der Dunkelheit um den erhofften Triumph prellen zu können. Als er an das Bett trat, wurde er von Amelin zärtlich und liebevoll empfangen. Sie trug ein kurzes Seidenhemdchen und einen hermelinbesetzten Nachtmantel, doch auch ihre natürlichen weiblichen Reize waren nicht zu verachten. Vor allem trug sie einen entzückenden kleinen Kampfschild zwischen den Schenkeln, der ihr den Sieg über den verliebten Mann in jedem Falle sicherte. Hogier, der den lang ersehnten Genuß kaum erwarten konnte, riß ihr Mantel und Hemd vom Leibe. Amelin wehrte sich mit Küssen und brachte ihn schon so an den Rand der Niederlage. Da flammte sein Zorn auf, und er erwies sich als wackerer Kämpe: Kühn ging er sie mit seiner Lanze an und durchstieß wuchtig ihren Schild, wobei er sich an ihrem Mund festsaugte. Amelin kam ihm aber leidenschaftlich entgegen und vergalt jeden Kuß gleich mit zwei Küssen; wenngleich der Kampf lange Zeit auf und nieder wogte, behielt am Ende Amelin die Oberhand, so daß er sie als Siegerin anerkennen mußte. So etwas möchte ich auch einmal bei einer geliebten Frau erleben, einen Kampf, bei dem man weder Arme noch Beine riskiert, bei dem kein Sturz auf harten Fels und kein zerspellter Schädel drohen. Herr Hogier war wie in rosenroten Nebel eingehüllt, der alle Sinne außer einen ausschaltete, so daß er bei Amelin bis zum hereinbrechenden Morgen berauschende Wonnen genoß. Es mochte seine zauberhafteste Liebesnacht sein. Als der Morgenstern erglänzte, eilte Frau Irmengart zu ihrer Kemenate und flüsterte hastig: „Rasch, Ihr müßt fort, oder Ihr riskiert den Hals!"

„Gewiß, Amelin!" erwiderte er. Und zur vermeintlichen Hausfrau: „Schönste, inniggeliebte Frau! Schenkt mir ein kleines Andenken, das mich mein Leben lang an diese zauberhaft schöne Nacht zurückdenken läßt!"

„Ich hab nichts bei mir", sagte Amelin. Da zog er flugs ein scharfes Messerchen aus der Tasche und trennte ihr einen Finger ab, so daß ihre Lust ein schmerzhaftes Ende nahm. Nach dieser Nacht reiste Herr Hogier in seine Heimat zurück.

Daheim angekommen, rief er Herrn Bertram siegessicher zu: „Herr Bertram, alles, was Ihr besitzt, gehört nun mir!"

Bertram fuhr auf: „Schweigt, Ihr lügt! Das kann nicht sein!"

Hogier aber lachte. „Euch hilft keine Ausrede! Ich lasse es auf den Beweis ankommen. Ich habe keine Lust zu warten. Ohne viel Faxen, mir gehört alles, was Ihr besitzt, hier und bei Euch daheim!"

Der bestürzte Bertram war außer sich und völlig verzagt. Er dachte an seine Mannesehre: Wie fällt dem Kerl nur ein, solch ein Siegesgeschrei zu erheben? Er lügt und will mich so um meinen Besitz prellen! Ich bin mir der Treue meiner Frau sicher! Unmöglich, daß sie mich betrogen hat! Und laut sagte er: „Ich verlange den unumstößlichen Beweis und lasse es zum Schiedsspruch kommen! Ich bin nämlich überzeugt, daß ich die Wette gewonnen habe!"

Hogier grinste. „Aber natürlich! Ich bin mit Freuden einverstanden!"

Nachdem die beiden in Verdun eingetroffen waren, sollte die Sache öffentlich entschieden werden. Herr Hogier war sich seiner Sache sicher und schlug Bertram vor: „Laßt ein großes Fest ausrichten, dann wollen wir vor allen Euren Verwandten den Streitfall entscheiden. Wer dann gewinnt, kann sich freuen!"

Bertram erwiderte: „Ich wäre ja närrisch, wenn ich's nicht täte!"

Als Frau Irmengart hörte, daß ihr Mann gekommen sei, lief sie ihm entgegen und schloß ihn glückstrahlend in die Arme. Dabei sagte sie: „Ach mein lieber Mann, wie glücklich bin ich, daß Ihr wieder bei mir seid. Mein Herz ist endlich wieder unbeschwert und singt ein Jubellied!"

Herr Bertram dankte ihr für den liebevollen Empfang, doch vor unterdrückten Seufzern brachte er kaum ein Wort heraus, so daß seine Frau in tiefstem Herzen erschrak. Unruhig und bedrückt ließ Herr Bertram ein großes Fest ausrichten, denn er dachte: Ach was, all meinen Freunden und Verwandten sei mit vollen Händen gegeben. Verliere ich die Wette, so behalte ich ohnehin nichts; wenn mir aber das Glück gnädig ist und mich gewinnen läßt, so ist sein ganzer Besitz mein, und dann habe ich um so mehr Grund, großzügig zu sein! Während man Geflügel in Menge und natürlich auch andere Speisen zubereitete, ging er mit sorgenumwölkter Stirn umher, so daß sich seine Frau schließlich ein Herz faßte. Sittsam näherte sie sich ihm und fragte: „Liebster Mann, wenn du mich liebhast, dann sagst du mir jetzt, was dich bedrückt. Ich will dir jederzeit in Treue zur Seite stehen."

Er erwiderte traurig: „Liebe Frau, mein Herz ist tief betrübt. Angesichts deiner weiblichen Sittsamkeit wage ich's aber kaum, meinen Kummer zu enthüllen. Du wirst ja auch so bald genug den ganzen Sachverhalt erfahren."

435

Sie aber ließ nicht locker. „Herzliebster Mann, erinnere dich nur, daß ich dir von Jugend auf gehorsam war und alles tat, was du von mir verlangtest. Darum enthülle mir, was dich bedrückt. Lieber Herr und Gebieter, vielleicht kann ich deinen Kummer verscheuchen und die Sache zum Guten wenden."

Als er ihr schließlich alles offenbarte, lächelte sie: „Sei ruhig und quäle dich nicht mehr. All seine arglistigen Anschläge sind zum Scheitern verurteilt, und sein Besitz ist unser!" Da war der Hausherr herzlich froh und begab sich in bester Laune zum Fest. Nachdem man vortrefflich gespeist und die Tafel aufgehoben hatte, bat Herr Hogier die Anwesenden um Gehör. Er eröffnete, warum man sie zu diesem Fest geladen hätte. Als Bertrams Verwandte die wahren Zusammenhänge erfuhren, wurden sie vor Entsetzen totenbleich. Hogier aber sprach siegessicher: „Laßt mich die Wahrheit meiner Worte nun auch beweisen!" Er holte aus seiner Tasche den abgeschnittenen Finger Amelins hervor, hielt ihn — allen deutlich sichtbar — in die Höhe und sprach: „Als ich unser Liebeslager verließ, schnitt ich ihr diesen Finger ab. Dieser Beweis ist wohl überzeugend genug!"

Nun fielen alle über die Hausfrau her und schrien sie an, sie möge sich rechtfertigen. Sie aber sprach stolz: „Schmach und Schande über euch! Wart ihr's nicht allesamt, die mir dringend zugeraten haben?" Dann aber warf sie lachend beide Hände empor, so daß jedermann sehen konnte, daß sie unverstümmelt waren. Hogier war außer sich vor Wut, denn damit hatte er seinen gesamten Besitz verloren. Nun trat Amelin herein und erhob Klage wegen des grausamen Schmerzes, den man ihr zugefügt hatte. Bertram wandte sich höflich an seinen Gegner und sprach: „Herr Hogier, übereignet Ihr mir nun Euern Besitz?"

Der ächzte niedergeschmettert: „Nehmt alles hin! Fortan muß ich bei Euch um Brot und Kleidung betteln!"

Bertram aber gab ihm Amelin zur Frau und stattete die beiden mit jenen hundert Mark aus, die Amelin dafür erhalten hatte, daß sie sich Hogier an Irmengarts Statt hingab, was ihm am Ende auch gar nicht übel gefallen hatte.

Diese Geschichte lehrt alle Frauen und Mädchen, den Übermut zu zügeln, sich keusch und züchtig zu betragen, damit niemand ihren guten Ruf antasten kann. Zusammengereimt hat's Ruprecht aus Würzburg. Nachdem er sein Werk zu einem guten Ende gebracht hat, laßt uns Gott und die liebreiche Jungfrau Maria bitten, sie mögen uns in Gnaden bewahren vor Sünde und Höllenstrafe.

Die Versuchung

Täglich erlebt man die merkwürdigsten Dinge, und von so einem ungewöhnlichen Geschehnis, das ein reicher Edelmann verschuldet hat, will ich jetzt erzählen. Hört also gut zu!

In Österreich lebte einst ein reicher, redlicher, ehrenhafter Ritter, der unter seinen Standesgenossen hohe Achtung genoß. Dieser wackere Edelmann hatte eine wunderschöne, keusche und züchtige Gattin, die im ganzen Land wegen ihrer Sittsamkeit berühmt war. Lange Zeit lebten die beiden in harmonischer, glücklicher Ehe, bis dem Hausherrn zu ihrer beider Unheil der unselige Gedanke kam, die Treue seiner Frau erproben zu wollen. Er dachte bei sich: Ich bin doch neugierig, ob meine Frau wirklich so ehrenfest ist, wie sie tut.

Nun hatte der Ritter einen ihm ergebenen, verläßlichen Edelknappen mit Namen Hans. Den bat er im Vertrauen, um die Liebe seiner Frau zu werben. „Ich werde dafür stets in deiner Schuld sein."

„Herr, ich beschwöre Euch bei Eurer Ehre, diesen Plan aufzugeben. Denkt an Euer Ansehen und an Eure gute Erziehung und dringt nicht weiter in mich. Was Ihr vorhabt, scheint mir recht unklug." Der Jüngling fuhr fort: „Es ist doch geradezu unvernünftig, ja unsinnig, was Ihr von mir verlangt, Herr. Ich muß — mit Verlaub — Euer leichtfertiges Ansinnen zurückweisen."

Der Ritter beharrte jedoch auf seinem Willen. „Ich bestehe darauf. Erfüllst du meine Bitte, wird's dein Schade nicht sein. Erfüllst du sie nicht, ist's vorbei mit unserem guten Einvernehmen. Damit aber kein Mißverständnis entsteht: Wenn es dir gelingt, mit Schmeicheleien deine Herrin so weit zu bringen, daß sie dir eine Liebesnacht verspricht, so trete ich an deine Stelle. Du brauchst also nichts zu befürchten. Du sollst auch erfahren, warum ich die ganze Intrige beginne: Ich möchte die Treue meiner Frau auf die Probe stellen, für die man sie im ganzen Lande noch mehr rühmt als für ihre Schönheit. Besteht sie die Probe, weist sie deine Werbung zurück, werde ich sie um so lieber haben."

Nachdem der wohlerzogene, redliche Knappe diesen verdrehten Einfall überdacht hatte, der ihn zu straflosem Liebeswerben bei der Gattin des Hausherrn ermunterte, sprach er als ergebener Diener: „Herr, ich bin zu jedem Dienst bereit. Es wäre aber eine unausdenkbare Schmach, wenn man mich der Treulosigkeit beschuldigte. Mir schien's daher besser, wenn Ihr Euren Plan aufgeben und Euern Auftrag zurücknehmen würdet. Um jedoch Eure Gunst nicht aufs Spiel zu setzen, will ich ihn ausführen und dabei Gott auf Knien bitten, meine Treue und meine Ehre in seine Hut zu nehmen."

Nach diesem Gespräch suchte der höfliche, flinke Knappe täglich die Nähe der Edelfrau, und er erwies ihr zahlreiche Gefälligkeiten, die sich von einem Tag zum anderen mehrten. Eines Tages schloß er sich nach dem üblichen Kirchgang der Burgherrin an und gab ihr höflich das Geleit. Dabei faßte er sich ein Herz und begann mit wohlüberlegten Worten: „Herrin, ich bitte Euch herzlich, mir die Worte nicht zu verübeln, die ich nun an Euch, meine Königin, richten möchte. Schon lange habe ich's mir vorgenommen. Darf ich mit Eurem Wohlwollen rechnen?"

Die sittsame Edelfrau erwiderte zurückhaltend: „Sprich nur, Hans. Ist's so bedeutungsvoll, daß du mit einer solchen Einleitung beginnst? Du hast doch wie jeder andere Knappe das Recht, dich an mich zu wenden. Sprich also frei von der Leber weg, doch tu mir die Liebe und sei nicht unbescheiden."

„Ach, hab Mitleid mit mir, du schönste aller Frauen! Das Leben ist mir zur Qual geworden, denn Eure Schönheit und Euer ganzes Wesen haben mein Herz in Liebe entzündet. Trotz meiner Jugend hat mich die Liebe zu Euch so in den Bann geschlagen, daß ich zugrunde gehe, wenn Ihr mich nicht erhört. Schon lange habe ich Euch insgeheim im Herzen getragen und darauf gehofft, daß Ihr Euch gnädig zeigt und sich mein Glück erfüllt."

Die treue, ehrenfeste Edeldame sprach kopfschüttelnd: „Du übertreibst den Spaß! Ich befehle dir, überlege dir künftig besser, was du sprichst. Tust du's noch einmal, riskierst du dein Leben!"

„Herrlichste aller Frauen! Ich lege mein Schicksal und mein Leben im Vertrauen auf Eure Gnade in Eure Hand. Mein Leben gehört Euch. Tut mit mir, was Ihr wollt."

Die keusche Frau wandte sich empört ab. „Was für ein unsinniges Begehren! Da du so hartnäckig bist, laß dir gesagt sein, daß ich's heute oder morgen deinem Herrn berichte!" Mit diesen Worten ließ sie ihn stehen und ging ins Haus.

Der Knappe eilte zu seinem Herrn und erzählte ihm, was geschehen war. Er meinte: „Herr, meine Herrin ist so ehrenfest, daß jede Werbung völlig sinnlos ist. Sie hat mir zornig gedroht, sie wolle sich bei Euch über mich beklagen."

Der Herr erwiderte lächelnd: „Mach dir nichts daraus! Ich werde sie so nachdrücklich abweisen, daß sie nie mehr die Rede darauf bringen wird!"

Der Knappe gehorchte und fuhr fort mit seinen Werbungen. Die treue Edeldame wandte sich nun verschämt an ihren Mann und bat ihn, den Jüngling zurechtzuweisen. Der Burgherr aber fuhr sie unwirsch an: „Laßt mich in Ruhe mit Euerm Geschwätz. Ihr wollt mich wohl um einen verläßlichen Knappen bringen? Das fehlte gerade noch! Liebe Frau, wenn er Euch sonst nichts angetan hat, ist das ganze Gerede überflüssig. Noch nie hatte ich einen so treuen Knappen, und ich käme nie darüber hinweg, ließe ich mich von Euch dazu verleiten, ihn aus Eifersucht umzubringen. Also Schluß mit diesem Anschwärzen, meine Beste!"

Die Edelfrau erschrak zutiefst und war den ganzen Tag über voller Verzweiflung, Unruhe und Bestürzung darüber, daß ihr Mann ihre Klage so leichtgenommen hatte: „Lieber Gott im Himmel! Beschütze mich vor allem Unheil und vor Schande!"

Der gewandte Knappe ließ nun — dem Wunsch seines Herren gehorchend — keine Gelegenheit aus, die Burgherrin mit Liebesanträgen zu überhäufen. Sie sprach entrüstet: „Es bedrückt mich schwer genug, daß dein Herr nicht endlich einschreitet und dich zurechtweist, obwohl ich mich bei ihm über dich beklagt habe. Am nächsten Feiertag werde ich's aber meinen Verwandten berichten, damit sie dir den Kopf zurechtsetzen. Wenn du mich nicht endlich in Ruhe läßt, geht's dir mit Sicherheit ans Leben."

Der Knappe erwiderte unerschütterlich: „Herrin, ich weiß, daß mir der Tod gewiß ist. Ich nehme ihn willig auf mich, doch ich kann meine Liebe nicht mehr verschweigen. Gern setze ich mein Leben aufs Spiel, doch ich bitte Gott, Ihr möchtet mir endlich Euer Herz aufschließen und mich glücklich machen."

Nach diesem heimlichen Redewechsel grübelte die Edeldame, wie sie ihre Ehre rein erhalten könne. Sie sah sich in einem schweren Konflikt und überlegte: Bringe ich diese Liebesangelegenheit vor meine Verwandten, so ist ihm der Tod sicher, und ich kann mir zeit meines Lebens Vorwürfe machen. Verliere ich meine Ehre, muß ich vor Gott und der Welt Schmach und Hohn dulden. Was soll ich nur tun? Sie grübelte Tag und Nacht und betete zur heiligen Maria: „Himmelskönigin, ich beschwöre dich bei der Ehre deines göttlichen Sohnes, steh mir bei!"

Da schickte ihr Gott einen glücklichen Einfall, der sie aus ihrer Zwangslage erlösen sollte. Wieder einmal hatte sich der gewitzte Knappe heimlich und ungesehen zur Edelfrau geschlichen und umwarb sie mit geschliffenen Schmeichelworten, so gut er nur konnte. Da bot sie ihm einen Platz an und sprach listig: „Ich sehe, du bist beharrlich in deiner Neigung. Weder meine Bitten noch meine Drohungen konnten dich beeindrucken. Ich habe mich daher entschlossen, meinen guten Ruf aufs Spiel zu setzen und dir meine Liebe zu schenken. Das soll geschehen, ehe du noch meinetwegen dein Leben verlierst. Du bist von so edler Geburt, daß ich nicht länger zögern will. Nun paß gut auf: Dein Herr reitet morgen fort. Komm spät am Abend durch das Burggärtlein zu meiner Kemenate. Ich werde dir eigenhändig die Tür öffnen und dich einlassen."

Er dankte überschwenglich und tat, als sei er vor Freude ganz außer sich. Tatsächlich eilte er zu seinem Herrn und gab Bericht über den Stand der Dinge. Der Burgherr schnaubte: „Da hast du's! Hatte ich nicht recht? Schon bei Freidank heißt es, daß die Weiber ein wankelmütiges Volk sind. Sie bleiben nur so lange treu, bis sie durch Liebesschwüre in Versuchung geführt werden. Das hat sich wieder einmal deutlich genug gezeigt."

Die Edelfrau begab sich jedoch heimlich mit ihren Jungfrauen und einer alten Kammerfrau in ihre Kemenate und sperrte die Tür zu. Dann sagte sie: „Helft mir, ihr Jungfrauen, meine Treue zu behaupten und meine Ehre zu verteidigen."

Die Jungfrauen sagten einhellig voller Eifer: „Sagt, Herrin, was wir tun sollen. Wir sind bereit!"

Da teilte ihnen die Burgherrin mit, der Edelknappe

verfolge sie seit einem Jahr mit Liebesanträgen und stelle damit ihre Ehre in Frage. „Nun will ich ihm listig eine Lektion erteilen. Sonntagnacht kommt er zu meiner Kemenate. Ich werde ihn — wie versprochen — einlassen. Ihr aber sollt bei mir in der Kemenate sein und dann gemeinsam über ihn herfallen." Sie wandte sich an die alte Kammerfrau: „Besorg uns drei derbe Knüppel und drei zähe Ruten, damit wir dem kecken Knappen tüchtig die Haut gerben und unsere Ehre wacker verteidigen. Die kräftigste unter uns stellt sich bei der Tür auf, packt den Eintretenden beim Schopf und reißt ihn gewaltsam nieder auf den Estrich, daß dem unverschämten Affen alle Rippen im Leibe krachen. Die anderen dreschen mit Knüppeln und Ruten auf ihn ein. Wir wollen ihm den Schinken recht ins Salz legen und sein verfluchtes Fell mit Striemen und Wunden zieren. Laßt euch ja von nichts beirren. Immer tüchtig dreingehauen!"

Der Burgherr sprach indes zufrieden zu seinem Knappen: „Ich danke dir herzlich für den Freundesdienst, den du mir geleistet hast." Am Sonntag bei Einbruch der Dunkelheit ging er selbst zur Kemenate der Frau und klopfte leise an. Die kluge Schöne fragte: „Wer ist da?"

„Ich bin's, der Hans, Euer Diener und untertänigster Knecht."

„Nach Schritt und Stimme scheinst du's zu sein." Und zu den Jungfrauen leise: „Es ist soweit!" Die Tür der Kemenate wurde einen Spalt weit geöffnet, und der nächtliche Besucher betrat den von einer verdeckten Kerze dürftig erhellten Raum. Da fuhr ihm die kräftigste Jungfrau an der Tür mit beiden Händen in den Schopf und riß ihn auf die Steinplatten nieder, daß ihm alle Knochen im Leibe krachten. Sofort fielen die drei anderen Jungfrauen und die alte Kammerfrau mit den derben Knüppeln und den Ruten über ihn her und gerbten ihm das Fell so furchtbar, wie's noch nie einem Hofnarren gegerbt wurde. Zehnmal verfluchte er seinen Leichtsinn und schrie laut: „Gnade, edle Frau! Ich bin's!" Aber

443

die Schläge prasselten nur noch dichter auf ihn nieder. Nachdem man ihn so schrecklich durchgewalkt hatte, daß er sich nicht erinnern konnte, bei Turnieren oder im Gefecht übler gebeutelt worden zu sein, ließ ihn die Burgherrin bei seiner Mannesehre schwören, sein Leben lang ihren Willen zu respektieren. Das tat er nur gar zu gern. Nun hob man die Kerze in die Höhe, und die Burgherrin erkannte zu ihrer Überraschung den eigenen Ehemann. Voller Empörung verlangte die reine, sittsame Frau eine Erklärung: „Du unseliger Mensch, wie kommst du heute nacht hierher, in diese mißliche Lage?"

Da gestand er sein schweres Vergehen: „Liebe Frau, mein Unstern hat mich irregeleitet. Im Vertrauen auf Eure Nachsicht und auf Eure Verzeihung will ich bekennen, daß ich mich leichtfertig an Euch vergangen habe." Er gestand, seinen Knappen Hans für seinen törichten Plan gewonnen zu haben: „Alles, was er tat und sagte, war ihm von mir befohlen, es war meine Schuld!"

Die Edelfrau rief aufgebracht: „Pfui, du arglistiger Bösewicht! Ich hätte nicht übel Lust, Euch in diesem Zustand ohne Hilfe und Pflege liegen zu lassen. Ihr hieltet mich für fähig, meine Treue und meine Ehre wegen irgendeines Mannes aufs Spiel zu setzen? Es gibt in allen deutschen Landen, ja auf der ganzen Welt keinen Mann, er sei noch so stattlich, weltgewandt und reich, der mich dazu bewegen könnte, Euch zu betrügen. Euch ist ganz recht geschehen! Doch sosehr Ihr Euch auch an mir vergangen habt, ich will Böses mit Gutem vergelten."

Am nächsten Morgen ließ sie einen Medikus holen, der die Wunden und Striemen des Hausherrn mit guten Heilsalben behandelte, so daß sich die Wunden allmählich schlossen. Ihr könnt mir glauben, er mußte ein halbes Jahr auf dem Krankenlager zubringen! Nun war er von seinem Mißtrauen geheilt und erflehte eifrig Gottes Segen für seine schöne Gattin.

Diese Geschichte ist zu Ehren der Frauen gedichtet worden und trägt den Titel „Von der Beständigkeit einer reinen Edelfrau".

Der Edelmann mit den vier Frauen

Es lebte einst ein mächtiger und reicher Edelmann, dessen Ansehen dem der berühmtesten Edelleute seiner Zeit gleichkam. Alle Menschen hatten hohe Achtung vor ihm. Eines Tages heiratete er eine Frau, die er über alles liebte, die jedoch einen anderen im Herzen trug. Als ihr Gatte sie mit ihrem Buhlen im Bett überraschte, brachten ihn Schmerz und Enttäuschung fast um den Verstand, so daß er die beiden voller Ingrimm töten ließ. Sie wurden enthauptet und danach begraben.

Nachdem der wackere Edelmann seine Enttäuschung einigermaßen verwunden hatte, versuchte er es mit einer anderen, die ihm nach Stand und Reichtum durchaus ebenbürtig war. Aber auch sie ließ sich in törichter Verblendung dazu verleiten, einen anderen Ritter zum Buhlen zu nehmen, und als ihr Mann die eigene Frau mit ihrem Geliebten in unzweideutiger Situation überraschte, ließ er beide mit einem Pfahl durchbohren. Diese zweite Enttäuschung traf ihn tief.

Nicht viel später heiratete er eine dritte Frau, die gleichfalls recht vermögend war und ihren zwei Vorgängerinnen an Rang und Namen in nichts nachstand. Was soll ich viele Worte machen: Auch sie nahm sich einen Liebhaber, und zwar einen hochberühmten Ritter. Als sie ihr Mann — wie's nicht ausbleiben konnte — beim Ehebruch überraschte, raste er vor Verzweiflung. Er ließ die beiden Ehebrecher mit Stricken binden und in einen Abgrund werfen, an dessen Felsschroffen sie zerschmetterten.

Mit seinen blutigen Rachetaten hatte sich unser Edelmann viele Feinde gemacht; darunter waren kampfkühne, wehrhafte Ritter, so daß er sich außerhalb seiner Burg mit größter Vorsicht bewegen mußte und heimliche Schleichpfade bevorzugte. Überdies hatte er es so weit gebracht, daß kein Standesgenosse auch nur daran dachte, ihm die Tochter zur Frau zu geben. Nun lebte in der Nachbarschaft ein vornehmer, ihm ebenbürtiger Edelmann, dem es allerdings zu einer standesgemäßen Lebensführung an Geld und Gut mangelte, so daß er sich mit dem arg geprüften Helden dieser Geschichte nicht auf eine Stufe stellen konnte. Sein Besitz war so gering, daß er nur in engen Grenzen ein seinem Stand angemessenes Leben führen konnte. Einst war der kühne, unbeweibte Edelmann zur Jagd ausgeritten und in seiner Jagdleidenschaft den ganzen Tag hinter dem Wild hergehetzt, so daß er sich bei Anbruch der Nacht nicht mehr orientieren konnte. Er war aber in den Burgwald jenes wenig begüterten Edelmannes geraten und kam so in dessen Burg, wo er um Herberge für die Nacht nachsuchte.

Sein Gastgeber war ein vorbildlicher Ritter. Er empfing seinen Gast freundlich und zuvorkommend, und er machte ihn auch mit seiner Gattin bekannt, einer edelsinnigen, hochherzigen Dame von reinster Frauengüte. An ihrer Seite fand er drei liebenswerte Töchter von mädchenhaftem Liebreiz. Obwohl sie die Kunde von seiner Ankunft verständlicherweise nicht wenig erschreckt hatte, empfingen sie ihn doch so liebenswürdig, daß er nicht den geringsten Grund zu irgendeiner Verstimmung hatte, sondern ihnen nur für diesen herrlichen Empfang danken konnte.

Wohlüberlegt wies der Hausherr seinem Gast den Platz an der Seite seiner ältesten Tochter, die sich durch Schönheit, Keuschheit, Hochherzigkeit, Geradsinnigkeit, Güte und beste Lebensart auszeichnete; ihre Jungfrauenehre wies auch nicht den geringsten Makel auf. Ihr glichen ihre beiden Schwestern; auch sie waren keusche Jungfrauen ohne jeden Fehl, hatte sie doch eine tugendreiche, makellose Mutter aufgezogen.

Je länger der wackere Held seine Augen auf den drei liebreizenden Jungfrauen ruhen ließ, um so mehr gefielen sie ihm, und er dachte bei sich: Bei meinem Leben! Es gibt keinen Zweifel: Wäre eines dieser Mädchen meine Ehefrau, so könnte ich glücklich und ehrenvoll leben. Sie sind nicht nur jung und voller Liebreiz, sondern auch eine Zierde weiblicher Tugendhaftigkeit. Am besten aber gefiel ihm die älteste Tochter an seiner Seite, und so flüsterte er ihr schließlich zu: „Liebes Edelfräulein! Möchtest du meine Gattin werden?"

Sie antwortete ohne viel Besinnen: „Was mein Vater und mein liebes Mütterchen wollen, das will auch ich!"

Mit dieser Antwort war er höchlichst zufrieden, entsprach sie doch völlig seinen Vorstellungen von einer vorbildlichen Hausfrau. Der Hausherr war taktvoll genug, seinem Gast auch beim Essen den Platz neben seiner Ältesten zu weisen. Dem gefiel dies über alle Maßen, denn er hatte sich Hals über Kopf in sie verliebt und daher auf eine solche Geste seines Gastgebers gehofft. Nach dem Essen nahm der Gast Hausherrn und Hausfrau beiseite und sprach zu ihnen: „Lieber, hochverehrter Hausherr! Ihr habt mich so freundlich aufgenommen, daß Ihr meines Dankes heute und für immer sicher sein könnt. Nun nehmt's bitte nicht übel auf, wenn ich Euch recht herzlich um etwas bitte."

„Aber selbstverständlich, lieber Herr! Tragt mir nur

Euer Anliegen vor. Wenn ich es ohne Bedenken tun kann und es zudem meinen Möglichkeiten entspricht, wird's Euch bestimmt nicht abgeschlagen."

„Dann bitte ich Euch um die Hand Eurer ältesten Tochter! Wenn Ihr zustimmt, mache ich sie zu meiner Gattin; ich kann mir keine bessere Hausfrau denken als sie."

Der Hausherr erwiderte überrascht: „Lieber, hochachtbarer Herr! Bei Gott und Eurer Ritterehre bitte ich Euch, treibt nicht Euern Spott mit mir! Es ist Euch sicherlich nicht unbekannt, daß ich mich an Besitz und Reichtum mit Euch nicht messen kann."

Der Gast aber wehrte gelassen ab: „Was wollt Ihr? Ich besitze desto mehr! Ich habe Euch schließlich um die Hand Eurer Tochter und nicht um Gut oder Geld gebeten! Wird sie mein, so bin ich ihr mit Leib und Leben, mit allem, was ich habe, untertan. Voraussetzung ist natürlich, daß sie nur mich liebt, ihre Frauenehre hochhält und sich nicht auf leichtfertige Abenteuer einläßt."

„Nun gut, bester Herr!" meinte der Gastgeber nachdenklich. „Erlaubt, daß ich dies Gespräch für heute unterbreche. Ich möchte mich vor der Entscheidung mit meiner lieben Frau verständigen und auch die Meinung meiner Tochter hören."

Sein Gast erklärte verständnisvoll: „Ich bin mit Freuden einverstanden!" Damit begab er sich zur Ruhe.

Nachdem der müd gewordene Edelmann auf sein Zimmer gegangen war, riefen Hausherr und Hausfrau die älteste Tochter in ihr eheliches Schlafgemach. Dort rieten sie ihr, diesen Bund nur dann zu riskieren, wenn sie sich ihrer Neigung und ihrer unwandelbaren Treue sicher sei, denn nur dann brauche sie um ihr Leben nicht zu fürchten. Sie aber sprach: „Lieber Vater und innig geliebtes Mütterchen! In meinen Augen ist dieser Edelmann so wacker, edelsinnig, hochherzig und männlich schön, daß es mir unvorstellbar ist, wie eine tugendhafte Frau ihn bekümmern oder gar seinen Willen mißachten kann. Wenn sich eine Frau anders verhält, so hat sie sich die gerechte Strafe für ihre Schandtat selber zuzuschreiben. Ich trau mir's schon zu, ihm eine treue und ehrbare Gattin zu sein, und ich wäre froh, wenn man mich ihm zur Ehe gäbe. Ich werde ihm eine gute Hausfrau sein, so daß ich um irgendein Unheil nicht zu sorgen brauche." Diese Worte gefielen ihrem Vater gut; die Mutter war ebenfalls sehr erleichtert und zudem stolz auf ihre Tochter.

Am nächsten Morgen ließ der tugendreiche Hausherr in der Burgkapelle die Messe lesen, und alle empfingen in Demut und Frömmigkeit den Segen Gottes. Danach wandte sich der wackere, kühne Gast an seinen Gastgeber: „Herr, was habt Ihr nun beschlossen?"

„Was meine Tochter wünscht, soll auch mein Wille sein. Sie soll entscheiden." Darauf erhielt der Werber ihr Jawort. Der glückliche Edelmann schickte sofort Boten an seine achtbarsten Untertanen und lud sie zum Hochzeitsfest ein, das auf der Burg seines Schwiegervaters stattfinden sollte. Alle waren entzückt von ihrer neuen Gebieterin und flehten zu Gott, ihr Freude, hohes Ansehen und beständiges Glück zu schenken. Die Hochzeit wurde mit großem Pomp gefeiert, so daß man im ganzen Lande davon sprach. Danach führte der ehrbare Edelmann seine junge Frau überglücklich in ihr neues Heim. Alles Elend der Vergangenheit verblaßte, denn er liebte seine wunderschöne Frau mehr als sein eigenes Leben, und seine Liebe wurde ihm von seiner Gattin in gleicher Weise vergolten. Dank Gottes Hilfe drang der Ruhm ihrer Makellosigkeit, ihrer fraulichen Güte und ihrer vom Glück gesegneten Herrschaft in alle Welt, und sie war auch in der Tat eine Frau voller Tugend, Edelsinn, Keuschheit, Güte und Hochherzigkeit. In untadeliger fraulicher Vollkommenheit gab sie Gott und der Welt, was sie von ihr erwarten konnten, und sie wich nicht um Halmes Breite von der rechten Straße edlen Frauentums, so daß sie allen Frauen jener Zeit als nachahmenswertes Vorbild dienen mochte.

Als seine schöne, kluge Frau durch ihre vorbildhafte Lebensführung bei allen Menschen höchste Achtung und Anerkennung errungen hatte, dachte ihr lieber

Mann bei sich: Allmächtiger Gott, ich danke dir von Herzen, daß du mir in deiner unendlichen Gnade eine Frau geschenkt hast, die ohne Fehl und in jeder Hinsicht vollkommen ist. Mich quält jedoch die Frage, ob diese Treue und Makellosigkeit ihrem Wesen entspringen oder nur von der Furcht vor mir und meiner Rache erzwungen werden. Wüßte ich, daß sie dies auf den Rat ihres eigenen Herzens tut, wäre ich der glücklichste Mensch auf Erden. Wenn sie aber diese frauliche Unfehlbarkeit nur aus Furcht vor mir und meiner Rache zur Schau tragen sollte, werde ich sie und ihre Frauenehre nie mehr so hoch achten und rühmen können wie zuvor. Es scheint mir törichte Verblendung und verlorene Mühe, eine Frau dafür zu preisen, daß sie nur aus Furcht vor ihrem Manne Treue und Keuschheit hochhält. Sind die rühmenswerten Vorzüge meiner Frau nicht Frucht ihres lauteren Wesens, sondern Ergebnis kühler Berechnung, so ist sicher, daß sie mir eines Tages Schmach und Schande bereitet wie meine ersten drei Frauen. Doch dann soll's ihr ebenso ergehen wie diesen drei Dirnen! Ist sie aber aus eigenem Antrieb so tugendhaft, dann will ich in Zukunft nie mehr an ihrer weiblichen Ehrenhaftigkeit und Vollkommenheit zweifeln. Ich muß unbedingt wissen, woran ich bin. Die Wahrheit muß so oder so ans Licht! Mit diesen Grübeleien schlug er sich viele Tage herum, und er überlegte angestrengt, wie er zu einer endgültigen Klärung kommen könne.

Schließlich faßte er einen Entschluß. Er ließ einen seiner Ritter holen und verlangte von ihm, daß er einen Auftrag ohne Besinnen ausführe. Der Ritter schwor notgedrungen hoch und heilig, alles zu tun, was sein Herr von ihm verlangen würde. Nachdem er geschworen hatte, befahl ihm sein Herr, seiner Gattin mit allen Mitteln und Finessen den Hof zu machen und sie zu einer heimlichen Liebschaft zu verführen. Er erinnerte ihn an seinen Eid und schärfte ihm ein, der Edelfrau auf keinen Fall zu sagen, daß er im Auftrag ihres Mannes handle. Der Ritter versprach dies alles höchst widerwillig und beugte sich nur ungern der Befehlsgewalt seines Herrn. Danach machte er seiner Gebieterin zwei Jahre lang eifrig den Hof, ohne je eine andere Antwort zu erhalten als bei seinem ersten Versuch. Auftragsgemäß hinterbrachte er seinem Herrn auch jede Antwort der Umworbenen, und trotz heftigen Drängens, trotz dringlichen Rates war sein Gebieter nicht zu bewegen, ihn von diesem lästigen Auftrag zu befreien. So ging also die Hofmacherei weiter. Der Ritter überhäufte seine Herrin mit Geschenken, mit kostbaren und prächtigen Kleidern, ohne von ihr auch nur das geringste Dankeswort zu hören.

Die edle, ehrbare Frau fühlte freilich immer stärkeren Verdruß, immer größere Empörung angesichts der hartnäckigen Bemühungen des Ritters, die ihre Frauenehre in Frage stellten. Frohsinn und glückliche Ausgeglichenheit waren dahin, und ihr Herz wurde bei dieser Gefährdung ihres Ansehens und ihrer Ehre mehr und mehr von trübem Bangen gequält. Sie begann zu überlegen, wie sie den lästigen Werber ein für allemal loswerden könne. Nun hatten sie aus dem Haus ihres Vaters außer ihrer Kammerzofe zwei treue Knappen in ihr neues Heim begleitet. So entschloß sie sich, den beiden Jünglingen unter Tränen ihre Not zu klagen. Beide riefen ergrimmt wie aus einem Munde: „Herrin, das soll ihm schlecht bekommen! Wir schlagen ihn tot!"

„Gott im Himmel! Nur das nicht!" rief die Hausfrau entsetzt. „Nein, helft mir dabei, daß er von seiner verrückten Leidenschaft gründlich geheilt wird, ohne gleich ums Leben zu kommen. Nein, ans Leben soll's ihm nicht gehen, doch eine ungeheure Tracht Prügel soll er beziehen! Paßt auf: Beim nächsten Ausritt meines Gatten kommt ihr in meine Kemenate und versteckt euch dort. Dann lade ich den Ritter zu mir und verspreche ihm, ich wolle mich ihm hingeben. Dann seid zur Stelle und helft mir, ihm das Fell so gründlich zu gerben, daß ihm sein Liebesgesäusel für immer vergeht! Geht jetzt los und besorgt euch jeder drei zähe, kräftige Knüppel, und härtet sie möglichst noch im Feuer!" Voller Tatendrang sicherten ihr die beiden Knappen ihre Hilfe zu und liefen los, um sich mit recht derben Knüppeln zu versehen.

Von seinem Herrn gedrängt, begab sich der Ritter lustlos erneut zur Edelfrau und flehte sie an, ihn von den Qualen seiner Leidenschaft zu erlösen. Da sprach sie zu seiner Verblüffung: „Also gut! Ich will Eure Not beenden und Euch zu Willen sein. Dem allmächtigen Herrgott sei's geklagt, daß ich um Euretwillen meine Frauenehre aufs Spiel setzen soll. Hört her: Mein Gatte wird nach drei Tagen ausreiten. Sobald er fort ist, kommt in der Nacht in meine Kemenate. Dann will ich Euch gehören!"

Beim Abschied tat unser Ritter, als wäre er überglücklich, und er dankte ihr mit tausend süßen Worten. In Wirklichkeit war er über ihre liebevolle Zusage in höchstem Maße empört. Als er bei seinem Herrn erschien, fragte ihn dieser wie üblich, wie's ihm ergangen wäre. Der Ritter sagte verdrossen: „Gut oder nicht gut, wie Ihr wollt. Ich könnte mich vor Ärger über mein Glück umbringen!"

„He, heraus mit der Sprache! Hat sie deinem Drängen nachgegeben?"

„Ja, leider hat sie! Und sie hat auch schon Ort und Stunde bestimmt, da sie aus Liebe zu mir mein Flehen erhören will."

Sein Herr knirschte mit den Zähnen: „Da sieht man's! Verrückt ist, wer auf die Treue der Weiber baut! Man braucht sie nur lange genug mit Schmeicheleien und heißen Liebesschwüren zu bestürmen, dann wird selbst die Tugendhafteste schwach. Nun hör zu! Nachdem du bislang meinen Auftrag getreulich erfüllt hast, laß uns nun auch die Sache zum Ende bringen und versage mir auch zum Schluß deine Hilfe nicht!" Als ihm der Ritter dies versprochen hatte, sagte er: „Dann tausch mit mir zur festgesetzten Stunde die Kleider und lasse mich an deiner Stelle zum Rendezvous gehen!"

„Aber mit dem größten Vergnügen, Herr und Gebieter!"

Am nächsten Morgen erklärte der Edelmann, er wolle

an den Hof des Landesherrn reiten. Haus und Gattin übergab er der getreuen Hut seines Vertrauten. Dann ritt er mit Gefolge los. Als ihn der Ritter nach Sitte und Brauch ein Stück Weges begleitete, nahm er ihn beiseite und bat ihn, nach Anbruch der Nacht auf ihn zu warten. Er würde heimlich und ungesehen zurückkehren. Nachdem ihm der Ritter dies versprochen hatte, entließ ihn sein Herr und schickte ihn zur Burg zurück. Nach kurzem Tagesritt ließ der Edelmann das Lager aufschlagen, und als sich seine Leute mit Einbruch der Nacht zur Ruhe begaben, machte er sich heimlich auf den Weg und ritt zur Burg zurück. Der Ritter erwartete ihn, und als er ihn heranreiten sah, ließ er ihn vorsichtig ein. Der Edelmann aber triumphierte, weil sein Plan zu gelingen schien. Nachdem er mit dem Ritter die Kleider getauscht hatte und in dieser Verkleidung tatsächlich für seinen „Nebenbuhler" gehalten werden konnte, schlich er zur Kemenate und klopfte vorsichtig an die Tür.

In der Kemenate saß die schöne, kluge Burgherrin in prächtigem Aufputz auf dem Bett, an ihrer Seite ihre liebliche Kammerzofe. Zahlreiche große Kerzen erleuchteten das Gemach. Als sich der Edelmann mit tief ins Gesicht gezogenem Barett dem Bett näherte, rief die Edeldame plötzlich: „Ist jemand hier, dem die Schande seines Gebieters nicht gleichgültig ist und der für seine Ehre einstehen will?"

Die beiden Knappen brüllten los: „Wir sind's!" Sie sprangen aus ihrem Versteck hervor und warfen den Edelmann zu Boden. Dann schleiften sie ihn an den Haaren durch den Raum und schlugen mit langen, dikken Knüppeln so unbarmherzig auf ihn ein, so daß sich sein Rücken im Nu mit roten Striemen und Schwellungen bedeckte.

„Frisch drauflos, meine Freunde!" spornte die Schöne ihre Helfer an. „Zahlt es diesem Narren tüchtig heim, daß er so vermessen war, meine Ehre anzutasten. Schlagt zu, ihr Tapferen, ihr Wackeren, ihr Helden! Gebt's ihm tüchtig für diese Unverschämtheit!"

„Verlaßt Euch drauf, Herrin!" tobten die beiden, und sie zerrten ihn erneut wie rasend an den Haaren durch den Raum.

„Gnade, Gebieterin!" ächzte der Geschlagene. „Laß sie aufhören! Ich bin doch der Hausherr! Ich bin dein unglücklicher Mann!"

Sie aber rief erzürnt: „Bei Gott und allen Heiligen! Haut zu, ihr Freunde! Er will uns irreführen und gibt sich für meinen geliebten Gatten aus! Dafür schlagt ihn windelweich! Er soll dafür büßen, daß er mir über Jahr und Tag das Herz schwer gemacht hat."

Mitleidlos ließ sie auf ihn eindreschen, daß er schon dem Tode nahe war. Nachdem man vier Knüppel auf ihm kurz und klein geschlagen hatte, wimmerte er: „Hab Erbarmen, edle Frau! Sieh mich doch einmal an! Wenn ich nicht tatsächlich dein Mann bin, sollen sie mich auf der Stelle totschlagen. Bei Gott und der Ehre aller edlen Frauen! Wirf doch wenigstens einen Blick auf mich!"

„Also gut! Hört auf, damit ich ihn aus der Nähe betrachten kann!" Als sie sich näherte und ihn erkannte, war sie so entsetzt über die Prügelei, daß sie vor Schreck fast in Ohnmacht fiel. Sie rief: „Weh und ach, Herr und Gebieter! Mein Leben lang werde ich keine glückliche Stunde mehr kennen, nachdem ich es verschuldet habe, daß man dich derart zugerichtet hat!" Sie brach in Tränen aus und legte sein Haupt in ihren Schoß. Er aber stöhnte: „Sei guten Muts, liebe Frau! Wie viele Schmerzen du mir auch zugefügt hast, ich will dich dafür nur noch inniger lieben! In meinem Vorwitz hatte ich beschlossen, dich in Versuchung zu führen. Dafür hat mein arg mißhandelter Rücken zahlen müssen. Das war nur die gerechte Strafe für mein törichtes Mißtrauen! Daher sei alles vergeben und vergessen!"

Die beiden Knappen wollten aus Furcht vor seiner Rache das Land verlassen. Er aber hieß sie bleiben und sprach: „Für das, was ihr getan habt, sollt ihr von mir reich belohnt und hoch geehrt werden! Ihr habt ja nur bewiesen, daß ihr treue Hüter meiner Ehre seid."

„Herr, das schien uns nicht mehr als recht und billig!"

„Dafür seid ihr zeit meines Lebens meiner Dankbarkeit sicher! Ihr sollt reich belohnt werden." Er machte seine Worte auch wirklich wahr und wurde seitdem nie mehr von Zweifeln gequält, ob seine Frau auch wirklich aus innerem Antrieb edel, keusch, makellos, hochsinnig und in jeder Hinsicht vollkommen sei. Er war geheilt von dem Wahn, sie täte dies alles nur aus Furcht vor ihm. Dies bewies sie ihm überdies immer wieder aufs neue durch ihre Tugendhaftigkeit, und er hütete sich, ihre Frauenehre und ihr frauliches Ansehen nochmals auf ihre Echtheit zu prüfen.

Diese Geschichte möge jedem Manne, der auf sich hält, zur Lehre dienen. Wenn ihm Gott in seiner Gnade eine tugendreiche, edle, hochherzige Gattin gönnt, so taugt kein langes Grübeln, aus welchem Grunde sie so ist und nicht anders. Und ist sie flugs aus Furcht vor ihm tugendhaft und hochherzig, so braucht ihn das nicht weiter zu bekümmern. Er kann auch so froh und dankbar sein für eine solche Frau. Wenn aber Gott ihm und ihr das Glück beschert, daß in ihrem innersten Herzen die Quelle dieser fraulichen Vorzüge zu suchen ist, dann hat er einen reichen Schatz gewonnen. Was hat es aber schon für einen Sinn, das Herz der Frau auszuforschen und mißtrauisch zu prüfen, ob ihre weibliche Vollkommenheit wirklich und wahrhaftig aus ihrem lauteren Charakter erwächst oder nicht? Und laßt euch weiter raten: Wer einen Freund hat, der ihm stets treu und hilfsbereit zur Seite steht, sollte sich davor hüten, auf Biegen und Brechen die tieferen Gründe für diese Freundestreue in Erfahrung bringen zu wollen, wenn ihm an dieser Freundschaft liegt. Wer seinen Freund versucht und die Antriebe für dessen Freundschaft aufdecken will, riskiert ihren Bestand. Wem an beständiger Freundschaft liegt, mag sich davor hüten, seinen Freund mit überflüssigem Mißtrauen auf die Probe zu stellen.

Die Königin von Frankreich und der treulose Marschall

Hört, was vor vielen Jahren geschah! In Frankreich lebte in hohem Ansehen ein ehrenwerter und gerechter König, der auch ein vorbildliches Familienleben führte. Er hatte eine wunderschöne Frau, so recht liebenswert, sittsam und klug. Wer sie ansah, war tief von ihr beeindruckt und fühlte sich zu ihr hingezogen. Nun hatte der König einen Marschall, der am Hofe absolute Befehlsgewalt besaß, und diese Machtfülle sollte der edlen Königin verhängnisvoll werden. Der Marschall hatte sich nämlich in die schöne Frau leidenschaftlich verliebt und bestürmte sie bei jeder sich nur bietenden Gelegenheit, ihn zu erhören. Die tugendreiche und keusche Frau entzog sich ihm jedoch immer wieder geschickt, und als er nicht nachließ, sprach sie mit sanftem Tadel: „Warum tust du das? Du weißt doch selbst recht gut, daß du mit Rücksicht auf meinen Gatten davon Abstand nehmen solltest. Er vertraut dir, du stehst bei ihm in hoher

456

Gunst, er hat dich mit großer Machtfülle ausgestattet, mit weiten Landstrichen, Städten und Burgen belehnt. Ich bitte dich um Gottes willen, diese treu- und gewissenlosen Anträge zu lassen, die mich zutiefst beleidigen."

Der treulose Marschall aber bestürmte sie: „Ich kann die Qualen und Verwirrungen dieser Leidenschaft nicht mehr ertragen! Auf meinen Eid, ich habe Euch doch seit frühester Jugend jeden Wunsch von den Augen abgelesen! Bei Eurer Frauentugend, laßt meinen Dienst nicht ungelohnt und schenkt mir Eure Liebe, angebetete, verführerisch schöne Frau!"

Die Königin aber entgegnete warnend: „Hör auf mit deinem Flehen, sonst erwachsen dir daraus Verdruß und Unannehmlichkeiten!"

Da erschrak der Marschall und überlegte: Weh mir! Wenn sie's meinem Gebieter hinterbringt, sind Besitz, Ehre und Leben dahin! Sogleich entwarf er in seinem bösen Herzen einen verräterischen Plan, doch beim Abschied ließ er sich nichts anmerken.

Nun pflegte der König aus jugendlichem Tatendrang jeden Morgen vor Tau und Tag in den Wald hinauszureiten, um dort auf die Pirsch oder auf die Beizjagd zu gehen. Seine blutjunge Frau ließ er ungestört weiterschlummern. Im Saal vor dem Gemach des Königs hatte ein Zwerg sein Lager, den der König zu seinem Ergötzen bei Hofe aufgezogen hatte. Der nichtswürdige Marschall, der laut Befehl des Königs jederzeit überall Zugang hatte, hob die armselige Kreatur vorsichtig empor und trug sie zum Lager der tief schlummernden Königin, der er den Zwerg sacht an den Busen legte. Nachdem er ihn warm zugedeckt hatte, sprengte er im Galopp in den Wald zum König, und als er vor ihm sein Roß zügelte, stieß er voll verlogener Bosheit hervor: „Hört auf mit der Beizjagd! Daheim stöbert Ihr ein Wild auf, das Euch nähersteht, das zu jagen Euch aber wenig Freude bereiten wird!"

Der König fragte arglos: „Was soll das Gerede?"

Der Marschall erklärte: „Die Königin betrügt Euch! Wenn mich nicht alles täuscht, könnt Ihr sie jetzt überraschen und überführen! Reitet sofort mit mir zurück, dann könnt Ihr sie auf frischer Tat ertappen!"

Der König wurde vor Schreck aschfahl, brach sofort die Beizjagd ab und sprengte in großer Hast ins Schloß zurück. Tatsächlich fand er die schuldlose Königin noch schlafend in ihrem Bett und neben ihr den ebenso unschuldigen Zwerg. Jähzornig riß er die arglose, jeder Schuld bare Kreatur an den Beinen aus dem Bett und schmetterte den Zwerg mit dem Schädel an die Wand, so daß er auf der Stelle tot war. Die Königin schrak empor und rief: „Herr, warum rast du so?"

„Du fragst noch? Deine schmachvolle Verirrung ist doch allen offenbar! Ist's etwa gelogen, daß du dich mit diesem Elenden auf deinem Lotterbett gewälzt, mit deiner verräterischen Brunst Schande über mich gebracht hast?"

Die edle Königin bat hilflos: „Herr, laßt doch Eure Vernunft sprechen! Glaubt mir, ich bin völlig schuldlos!"

„Still! Kein Wort mehr! Ich habe dich schließlich mit eigenen Augen bei deinem schmählichen Vergehen ertappt! Dein Leben ist verwirkt! Und was an mir liegt, die Hinrichtung zu beschleunigen, soll geschehen!"

Nun ruhte in einem Nebengemach — als habe Gott es wohlweislich so eingerichtet — ein höchst ehrenwerter Reichsfürst, der Herzog Leopold von Österreich, Oheim des Königs. Als er den Lärm hörte, kam er herbeigerannt und fand den König außer sich vor Wut im Zimmer der Königin. Der edle Fürst fragte erstaunt: „Herr, was hat Euch so erzürnt? Um Gottes willen, sagt es mir!"

Der König mäßigte sich ein wenig und rief: „Ach, Oheim! Was für ein Elend! Mein Jammer ist grenzenlos! Sieh dir diese Ehrvergessene und Verworfene an! Doch dieses unerhörte Verbrechen soll sie mir büßen!"

Herzog Leopold aber sprach ruhig und fest: „Herr, selbst auf die Gefahr Eures Zorns, ich glaube nicht an die Schuld der Königin! Jemand hat sie heimtückisch in falschen Verdacht gebracht!"

Der König unterbrach ihn aufgebracht: „Sie wird auf dem Scheiterhaufen brennen!"

Der Herzog gab jedoch nicht auf. „Ihr würdet's nie verschmerzen, wenn Ihr das Kind, das sie unter dem Herzen trägt, mit der Mutter tötet, denn bis heute seid Ihr noch ohne Erben. Wollt Ihr in Eurem zerstörerischen Grimm den eigenen Nachfolger verderben? Edler König, seid großmütig und schont sie wenigstens so lange, bis sie ihr Kindlein zur Welt gebracht hat. Ich werde Euch dafür immer dankbar und Euer getreuer Diener sein. Zudem weiß ich, lieber Herr und Gebieter, daß selbst der größte Verbrecher nicht ohne Hoffnung auf Gnade bleiben soll, und ich bin überzeugt, daß man die Königin durch eine üble Intrige in diesen Verdacht gebracht hat. Ehret die jungfräuliche Gottesmutter und handelt an Eurer tief beklagenswerten Frau so, wie man es von einem rechten Edelmann erwarten darf, trägt sie doch eine kostbare Bürde unter ihrem Herzen. Ich weiß zwar nicht, was sich hier zugetragen hat, doch ich glaube nicht, daß sie sich eines so fluchwürdigen Vergehens schuldig gemacht hat."

Der König ereiferte sich: „Du siehst doch selbst, daß ich sie auf diesem Schandbett liegen fand! Aber gut, ich will deinem Wunsch entgegenkommen." Er ließ einen verläßlichen Ritter herbeirufen und erklärte ihm, die Königin hätte ihrem Rang und Namen unauslöschliche Schande bereitet. Er solle sie daher in die Verbannung führen und dafür sorgen, daß sie nach der Geburt ihres Kindes auf dem Scheiterhaufen verbrannt würde. „Das Kind aber bringst du mir! Du kannst dann meines Dankes sicher sein!"

Herzog Leopold, dem der Ritter verpflichtet und wohlgesonnen war, nahm den Mann beiseite und schärfte ihm ein: „Hört, mein Getreuer! Sorgt dafür, daß die Königin keinesfalls getötet wird! Sie ist das Opfer einer gefährlichen Intrige. Macht Ihr Euch zum Handlanger des Unrechts, so begeht Ihr eine Todsünde!" Der Ritter mußte ihm schwören, daß er das Leben der Königin schonen würde.

Nachdem man die trotz ihres Elends hoheitsvolle Dame mit ihrem ungeborenen Kinde dem Ritter übergeben hatte, rüstete er zum Aufbruch. Sein Weg führte durch einen wilden Urwald. Der verräterische Marschall wußte dies; er legte rasch seine Rüstung an, verfolgte den Ritter und ermordete ihn. Während des Kampfgetümmels konnte die Königin ins Dickicht entkommen. Der Mörder schleifte den Leichnam des Ritters vom Weg fort in den Wald und verscharrte ihn unter einem Baum. Dann suchte er voller Rachedurst nach der Königin, die er in seinem maßlosen Haß gleichfalls meucheln wollte, doch sie hatte sich so gut versteckt, daß er sie nicht entdeckte. Da entschloß sich der Bösewicht zum Heimritt, bedrängt von unruhigen, sorgenvollen Gedanken.

Die vom Schicksal geschlagene, zauberhaft schöne Königin irrte durch den wilden Wald und mußte sich kärglich von Blättern, Wurzeln und Gräsern ernähren. Wie sie so durch die Wildnis streifte, stieß sie plötzlich auf einen Köhler. Als sie ihn nach seinem Gewerbe fragte, erklärte er: „Ich mache Holzkohle!"

„Und dieses Gewerbe gefällt dir? Du wirst ja dabei ganz schwarz und rußig! Und viel scheint's nicht einzutragen, denn du hast hohle, eingefallene Wangen."

Der Köhler meinte achselzuckend: „Bei Gott, ich wünschte mir auch etwas Besseres! Aber irgendwie muß der Mensch halt sein Leben fristen, und so werde ich wohl bis an mein Lebensende Holzkohle brennen."

Da fragte ihn die edle Königin: „Darf ich bei dir bleiben? Ich kann dir bei deiner Arbeit zur Hand gehen, und du wirst sehen, daß ich nicht träge bin."

Der Köhler sagte freundlich: „Ihr würdet bei mir nicht so ein Leben führen können, wie Ihr es gewöhnt scheint."

Doch sie erwiderte: „Lieber Köhler, sei gütig und

nimm mich auf bei dir! Mein Leben lang will ich's dir danken. Hier, nimm diese zwölf Goldstücke, steck sie in deinen Beutel und geh nach Paris. Kaufe für das Geld Seidenstoffe und Garn in allen Farben, gelb, weiß, rot, grün, braun und blau. Und kaufe außerdem nach eigenem Ermessen alles, was wir an Speisen brauchen. Wenn dich jemand fragt, wozu du das alles brauchst, so trag dein Herz nicht auf der Zunge. Erwähne mich auf keinen Fall, denn sonst droht mir schweres Unheil."

Der Köhler war ein ehrenwerter Mann und tat alles genau so, wie sie es gewünscht hatte. Er wanderte nach Paris und kaufte ihr alles, um was sie gebeten hatte, dazu Nadeln und Schere. Nach seiner Rückkehr begann die liebenswerte Edelfrau eifrig und unermüdlich zu schneidern, und die prächtigen Gewänder, die sie mit großem Kunstverstand herstellte, ließ sie durch den Köhler in der Stadt verkaufen. Von nun an pendelte der Köhler regelmäßig zwischen seiner Hütte und der Stadt Paris. Nach einiger Zeit brachte die tugendreiche Königin ein wunderschönes Söhnchen zur Welt, und sie lebte mit ihrem Kinde viereinhalb Jahre in der Wildnis, bis es Gott gefiel, sie zu rechtfertigen.

Kehren wir zurück zum unheilvollen Tag ihres Ausrittes. Der ermordete Ritter hatte einen starken Jagdhund aufgezogen, der an seinem Herrn mit unbedingter Treue hing. Nachdem der Marschall den Ermordeten unter dem Baum verscharrt hatte, kroch das Tier zu dem Toten, scharrte ihn frei und leckte seine Wunden. Der Hund blieb bei seinem toten Herrn, bis ihn der Hunger in die Residenz zurücktrieb. Gerade saßen viele hohe Fürsten, Äbte und Bischöfe beim Mahle, als plötzlich der Hund im Saale erschien. Den Marschall erblickend, fiel er ihn sofort mit wildem Knurren an, schnappte in rasender Wut nach seinen Waden, bis ihn der Verräter nach heftiger Gegenwehr in die Flucht treiben konnte. Als der Hund spürte, daß er in Lebensgefahr war, sprang er rasch noch auf den Tisch, ergriff ein Brot und stürzte dann wieder fort in den Wald, wo sein ermordeter Herr lag, den er bei Tag und Nacht bewachte. Dieses Schauspiel wiederholte sich mehrfach, sehr zum Leidwesen des Marschalls, der dabei böse Wunden davontrug. Schließlich befahl er voller Zorn, man solle dann, wenn der Hund wiederkäme, um sich Nahrung zu holen, sofort die Türen zusperren. Tatsächlich kam der Hund wieder einmal vorsichtig herbeigeschlichen und schlängelte sich zwischen den Beinen der Tafelnden hindurch, bis er sich unter einer Bank verbergen konnte. Dort wartete er, bis sich der Marschall an den Tisch setzte. Dann kroch er unter dem Tisch hin zu seinem Platz und fiel über den Verbrecher her. Mit blitzschnellen Attacken zerfleischte er ihm die Waden, so daß dem Angegriffenen das Blut in Strömen über die Füße rann. Der König, ein jähzorniger Mann, schrie ergrimmt: „Schlagt sofort den verfluchten Köter tot! Dafür, daß er in meiner Gegenwart meinen Marschall verwundet hat, soll er totgeschlagen werden!"

Der Hund sprang wieder auf den Tisch, haschte — wie er es stets getan hatte — ein Brot und wollte fliehen. Da fand er aber die Tür versperrt, und nun sollte es ihm ans Leben gehen. Da rannte er in seiner Bedrängnis zu Herzog Leopold, dem Oheim des Königs, und sprang dem stattlichen, ehrenwerten Fürsten mit einem Satz auf den Schoß. Bei diesem merkwürdigen Geschehen wandte sich der Herzog an den König: „Lieber Herr, hört mich an! Ich bitte Euch, laßt mich die Sache des Tieres vertreten. Erlaubt mir, daß ich mich nach bestem Wissen und Gewissen für den Hund einsetze!" Da er so flehentlich bat und vor dem König gar einen Fußfall tat, blieb diesem nichts weiter übrig, als seine Bitte zu erfüllen: „Also gut, ich bin einverstanden, nur sehe ich keinen Sinn darin!"

Der Herzog aber sagte: „Glaubt mir, lieber Herr, hier hat Gott ein Wunder gewirkt! Wenn dieser Hund hier kampfbereit vor Euch hingetreten ist, so wahrscheinlich deswegen, weil sein Herr ermordet wurde. Vertrauensvoll bittet er Euch, ihm zu seinem Recht zu verhelfen und ihn gegen den Mörder kämpfen zu lassen. Hier Euer Marschall hat seinen Herrn ermordet, und Herr des Hundes war jener Ritter, den Ihr mit Eurer Gattin fortgeschickt habt und der Euch in unverbrüchlicher Treue schwor, dabei Eure Interessen und Eure Ehre zu wahren. Laßt die Fürsten entscheiden, wie dieser Kampf ausgetragen werden soll."

Dem Marschall fielen diese Worte schwer aufs Herz, und er sprach zum Herzog: „Wie könnt Ihr mich einer solchen Schandtat beschuldigen? Laßt mich zufrieden! Ich habe Euch nie etwas zuleide getan und es nicht um Euch verdient, daß Ihr mich hier vor dem gesamten Hofstaat einen Mörder nennt!"

Der Herzog aber wandte sich erneut an den König: „Herr, laßt Euch nicht beschwatzen! Sprecht ein Urteil, wie man es von einem gerechten Richter erwarten darf! Die Fürsten wissen recht gut, wie man mit einem Hund kämpfen soll!"

Um nicht den Makel eines ungerechten Richters zu riskieren, wandte sich der König an einen greisen Ritter und sprach: „Sag nach bestem Wissen und Gewissen, gestützt auf deine reiche Lebenserfahrung, wie soll man mit einem Hunde kämpfen? Ich will als Richter meines Amtes walten!"

Der Ritter sprach: „Wenn niemand einen besseren Spruch weiß, meine ich dies: Die Waffe des Mannes sei ein armdicker Knüppel, der eine Elle lang sein soll. Damit soll er sein Leben verteidigen. Der Hund mag sich mit seinen Zähnen zur Wehr setzen!"

Der König hieß diesen Urteilsspruch gut, und sogleich wurde ein Kampfring gebildet. Nachdem der Marschall mit verbissenem Grimm in den Kreis getreten war, bat der Herzog alle Umstehenden, Gott um seinen Beistand anzuflehen, damit er dem Gerechten unter den beiden Kämpfern die Hilfe nicht versage. Damit begann ein wilder Kampf, in dem keiner dem anderen etwas schenkte. Der Marschall schlug so wütend auf den Hund ein, daß er zu Boden geschmettert wurde. Furchtbar aufheulend sprang das Tier mit einem einzigen Satz dem Mörder an die Kehle. Mit rasenden Bissen begann er den Marschall zu zerfleischen, daß sein Blut nur so hervorspritzte. Während der Mörder zu Boden stürzte, verbiß sich der Hund in seine Kinnladen und zerrte rasend daran herum, als wolle er dem Mann wie einer Gans den Hals umdrehen. In seiner Todesangst warf der Mörder beide Hände zum Himmel empor und offenbarte damit vor allen Fürsten, daß er des Mordes schuldig war. Als der König dies sah, ließ er den Hund vom Marschall fortreißen und fragte ihn, ob er tatsächlich den Mord begangen hätte, um den dieser Kampf ausgetragen wurde. Der Marschall stöhnte: „Ja, es ist leider wahr!"

„Sprich, du verruchter Bösewicht! Was hat dich zu dieser Untat getrieben, die du so lange vor aller Welt verbergen konntest?"

Der Marschall ächzte völlig entmutigt: „Ach, welch furchtbare Not! Da ich aber offenbar zum Verderben verdammt bin, will ich bekennen. Ich habe jenen Ritter ermordet, der Euch seine Treue geschworen hat und mit der edlen Königin fortgeritten ist. Ich flehte sie an, mich zu lieben, und als sie mich zurückwies, habe ich sie aus Rache ins Unglück gestürzt. Als beide noch schliefen, trug ich den Zwerg in ihr Schlafgemach und legte ihn an die Brust der tugendreichen Frau. Keiner von beiden hatte eine Ahnung, was geschah. Mein Verrat sollte ihr Verbannung und Tod bringen als Rache dafür, daß sie mich nicht erhören wollte."

Da rief der König entsetzt: „Weh über mich! In Ewigkeit wird mein Herz in Qual und Schmerzen brennen, da ich meine herrliche Frau unbarmherzig verstoßen habe!" Verzweifelt hämmerte er mit den Fäusten an Brust und Stirn, raufte sich die Haare und vergoß bittere Tränen, die über seine Hände flossen. All seine Herrscherherrlichkeit schien mit ihnen dahinzuströmen. Dabei klagte er: „Wo bist du in der Fremde? Du makellose, wunderbare, liebenswerte Frau! Soll ich nie mehr an deiner Brust die Wonnen der Liebe fühlen dürfen? Allmächtiger Gott, wenn es so sein sollte, so bitte ich dich, mir als Strafe für meine Untat den Tod zu senden! Steh mir bei, o Herr, daß ich meine Gemahlin wiederfinde und von meinem Elend erlöst werde!" Und er fuhr den Bösewicht an: „Heraus mit der Sprache! Wo hast du meine Gattin zum letzten Mal gesehen? Wo hast du den Ritter ohne jeden Grund hingemeuchelt?"

Der Marschall sprach: „Herr, ich habe Euer Vertrauen verscherzt, und Ihr braucht nicht zu glauben, daß ich Euch um Eurer Gunst willen etwas vorlüge! Als ich den Ritter erschlug, flüchtete die schöne Frau in den dichten Wald, so daß ich sie nicht finden konnte."

Der König ließ den Henker kommen, damit der Verbrecher den verdienten Lohn erhielte: Ihm wurden sämtliche Knochen an Armen, Beinen und Händen zerbrochen, und am Ende wurde er aufs Rad geflochten. So fand der Marschall ein schreckliches Ende.

Nun wurden ohne Verzug Boten in alle Gegenden des Reiches geschickt, um den Aufenthaltsort der Königin zu erkunden. Doch man suchte viereinhalb Jahre vergebens, es war keine Spur zu entdecken. Nach dieser Zeit geschah's, daß die Königin den Köhler wieder einmal mit einer Kleidersendung in die Stadt schickte, um die Ware dort zu verkaufen. Als er zu seinem Abnehmer kam, bat ihn die Kaufmannsfrau in ihre Stube und sprach: „Gedulde dich bitte ein Weilchen, ich will nur auf einen Sprung zum Nachbarn."

In froher Erregung eilte sie zum Königsschloß und forderte vom König den Botenlohn: „Herr, Ihr braucht nicht mehr traurig zu sein! Ich glaube, unsere makellose reine Herrscherin ist mit Gottes Hilfe gefunden!"

In überströmender Freude fiel der König der Kaufmannsfrau um den Hals und küßte sie unter Tränen auf den Mund: „Wo ist das Glück meines Lebens? Wo die Gebieterin meines Herzens? Herrgott, sei gnädig und erlöse mich armen Sünder aus meinem Elend!"

Die brave Frau riet ihm: „Bittet den Herzog von Österreich um seine Begleitung und kommt mit ihm zu meinem Haus, dann werdet Ihr sicher befreit von der Last Eures Kummers. Ihr findet dort einen schlichten, redlichen Fremdling. Fragt ihn, und er wird Euch sagen, wo unsere Herrscherin zu finden ist."

Da eilte der edle König mit dem Herzog von Österreich in froher Erwartung zum Haus der Kaufmannsfrau. Dort fand er den Köhler, nicht anders anzusehen als einer, der Handel treibt. Der König fragte ihn hastig: „Lieber Freund, sprich, woher kommst du mit deiner Ware? Ich habe ein Recht, danach zu fragen!"

Der Köhler erwiderte vorsichtig: „Ich komme aus England. Von dort hat man mich mit diesen Waren hergeschickt."

Der König drang in ihn: „Das ist die Arbeit meiner schönen Gattin! Führe mich hin zu deiner Meisterin, und lügst du mir etwas vor, so ist's um dich geschehen!"

Der Köhler war in tausend Ängsten. Vor Verzweiflung schossen ihm die Tränen aus den Augen, und von Furcht gedrängt, sprach er: „Schwört zuvor, daß Ihr der liebenswerten Frau nichts antut!"

Der daneben stehende Herzog von Österreich sprach beruhigend: „Ich verspreche es Euch und verbürge mich dafür!"

„Wenn ihr sie sehen wollt, müßt ihr mir in den dichten Wald folgen. Die stolze Edelfrau hat sich nämlich ganz und gar dem Dienste Gottes geweiht. Sie hat ihre Locken abgeschnitten, trägt ein graues Kleid aus grobem Stoff und bittet Gott tagtäglich, jenen Helden zu behüten, dessen Gemahlin sie war."

Der König war sehr bestürzt, daß sie sich das Haupthaar abgeschnitten hatte wie eine Nonne, die sich dem Dienste Gottes geweiht hat. In der Tat hatte sie's um Gottes willen getan, war er doch ihre einzige Hoffnung und Zuversicht. Der König fragte weiter: „Sprich, wann ist sie zu dir gekommen?"

Der Köhler antwortete: „Es dürften jetzt viereinhalb Jahre her sein, als sie zu mir in den Wald kam. Das ist die reine Wahrheit. Kurz nach ihrer Ankunft hat sie einem wunderschönen Knaben das Leben geschenkt, den ich mit aller Sorgfalt umhegt und aufgezogen habe. Ihr könnt mir's glauben, ich habe ein erfülltes, schönes Leben mit den beiden."

Mit frohem, von allem Leid befreitem Herzen entschloß sich der König, am ganzen Hof bekanntzumachen, daß man seine herrliche Gattin mit Gottes Hilfe gefunden habe. Alle seine edlen Fürsten waren glücklich mit ihrem Herrscher, und alle waren sofort dabei, den König unter lautem Jubelgeschrei auf seinem Ritt in den Wald zu begleiten, doch der Köhler wandte ein: „Herr, die edle Frau zieht sich ängstlich vor einem jeden Menschen zurück, der nicht ein gottwohlgefälliges Leben führt. Kommt lieber in aller Stille mit mir zur Hütte. Wenn sie hört, daß jemand mit lautem Schall und Lärmen naht, versteckt sie sich, und wir können sie dann vergebens suchen."

Der König folgte dem Vorschlag des Köhlers, wollte er doch unbedingt seine reine, lang entbehrte Gattin wiederfinden. Als er sich der Hütte näherte, durchstreifte gerade ihr Söhnchen den Wald, um mit Pfeil und Bogen nach Vögeln zu schießen; daran hatte er seine helle Freude. Als er die Nahenden entdeckte, rannte er zu seiner Mutter und rief: „Mutter, was wollen die vielen Leute hier?"

Die Königin eilte vor die Tür, und als sie den König nahen sah, nahm sie ihr Kind auf die Arme und suchte zu fliehen. Doch der Knabe war zu schwer für sie und hinderte sie bei der Flucht, so daß der nacheilende König sie einholen konnte. Mit versagender Stimme bat er: „Ach, liebe Frau, erbarme dich meiner! Ich habe dir so schweres Unrecht zugefügt, daß ich es kaum jemals wieder gutmachen kann!" Er warf sich nieder und netzte mit seinen Tränen ihre Füße. Die Königin aber sank neben ihm auf die Knie, umarmte ihn und küßte ihn zärtlich auf den Mund, so daß er glücklich ausrief: „Gepriesen sei die Stunde, da ich dich, herrliche Frau, mit Gottes Hilfe gefunden habe!" Er küßte ihre Augen und jedes Glied ihrer Hände, und die beiden Gatten söhnten sich völlig miteinander aus. Auch seinen Sohn umarmte der König, und er rief voller Rührung: „Ach, hätte ich dich dem Verderben überliefert, wäre meine Seele für immer verloren. Herr im Himmel, du Sohn der Jungfrau, wie gut hast du mich gelenkt und beraten! Allmächtiger Gott, durch deinen Opfertod hast du mich vor der ewigen Verdammnis bewahrt. Und wieder hast du deine Güte offenbart, denn ich habe zu meinem Glück jene Frau wiedergefunden, die mein Einundalles ist! Dazu fand ich mein edles Kindlein, das mir ihr gesegneter Leib geschenkt hat, die schon in jungen Jahren meine Frau wurde. Allmächtiger Gott, du hast mich heute gnädig von der lastenden Bürde meines unendlichen Kummers erlöst!"

So wurde denn die herrliche, makellose Königin im Triumphzug heimgeholt, und auch ihr Söhnchen wurde liebevoll umsorgt. Alle, die dem König gefolgt waren, freuten sich mit ihm, ob Bischof oder Priester, ob Mann oder Frau. In der Stadt hatte sich eine riesige Menschenmenge versammelt, die der Königin und ihrem Sohn einen jubelnden Empfang bereitete. Sogleich wurde das Kindlein getauft, und einer der Paten war der Köhler. Für seine selbstlose Hilfe wurde er vom König und seinem lieben Sohn reich beschenkt, so daß er bis an sein Lebensende nicht mehr unter Armut zu leiden hatte. Man gab ihm reiche Lehen, weite Landstriche, Städte und Burgen. Damit ist unsere Geschichte beendet. Gott erlöse uns von allem Übel.

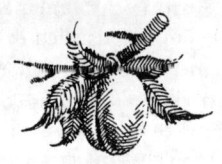

Ehefrau und Buhlerin

Wer starrsinnig gegen den Strom schwimmt, unbesteig-
bare Schroffen zu erklimmen sucht, den ganzen Tag vergeblich nach Antwort schreit und den Fluß dort zu
durchschreiten sucht, wo keine Furt ist, verschwendet
seine Mühe. Wer sich bei klappernder Mühle auf der
Harfe oder auf der Geige versucht, sollte lieber die Finger davon lassen, denn er erntet mit Sicherheit weder
Dank noch Anerkennung. Ähnlich müßte es mir mit
dieser Geschichte ergehen, wenn sich niemand die
Mühe gäbe, mir zuzuhören. Wenn's so liefe, wäre ich
wie ein Sämann, der auf Sandboden sät; alle Mühe wäre
völlig sinnlos. Ich bitte euch also, seid nachsichtig und
schenkt mir Gehör, ist's doch das erste Kunstwerk, das
ich vorlege. Doch wenn ich auch noch ungeschickt und
unerfahren bin, es reizt mich ungemein, diese Geschichte zu erzählen. Ich fürchte freilich jene nichtsnut-
zigen Besserwisser, die an allem nur herumnörgeln können. Sollte mir meine Dichtung allerdings ein freund-

liches Dankeschön meines Publikums eintragen, wäre ich reich belohnt für meine Mühe. Ich habe mich wirklich angestrengt, ein recht bemerkenswertes Geschehnis dichterisch zu gestalten.

Einst lebte in einer Stadt ein junger, selbstbewußter Kaufmann, der daheim eine musterhaft sittsame Ehefrau hatte. Wie mir mein Gewährsmann versicherte, war sie ein Schatz aller weiblichen Tugenden, und es kränkte sie zutiefst, daß sich ihr Mann außerdem noch zwei Kebsweiber hielt. War er daheim, so hockte er meistens bei ihnen und suchte dort seine Kurzweil. Stand eine Reise bevor, war er besonders aufmerksam zu ihnen und überhäufte sie mit kostbaren Geschenken.

Einst war es wieder soweit. Er wollte mit einem Handelszug in die Fremde, um seinen Reichtum zu mehren. Vor dem Ausritt begab er sich zu der einen Buhlerin, die ihn sofort liebevoll in ihre Arme schloß und zu sich herabzog. Er lachte: „Ich möchte mich zum Abschied noch einmal ergötzen bei dir!" Auf sein Geheiß wurde süffiger Wein herbeigeschafft, und er fragte sie: „Sprich, mein Liebes! Was soll ich dir von der Reise mitbringen? Sei nicht traurig, wenn ich eine Zeitlang nicht im Lande bin. Ich erfülle dir auch jeden Wunsch!"

Sie schluchzte: „Liebster, Kummer und Schmerz zerfleischen mich, denn ohne dich kann ich nicht leben. Sieh, mit solcher Treue hängt mein Herz an dir! Da's aber nun einmal sein muß, machen wir halt gute Miene zum bösen Spiel. Vergiß aber dein Versprechen nicht und bring mir unbedingt einen prächtigen roten Mantel und einen ebensolchen Rock aus Ypern mit. Das war schon längst mein Traum!"

„Aber mit Vergnügen!" erwiderte er, und dann holte er sich einen Vorschuß auf seinen Lohn, indem er sie auf das Bett warf und einen fröhlichen Ringkampf begann. Dabei suchte er an ihr jene Stelle, die ich nicht nennen kann, weil ich sie nicht kenne; nur soviel weiß ich, daß man beim wuchtigen Angriff mit der Lanze gerade dorthin zielt. Verlaßt euch darauf, er hätte den Weg auch gefunden, wenn's stockdunkel gewesen wäre. Viel mehr sei an dieser Stelle nicht verraten von ihrem Tun. Kurz und gut, sie lagen eng aneinandergeschmiegt, und es war ihnen recht wohl dabei. So ging's mit Spaßen und Kichern ein ganzes Weilchen, bis er schließlich hochschreckte und rief: „Höchste Zeit zum Aufbruch! Der gütige Herrgott behüte dir Schönheit und Ehre!"

Laut aufweinend sagte sie: „Ab heute will ich nur noch fasten und beten und keinen Schritt aus dem Haus tun, bis du zurückkehrst. Erst dann wird mir wieder die Sonne des Glückes scheinen!" Sie schlang beide Arme um ihn und bedeckte seinen Mund mit unzähligen Küssen.

Nachdem er sie verlassen hatte, eilte er zu der zweiten Buhlerin. Als er ihr Haus betrat, empfing ihn ein kleines Hündchen mit lautem Gebell. Nun hatte das Weib oben in der Kammer gerade einen anderen bei sich. Der schielte durch das Fenster und fragte, wer wohl gekommen sei. „Das ist bestimmt mein Bruder! Er darf von dir nichts wissen, sonst bekomme ich seinen Grimm zu spüren. Wenn er dich bei mir ertappt, wird's ganz schrecklich. Er bringt es fertig und schlägt uns beide tot! Also füg dich und lasse dich verstecken!" Rasch steckte sie ihn in eine große Truhe und rief dann: „Wer ist draußen?"

„Na ich, wer denn sonst?"

„Bist du's wirklich? Welche Freude!" Damit stürmte sie die Treppen hinab und hüpfte leichtfüßig zur Tür. Liebevoll hieß sie ihn willkommen und führte ihn sogleich in ein Gemach im Erdgeschoß, wo sie ihn zärtlich liebkoste. Er aber sprach: „Hör, mein Liebchen, ich kann nicht länger verweilen. Morgen früh vor Tau und Tag reite ich los. Nun sag mir rasch einen Herzenswunsch, den ich dir erfüllen kann!"

Weinend warf sie sich zu Boden und rief: „Ach, ich bin untröstlich! Was sagst du da? Du willst jetzt stehenden Fußes fort in die Fremde und mich allein zurücklassen? Von nun an will ich allem Frohsinn abschwören, man soll mich in Trauer und Trübsal sehen, und dies so lange, bis mein sehnlichster Wunsch erfüllt ist und ich dich wiedersehe!" Sie küßte ihn heiß und innig und sagte: „Da du aber nun einmal nicht bleiben willst, habe ich mir folgendes überlegt (geb's Gott, daß mein Wunsch sich erfüllt!): Bringe mir einen prächtigen Mantel und einen ebensolchen Rock aus Gent! Ich bitte dich herzlich darum!"

Er versicherte ihr bereitwillig: „Ich werd's bestimmt nicht vergessen! Wenn ich heil und gesund zurückkehre, wird dein Wunsch erfüllt, und koste es ein Königreich!"

Sie schmeichelte: „Du bist so lieb, daß ich nur immer bei dir sein möchte. Alle anderen Männer sind mir völlig gleichgültig! Nur wenn du bei mir bist, bin ich glücklich. Du nimmst mein Herz und alle meine Gedanken gefangen!" Da machte er sich an sie heran und begann auf dem Bett ein heiteres Spiel. Ich gehe mit euch jede Wette ein, daß sie einander nicht weh, sondern nur wohl taten. Das ist die reine Wahrheit! Sie hatten ihre helle Freude an dem beglückenden Bettspiel. Nun gibt es genug Blinde, die von strahlend schönen Rosen und dem Glanz der Sonne schwärmen. Ich bin ehrlich und sage, daß ich mit einer detaillierten Schilderung völlig überfordert wäre, da ich über unbekannte, nie erlebte Dinge berichten müßte. Mir geht's also wie einem Manne, der die Tiefe des Meeres angeben soll, ohne es je gesehen zu haben. Kurz und gut: Sie lagen ein gutes Weilchen nach Wunsch und Willen beieinander, und er fand alles, was er bei ihr suchte. Nachdem dies geschehen war, sagte er: „Es ist höchste Zeit zu gehen! Ich kann nicht länger bei dir bleiben. Sei nicht bös, daß ich dich nun verlassen muß!" Wie's sich gehört, kam es noch zu zärtlichen Umarmungen, und sie versicherte: „Ich will immer an dich denken und Gott mit Almosen und Bittmessen um dein Heil anflehen!"

„Gott geb's, daß ich dir zu meiner eigenen Freude das gewünschte Geschenk bringen kann!" Damit nahm er Abschied und ging nach Hause.

Daheim wurde er von seiner Ehefrau freundlich empfangen: „Wo bist du so lange gewesen? Nur zu oft lohnst du mir mein Vertrauen schlecht. Wolltest du dein Leben nach meinem Rat einrichten, würde ich mich herzlich darüber freuen."

Er entgegnete: „Selbstverständlich will ich mich gern so verhalten, wie's dir gefällt!"

Sie lächelte wehmütig. „Also gut, hier, nimm diesen Heller von mir zum Abschied, und kaufe mir bitte auf der Reise einen Hellerwert Witz!"

Er fragte verwundert: „Was ist das für ein Ding, das du da eben erwähnt hast? Erkläre es mir näher, sonst fürchte ich, daß ich unterwegs bei allen Menschen vergebens danach fragen werde."

Darauf die Frau: „Hör gut zu! Wenn du in einem Lande gute Geschäfte machst, frage so nebenbei überall herum — es sei in Frankreich oder Flandern —, ob nicht irgendeinem Menschen ein Hellerwert Witz feil ist. Wenn du dich nach meinem Wunsch richtest, wird sich vielleicht jemand finden, der dir für den Heller die rechte Ware bieten kann. Wenn du meinen Wunsch erfüllst, ist dir meine Zuneigung für alle Ewigkeit sicher!"

„Also gut!" meinte der Kaufmann entschlossen. „Solange mir Leben und Besitz bleiben, will ich überall danach fragen und erst dann nach Hause kommen, wenn ich einen Hellerwert Witz gefunden habe. Ich tu dies aber nur, damit du nicht am Ende behauptest, ich sei dir ein schlechter, unzuverlässiger Ehemann. Du kannst gewiß sein, daß ich mein Versprechen getreulich halten werde."

Sie aber dachte: Vielleicht wird auf diese Weise noch alles gut. Wenn er tatsächlich dabei bleibt und überall danach fragt, finden sich bestimmt kluge und erfahrene Leute, die ihm den Heller entgelten können. Sie schenkte ihrem Mann viele liebevolle Küsse. Schließlich sprach er freundlich: „Gott nehme dich in seinen verläßlichen Schutz! Es ist höchste Zeit, loszureiten. Ich kann nicht länger verweilen." Nachdem er sie zum Abschied zärtlich umarmt hatte, eilte er zu seinem Pferd und schwang sich in den Sattel. „Der heilige Tobias spende dir seinen Segen!" rief sie. Auch erinnerte sie ihn an den Hellerwert Witz und flehte Gottes Segen auf ihn herab. Begleitet von ihren Segenswünschen, ritt der wackere Kaufmann los nach Frankreich und Flandern, wo ihm alle Herbergswirte wohlbekannt waren.

Vergnügt und unbeschwert durchzog er die Lande und fragte überall bei den Leuten nach einem Hellerwert Witz, doch niemand konnte ihm das Gewünschte verkaufen. Er gebärdete sich wie einer, dem seine Kuh entlaufen ist und der nun allen Leuten zuschreit, ob sie das Tier vielleicht gesehen hätten. So rannte auch er gaßauf und gaßab, laut schreiend: „Wer hat einen Hellerwert Witz zu verkaufen?" Schließlich begannen die Leute zu murren: „Was will der Kerl eigentlich, der so schreit, daß man das eigene Wort nicht mehr versteht? Will er uns etwa zum Narren machen?" Er aber kümmerte sich nicht um den Unwillen der Bürger, sondern schrie in allen flandrischen Städten Tag für Tag von früh bis spät nach dem Hellerwert Witz, ohne hinter das Geheimnis zu kommen. Wo immer er sich danach erkundigte, fuhr man ihn an: „Du bist wohl verrückt?" Und ließ ihn stehen wie einen blöden Toren. Wie's weiterging mit unserem Kaufmann bei seiner Suche? Nun, wenn's euch zuviel wird, will ich berichten, wie er endlich zum Erfolg kam.

Er war auf seiner Reise auch nach Ypern gekommen, und wieder lief er laut schreiend gaßauf, gaßab, bis man die Sache schließlich überhatte, und als er eines Morgens wieder einmal mit seinem Geschrei begann, sprangen zwei Männer aus einer Haustür und prügelten ihn so fürchterlich durch, wie keine Wäscherin Hemd oder Hose mit ihrem Walkholz gründlicher durchwalken kann. Zu Recht mochte er diese unselige Reise verfluchen. Der eine von den beiden riß ihn zu Boden, und nun wurde er übel traktiert. Dabei schrien sie: „Wir hören erst auf, wenn du Witz genug bekommen hast!" Der eine schlug mit Fäusten auf ihn ein, der andere versetzte ihm derbe Fußtritte, bis sie sich endlich ausgetobt hatten. Hört zu, was unser Kaufmann tat, als sie von ihm abließen: Sein Unheil bejammernd, trollte er sich hinkend die Straße entlang. Da kam er an einem altersgrauen, lebenserfahrenen Bürger vorbei, der ganz allein vor seinem Haus auf einem Steine saß. Der rief ihn zu sich heran und meinte, er sehe wohl, daß man ihm übel mitgespielt habe. Er solle ihm doch sagen, aus welchem Grunde man ihn so zugerichtet und wer sich an ihm vergriffen hätte. Vielleicht könne er ihm in der Sache Beistand leisten.

„Mein Unglück ist, daß ich sie fragte, ob sie mir um einen Hellerwert Witz verkaufen könnten."

Der Bürger fragte verwundert: „Was ist damit gemeint? Erkläre mir die Sache doch einmal näher." Er führte ihn in seine Wohnung und bat ihn zu erzählen, was es mit diesem Hellerwert Witz auf sich habe. Er zog ihn bei seinen Rockaufschlägen auf einen Stuhl nieder, und nun berichtete der Kaufmann, wie er sich von den drei Frauen verabschiedet hatte. Der Bürgersmann hörte nach Art kluger Leute wortlos und aufmerksam zu. Am Ende sagte er bedächtig: „Wenn du dich gern und ohne zu zürnen meinem Rat anvertrauen willst, so erhältst du eine Lehre, die wohl einen Heller wert sein mag. Wenn's dir also gefällt, so hör zu und nimm dir meinen Rat zu Herzen. Kehr unverweilt in die Heimat zurück. Daheim tritt in deinem kümmerlichsten Gewand vor die drei Frauen, dann wirst du bestimmt Erstaunliches erleben. Beklage dich vor einer jeden über dein Unglück und die plötzliche Armut. Sage ihnen, man habe dir all deinen Besitz und selbst deine Kleider geraubt, du besäßest nicht einmal einen einzigen Schilling mehr. Erinnere sie an eure Verbundenheit und an die glücklichen Stunden in jener Zeit, als du noch wohlhabend und vermögend warst, und bitte sie, dir nach Wunsch und Vermögen etwas vorzuschießen. Prüfe sie alle drei, und dann handle nach meinem Rat: Welche von ihnen dich freundlich aufnimmt und deine Armut bedauert, der sollst du deine Liebe schenken, denn ihre Liebe ist wirklich rein und ohne Falsch. Den wahren Freund erkennt man in der Not."

Der Kaufmann, der diesen guten Rat wirklich dringend nötig hatte, sprach dankbar: „Ihr habt mir den Heller so trefflich vergolten, wie ich es mir nur wünschen konnte!"

Nachdem er sich verabschiedet hatte, tat er flugs nach dem Rate des Bürgers. Er zog sein verschlissenstes Gewand an und kehrte ohne Aufenthalt nach Hause zurück. Als er in diesen Lumpen erwartungsvoll zu seiner ersten Beischläferin geeilt kam, fand er ein übles Willkommen. Durch die geöffnete Tür lief er ins Haus und fand sie auf einer Sitzbank. Nach wohlüberlegtem Gruß brachte er das Märlein an, daß er bis aufs Hemd ausgeplündert wurde: „Sieh, nun muß ich die Bitternis der Armut kosten! Erinnere dich an unsere glücklichen Stunden und an die vielen kostbaren Geschenke, die ich dir gemacht habe! Hilf mir in meiner Not!"

Sie aber sprach abschätzig: „Mit meiner Liebe brauchst du nicht zu rechnen. Von jetzt an ist Schluß damit!" Da sie ihn arm und mittellos wähnte, verhielt sie sich so, wie sich die meisten Frauen in solchen Fällen verhalten. Sie sprach barsch und verächtlich, als wäre sie eine erbarmungslose Heidin: „Mach dich fort, wenn dir deine heile Haut lieb ist! Eher kannst du bei einem jüdischen Wucherer oder bei einem welschen Wechsler auf Hilfe rechnen als bei mir!"

Er barmte: „Ich habe dich doch stets mit getreuer Liebe umhegt! Wie furchtbar für mich, daß du dich an nichts mehr erinnern willst! Oft genug saßen wir eng aneinandergeschmiegt und umschlungen, und du hast mir nichts versagt. Denke doch daran, daß du mir beim Abschied unter Tränen versichert hast, du wolltest um meinetwillen bis zu meiner Rückkehr fasten und beten, ja nicht einmal einen Fuß vor deine Schwelle setzen! Nun komme ich freilich nackt und bloß zurück, ohne Kleider und ohne einen Pfennig Geld!"

„Was willst du eigentlich?" höhnte sie. „Ich habe dir damals die reine Wahrheit gesagt, allerdings im guten Glauben, daß ich daraus Nutzen ziehen könnte. Gib acht, denn nun sollst du etwas erfahren, was du bislang noch nicht zu hören bekamst: So ohne einen Pfennig Geld bist du Luft für mich! Ja, du widerst mich geradezu an! Hättest du noch den Beutel voll wie früher, könnte ich mich vielleicht dazu entschließen, dich angenehm zu finden, doch nun ist Schluß mit Liebe und Freundschaft! Solange du nicht so ein ausgeplünderter Jämmerling warst, schienst du mir halbwegs reizvoll und brauchbar, aber jetzt, ohne einen Heller in der Tasche, mach rasch, daß du mir aus den Augen kommst, oder du wirst es bereuen." Mit diesen Worten gingen sie auseinander.

Da murmelte er vor sich hin: „Vortrefflich hat man mir den Heller vergolten!" Und er lief sogleich zu seiner zweiten Beischläferin, um auch ihr sein Märlein aufzutischen und so die Echtheit ihrer Liebe zu erproben. Als er bei ihr eingetreten war, jammerte er wieder, man habe ihn völlig ausgeplündert. Er klagte ihr seine Armut und das erlittene Unheil und bat schließlich: „Erinnere dich bitte unserer treuen Liebe und hilf mir in meiner Not! Mein Leben lang will ich dir dankbar sein!"

„Schluß mit der Bettelei und dem Gejammer!" herrschte sie ihn an. „Du ekelst mich an. Halt dein Maul und scher dich aus meinem Haus, du widerlicher Bettler! Von mir bekommst du nicht einmal einen Schluck Wasser, und wärst du am Verdursten!"

Er flehte sie an: „Habe ich dich nicht in Liebe und Treue umhegt? Willst du das einfach vergessen?" Dabei setzte er sich an ihre Seite, doch da ihr seine Nähe widerwärtig war, ergriff sie einen großen, schweren Schlüssel und schmetterte ihm den über den Schädel, daß ihm das Blut den Haarschopf tränkte. Gemeinsam mit einem anderen Weibsstück, das bei ihr in der Stube saß, trieb sie ihn mit Püffen zur Tür hinaus und kreischte: „Nun mach den Leuten weis, ich sei dein trautes Liebchen gewesen!" Wie einen Dieb prügelte sie ihn

aus dem Haus, er aber dachte: Käme ich nur einigermaßen ungeschoren davon! Und weiter: Das war nicht gerade ein überzeugender Beweis deiner Liebe! Als er aus
dem Hause war, verneigte er sich tief vor jenem Land,
in dem er den Hellerwert Witz gefunden hatte. Dann
humpelte er fort.

Es hat mich schon immer verdrossen, daß viele hübsche, wohlgestaltete Frauen, die dazu noch wunder wie
groß tun, für jedermann gegen gutes Geld zu haben
sind. Umgekehrt ist vielen Frauen ein Mann, der nicht
mit Geschenken um sich wirft, gleichgültig, ja widerwärtig, und wäre er weltgewandt wie Curvenal, berückend
schön wie Parzival oder sangeskundig wie Siren. Können sie ihn nicht ausnutzen, ist er ihnen völlig gleichgültig, und wäre er auch ein so großartiger Liebhaber
wie Tristan, ein so auserlesener Ritter wie Gawan oder
so ein mutiger Held wie Gachmuret. Hat er nichts im
Beutel, braucht er nicht auf Frauengunst zu hoffen.
Dicht- und Sangeskunst, Wohlerzogenheit, Vernunft
und alle nur denkbaren Kenntnisse, die den Menschen
wohlgefällig sind, hat man eigentlich um der Frauen
willen erdacht und erschaffen, doch das alles ist ihnen
einen Schmutz wert. Sie gieren nur nach Gut und Geld
und halten sich berechnend an die Reichen. Wäre so ein
Geldprotz auch ein ungefüger, aufgequollener Kloß, sie
hätten nichts gegen ihn einzuwenden! Sein Atem kann
stinken wie die Pest, er mag auf beiden Beinen hinken
wie der Leibhaftige, er sei ein völlig gewissenloser
Schelm und habe flugs sein Leben lang nichts Ordent-
liches geleistet: Schleppt er ihnen nur Gold ins Haus,
dann ist er der vortrefflichste aller Männer. Er mag ein
riesengroßes Maul haben, eine gespaltene Lippe dazu, er
kann ein wahrer Bärenhäuter sein und vorn wie hinten
einen riesengroßen Buckel tragen: Klimpert Gold in seinem Beutel, dann ist ihnen alles lieb und recht, und er
kann von ihnen alles haben, was sein Herz begehrt. Eine
tugendreiche Frau würde sich von solchen Mißgeburten
schaudernd abwenden. Und hätte so ein Scheusal alle

Schätze der Welt, sie würde ihm nicht ihre Liebe schenken. Daher ist auch sicher, daß den rechtschaffenen Frauen höchster Ruhm und höchstes Lob gebühren. Der hochbegabte Ovid und sämtliche Rhetoren und Autoren seit Adams Zeiten sind nicht in der Lage, eine solche Frau nach Gebühr zu rühmen und zu preisen. Sie ist ein Hort der vollkommensten Tugenden. Eine charaktervolle und sittsame Frau verleiht dem Mann neue Kräfte. Was wäre die Welt und all ihr Reichtum ohne solche Frauen? Wo fänden die Jünglinge ihren guten Leitstern? Nie beschien die Sonne auf Erden etwas Beglückenderes! Einer edlen Frau kann sich weder auf noch unter der Erde irgend etwas vergleichen! Sie ist eine lichte Flamme der Makellosigkeit, während die verworfenen, heimtückischen Weiber in dieser Hinsicht nicht einmal matten Fünkchen gleichen. Das haben die eben geschilderten Ereignisse klar genug bewiesen. Der Teufel hole solche Schlampen!

Als der Kaufmann zu seiner Ehefrau kam, begann er wiederum zu klagen, all sein Hab und Gut sei ihm unterwegs geraubt worden. Mitleidig und geduldig hörte sie ihm zu, und dann — ihr könnt's mir glauben — ließ sie ihm zur Linderung seiner Schmerzen sofort ein erfrischendes Bad bereiten. Wenngleich er angeblich völlig mittellos zurückgekehrt war, nahm sich die tugendreiche Frau mit eigenen Händen seiner an und wusch ihm die Kopfwunde aus. Dazu sagte sie tröstend: „Mein Liebster, laß den Mut nicht sinken. Wenn man dich auch ausgeplündert hat, so stehe ich dir mit Rat und Tat fest zur Seite. Von früh bis spät will ich rackern und schuften, mit diesen meinen Händen werde ich mit Nähen und Spinnen soviel verdienen, daß wir zwei wieder bessere Zeiten erleben werden."

Da rief ihr Mann glücklich aus: „Wie gut, daß ich diesen Tag erleben durfte! Jetzt endlich weiß ich, wo wahre Treue zu finden ist. Erlaube mir, liebe Frau, daß ich dir jetzt die ganze Wahrheit sage."

„Sprich nur, ich höre!" sagte sie.

„Also dann vernimm, wie es mir ergangen ist." Nun erfuhr sie von seinen Erlebnissen, die er nach seiner Rückkehr hatte und die ich euch bereits geschildert habe. Still und aufmerksam hörte sie zu, wie er seine Buhlerinnen auf die Probe gestellt und was er dabei erlebt hatte.

Dann sagte sie erleichtert: „Gelobt sei Christus heute und immerdar, daß du nun endlich erfahren hast, wer dich wirklich treu und uneigennützig liebt!" Und gleich darauf bezeugte sie aufs neue, daß es wirklich so war, denn sie riet ihm: „Wenn du mich wirklich gern hast, dann meide fortan diese Frauen, damit es dir nicht noch schlimmer ergeht. Ich meine es wirklich nur gut mit dir. Denke immer daran, wie undankbar und gemein sie zu dir waren."

Er sagte: „Dein Wille ist auch der meine. Ich schwöre dir, daß ich mich angesichts deiner Güte und Treue keiner anderen Frau mehr zuwenden werde; einzig und allein nach dir trage ich Verlangen, hast du doch wahre Frauentugend bewiesen. Nach all dem, was du getreulich an mir getan hast, trage ich im Herzen die Gewißheit, daß du ein wahrer Hort aller Treue bist."

„Du wirst mich niemals anders finden! Solange wir miteinander leben, werde ich mich stets bemühen, deine Ehre hochzuhalten."

Da rief er dankbar: „Du hältst meinem Herzen allen Kummer fern! Nun sollst du auch die ganze Wahrheit erfahren, auch von dem schmerzlichen Reinfall, bevor ich dir endlich einen Hellerwert Witz kaufen konnte. Sei frohen Muts und unbesorgt, denn ich bin reich und angesehen wie zuvor. Ich hoffe, schon übermorgen treffen neun hochbeladene Wagen mit Handelswaren und prächtigen Gewändern aus Flandern und aus Ypern ein. Den größten Gewinn aber habe ich zweifellos gemacht, als ich erfuhr, wie ich wahre Treue finden könne!"

Diese Geschichte ist wahr und nicht erfunden. Und nun sollt ihr auch den Namen jenes Mannes wissen, der sie euch in gereimter Fassung mitgeteilt hat: Er heißt

Hermann Fressant aus Augsburg. Ihr könnt mir glauben, daß der Kaufmann und seine Ehefrau hinfort ein harmonisches, glückliches Leben miteinander führten. Ich wollte, jeder brave Mann wüßte in gleicher Weise wahre Tugend und Ehre zu finden. Ich wünsche ihm eine sittsame und tugendreiche Ehefrau gleich der Gattin unseres Kaufmannes. Um einer solchen Frau willen liefe ich ohne Bedenken dreißig Meilen oder mehr zu Fuß, denn sie verscheucht in ihrer unerschöpflichen Güte ihrem Manne jeden Kummer oder Ärger. Das hat diese Kaufmannsfrau bewiesen, denn in ihrer fraulichen Güte zögerte sie keinen Augenblick, ihrem Mann in Nöten und Fährnissen des Lebens beizustehen. Sie ließ ihn das Wesen einer wahrhaft tugendreichen, gütigen Frau erkennen. Und damit endet unsere Geschichte.

Der Siegesgürtel

Ich heiße „Der Siegesgürtel" und bin für ein gebildetes, ehrbares Publikum bestimmt, nicht für rüde Bösewichte. Diesen möge ihre Bosheit übel bekommen und sie plagen bis an ihr gallebitteres Ende. Nur verständigen und ehrsamen Leuten soll man mich vorlesen, um sie so für ihre Tugendhaftigkeit mit fröhlicher Unterhaltung zu belohnen.

Es lebte einst ein ehrbarer und rechtschaffener Ritter namens Konrad, der dank vorbildhafter Lebensführung bei allen Edelleuten in hohem Ansehen stand. Oft war er bei Hofe zu sehen, wo er sich den vornehmsten Edelleuten zugesellte und sich zu allen — ob Gäste oder Bedienstete — stets liebenswürdig verhielt. Er befestigte seinen Ruhm vor allem dadurch, daß er um der Ehre und der schönen Damen willen häufig Turniere besuchte, auf denen er beim Hauen und Stechen voller Ehrbegier stets in der ersten Reihe stand. Er war eben ein Ritter ohne Furcht und Tadel.

Konrad hatte eine Frau von vornehmer Herkunft und großer Tugendhaftigkeit, dazu von unbezweifelbarer Schönheit. Ihr Körper war von herrlichem Ebenmaß. Man fand viel bei ihr zu rühmen: hellblonde, schimmernde Locken, pfirsichfarbene Wangen, große, glänzende Adleraugen, eine edelgeformte Nase, schwellende Rosenlippen, deren Kuß jeden Mann beseligen konnte, ein weißes, wohlgerundetes Kinn, einen Hals, so durchsichtig zart, daß man beim Trinken den roten Wein hindurchrinnen sah, elfenbeinfarbene Zähne, ein spielendes Zünglein, glitzernd wie das Werk eines Goldschmieds, Schultern, Arme und Hände ohne jeden Fehl, dazu ein Herz voller Lauterkeit. Sie war geradezu das Ideal einer Frau; jeder spürte bei ihrem Anblick Entzücken und schmerzliches Verlangen nach ihrer Liebe. Unterhalb des Gürtels besaß sie zudem ein atemberaubendes, köstliches Kleinod, in dessen Lobpreis jedes Herz schwelgen mochte. Schenkel, Füße und Beine waren wie gedrechselt. Von ihrer Schönheit ging ein solcher Glanz aus, daß jedes Gemach, in dem sie weilte, des Nachts taghell erschien. Noch mehr ist zu rühmen: Ihre frauliche Güte war von solcher Süße, daß sie das Salzwasser des Meeres in Süßwasser gewandelt hätte, wenn sie hineingewatet wäre. Vor solchem Adel und solcher Schönheit mußten sich Wild und Vögel, Berge und Wälder demütig verneigen. Ihre Güte und Freundlichkeit bezauberte so sehr, daß ihr freundlicher Gruß jeden Ritter drei Tage lang mit Glück und Fröhlichkeit erfüllte. Selig der Mann, der sie als Gattin heimführte, zumal sie ihm ein keusches, tugendhaftes und sanftmütiges Eheweib war.

Einst, in einer Maiennacht, als die Vöglein miteinander im Gesang wetteiferten, lag sie nach genossenen Liebeswonnen still neben ihrem lieben Mann. Er faßte sie unters Kinn, küßte sie zärtlich auf den Mund und sagte: „Mein Herz weiß, daß es deiner Treue sicher ist. Hör zu: Obwohl ich in fremden Landen großen Ritterruhm erringen konnte, bin ich unzufrieden und möchte um deiner Schönheit, deines Lächelns und deiner un-

wandelbaren Lauterkeit willen neue Turniertaten vollbringen, und zwar in diesem Land, da man hier meine
Heldenkraft noch nicht gebührend würdigt. Zwei Meilen entfernt wird in Kürze ein Turnier veranstaltet, und
ich möchte daran teilnehmen."

Die Edelfrau sagte darauf: „Zieh nur aus! Ich werde
dir stets und immer gehorsam sein und deinen Willen
achten."

Damit war die Sache abgemacht. Vierzehn Tage später
sollte das Turnier stattfinden, und in der verbleibenden
Zeit traf unser Ritter sorgfältig alle nötigen Vorbereitungen, um schließlich mit dem Segen seiner lieben Frau
aufzubrechen.

Am Nachmittag des gleichen Tages lustwandelte die
Hausfrau im Baumgarten der Burg, als sie durch den
Zaun einen stattlichen, prächtig geschmückten Ritter
vorbeireiten sah. Er trabte auf feurigem Roß daher, auf
dem Lederhandschuh einen Habicht, an langen Riemen
zwei prächtige Windhunde, um die Hüften einen edelsteinbesetzten Gürtel. Er erspähte die Edelfrau im Garten,
und schon beim zweiten Blick war sein Herz verloren,
entbrannte er in so heißer Leidenschaft, daß er jede Vernunft und Überlegung verlor. Er gab seinem Roß die
Sporen und sprengte zur Gartenpforte. Dort sprang er
vom Pferd, band es an einen Baum, befestigte an den
Ästen die beiden Hundeleinen, setzte den Habicht auf
einen Zaunpfahl und betrat dann den Baumgarten. Die
Hausfrau hieß ihn freundlich willkommen und sprach:
„Bei dieser Hitze ist es verständlich, daß Ihr aus der prallen Sonne hierher in den Schatten der Bäume flüchtet.
Setzt Euch nieder und wartet, bis die Sonnenglut ein
wenig nachläßt." Sie rief ein Edelfräulein herbei und
ließ für den Ritter einen Becher Wein bringen. Als sie
ihm den Becher darbot, wäre er vor Verlangen nach ihr
fast gestorben. Er nahm sich jedoch zusammen, trank ihr
höflich zu und reichte ihr dann den Becher mit liebens-
würdigem Dank zurück. Plaudernd saßen sie beisam-
men, bis die Sonne tiefer sank und die Abendkühle her-

einbrach. Da wandte sich die schöne Gastgeberin an den Ritter: „Herr, gestattet mir eine Frage: Schickt es sich wohl, daß Ihr so lange bei mir weilt? Sollte der Hausherr zurückkehren, könnte er auf merkwürdige Gedanken kommen und sich dann vielleicht recht unfreundlich verhalten. Oder seid Ihr mit ihm verwandt? Wenn's so ist, könnt Ihr gern bei mir bleiben. Er hat dann bestimmt nichts dagegen, wenn ich Euch ins Haus bitte."

Der Ritter jedoch erwiderte: „Hochedle Dame! Ich kenne Euren Gatten nicht und bin hier völlig fremd."

Da erklärte seine Gastgeberin: „Dann ziemt es sich nicht, daß Ihr länger verweilt. Ihr müßt jetzt aufbrechen!"

Der verliebte Rittersmann aber rief: „Ach, edle Dame, Fangnetz der Liebe. Ich kann keinen Schritt weichen; leidenschaftliches Verlangen nach Eurer Liebe hält mich fest mit unlösbaren Banden!"

Sie aber sprach vorwurfsvoll: „Vereinbart es sich mit Eurer ritterlichen Ehre, mich mit solchem Verlangen zu beleidigen! Schweigt still und geht!"

Der Ritter aber rührte sich nicht vom Fleck und rief außer sich: „Edelste Frau, Hort des Glückes, tötet mich nicht durch eine Zurückweisung! Seht, diesen Habicht will ich Euch schenken! Er ist mindestens fünfhundert Mark wert, denn er schlägt mit unfehlbarer Sicherheit alles, was da fliegt. Seid mir Hilfsbedürftigem nicht gram und erhört mich, sonst muß ich zugrunde gehen."

Die Hausfrau wies ihn erzürnt zurück: „Auf solche Art handle ich meinem Gatten keinen Jagdvogel ein!"

Der Ritter wehklagte: „Ach, ich bin untröstlich! Seht meine zwei Windhunde, die besten Hetzrüden, die es gibt! Kein Tier auf der ganzen Welt kann es mit ihnen an Schnelligkeit oder Stärke aufnehmen! Ich schenke sie Euch, wenn Ihr mich aus den Banden meiner Leidenschaft erlöst!"

Die Burgherrin rief empört: „Ich denke nicht daran, wegen zweier Hunde meine Ehre geringzuachten und mich mit Schande zu bedecken. Ich soll mir nachsagen lassen, ich hätte meine Ehre einem Rüden vorgeworfen? Schweigt, denn mir steigt die Galle ins Blut!"

Der Ritter rang die Hände: „Angebetete Frau! Herzensbrecherin! Mein Sonnenschein! Reinste Frucht der Vollkommenheit! Habt Erbarmen! Seht dieses wunderbare Roß! Eine wahre Wonne jedes Ritters! Nie sah man ein Roß von herrlicherem Bau! In seiner Brust trägt es einen Edelstein, der ihm unübertreffliche Schnelligkeit und nie ermüdende Stärke verleiht. Wer es reitet, kann von keinem Gegner übertroffen werden. Es ist Euer, wenn Ihr mir Eure Liebe schenkt!"

Die Edelfrau aber erwiderte überlegen: „Es ist alles vergebens! Meine Ehre ist mir mehr wert als ein schnellfüßiger Gaul! Ich lasse doch nicht eine Mähre meine Ehre forttragen!"

Der Ritter rief verzückt: „Geliebte Frau! Schönste Maienblüte! Goldkelch vollkommenster Wonnen! Du Fangnetz betörender Leidenschaft! Bezauberndes Spielzeug des Sommers! Erlöse mich Ärmsten der Armen von den Qualen, in die du mich verstrickt hast. Erbarmen, du lockender Rosenmund! Hier, sieh diesen Gürtel, auf beiden Seiten mit kostbaren Steinen und Goldplättchen besetzt. Er trägt mindestens fünfzig Edelsteine, zum Teil aus dem Morgenland, aus Marokko, Indien und Syrien. Man brachte übers Meer zwölf Chrysopase, vier Onyxe und drei Chrysolite. Hier, dieser dunkelrote, an einer Hälfte rauchfarbene Stein stammt aus Griechenland. Wer ihn trägt, gewinnt gewaltigen Ritterruhm, denn er macht im Kampf unüberwindbar. Wer diesen Stein im Gürtel trägt, ist stets vom Glück begleitet und braucht nie um seinen Heldenruhm zu bangen. Aus jedem Kampf geht er unversehrt als Sieger hervor. Auch schützt er vor Feuersbrunst und Wassersnot. Geliebte Frau, wenn Ihr mir zu Willen seid, sind Gürtel, Habicht, Roß und Hunde Euer! Nur stillt meine Schmerzen!"

Nach diesem Angebot sah die Hausherrin nachdenklich zu Boden; sie rang mit sich und wurde bald totenbleich, bald feuerrot. Schließlich rief sie eine Dienstmagd herbei und schärfte ihr ein: „Hier, bring Habicht, Roß und Hunde fort! Und dann sorg dafür, daß niemand den Baumgarten betritt! Mein Dank ist dir gewiß!" Darauf wandte sie sich an den überglücklichen Ritter: „Nun, edler Herr, gebt auch den Gürtel. Habicht, Roß und Windhunde habe ich bereits. Danach will ich mich Euch zwar heimlich, doch rückhaltlos und ohne Vorbehalt hingeben!"

Der Ritter reichte ihr den Gürtel, und dann — ihr könnt's glauben oder nicht — ließ sich die Burgherrin auf den Rasen sinken und zog den Ritter zu sich herab, während die Bäume kräftig rauschten, die Rosen frohlockten und die Vöglein einen fröhlichen Sang anstimmten. Als die schöne Frau den Ritter mit ihrer Liebe beglückte, erhoben sich ringsum aus dem Rasen rote Rosen, um die Liebenden vor Späherblicken zu schützen, und als der Liebessturm verrauscht war, hörte man Blumen und Grashalme fröhlich kichern.

Als der Ritter Abschied nahm, sagte die reizende Schöne: „Seht, nun habt Ihr Euern Willen gehabt! Dünkt Euch der Handel nicht reichlich schlecht? Jetzt seid Ihr schließlich Gürtel, Habicht, Windhunde und Euer schnelles Roß los! Ihr seid doch ein rechter Tor, solch wertvolle Dinge für so flüchtigen Genuß zu verschleudern!"

Der Ritter aber lachte fröhlich: „Herzliebste Frau! Beruhigt Euch nur. Was Ihr als Verlust anseht, ist für mich höchstes Glück! Nie war ich im Leben glücklicher als in Euren Armen! Liebste, küß mich zum Abschied noch einmal auf den Mund!" Und nachdem sie ihn zärtlich geküßt hatte, zog er traurig von dannen.

Nun hatte aber ein Knecht das Geschehen im Garten belauscht. Unverweilt ritt er zu seinem Herrn und berichtete, was ihm Arges widerfahren war: „Herr, Gott sei's geklagt, aber ich muß es Euch melden: Meine Gebieterin betrügt Euch. In aller Heimlichkeit treibt sie's mit einem anderen. Zufällig war ich Zeuge, wie sie im Baumgarten einem fremden Ritter alles gewährte, was sich ein Mann bei einer Frau nur wünschen kann."

Der Burgherr klagte: „Weh, Allmächtiger! Mein Glück ist zerbrochen! Ich hielt meine Frau für keusch, doch sie hat ihre Keuschheit preisgegeben und mich schamlos hintergangen. Da sie mich so in Schande gebracht und meine Ehre zerstört hat, will ich fortreiten und nie mehr wiederkehren!"

Er warf sein Roß herum, gab ihm die Sporen und ritt nach Brabant. Als die Frau hörte, was geschehen war, überlegte sie und sprach: „Gewiß, mein Hausherr hat allen Grund, mir zu grollen. Doch ich will's mit Fassung tragen. Wenn er jetzt auch in hellem Zorn sein mag, am Ende wird er sich schon beruhigen." Der verräterische Knecht aber wurde von ihr mit Schimpf und Schande aus dem Hause gejagt.

Nachdem die Burgherrin zwei Jahre lang gewartet hatte, ohne daß ihr Gatte wiedergekommen wäre oder auch nur eine Nachricht geschickt hätte, raffte sie alles Geld zusammen, das sie in diesen zwei Jahren erübrigen konnte. Sie erwog allerlei Pläne, war sie doch unbescholten, stolz, recht beherzt und kaum zwanzig Jahre alt. Als nun der Mai den kalten April aus dem Felde schlug und sich der Wald im Schmucke frischen, grünen Laubes zeigte, vertrieb sie Scheu und Sorgen und faßte sich ein Herz. Fünfhundert Mark zählte sie in ihren Beutel und sprach dann zu sich: „Mein lieber Gatte ist ein rechter Starrkopf. Wenn er nicht kommen will, muß ich ihn suchen! Er ist mir schließlich der liebste von allen!" Und sie betrieb sofort alle Reisevorbereitungen. Am Ende umgürtete sie sich mit dem gewonnenen Siegesgürtel, nahm die Windhunde an die Leine, den Habicht auf die Faust und trabte, begleitet von zehn Knechten, mit dem prächtigen Renner frohen Mutes los. Nach langem Ritt gelangte sie in eine ansehnliche Stadt und kehrte dort bei einem gut beleumdeten Herbergswirt ein. Nachdem sie der Wirt ehrerbietig willkommen geheißen hatte, sprang sie mit freundlichem Dank vom Pferd und folgte ihm ins Haus. Der Wirt ließ Wein herbeibringen, und beim fröhlichen Umtrunk sprach sie zu den Knechten: „Hört her, ihr wackeren Knappen! Wenn euch an meiner Ehre liegt, ·so kehrt nach Hause zurück und hütet dort getreulich meinen Besitz."

Die Knappen versicherten: „Edle Herrin! Euer Befehl wird gern und freudig ausgeführt." Damit ritten sie zurück.

Nach vier Tagen näherte sich die Edelfrau dem Wirt und zog ihn beiseite: „Herr Wirt, ich will Euch ein Geheimnis anvertrauen, das Ihr im tiefsten Herzen bewahren sollt. Ich bin in Wahrheit keine Frau, sondern ein Ritter. Scheine ich auch schmächtig und schwächlich, so stehe ich doch im Ernstfall meinen Mann. Ich mußte mich einem übermächtigen Feind entziehen und bin aus diesem Grunde in Frauenkleidern aus der Heimat geflohen. Hier, nehmt diese vierhundert Mark. Beschafft mir zwölf wehrhafte Knappen, die Ihr mit starken Rossen, Rüstungen und Kleidung versehen mögt. Zeigt Euch nicht kleinlich dabei, denn ich will mich meiner Begleitung nicht schämen müssen. Für mich selbst besorgt Manneskleider und eine gut gearbeitete, prächtig geschmückte Rüstung." Der Wirt erfüllte prompt den Auftrag und verpflichtete überdies einen Spielmann.

Nun schnitt sich die hübsche Edeldame die Locken ab und rüstete sich auch sonst zur Reise. In Manneskleidern, die ihr ganz prächtig standen, nahm sie mitsamt ihren Knechten Abschied vom Wirt und ritt auf Brabant zu. Als sie in diesem Land und bis vor die Burg des Landesherrn gekommen war, ließ sie ihre Begleitung mit fröhlichem Sang und Klang vor das Tor rücken. Der Herzog hörte dies und rief seinen Leuten zu: „He, sputet euch! Mir will scheinen, daß fremde Gäste zu meinem Hoffest gekommen sind. Schaut nach, wer es ist."

Einer der Ritter warf einen Blick hinaus, und als er die verkleidete Heldin erblickte, rief er dem Herzog zu: „Es ist ein stattlicher Ritter mit großem Gefolge."

Darauf befahl der Landesherr: „Dann laßt ihn ein! Er soll mit seinen Knappen gute Aufnahme finden."

Als man das Burgtor öffnete, hielt die Schar mit großem Pomp ihren Einzug: Die Edeldame — natürlich in Ritterkleidung — trug einen überall mit Goldborten verzierten Scharlachmantel. Dazu zierte sie weißes Hermelinpelzwerk. Doch aller Glanz ihrer Kleidung wurde überstrahlt von ihrem Gürtel. Im hellblonden Haar trug sie einen Blumenkranz und konnte sich in diesem Aufzug mit den stattlichsten Rittern messen. Nachdem man die Rosse der Gäste versorgt hatte, führte man die Edelfrau in den Saal vor den Herzog. Man war gerade beim Essen, und unter den Tafelnden saß auch ihr Gatte. Der Herzog hieß den „Ritter" willkommen und wies „ihn" an die Seite ihres Gatten, den sie sofort erkannt hatte. Konrad aber erkannte sie nicht und fragte: „Herr, aus welchem Lande führt Euch der Weg hierher?"

„Je nun, ich komme aus Schwaben."

„Sagt mir bitte Euren Namen."

„Herr, ich heiße Heinrich."

Darauf Konrad: „Wir zwei sind die einzigen Fremdlinge in dieser Runde. Wenn Ihr wollt, schließen wir Freundschaft. Das wird unsere Chancen beim Turnier erhöhen."

„Herr Heinrich" sprach: „Einverstanden, lieber Gesell!" Und so wurde ihr alter Bund neu besiegelt.

Nach dem Mahle rief man die Jäger herbei, denn es sollte auf die Bärenjagd gehen. Als man das Tier gestellt hatte, schlug der Bär die Angriffe aller Hunde erfolgreich ab, bis „Herr Heinrich" seine prachtvollen Windhunde von der Leine ließ. Ihnen mußte der Bär unterliegen. Mit blitzschnellen Attacken und scharfen Bissen brachten sie ihn zu Fall, bissen ihm die Kehle durch und rissen in wilder Wut große Stücke aus seinem Pelz. Der Herzog war hell begeistert von diesem Meisterstück der beiden Windhunde und bot fünfhundert Mark für sie. In der Tat waren die Bracken so schnell und gewandt, daß jedes Wild verloren war, auf das man sie ansetzte.

„Herr Heinrich" aber sprach: „Herr Herzog, die Windhunde sind nicht feil!"

Nach der Bärenjagd ging's auf die Beizjagd. Falken und Habichte zeigten ihre Jagdkunst, doch als „Herr Heinrich" seinen Jagdvogel in die Luft warf, schlug er auf Anhieb vierzig Vögel! Nichts entging seinen scharfen Fängen. Der Herzog bewunderte diese erstaunliche Leistung und bot einen Batzen Geld für den Habicht, doch „Herr Heinrich" sprach: „Solange ich lebe, ist er nicht feil!"

Auf dem fröhlichen Heimritt kam es zwischen den Edelleuten zu einem Wettrennen, doch das Roß von „Herrn Heinrich" lief den Pferden der anderen mühelos davon. Der Herzog bot einen Goldschatz, ja sogar ein Lehen für das Roß, doch „Herr Heinrich" erklärte: „Edler Herr, das Roß ist nicht feil!"

Danach eröffnete der Herzog ein Turnier, an dem zahlreiche Ritter teilnahmen, unter anderem ein stolzer Brite. Waffenrock und Pferdedecke waren von feuerrotem Stoff, das Roß war zudem geschmeidig und sprungstark wie ein Panther. Dieser Ritter forderte alle anderen zum Kampfe heraus, doch keiner wagte es, gegen ihn anzutreten. Schließlich ermannte sich Konrad. Er legte seine Rüstung an, schwang sich in den Sattel, nahm seine Lanze, hob den Schild empor und ritt gegen den Briten an. Das sollte ihm aber übel bekommen, denn sein Gegner stach ihn aus dem Sattel. Nie zuvor hatte Herr Konrad eine so schmähliche Niederlage erlebt!

Als der Ausgang bei Hofe bekannt wurde und „Herr Heinrich" davon hörte, rief er: „Wohlan, dann will auch ich gegen den Briten mein Glück versuchen, und dies auf der Stelle!" Während er sich hastig rüstete, kam der Herzog herangeritten und sagte: „Herr Heinrich, ich bitte Euch dringlich, dem Briten den Turnierpreis zu lassen. Er hat den besten unserer Turnierritter in den Sand gestreckt und ist Euch an Stärke weit überlegen. Ihr habt nicht die geringste Chance gegen ihn!"

„Herr Heinrich" aber wehrte ab. „Beruhigt Euch, Herr Herzog. Ganz gleich, wie die Sache ausgeht! Ich bin entschlossen, mich mit dem Briten im Kampfe zu messen." Seine Rüstung war spiegelblank wie geschliffenes Glas, seine Schenkel wurden geschützt von einem vorzüglich gearbeiteten Kettenpanzer, der in Drachenblut gehärtet war. Die Beinschienen waren aus goldgeschmücktem Stahl. Um die Hüften hatte er eine seidene Schärpe geschlungen. Die glänzende Brünne war mit vielen funkelnden Edelsteinen besetzt, und auch die Arme waren von ausgezeichneten Rüstungsteilen bedeckt. Sein Helmschmuck waren Maienblüten, während auf seinem grünfarbenen Waffenrock goldene Rosen leuchteten. Sein Schwert aus bestem Stahl hing an einem golddurchwirkten Schwertgehänge, und goldübersät blitzte auch sein Schild, der in der Mitte eine weiße Lilie zeigte. In der Hand hielt „Herr Heinrich" eine starke Turnierlanze. Auf die Pferdedecke, grün mit goldenen Rosen wie der Waffenrock, hatte der Handwerksmeister all sein Können verwandt. Goldfarben war schließlich auch der Kopfschutz des Pferdes. Unter all dem Glanz war der siegbringende Gürtel fast nicht mehr zu sehen.

Als sich das Streitroß in Bewegung setzte, begann das viele Geschmeide der Rüstung melodisch zu klingeln und feuerte das Roß an, so daß es vor Ungeduld zu tänzeln und streitlustig zu wiehern begann. Sobald „Herr Heinrich" auf dem Kampfplatz erschien, verkündeten Fanfarenstöße den Beginn des Kampfes. Beide — „Herr Heinrich" und der Brite — stürmten aufeinander ein und zerbrachen beim Zusammenstoß die Lanzen. Beide schrien „Lanzen her!" und sprengten dann mit noch größerer Verbissenheit los. In diesem zweiten Gang unterlag der Brite; „Herr Heinrich" fegte ihn mit Wucht aus dem Sattel hinters Pferd! Danach setzte ein Massenturnier ein, doch wo immer „Herr Heinrich" heranstürmte, wich man zurück. Allenthalben erhob sich lautes Kampfgeschrei unter den stattlichen Rittern, „Herr Heinrich" aber wütete so schrecklich unter der Gegenpartei, daß sie in kürzester Zeit unterlag. Er allein besiegte dreißig Gegner und führte ihre Pferde als gute Beute davon. Für diese Taten wurde er von den Zuschauern in allen Tönen gepriesen.

Wenig später unternahm der Herzog einen Heereszug gegen eine Stadt. Bei dieser Gelegenheit begaben sich Konrad und „Herr Heinrich" zu zweit auf einen Spähritt. Unterwegs bat Konrad seinen Gefährten um ein Freundesgeschenk: „Mein Freund, ich würde es dir herzlich danken und wäre von deiner Freundesliebe überzeugt, wenn du mir die zwei Windhunde oder den Habicht oder dein Roß verehren wolltest!"

„Herr Heinrich" aber lehnte ab. „Bester Gesell, spart Euch Eure Worte! Kein Mensch kann von mir erwarten, daß ich ihm die Windhunde oder das Roß oder den Habicht schenke! Ihr bittet vergebens."

Herr Konrad aber ließ nicht nach: „Lieber Freund, beweist mir, daß ich auf Eure Freundestreue bauen kann. Dafür könnt Ihr von mir jeden Dienst verlangen, und meine stete Zuneigung ist Euch sicher. Schlagt also meine Bitte nicht ab!"

Da erwiderte „Herr Heinrich" rasch: „Also gut, Ihr bekommt den Habicht, wenn Ihr bereit seid, das zu tun, was ich von Euch verlangen werde."

Froh rief Herr Konrad: „Bester Freund! Ich tu alles, was Ihr wollt!"

Da lächelte „Herr Heinrich": „Meine Forderung ist allerdings ein wenig ungewöhnlich. Nie hatte ich es mit einer Frau zu tun, da ich nur nach Männerliebe Verlangen trage. Wenn Ihr also bereit seid, mir in aller Heimlichkeit zu Willen zu sein, so gebe ich Euch bereitwillig nicht nur den Habicht, sondern vielleicht auch noch die beiden Windhunde."

Herr Konrad rief entsetzt: „Lieber Freund, tief schmerzt es mich zu hören, daß ein so stattlicher Held wie Ihr so unnatürliche Neigungen hat."

Da sah ihn „Herr Heinrich" finster an und meinte

kurz angebunden: „Mein Freund, wenn du alles tust, was ich dir sage, bekommst du den Habicht, sonst ist nichts zu machen."

Unsicher fragte Konrad: „Was soll ich denn tun?"

„Ganz einfach! Du legst dich zu mir, und dann spielen wir zusammen alle die Liebesspiele, die sonst der Mann mit seiner Liebsten spielt, wenn er in der Nacht an ihrer Seite liegt."

Da erklärte sich Konrad voller Besitzgier schließlich bereit: „Schön, ich mache mit, wenn ich die Windhunde und den Habicht bekomme!"

„Herr Heinrich" erklärte darauf: „Also gut, dann laßt uns auf der Stelle beginnen." Und als er Herrn Konrad so weit hatte, daß er sich bereitwillig auf den Rücken legte, schüttelte er sich vor spöttischem Lachen und höhnte: „Weiß Gott, was seid Ihr für ein Jämmerling! Für einen Habicht und zwei Hunde macht Ihr aus Euch einen verabscheuungswürdigen Ketzer, der sich widerlichen Lastern hingibt. Erkennt Ihr mich denn nicht? Ich bin Eure angetraute Ehefrau! Nun gut, ich habe mich einem Ritter hingegeben, um Habicht, Windhunde, Streitroß und diesen siegbringenden Gürtel hier zu erhalten, der mich in jedem Kampfe siegen läßt. Dies alles aber tat ich nur, um Euch noch höheren Ritterruhm zu sichern! Ihr aber habt danach entrüstet mich und Euer Land im Stich gelassen. Doch jetzt bringt Euch schon dieser Habicht soweit, daß Ihr zum Ketzer werdet. Pfui, Schmach und Schande über Euch! Was ich tat, war menschlich und natürlich, doch Ihr verworfener Mensch seid zu widernatürlicher Unzucht bereit und schließt Euch damit sogar aus der Kirche aus! Daß Ihr wegen einer solchen Läpperei Eure Ritterehre aufs Spiel setzen wollt, erfüllt mich mit gerechtem Zorn!"

Herr Konrad rief völlig zerknirscht: „Herzliebste Frau! Ich gebe mich ganz in Eure Hand! Liebste, makellose Gattin, vergib mir meine schlimme Verfehlung!"

Da lachte sie: „Gut, ich tu's nur allzugern, und ich will auch in Zukunft immer deinen Willen achten. Wir wollen uns versöhnen, zumal du recht wohl weißt, mein hoher Gebieter, daß du weit mehr Schuld auf dich geladen hast als ich. So nimm denn Habicht, Windhunde, Roß und Gürtel hin! Fortan wirst du im Kampfe immer siegreich sein."

Beide brachen sofort auf und reisten glücklich zurück nach Schwaben. Daheim aber lebten sie fortan ehrbar, sittsam und in gegenseitiger Liebe zusammen. Nie mehr trübten Wolken den Himmel ihres ehelichen Glückes, und so lebten sie denn glücklich und zufrieden hundert Jahre bis an ihr seliges Ende.

Dietrich von Glaz hat diese Erzählung nach bestem Vermögen für ein ehrbares und gebildetes Publikum gedichtet, und er bittet alle Zuhörer um Nachsicht, denn besser vermochte er's nun einmal nicht. Im Dienste edler Damen war er stets darauf bedacht, den Preis ihrer Tugendhaftigkeit und Lauterkeit zu singen. Heutzutage ist solch ein Streben allerdings selten geworden. Je nun, die Welt steht halt auf dem Kopf! Man kümmert sich kein Deut um die Liebe, sondern jeder giert nur nach Geld und Reichtum. So ist denn wahre Liebe selten geworden. Das finde ich recht beklagenswert, denn wenn ein Mann, von echter, tiefer Leidenschaft erfüllt, dahinsiecht, dann helfen weder Gold noch Edelsteine. Doch ein einziger Kuß von zwei schwellenden Rosenlippen genügt, ihn von seinem Siechtum zu erlösen. So einem Kuß ist nichts auf der Welt zu vergleichen! Heil jedem Manne, der ihn durch treuen Dienst erringt! Er kann sich glücklich preisen! Was brauche ich schließlich Silber oder Gold, wenn ich mich der Neigung edler Damen sicher weiß! Es ist unbeschreiblich, wie sehr sie einen Mann beseligen, der ihnen seinen Dienst geweiht hat. Ihr Männer, laßt euch von mir belehren und tretet willig in den Dienst der edlen Damen! Ihre Rosenlippen und ihre Pfirsichwangen erlösen euch von aller Not. Gott schenke daher allen tugendhaften Edelfrauen seine Gnade! Das wünsche ich ihnen aus vollem, glückerfülltem Herzen.

Veranlaßt hat diese Dichtung der tugendhafte Frauen-
diener Wilhelm von Widena, und damit ist die Geschichte vom Siegesgürtel zu Ende. Heilige Jungfrau,
sende dem Punzinger Trost und Hilfe, auf daß er von
seiner Not erlöst werde.

7.

Die Ehebrecherin

Das Kerbelkraut

In der Geschichte, die ich euch nun erzählen will, geht es um die große Verschlagenheit der Frauen, auf die sich alle — ob jung oder alt — verstehen. Wenn sich erst eine in den Kopf gesetzt hat, die Freuden der Liebe zu genießen, so fällt es ihr auch nicht schwer, raffinierte und überzeugende Ausreden auszutüfteln. Selbst wenn ihr der eigene Mann beim Liebesspiel zusähe, würde sie noch frech behaupten, er habe sich getäuscht. So hört denn von einer solchen erstaunlichen Begebenheit, die damit beginnt, daß ein Ehemann mit eigenen Augen den Liebhaber seiner Frau davoneilen sah.

Voller Grimm fuhr er sie an: „Das ist ja eine unerhörte Freveltat!"

Sie aber stellte sich empört: „Mein herzallerliebster Mann, willst du denn meine Ehre in Frage stellen? Du weißt doch genau, daß ich nie etwas Unrechtes getan habe! Wahrlich, du solltest deinen Augen weniger trauen als mir. Deine Augen haben dir Trugbilder vorgegaukelt und dich getäuscht. Führ doch um Gottes willen nicht solche verleumderischen Reden, die mich bei unseren Nachbarn in schlechten Ruf bringen. Wenn du deine Phantastereien erst draußen herumträgst, haben wir nichts als Schmach und Schande davon. Lieber wollte ich auf dem Scheiterhaufen verbrennen als solch eine Freveltat begehen!"

Außer sich vor Wut brüllte der Mann sie an: „Gott möge dich in Schande stürzen! Eben noch habe ich deutlich vier Füße gesehen, während an deinem Leib doch nur zwei angewachsen sind. Wenn man seinen Augen trauen darf, ist gar kein Zweifel möglich. Ich habe es mit eigenen Augen gesehen, und man soll sie mir ausreißen, wenn es nicht wahr ist. Eine treue Ehefrau glaubte ich zu haben, doch von diesem Wahn bin ich jetzt geheilt. Endlich habe ich erkannt, daß du mich schamlos belogen, daß du mich seit eh und je betrogen und zu einem lächerlichen Hahnrei gemacht hast!" Er langte nach einem Knüppel und walkte sie tüchtig durch. An ihren Haaren schleifte er sie durch das ganze Haus, doch sie schrie indessen unbeirrt immer weiter: „Bei Gott, du tust mir unrecht und bringst uns nur ins Gerede!" Immer lauter schrie sie in der Hoffnung, daß die Nachbarn ihr Geschrei vernehmen und ihr zur Hilfe kommen würden.

Wirklich stürzten alsbald Frauen und Männer herein und entrissen sie den Fäusten ihres Mannes. Man stellte ihn zur Rede und fragte, was es denn eigentlich gegeben habe. Da aber legte seine Frau los: „Der Teufel muß ihn geritten haben. Meine ganzen Kleider hat er mir zerrissen und zerfetzt! Wenn man ihn dazu angestachelt haben sollte, so tut es mir in tiefster Seele leid, denn ich habe von seiner Rücksichtslosigkeit gerade genug zu leiden. Er beschuldigt mich eines Vergehens, das ich nicht begangen habe und nie begehen werde. Im Wirtshaus hat er sich vollgesoffen, und ich muß nun daheim dafür büßen. Ich höre schon gar nichts anderes mehr von ihm als Flüche und Gezänk. Der widerliche Rohling hat sich randvoll mit Wein gefüllt und dann seine Wut an mir ausgelassen!"

Da forderten ihn die Nachbarn auf, endlich Ruhe zu geben. Er hatte sie aber tüchtig verbleut und mit dem Knüppel windelweich geschlagen, so daß sie arge Schmerzen litt. Der Friede zwischen den beiden dauerte vier Tage, dann ging der Lärm von neuem los.

Da sann sie auf eine List, um sich vor den Schlägen ihres Mannes zu retten, von denen ihr noch alle Glieder schmerzten. Kurz entschlossen ging sie eines schönen Morgens zu einem alten Weibe, einer Kupplerin, die sich in Liebesangelegenheiten bestens auskannte. Die Alte hieß ihre Besucherin herzlich willkommen. Da begann die Frau: „Gott lohne dir den freundlichen Gruß, liebes Mütterchen! Ich habe ihn auch nötig genug. Mein Mann traktiert mich ständig mit erbarmungslosen und harten Schlägen, er wird mich am Ende noch totschlagen. Selbst wenn ich ein Amboß wäre, müßte ich bei solchen Prügeln in Stücke gehen. Wenn du es zuwege brächtest, daß er mich liebt wie zuvor, so wollte ich dich reich belohnen. Ich muß dir allerdings bekennen, daß er mich dabei überraschte, als mich mein Liebhaber verließ. Liebes Mütterchen, steht mir bitte in dieser schwierigen Angelegenheit mit Rat und Hilfe bei!"

Die Alte erwiderte: „Dies kann schon geschehen. Ich will dir in dieser Sache so trefflich raten, daß dein Mann am Ende mit hundert Eiden beteuern wird, die Schläge, die er dir gibt, täten ihm selbst am meisten weh." Da lachte die junge Frau recht vergnügt. Die Kupplerin aber fuhr fort: „Meine liebe Tochter, nun denke einmal scharf nach und sage mir, ob ihr an dem bewußten Tag nicht irgendeine ausgefallene Speise gegessen habt!"

„O ja", rief die junge Frau sogleich. „Ich weiß noch ganz genau, daß ich an diesem Tag Kerbelkraut ins Essen getan habe."

Da meinte die Alte zufrieden: „Das ist vortrefflich! Meine liebe Tochter, nun sei guten Mutes. Dir wird schon geholfen werden!"

Die junge Frau verabschiedete sich, und als sie nach Hause kam, fragte der Mann mißtrauisch: „Wo bist du gewesen?"

„Ach, du Tropf", erwiderte sie, „hast du mich denn nicht vor der Kirche stehen sehen? O weh, was soll aus mir armem Weibe noch werden! Wenn deine Augen dich stets und ständig irreführen, so mache du es mit ihnen ab und nicht mit mir. Wirf ihnen doch vor: ‚Warum betrügt ihr mich und macht mich in einem fort zum Narren?' Du bist in die Kirche gegangen und hast dich zu deinem Gevatter gestellt. Meinst du, ich habe nicht gesehen, daß du die ganze Zeit über nach einem anderen Weibsstück geschielt hast? Wie schwer mir zumute war, als ich dich und sie Blicke tauschen sah! Jetzt weiß ich wenigstens, warum ich ohne jedes Verschulden ständig Schläge hinnehmen muß: Weil du verderbter Bösewicht lieber mit anderen Weibern Unzucht treibst!" Das alles aber sagte sie, um ihn durch ihren Verdacht kleinzukriegen und von seinem Zürnen abzubringen.

Er aber rief: „Ich bin dir nun mal auf deine Schliche gekommen. Es hat gar keinen Zweck, etwas beschönigen zu wollen, denn ich habe es mit eigenen Augen gesehen."

Da rang sie weinend die Hände und erwiderte: „Es ist die Wahrheit, wenn man sagt, daß die Männer treulos sind! Das hast du mir durch dein Verhalten oft genug bewiesen. Ach Gott, sende mir den Tod, ich will nicht mehr leben! Nichts war mir je schmerzlicher, als daß mich jener Mann, dem ich stets die Treue gehalten habe, so schamlos betrügt und hintergeht!"

Das konnte er nicht länger anhören und ging wütend hinaus. Da war aber schon die alte Kupplerin zur Stelle und trat grüßend auf ihn zu. Vernehmt nun, wie sie ihn übertölpelte: „Gott zum Gruß, mein lieber Sohn! Sag mir doch um Himmels willen, ob du verrückt geworden bist? Dein Aussehen hat sich ja so merkwürdig verändert, daß ich im tiefsten Herzen erschrocken bin."

Er fragte erstaunt: „Was soll denn mit mir los sein?"

„Du hast ja auf einmal zwei Nasen und vier Füße! Daß Gott dir beistehen möge! Geh schnell nach Hause, denn es steht nicht gut um dich!"

Da begann er schallend zu lachen und rief: „Bei Gott, liebes Mütterchen, meinst du das im Ernst oder treibst du deine Possen mit mir? Sag, ist die Täuschung nun vorüber?"

„Ob es mir ernst ist?" fragte sie. „Ich bin zu alt, als daß ich andere Menschen foppen wollte. Außerdem sehe ich doch deutlich genug: Du hast vier Füße und zwei Nasen!"

Da meinte er kopfschüttelnd: „Mütterchen, bei dir rappelt's wohl? Ich sehe ganz so aus, wie alle anderen Menschen auch."

Die alte Kupplerin trat näher: „Laß dich ein wenig genauer betrachten! Ach, da fällt mir etwas ein: Ich habe gestern ein übles Kraut gegessen. Danach habe ich immer das Elend mit diesen Trugbildern. Ich muß gestehen, daß ich dir Unrecht getan habe. Zürne mir bitte nicht und trage es mir nicht nach! Dieses üble Kraut ist schuld daran! Wer davon ißt, dem kann es widerfahren, daß seine Augen ihn trügen; er sieht dann alles doppelt und dreifach. Lieber Sohn, glaube mir bitte, daß es mir herzlich leid tut. Ich habe dich immer gern gemocht. Dieses verdammte Teufelskraut hat mich geäfft und meine Sinne verrückt!"

Er fragte verwundert: „Wie heißt denn dieses Kraut?"

„Das will ich dir gern sagen: Es heißt Kerbelkraut."

Sogleich dachte der Narr bei sich: Ach, vielleicht ist dir das gleiche widerfahren! Möglicherweise habe ich mich bei meiner lieben Frau getäuscht und sie schuldlos gepeinigt. Dann muß ich für diese Sünde vor Gott und ihr Buße tun. Wenn ich tatsächlich von diesem Kraut gegessen haben sollte, müßte ich ihren Beteuerungen Glauben schenken. Und er sprach eilfertig zu der Alten: „Mütterchen, ich muß rasch nach Hause und fragen, ob ich nicht etwa auch von ebendiesem Kraut gegessen habe."

Die Alte lachte in sich hinein und ging davon. Der törichte Ehemann aber eilte schleunigst heim und fragte seine Frau, was er denn an jenem Tag gegessen hätte, an dem er sie so fürchterlich verprügelt hatte.

„Frag doch die Magd!" rief seine Frau zornig. „Sie hat mir später gestanden, daß sie ins Essen ein Kraut getan hat, das dir deine Sinne verwirrt haben muß. Du warst ja wie verrückt, und ich hatte geglaubt, es wäre vom Wein."

„Ach, herzliebste Frau, wie hieß denn dieses Kraut?"

„Das will ich dir sagen: Es heißt Kerbelkraut."

„O weh, liebster Schatz, vergib mir, daß ich dich zu Unrecht so geschlagen habe. Sieh, ich will dir schwören, daß dies nimmermehr geschehen soll! Als Buße kaufe ich dir das schönste Kleid, das nur zu finden ist!"

So ward der Zorn des Mannes besänftigt durch die List der Kupplerin und des jungen, durchtriebenen Weibes. In gleicher Weise wird jede andere Frau ihren Ehemann hinters Licht führen, wenn der etwa einen Verdacht geschöpft haben sollte. Darum hat es gar keinen Zweck, seine Frau wie ein wütender Drache bewachen zu wollen. Es ist verlorene Liebesmüh.

504

Die Hose des Buhlers

Einst lebte in Basel ein reicher Kaufmann, der eine wunderschöne, aber auch sehr sinnliche Frau besaß. Es bereitete ihr daher großes Vergnügen, sich diesem oder jenem hemmungslos hinzugeben. Zu ihrer Kundschaft gehörte auch ein stattlicher junger Mann aus dieser Stadt. Im übrigen hatte sie ihrer Kindesamme und ihrer Magd die Erlaubnis erteilt, insgeheim ebenfalls nach Herzenslust zu buhlen, doch ist hier nicht der Ort zu schildern, wie diese zwei es trieben.

Als der Kaufmann einst auf Reisen war, ließ seine Frau den Jüngling holen, um sich ihm in brünstigen Vergnügungen hinzugeben, wie sie es schon oft genug getan hatte. Nun wußte allerdings niemand, wann der Hausherr zurückkehren würde, so daß er eines schönen Nachmittags ganz überraschend angeritten kam. Seine Frau schloß ihn flugs in die Arme, hieß ihn hunderttausendmal willkommen und bedeckte seinen Mund mit heißen Küssen. Nachdem ihn Amme und Magd ebenso freundlich begrüßt hatten, legte er Hut, Stiefel, Mantel und Schwert ab, denn er wollte sich nach den Strapazen der Reise ein wenig ausruhen. Er begab sich zu seinem Ehebett, um sich niederzulegen. Wie er so herumtastete, geriet ihm unversehens eine schwarze Hose in die Hand, so daß er einen saftigen Fluch ausstieß und drauf und dran war, nach seinem Weib zu rufen. Rasch besann er sich jedoch eines Besseren, stopfte die Hose in seine Tasche und legte sich dann voller Ingrimm ins Bett. Vielerlei Gedanken schossen ihm durch den Kopf, doch er vermied es, Lärm zu schlagen. Schließlich erhob er sich und setzte sich an den Tisch. Weiß Gott, obwohl man Fleisch und Fisch in Fülle auftrug und ihm kosend um den Bart ging, blieb er in düsterer Schwermut befangen.

Da nahm die Amme kurz entschlossen die Sache in die Hände. Sie lachte urplötzlich laut auf und rief: „Herr, wenn Ihr wüßtet, was ich weiß, dann säßet Ihr nicht wie ein Sauertopf da, sondern Ihr würdet Euch biegen vor Lachen!" Mit diesen Worten verließ sie die Stube. Die Hausfrau eilte beunruhigt nach und fragte hastig: „Was soll denn deine Lacherei?" Die Amme aber flüsterte: „Schickt schleunigst die Magd zu Eurem Buhlen und laßt nachfragen, ob er nicht heute beim Abschied irgend etwas vergessen hat. Ich argwöhne, der Hausherr hat etwas gefunden und ist aus diesem Grund so übler Laune."

Dies geschah denn auch, und der Jüngling sagte der Botin, er habe früh im Bett eine schwarze Hose vergessen. Eilends übermittelte die Magd diese Nachricht, und die Amme war froh, daß sie nun Bescheid wußte. Flugs kaufte sie zwei schwarze Höschen, schlüpfte selbst in die eine und ließ die Magd die andere anziehen. Die Frau aber saß die ganze Zeit über an der Seite des Hausherrn, der sehr niedergeschlagen und traurig dreinblickte. Überdies ging ihm das Gelächter der Amme nicht aus dem Kopf, und er fragte schließlich seine Frau, was er eigentlich davon halten solle. In diesem Augenblick betraten Amme und Magd unter ausgelassenem Gekicher das Zimmer, so daß der Hausherr beide anfuhr: „Was soll denn eure alberne Lacherei?" Die Amme aber erwiderte heiter: „Herr, wenn Ihr wie früher guter Laune wäret, so solltet Ihr einen Spaß erleben, wie Ihr ihn das ganze Jahr über noch nicht erlebt habt. Wir haben nämlich in dieser Woche Eure Frau gleich zweimal reingelegt. Doch hört zunächst, Herr, was wir vor sechs Tagen verabredet und in Gang gesetzt haben: Wir kauften drei schwarze Höschen und legten dann fest, welche von uns an einem der folgenden acht Tage ihr Höschen nicht tragen würde, müßte ein Viertelchen Wein ausgeben. Nun ist Eure Frau schon zweimal reingefallen!"

Der brave Mann begann erleichtert zu lachen und dachte bei sich: Es ist also ihre Hose, die ich in der Tasche hab. Nun forderte er alle drei auf, vor ihm Aufstellung zu nehmen und sofort die Röcke hochzuheben. Seine Frau zierte sich erst ein wenig, doch schließlich tat sie ihm den Willen und stellte sich neben die beiden Mädchen. Nun hoben alle drei unter lautem Gelächter ihre Röcke in die Höhe, so daß sie den Hausherrn mit ihrer Fröhlichkeit ansteckten. Der war nun völlig beruhigt und rief seiner Frau zu: „Sieh da, du hast wieder verloren!" (Ich möchte allerdings meinen, daß sie bei diesem Spiel im Gegenteil gewonnen hat.)

„Herr, sie ist ja schon vorher reingefallen", juchzte die Magd, „heißt sie also bezahlen!"

Der Hausherr sprach zu seiner Frau: „Sie haben dich wirklich hereingelegt! Zahle also diesen zwei Schlaubergern drei Viertelchen Wein und laß uns alle fröhlich sein. Da ich zu diesem Spaß gerade zurechtkam, will ich das letzte Viertelchen selbst bezahlen. Zieh nun aber auch dein Höschen an, damit ich sehe, welche von euch dreien am reizvollsten darin aussieht."

Die Frau sträubte sich: „Bitte nicht, lieber Mann, die Hosenbänder schneiden mir so in die Schenkel, daß ich sie nicht einen Tag länger tragen will."

Der Hausherr aber bestand darauf: „Laß dich doch

nicht zweimal bitten. Ich will sie wenigstens einmal an dir sehen."

Die Hausfrau wandte sich an die Magd: „So geh schon und such sie in meinem Bett im Stroh!"

Da rief der Hausherr vergnügt: „Bleib hier! Ich habe sie ja schon. Vorbei ist all mein Trübsinn. Ich hatte nämlich eine Zeitlang recht merkwürdige Gedanken."

Nun erhoben die drei Weiber ein lautes Gelächter und foppten ihn weidlich.

Seht, so ward der Ehemann zum Narren gemacht, wenngleich er seinem Weib fast auf die Schliche gekommen wäre. Was aber vermag man schon gegen die Heimtücke bösartiger Weiber? Dies spricht Hans von Wurms, der Barbier.

Die Schnur am Zeh

Wenn jemand eine recht turbulente Geschichte erzählt, so tut er gut daran, sie entweder durch eine Quelle oder durch Gewährsleute beglaubigen zu lassen, denn wenn sie ein gutwilliger Mensch vielleicht auch so für wahr nimmt, so könnte vielleicht ein Zweifler einwenden, daß es keinen Augenzeugen gibt. Daher will ich möglichen Angriffen dieser Art von vornherein dadurch begegnen, daß ich eine glaubwürdige Quelle anführe. Diese abenteuerliche Geschichte hat mir nämlich ein edler Ritter erzählt, der ein solches Ansehen genießt, daß ich seinen Bericht ohne Sorge vor argwöhnischen Einwänden aller Welt zur Kenntnis geben kann. Sie stammt nämlich von Herrn Ulrich von Lichtenstein, der bekanntlich stets in hohem ritterlichem Ansehen stand.

Er erzählte mir also diese Geschichte, die von einem Ritter aus Friaul handelt. (Da er dessen Namen vergessen und ihn mir aus diesem Grunde nicht genannt hat, kann ich ihn meinem Publikum leider auch nicht mitteilen.)

Dieser Ritter hatte eine so wunderschöne Frau, daß ein jeder seine Blicke voller Wohlgefallen auf ihr ruhen ließ. Er selbst war allerdings schon hoch an Jahren. Sein Burghof lag in einer weiten Ebene, doch gleich dahinter befand sich ein lauschiges Wäldchen. Zu diesem wies ein Erkerzimmer, in dem er nachts zu ruhen pflegte. Nun wohnte ganz in der Nähe ein anderer Ritter, der auf die Schöne ein Auge geworfen hatte. Er war ein so stattlicher Mann, daß er für die Eroberung von Frauenherzen wie geschaffen schien, doch hatten ihm seine körperlichen Vorzüge bei seiner Angebeteten noch nichts genutzt.

Nachdem er lange Zeit um sie geworben und um ihre Liebe gedient hatte, wollte ihm die Schöne den wohlverdienten Lohn nicht länger vorenthalten. Überglücklich empfing der Ritter die lang ersehnte Botschaft; eine beglückendere hatte er zeit seines Lebens nicht empfangen. Aus dem Munde ihres Boten hörte er dies: „Meine Herrin läßt Euch sagen, Ihr sollt Euch nächtens leise zu ihrem Hause schleichen, im Wäldchen warten und dann noch vor Tagesanbruch unter den Erker eilen. Dort werdet Ihr eine Schnur finden, an der ein Ringlein hängt. Das andere Ende der Schnur hat sich meine Herrin an den Fuß gebunden. Wenn Ihr daran zieht, wird sie merken, daß Ihr da seid, und bei passender Gelegenheit zu Euch kommen."

Dem Plan der Schönen folgend, schlich der Ritter in der Nacht zu ihrem Haus. Wie erhofft, fand er die Schnur und auch das Ringlein. Er griff und zog daran. Nun lief die Schnur unglücklicherweise über das nackte Bein des Hausherrn, der den Druck spürte und die Schnur entdeckte. Er entschloß sich, seine Frau nicht zu stören und allein zu untersuchen, was da über sein Bein glitt. Behutsam tastend folgte er dem Verlauf der Schnur und merkte bald, wo sie festgebunden war. Nun zog er so lange am anderen Ende, bis das Ringlein in seiner Hand lag. Da erschrak der alte Kracher und dachte: Mein Weib hat nichts Gutes im Sinn! Vor Kummer ließ er —

ohne es zu bemerken — das Ringlein fallen. Dann aber sprang er mit einem Satz aus dem Bett und huschte zu einem Türchen, das in das Wäldchen hinausführte. Der Ritter, der unter dem Erker harrte, dachte: Endlich kommt meine Geliebte!, und als er das Türchen aufgehen hörte, eilte er hin. Da aber packte ihn der Hausherr beim Schopf und schrie laut nach seinen Leuten. Der Ertappte aber dachte: Setze ich mich zur Wehr, so kommt meine Geliebte ins Gerede, und mein guter Ruf ist hin! Entkommen könnte ich dir ohne weiteres, denn du hast weder Schwert noch Dolch bei dir, während ich bewaffnet und dir schon aus diesem Grunde weit überlegen bin!

Das Geschrei des Hausherrn weckte die Dame aus dem Schlummer. Hastig zog sie sich an und dachte: O weh, mein Mann hat den Ritter erwischt! Von gemessenem Dahinschreiten war keine Rede, sondern sie lief, so schnell sie konnte, zu den beiden in das Wäldchen, wo der Hausherr den Fremdling unter sich gezwungen hatte.

Sie rief: „Was ist denn hier los? Brauchst du meine Hilfe, lieber Mann?"

„Ich möchte doch gar zu gern wissen, wer das hier ist, der sich in böser Absicht hergeschlichen hat!"

„Die Sorge kannst du bald loswerden. Überlaß ihn mir und hol ein Licht herbei. Ich setze mein Leben zum Pfande, daß ich ihn dir so überliefere, wie du ihn mir anvertraut hast."

Der Hausherr überlegte: Schicke ich sie zum Lichtanzünden dorthin, wo noch mehr als zehn Männer herumliegen, dann geschieht möglicherweise noch mehr Unheil als hier bei dem einen. Und er sprach zu ihr: „Nun gut, haltet ihn, doch merkt Euch gut, unter welcher Bedingung: Laßt Ihr ihn laufen, so ist für mich erwiesen, daß er Euretwegen hergekommen ist. Dann — das laßt Euch gesagt sein — bringe ich Euch auf der Stelle an seiner Statt um!"

Die Ehefrau erwiderte: „Was Ihr mir jetzt anvertraut, sollt Ihr auch wiederhaben, oder Ihr könnt mich töten."

Da überließ er ihr den Gefangenen und lief schnell ins Haus, um Licht zu holen. Der Ritter aber seufzte: „Edle Frau, mein Kommen hat Euch leider keine Freude gebracht."

Die Dame flüsterte hastig: „Lauft los und wartet im Hofe auf mich!"

Der Ritter aber entgegnete: „Das geht doch nicht, schönste Frau! Ihr habt doch eben Euer Leben für mich zum Pfande gesetzt! Ehe ich es gefährde, nehme ich lieber freiwillig den Tod auf mich!"

Sie beruhigte ihn: „Um mich braucht Ihr Euch nicht zu sorgen!"

Da küßte er sie. „Der Herrgott segne dich!"

Was sie nun anstellte, ist mir wohlbekannt, und ich weiß auch schon, wie ich es euch erzählen werde: Ohne viel zu überlegen, packte die Dame einen in der Nähe stehenden Esel bei den Ohren und hielt ihn fest. Nun hat es aber ein solches Vieh gar nicht gern, wenn man es bei den Ohren packt, und so drängte es unwillig nach rückwärts. Das Gestrüpp mochte noch so dicht sein, es zwängte sich hindurch. Die Frau aber dachte: Lasse ich dich los, so wird man sagen, ich stecke mit dem Ritter unter einer Decke! Ich muß dich als Beweisstück festhalten!

Nun kam die Dame bei diesem Gezerre in unliebsam enge Berührung mit Dornen, Brennesseln und Ästen, die ihr sämtliche Kleider herunterfetzten, und als sie nichts mehr am Leibe hatte, war ihr lieblicher Körper im Nu zerkratzt und von Blut überströmt.

Endlich kam der Hausherr angerannt. Nach kurzem Herumsuchen hatte er eine große Fackel gefunden und in Brand gesetzt. Die Dame war wütend, daß er so lange ausgeblieben war, und schrie ihm entgegen: „Ihr treuloser Mensch! Was Ihr mir da zum Halten gegeben habt, bringt mich ja um!"

Keuchend lief er in größter Eile hin, wo er seine Frau in Bedrängnis sah, um ihr zu helfen. Als er aber entdeckte, das sie einen Esel bei den Ohren hielt, erschrak

er und sprach: „Weh, daß Euch meine Augen je erblickten! Wo ist der Mann geblieben?"

„Ihr seht doch, was ich hier halte! Ihr habt es mir
schließlich selbst in die Hände gedrückt! Der Teufel soll
Euch dafür holen!"

Da meinte ihr Ehemann voller Grimm: „Geht schlafen! Mir ist jetzt ohnehin klar, daß Ihr falsch und treulos
seid!"

Der Hausherr begab sich zur Ruhe, und seine Frau saß
so lange an seinem Bett, bis er eingeschlafen war. Als sie
merkte, daß ihn die Müdigkeit übermannt hatte, ging sie
in den Hof hinunter und bat dort eine Verwandte:
„Geht doch bitte zu meinem Ehemann und setzt Euch
an sein Bett. Sagt aber kein Wort, wenn er Euch anredet.
Ihr könnt Euch darauf verlassen, daß ich bald zurückkehre."

Ihre Verwandte fragte: „Was habt Ihr denn angestellt,
daß Ihr Euch nicht selber hintraut?"

Die Dame erklärte ihr: „Es hat eine kleine Verstimmung zwischen uns gegeben. Wenn er Euch verprügelt,
so duldet es bitte. Er hat öfter solche Anfälle. Zum Dank
für Eure Hilfe will ich Euch ein halbes Pfund Silber
geben!"

Die andere überlegte: Selbst wenn er mich blutig
schlägt, kuriere ich mich leicht mit der Hälfte der
Summe. Die andere Hälfte habe ich obendrein. Sie ging
also in das Schlafgemach, schloß leise die Tür und setzte
sich an das Bett. In der Zwischenzeit versüßte die Edelfrau ihrem Ritter die durchlittenen Leiden. Was sie miteinander taten, brauche ich sicher nicht weiter zu erklären.

Als der Ehemann aufwachte und seine Frau nicht im
Bett an seiner Seite fand, knurrte er: „Ihr macht Euch
wohl noch lustig über mich!" — Keine Antwort. — „Legt
Euch sofort zu mir!" — Wieder keine Antwort. Da
sprang er auf, riß den Riegelbalken von der Tür, legte sie
übers Knie und drosch so lange auf sie ein, bis es ihm
genug schien. Keuchend legte er sich wieder zu Bett

und fuhr sie grimmig an: „Wenn Ihr nicht sofort herkommt, passiert etwas, was Euch schlecht bekommen wird!"

Die Ärmste dachte bei sich: Wenn ich jetzt den Mund aufmache, habe ich alle Schmerzen umsonst erduldet und muß auch noch auf die versprochene Belohnung verzichten. Mein Unstern hat mich an diesen verwünschten Ort gebracht!

Der Ehemann kreischte: „Kommt Ihr nicht zu mir, so komme ich Euch so, daß Ihr mich meilenweit fort wünschen werdet!" Er packte wieder den Riegelbalken und versetzte ihr einen Hagel derber Schläge. Am Ende keuchte er: „Bei Tagesanbruch werdet Ihr sicher behaupten, ich hätte Euch gar nicht geschlagen. Ich will Euch daher zeichnen und damit den Besuch jenes Mannes nachweisen, den Ihr verräterisch laufen ließet." Er schleuderte die Ärmste zu Boden, zückte ein langes Dolchmesser und schnitt ihr das prächtige Haupthaar oberhalb der Ohren ratzekahl ab. Höhnisch lachte er: „Ich habe keine Sorge, daß Ihr Euch mit der gleichen Schnelligkeit neues Haar beschaffen könnt, mit der Ihr aus jenem Mann einen Esel gemacht habt."

Das alles hatte aber den biederen Ehemann so aufgeregt, daß er auf dem Wege zu seinem Lager plötzlich wie tot zu Boden stürzte. Die Edelfrau hatte inzwischen ihrem Geliebten alle Freuden der Liebe geschenkt. Sie nahm Abschied von ihm und begab sich wieder in ihr Schlafgemach. Zu ihrer Verwandten sprach sie scherzend: „Ihr könnt nun gehen, Gevatterin, denn jetzt bin ich an der Reihe mit Liebkosen!"

Die Ärmste stöhnte: „Ich und diesen Mann liebkosen? Ich weiß zwar nicht, was Ihr ihm angetan habt, doch habe ich an Eurer Statt eine Strafe dulden müssen, an die ich ewig denken werde. Eine solche Menge fürchterlicher Schläge hat wohl noch nie eine Frau einstecken müssen. Darüber hinaus hat er mir mein schönes Haupthaar abgeschnitten!"

Die Edelfrau sprach: „Wer nie Leid erfahren hat, weiß

Annehmlichkeiten nicht zu schätzen. Ich werde Euch schon gebührend entschädigen."

Während sich die Ärmste hinkend und ächzend zu ihren Kindern begab, legte sich die Edelfrau behutsam an die Seite ihres Ehemannes. Der schlief einen so tiefen Schlaf der Erschöpfung, daß er gar nicht merkte, wie sich die raffinierte Frau an ihn preßte und ihre Wange an die seine schmiegte. Die Sonne stand schon hoch am Himmel, als der Hausherr endlich erwachte. Sein erster Blick fiel auf seine Frau, und er brummte: „Hättet Ihr das gleich getan, brauchtet Ihr jetzt nicht in Ängsten zu leben!"

Sie tat verwundert: „Was meinst du damit, lieber Mann?"

„Ich meine, daß Ihr bösartiges Weibsbild mich unerhört gekränkt habt!"

„Aber womit denn, lieber Mann?"

„He, wo ist der Ring geblieben, der bis ins Gras hing an der Schnur, die Ihr an Eurer Zehe festgebunden hattet? Jetzt möchtet Ihr mich wohl flehentlich darum bitten, alles zu vergessen, was Ihr mir angetan habt!"

„Was habe ich Euch denn getan?"

„Ihr habt einen fremden Mann ins Wäldchen bestellt. Doch die Schnur lief über mein Bein, und als er daran zog, bin ich zum Stelldichein gekommen. Dann habe ich diesen Kerl an seinen Haaren und bei den Ohren zu pakken bekommen."

„Und wo habt Ihr ihn gelassen?"

„Ihr habt ihn mir doch abgelistet. Für diesen Verrat werde ich Euch ewig hassen, Ihr nichtswürdige Schlampe!"

„Und was habe ich mit ihm getan, nachdem ich ihn Euch abgelistet habe?"

„Ihr Betrügerin habt mir an seiner Statt einen Esel ausgeliefert, den Ihr bei den Ohren hieltet. Haltet Ihr mich denn für einen Narren? Ihr solltet denn doch etwas mehr Achtung vor meinen grauen Haaren haben!"

„Und was habt Ihr dann mit mir angestellt?"

„Das kann Euch Euer Rücken zeigen!"

„Nun gut, wenn Ihr auf meinem Rücken auch nur die geringste Spur von Schlägen entdeckt, so soll Euer Märlein wahr sein." Sie entblößte ihren Rücken, und ihr Ehemann stierte ihn voller Verblüffung an. „Also, wenn mein Rücken heil und unversehrt ist, so müßt Ihr die ganze Geschichte wohl geträumt haben."

Ihr Mann stotterte: „Jetzt zeigt Euer Haar!"

„Warum denn?"

„Weil ich's Euch ratzekahl abgeschnitten habe!"

„Nanu, Ihr großer Held habt mich wohl nur geheiratet, ehrenrührige Träume von mir zu träumen!"

„Ihr wollt es nur nicht sehenlassen!"

„Nun gut, aber wenn es sich nicht so verhält, dann seid Ihr völlig übergeschnappt, und Ihr könnt Euch darauf verlassen, daß ich Euch fortan verabscheuen und mich bei allen meinen Verwandten über Euch beklagen werde!"

„Ich verstehe schon, Ihr spielt jetzt die empörte Unschuld, damit ich Euch die Entlarvung erspare. Doch ich bestehe darauf! Ich möchte doch gar zu gern Eure Lokkenpracht sehen!"

„Nun gut, wenn Ihr darauf besteht, will ich Euch das Vergnügen machen. Seht her, so herrlich habe ich mich zurechtgemacht für jenen Mann, mit dem ich — wie Ihr behauptet — ein Verhältnis habe!" Zornig riß sie den Schleier herunter, den sie ums Haupt gebunden hatte, und rief: „Wenn meine Haare wirklich abgeschnitten sind, so wird es jenen Mann sicher schmerzen, dem zuliebe ich es während der folgenden Feiertage offen tragen und zur Schau stellen werde."

Nun waren aber die Locken der Edelfrau so lang, daß sie bis auf ihre Hüften hinabfielen. Der Ehemann erschrak zutiefst und dachte: Ich Unglückswurm muß den Verstand verloren haben! Welcher Untat hab ich meine Frau verdächtigt! Es geschähe mir nur recht, wenn sie mich für immer und ewig verabscheute! Dazu habe ich ihr Grund genug gegeben! Himmel, was ist nur los mit mir? Hätte ich nicht mit eigenen Augen ihren herrlichen unversehrten Körper und ihr wundervolles Haar gesehen, hätte ich darauf geschworen, daß all das Furchtbare wirklich geschehen sei! Zerknirscht bat er: „Herzallerliebste Frau, zürnt mir bitte nicht, denn ich habe doch nur ein wenig gespaßt!"

„Mit solchen ehrenrührigen Späßen verschont mich in Zukunft! Sucht einmal eine Frau, die solche Scherze wohlwollend hinnimmt!"

Er sprach schmeichelnd und demütig: „Liebstes Frauchen, ich will dir auch einen herrlichen Mantel aus Samt oder aus kostbarer Seide schenken, wenn du nur nicht mehr zürnst!"

„Ich will die Sache um Euretwillen vergessen, doch tut so etwas niemals wieder!"

Wir hätten die ganzen Zusammenhänge und Hintergründe dieser Geschichte nie erfahren, hätte nicht jene Frau geplaudert, die in jener Nacht grün und blau geschlagen worden war. Sie hat uns alles offenbart, da ihr die Edelfrau die versprochene Belohnung vorenthielt. So also konnten wir die ganze Geschichte in Erfahrung bringen. Erzählt hat sie euch Herrand von Wildonie.

Der Ritter mit den Nüssen

Frauen soll man ja nur Gutes nachsagen, und glücklich kann sich schätzen, wer danach handelt, denn viele Frauen sind erfahrene Betrügerinnen. Dies mag euch eine Geschichte bezeugen, die davon handelt, wie ein Ritter hinters Licht geführt wurde. Ich kann euch versichern, daß sie sich tatsächlich genauso zugetragen hat.

Eines schönen Tages begab sich dieser Ritter wie gewöhnlich mit seinen Hunden auf die Jagd und ließ seine Frau allein. Die aber nutzte die Gelegenheit und schickte augenblicklich und verstohlen eine Botschaft an ihren heimlichen Liebhaber, er solle so schnell wie möglich zu ihr kommen. Voller Freude über diese Nachricht machte er sich auf den Weg. Er kam in ihr Schlafgemach, und die Buhlenden gingen alsbald zu Bett und taten, wonach ihre Sinne lüstern waren. Was die zwei dabei vollführten, könnte selbst ein Mönch ohne Schwicrigkeit erraten.

Nun geriet der Hausherr unterwegs in einen Regen-schauer, so daß er auf halbem Wege umkehrte. Er dachte bei sich: Warum sollst du naß werden? Besser, du reitest wieder zurück! Auf dem Heimweg ritt er an einigen Kindern vorüber, die losgegangen waren, um Nüsse zu sammeln. Auch sie wollten sich vor dem Platzregen in Sicherheit bringen. Einen Teil der gesammelten Nüsse hatten sie in ihre Hemden gesteckt. Als der Ritter sie einholte, erbat er sich ein paar Nüsse und hielt ihnen seinen Hut hin, denn er versprach sich davon einen will-kommenen Zeitvertreib. Die Kinder gaben ihm auch be-reitwillig einige ab.

Der Ritter trabte nun weiter heimwärts. Seine Wind-hunde eilten ihm jedoch voraus und kratzten am Tor, so daß der ritterliche Liebhaber, der in des Hausherrn Bette lag, gewaltig erschrak, denn er begriff, daß der Ehemann gekommen war. Auch die Frau hatte die Rückkehr ge-hört und sprang im Nu aus dem Bett. Zu ihrem Gelieb-ten aber sagte sie: „Herr Ritter, Ihr braucht Euch nicht zu ängstigen. Bleibt nur mucksmäuschenstill im Bette lie-gen! Dies sei mein Rat und Wunsch zugleich. Der Bett-vorhang ist dicht genug, so daß Euch nichts Böses wi-derfahren kann. Mir wird schon etwas einfallen, Euch ungefährdet aus dem Haus zu bringen. Sprecht aber kein Wort, was immer Ihr mich sagen hört! Vertraut auf mich, ich helfe Euch schon von hinnen!"

Der Hausherr ritt auf den Hof, wo man sogleich sein Pferd in Empfang nahm. Bevor er noch das Schlafge-mach erreichte, hatte seine Frau die Tür aufgesperrt und sich an den Tisch gesetzt. Ihr Liebhaber lag indes allein hinter dem Vorhang auf dem Bett. Es dauerte nicht lange, da trat der Ehemann ins Zimmer und wurde von seiner Gattin freundlich willkommen geheißen.

„Was tust du denn da, liebe Frau?"

„Eben wollte ich zu Bette gehen. Es war mir langwei-lig, so allein dazusitzen. Gott, was hast du nur davon, daß du stets und ständig mit den Hunden ausreitest und mich allein sitzen läßt? Es wäre klüger von dir, häufiger deiner Frau Gesellschaft zu leisten, die dich schmerzlich vermißt."

„Sieh nur, ich habe dir auch Nüsse mitgebracht."

„Das war ein guter Einfall von dir. Du wußtest also, daß ich mich ohne dich langweile, und hast an meine Unterhaltung gedacht. Du bist doch ein wirklich kluger Mann."

So saßen sie denn beieinander und bissen die Nüsse auf, die er in den Schoß der Frau geschüttet hatte. Der versteckte Liebhaber aber stand fürchterliche Ängste aus.

„Ihr braucht Euch nicht zu fürchten", sprach sie plötzlich, „Herr Ritter dort im Bett! Ich werde Euch schon aus diesem Schlafgemach hinausbringen. Wie ich Euch bereits versichert habe, braucht Ihr keinen Verrat zu besorgen, es besteht nicht die geringste Gefahr für Euch. Was könnte man Euch schließlich schon vorwerfen? Helft uns also beim Nüsseknacken, denn niemand will Euch etwas Böses tun." Damit nahm sie eine Handvoll Nüsse und warf sie hinter den Vorhang. Dem fremden Ritter war aber gar nicht nach Nüssebeißen zumute.

Der Hausherr blickte seine Frau verwundert an: „Um Gottes willen, was ist los mit dir? Zu wem sprichst du denn?"

„Ganz einfach, es liegt ein Ritter auf unserem Ehebett!"

„Ach was, ich bin sicher, daß du in diesem Augenblick niemanden bei dir hast. Er hätte sich gehütet, auf mich zu warten. Wäre wirklich jemand hier, so würdest du mir weiß Gott kein Wörtchen darüber sagen!"

„O nein, ich will nur keine Sünde auf mich laden! Daher fordere ich dich selber auf, hinzugehen. Stehe auf und sieh nach, wer es ist. Eben noch lag er in meinen Armen. Daß du unvermutet so rasch zurückgekommen bist, hat uns den ganzen Spaß verdorben. Er ist ein tapferer Rittersmann!"

„Wahrhaftig", sprach der Ritter kopfschüttelnd, „du hast wohl Bilsenkraut oder Schierling gegessen. Gott sei dir gnädig und gebe dir deinen Verstand wieder, das täte dir wirklich not! Wo gäbe es einen Menschen, der sich selbstmörderisch auf mein Ehebett legte, damit ich ihn erschlagen oder gefangensetzen kann? Das mußt du dir doch selber sagen! Hör also endlich auf, mich zum Narren zu halten!"

Die Ehefrau des Ritters aber rief: „Sieh einmal an! Du meinst also, ich sei verhext! O nein, ich bin bei vollem Verstande. Du bist es, der Unsinn redet. Habe ich dich denn jemals belogen? Also steh auf und geh hin, dann wirst du schon sehen, ob es wahr ist oder nicht!"

„Ich lasse mich doch nicht von dir zum Narren machen! Es wird dir nicht gelingen, mich zu äffen. Wenn ich nämlich hinginge und — wie nicht anders zu erwarten — niemanden vorfände, würdest du mich auslachen und zum Gespött aller anderen Weiber machen! Ich werde schön hier sitzen bleiben, denn ich glaube dir kein einziges Wort."

Sie drängte noch einmal: „Du redest töricht daher. Es hat schon so manchen gereut, daß ihm der rechte Glaube fehlte! Ich schwöre dir, daß ich die reine Wahrheit gesagt habe. Du traust dich nur nicht hinzugehen, denn du bist ein großer Feigling. So hat denn jener Mann ein gutes Recht darauf, dort wie ein Edelknabe ungestört zu ruhen."

Sosehr sie ihn auch reizte, er ging nicht hin zum Ehebett. Jener andere aber, der im Vertrauen auf ihren Einfallsreichtum das Bett hütete, hatte wenig Lust, Nüsse aufzubeißen. Lieber hätte er sie persönlich und allein beim heiligen Jakobus geholt als so schreckliche Ängste ausstehn zu müssen.

Als die Frau merkte, daß ihr Mann nicht zum Aufstehn zu bewegen war, lenkte sie ein: „Ach Liebster, glaube mir, ich wollte dich nur ein wenig foppen. Natürlich ist niemand hier im Zimmer, denn ich will ja nur dein Bestes. Das eine aber sage ich dir: Wäre wirklich ein Ritter hier bei mir, so würde mir schon etwas einfallen, ihn hinauszubringen, ohne daß du ihm etwas Böses antun könntest."

„Wie wolltest du denn dies anstellen?"

„Das will ich dir sagen: Ich würde mein Gewand über dich werfen, dich fest an mich drücken und dann einen fröhlichen Ringkampf mit dir beginnen. Sobald ich dein Haupt eingehüllt hätte, würde ich rufen: Lieber Gast, Ihr könnt gewiß sein, daß ich ihn jetzt nicht loslasse. Macht uns nun schleunigst das Bett frei und eilt rasch davon. Ich habe ihm den Kopf verhüllt, so daß er nichts sehen und nichts hören kann."

Und sie tat genau das, was sie sagte. Ihr Liebster aber folgte ihren Weisungen und machte sich ohne zu zögern heimlich, still und leise hinaus. Auf diese Weise rettete sie ihrem Liebhaber das Leben. Als er fort war, ließ sie den Kopf ihres Mannes los und packte ihn beim Haarschopf: „Schau auf, mein Liebling, sieh mich fröhlich an und vergib mir bitte, daß ich meinen Spaß mit dir getrieben habe."

Vor üblen Weibern, deren Kopf voll solcher Ränke steckt, soll man sich ja in acht nehmen! Den Narren aber soll man ihre Läuse mit dem Knüppel knacken!

522

Der Ritter unter dem Zuber

Überall weiß man davon zu erzählen, daß manche Frauen sehr listenreich und verschlagen sind. Wenn es darum geht, vor den erzürnten Ehemännern die eigene Haut in Sicherheit zu bringen, so wissen sie ihre Gaben trefflich zu nutzen, indem sie die armen Betrogenen übertölpeln und am Ende zu kompletten Narren machen. Zu diesem Thema hört nun die folgende — recht abenteuerliche — Geschichte, in die ein Ritter verwickelt wurde. Ich habe sie aus seinem eigenen Munde.

Dieser Ritter liebte eine verheiratete Frau, die seine Liebe auch erwiderte. Sie waren einander so innig zugetan, daß selbst der raffinierteste Dieb ihre Liebe nicht hätte stehlen können. Wann immer es in Heimlichkeit geschehen konnte, fanden sie zueinander. Dann mochte man sicher sein, daß nicht einmal dem Salamander im glühheißen Feuer so wohl war wie ihnen. Diese Liebe blühte lange Zeit in aller Verborgenheit, bis eines Tages schließlich doch ein Gerede aufkam.

Der Ehemann hatte drei Brüder, die dieser Sache so lange nachgingen, bis sie ihren Verdacht bestätigt fanden. Nun begaben sie sich zu ihrem gehörnten Bruder und fielen mit heftigen Vorwürfen über ihn her: „Du bist ein rechter Trottel! Brächte dich Gott doch auch noch um den letzten Rest deiner Mannesehre! Weißt du denn nicht, was sich alle Welt über die Untreue und die Schamlosigkeit deines Weibes erzählt? Sie liebt einen Ritter und hat ein Verhältnis mit ihm! Wegen dieser Verirrung müssen wir uns vor allen Menschen schämen."

Der Hausherr erwiderte erregt: „Das ist nicht wahr! Meine Frau liebt nur mich und keinen anderen, darauf schwöre ich jeden Eid! Sie ist lieb und treu, und ich bin überzeugt, daß sie so etwas nie und nimmer fertig bringt!"

Seine Brüder aber versicherten immer wieder: „Es ist die heilige Wahrheit! Sie treibt es mit ihm schamlos in aller Offenheit, und dies schon seit einem Jahr. Die ganze Stadt — ob Mann, ob Frau, ob Kind — weiß schon Bescheid, und man findet dein Verhalten unbegreiflich!"

Da fuhr der Ehemann wütend auf: „Das ist ja unerhört! Doch wie bekomme ich jetzt die Wahrheit heraus?"

Darauf die Brüder: „Wenn es dir wirklich um die Wahrheit zu tun ist, so handle nach unserem Rat. Sag deiner Frau morgen früh, du wolltest irgendwohin reiten. In der Nacht aber kehrst du mit uns zurück. Wir drei werden alle Türen besetzen, du aber lauschst an der Wand; dann wirst du schon den Kerl drinnen rumoren hören!"

Der Hausherr tat, wie sie ihm geraten. Morgens in der Frühe, als der Tag gerade anbrach, zog er sich mit Sorgfalt an und sprach zu seiner Frau: „Liebe Frau, heute lasse ich das Haus in deiner Hut, denn ich muß weit fortreiten. Ich habe gestern noch eine Nachricht bekommen, die mich zu einer längeren Reise zwingt, und ich werde auch nicht so bald zurückkehren. Sei so gut und hüte das Haus in meiner Abwesenheit.

Da rief sie: „Was sagst du da? Du willst mich schon wieder verlassen? Was soll das alles nur bedeuten?" Sie brach in Tränen aus: „Wenn du mich alleine läßt, versündigst du dich an mir! Bleib doch bei mir, lieber Mann, denn ich kann ohne dich nicht sein!"

Dies war die reinste Heuchelei. In Wirklichkeit war ihr seine Abreise hochwillkommen, und insgeheim freute sie sich unbändig. Davon ließ sie freilich nichts erkennen, sondern sie schloß ihn in die Arme und küßte ihn heiß, wollte sie ihm doch auf diese Weise ihre innige Liebe vorspiegeln. Dann rief sie erneut: „Mein herzallerliebster Mann! Es wird mir unsagbar schwer, dich so lange entbehren zu müssen!" Und heimlich dachte sie: Ach Gott, und wenn du ein ganzes Jahr fortbliebest, wäre mir das ganz egal. Ich wollte, in der Ferne käme der Teufel über dich! Inzwischen würde ich in Liebeswonnen mit jenem Mann zusammenleben, den ich in mein Herz geschlossen habe. Ihm vor Augen preßte sie jedoch dicke Tränen hervor. Als ihr Mann sie so vor sich sah, wurde er unsicher und wäre am liebsten daheim geblieben, denn er dachte: Wahrhaftig! Meine Brüder haben mich bestimmt betrogen und meine arme Frau verleumdet! Schließlich aber raffte er sich doch auf und sprach: „So leb denn wohl!"

Sie aber erwiderte: „Nur mit Mühe kann ich meine Fassung bewahren, denn dein Scheiden liegt mir schwer genug auf der Seele!"

Darauf er: „Leb wohl, es ist die höchste Zeit loszureiten!"

Nachdem der Ehemann davongeritten war, erhielt der Ritter umgehend Bescheid, er möge doch unbedingt zur Nachtzeit zu ihr kommen und die Freuden der Liebe genießen, denn der Hausherr sei auf einer Reise. „Der Herrgott meint es gut mit mir!" rief der Ritter vergnügt aus und war den Tag über bester Laune. Bei Anbruch der Nacht aber machte er sich voller Ungeduld auf den Weg und kam zu seiner Geliebten, die ihn zärtlich begrüßte und wonnevoll willkommen hieß.

„Ach du mein Liebster, nun wollen wir in Glück und Freude schwelgen, denn Gott hat es in seiner großen Güte so gefügt, daß mich mein Mann allein gelassen hat. Du brauchst nicht zu befürchten, daß er so bald zurückkehrt. Er hat mir versichert, daß er lange Zeit fortbleibt."

Leckere Speisen und köstlichen Wein trug sie vor ihrem Liebsten auf und rief ausgelassen: „Mein Herzallerliebster, laß uns nun in Saus und Braus schlemmen. Jetzt bist du hier der Hausherr, und ich will dir jeden Wunsch von den Augen ablesen. Doch offen gesagt: Gib dich nicht zu lange den Tafelfreuden hin, denn die Nacht ist kurz. Laß uns möglichst bald zu Bette gehen und die Freuden der Liebe genießen!"

Der Ritter lachte. „Das soll sofort geschehen; dein Wunsch macht mich glücklich!"

Er trug sie zum Bett, und nun begann ein Spiel, wie man es jenseits des Rheines spielt und wie es dem Ehemann sicherlich nicht angenehm war. Nachdem sie ihr Vergnügen gefunden hatten, erzählte die Frau ihrem Geliebten, wie ihr gutmütiger Ehetrottel freundlich Abschied genommen und wie sie darüber Tränen vergossen hatte, während ihr sein Scheiden in Wirklichkeit nur Entzücken und Wonnen bereitet hätte. Zärtlich an ihn geschmiegt, erzählte sie dies lachend dem Ritter, der sich die ganze Geschichte mit großem Behagen anhörte. Dem Ehemann aber — der zur Nachtzeit zurückgekehrt war und ihr Rumoren wie ihr Plaudern gehört hatte — erschien sie reichlich bitter, desgleichen seinen drei Brüdern, die ihn begleitet hatten. Sie fragten ihn: „Bruder, hast du den Kerl dadrinnen gehört?"

„Wahrhaftig!" knurrte er. „Wenn mich meine Ohren nicht trügen, habe ich ihn zu meinem Leidwesen drin rumoren hören. Doch dies soll beide — den unverschämten Kerl und mein liederliches Weib — das Leben kosten!"

Da meinten seine Brüder: „Nun ist es soweit!" Und

sie begannen um die Wette mit schweren Schlägen an die Tür zu hämmern.

„Um Himmels willen!" fuhr der Ritter empor. „Wo soll ich jetzt hin? Wo kann ich mich verstecken?"

Die Schöne aber sagte hastig: „Draußen neben dem Herd steht ein großer Zuber. Kriech schnell darunter!"

Der Ritter war nicht faul und versteckte sich — nackt wie er war — unter dem Zuber. Wie er mir selbst versichert hat, wäre ihm in jenem Augenblick sein Helm lieber gewesen als seine Unterhosen. Indessen verbarg die Frau seine Kleidungsstücke so geschickt, daß sie niemand zu finden vermochte.

In der Zwischenzeit schrie der Ehemann draußen mit wachsender Wut: „Willst du mich endlich einlassen!"

„Aber ja doch, mein liebster Hausherr!" Und sie sperrte die Tür auf. Wie eine Lawine wälzten sich die vier durch die Tür ins Haus und durchsuchten sofort das Bett, ob sich jemand darin befände. Sie fanden es aber leer, denn der Vogel war bereits ausgeflogen. Als der Hausherr niemand entdecken konnte, geriet er vor Wut ganz außer sich und brüllte: „Ein Licht anzünden! Jeder Winkel wird durchsucht, bis ich den Strolch finde, der meine Ehre verletzt hat!" Er stellte das ganze Haus auf den Kopf, bis ihn die Frau — scheinbar verwirrt und furchtsam — endlich ansprach: „Was tust du eigentlich?"

Er zischte: „Ich werde dich heute noch eine böse Nuß knacken lassen! Denkst du etwa, du kannst mich bescheißen, du verhurtes Luder? Ich habe mit eigenen Ohren gehört, wie ihr miteinander geturtelt habt! Ihr habt nichts von mir gemerkt, denn ich stand draußen an der Wand. Ich aber hörte euer ganzes Liebesgeflüster sehr genau!"

Da stemmte sie — scheinbar empört — die Arme in die Seiten und fuhr auf ihn los: „Nun will ich dir einmal etwas sagen: Gott im Himmel sei's geklagt, daß du mich ohne Grund erschreckt und brutal aus einem lustvollen Traum aufgestört hast! Ich träumte, ich hätte dich bei mir im Bett. Nun ja, es ist möglich, daß ich dabei irgend etwas gesagt oder gerufen habe, denn mir schien, ich läge in deinen Armen. Wer seinem Mann von ganzem Herzen zugetan ist, der denkt natürlich Tag und Nacht nur an ihn. Wenn ich nun dafür büßen soll, daß ich dir treu bin und dich liebe, so strafst du mich für eine Sache, in der ich mir nichts vorzuwerfen habe. Ich muß nun allerdings zutiefst bedauern, daß ich dir immer unverbrüchliche Treue bewahrt habe, daß ich dir niemals Anlaß gab, an mir zu zweifeln. Was wirfst du mir armen Frau eigentlich vor? Ich setze mein Leben zum Pfande, daß nie eine Frau ihren Mann so innig geliebt hat wie ich dich!"

Nach diesen Worten wurde ihr Ehemann ein wenig ruhiger, begann sein Zorn zu verrauchen. Sie aber fuhr eilends fort: „Gott möge dich vor jeder Heimsuchung schützen! Lieber Mann, wie kannst du deine völlig unschuldige Frau nur so behandeln! Die Rache Gottes treffe jene Schufte, die dich dazu verleitet haben, mich zu meinem Unheil in üble Nachrede zu bringen!" Fest umschlang sie ihn und flehte: „Laß ab von deinem Zorn, denn er ist vollkommen unbegründet!"

Da brummte der Ehemann erleichtert: „Ich zürne dir ja nicht mehr!" Zu diesem Stimmungsumschwung trug natürlich bei, daß er dank ihrer Vorsorge niemanden gefunden hatte, daß er den vermuteten Liebhaber weder sah noch hörte. Zu seinen Brüdern aber meinte er zerknirscht: „Offenbar treibt der Teufel sein Spiel mit uns, der ja oft genug schon Unheil angestiftet hat. Wahrscheinlich wollte er mich dazu verführen, meine Frau umzubringen und mich auf diese Weise selbst zugrunde zu richten. Gott sei gedankt, daß der Satan trotz seiner großen Macht nicht gesiegt hat!" Und da sein Zorn indes völlig verraucht war, ließ der Hausherr kräftige Speisen und süffigen Wein heranschaffen. Er setzte sich mit seinen Brüdern an das Feuer, wo sie den Speisen und dem Wein zusprachen. Bei zunehmender Fröhlichkeit vollführten sie bald einen solchen Lärm, daß dies den Ritter, der unter dem Zuber hockte und wenig Grund zum Frohsinn hatte, nicht wenig verdroß. Der Hausherr ließ sich gar auf den Zuber plumpsen, unter dem der Ritter steckte, und schrie: „Nun habe ich doch das ganze Haus durchstöbert, und nur unter diesen Zuber habe ich nicht geguckt!" Dabei schlug er mit der Faust auf den Boden des Zubers.

Die Frau meinte lächelnd: „Das ist wahrhaftig ein schweres Versehen, daß du dir nicht einmal die Mühe gemacht hast, darunter zu gucken. Ich will dir auch verraten, daß jener Mann, der vorhin bei mir im Bett lag, tatsächlich darunter sitzt. Wenn er in der Tat bei mir im Bett gewesen ist, kannst du ihn einzig hier und nirgendwo sonst finden. Als ihr nämlich die Tür mit Fäusten bearbeitet habt, ließ ich ihn flugs darunter kriechen. Das ist die reine Wahrheit, und wenn du jetzt nicht nachguckst, bist du ein Feigling!"

Der Mann begann lauthals zu lachen: „Sag, willst du aus mir einen kompletten Narren machen. Dein Rat wird nicht befolgt! Wir sind schon so genug durcheinander."

Sie aber begann erneut: „Bestimmt, er sitzt darunter und hört alles, was wir miteinander sprechen. Er wird auch schon verdrießlich sein vom langen Krummsitzen, denn allzu viele Freuden kann er dabei nicht genießen. Ich werde ihn auch noch auf ganz raffinierte Weise vor euch in Sicherheit bringen, was ihr ihm auch Böses zugedacht habt!"

Da sprach der Ehemann ernsthaft: „Liebe Frau, damit solltest du nicht spaßen. Hätte ich ihn wirklich bei dir gefunden, so wäre ihm seine Liebe zum Verhängnis geworden. Laß also deine Hänselei. Das üble Treiben des Satans hat mir schon genug an Spott eingetragen."

Die Hausfrau aber erwiderte: „Nun ja, mein verständiger Herr und Gebieter: Wer den Schaden hat, braucht für den Spott nicht zu sorgen. Und man wird dich noch weit mehr zum besten haben. Das sage ich dir in aller Offenheit."

Inzwischen begann der Tag zu grauen. Nun wohnte

nebenan eine durchtriebene Bäckersfrau, die mit solchen Liebesaffären bestens vertraut war, wie dies bei hübschen Weibern ja gar nicht so selten ist. Sie wußte also Bescheid in der Liebe und kannte sich in allen Schlichen aus. Wenn es gar um eine heimliche Liebschaft ging, konnte sie mit umfangreichen Erfahrungen aufwarten. Ihr gehörte auch jener Zuber, unter dem unser Ritter hockte. Nun wollte sie an diesem Morgen backen und daher so früh wie möglich den Teig ansetzen. Da sie dazu den Zuber brauchte, befahl sie ihrer Magd: „Geh zu meiner Gevatterin und bring mir schnell den Zuber her, den ich ihr gestern abend geborgt habe. Ich brauche ihn jetzt."

Die Magd lief hinüber und sprach: „Frau Nachbarin, seid doch so gut und gebt uns den Zuber zurück. Wir brauchen ihn dringend."

Die Hausfrau aber erwiderte: „Liebste Freundin, hör gut zu, was ich dir sage. Richte deiner Brotherrin aus, sie möchte mir doch den Zuber noch ein Weilchen lassen, denn ich könnte ihn jetzt nicht hochheben. Sie würde mir damit eine große Freundlichkeit erweisen."

Als die Magd zurückkam, fragte die Nachbarin: „Hast du ihn mitgebracht?"

„Nein!" war die Antwort.

Drauf: „Was soll das heißen?"

„Frau Meisterin, sie sagt, sie braucht ihn mehr als ihr, und sie wäre Euch dankbar, wenn sie ihn noch ein Weilchen behalten könnte."

Da wurde die Bäckersfrau zornig und rief: „Bei meiner Treu, sie soll den Zuber herausrücken, oder ich mache einen solchen Lärm, daß die ganze Straße von der Sache hört!"

Die Magd eilte wieder hinüber und sprach: „Frau Nachbarin, Ihr könnt mir glauben, daß wir den Zuber unbedingt jetzt brauchen!"

Die Antwort war: „Geh zurück und richte aus, ich befände mich in einer Notlage, in die nur eine Frau geraten kann. Aus diesem Grund kann ich ihr den Zuber nicht geben. Sag ihr nur dies und weiter nichts. Ich bin überzeugt, sie weiß dann Bescheid. Soviel Klugheit trau ich ihr schon zu."

Die Magd kehrte zurück und sagte: „Frau Meisterin, tragt es mit Fassung! Glaubt mir nur, Ihr könnt den Zuber nicht kriegen; es geht hier nämlich um eine echt weibliche Notlage."

Da lachte die Bäckersfrau: „Zum Teufel noch mal, wenn mit meiner Gevatterin weiter nichts ist, so besteht kein Grund zur Aufregung. Hätte sie mir früher Bescheid gegeben, so wäre sie längst aus ihrer Notlage befreit, und wenn mein Herr Gevatter noch so wütend wäre."

Ein Stück hinter dem Hause stand ein kleiner Schober, den die Bäckersfrau, ohne lange zu fackeln, in Brand steckte. Als der Schober in Flammen stand, schrie sie laut: „Feurio!" Und was soll ich euch sagen? Natürlich rannte alles zu dem Feuer, auch der Hausherr samt seinen Brüdern. Inzwischen hob die kluge Schöne den Zuber hoch und ließ den Ritter durch die Hintertür entwischen. Sie drückte ihm seine Kleidungsstücke in den Arm und raunte ihm hastig zu: „Gott schütze dich!" Dabei küßte sie ihn liebevoll auf den Mund. Der Ritter aber machte, daß er fortkam. Auf diese Weise also wurde der Ehemann gründlich zum Narren gehalten.

Diese Geschichte ist die reine Wahrheit. Die Frauen sind ja so verschlagen, meint Jakob Apt. Wer etwas besitzt, der muß halt darauf sehn, daß er es nicht verliert. Wer aber etwas verloren hat, soll sich darüber keine grauen Haare wachsen lassen.

Der Chorherr
und die Schustersfrau

Ich will euch jetzt eine abenteuerliche Geschichte erzählen, die sich kürzlich in der hochberühmten Stadt Augsburg zugetragen hat.

In dieser Stadt wohnte eine reizende Schustersfrau, die einen Buhlen in ihr Herz geschlossen hatte. Dies war ein stattlicher Chorherr, der den Gelüsten ihres wohlgebauten Körpers trefflich zu dienen verstand. Eines Tages hatte die Frau ihren Galan voller Liebesverlangen zu sich nach Hause eingeladen. Es war Maienzeit, und man hatte den beiden in einem großen Zuber ein warmes Bad bereitet. Der Chorherr setzte sich splitternackt in den Zuber, und die schmiegsame Schustersfrau glitt schnell zu ihm ins Wasser. Sie hatte den Zuber vorsorglich mit einem Seidentuch überdeckt, so daß niemand hineinsehen konnte.

Nun hatte die schöne Schustersfrau einen einfältigen Ehetrottel, vor dem sie sich nicht sehr in acht nahm.

Während sie sich im Bad vergnügte, saß er nebenan in seiner Werkstatt, wo er emsig und pflichtbewußt seine Arbeit tat. Die Frau hatte nicht die geringste Furcht vor ihm, denn er war völlig ahnungslos und ohne jeden Argwohn. Der zugedeckte Zuber stand vor der guten Stube, und in ihm saßen in höchst angeregter Stimmung der Chorherr mit der hübschen Schustersfrau. Plötzlich trat der Hausherr aus seiner Werkstatt und wollte aus der Kammer Leder für seine Arbeit holen. Als ihn sein hübsches Ehegespons herantappen hörte, steckte sie ihren Kopf aus dem Zuber und sprach ihn völlig furchtlos an: „Tritt heran, herzliebster Mann! Hier drinnen bei mir in dem großen Zuber sitzt ein stattlicher Chorherr, und überdies noch splitterfasernackt! Komm einmal her und schau ihn dir an! Ich gebe dir mein Wort darauf, daß es die reine Wahrheit ist."

Der Schuster erwiderte mit gutmütigem und einfältigem Lächeln: „Laß mich in Ruhe mit deiner Fopperei! Ich bin sicher, daß niemand bei dir sitzt. Ich habe auch Besseres zu tun, als in den zugedeckten Zuber zu gaffen."

Die Frau aber blieb hartnäckig bei ihrer Behauptung und schwor Stein und Bein, es sei genau so, wie sie es sage. Jetzt näherte sich der Ehetrottel tatsächlich dem Zuber und wollte hineinsehen. Der wackere Chorherr saß sehr verängstigt in seinem Bad, und die Furcht ließ all seine Lust vergehen. Als der Schuster näherkam, schöpfte die Schustersfrau mit der hohlen Hand ein wenig Wasser und spritzte es ihm in die Augen, so daß er geblendet war und eine ganze Weile gar nichts sehen konnte. Da begann er zu lachen und rief: „Wahrhaftig, ich hab's doch gleich gewußt, daß du wieder einmal deinen Spaß und deine Possen mit mir treiben mußtest. Davon kannst du nun einmal nicht lassen. Zu meinem Glück konnte ich dir noch entwischen, denn hättest du mich erst einmal gepackt, so hättest du mir bestimmt mein ganzes Gewand naß gemacht. Da ich aber weiter keinen Schaden genommen habe, will ich dir auch nicht böse sein. Diesmal hast du verloren und ich gewonnen."

Als die Frau ihn so daherschwatzen hörte, tat sie so, als wolle sie ihn packen. Da machte er eilends, daß er fortkam, und ließ die beiden in Ruhe.

Der Chorherr aber sprach aufseufzend zu seiner Liebsten: „Ich habe hier drin ein Schwitzbad gehabt wie noch nie in meinem Leben. Wäre der Masseur herangekommen und hätte er mich hier erblickt — wie es ja beinah geschehen wäre —, so hätte er mich tüchtig durchgewalkt. Es wäre mir übel genug ergangen, denn er hätte an mir verliebtem Mann sicherlich seine Kunst geübt, und da er sich aufs Scheren versteht, hätte er mich ohne Seifenschaum balbiert. Wie willst du mich nun entschädigen, meine Teure, denn ich meine, ich habe in diesem Bad nicht viel an Lust erfahren. Du hast zu heißes Wasser nachgegossen, so daß ich fast verbrüht worden wäre." Das Frauchen aber lachte nur herzlich über seine verdrießlichen Worte.

Nachdem der Chorherr die Schustersfrau verlassen hatte, überlegte er hin und her, wie er das Weibsbild ebenso in Angst und Schrecken versetzen könnte. Da er ein lebenserfahrener Mann war, fand er bald Gelegenheit zur Vergeltung, und wirklich konnte der Chorherr dem Weibchen das Schwitzbad tüchtig heimzahlen.

Eines Morgens kam sie zu ihm ins Haus. Sie pflegte nämlich ihren Mann frühzeitig im Bett allein zu lassen, um zur Messe zu gehen. Diesmal aber eilte sie zum Chorherrn, der noch in seinem Bette lag, legte sich zu ihm und schmiegte sich zärtlich an ihn. Als der Chorherr dies merkte, rief er nach seinem Schreiber und raunte ihm heimlich zu, er solle den Schuster holen und ihm auftragen, drei Paar passende Leisten mitzubringen. Der Schreiber begab sich unverweilt zum Schuster und richtete aus, was sein Herr ihm aufgetragen hatte. Der Schuster war rasch bereit und eilte ohne Verzug ins Haus des Chorherrn. Der rief ihm aus dem Schlafgemach zu, er solle ruhig eintreten und hieß ihn dann freundlich willkommen. Das Weibchen hatte er sorglich ganz und gar zugedeckt, nur ihre Füße lugten unter dem Bettzeug hervor. Nun hielt er einen ihrer Füße dem Schuster hin und forderte ihn auf: „Such nach einem Leisten, der für diesen Fuß paßt, und mach dann dem hübschen Kokottchen hier ein Paar schöne Schuh. Ich will dir deine Arbeit gut bezahlen."

Der Schuster musterte die Füße und meinte dann zum Chorherrn: „Ich habe zwar drei Paar Leisten mitgebracht, doch sie sind für diese Füßchen allesamt zu groß und passen sicher nicht. Ich weiß aber, daß ich daheim ein Paar Leisten habe, die ausgezeichnet passen werden. Nach ihnen habe ich meiner Frau alle ihre Schuhe gearbeitet. Bei meiner Treu, dies Dirnchen hier hat wahrhaftig die gleichen Füße wie meine Frau, das könnt Ihr mir glauben! Wäre ich meiner Frau nicht so vollkommen sicher, so hätte ich auf den ersten Blick meinen können, daß dies ihre Füße seien. Nun weiß ich allerdings, daß sie daheim ist und dort im Augenblick etwas schafft, was mir mehr Nutzen bringt, als wenn sie hier bei Euch im Bette läge. Das wäre mir auch eine böse Geschichte! Also, mein lieber Chorherr, ich werde diesem Bettschatz hier ein Paar ausgezeichnete Schuhe arbeiten."

Der Chorherr lachte wohlgelaunt. „Tu das nur, mein lieber Freund!" Er rief nach seinem Schreiber, und als der herbeigelaufen kam, trug er ihm auf: „Führ den Schuster in meinen wohlbestellten Keller und gib ihm dort einen guten Wein zu trinken!"

Während die zwei das Schlafgemach verließen, lag die Schustersfrau in großer Herzbeklemmung in des Chorherrn Bett. Nun waren die beiden quitt: Das Schwitzbad war ihr wohlüberlegt vergolten worden, ohne sie ernsthaft in Gefahr zu bringen. Während ihr Ehemann im Keller hockte, richtete es der Chorherr so ein, daß sie ungesehen aus dem Haus schlüpfen konnte, und sie eilte unerschrocken heim, als käme sie gerade aus der Kirche. Zu Hause holte sie das Spinnrad hervor, setzte sich nieder und begann zu spinnen. Bald darauf kam ihr braver Mann herein und sprach: „Ach, meine liebe Frau, ich hatte dich wahrhaftig schon in einem bösen Verdacht. Da ich dich aber hier im Zimmer sehe, ist all mein dummer Argwohn verflogen." Er erzählte nun seiner Frau die ganze Geschichte von Anfang bis Ende, wie er im Hause des Chorherrn ein Dirnchen vorgefunden, die bei ihm im Bette lag, und wie er ihr ein Paar Schuhe angemessen. „Das Hürchen streckte aus dem Bett zwei schneeweiße Füße hervor und legte sie ungeniert in meine Hand. Ich habe nur erkennen können, daß dieses Betthäschen zwei zierliche und schön geformte Füße besaß, die den deinen zum Verwechseln ähnelten. Sie waren ebenso klein und niedlich wie die deinen. Hätte ich dich nicht zu Hause gewußt, so wäre mir der Gedanke gekommen, du lägest im Bett des Pfaffen!"

Als die Frau dies hörte, wurde sie sehr böse über ihren Mann und fuhr ihn zornig an: „Hast du deinen Verstand verloren, daß du mir so etwas zutraust?" Und sie begann bitterlich zu weinen. „Du verletzt ohne jeden Grund meine Ehre! Nie werde ich diesen Schmerz verwinden! Nie werde ich dir diese Kränkung vergessen!"

Der Ehemann erschrak gewaltig, daß er seine Frau so betrübt hatte. Er bat sie, sich die Sache doch nicht so zu Herzen zu nehmen: „Meiner Treu, ich habe es doch nicht bös gemeint! Ich weiß doch genau, daß ich an dir eine brave Frau habe, die nie etwas Schlechtes im Sinne hat. Ich bitte dich herzlich, mir zu verzeihen. Für meinen bösen Verdacht will ich dich so entschädigen, wie du es nur verlangst. Das ist nur recht und billig, denn ich habe dich mit meinen Worten schwer gekränkt."

Die Frau ließ ihn aber noch lange bitten, ehe sie sich wieder freundlich gegen ihn zeigte.

Es gibt rechtschaffene Männer in Menge, die ins Unrecht gesetzt werden und ihrer Frau Abbitte leisten, während eigentlich umgekehrt ein Schuh daraus würde. Schilt sie der Mann für ihre Schlechtigkeit, so findet sie anschlägig und durchtrieben schnell eine Möglichkeit, ihn ins Unrecht zu setzen. So werden viele Männer von ihren Weibern zum Hanswurst gemacht. Wahrhaftig: Auf dieser Welt wird das Mannsvolk von den Weibern unablässig an der Nase herumgeführt. Die Männer sind die reinsten Märtyrer, und damit Schluß mit der Geschichte.

Die Pächterin mit der Ziege

Wer sich in aller Heimlichkeit um der Frauen Gunst bemüht, findet oft seinen Spaß dabei, wenn er nur das rechte Wild aufzuspüren weiß. Die Aussicht auf Liebesgenuß reizt jede Frau über alle Maßen, und wenn sie gar zu streng bewacht wird, wenn ihr Mann sie daran hindert, ihren Gelüsten nachzugehen, so tüftelt sie allerlei raffinierte Schliche aus, über die man sich vor Lachen ausschütten möchte. Dies habe ich in vielen Fällen erfahren können.

Einst hatte ein Pächter eine reizende Frau von bezauberndem Äußeren. Ihr Haar war blond und weich wie Seide. Ihr Kinn und ihre Augenbrauen waren höchst rühmenswert, ihre Augen von betörender Schönheit, Mund und Wangen glutrot wie Rosen. In reichem Gelock fiel ihr blondes Haar auf ihre Schultern, ihre Brüste stachen zierlich und wohlgerundet hervor, ihre Arme waren füllig und blendend weiß, die Händchen zärtlich weich und von edler Schlankheit. Insgeheim und laut sei geklagt, daß es ihr nicht beschieden war, eine Gräfin zu sein. Jedenfalls war sie von berückender, strahlender Schönheit.

Ich möchte gar zu gern ihr Lob noch weiter singen, doch ich fürchte, hochgestellte Damen damit zu verdrießen. So will ich denn nicht länger von ihr sprechen, sondern mich dem Pächter zuwenden. Der liebte seine Frau so heiß und innig, daß er sie keinen einzigen Tag unbeaufsichtigt ließ. War er nicht selbst daheim, so kam seine liebe Schwester herbei und ließ das Frauchen keinen Augenblick aus den Augen. Diese Aufpasserin war einfach nicht abzuschütteln.

Nun lag ganz in der Nähe eine Burg, auf der ein tapferer Ritter lebte. Diesem wackeren Rittersmann stach die Pächterin sehr in die Augen, so daß er ihr unverdrossen mit allerlei listigen Anschlägen nachstellte. Er war so verliebt in sie, daß er sogar durch das Weltmeer gewatet wäre, nur um zu der anmutigen Pächterin zu gelangen. Einst überlegte er: Wenn sie zur Kirche geht, muß sie wohl oder übel den Wald durchqueren; vielleicht kann ich das ausnützen. Und der stolze Rittersmann war voller Vorfreude bei der Vorstellung, die anmutige Pächterin könne ihm ein wenig willfährig sein. Er gewann um eine hohe Summe Geldes eine Kupplerin, die im Nu seinen Antrag der Pächterin übermittelte und auch erreichte, daß sie ihm recht gern zu Willen sein wollte. Mit diesem Ausgang konnte er wohl zufrieden sein.

Dies alles spielte sich ab zur Sommerszeit, als die Vöglein lieblich um die Wette sangen. Der feine Rittersmann ließ also die anmutige Pächterin wissen, er wolle sich ganz in ihre Hände geben. Beim Kirchgang solle sie auf einen grünen Zweig achten, der auf dem Pfade liegen würde. An dieser Stelle möge sie sich zur rechten Hand in die Büsche schlagen und so mit untrüglicher Sicherheit in seine Arme eilen.

Die hübsche Pächterin ließ ihn aber wissen: „Ich täte es ja recht gern, wenn es nur möglich wäre! Doch wo immer ich sitze oder gehe, stets ist entweder meine

Schwägerin oder ihr Bruder an meiner Seite. Sie beaufsichtigen mich ständig, so daß aus der Sache leider nichts werden kann."

Die Kupplerin, ein altes Weib, drängte aber: „Die Liebe zu Euch peinigt meinen Herrn so sehr, daß er dieser Pein selbst den Tod vorzöge. Seht doch bitte zu, daß Ihr ihm wenigstens dies eine Stelldichein ermöglicht, sonst siecht er unrettbar dahin."

Nachdenklich senkte die Pächterin ihr Haupt, und nachdem sie eine Weile schweigend überlegt hatte, sah sie wieder auf und sprach: „Auf meinen Eid, mir fällt nichts Besseres ein als dies: Wir haben eine Ziege, in deren Stall gestern nacht die Wölfe einbrachen. Richtet ihm aus, er soll seinen Knecht beauftragen, die Ziege fortzuführen. Wenn sie zu schreien beginnt, wird mein Mann bestimmt nicht liegenbleiben, sondern in größter Hast hinter ihr her rennen. Er wird dann brüllen: ‚He, alles aus dem Haus!' In diesem Augenblick soll der Ritter schnell ins Haus springen."

Die Alte erwiderte: „Das ist gar nicht so übel! Mein Herr hat allen Grund, sich zu freuen!"

In diesem Augenblick betrat der Pächter die Stube. Die Alte begann sogleich so laut zu husten, daß sie weder sehen noch ein Wort hervorbringen konnte. Der Pächter aber meinte, der Tod sei ihr nahe, und er gebot seiner Frau, ihr eine Gabe zu reichen. Da sagte die hübsche Pächterin: „Sie hätte noch lange dasitzen können. Ohne Eure Weisung hätte sie gar nichts von mir bekommen!"

Diese Antwort schien dem Pächter Goldes wert. Nachdem man die alte Vettel reichlich beschenkt hatte, ergriff die Kupplerin ihren Krückstock, stöhnte fleißig „ach" und „weh" und hinkte heftig, solange sie zu sehen war. Bald genug war sie zu dem hübschen Rittersmann gekommen und überbrachte ihm die beglückende Botschaft. Er schlug sich vergnügt auf die Schenkel und lachte so schallend, daß es wie das Gebelfer eines Hundes klang.

Der Glückspilz von Ritter hatte auf seiner festen Burg einem Studenten Obdach gewährt. Zu dem sprach er: „Nun gib mir einen guten Rat!" Er nahm ihn und einen seiner Knechte beiseite, und man besprach zu dritt, wie das Stelldichein zu arrangieren sei; der Student aber hörte aufmerksam zu.

Es brach die finsterste Nacht herein, die es seit eh und je gegeben hat. Der Ritter zog mit seinen beiden Helfern los, und als sie an das Gehöft des Bauern kamen, fielen sie sogleich in den Stall ein. Der gewitzte Student packte die Ziege, schlang ihr einen Strick um den Hals und biß sie dann ins Ohr, so daß sie laut aufschrie vor Schmerz. Sogleich begann die Pächterin zu rufen: „O weh, Herr Pächter, habt Ihr nichts gehört? Die Wölfe sind wieder eingebrochen!" Da hatte es der Pächter eilig genug: Er stürmte durchs Haus und brüllte — ganz wie seine Frau es vorausgesagt hatte: „Heda! Aufstehn! Heda! Aufstehn!"

Nun sprang der Ritter schleunigst ins Haus und eilte zu der schönen Pächterin, mit der er sich geraume Zeit beglückendsten Liebesspielen hingab. Die Ziege aber wurde indes von dem unermüdlichen Studenten feldauf, feldab geführt. Wenn der Pächter schon meinte, seine Ziege gefunden zu haben, hatte der Scholar sie längst anderswohin geführt. Als der Tag zu grauen begann, blieb der Ritter nicht länger an der Seite der Pächterin. Er nahm Abschied von ihr und machte sich davon, ohne seinen guten Ruf in Gefahr zu bringen. Nun wurde auch die Ziege nicht länger durch die Gegend geführt.

Diese tolle Geschichte hielt man länger als ein Jahr geheim. Kein Mensch sprach darüber. So merkt denn auf: Wer seine Frau zu sehr ans Gängelband legt, hat alle Mühe vergeblich aufgewendet.

Der Schreiber

Was immer man an unterhaltsamen Themen behandelt —
nichts interessiert mich mehr, als wenn jemand von
der Liebe erzählt. Die Liebe ist ein solcher Ausbund an
Ränken und Schlichen, daß sich weder Frau noch Mann
ihrer erwehren kann. Hört nun die merkwürdige Geschichte von einem Schreiber, der seinem Brotgeber
zehn Jahre lang fleißig mit der Feder diente, so daß man
ihm allenthalben Dankbarkeit entgegenbrachte. Sein
Herr zeigte sich großzügig gegen ihn, denn er war ihm
vorbehaltlos ergeben.

Eines Tages befiel den Schreiber eine Krankheit, die
ihm allen Verstand und jede Überlegung raubte. Diese
Krankheit war die aufblühende Liebe, die ihm das Herz
beschwerte und ihn unsagbar peinigte. Seine Liebe galt der
Gattin seines Herrn, und man konnte nun öfter beobachten, wie er die Farbe wechselte und vor Sehnsuchtsqual bald feuerrot, bald totenbleich wurde. Dieser Zustand
währte ein ganzes Jahr, ohne daß er es gewagt hätte, vor

einem anderen Menschen sein Herz auszuschütten, seine
Qualen zu schildern, seine Herzenspein zu klagen.

Eines Tages überlegte die Hausfrau: Ich will doch einmal den Schreiber besuchen und erkunden, was eigentlich mit ihm los ist. Mitleidig und freundlich nahte sich
die junge Frau dem Schreiber und verstärkte damit seine
Qualen. Sie sprach ihm zu: „So öffne mir doch ungescheut dein Herz! Wenn es irgendwo auf der Welt etwas
gibt, was dir helfen kann, so will ich bemüht sein, es zu
beschaffen."

Der Schreiber seufzte: „Es ist einzig und allein eine
ganz bestimmte Sache, die mir das Herz beschwert."

„Dann sage mir doch offen und ehrlich, was für eine
Sache das ist."

Er erwiderte: „Schickt erst Eure Zofen aus dem Zimmer, damit mich niemand unterbricht, wenn ich Euch
den Grund für meine Qualen anvertraue."

Nachdem die Zofen gegangen waren, fuhr er fort:
„Edle Frau, mein Glück, meine Freude, meine Not,
meine Qual, mein ganzes Wohl und Wehe liegen allein
in Eurer Hand!"

Da sagte die hübsche Edelfrau: „Ich möchte meinen,
daß ich dir noch nie etwas Böses zugefügt habe. Wenn
ich dir irgendwie helfen und dein Herz wieder mit Le-
bensfreude füllen kann, so werde ich mich bestimmt
darum bemühen.".

Der Liebeskranke seufzte: „All meine Qual erwächst aus
der Liebe zu Euch; sie verbrennt und verzehrt mich!"

Da sprach die holde Schöne, die roten Lippen öff-
nend: „Ich hoffte, dies Elend geschickt und taktvoll aus
der Welt zu schaffen, doch habe ich mich nun selbst
hinein verstrickt. Die Liebe unterjocht tatsächlich rettungslos alles und jeden. Ihre Waffen sind so scharf, daß
sich weder Frau noch Mann vor ihnen schützen kann."
Und weiter sprach sie: „Tu genau das, was ich dir jetzt
sage. Verrichte wie üblich deine Arbeit bei deinem
Herrn, bis es Abend wird und er sich zu Bett begibt. Begleite ihn mit einem Licht bis ans Bett. Sobald das Licht

erlischt, begibst du dich zur Tür des Schlafgemachs, als wolltest du fortgehen. Danach will ich deine Liebesqualen stillen."

Der berauschende Trost der Schönen wirkte sogleich. Der liebeskranke Schreiber verließ sein Krankenlager und mischte sich wieder unter das Hausgesinde. Wie üblich vertrieb man sich die Zeit mit allerlei kurzweiligen Reden, und er verhielt sich ganz so, wie es die Hausfrau gewünscht hatte, bis sich der Tag schließlich neigte. Als sein Herr sich zur Ruhe begeben wollte, gab ihm der Schreiber aufmerksam das Geleit und sprach zum Abschied: „Gott schenke Euch einen erquickenden Schlummer, Herr!" Nachdem das Licht gelöscht worden war, zog er sich zur Tür des Schlafgemaches zurück, als wolle er fortgehen. Die Wartezeit schien unserem Schreiber furchtbar lang. Er hatte sich draußen an die Tür gelehnt und dachte schon bei sich, daß er wohl all seine kühnen Hoffnungen aufgeben müsse. Die liebreizende, junge Frau, mit allen Waffen der Liebe gerüstet, war nämlich sanft eingeschlafen. Da faßte sich der Schreiber ein Herz und dachte bei sich: So will ich denn für diese herrliche Frau, in Hoffnung auf endliche Liebeserfüllung, mein Leben wagen! Er schlich leise auf das Bett zu und zupfte die Schöne zärtlich ein wenig am Fuß. Da schrie sie laut auf: „Wer zieht mich da am Fuß?"

Der Hausherr wachte auf und fragte: „Liebe Frau, fügt Euch jemand ein Leid zu? Den Kerl bring ich um!"

Sie begütigte ihn aber: „Beruhigt Euch! Ich hatte einen merkwürdigen Traum. Mir träumte, daß mich Euer Schreiber am Fuße zöge."

Der Ehemann meinte erleichtert: „Träume sind Schäume! Wenn ich dir einen guten Rat geben soll, so kümmere dich nicht weiter darum."

Was sie dazu noch taten, weiß ich nicht. Nur soviel, daß der Hausherr und seine Eheliebste glücklich wieder einschliefen.

Nun stürzte die gewaltige Liebe den Schreiber in fürchterliche Nöte, und er dachte bei sich: Du machst jetzt der Sache ein Ende, und wenn es dich das Leben kostet. Diese schwere Bürde kannst du ohnehin nicht länger tragen. Was hat die edle Frau denn nur gemeint? Sie hat mir doch versprochen, meine Qual zu stillen. Mein Herz und jede Faser meines Leibes sind in Aufruhr und verlangen nach ihrer köstlichen Liebe. Was mir auch geschieht, ich will's noch einmal wagen! Erneut schlich er, ohne lange zu fragen, auf das Bett zu. Er war entschlossen, lieber den Tod zu wählen als aus Liebe zu jener Frau sein Leben lang unauslöschliche Qualen zu dulden. Wie beim ersten Mal zupfte er die Schlafende am Fuß. Wieder fuhr sie auf und rief erschreckt: „O weh!" Auch der Hausherr erwachte und fragte: „Meine Liebe, was ist es denn, was dich so unsanft weckt und aus dem Schlafe schreckt?"

Sie erwiderte: „Nun gut, ich will es Euch sagen, denn ich mag nicht länger darüber schweigen. Euer Schreiber hat um meine Liebesgunst geworben, nachdem er mir schon lange nachgestiegen ist. Keinen Tag und keine Stunde ließ er mich in Ruhe, immer wieder drang er in mich, ihn zu erhören. Wie flehentlich ich ihn auch bitten mochte, mich endlich nicht mehr zu belästigen, er erklärte kühn, ich sei so voller Liebreiz, daß er lieber den Tod hinnehmen als von mir lassen wolle. Auf sein Drängen mußte ich schließlich geloben, ihm meine Liebesgunst zu gewähren. Das habe ich also getan. Wenn Euch daran gelegen ist, die volle Wahrheit zu erfahren, so zögert nicht lange: Legt meine schönsten Kleider an und begebt Euch in unseren Hausgarten, denn dort habe ich mich mit ihm verabredet. Er will mich dort erwarten."

Der Hausherr war ein rechter Tor, daß er sich die ganze Geschichte nicht gründlicher durch den Kopf gehen ließ. Ein Schafsgemüt wird — wenn es sich mit einem anschlägigen Kopf messen will — mit Leichtigkeit hinters Licht geführt. Ein einfältiger Mensch geht unbeirrbar immer geradeaus, doch stößt er auf einen raffinierten Gegner, so erweist sich der einfältige Tropf als völlig hilflos, er wird doppelt und dreifach übertölpelt.

Dies widerfuhr auch dem biederen Ehemann. Als die Edelfrau sicher war, daß der Hausherr das Hauptgebäude verlassen und den Hausgarten betreten hatte, sprach die Liebreizende: „Mein liebster Freund, nun komm zu mir und stille deinen Liebesdurst!"

Der Schreiber stürzte zu ihr hin, und aller Kummer löste sich auf in eitel Seligkeit. Stürmisch küßte er ihre lockenden roten Lippen. Zärtlich und voller Wollust drängten sie zueinander und verschmolzen miteinander, von berauschender Liebe überwältigt. Auf dunklem, blütenübersätem Hügel brachen sie so manche gelbe Rose. Mehr will ich nicht ausplaudern darüber, wie sie in Liebe vereint dalagen und glühende Küsse tauschten. Schließlich war aber doch die Zeit der Trennung gekommen. Wenn sie aber einander nicht gefährden, wenn sie nicht Leben und Ehre riskieren wollten, so mußten sie nun einen klugen Anschlag ersinnen, damit der Hausherr nicht dahinterkam, was sie miteinander getrieben hatten.

„Liebster, ich will dir einen guten Rat geben, und du mußt dich genau danach richten!"

„Mit Freuden, meine Geliebte!"

„Geh jetzt zu deinem Herrn, zause ihn gewaltig und prügle ihn tüchtig durch!"

Wie es die Edelfrau geraten hatte, begab sich der Schreiber zu jenem Ort, wo er seinen Herrn an der Mauer auf einer Bank sitzen sah. „Hoch mit Euch, Ihr mißratenes Weibsbild! Habt Ihr verdorbene, verwünschte Schlampe wirklich gedacht, es sei mir um Eure Liebe zu tun? Eher sollte — wenn dies überhaupt möglich wäre — der ganze Rhein verbrennen, ehe ich an meinem lieben Herrn einen solchen Verrat üben wollte. Fortan werdet Ihr in mir Euer Leben lang einen Zeugen für Eure schmachvolle Lasterhaftigkeit haben!" Mit diesen Worten langte er einen Knüppel hervor und gerbte der „Hausfrau" derart den Buckel, daß der Stock in kleine Stücke zerspellte. Dabei rief er: „Seid verwünscht! Wie schnell seid Ihr doch bereit, Eure eheliche Treue zu brechen! Dies war es, was ich erfahren wollte. Macht Euch fort; ich will darüber schweigen, wenn Ihr meinem Herrn mit eigenem Mund die ungeschminkte Wahrheit beichtet!"

Der verkleidete Hausherr räumte rasch den Platz und schwieg mucksmäuschenstill, bis er ins Haus und in sein Schlafgemach gekommen war. Dann aber stöhnte er: „Du hast mich verraten!"

Sie begann zu lachen und fragte: „Wie soll ich dich denn verraten haben?"

Er fuhr fort: „Das will ich dir sagen. Unser Schreiber hat mich fürchterlich verprügelt. Er hat geglaubt, daß du es seist, meine Liebe. Er beschimpfte mich, drosch auf mich los und schwor dabei in großer innerer Bedrängnis, er wolle lieber den Tod auf sich nehmen als deine Frauenehre gefährden, und dies alles nur um meinetwillen. Er soll mir darum nur um so lieber sein, und ich will ihn zeit meines Lebens mit Wohltaten überhäufen, sosehr er mich auch verprügelt hat."

Da meinte seine Frau: „Dann ist ja alles gut. Ihr werdet rascher wieder gesund und munter, als Ihr eine andere Ehefrau gefunden hättet."

Diese Worte waren natürlich scherzhaft gemeint. Der Schreiber aber genoß hinfort großes Ansehen und war bei seinem Herrn gut angeschrieben.

Der Faden meiner Erzählung ist nun abgespult. Wie es unserem Schreiberlein später erging, darüber kann ich nichts sagen. Zum Schluß möchte ich aber nicht versäumen, eine verdammenswerte Praxis zu rügen: Wenn eine liebreizende Schöne — von Zuneigung und vom Zwang der Liebe genötigt — einen Mann glücklich macht und er mit seinem Erfolg prahlt, so sollte man ihn aus der Gesellschaft der Menschen verstoßen und in die tiefste Wildnis verbannen. Dort kann er dann Baumstümpfe roden. Nie wieder soll er sich da zeigen, wo ihn ein blühendroter Mund freundlich grüßt oder ihm zärtliche Augen lockende Blicke schenken. Damit schließe ich.

Liebesdurst

Es ist die reine Wahrheit, wenn ich euch sage, daß die
Frauen sich darauf verstehen, die Männer tagaus, tagein
raffiniert zu betrügen und sie mit Hilfe von mancherlei
Ränken zu kompletten Narren zu machen. Sie verwan-
deln die Männer in verachtenswerte Tölpel und bringen
sie mit listigen Einfällen derart durcheinander, daß sie
blöder dreinschauen als ein Huhn. Dies beweist klipp
und klar die folgende Geschichte, die auf Tatsachen be-
ruht. Vernehmt denn also, wie eine Frau ihren angetrauten Ehemann betrog, und ausgerechnet in der Hochzeitsnacht, als er erstmals Beilager mit ihr halten wollte.
Wenn euch das, was ich zu berichten habe, nicht gefällt,
wenn ich euern Beifall nicht zu finden vermag, so heißt
mich stilleschweigen, noch bevor ich euch zuviel erzählt
habe. Die Geschichte geht also folgendermaßen:

In einem Dorfe lebte einst ein junger Mann, ein
unerschrockener, stattlicher Jüngling, der alles, was er zu
tun hatte, mit Geschick ausführte. Zudem konnte er vor-

trefflich Geschichten erzählen und Lieder singen, und er tat dies, sooft er nur Muße hatte. In diesem Dorfe lebte auch seine Jugendgespielin, die Tochter eines Pächters. Von all ihren Gefährtinnen gefiel sie ihm am besten, man sah beide gar oft in zärtlichen Liebesgesprächen vertieft, und ihr vertrautes Verhältnis wurde nicht nur durch ihre Gespräche, sondern durch ihr ganzes Verhalten offenbar. Beide hatten in inniger Liebe zueinandergefunden, und sie liebten einander in unverbrüchlicher Treue. Von Tag zu Tag wurde ihr Liebesbund fester und enger. Als jedoch der Pächter merkte, daß seine Tochter mit jenem Jüngling tagaus, tagein zärtlich-vertrauten Umgang hatte, verdroß ihn das zutiefst. Er wollte nämlich seine Tochter so bald wie möglich unter die Haube bringen, doch der Jüngling war bettelarm und kam daher als Freier nicht in Frage. Da entschloß sich der Pächter dazu, sie zur Ehe mit einem Manne zu zwingen, und es kam so weit, daß er — zum Leidwesen beider — ihre Liebesbeziehungen strikt untersagte. Er versprach sie einem Manne zur Ehe, und das Mädchen grämte sich sehr darüber, daß sie den hübschen und ranken Burschen fortan nicht mehr sehen sollte. Es war dies für beide ein bitterer Schmerz und ein großer Kummer; ärgeres Leid war ihnen bislang noch nicht widerfahren.

Als man die Hochzeit feiern wollte, kamen viele hübsche, prächtig gekleidete und herausgeputzte Frauen herbei, wie es sich bei einem solchen Anlaß versteht und wie es damals Sitte war. Der Jüngling richtete es so ein, daß er an die Seite seiner Geliebten geriet. Als der Reigen begann und man zum Tanze schritt, flüsterte er ihr heimlich zärtliche Liebesworte zu: „Du meine Rose, schöner als alle anderen Rosen, du meines Herzens größter Schatz, ach, noch heute nacht sollst du zur Frau gemacht werden! Nicht länger bleibt es dir erspart! Wenn du mich je geliebt hast, so denke daran und lasse mich heimlich zu dir, daß wir ein klein wenig miteinander plaudern können. Dies wird mein Leid und meinen Kummer lindern, die ich um deinetwillen tragen muß."

„Gern will ich dies einrichten. Doch gib fein acht, so daß ich dich nicht schelten muß. Komm zur Bettzeit, denn dann ist mein Mann sicher eingeschlafen. Ich kann ihm ohne weiteres ein X für ein U vormachen, so daß er nicht erfährt, was geschieht. Ich werde ihm etwas vorerzählen, so daß er keinen Verdacht schöpft. Du aber achte darauf, daß du zur rechten Zeit da bist. Singe dann das Lied, das du mir früher oft vorgesungen hast seit jenem Tag, da wir in Liebe erstmals zueinanderfanden. Dann weiß ich, daß du es bist. Du kannst dich auf mich verlassen: Wenn es dir Freude macht, so sollst du mich als erster besitzen. Es geschah nicht aus Trotz oder Treulosigkeit, daß ich mich dir so lange versagt habe."

„Wie gern ich dies will!" sagte der Jüngling. „Ich werde mir alle Mühe geben, dich zufriedenzustellen. Was du, Geliebte, nur von mir verlangst, will ich dir voll heißer Leidenschaft geben, wie es einem rechten Liebhaber zukommt. Du hast mir köstlichen Trost gespendet und meinen Schmerz gelindert."

Sein Herz war übervoll von Glück, so daß er vor Lust hoch emporsprang, und er tanzte noch so manchen Reigen, bis endlich der Tag zu Ende ging. Die Nacht brach herein. Nun stand das Hochzeitsmahl bereit, und jeder konnte nach Herzenslust trinken und essen. So viele Menschen auch anwesend waren, alle bekamen in Hülle und Fülle. Was Küche und Keller des Hauswirts an Köstlichkeiten bargen, er ließ alles auftragen. Zuletzt wurden Bratwürste gereicht. Der Hausherr bewirtete also seine Gäste auf das beste und überaus freundlich. Der Bräutigam aber saß am Ende der Tafel und stopfte sich die ganze Nacht über tüchtig voll. Er achtete auf nichts weiter als nur darauf, wie er sich ordentlich den Wanst füllen könnte. Nachdem man gegessen hatte, wurde — wie üblich — die Tafel aufgehoben. Es war inzwischen so spät geworden, daß man sich zur Ruhe legen wollte, was denn auch alsbald geschah.

Als der Jüngling bemerkte, daß man sich zu Bett begab, war sein Herz von froher Hoffnung erfüllt. Er dachte bei sich: Endlich wird mein Sehnen gestillt! Als die verabredete Stunde gekommen war, säumte er nicht, sondern er eilte vergnügt und furchtlos dorthin, wohin ihn seine Geliebte, sein Herzensschatz, bestellt hatte. Er begann zu singen und sang sein Lied mit heller Stimme so lange vor seines Liebchens Tür, bis sie ihn hörte. Ihr Mann merkte nicht das geringste von ihrem heimlichen Betrug, denn er lag sternhagelvoll in tiefem Schlaf auf dem Bett, wie es bei einem Freß- und Saufsack so üblich ist, der zur Liebe nicht taugt. Seine Frau rüttelte ihn: „Hörst du mich, geliebter Mann? Ich habe so großen Durst, daß ich keinen Augenblick länger im Bette liegenbleiben kann. Ich will aufstehen und zum Wasserfaß eilen, um dort meinen Durst zu löschen. Ich habe heute eine Bratwurst gegessen, die völlig versalzen war. Sei mir nicht bös, wenn ich dich jetzt verlasse, um etwas zu trinken. Ich verschmachte vor Durst und will hinuntergehen, den Brand zu löschen; ich halte es nicht länger aus."

Er aber erwiderte schlaftrunken: „Bleib du nur liegen, liebe Frau. Ich hole dir gern einen ganzen Schöpfeimer voll Wasser."

Darauf sagte sie eilfertig: „Lieg nur still! Das kann ich dir nicht zumuten. Bei Gott, es kommt gar nicht in Frage, daß ich dich aus dem Bett treibe. Bleib schön liegen, ruhe dich aus und wärme mir inzwischen das Bett. Wenn ich zurückkehre, schmiege ich mich desto enger an dich."

Was soll ich noch sagen? Sie stritten zwar lange hin und her, schließlich fügte er sich ihrem Wunsch und ließ sie hinabgehen, wo sie der Jüngling erwartete. Heimlich ließ sie ihn ins Haus und sprach zu ihm: „Sei mir und Gott willkommen, trauter Herzensschatz!"

Wenn man mir die Geschichte unverfälscht erzählt hat, so war er der erste, der ihre Liebe genoß, wie sie es ihm versprochen hatte. Ohne daß sie ihm widerstrebte, legte er sie neben dem Wasserfaß auf den Boden und tat dann mit ihr das, was man sonst des Nachts im Bette tut.

551

Er drückte ihr ohne langes Zögern den Stiel des Schöpf-
eimers in die Hand, und sie setzte ihn begierig dort an,
wo er ihr am wohlsten tat. So gut sie es nur konnte, hielt
sie ihn fest umschlossen und rief dazu mit lauter
Stimme: „Hörst du es, heißgeliebter Mann? Jetzt setze
ich ihn an. Wünsche mir Glück dazu und erflehe Gottes
Segen für mich, denn nun will ich tüchtig trinken und
meinen Durst löschen, den mir diese versalzene Wurst
erregt, die heute nacht in mich hineingeraten ist. Sei
nicht verdrossen und ungeduldig, ich habe eben erst angefangen und komme zu dir, sobald ich nur kann. Ich
sage dir offen und ehrlich: Ich will zuvor meinen Durst
stillen und so oft ansetzen, bis er ganz und gar gelöscht
ist."

Als ihr der Jüngling seinen Schöpfeimerstiel zum
zweiten Male reichte, schrie sie erneut: „Hörst du es
wohl? Jetzt setze ich ihn zum zweiten Male an, denn
mein Durst ist noch immer nicht gelöscht!"

Ihr Ehegespons aber rief zurück: „Du hast doch dort
ein ganzes Faß voll Wasser, so daß du ihn am Ende
schon löschen wirst. Trink nur tüchtig, liebste Frau! Ich
wünsche dir von Herzen, daß es dir wohl bekomme!"

Zum dritten Mal setzte der Jüngling seinen Schöpfeimerstiel bei ihr an, und sie verstand sich ausgezeichnet
darauf, ihn an jene Stelle zu führen, wo sie der gewaltige Durst plagte. Wenn ich es mir erklären soll, so dür-
stete sie wohl nach der Liebe, die ihr der Jüngling
schenkte. Dreimal stillte er ihr Verlangen an dem Wasserfaß, und er löschte dabei ihren Durst mit größter
Gründlichkeit. Schließlich flüsterte sie: „Ach, du mein
zärtlicher Herzensschatz, nun wollen wir uns trennen,
ehe mein Mann etwas merkt. Unsere Liebe soll frei bleiben von allem Verdacht. Besser ist eine kleine und ungetrübte Freude als ein großes Glück mit nachfolgendem
Verdruß. Wenn mein Mann die Geschichte erführe,
würde er mir übel mitspielen. Wenn wir uns aber für
eine Zeit trennen, brauchen wir nichts zu befürchten
und können uns auch weiterhin aneinander freuen. Du

mein kluger Herzensschatz, bedenke, daß Mäßigkeit in allen Dingen von Nutzen ist; das habe ich oft genug erfahren."

Der Jüngling löste sich also von ihr und nahm Abschied, während sie wieder zu ihrem Mann schlüpfte. Der aber war so schlaftrunken, daß er nichts sah noch hörte und nichts davon merkte, was sie in der Nacht mit dem hübschen und klugen Jüngling getrieben hatte.

Genug davon, die Geschichte ist aus. Gott strafe die schamlosen Weiber, die ihre Männer mit Lügen hinters Licht führen und ihnen voller Arglist Hörner aufsetzen. Sie sollen rettungslos verderben!

Die Liſt der Magd

Wo immer man von ungewöhnlicher Schlauheit zu berichten weiß, erzählt man auch davon, wie Marolf einen
Juden tötete, ihm die Haut abzog und sie selber über-
streifte, um unerkannt zu bleiben. So verkleidet, zog er
in die Welt hinaus, um Abenteuer zu erleben. Doch ich
will nun — so gut ich es vermag — von dem listigen Anschlag eines alten Weibes erzählen, bevölkert doch
ihresgleichen noch zur Genüge die Lande.

Im Frankenlande liegt die Stadt Würzburg. Prachtvoll
sind ihre Bauten, ansehnlich und reich ihre Bewohner.
In dieser Stadt lebte eine Frau, die sich damit befaßte, all
jenen, die sich in Liebesnöten befanden, gegen reichlich
bemessenen Lohn mit listigem Rat zu helfen. Sie be-
werkstelligte so manches heimliche Beilager, was allerdings — im Interesse des guten Rufes der Beteiligten —
nicht ruchbar werden durfte.

Eines Tages ergab es sich, daß diese Kupplerin zu
ihrem großen Leidwesen ohne Beschäftigung blieb. Ver-

drossen dachte sie bei sich: Wie soll ich dieser Flaute nur
ein Ende machen? Das Pfingstfest mit seinen Feiertagen
steht vor der Tür! So ging sie denn eines Tages am späten Vormittag zur Messe und gesellte sich zu einigen
Klatschbasen, um nach der Möglichkeit eines Geschäfts-
abschlusses Ausschau zu halten. Als sie so ihre Blicke unablässig nach allen Richtungen schweifen ließ, sah sie,
wie einer der edlen Chorherrn — der Domprobst Heinrich von Rotenstein — in prunkvolle Gewänder gehüllt
durch das Münster auf sie zu kam. Bei dem wird sich das
Geschäft lohnen, dachte sie, während sie sich ihm näherte. Sie hielt ihn an der Soutane fest und bat ihn, um
Gottes willen doch einen Augenblick zu verweilen. „Ich
weiß wohl, daß ich — gemessen an Euerm hohen Rang
— ein unwürdiger Bote bin. Wenn ich nun die Botschaft, mit der man mich zu Euch geschickt hat, aus-
richte, so erweist mir die Gnade, sie nicht übel aufzunehmen."

Er erwiderte: „Sagt nur ungescheut alles, was Ihr auszurichten habt."

„Mit Verlaub: Mich hat eine schöne Frau zu Euch
gesandt, um Euch Grüße und das Geständnis ihrer Neigung zu überbringen. Sie ist Euch ganz und gar — mit
all ihren Gedanken, Wünschen und Sehnsüchten — verfallen und bittet Euch, ihre Liebe nicht zu verschmähen."

Der Chorherr errötete über und über, die Botschaft
gefiel ihm ausnehmend gut, und er fragte: „Bei Gott,
sage mir, ob es dein Ernst ist oder ob du nur deinen
Spaß mit mir treibst."

„Es ist mein vollster Ernst", erwiderte sie.

Der Chorherr zeigte sich hoch erfreut, griff in seinen
Geldbeutel und steckte ihr eine Handvoll Münzen zu:
„Leite alles in die Wege, dann will ich es dir reichlich
lohnen!"

Und sie erwiderte: „Ich will tun, was Ihr befehlt."

Während der Chorherr davonschritt, schaute die
alte Kupplerin vergnügt in ihre vollen Hände: „Der

Anfang war gut. Der Festbraten brutzelt schon in der Pfanne!".

Indes näherte sich eine hübsche, reizende Frau, und sogleich dachte die Alte: Ha, dieser da will ich den Liebesköder hinwerfen! Wollen sehen, ob ich sie nicht mit List verführen kann. Es wird sich ja zeigen, ob sie einem kleinen Vergnügen nicht abgeneigt ist. Sie schoß auf sie zu und begrüßte sie mit lauter Stimme. Dabei lächelte sie die Dame schalkhaft und vertraulich an, wie es die Weiber tun, wenn sie einem Scherz gute Aufnahme sichern wollen. Die Dame dankte schweigend mit einem Kopfnicken und wollte vorübergehen, doch die Alte hielt sie auf: „Verharrt ein Weilchen, meine Gnädigste, damit ich zwei Worte mit Euch reden kann."

„So sprich. Was willst du von mir?"

„Ach, der trefflichste Mann, der je einer Frau Bekanntschaft suchte, verzehrt sich in Sehnsucht nach Euch. Er läßt Euch versichern, die Liebe zu Euch habe ihn so schwer verwundet, daß er nicht mehr genesen kann, Ihr wolltet denn sein Arzt sein."

„Das tut mir leid, doch wenn er nach mir schmachtet, so bin ich völlig unschuldig daran. Mag er sich besser vorsehen!"

Dabei schoß ihr jedoch die Röte ins Gesicht, ihre roten Lippen öffneten sich ein wenig, und sie lächelte freundlich.

Ei, dachte die alte Vogelscheuche, das läßt sich gut an, jetzt heißt es dranbleiben!

Die Dame aber fuhr fort: „Ich muß weiter und kann nicht länger hier bei Euch stehenbleiben. Was wir beide noch zu bereden haben, wollen wir auf später verschieben."

Während die Dame ins Münster zur Messe ging, überlegte die Alte hin und her, wie sie die Sache anfassen sollte. Wer gewinnen will, muß jeden Einsatz wagen, und wer viel wagt, der gewinnt auch viel. Man muß mit der Wurst nach der Speckseite werfen. Vielleicht gerät sie so stark ins Schwingen, daß die Schnur reißt und sie zu Boden fällt.

So ging sie denn zu einem Verkaufsstand und kaufte einen seidenen Gürtel, an dem ein hübsches Beutelchen hing. Dann begab sie sich in das Münster, und kaum war die Messe zu Ende, schlich die Alte erneut zu der Dame und sprach: „Meine Gnädigste, da bin ich wieder! Seht her, meine liebste Gnädigste, dies Geschenk läßt Euch mein Auftraggeber überreichen. Er läßt Euch überdies versichern: Wenn Ihr dies Geschenk gütigst annehmt, so will er Euch solche Kostbarkeiten schenken, daß Ihr Euch zeitlebens an ihnen freuen könnt."

Während die Dame das Geschenk betrachtete, sprach sie mit feinem Anstand: „Mir genügt bereits dies eine, und wenn ich es einrichten kann, will ich es ihm nach besten Kräften vergelten. Es soll sein Schade nicht sein, und auch du sollst etwas von mir bekommen." Sie gab der Alten drei Schillinge, und damit trennten sich die beiden.

Die Alte aber war von Herzen vergnügt. Nun habe ich mein Schäfchen im Trockenen! Wie ein Dachs strich sie eilends nach Hause und stattete ihre Küche reichlich aus, wie man es sich an solchen Festtagen nur wünschen kann. Dabei dachte sie bei sich: Wenn eine Krähe stille sitzt, verkümmern ihr Schnabel und Klauen. Wer sich nicht tummelt, muß in Angst und Sorgen leben.

Am nächsten Morgen machte sie sich wieder auf den Weg. Es dauerte nicht lange, da kam der Chorherr vorbei und fragte: „Was machst du hier schon so früh am Morgen, meine Liebe?"

Sie erwiderte: „Ich habe Euch hier erwartet. Seit gestern habe ich mir in Eurer Angelegenheit keine Ruhe gegönnt, um Euer Herz und das Herz jener Frau, die Euch liebt, zu beglücken. Ihr könnt mir glauben, daß sie jede Aufmerksamkeit verdient."

Der Chorherr drängte: „Nun berichte mir auf Treu und Ehre, was sie dir gesagt hat und was du dazu meinst! Hältst du es für gut oder schlecht?"

„Seid unbesorgt! Mein Leben setze ich zu Pfande, daß sie Euch reicher beschenken wird, als Ihr es Euch vorstellen könnt. Wenn Ihr entschlossen seid, so zögert nicht länger. Ich werde ein Stelldichein ermöglichen. Dann könnt Ihr ein Wild erjagen, an dem Euer Herz seine helle Freude haben wird."

In diesem Augenblick näherte sich ihnen eben jene reizende Frau, von der die Rede war. Sie hatte sich nach bestem Vermögen herausgeputzt, um sich ins rechte Licht zu setzen und Bewunderung zu erregen. Was sie nur an Seidenzeug und Goldschmuck besaß, das trug sie dem zuliebe, der ihr Herz betört hatte.

„Seht, da kommt ja auch jene vortreffliche Dame! Sie schreitet dahin im Glanz ihrer Schönheit."

„Ist sie es, die mich in ihr Herz geschlossen hat?"

„Natürlich!" sprach das hinterlistige Schandweib und ließ damit sein Herz vor Freude höher schlagen. Darauf näherte sich die Alte der Dame und sprach zu ihr: „Seht, da steht jener Mann, der sich Euch völlig ergeben hat wie das Einhorn der Jungfrau." Diese Worte gingen der Dame ein wie Honigseim, und beide musterten einander mit großem Wohlgefallen. Die Dame aber senkte züchtig das vorher stolz erhobene Haupt und begab sich in das Münster, um die Messe zu hören. Mit ihren Gedanken war sie allerdings ganz und gar nicht beim Gottesdienst. Von wahrer Andacht konnte keine Rede sein, denn die süße Liebe hatte sie so in ihren Bann geschlagen, daß sie völlig abwesend vor sich hin sah und von der Meßliturgie kein einziges Wort verstand.

Es dauerte nicht lange, da war die Messe beendet. Nachdem sie ihr Schlußgebet gesprochen hatte, stand die Dame auf und wollte sich entfernen. Da trat die Alte auf sie zu und flüsterte: „Da bin ich wieder, meine Gnädigste. Hört mir einen Augenblick zu und vernehmt, was ich zu sagen habe. Wenn ihr gegessen habt und der Nachmittag angebrochen ist, so schmückt Euch aufs beste. Ich werde Euch dann daheim in meinem Häuschen erwarten. Ich heiße Frau Metze, die Krämerin, und wohne in der Nähe des Hospitals. Mein Haus steht unmittelbar neben einem bunt angestrichenen Gebäude. Wenn Ihr mir gewogen seid, so macht mir die Freude und nehmt meine Einladung an."

Die Dame erwiderte: „Ich werde kommen und dich in deinem Haus besuchen." Danach schieden sie voneinander.

Bei Tisch war die Dame derart versunken in erwartungsvolle Gedanken und Vorstellungen, daß sie weder trinken noch essen konnte, weder Brot noch Fleisch oder Fisch, weder Wein noch Met oder sonst etwas. Nun hatte sie ein Dienstmädchen, dessen treue Ergebenheit sie schätzte und von dem sie wußte, daß es Geheimnisse für sich behielt und nicht ausplauderte; das Mädchen war unbedingt zuverlässig. Zu ihr sprach die Dame: „Meine liebe Katherin, zieh dein schönstes Kleidchen an und begleite mich zu einer Bekannten, die mich heute morgen eingeladen hat."

„Das soll geschehen, ich will Euch gern begleiten", sprach das Mädchen.

Eilends zogen die beiden hübsche Kleider an und gingen dann miteinander zu Frau Metze, der Krämerin. Die Alte begrüßte sie schmeichlerisch: „Ei, so liebe Gäste habe ich noch nie bei mir gesehen! Gott grüße Euch, meine Gnädigste!"

Die Dame erwiderte freundlich den Gruß, und man ließ sich gemeinsam in der Wohnstube nieder, wo die Alte Sitzgelegenheiten bereitgestellt hatte. Alsbald holte sie ihren besten Wein herbei und lud die beiden ein. „Trinkt, wenn es euch beliebt. Eben hat man mich rufen lassen, und ich muß eilends fort. Seid mir nicht gram deswegen."

Sie aber rannte zu dem Chorherrn, um mit ihrem Handel weiterzukommen. Nun war aber die alte Bockshaut so schnell zu Fuß wie der häßliche Reinolt, als ihn der Teufel am Kragen packen und in Bande schlagen wollte. Ohne zu verschnaufen, rannte sie, bis sie in den Kreuzgang einbog, und es dauerte auch nicht lange, bis sie auf den geistlichen Herrn stieß. Sie winkte ihn mit der Hand zu sich heran und raunte ihm zu: „Kommt rasch mit mir, denn daheim bei mir wartet ein Gast, den ich eigens für Euch eingeladen habe. Ich glaube, er wird Euch nichts Böses antun."

„Ist es die Dame, die ich heute morgen gesehen habe?" fragte der Herr von Rotenstein.

„Ei freilich, so wahr ich lebe, ist es jene wunderschöne Frau!"

‚Vor Freude tat er einen Luftsprung und rief: „Hab vielen Dank, Mütterchen! Für deine Mühe will ich dich so reich belohnen, daß du mir ewig dankbar sein wirst!"

In diesem Augenblick aber kamen vier andere Chorherren und ein Schreiber auf ihn zu und riefen: „Halt, Herr! Wo wollt Ihr hin?"

„Ich muß für einen Augenblick fortgehen."

„Das ist unmöglich."

„Ich muß aber unbedingt einen Freund besuchen!"

„Das geht nicht, denn wir brauchen sofort Euer Siegel und Euch selbst als Zeugen bei einem Rechtshandel, damit die Urkunde unanfechtbar ist. Folgt Ihr uns nicht, so verliert Ihr einhundert Mark. Soviel würde der Schaden ausmachen. Euer Freund wird schon nicht sterben und kann solange warten, bis die Verhandlung beendet ist." Und sie zogen ihn gewaltsam mit sich fort.

Ich glaube, die alte Hexe hatte noch nie so fuchsteufelswild dreingeschaut und noch nie einen solchen Reinfall erlebt. Wutschnaubend ging sie davon. Da begegnete sie unversehens dem Ehemann jener Dame, einem wohlgestalteten, leutseligen Herrn von gutem Benehmen und stattlichem Wuchs, etwa dreißig Jahre alt oder ein wenig älter. Da sie ihn nicht kannte, überlegte sie schnell bei sich: Da mir der Chorherr durch die Maschen ging, will ich diesen hier als Ersatz nehmen. Es will mir scheinen, daß er nichts dagegen hätte, mit hübschen Frauen zu schäkern. Als der Herr ihr einen guten Tag bot, verneigte sich der alte Lumpensack tief vor ihm und sprach: „Wie würdet Ihr den belohnen, der Euch

560

eine wunderschöne Frau verschaffte? Ihr seht ganz so aus, als verstündet Ihr etwas vom Umgang mit schönen Damen. Ihr kämt bei diesem Spaß gewiß auf Eure Kosten."

Er erwiderte: „Frau, wenn dies wahr ist, sollt Ihr nicht unbelohnt bleiben!"

Sie ging voran, er folgte ihr, und beide hatten es eilig, ins Haus zu kommen.

Die Dame aber saß am Fenster und war die ganze Zeit über mit ihren Gedanken bei dem erwarteten Liebhaber. Da sieht sie doch die Alte mit ihrem wackeren Ehegespons herankommen! „Weh mir, daß ich je geboren ward! Weh mir, daß ich mich von diesem Weib zu einem solch bedenklichen Abenteuer verführen ließ! Weh mir, wie wird es mir nun ergehen? Weh mir, daß ich je das Licht dieser Welt erblickte! Nun ist es um mein Leben und meinen guten Ruf geschehen!"

Sie rannte in der Stube hin und her, suchte verzweifelt nach einem Ausweg und wußte nicht, wohin sie sich flüchten oder was sie tun sollte.

Das Dienstmädchen rief voller Schrecken: „Gnädige Frau, was ist mit Euch?"

„Mein Ehemann kommt hierher!"

„Liebe gnädige Frau, wo ist er denn?"

„Schau, dort naht er mit der Alten!"

Da beruhigte sie das Dienstmädchen: „Seid unbesorgt! Ich will Euch — so wahr mir Gott helfe — einen Rat geben, der Euch rettet: Sobald er zur Tür hereintritt, fallt Ihr über ihn her, rauft seine Haare und schreit: ‚Also ist es doch wahr, was Ihr mit feierlichen Schwüren immer wieder abgeleugnet habt!'"

„Katherin, ich bin dir ewig dankbar! Gleich nachher will ich dir als Lohn für diesen Rat ein herrliches Gewand kaufen, darauf kannst du dich verlassen!"

Die Dame warf den Mantel ab und stand nun kampfbereit in der Stube. Als ihr Hausherr durch die Tür trat, packte sie ihn sogleich bei den Haaren und schrie: „Ha, Ihr hinterhältiger Strolch! Das hätte ich nicht von Euch gedacht! Nie hätte ich geglaubt, daß Ihr Euch mit anderen Weibern herumwälzt! Ich war Euch wohl nicht schön genug!"

Sie ohrfeigte ihn links und rechts, so daß seine Bakken knallrot wurden: „Pfui Teufel, Ihr übler Bösewicht!"

Der Mann aber flehte: „Hab Nachsicht! Um Himmels willen, ich bin unschuldig! Die Alte hier hat mich verleitet!"

Da lenkte sie ein: „Wenn das wahr ist, so gebt mir Euer Wort darauf, daß so etwas nie wieder geschieht. Dann wollen wir einander gut sein wie früher."

Er beteuerte: „Mit Freuden tu ich das! Vergiß es und verzeihe mir! Ich bereue es ja von ganzem Herzen, und es soll auch nie und nimmermehr vorkommen!"

Die Dame ließ ihren Zorn um so eher verrauchen, als sie selbst nicht ohne Schuld war.

So fügte es Gott in seiner Güte und Allmacht, daß der schlimme Handel glücklich abgewendet wurde und nie zur Ausführung gelangte. Als die Alte sah und hörte, wie die Dame ihren Mann an den Haaren zerrte und ihn wegen seiner Absichten mit Vorwürfen überhäufte, erkannte sie ihren verhängnisvollen Fehler und verließ fluchtartig das Haus.

Diese Geschichte hat der arme Konrad verfaßt. Gott möge dem Unheil zufügen, der treffliche Frauen in Schande und um ihren guten Ruf bringen will.

8.

Das böse Weib

Die Beichte

Einst wohnte ein Mann, weil's ihm eben so gefiel, fern-
ab der Kirche in der Nähe des Waldes. Nun fügte es
sich, daß am Palmsonntag, an dem man bekanntlich zur
Beichte in die Kirche geht, reichlich Schnee gefallen
war, und da der Mann viele kleine Kinder sein eigen
nannte, hatte er keine Lust, sich bei diesem Wetter mühsam bis zur Kirche durchzuarbeiten. So wandte er sich an
seine Frau und sprach: „Weg und Steg zur Kirche liegen
unter hohem Schnee begraben. Laß uns daher gegenseitig unsere Sünden beichten. Was wir uns heute bekennen, wollen wir einander mit Güte und Nachsicht
vergeben und danach um so besser und friedfertiger
miteinander leben."

Die Frau war einverstanden, ließ sich vor dem Hausherrn auf die Knie nieder und sprach: „Voriges Jahr gab
es Unstimmigkeiten mit unserem jungen Herrn, und
wir hatten großen Ärger. Da habe ich mit ihm geschlafen, und seitdem ist er dir gegenüber sehr wohl-

wollend. Dann hat uns sein Amtmann Heinrich viel Kümmernis bereitet und alles daran gesetzt, unseren Herrn gegen uns aufzubringen. Dieses Jahr zur Kornernte hat er so lange auf mich eingeredet, bis ich ihn in die Stube ließ und ihm zu Willen war, und seitdem haben wir unsere Ruhe vor ihm. Einmal, als ich gerade vom Brunnen kam, erschien unser Nachbar Kunz, hielt mich bei den Händen fest und schwatzte so lange auf mich ein, bis ich mich ihm hingab. Auf dem Weg zur Mühle begegnete ich einem stattlichen Geistlichen, er trat mir in den Weg und bettelte so lange, ihn doch zu erhören, bis ich ihm schließlich den Willen tat."

Der Ehemann fragte in aller Güte: „Auf Ehr und Gewissen: Waren das wirklich alle?"

„Ich habe dir nichts verschwiegen, und ich will's auch nie mehr tun."

Da drückte er ihren Kopf in seinen Schoß, gab ihr drei leichte Püffe und erklärte feierlich: „Im Namen Gottes, deine Schuld sei dir vergeben vor ihm und auch vor mir."

Jetzt kehrte die Frau den Spieß um: „Heraus damit! Gestehe deine Schuld, du Sündenbock! Was hast du alles gegen Gott getan?"

„Liebe Frau, seit du mein Weib bist, habe ich dich ein einziges Mal betrogen. Das kam so: Unsere Magd Adelheid lag schlafend am Feuer und hatte nur ein kurzes Hemdchen an. Ich starrte auf die weißen, wohlgeformten, prallen Schenkel und konnte nicht widerstehen. So ist's eben passiert."

„Ha, du elender Schuft! Das hast du mir angetan!" Mit allen zehn Fingern fuhr sie ihm ins Haar, riß ihn zu Boden, schleifte ihn unter lautem Geschrei aus der Tür auf den Hof und schlug wie eine Rasende mit dem Besenstiel auf ihn ein.

Es heißt, es sind die ärgsten Wunden, die einem Mann von einer Frau geschlagen werden. Nun zum Beschluß: Von ganzem Herzen wünsche ich jenen falschen

Weibern, die einem einzigen Fehltritt ihrer Männer hundert und mehr entgegensetzen, die fürchterlichsten Strafen Gottes. Zumal dann, wenn sie die kleinen Schwächen dazu benutzen, sich selbst zum Haustyrannen aufzuschwingen.

Der Zahn

Nichts geht über eine züchtige, ehrbare, keusche Frau, und nichts ist abstoßender als ein hinterhältiges, falsches Weibsbild. Nun heiratete einst ein reicher, doch einfältiger Mann eine wunderschöne Frau, die er mehr liebte als sein eigenes Leben. Sie war jedoch höchst anspruchsvoll und steckte zudem voller hinterlistiger Ränke, wie man es auch heute noch von vielen Frauen sagen hört. (Sie denken nicht daran, ein rechtschaffenes und ehrbares Leben zu führen, sondern wollen immer nur ihren eigenen Kopf durchsetzen. Wer mit so einem Weib gestraft ist, dem wird das Eheleben nachgerade zur Hölle. Sie bringt nur Unheil über ihn, denn sie hintergeht ihn mit ihren verräterischen, arglistigen Ränken so recht nach Herzenslust.) Die Frau des besagten Mannes war raffiniert genug, ihrem ernsthaften und tüchtigen Mann mit zärtlichem Geplauder um den Bart zu gehen und ihn hinters Licht zu führen, wenn es ihr darum zu tun war, ihre Liebesbrunst von einem anderen stillen zu lassen.

Als sie wieder einmal der Hafer stach, brachte sie es —
wie mir überliefert ist — in ihrer Bosheit sogar fertig,
ihrem wackeren Mann einzureden, er sei schwer erkrankt.
Voll versteckter Hinterlist redete sie auf ihn ein: „Leg
dich doch unbedingt bis zu meiner Rückkehr ins Bett!"
Da sie wußte, daß er alle ihre Wünsche und Forderungen erfüllte, konnte sie völlig unbesorgt ihren Gelüsten
nachgehen. So eilte sie denn zu ihrem Liebhaber, und als
sie in seinen Armen lag, begann sie ihn mit tausend
Schmeichelreden zu überschütten: Er sei stattlich, tüchtig, aufrichtig, wohlgemut, und sie liebe ihn mehr als
alle anderen Männer. Schließlich wurde es ihm zuviel,
und er warf ihr vor, daß sie ihm lauter Lügen erzähle;
unwillig erklärte er: „Das alles verfängt nicht bei mir!
Ich fühle in meinem Herzen, daß du es nicht ehrlich
meinst, es sei denn, du bringst mir als Beweis für die
Wahrheit deiner Worte den bestgewachsenen Zahn, den
dein Mann im Munde hat!"

Da rannte sie unverzüglich heim, setzte sich an das
Bett ihres Mannes und begann in arglistiger Verstellung
bitterlich zu weinen, als wenn sie schwerer Kummer
drückte. Der arglose Ehemann, der brav und folgsam
noch das Bett hütete, erschrak heftig. Ihn bedrückte ihr
jammervolles Gebaren sehr, und er bat sie, ihm den
Grund für ihre Kümmernis zu sagen. Darauf schluchzte
sie: „Weh, ich vermag es nicht! Wollte ich ihn sagen,
käme dies einem harten Schlag für mein Eheglück
gleich, den ich nimmermehr verwinden könnte."

Er aber bat sie eindringlich: „Sei nur völlig unbesorgt!
Selbst wenn ich all meinen Besitz und sogar mein Leben
opfern müßte, ich würde es für dich hingeben. Darüber
kann ich dich völlig beruhigen."

Da tat sie ängstlich besorgt: „Weh, mein herzallerliebster Mann, einer deiner Zähne ragt so abscheulich
hervor, daß du auf alle Menschen abstoßend wirkst. Du
solltest dich unbedingt darum kümmern und baldmög-
lichst Abhilfe schaffen, denn die Sache ist verdrießlich
genug."

Da sprach der gutgläubige Mann: „Gibt es denn keine Medizin, die mir helfen könnte?"

„Nein", sprach sie kurz angebunden, „darauf brauchst du nicht zu hoffen! Du mußt ihn schon herausreißen lassen!"

„Gut", sprach er eingeschüchtert, „ich will es tun!" Und er ließ sich unter fürchterlichen Qualen den völlig einwandfreien Zahn herausbrechen.

Als sie den Zahn ihres Mannes in der Hand hielt, lief die Frau spornstreichs wieder zu ihrem Liebhaber und zeigte ihm die Trophäe. Da lief ihm ein kalter Schauer über den Rücken. Bei meiner Ehre, dachte er, wenn sie zu so einer Schandtat fähig ist, wird sie auch vor keinem Mord zurückschrecken, wenn ich sie irgendwann einmal nicht zufriedenstellen sollte. Damit gab er ihr den Abschied.

Ihr könnt mir ruhig glauben, es gibt noch viele Frauen, die ihre Männer mit ihrem unerschöpflichen Listenreichtum nach Herzenslust an der Nase herumführen, und täten sie damit das schlimmste Unrecht! Es gibt überdies zahlreiche Frauen, die nur auf die Befriedigung ihrer geilen Brunst aus sind und die mit ihrem verruchten, heimtückischen Rat ihren Männern noch weit Ärgeres zufügen als den Verlust eines Zahnes. Daß sie allesamt der Satan hole und im tiefsten Höllengrund in Ketten werfen möge! Wer hören will, der höre: Gott soll die Verfluchten von den Rechtschaffenen sondern und die Argen verstoßen, denn Böses paßt nicht zu Gutem. Die Guten und Rechtschaffenen aber nehme er immerdar in seine Hut.

Die böse Adelheid

In einem Dorfe lebte einst ein Mann, dem ein wahres
Märtyrerleben beschieden war. Schuld daran war seine
Frau, die hoch und teuer geschworen hatte, stets ein
richtiger Hausdrachen zu sein. Dies lag ihrem Mann
schwer auf der Seele. Er hieß übrigens Markhart (man
muß nahezu bedauern, daß der Arme überhaupt das
Licht der Welt erblickte), seinen Hausteufel aber nannte
man „die böse Adelheid", denn sie war jahraus, jahrein
nur darauf bedacht, ihm das Leben zur Hölle zu machen.

Eines Morgens, als sie beide am Herd saßen und der
Mann unbillig lange auf das Essen warten mußte,
wandte er sich schüchtern an seine Frau: „Liebste Adelheid, ist denn das Essen noch nicht fertig? Trag es bitte
auf, Gott wird's dir lohnen! Es geht doch schon auf die
Mittagszeit zu!"

„Und wenn du jämmerlich verreckst! Du bekommst
heute nicht einmal eine Krume Brot! Heute wird gefa-
stet, bis dir die Augen vor Hunger funkeln!"

Nun besaß der gutmütige Markhart noch ein wenig Geld, mit dem er sich mehr schlecht als recht durchhalf. So wollte er wieder einmal ins Dorf, um sich ein Brot zu kaufen, doch er kam nicht einmal aus dem Hause, denn sein bösartiges Weib verwickelte ihn in eine Prügelei und Rauferei. Sie schlug wütend auf ihn ein und stieß ihn wie von Sinnen mit dem Besenstiel, so daß man ihm mit Sicherheit den jämmerlichsten Tod prophezeien konnte, hätte er es gewagt, das Brot zu kaufen. Da dachte er beklommen: Was soll ich nur tun, damit ich dieses Satansweib loswerde?

Nachdem sie endlich von ihm abgelassen hatte, trat der gutmütige Markhart hinkend in die Tür seines Hauses. Da sah er viele Leute vorübergehen, die alle nach Augsburg wollten. Nun paßt gut auf, ihr Damen und Herren: Der biedere Markhart konnte es nicht lassen und wollte die Rede wieder aufs Essen bringen: „Liebste Adelheid, ich wünsch dir ja nur das Allerbeste! Schau nur, wieviele Mannsleute zur Stadt strömen! Wenn ich's mir recht überlege, sollten sie besser daheim bleiben, denn in der Stadt versaufen sie nur den Mantel und den Hut dazu!"

Sofort schnappte sie zu: „Das wäre ja gelacht! Nun mußt du grade zum Markt!"

„Liebste Adelheid, ich wünsche dir ja nur das Allerallerbeste! Wenn ich dir einen guten Rat geben darf, so bleib daheim und hüte unser Eigen!"

Sie zankte bissig: „Spar dir deinen Rat! Es ist sowieso vollkommen überflüssig! Hast du dir alle Ohren verstopft? Du hast doch gehört, daß ich heute zum Markt will!"

„So hör doch bitte zu, was ich dann rate: Laß wenigstens das Geld zu Hause, für das ich mein prächtiges Rind hergegeben habe. Wird es vertan, so müssen am Ende meine Kinder den Schaden tragen!"

Sie aber keifte: „Dann will ich es dir nur recht deutlich sagen: Ich nehme heute das ganze Geld mit und mache mir davon einen guten Tag! Das lasse ich mir von niemandem verbieten!"

Es dauerte nicht lange, da kam ein Mann vorbei, der einen blauen Rock und einen gefütterten grauen Mantel trug. Ferner hatte er ein gutes Schwert und einen hübschen neuen Hut. Da sprach unser braver Markhart lachend zu seiner Adelheid: „Nun schau dir doch diesen Affen an! Wie der nur aussieht! Er wird es noch so weit treiben, daß jedermann bei seinem Anblick zu lachen beginnt. Er stolziert in einem blauen Rock daher, als sei er ein Ziegenbock. Dazu schleppt er auch noch Schwert und Hut! Das scheint mir denn doch übertrieben!"

Sie fuhr ihn sofort an: „Auch du kommst nicht drum herum! Du wirst auch einen blauen Rock tragen!"

„Liebste Adelheid, wenn du mich nur ein Fünkchen liebhast, so tu mir um Gottes willen dies nicht an! Ich würde ja allen Menschen zum Gespött!"

Sie aber schrie ihn an: „Du kommst nicht drum herum! Du hast einen blauen Rock zu tragen!"

„Liebste Adelheid, ich wünsche dir wirklich nur das Allerallerbeste! Kaufe mir dann wenigstens den billigsten, der aufzutreiben ist!"

Sie aber wurde immer hitziger: „Nein, ich kauf in Augsburg den allerbesten Rock, den ich für mein Geld kriegen kann!"

Es dauerte nicht lange, so kamen sie in die Stadt. Sofort kaufte sie sieben Ellen vom besten Stoff, der auf dem Markt zu haben war. Dann wandte sie eine gute Summe Geldes an, den Stoff zuschneiden und daraus einen Rock nähen zu lassen, wie er einem rechtschaffenen Manne wohl anstand. Als der Rock fertig war, fragte ihr Mann: „Liebste Adelheid, wollen wir nicht lieber ohne Verzug heimgehen?"

Sie herrschte ihn an: „Nein und abermals nein!"

„So kaufe uns jetzt ein Roggenbrot! Wir brauchen zu Hause noch mancherlei, so daß ich feines Weißbrot nicht haben möchte. Auch zur Schenke wollen wir nicht erst hin, denn ich möchte keinen Wein, Wasser bekommt mir ebenso gut!"

Sie aber schnarrte: „Und wenn dich der grimme Tod trifft! Du hast Weißbrot zu essen und den besten Wein zu trinken, der hier überhaupt aufzutreiben ist!" Sie glaubte, ihn auf diese Weise so recht drangsalieren und ärgern zu können, und führte ihn stracks in eine Schenke, wo der vorzüglichste Wein ausgeschenkt wurde. Beide ließen sich nieder, aßen und tranken und fühlten sich am Ende — wie es den meisten Leuten in solcher Lage ergeht — so recht behaglich und zufrieden. Da fing er wieder an: „Liebste Adelheid, ich wünsche dir nur das Allerbeste! Hör also zu, was ich dir vorschlage: Wir wollen hier bis zum Morgengrauen trinken!"

Als Adelheid diese Worte hörte, stand sie natürlich sofort auf. Dreist, wie sie war, schlug sie einen schmalen Pfad ein, der unmittelbar am Lech flußabwärts führte. Als sie dabei dem schießenden Wasser bedrohlich nahekam, meinte ihr Mann: „Komm dem Wasser nicht so nahe!"

Sie gab spitz zurück: „Wie komm ich denn dazu? Grad weil du das so willst, gehe ich im Gegenteil noch näher heran!"

So kam es dank ihrer abscheulichen Bosheit dahin, daß sie prompt in den Fluß plumpste. Der Lech erfaßte sie mit einem Strudel und zog sie sofort tief hinunter bis auf den Grund, so daß ihr Mann sie nie mehr wiedersah. Doch das war sein geringster Kummer. Er sagte bedächtig: „Du hast nie auf mich hören wollen, und das ist dir schließlich übel bekommen! Ich wollte dich ja suchen, wenn ich nur wüßte, ob flußabwärts oder flußaufwärts. Doch da du zeit deines Lebens der reinste Widerspruchsgeist warst, dürfte sicher sein, daß du flußaufwärts geschwommen bist!"

So ließ es sich der brave Markhart nicht nehmen, flußaufwärts zu schreiten und mit einem Rechen nach seiner ungehorsamen Adelheid zu fischen. Da kam ihm ein vornehmer Herr entgegengeritten und fragte: „Guter Mann, was ist dir zugestoßen? Sprich doch!"

„Herr, eben ist mein Weib in den Fluß gefallen und ertrunken!"

„Wo ist es denn geschehen?"

„Dort weiter unten!"

„Dann such doch weiter flußabwärts. Warum suchst du denn flußaufwärts nach ihr?"

„Herr, sie war stets der reinste Widerspruchsteufel, so daß ich überzeugt bin, sie ist flußaufwärts geschwommen!"

Da meinte der Herr: „Wenn sie einen solchen Charakter hatte, dann suchst du schon an der richtigen Stelle. Ich will dir aber einen ausgezeichneten Rat geben, den du unverzüglich befolgen solltest: Hör einfach auf zu suchen! Mag sich der Teufel um sie kümmern!"

Markhart nahm sich diesen Rat zu Herzen. Er suchte nicht länger nach ihr und ließ sie liegen, wo sie lag. Er selbst aber erreichte bei behaglichem Leben ein hohes Alter.

Der lebendig begrabene Ehemann

Einst sprach ein Mann zu seiner Ehefrau: „Ich liebe dich wahrhaftig mehr als mein Leben, und liebtest du mich ebenso heiß wie ich dich, so wäre mir dies wertvoller als alles Gold der Welt. Ach, du kannst mich gar nicht so innig lieben wie ich dich, denn ich bin dir mit Herz und Sinnen so verfallen, daß ich es gar nicht beschreiben kann."

Sie erwiderte sogleich: „Dann beweise es! Noch nie habe ich dir einen Wunsch versagt. Nun tu du einmal etwas mir zuliebe. Ich versichere dir, daß ich dann um so lieber alles tun werde, was du nur begehrst. Ich werde dir dann beweisen, ′daß du mir noch tausendmal lieber bist als ich dir."

Drauf der Mann: „Sprich, was soll ich machen? Gern will ich alles tun, was du verlangst, wenn du mich dann wirklich ebenso innig liebst wie ich dich!"

„Liebster, laß dir versichern: Nichts kränkt und betrübt eine Frau so sehr, als wenn der Mann ihren Worten keinen Glauben schenkt. Nichts ist uns Frauen schmerzlicher als dies."

Der Mann meinte: „Ist das alles, um was du mich bittest?"

„Gewiß, das ist alles!" erwiderte die Frau.

„Wenn ich dir dies verweigerte, wäre das ja noch schlimmer als Mord und Verrat! Ich liebe dich so sehr, daß ich dir einen heiligen Eid schwören will, alles zu glauben, was du mir sagst. Wenn du mich nämlich wirklich so innig liebst wie ich dich, kann es zwischen uns weder Lug noch Trug geben."

Nachdem er diese Worte gesprochen und den Eid geleistet hatte, dachte sie sogleich: Ich will doch gleich einmal ausprobieren, ob er mir wirklich aufs Wort glaubt. Und obwohl es hellichter Mittag war, behauptete sie dreist: „Lieber Mann, die Nacht ist hereingebrochen. Ich habe bereits das Abendbrot auf den Tisch gebracht. Laß uns also essen und dann schlafen gehen."

„Wie kommst denn du darauf? Es ist doch nicht einmal Mittag vorbei!"

„Ei, sieh da!" rief die Frau. „Nun tut es mir von Herzen leid, daß ich dich immer selbstlos umsorgt habe! Es ist sonnenklar, daß die Männer treulose Wichte sind, denn im Handumdrehen bist du meineidig geworden! Es ging mir doch nur darum, dich zu prüfen. Ich wollte sehen, ob du mir wirklich treu ergeben bist und ob auf deinen Eid Verlaß ist. Nun muß ich leider erfahren, daß du ein Faß voller Treulosigkeit bist. Was hätte es dir denn ausgemacht, dich an dein gegebenes Versprechen zu halten und zu sagen: ‚Jawohl, es ist Nacht!', nachdem ich es dir versichert hatte. Mehr als ein halbes Jahr lang habe ich dich so fürsorglich umhegt, wie kein anderer Mann von seiner Frau umsorgt wurde. Deine Treueschwüre sind aber Schall und Rauch, und daher ist es aus mit unserer Liebe! Meinst du denn, ich wüßte nicht genausogut wie du, daß nicht einmal Mittag heran ist? Ich wollte dich nur wohlbedacht auf die Probe stellen." Und sie schwor hoch und teuer bei ihrem Leben, daß er nie wieder ihre Neigung gewinnen würde. Ihre Drohung versetzte ihn aber in so arge Bestürzung, daß er sich kaum fassen konnte, denn er liebte die Frau über alle Maßen. Verzweifelt rief er: „Weh, daß ich mich so vergessen konnte! Gott möge sich meiner erbarmen! Fürwahr, er hat sein Auge abgewendet von mir Erdenwurm!" Er warf sich vor seiner Frau auf die Knie und schluchzte: „Liebste, gütigste Frau! Laß mich mein Vergehen büßen! Ich will es auch nie, nie wieder tun! Sollte es noch einmal vorkommen, so kann es — das gelobe ich feierlich — keine Entschuldigung und keine Sühne mehr dafür geben."

„Nun gut", sprach sie. „Ich will es noch einmal hingehen lassen. Ich versichere dir aber: Dein Verhalten kränkt mich so sehr, daß es mit unserer Liebe unwiderruflich aus und vorbei ist, wenn du es noch einmal tust. Nie wieder kommst du mir dann noch unter die Augen!" Er aber war heilfroh und erleichtert, daß ihr Zorn so schnell verraucht war.

Etwa zwölf Tage später setzte sie ihm erneut ein Lügenmärchen vor, um ihn auf die Probe zu stellen und ihn völlig zu unterwerfen, da dies ihren Stolz und ihre Eigenliebe kitzelte. Sie bereitete ein eiskaltes Vollbad und befahl ihm: „Steig hinein, das Wasser ist warm genug!" Nun war sein Selbstbewußtsein schon so gebrochen, daß er keinen Einwand wagte, denn er fürchtete, ihre Liebe zu verlieren. Obwohl er in dem Bad vor Kälte mit den Zähnen klapperte, versicherte er ihr doch eifrig: „Es ist wirklich angenehm warm!" Als er dies alles widerstandslos über sich ergehen ließ, fühlte sie lustvollen Stolz im Herzen, sie umsorgte ihn nun doppelt so eifrig wie zuvor, und dies tat sie unverdrossen Tag um Tag, so daß er sie geradezu anbetete. Und hätte sie ihm versichert: „Die Erde ist aus purem Gold!", so hätte er eilfertig erklärt: „Das ist die reinste Wahrheit!" So ging ein halbes Jahr dahin.

Nun lebte in dieser Stadt ein Pfarrer, der die Frau bei jeder nur passenden Gelegenheit mit Liebesanträgen bestürmte, und er brachte es schließlich dahin, daß sie sich ihm hingab. Eines Tages kam ihr Mann hinzu, als sie der Pfarrer nach einem heimlichen Stelldichein verließ. Sogleich warf er ihr vor: „Das ist nicht recht von dir, daß du mit dem Pfaffen Heimlichkeiten hast!"

Sie aber fuhr ihn an: „Beim heiligen Christus, das lügst du in deinen Hals hinein! Es stachelt wohl deinen Übermut, daß ich so gut zu dir bin! Du kannst mir glauben, daß nie eine Frau ihren Mann mehr geliebt hat als ich dich! Wenn du das nicht sofort glaubst und auch nur ein einziges Widerwort sprichst, so will ich dir einen solchen Tanz machen, daß wir in Zukunft von Tisch und Bett geschieden sind! Entweder du heißt jetzt ein für allemal gut, was ich spreche und tue, oder wir sind fortan geschiedene Leute."

Er versicherte demütig und voller Angst: „Alles ist gut und richtig, was du Reine und Makellose tust! Jedes deiner Worte ist goldene Wahrheit, und selbst wenn du tausend Jahre leben würdest, soll auch nicht der Schatten eines Verdachtes auf dich fallen!"

Danach war sie noch eifriger auf sein Wohlbefinden bedacht. Sie umsorgte ihn so eifrig, daß er jeden Tag voller Überzeugung zu sich sprach: „Ich habe doch wahrhaftig die beste und schönste Perle unter allen Frauen!"

Mit der Zeit kam es aber dahin, daß sie den Pfaffen leidenschaftlich liebte und ihr der eigene Mann lästig wurde. Sie sann darauf, wie sie ihn loswerden könne, und ich will euch nun erzählen, wie sie dies tat: Als ihr Mann eines Tages nach der Feldarbeit heimkam, musterte sie ihn besorgt und rief dann aus: „Ach, ich bejammernswertes Weib, was ist denn los mit dir?"

„Was soll denn los sein mit mir, Herzallerliebste?" erwiderte der Mann.

„Du bist ja totenbleich! Der Tod greift an dein Herz! Ach, jede Hilfe kommt zu spät! Geh schnell zu Bett und leg dich nieder. Weh mir, du wirst mir dahinsterben! Ich will sofort den Priester holen, damit er für dein Seelenheil sorgt!"

Sie schleppte tatsächlich den Pfarrer herbei und ließ ihren Mann beichten. Es war nicht schwer, ihn dazu zu bewegen, denn er wollte ihr ja in allen Dingen zu Willen sein. Dafür gab es zwei zwingende Gründe: Einmal, weil sie so fürsorglich war, zum anderen, weil noch nie ein Mann zu seiner Frau eine solche innige Liebe getragen hat. Nachdem die beiden seine Beichte gehört hatten und der Mann die Sterbesakramente empfangen hatte, verließ der Pfarrer das Haus. Die Frau aber gab ihrem Mann eine hell brennende Kerze in die Hand, drückte ihm die Augen zu und drängte ihn: „Lieber Mann, verhalte dich jetzt so wie jene, die auf dem Sterbebett liegen. Denn du bist jetzt tot, mein herzliebster Mann, und darfst dich nicht mehr bewegen."

Sie schleppte schnell eine Totenbahre heran und bettete ihn darauf. Dann kamen alle Nachbarn herbei, und man hielt die ganze Nacht bis zum hellen Morgen die Totenwache bei ihrem Mann. Als man ihn zur Kirche trug, folgte ihm seine Frau tränenüberströmt, raufte sich die Haare, schlug sich mit Fäusten an die Stirn und gebärdete sich, als sei sie schier verzweifelt. Man hielt eine kurze Totenmesse und trug dann den „Toten" zum Grabe hin. Das Weib und der Pfarrer aber waren voller Freude, daß sie seiner endlich ledig wurden. Der blöde Narr lag ganz ruhig da und glaubte, seine Frau wolle ihn wieder einmal auf die Probe stellen und würde seine Fügsamkeit mit zärtlicher Liebe lohnen. Er war davon so fest überzeugt, daß er auch dann noch an seinem Wahne festhielt, als man ihn in das Grab senkte und schleunigst einscharrte. Da es ihm jetzt offensichtlich an den Kragen ging, schrie er laut um Hilfe und verhielt sich in allem wie einer, der sich in Todesgefahr sieht. Der Pfaffe aber gebot den Versammelten salbungsvoll, sie sollten sich bekreuzigen und Gott anflehen, er möge doch den Teufel vertreiben, damit er den armen Verstorbenen nicht länger peinige. „Gottes Wille geschehe! Amen!" fielen all jene im Chor ein, die das Grab umstanden.

So kam der arme Narr ums Leben. Soviel er schrie

und kreischte, die beiden Verschworenen blieben dabei, daß es die Stimme des Teufels sei, und verhinderten damit, daß man den Sarg wieder ausgrub.

Wer ein verrücktes Weib zum Herrn seines Schicksals macht, muß dann auch den daraus entstandenen Schaden hinnehmen.

Drei liſtige Frauen

Wenn ihr fein aufmerksam zuhört und mich nicht etwa als Possenreißer anseht, erzähle ich euch die folgende Geschichte. Allerdings kann ich nicht dafür einstehen, daß sich alles geradso zugetragen hat, denn ich habe sie aus zweiter Hand. Mein Gewährsmann hat jedoch hoch und heilig versichert, es sei die reinste Wahrheit, und so unwahrscheinlich ist's auch nicht, denn hier wird von Frauen erzählt. Und bei Frauen ist nichts unmöglich: Sie machen aus den Männern Engel oder Bösewichter, freigebige Gesellen oder Geizhälse, kluge Köpfe oder Toren, lockige Jünglinge oder Kahlköpfe, würdige Diener Gottes oder Narren. Die nun folgende kurze Erzählung ist jedenfalls ein überzeugender Beweis dafür.

Diese Geschichte, deren Glaubwürdigkeit man mir tausendfach beteuert hat, handelt von drei losen Weibern, die nichts wie Unsinn im Kopf hatten. Einst, als sie bei einem Schwatz beisammensaßen, gerieten sie sich in die Haare, denn jede wollte die andere übertreffen, und dies auf eine nicht eben rühmliche Art. Es ging nämlich darum, welche von den drei Schälken dem eigenen Mann am unverschämtesten auf der Nase herumtanzen könnte. Dieses tolle Weib sollte die Meisterin der Runde sein und den höchsten Ruhm genießen. Voll ausgelassener Freude über diesen großartigen Spaß gingen sie auseinander, und jede strebte dem eigenen Heime zu; jede war auch fest entschlossen, alle Durchtriebenheit aufzuwenden, um nur ja den begehrten Ruhmespreis zu erringen.

Die Ehrgeizigste der drei hieß Hiltgunt und hatte denn auch — von Ruhmbegier besessen — als erste einen Einfall. Eines Morgens trat sie feierlich ans Bett ihres Mannes, eines vierschrötigen Bauern mit Namen Knure, und sprach mit frommem Augenaufschlag: "Würdiger Herr Abt, erhebt Euch, denn der Tag ist angebrochen. Die Gemeinde der Klosterbrüder hat bereits die Frühmesse gehört. Steht schnell auf, denn sie kommen alle her zu uns!"

Der Bauer stierte sie mit offenem Munde an: "Wer kommt zu uns?"

"Nanu, seid Ihr um den Verstand gekommen, daß Euch eine so bedeutende Sache entfallen ist? Es naht die Gemeinde der Klosterbrüder, geführt vom Prior. Wißt Ihr denn nicht mehr, daß man Euch zum Abt gewählt hat? Heute wird Euch im Remter aufgetischt. Macht schnell! So eine Ehre läßt man sich doch nicht entgehen!"

Der Bauer erwiderte: "He, treib meine Ochsen her und wirf ihnen das Joch über. Meinetwegen auch meinen Gaul! Dann geht's los auf den Acker, denn dort kenne ich mich aus. Zum Teufel, ich bin weder Mönch noch Abt!"

Sein Weib aber sprach salbungsvoll: "Schweigt! Laßt ab von Eurer Narrheit und besinnt Euch eines Besseren! Wenn Ihr bei Eurem unsinnigen Entschluß beharrt und meinen Rat in den Wind schlagt, habt Ihr Ansehen, Besitz und Leben verspielt. Das könnt Ihr glauben."

Der Bauer wiegte völlig verwirrt den Kopf hin und her und stammelte: „Aber ja, gewiß doch, ich bin natürlich mit Freuden einverstanden!"

Kurz angebunden erklärte die Frau: „Na schön, dann laßt Euch eine Tonsur scheren und werft eine Kutte über!"

Unser Bauer beteuerte eifrig: „Natürlich, selbstverständlich, eine Tonsur muß sein!"

Nun ergriff sie Schere und Rasiermesser und schor dem Schafskopf eine prächtige Tonsur. Dann zwängte sie den Bauerntölpel in eine Kutte. Ihr seht, wie dieses Satansweib den eigenen Mann zum Narren machte. Der saß da wie ein begossener Pudel und wagte kein Widerwort, denn in seinem Kopf ging's wirr durcheinander. Sie hatte ihn so weit, daß er jeden Eid darauf geleistet hätte, er sei nunmehr Abt eines Klosters. Seht, so wurde dem biederen Bäuerlein vom eigenen Eheweib die Narrenkappe aufgesetzt. Ja, das bringt eben nur eine Frau fertig. Es ist unmöglich, sich eine Verrücktheit auszudenken, die eine Frau nicht zustande brächte.

Nun genug von der ersten! Wenden wir uns der zweiten zu. Sie hieß Swichmut und setzte natürlich allen Ehrgeiz darein, an ihrem Herebrant zu beweisen, daß ihr der höchste Ruhm zukäme. So um die Mittagszeit, als sich ihr Mann zu einem kleinen Schläfchen niedergelegt hatte, rannte sie mit lautem Jammergeschrei herbei, warf sich über ihn und hob mit perfekter Verstellung eine laute Totenklage an: „Ach du mein geliebtes Herz, muß ich dich wirklich für ewig entbehren? Gott steh mir bei in dieser Not! Geliebter Mann, warum bist du so rasch gestorben?"

Der Mann schreckte hoch und starrte sie verständnislos an: „Was brüllst du da? Ich habe ein Nickerchen getan und bin nun wieder wach. Beruhige dich! Gleich stehe ich auf, und wir gehen zusammen zu unseren Nachbarn."

„Weh und ach! Das darf nicht sein! Wie gerne wäre ich an deiner Seite, wärst du nur dem Tode entronnen!

Doch leider, du bist mausetot! Wie elend mir auch zumute ist, füg dich und bleib stockssteif liegen, sonst gibt's im ganzen Dorf einen Riesenskandal, denn man wird meinen, du seist vom Teufel besessen! Glaub's nur, der Pfarrer wird es höchstpersönlich der ganzen Gemeinde versichern, denn er hat dir doch mit eigenen Händen die Augen zugedrückt. Ach, ich könnte mir vor Verzweiflung die Haare ausraufen! Wenn du jetzt partout wieder lebendig sein willst, wird er es noch schaffen, mich arme Witwe an den Bettelstab zu bringen."

Der Mann fuchtelte empört mit beiden Händen: „Schweig, alles ist Lüge!"

„Halt den Mund! Du redest irre! Der Pfarrer kann bezeugen, daß ich die reinste Wahrheit spreche! Ach Gott, ich habe allen Grund, meinen Schmerz hinauszuschreien, bist du doch mausetot. Wenn du das nicht begreifst, mußt du verrückt sein. Gestern spätabends hast du deinen Geist aufgegeben. Warte einmal, dabei waren außer dem Pfarrer Meister Heinrich, die Gevattern Gumpolt und Gobelin, dazu Leutbolt und Lüdelin mitsamt anderen Pfarrkindern. Alle haben erlebt, wie du entschlafen bist. Was immer du dir einbildest, du bist bestimmt ganz und gar tot. O Jammer und Graus, nicht genug damit, willst du uns noch mehr Elend machen. Überall wird man sagen, der Satan sei in dich gefahren. Das ist schlimmer als der Tod, denn du bringst uns alle in Schmach und Schande."

Der Mann, reichlich durcheinander, dachte bei sich: Bei Gott, am besten ist's, ich bleib ganz ruhig liegen und hüte mich vor den Ränken des Satans. Ich muß tatsächlich gestorben sein, sonst würde mein Weib nicht so ein Jammergeschrei erheben. Und wehleidig sprach er zu ihr: „So leb denn wohl, geliebtes Weib! Ich bin mit meinem Tode einverstanden. Bete mit den Kindern für meine Seele! Und wenn mich der Tod auf diesem Lager verfaulen läßt, ich rühre keinen Finger mehr!" Damit lag er stockssteif da, und sie hatte endlich ihren Willen durchgesetzt.

Als der Knecht vom Felde kam und hörte, daß der Hausherr verstorben sei, war er tieftraurig, und er wandte sich an die Hausfrau: „Bei Gott, was waren die letzten Worte meines lieben Herrn?"

Sie sprach todernst: „Es war sein Wille, daß wir zwei uns zusammentun. Da er's so wollte, frisch drauflos! Laß uns bis an unser Lebensende zusammenbleiben."

Da warf er sich schnaufend über sie und keuchte: „Laß uns den Treuebund schließen. Wir ließen's bleiben, lebte unser Herr. Doch nun beweist, daß Ihr Euch meinem Wunsch und Willen überliefert!"

Der Worte waren genug gewechselt. Er holte seinen Pflug hervor und stillte ihre geile Lust. Der Bauer auf seinem Bett sah dem munteren Treiben tatenlos zu und sprach schließlich zu dem Knecht: „Gestern noch hätte es so was nicht gegeben zwischen uns! Nun zwingt mich der Tod, es dir zu gestatten. Na ja, ich bin eben ein toter Mann und kann weder Hand noch Fuß rühren."

Auf diese Weise also hatte das freche Weibsbild den Ehetrottel genarrt.

So, nun will ich versuchen, den Schelmenstreich der dritten zu erzählen. Dieses Weib, Radegunde mit Namen, hätte in diesem Wettbewerb auch gern den Preis davongetragen. Ihren Mann Ocker hatte sie ohnehin seit sieben Jahren nach Strich und Faden belogen und betrogen. Nun redete sie ihm ein, sie könne ein so hauchdünnes Gewebe wirken, daß jedermann die daraus gefertigten Kleider über alle Maßen preisen würde. Der täppische, gutgläubige Bauersmann war hell begeistert von seiner Frau und strahlte: „Du mein süßes Püppchen! Zeig doch mal deinen Spinnrocken, mit dem du so feine Fäden spinnst!"

Sie aber wies ihn ab: „Mein Herzensmännchen! Laß ab, das kann und darf nicht sein! Wenn du darauf bestehst, wird mir nur all meine Mühe zunichte. Also schweig, denn du machst nur alles kaputt! Wenn du aber fein still bist, besorge ich dir die herrlichsten Kleider, die du dir nur denken kannst. Sie sind so wunderbar gewirkt, daß du sie mit deinen profanen Augen gar nicht siehst. Behalt's aber für dich und warte ab, welchen Eindruck du morgen vor der ganzen Pfarrgemeinde machen wirst. Das wird ein Aufstand in der Kirche, und man wird dich bis in den Himmel preisen. Morgen ist überhaupt ein wichtiger Tag: Der Mann meiner Gevatterin Hiltgunt wurde gestern abend mit großen Ehren zum Abt erwählt und will morgen sein neues Amt antreten. Da sollst auch du Eindruck machen. Außerdem wird unsere brave, ehrenfeste Gevatterin Swichmut ihren Herebrant begraben, der in der Nacht verstorben ist. Steh ihr also morgen bei in der Kirche. Du wirst in deinen wundervollen Kleidern alle Augen auf dich ziehen, denn niemand wird dich an Prunk und Glanz übertreffen können. Wenn du erst diese einmaligen Kleider angezogen hast, kümmere dich nicht mehr um das neidische Gemurmel der Leute, die dich mißgünstig mustern werden."

Er aber erwiderte voller Erwartungsfreude: „Ich tu mit Freuden alles, was du willst."

„Also komm näher, denn ich will Maß nehmen für die Kleider."

„Mit Vergnügen", lachte der betrogene Gimpel, „jedes Wort ist mir Befehl!"

Nun begann sie eifrig zu messen, so daß er vergnügt meinte: „Das werden sicher prächtige Kleider! Tausend Dank, liebe Frau!"

„Paß auf, so ungefähr wird die Weite sein."

„Ach, ich kann's kaum erwarten, daß ich endlich diese zauberhaften Kleider anziehe!"

„Gott gebe dir seinen Segen! Wo immer du gehst, stehst oder sitzt, sollst du sie am Leibe haben!" sprach scheinheilig die dreiste Hausfrau, und er wußte sich in Erwartung seines Triumphes vor Freude nicht zu lassen.

Nun hört her, wie dieses verrückte Bubenstück weiterging. Gewiß, es ist zum Totlachen, daß der verblendete Narr alles tat, was seine Frau von ihm verlangte. Früh am Morgen sagte sie: „Nun komm, lieber Mann! Zieh deine neuen Kleider an!"

Er tappte zu ihr und sah sich überall nach den neuen Kleidern um. Sie aber vollführte allerlei Gebärden, als lege sie ihm die Kleider zurecht, und sprach dann zu ihm: „So, nun zieh diese kostbaren Gewänder an!"

Und er voller Begierde: „Gib sie her!"

„Himmel nein! Du mußt doch erst deine alten Lumpen ausziehen!"

Tatsächlich zog sich der dumme Klotz splitternackt aus und wollte nun die neuen Kleider überstreifen. Da schritt sie auf ihn zu und tat ganz so, als zöge sie ihm die Kleider über den Kopf. Dazu sagte sie: „Mein Herzallerliebster! Wenn du mich liebst, ziehst du nun die neuen Kleider an und kümmerst dich dann nicht um das mißgünstige Geraune der Menschen. Sag kein Wort und geh geradeswegs zum neuen Abt, denn man erwartet dich schon."

„Potzdonner!" erschrak der Mann. „Mir ist, als hätte ich gar nichts am Leibe!"

„Pfui über dich, verfluchter Kerl!" rief sie empört. „Das wird dir noch leid tun. Ich habe dir schon tausendmal vorgebetet, diese Kleider sind so hauchzart, daß weder Wind noch Regen sie bewegen. Du mit deinen Schafsaugen kannst sie gleich gar nicht sehen. Also beeil dich und verkriech dich nicht etwa in der Menge, sondern gehe dreist mitten durchs Kirchenschiff."

Mit ängstlichen Blicken versicherte der Mann: „Aber ja, ich tu's, und gern dazu!"

Sie aber fuhr fort: „Noch einige Hinweise: Geh stracks bis zum Altar! Kümmere dich nicht um das Gemurmel der Leute, und hebe mit schallender Stimme den Kirchengesang an, dann wird's dir Gott reichlich lohnen!"

Tatsächlich ging der Esel völlig nackt los, so daß man sein Ding lang wie eine Ochsenhachse zwischen den Beinen bammeln sah. Unsicher und verschämt ging er zur Kirche, und als er in dieser Fasson durch das Kirchentor trat, starrte ihn alles entsetzt und mit strafenden Blicken an. Als er gar stracks auf den Altar zuschritt, wichen die Menschen vor ihm zurück, als sei er ein Wahnsinniger.

Sagt nun selbst, welche von den drei Weibern ihren Ehemann am unverschämtesten zum Narren gemacht hat. Und wer immer diese Geschichte gehört hat, möge als Lehre mitnehmen, daß es töricht ist, seinem Weib in allem zu Willen zu sein, sonst hat man die üblen Folgen zu tragen. Damit schließe ich.

Die leichtherzige Witwe

Es heißt, daß einst zwei Menschen einander herzlich
liebten; besonders der Mann liebte seine Frau mehr als
sein eigenes Leben. Mit seinem Tod nahm diese innige
Liebe ein Ende. Sein Sterben stürzte seine Frau in
furchtbare Verzweiflung; sie war untröstlich über den
Verlust des geliebten Mannes. Kein Mensch konnte sie
beruhigen: Sie schrie, gebärdete sich wie unsinnig und
war nicht von der Bahre des Toten fortzubringen. Nachdem man ihn begraben hatte, wußte sie sich vor Jammer
und Leid nicht zu fassen und schrie laut ach und weh.
Weder Schnee noch Regen konnten sie vom Grab ihres
Mannes vertreiben. Sie befand sich in einem furchtbaren
Zustand und wachte bei Tag und Nacht am Grabe des
Mannes. Einsam und allein saß sie dort an einem offe-
nen Feuer.

Nun geschah's, daß unweit des Friedhofes ein Dieb
gehenkt wurde. Man stellte einen Wächter unter den
Galgen, der gegen Entlohnung das Abnehmen der Lei-

che verhindern sollte. Wäre dies geschehen, hätte sich der Zorn des Richters gegen den Wächter gerichtet, und er hätte ihn enthaupten lassen. Als der Wächter die einsame Witwe am Feuer den Tod ihres Mannes bejammern hörte, wurde er von Liebesverlangen ergriffen. Er ging zum Grab zu der schönen Witwe und brachte Holz, um das Feuer zu nähren, das sie vor der Kälte schützen sollte. Dann sprach er zu ihr: „Liebe Frau, faßt doch wieder Mut! Gewiß, Euer lieber Mann ist tot, doch Ihr seid am Leben und solltet Euch an die Lebendigen halten. Vielleicht gibt's einen Mann auf der Welt, der ebenso wacker ist wie Euer verstorbener Gatte und Euch in Eurer Verzweiflung trösten kann." Je länger er die Frau anstarrte, um so heißer durchflutete ihn die Begier nach ihr, so daß er sich kaum noch zügeln konnte: „Liebste Frau, seid Ihr einverstanden, dann entschädige ich Euch für alles durchlittene Weh. Seht, von Stund an gehöre ich Euch mit Leib und Seele."

Die trauernde Witwe tupfte verstohlen die Tränen ab, sah ihn zaghaft lächelnd an und sagte: „Wenn du's ernst meinst, will ich meine Trauer vergessen und alles tun, was du verlangst."

Er rief feurig: „Liebste Frau, so soll's denn sein!" Stürmisch schloß er sie in die Arme und überschüttete sie mit Zärtlichkeiten, die zu schildern hier nicht der Ort ist. Nachdem er seine Begier gestillt hatte, verließ der Wächter die Frau und ging wieder zum Galgen. Dort erwartete ihn eine böse Überraschung: Da er nicht aufgepaßt hatte, hatte man den Dieb vom Galgen gestohlen. Vor Schreck blieb ihm fast das Herz stehen. Er fürchtete den Zorn des Richters und die drohende Todesstrafe. Hätte er doch nur besser aufgepaßt! Er eilte wieder zum Grab, wo er die Frau zurückgelassen hatte. Als sie ihn liebevoll in die Arme schloß, erzählte er ihr von dem bösen Handel, den er heraufbeschworen hatte. Man habe den gehenkten Dieb gestohlen, und zur Strafe werde man ihn ohne jedes Erbarmen selber hinrichten. Er sei rettungslos verloren. Da fiel ihm die Frau ins Wort: „Paß gut auf, ich will dir sagen, wie du dein Leben retten kannst. Wir brauchen einen festen Strick. Dann graben wir meinen Mann aus und hängen ihn an Stelle des Diebes an den Galgen. Ich beschwöre dich: Tu, was ich dir sage. Komm schnell, ich helfe dir!"

Der Wächter tat, was die Frau ihm geraten hatte, die sich leichten Herzens von ihrem toten Mann trennte.

War das nicht ein schauerlicher Einfall? Glücklich der Mensch, der sich nicht mit liederlichen Weibern plagen muß, die voller Verderbtheit und Gemeinheit stecken. Hör nie auf ein loses Weib! Die Weiber sind die Ursache allen Übels, das über die Menschheit hereingebrochen ist. Eine Frau hat Adam zur Sünde verführt, eine Frau brachte Vernichtung über Troja, Frauen waren schuld an der Blendung Samsons und an dem Elend Salomos. Vergeßt auch nicht, daß die scheinbar todtraurige Witwe die Leiche ihres angeblich heißgeliebten Mannes an Diebes Statt an den Galgen hängen ließ! All diese Schandtaten gehen auf Frauenrat zurück!

Die genasführten Liebhaber

Laßt mich von einer Edelfrau erzählen, die trotz ihrer reifen Jahre noch bildhübsch und gut gewachsen war. Darüber hinaus war sie ein aufgewecktes, ja durchtriebenes Weibchen und hielt sich gleich drei Liebhaber, ohne daß einer vom anderen wußte. Alle drei umwarben sie eifrig in der Hoffnung, daß ihre beharrliche und aufrichtige Liebe irgendwann einmal erhört würde.

Nun fand um die Fastnachtszeit ein großes Hoffest statt, auf dem man sich nach Herzenslust amüsierte. Auch die hübsche Edelfrau war gekommen, dazu ihre drei Anbeter. Natürlich gab's da ein Turnier, auf dem zu Ehren der Damen zahlreiche Lanzen gebrochen wurden. Nun wißt ihr ja, daß man zur Fastnachtszeit allerlei Narreteien ausheckt, mehr als sonst im Jahr. Da gibt's verstohlenes Händchendrücken, dort preßt sich eine heiße Hand auf einen schwellenden Busen, an einer anderen Ecke saugen sich zwei Lippenpaare aneinander fest; dieser begnügt sich mit begehrlichen Blicken, jener strebt gleich nach dem ergötzlichen Auf und Ab an verborgenem Ort.

Gegen Ende des Festes trat einer der drei Schmachthähne zu unserer Edelfrau, berief sich auf das Gebot der Treue und bat um den verdienten Lohn für unentwegten Dienst. Sie flötete: „Aber gewiß doch! Erfülle mir vorher nur noch einen einzigen Wunsch, dann bist du des ersehnten Lohnes sicher. Siehst du jenen Wald? Dort tief im Gehölz steht einsam und verlassen eine Kapelle. Schleich hin, leg dich auf die Totenbahre und verharre dort bewegungslos die ganze Nacht, was auch geschehen mag. Am Morgen komm zu mir und erzähle von deinen Erlebnissen. Dann will ich dir gehören."

Unser Held war ein furchtloser, biederer und argloser Ritter, der blindlings alle Wünsche der Geliebten erfüllte. Er schlich also wirklich hin zur Waldkapelle, entzündete am Fußende der Bahre zwei Kerzen — als Fürbitte für die Sünden des „Toten" — und streckte sich dann auf dem Totenholz aus.

Kaum war dieser fort, nahte der Edeldame der zweite Galan und wurde wie der erste freundlich empfangen. Er flehte: „Schönste Frau, ach lohnt doch endlich meine getreue Liebe! Ich würde vor Glück vergehen, wolltet Ihr Euch gnädig zeigen und mir Eure Gunst schenken!"

Darauf gurrte sie: „Gut, doch lauf erst einmal in jenen Wald. Dort findest du eine einsame und verlassene Kapelle. Faß dir ein Herz und geh hinein. Du findest drinnen auf einer Totenbahre einen Toten. Bring mir den Leichnam, und du kannst gewiß sein, daß ich dich für den tapfersten Ritter weit und breit halten und nach Verdienst belohnen werde."

Er erwiderte mit kühn blitzenden Augen: „Gemacht! Er ist mir schon so gut wie sicher!" Die Liebe ließ ihn zu ungeahnter Heldengröße emporwachsen. Er eilte hin, trat vor die Bahre, lud sich den „Toten" mit Schwung auf die Schulter und murmelte zufrieden: „Die Sache läuft besser als gedacht! Der ist ja noch ganz frisch, noch keine Spur von Leichenstarre." Damit schleppte er ihn aus der Kapelle. Dem „Toten" standen vor Entsetzen die Haare zu Berge, denn er glaubte, man wolle ihn begraben. Doch eingedenk seines Versprechens wagte er keinen Mucks.

Indes nahte der Edelfrau der dritte Anbeter und bat: „Erbarmt Euch endlich meiner Not und der unsagbaren Qualen, die mir das Herz zerreißen."

Sie aber schnurrte: „Ja, ich will dich glücklich machen, doch vorher sollst du um meinetwillen noch eine einzige Tat vollbringen. Man hat mir verraten, gerad jetzt geschähen in jenem Wald in einer einsamen, verlassenen Kapelle merkwürdige Dinge. Ein Jüngling habe aus der Kapelle einen Toten gestohlen. Geh hin, stelle den Leichenschänder, entreiße ihm den Leichnam mit Gewalt und bring ihn mir. Dann will ich all dein Sehnen stillen und mich dir hingeben."

Dem dritten Gauch hüpfte das Herz vor Freude. Er packte sein Schwert und stürmte mit mutgeschwellter Brust los, den „Leichenräuber" abzufangen. Auf einer Waldwiese stellte er sich in Positur und wartete auf den „Verbrecher". Als er in der Dunkelheit tappende Schritte hörte, rief er: „Wer da?"

„Wer sonst als ich!" keuchte der „Leichenschänder".

Der Wartende riß das Schwert aus der Scheide, ließ die Klinge blitzend durch die Luft sausen und schrie: „Den Toten her! Ihr seid mein Gefangener!"

Der Angegriffene warf den „Toten" ab und lachte höhnisch: „Was heißt gefangen? Dein Drohgeschrei ist nicht einmal 'nen Strohhalm wert!"

Nun ging's los mit Dreschen. Sie schlugen die ganze Nacht aufeinander ein, bis beide ermatteten. Zum Glück war keiner bei dem Scharmützel zu Schaden gekommen! Beide beschworen auf den „Toten" einen Waffenstillstand und kamen überein, erst nach regelrechter Kampfansage wieder aufeinander loszugehen. Der Sieger sollte den „Toten" in Besitz nehmen dürfen. Vor Mattigkeit schliefen beide Kämpen ein und wachten erst am hellen Morgen auf. Bei der golden strahlenden Morgensonne erkannten sie einander, schüttelten sich erfreut und verwundert die Hände, und der dritte fragte: „Lieber Freund, was machst du denn hier?"

„Ach, bester Gevatter, du kennst doch unsere schöne Edelfrau aus der Nachbarschaft, die gleich uns zum Hoffest gekommen ist. Ich wollte ihre Liebe erringen und umwarb sie in allen Ehren: ‚Liebste Frau, erhöre mein Flehen!' Sie aber schmeichelte meiner Heldenkraft und schickte mich in den Wald, um dir hier mit Gewalt den Toten da zu entreißen. Gelänge es mir, würde sie all meine Wünsche erfüllen."

Der zweite knirschte: „Ebendies hat sie auch mir versprochen! Nun weißt du also, woran wir sind."

Voller Erleichterung hatte inzwischen der „Tote" den Wortwechsel verfolgt, und zu beider Entsetzen öffnete er plötzlich den Mund: „Habt keine Angst, liebe Freunde! Ich bin noch immer putzlebendig, das könnt ihr glauben!"

Nun bestürmten ihn die zwei anderen mit Fragen, warum er sich nicht gerührt und einen „Toten" gespielt hätte. „Liebe Freunde, das geht auch auf ihr Konto. Sie gebot mir, mich auf die Totenbahre zu legen und mich nicht zu bewegen, und wenn mich der Teufel fortführen sollte. Ich habe mich strikt an ihren Befehl gehalten." Damit war allen drei Rittern klar, daß die Edeldame sie an der Nase herumgeführt hatte.

Einträchtig gingen die drei zu ihrer Angebeteten und stellten sie zur Rede: „Edle Frau, seid Ihr nun zufrieden mit dem Narrenspiel, das Ihr mit uns zur Fastnacht gespielt habt? Mit einem Anbeter wart Ihr nicht zufrieden, gleich drei mußten's sein. Nun sprecht: Wie wollt Ihr alle drei belohnen?"

Die Edeldame lachte und sprach: „Wärt ihr als Kreuzritter gegen die Pruzzen oder gar ins Morgenland gezogen und hättet dort ein ganzes Heer abgeschlachtet, ihr hättet kaum größeren Ruhm erringen können als in dieser Nacht." Den ersten Preis aber gestand sie dem ersten Ritter zu.

Ich meine jedoch, es ziemt edlen und liebreizenden Frauen nicht, solche Narrenpossen zu treiben. Lieber sollten sie ihre Anbeter so lange hinhalten, bis sie von allein zu Verstande kommen. So ein Narrenspiel kann schließlich auch einmal böse Folgen haben.

Die Rache
der liftigen Schönen

In Griechenland lebte einst der tapfere König Philippus.
Man sagt von ihm, er sei zeit seines Lebens mächtig,
großzügig, ehrenhaft und in jeder Hinsicht vollkommen
gewesen. Alle anderen Könige habe er überragt an
Macht und Reichtum. Philippus hatte eine Frau, die war
so schön, daß sie alle anderen Frauen an Schönheit überstrahlte. Wer immer sie ansah, mußte ihr diesen Rang
zuerkennen. Es heißt, sie war eine Blüte lauteren Frauentums, ein Diamant vollkommener Tugendhaftigkeit,
makellos wie ein klarer Spiegel und — im Unterschied
zu anderen Frauen — frei von Wankelmut und Schlechtigkeit.

Dem königlichen Paar schenkte Gott einen Sohn, der
alle Reiche der Welt unterwerfen sollte. Er erhielt den
Namen Alexander, und niemand sollte seinen Macht-
kreis so ausdehnen wie er. Man sagt, er sei bereits als
Kind Zeugnis für eine vornehme Abkunft, wunderschön

und von edlem Charakter gewesen. Da man ihm Bildung und eine standesgemäße Erziehung zukommen lassen wollte, mußte er zur Schule gehen. Als Lehrer wollte ihm der König den hochgelehrten, altersgrauen Aristoteles gewinnen. Er ließ ihn zu sich kommen und sprach: „Bei Eurer Ehr und Tugend, lieber Meister, nehmt Euch des Knaben an; macht ihn schon in jungen Jahren klug und verständig!"

Aristoteles, der größte Gelehrte aller Zeiten, erwiderte: „Ich will mein Bestes tun. Er soll so erzogen werden, daß er stets auf seinen Ruf bedacht ist und sich in jeder Lage zurechtzufinden weiß."

Da meinte Philippus voller Freude: „Dafür will ich Euch reich belohnen!"

Nun erstreckte sich vor dem Königspalast ein prächtiger Baumgarten, an den ein Prunkbau grenzte. Der König sagte: „In diesem Haus sollt Ihr, lieber Meister, mit Eurem Schüler wohnen. Natürlich auch alle Bediensteten, die Ihr benötigt."

Ohne Verzug begann Aristoteles mit der Erziehung, und nun mußte der Jüngling schreiben und lesen lernen, was ihm zunächst sauer genug wurde. So geht's ja noch heute den Knaben, die ins Joch der Schule gezwungen werden. Doch Alexander nahm bald das Wissen seines Lehrers begierig auf. Sein Geist war so beweglich und aufnahmefähig, daß man einen aufgeweckteren Knaben weit und breit vergebens suchen konnte. Diese Entwicklung seines Geistes wurde aber jäh unterbrochen, und schuld daran war die unwiderstehliche Liebe.

Zum Hofstaat der Königin gehörte ein Mädchen, das war von solcher Schönheit, daß man sich an ihr nicht sattsehen konnte. Wer sich auf Frauenschönheit verstand, schwor Stein und Bein, daß ihr Liebreiz allen Lobes wert sei. Sie war von edler Geburt und die Freude des ganzen Hofes. Diese liebliche Augenweide war Zofe der Königin und hieß Phyllis. Zu ihr entbrannte Alexander in leidenschaftlicher Liebe, so daß er an nichts mehr denken konnte und nur noch darauf sann, seine Sehnsuchtsqualen zu lindern. Er verschwendete keinen Gedanken mehr aufs Lernen, suchte mit Augen immer nur das Mädchen, und wurde von fliegender Unrast geplagt, wenn er sie nicht finden konnte. Wer die Gewalt der Liebe am eigenen Leibe verspürt hat, wird es dem Jüngling gewiß nachfühlen können. Alexander litt wie ein Märtyrer, er wußte nicht mehr, was er tun und was er lassen sollte. Im ganzen Jahrtausend mochte die Liebe ein Mannesherz nicht so arg bedrängt haben wie das seine. Wo er saß oder stand, nahm die holde Phyllis seine Gedanken gefangen. Das währte lange Zeit. Immer häufiger sah man ihn und die liebliche Schöne in vertrauter Gemeinsamkeit, bis schließlich ihre Herzen im gleichen Takt schlugen. War erst Alexander von der Liebe überwältigt, so war es Phyllis nun um so mehr, und sie merkte natürlich bald, daß sie leidenschaftlich begehrt wurde. Schließlich gab sie seinem Drängen nach und versprach, an einem bestimmten Platz im Baumgarten auf ihn zu warten. Von nun an hingen die beiden Liebenden in treuer Liebe aneinander, und sie genossen ihr Liebesglück, sooft sich nur eine Gelegenheit bot.

Schulmeister Aristoteles, der bald hinter ihr Geheimnis gekommen war, merkte voll Verdruß, daß die Liebschaft mit dem Mädchen seine pädagogischen Bemühungen gefährdeten. Er versuchte es bei dem Jüngling mit Tadel, Schelte, Prügel, bewachte ihn auf Schritt und Tritt wie ein Drache, doch alles war für die Katz. Wann immer sich eine Gelegenheit ergab, schlich sich Alexander zu seiner Geliebten und hatte mit ihr sein Vergnügen. Gemeinsam sprengten die beiden die Bande der unbarmherzigen Liebe, beider Herz und Sinne schwebten fortan in unirdischem Glück hoch oben in den Wolken wie auf Adlers Schwingen.

Schließlich wurde dem Schulmeister die Sache zu bunt. Er ging zum König und berichtete, der Kronprinz habe sich ganz und gar an das schöne Mädchen verloren. Sofort ließ der König das Mädchen vor sich kommen und fiel mit zornigen Schmähungen über sie her. Sie aber verteidigte sich: „Herr, kein Wort ist wahr daran! Fragt die Königin! Sie kennt mich und weiß, daß ich nie etwas Schlechtes tun würde." Dies beteuerte sie mit vielen Eiden, so daß schließlich die Königin selbst für die Unschuld ihrer Zofe eintrat und Phyllis wieder zu Gnaden kam.

Als nun aber die schöne Phyllis Liebe und trauliche Gemeinsamkeit entbehren mußte, waren aller Frohsinn und alle Lebenslust dahin. Sie konnte ihre sehnsüchtige Begierde am Geliebten nicht ersättigen, da man beide unter strengster Aufsicht hielt. Alexander ging's noch viel schlimmer. Sein Herz war randvoll mit Gram erfüllt, da man ihm die Geliebte entrissen hatte. In grimmer Wut saß er auf der Schulbank und brummte zornig wie ein Bär. An Stillsitzen war nicht zu denken, denn jeder Nerv verlangte nach der Geliebten, die sich wiederum in Sehnsucht nach ihm verzehrte. Die bezaubernde Schöne war wie er von bitterstem Groll erfüllt, sie trug die gleiche Grameslast wie der Geliebte. Die gewaltige Liebe war wie ein unwiderstehlicher Sturmwind über sie gekommen und hatte sie völlig durcheinandergebracht. Alles schien ihr verändert. Was ihr vorher Vergnügen bereitet hatte, schien ihr nun schal und nichtig. Die liebreizende Jungfrau hatte nur ein einziges Ziel, nur einen einzigen Gedanken: ihren Liebsten und Rache für das erfahrene Herzeleid, Rache an dem altersgrauen, hochgelehrten Schulmeister. Hört nun, wie sie ihren Rachedurst löschte.

Phyllis, an Schönheit der strahlenden Sonne gleich, ging in ihre Kemenate und begann sich zu schmücken. Über einen kostbaren, glänzend weißen Hermelin warf sie ein seidenes Schleppenkleid. Ins Haar drückte sie einen schmalen, kunstreich geschmiedeten Goldreif, geziert mit geschnittenen und ungeschnittenen Edelsteinen: Smaragde, Hyazinthe, Saphire, Chalzedone. Wohlüberlegt und kunstreich hatte der Goldschmied sie geordnet, und es mochte wohl sein Meisterstück sein. Nachdem unsere Schöne sich geschmückt hatte, prüfte sie ihr Werk sorgsam in einem Spiegel und überlegte, ob noch irgend etwas zu verbessern wäre. Wie's heißt, war aber alles vollkommen gelungen. Nun begab sie sich in den Baumgarten vor dem Palast. Mit nackten Füßen glitt sie über den Rasen; ihre Beine waren schneeweiß und kerzengerade und wurden von blitzenden Tautropfen überperlt. Mit strahlendem Antlitz, zierlichen Schritten, hochgereckt wie ein Sperber und aufgeputzt wie ein Papagei ging sie zu einem Quell, wobei sie ihre Augen wie ein beutehungriger Falke umherstreifen ließ. Suchend und lockend zugleich schweiften ihre Blicke, und seltsam genug war auch, was das bezaubernde Mädchen dabei tat: Sie trippelte hin und her, hob die Schleppe bis hoch über die Knie und warf Blumen ins Wasser, die sie gepflückt hatte. Sonnenscheinchen Phyllis tat das alles aber nur, um den Graukopf zu ködern, der ihr den Liebsten genommen hatte. Das war der Grund, warum unser Schätzchen leichtfüßig über das Gras zum Quell hin strich. Kein Mensch übersieht den Listenreichtum der Frauen! Geht so ein Weibchen auf die Jagd, kann sich kein Mann ihren Nachstellungen entziehen. Da nützen weder Weisheit noch Alter: Läßt man sich erst mit einer Frau ein, hängt man im Nu an der Leimrute, wie's den freien Waldvögeln geht, die sich auf die geleimte Lockrute setzen und dann nicht mehr fort können. Sie können flattern, soviel sie wollen: der Leim hält sie fest und macht sie zu Gefangenen. Ebenso verfängt sich jeder Mann in den Netzen lockender Frauenaugen. Er mag noch so klug und gewitzt sein, läßt er sich erst mit einer Frau ein, so ist er ihren Tücken hilflos ausgeliefert. Gewaltig ist die Macht der Liebe! Wem seine Freiheit lieb ist, der lasse die Finger von den Frauen. Vor ihnen rettet man sich nur, wenn man sie flieht, so weit die Beine tragen!

Genug davon! Zurück zu unserer Geschichte, die wir ja zu Ende bringen müssen. Die schöne Phyllis also lustwandelte lockend zwischen Blumenblüten, bis sie der greise Schulmeister durch sein Fensterlein erblickte.

Während er ihr merkwürdiges Gebaren verfolgte, dachte er bei sich: Ei, wie lieblich, schön, reizvoll und rank ist dies bezaubernde junge Weib! Glücklich der Mann, dessen Alter sie verschönt! Ihm wurde kalt und heiß bei ihrem Anblick. Die Liebe setzte ihn schachmatt und machte den Graukopf zum Kindskopf. Nun kam gar das liebreizende Geschöpf aus dem Schatten einer grünen Linde zu seinem Fenster und warf einen großen Strauß Blumen in seinen Schoß: „Ach, liebster Meister, ich wünsch Euch Glück und Ehr! Euch zur Freude und zur Unterhaltung liefe ich eine Meile weit, und wäre ich noch so matt und müd!"

Der Schulmeister stammelte: „Grand merci, bezaubernde Jungfrau! Ihr seid das Füllhorn des Glücks dieser Welt! Du süßes Mädchen, hab Erbarmen mit einem armen Manne und komm herein zu mir. Wir sind hier ganz allein!"

Tatsächlich begab sich das reizende, schöne Mädchen hinein zu dem alten Schulmeister, doch sie hatte dabei nichts weiter im Sinn, als Schmach und Schande über ihn zu bringen. Sie setzte sich nahe zu ihm, und er flüsterte heiser: „Ach, all meine Sinne und Gedanken sind betört! So weit ich auch herumgekommen bin, ich sah noch nie ein so herrliches Mädchen wie dich! Schenk mir deine Liebe! Ich gebe dir zwanzig Goldstücke! Mehr noch: Ich öffne dir meine Schatztruhe und lasse dich nehmen, was du nur willst!"

Sie fuhr auf: „Ihr beleidigt mich, Meister! Was denkt Ihr von mir!"

„Lasse mich bitte eine einzige Nacht mit dir schlafen!"

Sie aber rief: „Weh mir! Meister, wie käme ich denn dazu? Ich denke nicht daran, meine Jungfräulichkeit auf so unsinnige Weise hinzugeben!" Sie merkte natürlich, daß er ganz und gar vernarrt in sie war. Da sah die Schöne einen Sattel, der an der Wand lehnte. Ein Gedanke durchzuckte sie: „Also nein, so ohne weiteres wird nichts daraus, Ihr ließet Euch denn mir zuliebe einen Sattel auf den Rücken legen. Als Zaum will ich meinen seidenen Gürtel durch Euern Mund ziehen und dann auf Euch durch den Baumgarten reiten. Kein Mensch kann uns dort sehen. Tut Ihr dies, sollt Ihr Euern Willen haben."

Der Alte erschrak: „Ich kann dich doch nicht wie ein Pferd durch den Garten tragen!"

„Ich werde Euch ganz achtsam und sanft als meinen braven Grauschimmel des Weges leiten. Auf diese Weise werdet Ihr meine Zuneigung gewinnen, und ich werde Euch dann auch zufriedenstellen."

Überlegt einmal, was für eine verrückte Idee dieses junge Weib ausheckte. Der Mann mag sich drehen und wenden, wie er will: Begegnet ihm ein Weibchen von einigem Liebreiz, die nicht nur einen schönen Körper, sondern auch Verstand hat, dann kann sie mit ihm anstellen, was sie will. Sie weiß ihre Macht auch zu gebrauchen, versteht es ausgezeichnet, ihn in bitterste Verzweiflung zu stürzen. Sie betört ihm Herz und Verstand mit schmeichlerischen Worten, die doch voller verborgener Tücke sind. Solchem raffinierten Ränkespiel ist selbst der klügste Mann hilflos ausgeliefert. Weibliche Raffinesse bringt wirklich alles zuwege: Der Frauen Schmeicheln, Schöntun, Heimtücke, Ränke, Plaudern, Trällern, Tanzen, Hüpfen, Tränen, Lachen, sie alle dienen einzig und allein dazu, Stricke zu drehen und Netze zu flechten, mit denen sie den hilflosen Mann nach Lust und Laune überall hinführen können. Weibliche Arglist ist unerschöpflich! Das läßt sich an vielen Beispielen dartun: Von Frauen wurden verführt Adam, Samson, David, Salomon, und es traf immer die Besten! Doch beim heiligen Gallus, es sind nicht alle Frauen so! Einige gibt's, die das Herz des Mannes erfreuen und die Last der Sorgen von ihm nehmen. Wenn sich einige unehrenhaft, schamlos und unbeständig verhalten, so fällt darum noch kein Schatten auf jene, die auf sich achten und nichts Böses tun. In einer einzigen Frau können sich die Tugenden von tausend Geschlechtsgenossinnen vereinen. Gäbe es keine üblen, unbeständigen Weiber, könnte man schließlich um so schwerer jene erkennen, die frei sind von allem Fehl.

Doch knüpfen wir bei unserer Geschichte wieder dort an, wo wir sie unterbrochen haben. Die unwiderstehliche Liebe, die dem Manne allen Verstand raubt, bezwang auch den altersgrauen Schulmeister; da halfen weder Gelehrsamkeit noch Wissenschaft. Blind vor Verlangen seufzte er: „Allerschönstes Edelfräulein! Ich bin dir völlig untertan und werde alles tun, was du befiehlst, wenn du mir nur zu Willen bist!"

Der alte Narr ließ sich auf Hände und Füße nieder. Flugs warf ihm die reizende Schöne den Sattel über und zog ihm ihren seidenen Gürtel als Zaum durch den Mund. Mit der einen Hand brach sie einen blühenden Rosenzweig, mit der anderen ergriff sie den Zaum, dann bestieg sie ihr Reittier, auf dem sie geschickt durch den Baumgarten ritt, während sie ein neckisches Liebeslied trällerte. Zu ihrem innigen Vergnügen keuchte der Alte eifrig auf allen Vieren dahin, während ihm das ranke, liebreizende Mädchen schelmisch die Sporen gab.

Nun stand gerade die Königin mit ihren Zofen auf den Zinnen des Palastes. Erstaunt und erheitert sah sie zu, wie Phyllis in Glanz und Gloria durch den Garten ritt. Nachdem sie auf ihrem Grautier den ganzen Garten durchquert hatte, sprang sie lachend ab und höhnte: „Du alter Narr! Dafür, daß du mir meinen Liebsten und meinen guten Ruf genommen hast, bist du nun für immer mit Schmach und Schande bedeckt. Trotz deines hohen Alters hast du dich benommen wie ein unvernünftiges Kind. Der Teufel soll dich holen!" Damit hüpfte Phyllis vergnügt durchs Gras und verschwand im Palast.

Diese Verrücktheit war im Nu herum; auch der König und sein Hofstaat erfuhren davon. So hatte also die reizende, zarte Phyllis sich für das Leid gerächt, das man ihr angetan. Es verging keine Woche, da ließ der Schulmeister heimlich seine ganze Habe — Bücher, Kleidung, Gold und Silber — bei Nacht und Nebel in ein Schifflein bringen. Er hielt den Spott, den Hohn, die ständigen Sticheleien bei Hofe nicht mehr aus. Überdrüssig des Geredes, fuhr er flußabwärts davon in der Hoffnung, daß damit die ganze Sache in Vergessenheit geriete. Er gelangte in die Inselstadt Galicia. Dort ließ er sich nieder und verfaßte ein ungeheuer dickes Buch, in dem er die unglaubliche Arglist der reizend-hinterhältigen Weiber beschrieb, mit deren Hilfe sie so manchen Mann zuschanden machen. Wer sich mit ihnen einläßt, wird gefangen wie der Fisch mit der Angel oder der Vogel mit dem Netz. Ihr lockendes Lachen, ihre betörenden Blicke ziehen den Mann unwiderstehlich an wie ein Magnet.

Ich habe gleiche Erfahrungen gemacht. Gegen die Heimtücke der Weiber hilft nur eines: Ein kluger Mann, der sich nicht ohne Not in Gefahr begibt, läßt sich nicht mit Weibern ein. Rückt ihm eine zu nahe, dann fliehe er weit hinweg, denn nur so kann er sich retten.

Die eingemauerte Frau

Einst heiratete ein tugendsamer Ritter eine Frau, die nie nach seiner Meinung fragte und stets nur ihren eigenen Dickkopf durchsetzen wollte. Dies verdroß ihn natürlich, aber er war zuerst voller Geduld und Freundlichkeit bemüht, ihr Wesen zu ändern. Als jedoch weder Bitten noch Flehen fruchteten, wurde er ernstlich zornig und gab ihr böse Worte, die sie noch kräftiger erwiderte. Da verlor er die Beherrschung, versetzte ihr einen Faustschlag und brüllte: „Wenn schon aufgeräumt, dann gründlich!" Er riß ihr die Kleider vom Leibe, griff nach einem derben Knüppel und ließ sie seine Wut fühlen. Er drosch und drosch aus voller Kraft auf sie ein, die Schläge fielen hageldicht, bis ihm der Arm erlahmte und er nicht mehr zuschlagen konnte. Er hatte sie dabei an einer Körperseite derart zugerichtet, daß man nur noch aufgeplatzte Haut und Blut sah. Nun fuhr er sie an: „Wollt Ihr Euch jetzt fügen?"

Sie stöhnte: „Ich habe keine Eile damit! Bei Gott, es

ist noch längst nicht soweit! Da könnt Ihr lange warten. Noch bin ich an drei Seiten heil und unversehrt!"

Da rief er: „So sei Gott geklagt, daß ich die Selbstbeherrschung verloren und gegen jeden Anstand wie ein Narr gewütet habe!"

Sie aber zischte: „Wenn mich der Tod verschont, so sollt Ihr schon erfahren, daß Ihr selbst Euern Haussegen vernichtet habt!" Und sie drohte, ihm die erlittenen Schmerzen tüchtig heimzuzahlen.

Da befahl der Ritter, eine türlose Kammer zu mauern, die nur ein kleines Fensterchen haben sollte. In diese Kammer wurde die Frau eingemauert. Als alles fertig war, sagte er: „Da Ihr meine Liebe und meinen ritterlichen Diensteifer verschmäht, sollt Ihr Euer Leben fortan ohne mich verbringen; Ihr werdet Euch dann sicher bald pudelwohl fühlen und voller Freude sein, mich nicht um Euch haben zu müssen. Da Ihr mich so abgrundtief haßt, ist uns beiden auf diese Weise am besten geholfen. Zudem kann uns der Jähzorn zu keinen Unbesonnenheiten mehr hinreißen."

Er ließ ihr das schwärzeste Brot reichen, das er nur auftreiben konnte und das man sonst den Hunden vorwarf. Sie mußte mit kärglichen Küchenabfällen vorliebnehmen. Die größten Qualen aber fügte ihr der Ritter dadurch zu, daß er sie gar nicht beachtete, was sie auch sagen mochte. Er hielt sich immer in dem Zimmer auf, wo sie ihn bei seinen Gastereien und Lustbarkeiten beobachten konnte. Stets war das Haus voller Gäste, denen er den Aufenthalt so angenehm wie möglich machte. Immer war an seiner Seite eine liebreizende Frau zu finden, und er ließ seiner jeweiligen Geliebten Kleider aus dem feinsten Tuch oder dem schmiegsamsten Samt anlegen. Dazu drückte und küßte er sie vor den Augen seiner Ehefrau nach Herzenslust, und es ließ ihn völlig kalt, ob sie darunter litt oder nicht. So lebte er in Lust und Freuden dahin, und überall genoß er hohes Ansehen.

Es war seiner Tüchtigkeit zu danken, daß ihn die Verwandten seiner Frau nicht behelligten, denn es war ihnen an seinem Wohlwollen mehr gelegen als an seiner Feindschaft. Als die Hausfrau merkte, daß der Hausherr unbeirrbar an seiner Lebensführung festhielt, sank ihr der Mut. Wenn sie sich aber bei ihren Verwandten über ihre Gefangenschaft, ihre Erniedrigung und ihre Leiden beklagte, meinten diese: „Wir wissen schon, Ihr steckt so voller Bosheit, daß er Euch im Grunde nur so behandelt, wie Ihr es verdient. Ihr habt einen abgrundschlechten Charakter, und dafür erhaltet Ihr nun den gerechten Lohn. Euch geschieht nur recht!"

Wenn sie einen ihrer Verwandten dazu überreden konnte, beim Hausherrn ein gutes Wort für sie einzulegen, so erhielt der folgende Antwort: „Ich bin sehr froh über Eure Worte, und ich bin bereit, Eure Bitte zu erfüllen und nach Eurem Rat zu handeln, wenn Ihr eine Bedingung erfüllt: Setzt Euern gesamten Besitz zum Pfande! Wenn sie sich wieder bösartig zeigt, gehört er mir! Unter dieser Bedingung lasse ich sie heraus und gebe all mein Eigentum in ihre Hut!"

„Um Himmels willen!" rief dann der Bittsteller. „Ich kenne ihren Charakter gut genug und denke nicht daran, solchen Einsatz zu riskieren!"

Auf diese Weise erreichte es der Ritter, daß alle ihre Verwandten schließlich auf weitere Fürsprache verzichteten. Dafür erwies er sich ihnen dankbar. Er behandelte sie stets mit größter Hochachtung und machte sich ihnen durch Geschenke wie durch persönliche Dienste angenehm. So brachte er es zustande, daß sich die Verwandten nicht mehr um das Schicksal der Hausfrau kümmerten, so daß diese ganz auf sich gestellt war.

So mußte die Frau schließlich erfahren, daß all jene, von denen sie Hilfe erwarten konnte, beschwichtigt worden waren und ihr nicht beistehen wollten. Als sie voller Bestürzung vernahm, daß sie auf keine Befreiung rechnen konnte, verließen sie flugs alle Bosheitsteufel, die sie vordem regiert hatten. Der Heilige Geist kam über sie und brachte ihr seinen Beistand. Ihre Zanksucht und ihr Hochmut schwanden dahin, ihr widerborstiges Wesen und ihre Bosheit vergingen wie Schnee in der Sonne. Sie wurde so mild und gut, daß sie ihre Sünde aus vollem Herzen bereute. So sandte sie nach dem Priester, um sich ihrer Sünden zu entledigen und ihre Seele — falls sie sterben sollte — vor der Verdammnis zu retten. Als der Priester vor sie trat, warf sie sich vor ihm auf die Knie und rief: „Ich bin das sündigste Weib, das je geboren wurde, und ich bereue dies von Herzen. So gewährt mir denn — zu Ehren des Heiligen Geistes — Eure Hilfe und Euren Rat, damit mir Gott mein Vergehen nachsieht und meine Seele nicht der Verdammnis überliefert."

Der Priester erwiderte: „Euch frommt allein folgender Rat: Wenn Euch um Euer Seelenheil und Euer ewiges Leben zu tun ist, so werdet eine gütige Frau. Der beste Rat für Euch ist, Euern schlechten Charakter zu wandeln, der Euch Gott entfremdet und all denen widerwärtig macht, die eigentlich um Euer Wohl besorgt sein sollten."

Da sagte die Frau demütig: „Gott hat mich von meinem boshaften Wesen erlöst. Ich will immerdar nach seinen Geboten leben. Bittet um Gottes willen meinen Mann, daß er mir wieder gut sei, daß er mich zeit meines Lebens meine Sündenschuld büßen und um Gottes Huld ringen lasse. Ich habe weder Gott noch ihn geachtet und damit mein Erdenglück verscherzt. Ich will mich gar nicht erkühnen, dieses Glück wiederzuerlangen. Der Teufel hat mich dahin gebracht, daß mir Demut, Liebe, Klugheit und Vernunft nichts mehr galten. Ich weiß nicht, was ich wider Gott verschuldet habe, daß er dem Satan so große Macht über mich gab. Ich war mir ja gar nicht im klaren darüber, was ich anrichtete. Jetzt erst habe ich erkannt, daß ich abgrundschlecht gehandelt habe, und ich werde mich dafür mein Leben lang selber hassen. Wenn mich mein Mann nicht umgebracht hat, so war er nachsichtiger mit mir, als ich es eigentlich um ihn verdient hatte. Ich bin ganz und gar in Eurer Hand.

Wenn Ihr nun meine Sache vor Gott bringt, so zeigt Euch wohlwollend und gütig wider mich!"

Nach dieser Beichte eilte der Priester sofort zum Hausherrn. Er fand ihn allein und sprach zu ihm: „Erfüllt mir die Bitte, die ich Euch vortragen werde, denn Ihr erringt damit die Gnade Gottes. Was immer Euch die Hausherrin angetan hat, schenkt Ihr wieder Eure Gunst. Sie wird in Zukunft stets so handeln, wie es Euch angenehm ist. Wenn Ihr Eurer Gattin keinen Glauben schenkt, so setze ich mein Wort zum Pfande. Tief bereut sie ihre Sündenschuld, und sie ringt um Eure Huld. Es ist ihr dabei nicht um irdisches Wohlergehen zu tun, sondern einzig und allein um ihr Seelenheil. Ihr habt Euren Zorn zur Genüge an ihr ausgelassen. Macht Schluß damit! Wenn Euch an Gott und am ewigen Leben etwas liegt, so beweist dies an Eurer Frau!"

Da sprach der Hausherr: „Nun gut, gehen wir zu ihr, damit ich erfahre, wie es tatsächlich um sie steht. Wenn sie es wirklich verdient, liebevoll behandelt zu werden, so soll es nicht an mir liegen!"

Als sie vor das Fensterchen traten, warf sich die Hausfrau vor ihm auf die Knie und sprach demütig: „Mich schmerzt zutiefst, daß ich meine Pflicht wider Euch verletzte. Mein unheilvolles Schicksal brachte mich um Gott, mein Erdenglück und um Eure Liebe. Laßt doch um Gottes willen Euern Zorn verrauchen! Gott wird uns beiden um so gnädiger dafür sein. Ich habe Gottes Zorn erregt und werde ihn zeit meines Lebens tragen müssen. Ginge es nach Recht und Gerechtigkeit, so dürfte mich kein Sonnenstrahl mehr treffen, doch Gott ist gütiger als ich. Herr, erbarmt Euch über mich und vergebt mir meine Schuld, auf daß Euch Gott die Eure erläßt. Laßt mich zeit meines Lebens für Eure und meine Sünden um Gottes Gnade flehen!"

Diese Worte behagten dem Hausherrn gar wohl, und sein Herz war voller Glück. Dies ließ er bald genug deutlich werden, denn er entbot ihren und seinen Verwandten, sie möchten doch unverzüglich zu ihm kommen und ihre Ehefrauen mitbringen. Als sie alle fröhlich lärmend gekommen waren, hieß er sie herzlich willkommen und sprach: „Das, wofür ich die Hausfrau gestraft habe, ist durch Gottes Gnade von ihr genommen worden. Wer ihr aus diesem Anlaß Ehre erweist, hat mich für immer zum Freund gewonnen. Alle, die es gut mit mir meinen, sollen sich mit mir freuen, denn ich will mich mit meiner Frau versöhnen."

Man konnte es kaum erwarten, bis die Mauer aufgebrochen war. Dann sagte man zu ihr, sie solle herauskommen, doch sie bat, man möge es ihr um Gottes willen erlassen, und setzte sich wieder auf ihren gewohnten Platz in der Kammer. Da ging der Priester hinein zu ihr und gebot ihr bei dem Gehorsam, den sie Gott schulde, und bei ihrer Liebe zu Christus, sie solle ihrem Mann gehorchen, denn damit erfülle sie den Willen Gottes. Er redete so lange eindringlich auf sie ein, bis sie schließlich die Kammer verließ. Da bat sie ihr Mann, ihm alles Herzeleid zu vergeben, daß er ihr angetan hatte. Alle Anwesenden schlossen sich dieser Bitte an. Nachdem sie freundlich zugehört hatte, sagte sie: „Was Ihr mir an Leid zugefügt habt, sei Euch gern vergeben. Im Grunde tragt Ihr ja keine Schuld, die einzige Schuldige bin ich selbst. Ich hätte es eigentlich verdient, die Strafe weiter zu erdulden, ja selbst den Tod zu erleiden. Laßt mich für meine Sünde vor Gott Buße tun. Wenn Ihr es mir nicht erlaubt, in meiner Kammer zu bleiben und Gott um Nachsicht anzuflehen, so gestattet es mir, hier draußen Gott dadurch zu ehren, daß ich alle boshaften Frauen bekehre. Dazu dürfte ich mich wohl eignen."

Alle Anwesenden — Laien und Priester — fielen daraufhin vor ihr auf die Knie und baten sie beim allmächtigen Gott, dieses Bußversprechen wahr zu machen. Darauf erklärte sie: „Ihr könnt mir glauben, daß ich durchaus in der Lage bin, bösartige Frauen von ihrer Bosheit zu erlösen. Ich weiß selbst gut genug, wie es um sie steht. Wer ein bösartiges Weib geehelicht hat, möge sie meiner Obhut anvertrauen, und er wird alsbald seine helle Freude an ihr haben. Ich versetze sie einfach in meine Lage und treibe ihr auf diese Weise die Bosheit aus. Gott hat mich gründlich belehrt, und ich bin überzeugt, daß eine jede, die durch meine Lehre geht, fortan gütig und rechtschaffen sein wird."

Alle Ritter waren begeistert von diesem Einfall und riefen: „Ihr seid eine wahre Heilige! Gott schenke Euch ein langes, segensreiches Leben!" Und der eine oder der andere begann sogleich: „Mir hat mein Weib so übel mitgespielt, daß sie in Eure Lehre gehen muß, damit Ihr sie bessert!" Darüber brachen die anwesenden Ritter und Damen in lautes Gelächter aus. Der Hausherr aber veranstaltete ein großes Fest. Für alles, was dazu nötig war — ob Speisen, Getränke, Musik oder andere Lustbarkeiten —, hatte er gesorgt. Dies tat er, um seine Frau zu ehren, war sie doch jetzt mit allen Tugenden reich gesegnet, die man für die Krone rechten Frauentums ansieht. Dank dieser Eigenschaften waren ihr alle Gäste alsbald herzlich zugetan, und man stimmte darin überein, daß sie Gott wohlgefallen müsse und ihre Tugendhaftigkeit der Welt zur Ehre wie zur Zierde gereiche.

Das Fest dauerte sieben Tage, und am Ende beklagten viele, daß es nicht länger währte. Als man Abschied nehmen wollte, stieg die Hausfrau auf eine Bank und rief: „Sagt dem Hausherrn dafür Dank, daß er sich meiner erbarmt, daß er durch sein Handeln Gott und sich selbst geehrt hat. Ich hatte mich schwer vergangen an ihm und hätte ihm am liebsten noch mehr Verdruß zugefügt, doch er hat es mir auf eine Art verwehrt, wie sie kluge und tüchtige Männer auszeichnet. Wenngleich er mich hoch geehrt hat, bleibt meine Schuld bestehen. Je zärtlicher er zu mir ist und je höher er mich achtet, um so größer ist meine Reue darüber, daß ich Gott und ihn gekränkt habe. Macht meinen Fall in aller Welt bekannt, erzählt überall von meinem Bußversprechen und sagt allen Männern: Wer sein bösartiges Weib zu mir bringt, wird bald vom Übel erlöst. Ich treibe ihr die Bosheit aus und mache sie so sanft und mild, daß sie Gott und ihrem Ehemann ein Wohlgefallen ist; nie wieder wird sie danach Böses tun."

Dafür wünschte man ihr, daß sie fortan glücklich sei und daß Gott ihre edle Absicht dem Heile ihrer Seele zugute kommen lasse. Man versprach ihr, dieses Vorhaben in aller Welt bekanntzumachen. Die anwesenden Geistlichen versicherten: „Wir wollen es so einrichten: Wem seine Frau das Leben zur Hölle macht, dem erlegen wir in der Beichte als Buße auf, diese zu Euch zu bringen, damit sie bei Euch Güte, Rechtschaffenheit und Klugheit lernt und ihr Mann für das erneuerte Eheglück Gottes Gnade preist!"

Im ganzen Land sprach es sich herum: Jene Frau — zuvor das boshafteste Weib, das je geboren ward — sei jetzt die liebenswürdigste und gütigste unter allen Frauen. Und weiter hieß es, Gott habe ihr die Macht verliehen, andere bösartige Weiber von ihrer Bosheit zu heilen. Man erzählte von der Kammer, in die sie ihr Mann hatte einmauern lassen, und daß sie nur um Haaresbreite dem Verderben entgangen sei.

All jenen aber, die in diese Kammer eingesperrt würden, drohe die gleiche Pein. Da dachte jedes boshafte Weib voller Bangen: Es wäre aus mit mir, wenn ich in diese Kammer geriete. So will ich mich gar nicht erst in die Gefahr begeben und lieber gütig und freundlich sein.

Allen weiblichen Bosheitsteufeln im ganzen Land schossen solche Gedanken durch den Kopf. Sie waren sorglich darauf bedacht, nicht in Sünde und Schande zu fallen, so daß sie aus lauter Furcht von ihrer Bosheit und ihren sonstigen üblen Eigenschaften ließen. In kurzer Zeit war im ganzen Land kein bösartiges Weib mehr zu finden. Diese wunderbare Wandlung trug unserer Hausfrau solchen Ruhm ein, daß es sich niemand nehmen ließ, ihr seinen Besuch zu machen. Man nannte sie eine Heilige und wallfahrtete zu ihr wie zu einer heiligen

Wunderstätte. Dieses hohe Ansehen und dieser Ruf blieben ihr bis ans Lebensende.

Mancherorts täte es not, daß sich eine solche Frau fände und die Männer erlöste vom Herumregieren ihrer boshaften Hausdrachen, die ein wahrer Ausbund aller üblen Eigenschaften sind.

Das heiße Eisen

Einst sprach eine Frau zu ihrem Gatten: „Immer möchte ich mich glücklich preisen, daß ich dich kennenlernte. Nun hat dich aber Gott mit Stattlichkeit, Tüchtigkeit und allen nur denkbaren männlichen Vorzügen ausgestattet, so daß mich Furcht und Sorge fast umbringen, ich könnte dich an eine andere Frau verlieren. Wenn du dich dazu entschließen könntest, mich davon zu überzeugen, daß du kein Verhältnis mit einer anderen Frau hast, so wäre ich dir von Herzen dankbar. Du würdest dann — wenn du der Wahrheit die Ehre gibst — bald eingestehen müssen, daß nie eine Frau ihren Mann so hingebungsvoll geliebt hat wie ich dich."

Er erwiderte verwundert: „Aber Liebste, ich verlange doch gar nicht nach einer anderen Frau, ich will nur dich allein! Ich liebe dich mehr als mein Leben. Ein verräterischer Schuft will ich sein, wenn ich eine andere liebe! Bei Gott, du sollst mich eines solchen Vergehens nicht verdächtigen, denn dazu habe ich dich zu lieb. Aber ich

bin gern bereit, dir auf jede nur erdenkliche Weise Gewißheit zu geben und dich davon zu überzeugen, daß
ich dich, meine Geliebte, einzig und allein liebe und
hoch über jede andere Frau stelle."

Sie rief schnell: „Wenn du dies tust, will ich dich hingebungsvoll und so zärtlich lieben, wie nie ein Mann
von seiner Frau geliebt wurde. Du mußt mich allerdings
durch ein Gottesurteil von der Wahrheit deiner Worte
überzeugen: Wenn du wirklich einzig und allein mich
liebst, so trage zum Beweis das heiße Eisen! Daran will
ich erkennen, wie groß deine Liebe zu mir ist und ob du
tatsächlich ohne jeden Fehl bist. Auf dieser Probe bestehe ich, und wenn du dich weigerst, so ist mir dies nur
ein Beweis dafür, daß du es mit anderen Weibern treibst
und für mich im Grunde nichts übrig hast. Ich werde
dich dann stets und immer hassen!"

Darauf erklärte der Mann: „Sei unbesorgt! Ich wollte
lieber den Tod als deinen Haß auf mich nehmen. Gern
will ich alles tun, was geeignet ist, dich zufriedenzustellen. Nie werde ich dir einen Wunsch versagen. So will
ich denn das heiße Eisen tragen und Gott zum Zeugen
dafür anrufen, daß ich dich allein in Treue liebe und
mich nie einer anderen Frau liebend zugewandt habe."

Sogleich wurde das Eisen erhitzt. Dann wurde es, wie
es üblich ist, mit den beiden Enden auf zwei Steine gelegt. Da es nun heiß genug war, gebot die Frau: „Nun
nimm es und trage es, damit ich sehe, ob du mir treu
bist!"

Der Mann bückte sich. Er hatte aber inzwischen insgeheim ein passendes Holzscheit vorn in seinen Ärmel
geschoben und ließ es unbemerkt in seine Hände gleiten. Mit diesem Scheit nahm er das Eisen auf und
sprach: „Möge nun Gott bezeugen, daß ich dich nicht
einmal in Gedanken betrogen, sondern dir stets die
Treue bewahrt habe!" Danach trug er das Eisen weiter
als sechs Schritt. Danach versteckte er das Holzscheit und
wies der Frau seine Handfläche. Sie aber rief erstaunt
und beglückt: „Nun glaube ich dir, daß du stets ehren-

fest gehandelt hast und nie treulos gewesen bist. Deine Hand ist makellos wie ein neu geprägtes Goldstück. Jetzt will ich dich unbeschwert und erleichtert mit Liebe überschütten!"

Der Mann aber sprach: „Gott lohne es dir! Nun muß ich aber bitten, ja fordern, daß auch du das Eisen trägst. Darauf bestehe ich mit allem Nachdruck. Ich verlange, daß es sofort geschieht, denn auch ich will erfahren, ob du mir treu bist!"

Sie stotterte ängstlich: „Ach, mein Herzallerliebster, meine Liebe zu dir reicht doch als Zeugnis aus, so daß dir nicht einmal der Schatten eines Verdachts kommen dürfte, ich wäre dir untreu geworden. Du weißt doch, wie es in meinem Herzen aussieht, daß ich dich tausendmal mehr liebe als mein Seelenheil!"

Er aber entgegnete barsch: „Kein Wort mehr! Du hast auf der Probe bestanden, also bestehe auch ich darauf! Jetzt gibt es kein Ausweichen: Auch du mußt das heiße Eisen tragen, und dies auf der Stelle!" Kurzerhand warf er das Eisen wieder in die Glut, wartete, bis es heiß war, legte es dann an die alte Stelle und sprach: „Nun nimm es und trage es, solange es noch heiß ist!"

Sie fragte kläglich: „Du gehst nicht ab von deiner Forderung?"

„Auf keinen Fall!" erwiderte er. „Du kommst jetzt hierher und trägst es genau wie ich!"

„Herzallerliebster, dann laß mich um eine winzige Gunst bitten. Wenn du mir meine Bitte erfüllst, will ich es dir mein Leben lang danken. Denke doch daran, wie lieb ich immer zu dir war, und schlag sie mir nicht ab! Du weißt doch, ein Mann kann vielen Anfechtungen widerstehen. Er hat einen starken Willen und ist auch sonst kräftig gebaut. Wir Frauen dahingegen sind schwach und gebrechlich, wir sind nicht so standhaft. Die Männer sind wie aus Eisen, sie stehen über den Dingen und können Versuchungen leicht widerstehen. Uns aber hat Gott solche Stärke versagt. Daher darf es uns niemand übelnehmen, wenn wir einmal nicht so standfest sind. Laß mir daher ein einziges kleines Verhältnis nach, sonst habe ich, bei Gott, keinen anderen Mann gehabt außer dir. Das wird dir das Gottesgericht bezeugen!"

„Einverstanden!" meinte der Mann. „Doch nun heran an das Eisen!"

Sie aber fuhr ängstlich fort: „Ach, du mein Herzallerliebster, erfülle mir eine zweite Bitte und laß mir noch zwei weitere Verhältnisse nach. Wenn du es tust, will ich es dir so danken, daß du überglücklich sein wirst. Unsere innige Liebesgemeinschaft und die Liebe, die ich zu dir im Herzen trage, werden in unverbrüchlicher Treue dauern, wenn du dich so großzügig gegen mich erweist. Da du dich schon einmal so edelmütig gezeigt hast, so sei jetzt nicht kleinlich; ich will es dir von Herzen danken!"

„Einverstanden!" erwiderte der Mann. „Doch komm nun endlich zu dem Eisen!"

„Ach, mein herzallerliebster Mann, ich habe noch drei Pfund klingender Münzen, von denen du nichts weißt. Nimm sie um Gottes willen alle hin. Wenn ich je lieb zu dir gewesen bin, so denke jetzt daran und laß mir bei deinem Seelenheil noch drei weitere Verhältnisse nach."

Er sagte darauf mit erhobener Stimme: „Ich lasse sie dir nach! Nun hast du aber genug geredet! Sprichst du noch ein einziges Wort, bevor du das Eisen getragen hast, so bringe ich dich um!"

So mußte sie notgedrungen stilleschweigen. Zögernd nahm sie das Eisen mit der Hand auf und verbrannte sich so schrecklich, daß sie außer sich vor Schmerzen schrie: „Wehe, meine ganze Hand ist verkohlt!"

Ihr Mann hatte sofort kühlendes Wachs bei der Hand und ein Tuch, sie zu verbinden. Sie aber wehrte ab: „Was nutzt mir der Verband? Meine Hand ist so fürchterlich verbrannt, daß ich sie nie wieder so wie früher gebrauchen kann."

Nachdem ihr Mann sich das alles angesehen und angehört hatte, rief er entrüstet: „Jetzt hat sich gezeigt, was von deiner Treue zu halten ist! Du kannst dich aber darauf verlassen, daß mir vom heutigen Tage an keine Frau so widerwärtig ist wie du. Von nun an will ich alles tun, dir das Leben schwer zu machen. Du hast dir Schmach und Schmerz zugleich eingehandelt, und ich will alles daransetzen, beides tüchtig zu vermehren. Die Sorgfalt, mit der du bislang deine Frauenehre gehütet hast, soll dir nun von mir gebührend gelohnt werden!"

9.

Närrische Liebe

Die beiden Freundinnen

Einst waren zwei Frauen über viele Jahre hinweg eng
befreundet. Ihr könnt sicher sein, lief die eine in die Kirche, war die andere durchaus nicht davon abzubringen,
ebenfalls hinzurennen und zu beten. Wäre die eine ohne
die andere hingegangen, hätte es gewiß Tränen über
Tränen gegeben. Wenn sie zusammenkamen, umarmten
sie sich innig und waren ein Herz und eine Seele. Was
eine tat, war der anderen Wunsch und Wille.

Eines Tages bekam die eine der beiden Freundinnen
großen Ärger mit ihrem Manne. Er traktierte sie mit
Faustschlägen, stieß sie mit der Stirn an die Wand, so
daß eine gewaltige Beule wuchs, und am Ende war sie
am ganzen Leibe grün und blau von seinen Mißhandlungen. Als ihre Freundin sie danach beim Kirchgang erblickte, schlug sie die Hände über dem Kopf zusammen
und fragte, was geschehen sei und wer sie so zugerichtet
hätte. Die Mißhandelte schluchzte: „Es war mein Mann!
In alle Ewigkeit soll er verflucht sein!“

Die Freundin sprach verwundert: „Liebste, mit dem meinen lebe ich schon seit dreißig Jahren zusammen, ohne daß er mir ein böses Wort gegeben hätte. Ihr dürft's glauben. Behauptete ich etwas anderes, täte ich ihm unrecht. Dafür wünsche ich ihm von Herzen Glück und Freude im Leben. Gott möge es ihm lohnen und ihm dafür jeden Wunsch erfüllen. Also wirklich, ich kann bei ihm weder über Kränkungen noch über Mißhandlungen klagen."

Dieses überschwengliche Lob wurmte die andere über alle Maßen, und sie sagte heimtückisch: „Um Himmels willen, liebste Freundin, wißt Ihr denn nicht, daß es nur ein Zeichen herzlicher und sehnsuchtsvoller Liebe ist, wenn ein Mann seine Frau ab und zu tüchtig durchwalkt? Versteht mich recht, liebste Freundin, ich rede mit Euch ganz offen und ehrlich. Ihr habt mir versichert, Euer Mann hätte Euch in all Euern Ehejahren kein Haar gekrümmt. Ich möchte mich gern mit Euch freuen, doch eigentlich hättet Ihr allen Grund, über seine kalte Lieblosigkeit ach und weh zu rufen. Nun seid Ihr schon so alt geworden und habt so viele Jahre zusammen gelebt, ohne daß Euch Euer Mann die herzliche Liebe gezeigt hätte, die bei anderen Männern selbstverständlich ist."

Die andere fragte baß erstaunt: „Liebste, und das soll wahr sein? Mein Mann trägt mich doch geradezu auf Händen und behandelt mich bestimmt weit besser, als ich's verdiente. Ihr könnt mir's glauben! Soll ich ihm also Vorwürfe machen und damit mein Glück zugrunde richten?"

„Traut ja nicht dem Schein, beste Freundin! Verlaßt Euch ruhig darauf, wahre Liebe sieht anders aus! Wer seine Frau nicht mindestens ein- oder zweimal so recht gezaust hat, beweist damit nur seine Kaltherzigkeit. Wenn's so ist, wie Ihr sagt, seid Ihr ihm im Grunde völlig gleichgültig. Wäre mein Mann so wie der Eure, ich wäre schier verzweifelt! Lieber wäre ich mausetot, als das Unglück zu erleben, von meinem Mann nicht tüchtig verwamst und beschimpft zu werden."

Da kamen der anderen die Tränen. Es duldete sie

nicht länger am Kirchentor, und sie strebte eilig ihrem Hause zu. Nachdem sie die Wohnung betreten hatte, schlich sie so lange weinend und mit vergrämtem Gesicht umher, bis sie ihr Mann freundlich fragte: „Wer hat Euch gekränkt? Wer immer es war, ich will verdammt sein, wenn ich ihn nicht auf der Stelle umbringe!"

Da weinte die Hausfrau noch mitleiderregender, so daß der Mann sie tröstend an seine Seite zog und sie beschwor, ihm doch zu sagen, was geschehen sei. Er konnte aber kein Wort aus ihr herausbringen, im Gegenteil, sie wurde nur immer verstockter. Da ließ ihr Mann Wein und Brot auf den Tisch bringen: „Herbei, was Küche und Keller bieten!" Und zu seinem Knecht: „Los, schenk Met und Wein ein!" Dann wandte er sich wieder an seine Frau: „Liebstes Herzensweibchen, beruhige dich doch endlich. Was man dir auch angetan hat, ich will's ihnen schon heimzahlen! Nun iß und trink! Der Wein hier ist der beste, den wir haben! Vergiß deinen Kummer!" Sosehr er aber auf sie einredete, sie hielt den Kopf gesenkt und sah ihn nicht an. Er drängte: „So sprich doch endlich! Hat dir jemand Böses zugefügt?"

Da schaute sie ihn vorwurfsvoll und zornig an: „Ja, du selbst warst es, liebloser, kaltherziger Patron!"

Ihr Mann war wie vor den Kopf geschlagen. „Aber Frau, machst du Witze?"

„Durchaus nicht, es ist mein voller Ernst!"

„Liebe Frau, wie kommt's denn, daß du auf einmal voller Groll gegen mich bist?"

Sie richtete sich empört auf und rief anklagend: „Gott sei's geklagt, daß ich dir so viele Jahre in treuer Liebe ergeben war, ohne daß du mich ein einziges Mal geschlagen hättest. Man hat mir glaubhaft versichert: Ein Mann, der seine Frau nicht prügelt, liebt sie auch nicht! Das habe ich Arme nun erdulden müssen, hast du mich doch niemals liebreich karbatscht."

Der Mann ließ seinen Grimm nicht erkennen und sprach: „Beruhige dich, liebe Frau, gleich sollst du meine Liebe spüren!" Er winkte seinen Knecht herbei und raunte ihm zu, er solle sofort in den Wald rennen und vier elastische Spießruten bringen. Dabei dachte er erbost: Ich werde mir deine Liebe schon erprügeln, oder dich holt der Teufel! Nach dem Essen war es so weit; die Ruten lagen bereit. Nun packte der Mann sein Weib bei den Haaren und schlug so erbarmungslos auf sie ein, wie es die „Freundin" empfohlen hatte. Die Frau stürzte zu Boden und schrie erbärmlich: „Ach und weh!"

„Du sollst mich jetzt und immerdar lieben müssen!" keuchte der Mann und stieß sie mit dem Kopf auf die Diele, daß an ihrer Stirn große Beulen wuchsen. Da flehte sie unter Jammergeschrei: „Liebster Mann, ich flehe dich an, hör auf zu wüten! Bei Gott, erbarme dich und denk an all das Gute, das du mir verdankst!"

Er aber knirschte: „Jetzt erring ich deine Liebe ein für allemal! Und dein Verdruß wird gründlich beigelegt! Es war wohl deine Freundin, die dir in der Kirche beigebracht hat, ich sei ein kalter, liebloser Patron! Wie wärst du sonst darauf gekommen?" Er prügelte weiter, bis er den letzten Stock auf ihrem Buckel zerschlagen und die Frau viel Blut verloren hatte. Dabei brüllte er: „Ich erring mir schon deine Liebe, solange es noch einen einzigen Knüppel im Walde gibt!"

Man mußte die Hausfrau ins Bett legen, denn sie war windelweich geschlagen. Ein halbes Jahr lag sie auf dem Krankenlager und bat ihren Mann nie wieder um solch handgreiflichen Liebesbeweis. Auch wurde sie Tag und Nacht nicht müde, ihre „Freundin" zu verfluchen: „Das vergesse ich dir nie, du heimtückische Metze! Verflucht sollst du sein für deinen Verrat, der mir überall Striemen und Wunden eingetragen hat. Nie wieder falle ich auf deine Lügen herein. Der Teufel soll dich trösten, du verräterisches Aas!"

So sühnte der Ehemann seine „Schuld", die er sich aufgeladen hatte, und errang ein für allemal die hingebende Liebe seiner Frau. So wie ihr aber soll's allen ergehn, die töricht genug sind, ihr Glück geringzuschätzen und es leichtfertig aufs Spiel zu setzen.

Die Vertreibung des Teufels

In weit zurückliegenden Zeiten lebten Frau und Mann
noch in schönster Eintracht, ohne sich mit irgendwelcher Heimtücke das Leben zu vergällen. Nun ist uns
überliefert, daß es in jenen goldenen Zeiten eine wunderschöne Jungfrau gab, von der die nachfolgende Erzählung handelt.

Bis zu ihrem zwanzigsten Lebensjahr wurde sie von
ihrer Mutter mit großer Sorgfalt aufgezogen, so daß sie
frei war von allen schlechten Eigenschaften. Nie hatte
sie daran gedacht, sich einem Manne zu vermählen,
doch nun faßten ihre Verwandten — wie das so üblich
ist — den Beschluß, daß sie verheiratet werden sollte.
Ihre Mutter war einverstanden und meinte: „Es ist an
der Zeit, daß man sie einem Manne anvermählt."

Als dies bekannt wurde, erschien gar bald ein passen-
der Freier, dem sie auch gern ihr Jawort gab. Nach der
Eheschließung, als sich der Tag neigte, schickte man die
Jungvermählten zum Brautlager. Die Mutter nahm ihre

Tochter beiseite und raunte ihr zu: „Tochter, höre auf meinen Rat. Ich weiß gar wohl, was dir nun widerfährt. Was immer dein Ehemann mit dir anstellt, nimm es geduldig und mit guter Miene hin, lasse es ohne Widerstreben über dich ergehen. Du wirst dabei am Ende selbst Lust und Wonne empfinden. Ganz gleich, was er tut, nimm alles hin, oder ich wasche dir morgen den Kopf!"

Nachdem sie ihre Tochter zu Bett gebracht hatte, ging die Brautmutter zu dem jungen, stattlichen Ehemann und schickte auch ihn zum Brautlager. Der machte sich über seine hübsche junge Frau her und begann mit ihr jenes Spiel, das den Bestand der Welt sichert. Als er ihr dies Spiel beibrachte und fleißig bei der Arbeit war, kam ihr die Sache ein wenig komisch vor, und sie fragte sanftmütig: „Sagt doch, was ist das nur, was wir hier miteinander treiben? Ich kann nicht sagen, daß es mir unangenehm ist, hier bei Euch zu liegen, doch es kommt mir alles ein wenig merkwürdig vor."

Der verdutzte Ehemann faßte sich rasch und meinte im Scherz: „Auf diese Weise schickt man den Teufel in die Hölle, dem diese Strafe Leid und Qualen bereitet." So wurde die hübsche junge Frau von ihrem Mann zum Narren gehalten. Sie hatte nämlich keine Ahnung vom Liebesspiel, das ihr im übrigen ausgezeichnet bekam. Ihr jungvermählter Mann war ein wackerer Bursche, welterfahren und gutherzig, so daß er mit ihr nach allen Regeln der Kunst verfuhr und ihr in liebevoller Geschäftigkeit Lust und Freude schenkte. Da meinte sie in naivem Erstaunen: „Wenn dies dem Teufel übel bekommt und man ihn auf diese Weise zur Hölle schicken kann, so will ich mich nicht schonen." Und weiter sprach die reizende Schöne: „So gut ich es nur vermag, will ich Euch helfen, den Satan in den Höllenschlund zu treiben! Ich bin überzeugt, daß wir den verräterischen Bösewicht heute noch ganz und gar zuschanden machen! Komm nur und mach mit mir, was du willst. Ich will alles gern tun, da es dem Teufel an den Kragen geht. Los, schicken wir ihn zur Hölle!"

Mit heiligem Feuer setzte die liebenswerte Kleine die Vertreibung des Teufels fort und war mit allen Kräften bemüht, dem üblen Höllenhund die größten Qualen zuzufügen. Bei diesem frommen Werk genossen die zwei überdies noch mancherlei Freude, und sie vollzogen die Teufelsvertreibung mit letztem Einsatz. Schließlich aber waren sie völlig erschöpft und blieben atemlos liegen. Als das eifrige Tun unterbrochen werden mußte, fühlte sich die junge Frau so wohl wie nie zuvor, und sie sprach dankbaren Herzens: „Noch nie hat mir eine Teufelsvertreibung so ausnehmend gut gefallen. Nun höre und erzittere, du böser Geist: Nachdem mir bekannt ist, wie man dich bekämpft, werde ich dich schon in deinen Höllenpfuhl zu senden wissen!" Da drängte es den jungen Ehemann erneut zu ihr. Er umarmte sein liebreizendes Frauchen, schmiegte seine Wange an ihr blühendes Wänglein und küßte ihre roten Lippen ohne Unterlaß wohl dreißigmal. Danach bat sie, ihr doch zu erklären, was das bedeute: „Sag mir doch, warum hast du deine Lippen so oft auf die meinen gedrückt? Was soll das bedeuten? Ich weiß keine Erklärung dafür!"

„Das nennt man lieben. Nun sage aber du, was dir besser gefällt, das Lieben oder das Teufelsvertreiben?"

Die hübsche Frau überlegte und meinte dann: „Das erste wollen wir lieber lassen, das zweite aber um so eifriger betreiben. Auf diese Weise können wir uns voll auf das fromme Werk der Teufelsvertreibung konzentrieren und unser Seelenheil erringen. Meine Mutter und der Pfarrer haben mir schreckliche Dinge von dem grauenhaften Höllenpfuhl erzählt, so daß wir auf das Lieben verzichten und uns ganz der Bekämpfung des verruchten Geistes weihen wollen." Sie drängte sich mit ihren gutgewachsenen, elastischen, schneeweißen Schenkeln an ihren Eheliebsten und bat: „Nun, mein Held, frisch in den Kampf, treib ihn in die Hölle! Es war gewiß ein heiliger Mann, der diese Art der Seelenrettung ersonnen hat. Sie geht mir noch über die Lektüre des Psalters. Los, gönn ihm keine Atempause! Der Liebe will ich mich entschlagen als Buße für meine Sünden. Der Teufel aber soll wieder hinab in den Abgrund der Hölle! Nein doch, Liebster, komm näher heran, vertreibe ihn nur frisch und unverdrossen!" Bei diesem Teufelsvertreiben verstrickten sie Arme, Beine, Füße und Hände derart ineinander, daß man nicht hätte sagen können, ob dies oder jenes Glied der Frau oder dem Manne gehörte. Dies trieben sie so lange, bis ihnen beiden die Sinne vergingen, sie sich mit Armen und Beinen umklammerten und die Süßigkeit der Vertreibung kosteten. Nachdem sie eine Weile geruht hatten, drückten die Frau ihre Sünden, und sie sprach: „Wahrlich, ich habe viel gesündigt, und ich will dir nun alles beichten. Nichts soll verschwiegen bleiben! Oft habe ich meine Mutter bestohlen, um mir Haarbänder, Anstecknadeln oder Ringe zu kaufen. O wehe, dafür muß ich ewiglich in der Hölle brennen! Nein doch, mein Liebster, steh mir bei, daß ich rechte Buße leisten kann! Gott wird es dir lohnen. Gepriesen sei, der diese Buße erfand. Voran, vertreiben wir ihn zum dritten Mal. Ewig will ich mich dieser frommen Tat erfreuen!"

Zum dritten Mal begannen sie mit der Teufelsvertreibung. Sie rief dabei: „Wer dies Vertreiben hindern wollte, sei für immer verwünscht. Luzifer, du schlimmer Gauch, jetzt kommen Schmach und Schmerzen über dich! In Zukunft bin ich Tag und Nacht bereit, dich zu bekämpfen. Ich will dich verfolgen, wann immer ich kann!"

Die Teufelsvertreibung verlief in voller Eintracht, sie hielten einander eng umschlungen und versanken schließlich in einen erquickenden Schlummer, bis sie die helle Morgensonne überstrahlte. Die junge Frau schreckte auf, denn vor der Tür ertönte eine weibliche Stimme. Sie rüttelte ihren Mann, der noch im tiefen Schlafe lag. Vor der Tür aber stand voller Ungeduld die Brautmutter, und da die beiden drinnen sich nicht rührten, schlug sie an die Tür, bis man ihr öffnete. Dann sprach sie freundlich: „Gott grüß euch, meine Kinder!

Pferde, Rinder, Korn und Wein schenke euch unser Herrgott. Glückseligkeit und Wohlstand möge er euch jetzt und immerdar bescheren, dazu am Ende einen Platz im Himmelreich." Rücksichtsvoll zog sie sich zurück, bis die zwei sich angekleidet hatten. Danach trat sie fürsorglich wieder ein, glättete die völlig zerwühlten Betten, öffnete eine Truhe und entnahm ihr — wie es Brauch ist — ein Gewand aus schmiegsamer Leinwand, das sie in einen weißen Pelzrock einschlug.

Außerdem holte sie einen prächtigen roten Wollmantel hervor, den ihre Tochter mitsamt den anderen Kleidungsstücken anlegen mußte. Dies ist die Tracht der jungen Frau am Morgen nach der Hochzeitsnacht. Dann — zum jungen Ehemann gewandt — sprach sie geschäftig: „Nun setzt euch nieder, liebe Kinder! Ich hole die Nachbarn herbei, denn es gehört sich, daß man am nächsten Morgen mit den Jungvermählten tafelt. Ich habe für alles gesorgt!"

Die jungen Leute sagten: „Wir sind einverstanden!" Nun trug man Brot, Wein und — da es im Haus der Brauteltern an nichts mangelte — reichlich gekochtes und gebratenes Fleisch auf. Man sprach dem Essen wakker zu und war guter Dinge. Die Mutter blickte auf ihre jungvermählte Tochter und fragte: „Nun, wie ist es dir ergangen?"

„Ach, Mutter, ich und mein Liebster haben heute nacht den Teufel gleich dreimal in die Hölle getrieben!" Und sie verbreitete sich über alle Leiden, die sie nächtens durchlitten hatte. Da konnten sich die Gäste das Lachen nicht verbeißen, und man blinkerte sich vergnügt und ausgelassen zu. Der junge Ehemann aber wurde vor Scham ganz rot. Die Mutter fuhr die Tochter an, sofort stillzuschweigen, denn solche Geschichten gehörten nicht in den Mund einer jungen Frau.

Die aber sagte erstaunt: „Aber Mutter, was heute nacht und heute früh passiert ist, hast du doch selbst verschuldet. Ich bin völlig schuldlos. Laß dir sagen, Schwesterchen", wandte sie sich an die Schwester ihres Mannes, „daß mir meine Mutter gestern abend dringlich eingeschärft hat, deinem Bruder in jeder Hinsicht zu Willen zu sein. Nach dieser Belehrung brachte man mich zu Bett. Ich kann versichern, daß ich mich nicht gesträubt habe und alles tat, was er nur wollte. Wie er es wünschte, habe ich mich hingelegt. Dies alles tat ich wahr und wahrhaftig! Und ich will den Teufel auch gern endgültig in die Hölle treiben, wenn ich es erst richtig gelernt habe."

Da mußte auch ihre Mutter lachen und sprach zu ihr: „Sei still, meine Tochter. Doch du hast schon recht, die Schuld trage ich." Damit hörte der Wortwechsel auf. Nun drängten aber die Frauen alle Mannsleute aus der Stube, bis sie unter sich waren, dann aber brach ein Sturm von Fragen los, was es denn mit dem Teufelsvertreiben auf sich habe. Sie drangen in die junge Frau, sie solle doch erzählen, wie tüchtig sie beide dem Teufel eingeheizt hätten. Die erzählte ganz treuherzig: „Erst packte er mich mit beiden Händen an den Beinen und drückte mir die Knie hoch bis ans Herz. Dann schmerzte es ein wenig. Laßt euch sagen, das Teufelsvertreiben tut erst etwas weh, dann aber wird es immer angenehmer. Wenn eine von euch Buße leisten will für ihre Sünden und Übeltaten, so rat ich ihr dringlich, sich der Teufelsjagd zu verschreiben. Dem Seelenheil dient man ja auf mancherlei Art. Viele Menschen wallfahrten nach Rom oder fahren gar übers Meer ins Heilige Land. Jawohl, man muß sich des Satans eben mit allen Mitteln erwehren. Manche büßen für ihre Freveltaten, indem sie fasten, andere beten auch noch inbrünstig. Meine Sünden büße ich fortan auf andere Art. Wenn mir nur mein Mann den nötigen Beistand leistet, so jage ich den Satanas, rette auf diese Weise meine Seele vor den Gefahren der Hölle und sichere ihr die Wonnen des Paradieses. Ich bin geradezu begierig, den Teufel zu verjagen, und ich ruhe danach glückselig in den Armen meines Mannes. Keinerlei Mitleid habe ich mit dem Höllenfürsten, und ich traktiere ihn, so gut ich kann. Den verwünschten Höllenhunden, die Gott in Bande geschlagen hat, will ich stets Haß und Abneigung entgegenbringen. Glaubt mir, ihr Frauen, ich will bis an mein Lebensende den Teufel in die Hölle treiben!"

Und als ein Bote eintrat, der die Frauen zur Frühmesse holen wollte, erklärte die junge Frau fest und entschlossen: „Ich und mein Ehemann bleiben daheim. Wir müssen unsere Zeit anderen frommen Werken widmen!" Seitdem treiben sie als Buße für ihre Sünden unverdrossen und eifrig den Teufel in die Hölle. Damit ist unsere Geschichte aus.

Der angeklagte Zwetzler

Wenn's darum geht, von allerlei Merkwürdigkeiten zu erzählen, so bin ich dabei. Merkt auf, denn jetzt hört ihr von einem kaum glaublichen Vorfall, der jedoch zweifelsfrei verbürgt ist.

Einst saß ein Jüngling bei einem Mädchen und begann die üblichen Schmeicheleien. Er flehte sie an, ihm ihre Liebe zu schenken, doch sie wies ihn standhaft zurück, so daß all seine schönen Worte in den Wind gesprochen waren. Am Ende sprach sie spröde: „Bester Freund, ich bitte Euch ernstlich, mich nicht länger zu belästigen! Ich finde Euer Verhalten empörend!"

Nun geschah es, daß der Vater des Mädchens mit seinen Ochsen in den Wald fuhr und die Mutter zum Markt ging. Paßt auf, wie der Jüngling diese Gelegenheit nutzte: Sobald er merkte, daß die Luft rein war, machte er sich unverzüglich auf den Weg und rannte, so schnell er konnte, zur Wohnung seiner Angebeteten.

Vor ihrem Fenster flehte er: „Geliebte, laß mich ein zu dir! Ich tu auch alles, was du willst."

Sie erwiderte: „Warum nicht? Aber nur unter einer Bedingung: Du fängst nicht wieder an, mir plumpe Anträge zu machen!"

Er sprach hastig: „Aber selbstverständlich, Geliebte! Da bist du schließlich viel zu lieblich und viel zu schön, überdies von bezaubernder Gestalt und edlem Charakter. Ach, du Tugendreiche, erbarme dich meiner und sei ein wenig freundlich zu mir. Denk doch auch daran, wie sehr ich dich achte und verehre!" In dieser Tonart ging's immer weiter: „Ich kann's nicht länger verbergen, mein Herz findet bei Tag und Nacht keine Ruhe mehr. Ach, du Tugendreiche, laß dir und deinem gütigen Herzen versichern, daß ich um deinetwillen, Geliebte, fürchterliche Martern dulden muß! Ich flehe dich an, hilf einem Manne, der vor Liebessehnsucht verzweifelt."

Sie aber entgegnete aufgebracht: „Pfui über dein Gerede! Du hättest es dir schenken können! Glaub mir nur, du erreichst damit gar nichts bei mir!"

So ging das Gerede hin und her. Er wimmerte: „Laß mich doch bitte ein! Ich will dein Sklave sein und dir jeden Wunsch von den Augen ablesen!"

Sie fuhr ihn an: „Ich hasse dich, du Ungeheuer! Was machst du mir für Schande? Käm mein Mütterlein und hörte deine wüsten Reden, müßte ich vor Scham vergehen."

Ich weiß nicht, wie er's schaffte, aber am Ende ließ sie ihn doch ins Haus. Er war eben ein durchtriebener Bursche. Als er nun vor ihr stand, begann das, was er unter dem Hosenlatz trug, ungestüm zum Leben zu erwachen und stieß steil in die Höhe. Die Jungfrau fragte verwundert, was das sei, und er erklärte: „Ei, es ist halt mein Zwetzler. Er ist mir sehr wertvoll und wichtig, das kann ich dir versichern. Ja, er ist geradezu unersetzlich, denn wenn er jemanden streichelt, verschafft er ihm ein Leben voller Glück und Freude. Wenn du willst, daß er dich streichelt, so soll mir die Mühe nicht zuviel sein."

So schwatzte der durchtriebene, hübsche Bursche auf sie ein, bis er es fertigbrachte, daß sie sich vom Zwetzler streicheln ließ und merkte, was es damit auf sich hatte. Es schien ihr, als schwebe sie, als hätte sich ihr ganzer Körper in Wonne aufgelöst. Sie seufzte beglückt: „Nur weiter, Herr Zwetzler! Ihr seid wahrhaftig einzigartig. Lieber Freund, hätte ich vorher gewußt, was in dir steckt, ich wäre liebend gern mit dir in den gleichen Orden eingetreten. Ach, was bist du doch für ein Held! Fortan werde ich nur noch einen Wunsch haben: dich und deinen Zwetzler! Vergiß ihn nicht, wenn du wiederkommst, denn ich brauche dringend eine Zugabe!"

Da sprach der hübsche, durchtriebene Bursche zu dem liebreizenden Mädchen: „Ich muß nun gehen. Es ist höchste Zeit. Deine Mutter kann jeden Augenblick zurückkommen, und dann dürfte es uns schlecht ergehen!"

Das Mädchen aber hielt ihn fest und sagte: „Liebster Jüngling, wenn sie auf dem Markt ist, kommt sie so schnell nicht los. Verlaß dich darauf! Bleib also noch ein wenig bei mir, denn mein Herz ist voll Verlangen nach dir."

Nun ließen sich die zwei die Zeit nicht lang werden. Sie fiedelten auf allerlei Instrumenten und fanden dabei kein Ende.

Plötzlich kam die Mutter vom Markt zurück und überraschte die zwei. Na ja, ihr könnt euch denken, was das für ein Aufstand war! Sie nahm sich ihr Töchterlein vor und prügelte sie unbarmherzig grün und blau. Und erst der Vater! Als er aus dem Walde kam, war er völlig perplex, denn das hätte er nie von seinem Kinde erwartet. Ihr könnt euch sicher denken, daß er eine Mordswut im Leibe hatte. Sofort rannte er zu all seinen Verwandten, berief den Familienrat und schilderte dann das fürchterliche Verbrechen. Die Sache kam vor die Dorfvorsteher, die daraufhin den Beschluß faßten, den Burschen zu ergreifen und an den Galgen zu bringen. Das geschah dann auch: Man führte den Burschen in Fesseln herbei, um ihn hochnotpeinlich anzuklagen.

Am Morgen des Gerichtstages erschien der ergrimmte Vater samt Schwiegern und Schwägern beim Richter, und alle schrien auf ihn ein, der Bursche hätte dem Mädchen heimtückisch die Jungfernehre geraubt. Sie schütteten sechzig Pfund Silbers auf den Tisch und forderten vom Richter, nicht länger zu zaudern und endlich dem Recht zum Siege zu verhelfen. Nachdem der Richter und alle Beisitzer Platz genommen hatten, führte man den Jüngling und die Jungfrau in den Kreis. Der Richter forderte das Mädchen freundlich auf: „Erheb denn also deine Klage, liebe Jungfer!"

Sie aber sprach: „Ich leiste jeden Eid, daß mir der Bursche kein Leid zugefügt hat. Er gab mir nur seinen Zwetzler, und der tat mir mehr wohl als weh. Er hat mir nichts als Freude geschenkt. Warum sollte ich also Klage gegen ihn erheben?"

Der Richter schüttelte den Kopf und fragte, was das für ein Ding sei, dieser Zwetzler. Sie aber erwiderte hilflos: „Ich kann's nicht recht beschreiben. Er war so ähnlich wie ein Gänsehals."

Da ging dem Richter ein Licht auf, und er begriff, was mit dem Zwetzler gemeint war. Auf ein baldiges Ende bedacht, fragte er die Beisitzer, welches Urteil sie gefunden hätten. Nachdem jeder seine Meinung gesagt hatte, wurde es verkündet, und man trug einen Richtblock herbei, auf dem das Mädchen den Zwetzler abhacken sollte. Man drückte ihr ein großes Hackmesser in die Hand und zwang den Zwetzler auf den Richtblock. Als sie den Zwetzler jedoch berührte, federte er ihr entgegen. Da warf das liebliche Mädchen das Hackmesser weit von sich und jubelte vor allen Frauen und Männern: „Erkennst du mich wieder, lieber Freund?" Und zu den Umstehenden: „Ihr seht doch alle, daß er sich willig und ohne Widerrede vor mir erhoben hat; ebenso unfehlbar bring ich ihn auch zum Niederlegen. Es gibt keinen Zweifel, er ist mein guter Freund!" Und zum Richter: „Herr Richter, hat Euch mein Freund hier etwas versprochen, dann stellt Eure Forderung. Ich jedenfalls

lasse ihn am Leben. Da ich aufgerufen bin zu richten, hat
er heute und in Zukunft nichts zu befürchten." Damit
wandte sie sich an den Zwetzler: „Hör die gute Kunde:
Du sollst unbehelligt weiterleben. Müßte ich einst außer
Landes gehen, ich wüßte mir keinen besseren Wegge-
fährten. Du hast gut an mir gehandelt, also kannst du
meiner steten Dankbarkeit sicher sein."

Seine unbezweifelbare Güte und seine edle Herkunft
bewirkten, daß der Zwetzler ungeschoren blieb. Und
überall dort, wo man nach Recht und Gesetz richtet,
dürften er und seinesgleichen ebenfalls ungeschoren
bleiben.

Der Sperber

Die folgende Geschichte soll angeblich keine lose Flunkerei sein, sondern auf einer wahren Begebenheit beruhen. Sie ist zudem ebenso lehrreich wie unterhaltsam. Wenn ich sie euch nun erzähle, so gebe ich getreulich nur das wieder, was man mir berichtet hat. Nachdem ihr sie gehört habt, mögt ihr sie ruhig weitererzählen.

Wie's heißt, gab es einmal hier in der Nähe ein reiches, blühendes Kloster, zu dem viele großzügig und prächtig aufgeführte Gebäude gehörten. Es war bewohnt von Nonnen, die Gott eifrig dienten. Den ganzen Tag über lasen, beteten und sangen sie, und eine suchte die andere im frommen Eifer zu übertreffen. Müßiggang gab's bei ihnen nicht. Wenn sie nicht gerade sangen, dann nähten, wirkten und webten sie. Untätigkeit galt bei ihnen als Schande, und manche verstand es sogar, zu malen und fromme Bücher zu schreiben. Jede machte sich eben nach Talent und Wissen nützlich. Nun gehörte es zur klösterlichen Regel, auf keinen Fall einem Mann

Zugang ins Koster zu gewähren. Die Nonnen lebten in ihren Klostermauern glücklich und zufrieden, und nur jene Schwestern, die ein Amt in Verwaltung hatten, durften das Kloster verlassen. Die jungen und unerfahrenen Nönnchen aber durften keinen Fuß vors Tor setzen. Sie lernten in der Klosterschule Gesang, Schreiben, Lesen und alle Verhaltensvorschriften für das klösterliche Leben. Es waren blühende junge Mädchen mit roten, schwellenden Lippen, denen Gott sicherlich keine Fürbitte abschlug, zumal dann, wenn sie ihn recht inniglich anflehten.

Unter ihnen befand sich eine Jungfrau von solcher Schönheit, daß man außerhalb der Klostermauern für dieses Idealbild an Charakter und fraulichem Liebreiz sicher ein Auge gehabt hätte. Sie hatte allerdings vom Weltleben nicht die geringste Ahnung und war völlig unerfahren im Treiben der Weltkinder. Seit ihrem Eintritt in den Orden hatte sie sich fünfzehn Jahre lang nur innerhalb der Klostermauern aufgehalten. So lebte sie — gemäß ihrer Erziehung — in frommer klösterlicher Einfalt dahin.

Einst wandelte diese Jungfrau auf der Ringmauer, die das Kloster umschloß, um ein wenig in die Weite zu sehen. Da kam auf der in der Nähe vorbeiführenden Landstraße ein Reiter angeritten, der nach Körperbau und Kleidung keinen Zweifel an seinem ritterlichen Stand ließ. Auf seiner Hand trug er einen Sperber. Als er nahe genug bei der Klostermauer war, grüßte ihn das Nönnchen freundlich und fragte neugierig: „Sagt bitte, lieber Herr, habt Ihr weit reiten müssen, um dieses Vöglein zu beschaffen?"

„Aber nein, mein Fräulein!" erwiderte er.

Da fragte sie eifrig weiter: „So sagt mir doch, wie nennt man diesen Vogel. Er hat so leuchtend gelbe Fänge, so glänzende, kugelrunde Augen und ein so herrliches, glattes Gefieder! Wäre sein Schnabel gerade, gäb's an ihm nichts auszusetzen. Ich bin überzeugt, daß er bezaubernd schön singen kann. Für welche Dame er auch bestimmt ist, sie wird Euch für dieses Geschenk sicher ihr Leben lang gernhaben. Ach, es ist wirklich ein wunderhübsches Vöglein!"

An dem Geplauder der Jungfrau merkte der Ritter sofort, daß sie ebenso gutherzig wie naiv war. Er sagte ihr also lächelnd, daß man diesen Vogel einen Sperber nenne: „Ihr könnt ihn kaufen, mein Fräulein. Wenn Ihr den geforderten Preis zahlt, ist er Euer!"

Da meinte sie verzagt: „Geld bekomme ich leider nie in die Hände. Doch wenn Ihr an irgendeinem Stück aus meinem Besitz Gefallen findet, wird der Handel abgeschlossen. Zu gern hätte ich dieses Vöglein!"

Der Rittersmann sprach listig: „Mein liebes Fräulein, wenn Euch an dem Handel liegt, bin ich nicht auf Geld erpicht. Seid Ihr einverstanden, so gebe ich Euch den Sperber gegen Eure Liebe!"

Die Jungfrau erklärte unsicher: „Aber gern, warum denn nicht? Doch ich weiß gar nicht, was Ihr von mir erwartet. Ihr sprecht von Liebe, doch ich habe keine Ahnung, was das ist. Ich hab's noch nie gesehen. Laßt Euch sagen, was ich in meiner Truhe habe: zwei Bilder, drei Nadeln, eine Schere, zwei ungetragene Haarbänder, mein Festtagskleid und den Psalter. Mehr an persönlicher Habe konnte ich während meines Klosterlebens nicht zusammenbekommen. Nun dürft Ihr wählen, und ist mir auch die Oberin böse, wenn etwas fehlt, so soll's mir egal sein. Die Hauptsache ist, ich habe mein Vöglein!"

Der Ritter aber erklärte: „Ach, Ihr bezaubernde junge Dame, Ihr seid so reich an Liebreiz, daß ich bei Euch die Liebe schon finde, sofern Ihr mich nur suchen laßt. Wenn Ihr gestattet, hebe ich Euch von der Mauer herunter auf mein Pferd."

„Wie komme ich dann aber wieder zurück?" fragte das Nönnchen erschrocken.

Der Ritter war entzückt über dieses halbe Entgegenkommen: „Dafür laßt mich nur sorgen, mein Fräulein!" Voller Freude hob er sie mit seinen Armen von der

Mauerkrone und brachte sie dann in einen Baumgarten. Dort spähte er zunächst überall umher, ob die Luft auch rein sei und sie bei ihrem Tun von keinem ungebetenen Zuschauer belauscht würden. Dann band er sein Pferd an einem Baum fest, und den Sperber setzte er auf einen Ast. Danach ließ er sich mit glückgeschwelltem Herzen neben der Jungfrau in den grünen Klee fallen, begann sie zärtlich zu liebkosen und suchte so lange nach der Liebe, bis er sie endlich fand. Die war aber so süß, daß sie nicht voneinander lassen konnten. Er umarmte und küßte sie immer wieder und ging zum zweiten Mal auf die Suche. Das Nönnchen aber flüsterte: „Lieber Herr, nehmt nur alles, was Ihr an Liebe findet. Ich will Euch nicht übervorteilen und mich damit versündigen. Glaubt nur: Es ist ein schweres Vergehen, eine Sache ohne ehrliches Entgelt in seinen Besitz bringen zu wollen. Ich gönne Euch alles, was ich an Liebe besitze, sucht tüchtig, sucht. Ich will Euch nichts vorenthalten, denn ich habe den Eindruck, daß ich den vollen Preis noch gar nicht gezahlt habe. Nehmt Euch, soviel Ihr nur wollt. Da ich mit Liebe zahlen soll, wird redlich gezahlt. Ich kann durchaus noch mehr geben und bin zu jedem Opfer bereit!"

Der stattliche, schmucke Rittersmann ging also zum dritten Mal auf die Suche nach der Liebe, bis ihm schließlich schien, daß der Sperber nun gut genug bezahlt sei, ja, er war im Herzen überzeugt, noch nie ein Vöglein um einen so hohen Preis losgeschlagen zu haben. Er brachte das Nönnchen zurück auf die Mauer, nahm Abschied von ihr und ritt davon.

Nun paßt auf, was sie tat, wie's ihr erging nach diesem Handel. Voller Freude eilte sie zur Vorsteherin und erzählte ihr: „Schau, liebe Mutter Oberin! Dieses hübsche Vöglein habe ich spottbillig eingehandelt. Es hat mich keinen Pfennig gekostet. Ich hab's von einem Edelmann, dem ich für seine Großzügigkeit alles nur erdenklich Gute wünsche! Als Gegenleistung ließ ich ihn bei mir nach Liebe suchen. Nachdem ich gemerkt hatte, was das eigentlich ist, habe ich ihn davon nehmen lassen, soviel er nur wollte, und er ist ein großer Meister im Suchen! Ach wie traurig, daß es hier im Kloster keinen Menschen gibt, der sich auch darauf versteht. Wir sind doch reich genug! Ich finde es ungerecht, daß man uns diesen einträglichen Handel nicht gönnt, zumal wir doch genug an Liebe anzubieten hätten. Selbst wenn es alle unsere Pfründen kosten sollte, dürften wir uns diesen Handel nicht entgehen lassen. Was an mir liegt, so bin ich gern bereit, mein Teil dazu beizutragen."

Die Alte aber wurde fuchsteufelswild, fuhr dem Nönnchen in die Haare und prügelte sie tüchtig durch. Das Mädchen hatte allen Grund zu bereuen, daß sie von ihrem Geschäft mit der Liebe erzählt hatte. Die Vorsteherin hätte sie fast totgeschlagen; unermüdlich drosch sie auf sie ein, so daß die Nonne gleich zweimal ohnmächtig auf dem Boden lag. Dabei schrie die Alte: „Man hat dich zum Weib gemacht! Du hast dir in deiner Blödheit deine Jungfrauenehre rauben lassen! Nie wieder kannst du nun den Ehrennamen einer unbescholtenen Magd des Herrn führen! Pfui, ich würde vor Scham in den Erdboden versinken!" In maßlosem Grimm versetzte sie dem gutherzigen Mädchen tüchtige Püffe und Knüffe.

Das Nönnchen war heilfroh, als das Unwetter endlich vorüber war. Sie grübelte, wie sie ihr Vergehen wiedergutmachen und das Wohlwollen der Vorsteherin zurückgewinnen könnte. Nach drei Tagen schlich sie heimlich wieder auf die Mauer in der Hoffnung, den Ritter wiederzusehen. Wirklich wurde ihr Herzenswunsch erfüllt, denn nicht viel später kam er herbeigeritten. Das Nönnchen fuhr ihn an: „Los, hebt mich von der Mauer und gebt mir meine Liebe zurück! Euern Vogel könnt Ihr wiederhaben. Die ehrwürdige Mutter war mir furchtbar böse und hat gesagt, der Sperber hätte mich meine Jungfrauenehre gekostet. Also schnell, hebt mich herunter auf die Erde, damit ich meine Liebe zurückbekomme! Nehmt dafür Euern Sperber zurück!"

Der Ritter sprach mit heimlichem Vergnügen: „Aber natürlich, mein Fräulein. Das soll sofort geschehen!" Er brachte sie wieder auf den Klee, begann das gleiche Spiel und strengte sich tüchtig an, ihr die Liebe wiederzugeben.

Sie aber seufzte: „Wenn ich dürfte, handelte ich mir auf diese Weise jeden Tag gleich zwei Vögel ein. Die Mutter Oberin im Kloster aber behauptet, ich hätte mich mit fürchterlicher Schande bedeckt. Los, strengt Euch an und macht wieder eine Jungfrau aus mir! Vielleicht fürchtet Ihr, mir wehe zu tun, und schont mich daher. Seid unbesorgt! Wenn Ihr mich nur wieder zur Jungfrau macht, werde ich Euch nichts vorwerfen. Was immer Ihr mit mir anstellt, ich bin's zufrieden. Ei, wenn die ehrwürdige Mutter erst die Geschichte hört, wird sie mir sicher wieder gut sein!"

Da nahm er sie noch einmal tüchtig vor und sprach dann: „Liebes Fräulein! Ich muß nun fort und kann nicht länger bleiben! Gott schütze Euch Ehre und Leben!"

Sie aber widersetzte sich: „Hiergeblieben! Ihr denkt wohl, Ihr könnt mich betrügen, da ich ein unerfahrenes Mädchen bin! Eher kratze ich Euch die Augen aus, als daß ich Euch so einfach fortlasse! Ihr habt mir die Liebe erst zweimal wiedergegeben, doch dreimal habt Ihr sie genommen! Es wäre Betrug, wolltet Ihr Euch jetzt fortstehlen! Ich bestehe darauf, daß Ihr mir auch zum dritten Mal die Liebe wiedergebt! Wenn Ihr Euch sträubt, werde ich Euch in Zukunft von ganzem Herzen hassen!"

Der brave Rittersmann, sehr erheitert von ihren Worten, sprach bereitwillig: „Aber gern, mein Fräulein! Ihr sollt Euern Willen haben!" Er bediente sie also zum dritten Mal, und gar nicht schlecht. Dann meinte er: „Gott schütze mich auf meinem Weg!" Nachdem er ihr wieder ins Kloster zurückgeholfen hatte, ritt er davon.

Überglücklich, daß sie den Handel rückgängig gemacht hatte, eilte das Nönnlein zur Vorsteherin und jubelte: „Liebe Mutter Oberin, sei nicht mehr bös und hab mich wieder lieb! Der Handel, für den du mich so hart gestraft hast, ist rückgängig gemacht. Freu dich mit mir, denn ich habe meine Liebe wieder! Heute früh, als ihr alle noch in den Betten lagt, hat sie mir jener Ritter wiedergegeben. Nun kann ich wieder fröhlich und guter Dinge sein. Ich war ganz verzweifelt, als du so böse auf mich warst und mir sagtest, mit der Liebe hätte ich auch meine Jungfrauenehre verloren. Selbst wenn jener Ritter heute nicht vorbeigekommen wäre, ich hätte ihm nicht zürnen können. Doch nun will ich ihn besonders liebhaben, denn er ist ein redlicher Mann. Ich bin mir dessen völlig sicher: Er hat mir bereitwillig alles bis auf den letzten Rest zurückgezahlt. Gott schütze ihn auf seinen Wegen! Einen solchen Segenswunsch hat er wahrlich verdient. Er wäre auch eine rechte Zierde für unser Kloster! Ach, wäre er doch hier bei uns, ich wäre überglücklich."

Die Alte hob verdrossen an: „Man kann dir sagen, was man will, du bist und bleibst eine dumme Gans! Man hätte es noch verschmerzen können, wenn dich dies Unheil nur einmal getroffen hätte. Nun ist's gleich zweimal passiert! Doch ich kenne dich schließlich und hätte diese Verrücktheit voraussehen sollen! Da ich selbst nicht daran gedacht habe, kann ich nur gute Miene zum bösen Spiel machen."

Wer das Feuer kennt, mag sich hüten, daß er sich nicht die Finger verbrennt. Wer die Gefahren kennt und trotzdem nicht darauf achtet, daß Unheil geschieht, der hat keinen Grund zum Lamentieren. Vorgesehen ist besser als nachgesehen! So halten's jedenfalls alle klugen Leute. So, nun habt ihr die lehrreiche Geschichte vom Sperber gehört.

Der närrische Müller

Ein Müller namens Gumprecht lebte einst in seiner Mühle und galt als steinreich. In der Tat war er der steinreichste Mann weit und breit, denn im Haus und auf dem Hof fanden sich Wackersteine genug. Sonst aber war sein Besitz ziemlich schmal. Dieser Müller war jung und kräftig, freilich ein rechtes Muttersöhnchen und ein grober Tölpel dazu. Nie hatte er die Nase über den eigenen Nestrand gesteckt, und nachdem Vater und Mutter gestorben waren, mußte er seinen Lebensunterhalt selbst verdienen. Jetzt dachte er auch ans Heiraten, damit ihm sein Weib Haus und Hof in Ordnung hielte. Allerdings hatte er noch nie mit einer Frau geschlafen und war im höchsten Grade naiv und unerfahren. Nun hatte der Müller einen Freund, einen gewitzten, tüchtigen, fröhlichen und hübschen Burschen mit Namen Albrecht. Den bat er in seiner Hilflosigkeit um Rat.

Im Dorfe lebte ein selbstbewußtes, kesses Mädchen, das den Genüssen des Lebens nicht abgeneigt und in

Liebesdingen nicht unerfahren war. Die empfahl ihm sein Freund als Lehrmeisterin: „Sieh einmal, das ist ein unkompliziertes, unverbildetes Mädchen, und sie scheint mir wie geschaffen für dich. Schenke ihr ein Rind, dann darfst du dich zu ihr legen, und sie wird dir dann schon beibringen, wie man sich bei einer Frau verhält. Dann wirst du deiner Angetrauten als wohlerfahrener Mann imponieren und um so mehr Spaß an der Sache haben, sofern dir Gott ein braves und getreues Weib gibt."

Der Müller befolgte den Rat seines Freundes und fand auch bei besagter Dirne freundliches Entgegenkommen. Als er gar das Rind in ihren Stall führte, brachte sie sich fast um vor Eifer und war entschlossen, ihm eine genußreiche Liebesnacht zu schenken. Speisen und Getränke waren in Fülle vorhanden, und nach dem Essen führte sie ihn zum frischbezogenen Bett und zog ihn zärtlich zu sich herab auf die schwellenden Polster. Als sie so beieinander lagen, blieb er reglos wie ein Klotz. Da wurde ihr die Sache allmählich langweilig; sie konnte den Tag kaum erwarten und sagte schließlich: „Nun scher dich endlich aus dem Haus! Du bist ein blöder Hammel und ein ausgemachter Bauerntölpel, der nicht süß und sauer unterscheiden kann."

Arg bedrückt zog er von dannen und sprach zu seinem Freund, er wolle sich fortan nie mehr um Weiber kümmern. Zu Hause in seinem Bett schliefe er weit besser, auch brauchte er sich nicht überflüssiges Schelten und Zanken anzuhören. Sein Freund Albrecht fragte ihm verdutzt: „Aber mein Bester, was sagst du da? Himmel, du mußt ja über dich selber lachen! Hast du wirklich nicht mit ihr geschlafen?"

Der Müller greinte: „Ich sag's dir doch. Ich habe mir große Mühe gegeben, bei ihr zu schlafen, doch dafür, daß ich am Abend zu ihr kam, hat sie mich noch beschimpft. Dabei bin ich kein einziges Mal aufgewacht. Bis zum Morgen habe ich still gelegen wie ein Mehlsack. Warum war sie eigentlich nicht zufrieden mit meinem Schlaf? Das ist wirklich merkwürdig!"

Albrecht bog sich vor Lachen: „Ja, bist du denn verrückt? Du hast sie tatsächlich nicht beschlafen? Wer sein Weib im Bett in Ruhe läßt, den haßt sie mehr noch als die Pest! Wie kann man an der Seite einer drallen Schönen ängstlich den Schwanz einziehen? Hast du sie erst einmal richtig vorgenommen, verzehrt sie sich nach dir in Sehnsuchtsqual."

Der Müller jammerte: „Das sagt sich leicht daher. Aber wenn jemand eine Sache nie versucht hat, muß man doch Geduld mit ihm haben, bis er's endlich begriffen hat. Was habe ich schon über die Liebe gehört? Daheim hat man nie darüber gesprochen. Wie soll ich also wissen, um was es geht? Wo soll ich sie finden? Wächst sie auf den Bäumen oder im Garten? Oder auf offenem Feld? Ist sie zahm oder wild? Ist sie schwarz, weiß, grau, grün, gelb, rot oder blau? Kläre mich auf, damit ich sie erkenne und endlich begreife, was Liebe ist. Seit Kindesbeinen hocke ich in der Mühle, bei Tag und Nacht. Etwas anderes habe ich auf der Welt noch nicht gesehen. Bin ich darum ein Feigling oder ein närrischer Affe? Du redest lauter dummes Zeug und solltest lieber das Maul halten. Ich habe keine Lust, mir so etwas noch länger anzuhören."

Albrecht sprach begütigend: „Beruhige dich doch! Es tut mir leid, daß ich's gesagt habe. Mir ist's schließlich egal, ob du es lernst, wie man mit Frauen schläft. Ich hab's nur gut mit dir gemeint. Also schön, ich mische mich da nicht wieder ein. Sei nicht mehr bös, wir wollen weiter gute Freunde bleiben."

Der Müller sagte besänftigt: „Einverstanden! Doch zweierlei möchte ich gern noch wissen. Erstens möchte ich dich fragen, was die Liebe nun wirklich ist, und zweitens, woran man sie erkennen kann. Ich beschwöre dich, sage es mir! Ich muß die Liebe kennenlernen, koste es, was es wolle!"

Albrecht meinte kopfschüttelnd: „Als ich dich zu jenem Frauchen schickte, hatte ich dir die rechte Spur doch gewiesen. Hättest du die Sache richtig angepackt, hätte sie dich schon mit der Nase darauf gestoßen, was Liebe ist."

Da drängte der Müller: „Sag, was soll ich tun? Ich will dir folgen, wohin du mich auch schickst."

Albrecht meinte: „Na schön, geh also wieder zu jener Schönen, bring ihr ein zweites Rind, einen Batzen Geld obendrein, damit sie dir endlich die Liebe beibringt."

Das tat der Müller. Er brachte ihr ein Rind und ein gutes Stück Geld und bat sie dann, ihn in der Liebe zu unterweisen. Das Weibchen war einverstanden und sagte: „Ich will's versuchen." Dann briet sie ein Huhn, bereitete noch allerhand andere Speisen und füllte vor allem ein großes Gefäß mit Honig. Nachdem sie den Müller auf das Bett gelegt hatte, setzte sie sich zu ihm und sprach: „Ei du mein Liebster, öffne dein Mündchen und koste, wie süß die Liebe ist. Vielleicht gewöhnst du dich an sie, so daß du sie nimmer missen magst."

„Mit Vergnügen!" erwiderte ihr trauter Gast, und er riß seinen Mund sperrangelweit auf, um die Süßigkeit der Liebe zu genießen. Da holte sie mit ihrem Finger einen Klumpen Honig aus dem Gefäß und stopfte ihn in seinen Rachen. Als er die süße Speise schmeckte, strahlte er und sprach: „Ach mein holdes Schätzchen! Hast du noch mehr Liebe übrig? Sie ist so köstlich und lecker, daß sie mir besser schmeckt als alles, was ich bisher gegessen habe. Das ist ja ein wahrer Schatz! Dafür gebe ich alles hin, was ich habe!"

Sie lächelte und sagte: „Wenn's Gott will, wirst du heute nacht von mir gesättigt!" Und sie stopfte ihn weiterhin mit Honig, bis er den ganzen Honigtopf leergegessen hatte. Am Morgen aber eilte er strahlend zu Albrecht, um ihm seinen Erfolg zu berichten. Als er ein Weilchen bei ihm gesessen hatte, wollte es ihm schier die Därme zerreißen, so daß er in ein lautes Jammergeschrei ausbrach: „O weh! Sie hat mein Geschlecht verwandelt! Heut nacht hat mich das liebe Mädchen geschwängert! Hilf mir, daß diese Qualen ein Ende finden und ich nur rasch das Kind zur Welt bringe! Der Pfarrer soll dabei sein, damit alles seine Ordnung hat. Ich will ihm dafür in diesem Jahr Abgaben zukommen lassen. Und, lieber Freund, hol rasch eine Hebamme. Ich leg mich derweil in der Kammer aufs Lager!"

„Selbstverständlich!" sagte der Schalk. „Es wird alles prompt erledigt!" Und er bat ein paar alte Hexen um Hilfe. Man brachte den Müller spätabends ins Bett, und dann schlurften die heilkundigen alten Weiber in die Kammer. Sie brauchten nicht lang, um zu erkennen, daß ihn das Mädchen tüchtig zum Narren gehalten hatte, und linderten seine Schmerzen. Voller Dankbarkeit gab er ihnen dreißig Schilling zum Lohne und fragte dann erleichtert, wo sein Kindlein hingekommen sei. Sie taten sehr verwundert: „Hast du's denn nicht selbst gemerkt? Du hast einen Wechselbalg zur Welt gebracht, der sich auch wie ein rechter Kobold gebärdete. Kaum war er dir aus dem Leib gefahren, sprang er fort und hockt unter dem Dachfirst."

Der Müller barmte: „Eilt ihm nach und bringt mir's zurück. Ob Tochter oder Sohn, mir egal; ich möchte es wenigstens noch betrachten, bevor es wieder Reißaus nimmt."

Nun machten sich auch die alten Weiblein ihren Spaß mit dem blöden Dummerjan. Sie stiegen auf den Dachboden, holten aus einem Schwalbennest am Dachsparren ein junges Schwälbchen, steckten es in einen Topf und legten einen Deckel darauf. Dann brachten sie es zum Müller und sagten: „So, Müller, nun halte dich wacker und gib deinem Kindlein, was ihm zukommt. Wir werden es wickeln und dann wieder in den Topf legen. Dort muß es erst einmal seine Ruhe haben; niemand darf es stören. Die geringste Unruhe genügt, ihm für sein Leben Schaden zu tun. Wenn die Sonne aufgeht, darfst du den Deckel hochheben und urteilen, wie dir deine Erstgeburt gefällt. Wir werden dir dabei zur Seite stehen."

„Mit größter Freude!" versicherte der Müller. Als der Morgen anbrach, verlangte er nach seinem zarten Kindlein. Er fieberte danach, endlich in den Topf sehen zu dürfen. Als ihm die alten Frauen das Gefäß reichten, riß er sofort den Deckel herunter, und — schwirr — war sein Kind fort! Es flog davon und ward nicht mehr gesehen. Der Müller wehklagte: „Weh und ach! Wie entsetzlich, ich habe mein Kindlein verloren!" Doch all sein Jammern war vergebens, das Kind kehrte nicht mehr zurück. Da weinte er und sprach: „Was ich doch für ein Pech mit dem Kinderkriegen habe! Finde ich mein Kindlein nicht mehr wieder, dann will ich auch kein zweites mehr, und wenn mir sonst etwas passierte! Ach, mein Leben lang werde ich nicht mehr froh sein können."

So erging's also dem Müller. Behüte uns Gott, daß wir solche Kinder kriegen wie er! Und nun genug davon.

Der wahrsagende Baum

Es lebte einmal ein rechter Einfaltspinsel — woher er
kam oder wo er wohnte, ist mir nicht bekannt. Dieser
Tölpel heiratete kurz vor der Fastnachtszeit ein junges
Mädchen, das er heiß und innig liebte und das er daher
vor jeder Beschwernis zu bewahren suchte. Wenn sie so
in der Nacht beisammenlagen, einander nach Art junger, liebeshungriger Leute zärtlich liebkosten und es so
weit trieben, daß es sie nach dem bekannten vergnüg-
lichen Bettspiel drängte, so zuckte er im letzten Augenblick zurück, denn er dachte bei sich: Nein, ich mute ihr
zuviel zu! Ich will sie lieber damit verschonen! Dies kam
wiederholt vor, obwohl es ihm seine junge Frau bestimmt
nicht verübelt hätte, wenn er weitergegangen wäre.

Als er aber diese allzu rücksichtsvolle Praxis gar zu
lange übte, wurde sein Frauchen doch ein wenig unruhig, und sie grübelte Tag und Nacht darüber nach, wie
sie ihm endlich die Wichtigkeit eines beglückenden
Liebesspiels klarmachen könne.

Schließlich hatte sie einen klugen Einfall und sprach zu ihm: „Liebster Mann, ich leide so fürchterliche Schmerzen, daß ich es kaum noch aushalten kann. Ich fürchte, ich muß sterben! Weißt du keine Hilfe für mich?"

Bestürzt schrie er auf: „Um Himmels willen! Nie hat ein Mann seine Frau mehr geliebt! Weißt du denn kein Heilmittel, das deine Schmerzen lindern und dich retten könnte?"

Sie stöhnte: „Nein, ich weiß keines! Schüttelfrost und glühende Hitze wechseln einander ab, mir fällt rein gar nichts ein, was mir helfen könnte. Doch halt: Ganz in der Nähe steht ein hohler Baum. Hör zu, was du machen mußt: Renn sofort hin und nimm dir sehr zu Herzen, was du dort hören oder erfahren wirst. In diesem Baum wohnen nämlich einige Heilige, die das Gebet der Menschen erhören!"

Der biedere Ehemann tat, was sie verlangte. Er war derart einfältig, daß er ihr die Geschichte aufs Wort glaubte. Unverzüglich eilte er zum Wald, doch seine Frau war schnell wie ein Pfeil noch vor ihm ins Gehölz gerannt und hatte sich in dem hohlen Baum verborgen. Nun paßt einmal auf, wie sie ihren Manne zum Narren hielt!

Als der Dummkopf dem Baume nahegekommen war, fiel er auf die bloßen Knie und rief flehentlich: „Ihr Heiligen alle, die dort wohnen, ich bitte euch inständig, macht eurer Heiligkeit Ehre und ratet mir, wie ich meiner heißgeliebten Frau helfen und ihr Leben retten kann!"

Da antwortete ihm die Frau mit dumpfer Stimme aus der Höhlung des Baumes: „So hör mich an, du wackerer Mann! Ich gebe dir einen ausgezeichneten Rat, und er wird deine Frau noch viele Jahre bei bester Gesundheit halten. Ich künde dir wahr und wahrhaftig, daß du dein Eheweib noch vor dem ersten Hahnenschrei viermal kräftig nehmen mußt; nachdem der Hahn gekräht hat, hast du dies dreimal zu wiederholen. All ihre Schmerzen werden dann verfliegen, nie wieder wird sie über Schüttelfrost und Hitze klagen. Vernimm auch noch, wie du dich fortan verhalten sollst: Du mußt es dir zur Gewohnheit machen, sie unaufhörlich — bei Tag und bei Nacht — mit Ausdauer und nimmermüdem Einsatz im Liebesspiel herzunehmen, dann wird sie ihr Wohlgefallen an dir haben. Du mußt sie aber auch wirklich gehörig hernehmen, denn nur dann kann sie Genesung finden."

Der Mann war derart beschränkt, daß er glaubte, eine himmlische Botschaft erhalten zu haben. Eilends ging er aus dem Wald zurück nach Hause, doch seine Frau rannte wie ein Wiesel durch dick und dünn und war schon vor ihm wieder im Haus, ohne daß er ihre Abwesenheit bemerkt hätte. Als er an die Tür kam, rief sie ungeduldig: „Liebster, bist du es? Hat man dir einen guten Rat gegeben, der uns beiden Hilfe bringt?"

Er erwiderte bedrückt und zögernd: „Es widerstrebt mir, davon zu sprechen. Lange habe ich auf den Knien gelegen und meinen Kummer geklagt. Ich fürchte aber, daß ich dich verletze, wenn ich dir den Rat der Heiligen mitteile."

Sie aber drängte: „Sag es schnell, was es auch sei! Wie lange willst du noch zusehen, wie ich mich in gräßlichen Qualen winde! Der Tod wäre ja eine Erlösung für mich!"

Da stotterte der närrische Tropf: „Nun gut, hör zu, was ich dort erfahren habe. Als ich mich dem Baum genähert hatte, ertönte eine himmlische Stimme und gebot mir, mich recht brünstig über dich herzumachen. Ich fürchte aber, dir wehe zu tun!"

„Und das ist wirklich das einzige Mittel, mir zu helfen, mich zu heilen? Nun gut, dann mußt du es sofort anwenden! Gott wird es dir lohnen! Ich werde bestimmt gesund, es sei denn, mir ist der Tod bestimmt."

Tatsächlich wandte der Mann das empfohlene Mittel mit größter Ausdauer und Gründlichkeit an, und wirklich genas seine liebe Frau. Als sie das Liebesspiel erst richtig kennenlernte, wurde es für sie ein unversiegbarer Quell des Glücks und der Freude. Damit endet unsere Geschichte.

Das Gänschen

Laßt euch von mir eine Geschichte erzählen. Einst gab es hier in der Nähe ein imposantes, mit großem Aufwand erbautes Kloster. Seine Herberge und sein Spital wurden gut geführt, und Gäste (ob sie zu Pferd oder zu Fuß kamen) wurden jederzeit freundlich und bereitwillig bewirtet. Niemandem wurde die Speisung verweigert, man gab, was Küche und Keller boten. (Wenn es doch auch heute noch solche Klöster gäbe!) Wurde jedoch am Abend das Tor verschlossen, so war es bei Todesstrafe verboten, einer Frau Einlaß zu gewähren. Die Mönche waren bemüht, ihr klösterliches Leben genau nach den Vorschriften der Klosterregel zu führen. Ferner erzählte man von ihnen, sie hätten eine so strenge Klausur eingeführt, daß ein Fremder sie in ihren Zellen kaum zu Gesicht bekäme, und ich versichere euch, daß da viele Mönche lebten, die zeit ihres Lebens nicht aus dem Kloster herausgekommen waren.

In diesem Kloster gab es auch einen Jüngling, der von

Kindheit an nur zwischen Klostermauern gelebt hatte. Daher hatte er nicht die geringste Ahnung vom Leben und Treiben in der Welt; nur vom Hörensagen wußte er, daß es Pferde gab und daß man darauf reiten könne. Nun begab es sich, daß der Abt ausreiten mußte, um bestimmte klösterliche Angelegenheiten zu regeln. Da bat ihn der Jüngling, ihn doch mitzunehmen, damit er das ihm unbekannte Treiben in der Welt ein wenig kennenlernen könne. Der Abt erfüllte die Bitte des Mönches mit wohlüberlegter Absicht. Er dachte nämlich bei sich: Wenn er Land und Leute kennengelernt hat, so kann man ihm hier im Kloster größere Aufgaben übertragen und ihn zu einem nützlichen Mitglied der klösterlichen Gemeinschaft machen. Er nahm ihn also mit auf die Reise. Beide bestiegen ihre Pferde und ritten los. Als sie aufs freie Feld kamen, gingen die Gäule gemächlich dahin, so daß der junge Mönch Zeit fand, nach den Namen aller Tiere zu fragen, die ihnen begegneten, ob Schafe, Rinder oder Schweine. Der Abt gab ihm bereitwillig Auskunft. Nach kurzem Ritt erreichten sie den Meierhof, zu dem sie ihre geschäftlichen Angelegenheiten führten und wo sie zu verweilen gedachten. Der Gutsverwalter begrüßte beflissen seinen Herrn und sprach: „Seid herzlich willkommen, Herr, Ihr und Euer Begleiter!" Man nahm die Pferde in Empfang, um sie zu versorgen, und Mönch wie Abt begaben sich in die geheizte Stube.

Der Gutsverwalter hatte eine Frau und eine wunderschöne Tochter von achtzehn Jahren. Bei Tisch forderte der Abt sie beide auf, bei ihm Platz zu nehmen, und sie ließen sich nicht lange nötigen. Nun wandte sich der junge Mönch plötzlich an den Abt und bat, ihn doch darüber zu belehren, wie man diese merkwürdigen Geschöpfe bezeichne. Der überraschte Abt bedachte sich kurz und erklärte darauf im Scherz: „Das hier sind Gänse!"

„Crede mihi!" entfuhr es da dem Mönch. „Was für hübsche Tiere! Warum haben wir nur im Kloster keine

Gänse? Sie hätten doch auf unserer Weide das prächtigste Futter!"

Da lachten Tochter und Frau des Gutsverwalters hellauf, und sie zeigten sich ehrlich verwundert, daß ein so blühender, zur Liebe wie geschaffener Jüngling nicht einmal wußte, was eine Frau ist. Sie fragten den Abt, ob er vielleicht von schwachem Verstande sei. Da erzählte der Abt wahrheitsgemäß, unter welchen Umständen der Jüngling aufgewachsen war. (Ihr habt es ja schon gehört.) Nachdem die Haustochter diese Geschichte vernommen hatte, dachte sie heimlich: Was für ein hübscher Bursche! Läßt es sich irgendwie einrichten, so will ich heute nacht einmal ausprobieren, ob ich ihm beibringen kann, wie ein Mann mit der Frau im Bett umzugehen hat! Sie hatte sich nämlich auf der Stelle in ihn verliebt. Über ihren Vorsatz schwieg sie fein still und wartete die Schlafenszeit ab. Zuvorkommend ließ der Hausherr seinen Gästen ihr Lager so bereiten, wie sie es gewohnt waren. Seine Tochter ließ es sich nicht nehmen, beim Herrichten der Schlafstätten zu helfen, und sie richtete es so ein, daß die Lagerstatt des Jünglings möglichst weit von der des Abtes stand. So hätte der Abt mehr Ruhe und Bequemlichkeit. Diese Begründung leuchtete allen ein.

Nachdem sich die Gäste niedergelegt hatten, schickte der Hausherr die anderen Hausbewohner zu Bett, damit die geistlichen Herrn nicht gestört würden. Der junge Mönch lag jedoch schlaflos da, in Gedanken ließ er alle Geschöpfe vorüberziehen, die er heute gesehen hatte, und prägte sich dabei ihre Namen ein. Auch das Mädchen fand keine Ruhe und zerbrach sich erhitzt den Kopf darüber, wie sie ihren Plan verwirklichen könne. Behutsam und leise erhob sie sich schließlich und schlich vorsichtig zur Lagerstatt des jungen Mönches. Als der Mönch sie bemerkte, fragte er leise: „Wer ist da?"

„Ich bin's, das junge Gänschen! Herr, ich friere sehr, und ich möchte Euch herzlich bitten, daß Ihr Euch meiner erbarmt und mich aus Nächstenliebe unter Eure Decke schlüpfen laßt, damit ich nicht erfriere. Es ist eiskalt hier."

Der junge Mönch war derart weltfremd, daß er sie tatsächlich aus purer christlicher Nächstenliebe zu sich unter die Decke schlüpfen ließ. Als sie sich zu ihm legte, hatte der Jüngling begreiflicherweise keinen blassen Schimmer von der Praxis vergnüglicher Bettspiele. Das Mädchen war dafür um so aufgeklärter, und nach geschickter, entgegenkommender Belehrung hatte sie ihn bald soweit, daß er sie zu lieben begann. Der junge Mönch machte sich mit wachsendem Eifer über sein Gänschen her, und ihm wurde wohl und wohler dabei. Sie trieben das liebliche Spiel unermüdlich so lange, bis das Mädchen den Morgen dämmern sah. Da hielt es sie nicht länger an seiner Seite. Sie erhob sich und flüsterte ihm zu: „Wenn Ihr diese Lust noch öfter genießen wollt, so dürft Ihr keinem Menschen verraten, was wir miteinander getrieben haben. Wenn der Abt auch nur ein Sterbenswort davon erfährt, so überliefert er uns dem fürchterlichsten Tode!" Mit größtem Nachdruck verbot sie ihm, etwas über seine Vergnügungen auszuplaudern, und eifrig versprach er es ihr.

Nachdem der Tag angebrochen war, erhob sich auch der Abt und besorgte mit Unterstützung des Jünglings die Geschäfte, die sie hergeführt hatten. Als alles erledigt war, saßen sie wieder auf und ritten zurück. Nachdem sie heimgekehrt waren, nahmen sich die anderen Mönche sofort den Milchbart vor, fragten ihn aus und hörten sich belustigt seinen Bericht an. Er war jedoch klug genug, niemandem etwas darüber zu sagen, wie ihm in der Nacht das junge Gänschen zugeflattert war.

Nun war es kurz vor dem Weihnachtsfest. Der Abt ließ den Kellermeister und den Koch zu sich kommen und sagte: „Es kommt nun eine Woche, die uns alle durch die vorgeschriebenen Gesänge und Gebete sehr beanspruchen wird. Gebt euch also Mühe und beköstigt uns in dieser Zeit besonders gut! Solange die Klosterbrüder diese Anstrengungen auf sich nehmen müssen, sollen sie nach besten Kräften verpflegt werden." Man nahm diese Anordnung mit Beifall auf. Auch unser junger Mönch stand in der Runde und wandte sich eifrig an den Abt: „Lieber Herr, wenn Ihr gewillt seid, uns in dieser Zeit mehr abzuverlangen, so möchte ich — wenn irgend möglich — darum bitten, daß Ihr jeden Mönch mit einer Gans versorgt. Auf der ganzen Welt wird es dann niemandem besser gehen als uns!"

Diese Worte erregten beim Abt großen Unwillen: „Schweigt still, Bruder! Habt Ihr den Verstand verloren? Ihr wißt doch selber gut genug, daß uns Fleischspeisen verboten sind. Für dieses sündhafte Verlangen muß ich Euch eine Buße auferlegen!" Er befahl ihm, sich sofort zu entfernen. Der Jüngling gehorchte, doch sprach er im Gehen trotzig: „Was mir auch geschieht: Gänse sind eine feine Sache. Wohl dem, der sie hat. Gänse und vor allem junge Gänschen sind eine ganz vortreffliche Speise!" Nun wurde der junge Mönch hinausgeworfen. Die älteren Mönche blieben und berieten den Speiseplan, die Gottesdienstordnung und die notwendige Aufgabenverteilung.

Nachdem alles erledigt war, sprach der Abt zu einem der Mönche: „Holt mir jetzt den Jüngling her!" Nachdem dieser gekommen war, führte ihn der Abt in sein Arbeitszimmer und drang mit väterlicher Milde in ihn: „Wie bist du nur darauf gekommen, so gierig nach einem Gänsebraten zu verlangen?"

Dieser liebreichen und ernsten Ermahnung konnte der junge Mönch nicht widerstehen, und er bekannte, daß er damals auf der Reise zur Nachtzeit das junge Gänschen gekostet hatte. Als der Abt die traurige Wahrheit vernommen hatte, seufzte er bedrückt: „Weh mir, man hat dich hinters Licht geführt; ich selber war es, der dich betrog. Crede mihi! Das war kein Gänschen, sondern eine Frau! Du hast in deiner kindlichen Einfalt eine Frau beschlafen! Hätte ich doch besser auf dich aufgepaßt! Das wäre vernünftiger gewesen!" Er erlegte dem

Jüngling eine Buße auf, die er — dem Abt gehorchend — auch verrichtete.

Der Abt hätte sich eben bei einer so ernsten Sache keinen Spaß erlauben dürfen. Hätte er seinem Schützling ohne Scherz die Wahrheit gesagt, so wäre dies sicher besser gewesen. Lügen und Betrügen taugt eben nichts und führt einzig und allein in Sünde und Schande! Was soll ich euch noch mehr erzählen? Vielleicht nur dies, daß es mancherorts noch Mönche gibt, die auch mit Frauen umzugehen wissen. Eigentlich gebührt ihnen dafür ein Zorngewitter ihres Abts, und sie hätten allen Grund, sich zu bessern und demütig seine Verzeihung zu erflehen. Damit ist die Geschichte aus.

Der schwangere Mönch

Ich bin bereit, euch eine vergnügliche Geschichte zu erzählen, und da ich bei euch bin, vernehmt also die merkwürdige Begebenheit von einem schwangeren Mönch. Sie wird euch zeigen, daß es oft wunderlich zugeht auf dieser Welt.

Einst wurde ein siebenjähriges Kind, noch ehe es sich in der Welt umsehen konnte, in ein Waldkloster gegeben, wo es zu einem frommen Mönch erzogen werden sollte. Der Knabe wurde im Lesen, Schreiben und in allen Wissenschaften unterwiesen, bis er sich in den alten Schriften trefflich auskannte, und als er schließlich das rechte Alter erreicht hatte, wurde er vom Abt in die Gemeinde der Klosterbrüder aufgenommen.

Eines Morgens, als er nach der Frühmesse auf seiner Pritsche saß und wieder in allerlei Schriften vertieft war, las er in einem Buche etwas vom „Band der Liebe". Da begann er nachzugrübeln, was das wohl sei, dieses Band. Er warf das Buch in die Ecke und nahm sich vor, dieses

Band unbedingt kennenzulernen. So schlich er denn heimlich zu einem Klosterknecht, der den Abt stets auf seinen Ritten begleitete, und fragte ihn — da er ihn für einen lebenskundigen Mann hielt —, was das sei, ob man die Liebe bei Greisen oder Kindern fände, ob sie die Menschen mittels ihrer Stärke oder dank überlegener Klugheit in Bande schlüge. Der Knecht erwiderte: „Ihr habt ja keine Ahnung, wonach Ihr fragt! Wäret Ihr krank, Frau Liebe könnte Euch ohne weiteres gesund machen. Sie schlägt die Menschen auch durchaus nicht immer in Bande, sie kann auch helfen, und wem sie hilft, der ist befreit von aller Not. In ihrem Palast gibt's vortreffliche Speisen und Getränke."

Da sprach der Mönch entschlossen: „Nun gut, ehe ein halbes Jahr vergangen ist, will ich in ihrem Palast gewesen sein!"

Da riet ihm der Knecht, den Abt um ein Pferd und einen Knecht zu bitten, da er seinen Verwandten in schwierigen Händeln beistehen müsse. Als der Mönch den Abt darum bat, erhielt er wirklich alles, um was er nachgesucht hatte, dazu einen großen Beutel mit Silber. Er selbst raffte all seine Ersparnisse zusammen und brachte es damit zusätzlich auf zehn Pfund Silber. Unterwegs überließ er sich völlig der Führung des Knechts, da er — wie sein Begleiter wußte — noch nie aus den Klostermauern gekommen war. So gelangten sie schließlich in eine blühende Stadt, und der Knecht besorgte eine Unterkunft bei einer resoluten und leichtlebigen Dame, die in den besten Jahren war. Ihr Mann war zur See gefahren, so daß sie allein das Haus hütete. Der Knecht ließ das Silber im Beutel klingen, gab der Wirtin die Börse zur Aufbewahrung und bat, es an nichts fehlen zu lassen. So war beiden ein freundlicher Empfang sicher. Die Hausfrau stellte das ganze Haus auf den Kopf, um dem Mönch nach der langen Reise alle möglichen Annehmlichkeiten zu bereiten. Es wurden viele leckere Speisen — warme und kalte — aufgetragen, dazu ein köstlicher, wohltemperierter Wein, so daß der Mönch

schwärmte: „Ei, hier bin ich wohl im Palast der allge-
waltigen Liebe. Ich bin recht angetan davon. Ging es in
unserem Kloster ebenso zu, wären alle Mönche hell begeistert."

Der Knecht aber nahm die Wirtin beiseite und flüsterte ihr zu: „Kennt Ihr hier nicht eine willige Schöne,
die für einen Batzen Geld meinen Herrn in die Schule
nimmt?"

Die Hausfrau fragte: „Was kann er denn bieten?
Kann er für die geforderten Dienste sechs Pfund aufbringen?"

Der Knecht konnte sie in dieser Hinsicht beruhigen
und bat sie dringlich, sich des Mönches anzunehmen. Da
meinte sie: „Ich habe schon allerlei Wertsachen versetzen
müssen. Werden sie ausgelöst, kann sich der junge Heilige freuen. Ich biete ihm alles, was eine Frau nur zu bieten hat."

Der Knecht war einverstanden: „Das ist recht. Ihr habt
ja den Beutel. Nehmt ruhig heraus, was Ihr braucht. Er
hat Euch schon in sein Herz geschlossen und verlangt
voller Leidenschaft nach Eurer Liebe."

So wurde der Handel perfekt, der Knecht versprach
und gab ihr die sechs Pfund und hatte damit das Entgelt
für ihre Liebe entrichtet. Wie er es gewünscht hatte, warf
sich die Wirtin in ihren besten Staat, setzte sich zu dem
Mönch und begann ein zärtliches Geplauder. Ihre Augen
funkelten lockend wie Sterne, ihre Wangen waren vor
Erregung rosig gefärbt, ihr Hals war schneeweiß wie der
Pelz des Hermelins, die Finger waren schlank und geschmeidig, die Arme rund und voll, kurz, sie war in jeder Hinsicht wohlgebaut. Der Mönch fühlte sich pudelwohl, benahm sich aber naiv und täppisch. Da schärfte
ihm der Knecht ein, alles zu tun, was die Hausfrau von
ihm verlangen würde. „Sie wird Euch beibringen, was
Liebe ist. Gleich ist sie Euer; seid also nicht blöd und
greift dreist zu. Bezahlt ist bereits."

Das Herz des Mönches hüpfte vor Freude, und er
sprach: „Ei, ich werde dafür sorgen, daß uns die Liebe

begleitet und dem Abt wie der ganzen Brüderschaft die Herzen erfreut!" Der Blödian meinte — sehr zu Unrecht —, der Abt und die Mönche hätten keine Ahnung von der Liebe. Da kam auch schon die Wirtin, ergriff den Mönch bei der Hand und führte ihn ohne Verzug zu einem frisch bezogenen Bett. Als sie ihn auf die Polster niederdrückte, wollte er sich nicht völlig entblößen. Da sprach das hübsche Weibchen gurrend: „Ihr seid doch hier nicht im Kloster! Zieht Euer Zeug ruhig aus!" Dann löschte sie das Licht und schlüpfte zum Mönch ins Bett. Der Narr aber lag steif wie ein Stock da; die Hausfrau mußte ihm halb mit Gewalt die Kleider vom Leibe ziehen. Dann rückte sie näher heran und schmiegte sich voller Verlangen eng an ihn. Der Mönch lag aber reglos wie ein Klotz und war ratlos, was er nun tun sollte. Von Kindesbeinen an hatte man ihn den Frauen ferngehalten, und so waren ihm Gesang und Bücherlesen weit geläufiger als die Liebe. Die Hausfrau war empört und verärgert über dieses ergebnislose Beilager und überlegte, wie sie ihn zur Strafe zum Narren machen könne. Schließlich versetzte sie ihm einen kräftigen Tritt, so daß er an die Wand rollte. Dann rückte sie ihm auf den Leib, drückte ihm die Knie in die Weichen und trampelte auf ihm herum, so daß ihm schließlich der ganze Körper wie Feuer brannte und er das Liebesspiel mit den Weibern höchst abstoßend fand. Er war nämlich überzeugt davon, daß die Püffe und Schläge zur Liebe gehörten. Am liebsten wäre er davongerannt, doch die Hausfrau versetzte ihm zum Schluß einen wuchtigen Hieb über den Schädel, daß er halb betäubt dalag. Dazu rief sie: „So, nun könnt Ihr schnarchen, Ihr Schelm. Mehr tue ich Euch nicht. Das waren die Geschenke der Liebe, die Ihr überall sucht." Damit nahm die Quälerei ein Ende; der Mönch aber streckte erschöpft und erleichtert die schmerzenden Glieder.

So gegen Mitternacht überkam die Wirtin ein Gelüst, und wie sie es gewohnt war, griff sie mit den Händen nach ihrem Beischläfer, um ihn zum Liebesspiel zu er-

muntern. Als sie wieder an den Mönch geriet, schlug sie
erneut wütend auf ihn ein und kürzte ihm so die Lange-
weile. Ihm aber schien die „Liebe" verdrießlich nahe,
und er wünschte sich sehnsüchtig hundert Meilen fort.
Zur Ruhe kam er dabei natürlich nicht. Die Wirtin rief:
„So, das ist die zweite Botschaft der Liebe! Nun könnt
Ihr in Glück und Frohsinn leben!"

Das Mönchlein aber lag steif und stumm da und
dachte verzweifelt: Ach, wäre ich doch nur wieder in
meinem Kloster. Selbst wenn die Liebe vor dem Tore
hockte, würde ich mich hüten, ihr zu nahe zu kommen.

Kurz vor dem Morgen fiel die enttäuschte Wirtin ein
drittes Mal über ihn her und erteilte ihm eine derbe
Lektion mit Schlägen und Püffen. Erst bei der Morgenröte ließ sie ab von ihm und warf ihn kurzerhand aus
ihrer Kammer. Der Mönch aber war heilfroh und wartete nicht lange auf ihren Morgensegen. Aufgebracht
rüttelte er den Knecht aus dem Schlafe und schrie ihn
an, er solle sofort die Pferde holen. Er wolle keinen
Augenblick länger in diesem Hause bleiben. Der Knecht
fuhr erschrocken in die Höhe und dachte nichts anderes,
als daß der Hausherr überraschend zurückgekommen sei.
So brachen beide Hals über Kopf auf. Im Galopp ging's
querfeldein, der Knecht voran, der Mönch hinterher.
Drei Meilen weit hetzten sie die Pferde, als säße ihnen
der Teufel im Nacken. Schließlich gelangten sie auf eine
grüne Wiese, wo sie anhielten und aus dem Sattel stiegen. Der Knecht musterte seinen Herrn prüfend, denn er
schien ihm merklich verändert. Das Gesicht des Mönches war nämlich totenbleich. Der Knecht fragte ihn besorgt, wie's mit der Liebe ausgegangen sei. Der Mönch
aber sprach bedächtig: „Wie gut mir's auch ergangen ist,
ich darf mich dessen nicht rühmen, denn Gott gefällt das
nicht. Das kannst du ruhig glauben." Der Knecht fragte
also nicht weiter, und nun hatte es der Mönch furchtbar
eilig, ins Kloster zurückzukommen.

Als die daheim waren, nahm der Mönch den Knecht
beiseite und fragte ihn: „Ich habe sagen hören, daß bei

so einem Beisammensein von Mann und Frau Kinder gemacht werden. Nun sage mir auf Ehre und Gewissen, wer hat denn das Kind im Leibe?"

„Tja, das ist leicht erklärt!" meinte der Knecht. „Immer der, der unten liegt."

Da überfiel unseren Mönch ein gewaltiger Schrecken, und er dachte: O weh! Was soll ich nur tun! Ich armer Dulder war's ja schließlich, der unten lag. Nun ist mein guter Ruf zum Teufel, denn ich bin schwanger. Kommen erst der Abt und die Brüder hinter die Sache, verstoßen sie mich aus dem Kloster. Ach, ich wäre lieber tot, als mich ihren Schmähungen auszusetzen!

Zwölf Wochen lang schlich der Mönch hinfällig und kränkelnd durch die Gänge, so übel hatte ihn die Wirtin zugerichtet. Seine Brüder fragten ihn, was denn mit ihm los sei, warum er so vom Fleische gefallen sei. Doch er hütete sich, den anderen von seinem Liebesabenteuer zu erzählen, zumal er fest davon überzeugt war, ein Kind im Leibe zu tragen.

Eines Tages wurde er Zeuge eines Gesprächs. Ein Zinsbauer erhob beim Abt Klage gegen einen anderen: „Herr, ich muß vor Euch Klage erheben. Der Witwensohn, der am Dorfausgang wohnt, hat eine meiner Kühe geschlagen, so daß es zu einer Fehlgeburt kam."

Der Abt versicherte: „Ich werde dir ein gerechter Richter sein. Er ist mir schließlich zinspflichtig, so daß ich ihn mit Leichtigkeit zu einer angemessenen Buße zwingen kann."

Als der „schwangere" Mönch dies hörte, ließ er schleunigst den ihm bekannten Witwensohn zu sich kommen. Er solle in aller Heimlichkeit zu ihm schleichen; er habe mit ihm etwas Wichtiges zu besprechen. Der Witwensohn kam, wurde von ihm freundlich empfangen und heimlich in dessen Zelle geführt. Dort begann der Mönch: „Heute wurde ich Zeuge, wie man gegen dich Klage erhob. Du sollst eine Kuh so hart geschlagen haben, daß sie eine Fehlgeburt hatte. Ich glaube, ich könnte solche Schläge gut gebrauchen, denn leider habe ich die Gewißheit, daß ich schwanger bin, und ich fürchte unauslöschliche Schande, wenn die Sache ruchbar wird."

Den Witwensohn ritt der Schalk. Er verdrehte die Augen und fragte verwundert: „Nanu, wie kommt's denn dazu? Der Abt ist doch schon ein Greis, und der Prior hat keinen Saft mehr in den Lenden. Wer hat also dies Wunder bei Euch zustande gebracht? Vielleicht war's der Kellermeister? War er's wirklich, dann alle Achtung vor ihm!"

Der Mönch wehrte entsetzt ab: „Aber nein doch! Von den Brüdern hat niemand schuld an meinem traurigen Zustand. Eine Frau hat's mir eingeholfen. Ich habe mich mit ihr aufs Liebesspiel eingelassen und mir dabei ein Kind eingehandelt."

Der Witwensohn verbiß sich das Lachen und erklärte feierlich: „Herr, ich tu alles, was Ihr nur wollt, und dies von Herzen gern. Aber ich warne Euch. Die meisten Leute, die ihr Kind nicht austragen wollen, kommen dabei ums Leben!"

Der Mönch aber sprach entschlossen: „Es sei gewagt! Laß dich nicht beirren und schlag mit aller Kraft auf mich ein. Hier geht's um einen Notfall. Mein Tod braucht dich nicht zu bekümmern. Was du mir auch antust, ich verzeihe es dir ehrlichen und reinen Herzens. Damit du dich aber voll ins Zeug legst, verspreche ich dir als Lohn drei Pfund Silber!"

Der Witwensohn war vor Freude reinweg aus dem Häuschen und ging nun mit Schwung an die Aufgabe: „Kommt morgen frühzeitig zum Wäldchen beim Kloster. Dann werde ich Euch nach Kräften Beistand leisten, und dies noch ehe die Mittagszeit herangekommen ist."

Der Mönch dankte ihm überschwenglich: „Ich werde gewiß erscheinen, doch sei auch du pünktlich zur Stelle."

Der verschmitzte Witwensohn schnitt sich für den Buckel des Mönchs drei Eichenknüttel zurecht, die er zum Stelldichein mitbrachte. Der Mönch war schon zur Stelle, gab dem Knecht sofort die versprochenen drei

Pfund Silber und rief: „Nun frisch drauflos! Schone mich nicht. Je fester du zuhaust, um so reicher der Lohn!"

Der Witwensohn aber forderte: „Zieht erst die Kutte aus!" Und als der Mönch im Unterkleid dastand, riß er ihn wie einen Ochsen zu Boden und schlug wuchtig auf ihn ein. Hätte der Mönch sieben Kinder im Leibe gehabt, es wäre keines mit dem Leben davongekommen! Während der Witwensohn auf den Mönch eindrosch, hockte in einer nahen Furche unter Grashalmen ein junger Hase, der sich bei dem Tumult und den klatschenden Schlägen nicht zu rühren wagte. Als aber schließlich der dritte Knüttel entzweibrach, schoß er entsetzt davon. Als der Mönch ihn erblickte, schrie er: „Hör auf! Ich muß meinem Kinde hinterher! O weh, wenn ich's doch einholte! Ich würde es einer Amme in die Pflege geben und bei ihr aufziehen lassen!" Während der Hase zum Waldrand hetzte, stierte ihm der Mönch verzweifelt nach und jammerte: „O weh! Du mein geliebtes Kind! Was hast du doch für flinke Beine! Was für ein Jammer! Du hättest Läufer bei einem Fürsten werden und seine Botschaften austragen können, denn du durchfliegst ja die Meilen im Nu. Oder besser noch wärst du ein Koch geworden, trägst du doch schon die Kochlöffel mit dir herum, wie es die Küchenmeister tun." Dafür hielt der Narr die Hasenohren, die der Junghase auf seiner Flucht sehen ließ. Wie ein tollwütiger Hund rannte der Mönch auf den Waldrand zu, wollte er doch in seiner Verzweiflung sein Kind wiederhaben. Doch obwohl er die Hände rang, voller Reue die Fäuste an die Brust schlug und sich die Haare raufte, das Kind war verschwunden. Indes kam zufällig ein ergrauter Mönch vorbeigeritten, der ahnungslos fragte: „Was ist denn los? Welche Schuld ließ Euch in solche Verzweiflung fallen? Habt Ihr Euch wider Gott versündigt?"

Der junge Mönch lamentierte: „Mein Kind ist weg, das ich unter dem Herzen getragen habe. Wie sollt ich nicht verzweifelt sein?"

Der Mönch wurde ärgerlich und sprach: „Weiß Gott, ich habe mein Leben lang noch keinen schwangeren Mönch gesehen! Ich sag's dem Abt und dem Konvent, darauf könnt Ihr Euch verlassen!"

Der junge Mönch schrie: „Mir ganz egal, und wenn's die ganze Welt erfährt! Hätte ich nur mein Kind wieder! O weh, was bin ich für eine unselige Kreatur!"

Da wurde der greise Mönch wütend, zog ihm den Knotenstock über den Schädel, so daß der Narr halb betäubt zu Boden stürzte und brüllte: „Ihr seid verrückt! Ha, Ihr schändet unseren Orden und alle Ordensbrüder!"

Der andere raffte sich mühselig auf und stöhnte heldenmütig: „Ach, könnt ich doch mein Kindlein nur ein einziges Mal noch sehen! Was dann geschieht, wäre mir egal!"

Der Alte tat ein Kreuz über den Jammernden, sprang ab und rief: „In nomine patris! Was sucht Ihr hier im Wald nach einem Kinde?" Er fiel über ihn her, band ihm wie einem Dieb die Hände und drohte: „Da Euch das Herz so sehr nach fremden Kindern steht, sollt Ihr jetzt einmal merken, wie ich darüber denke." Und geschwind ließ er seinen Knotenstock tanzen, so daß das Mönchlein mehr als eine große Beule davontrug. Dann stieg er wieder auf seinen Gaul und führte den Jüngling am Strick neben sich her. Dem aber kullerten beim Gedanken an sein Kindlein dicke Tränen über die Wangen. Als die beiden im Kloster eintrafen und die Mönche den seltsamen Zug erblickten, strömten alle herbei. Der Abt sah den Jüngling traurig an und fragte gütig: „Lieber Sohn, was ist dir geschehen?"

Der Mönch erwiderte: „Ach, Herr, hättet Ihr nur mein süßes Kindlein gesehen! Ihr wäret begeistert gewesen. Glaubt mir, wenn ich's gefangen hätte, es wäre christlich getauft worden. Euch, den Prior und den Kellermeister hätte ich als Taufpaten auserwählt."

Die Mönche wußten mit dieser verrückten Geschichte nichts anzufangen. Man lüpfte seine Kleider, und als man an seinem Körper überall die Spuren der harten Schläge sah, erklärte man, er sei gewiß vom bösen Geist besessen. Sofort ließ der Abt den Psalter und andere heilige Bücher herbeibringen, um den bösen Geist wirkungsvoll zu beschwören und den armen Mönch von dieser Plage zu befreien. Die Brüder taten nach dem Gebot des Abtes. Sie scharten sich um den jungen Bruder und hoben laut zu beten an. Da begann der „Besessene" zu toben: „Mein Kind ist noch ein Heide! Wäre es getauft, wäre alle Not vergessen!"

Der Abt rief entsetzt: „Hört, hört, wie uns der Teufel äffen will! Wie raffiniert er seine Worte setzt! Das Bannen macht ihm offenbar nichts aus, dem arglistigen Bösewicht!"

Nun schleppte man den Jüngling zu einem Weihwasserkessel, besprengte ihn mit Weihwasser und hängte ihm eine Stola um. Doch was sie auch taten, drohten, baten, es war alles vergeblich. Er schrie unaufhörlich: „Gebt mir mein liebes Kind, das ich zwölf Wochen trug! Gebt's her, und ich bin der glücklichste Mensch auf Erden!"

Nun wurden die Brüder allmählich wütend. Sie hätten jeden Eid geleistet, daß der Bursche verrückt geworden sei. In ihrer Wut stießen sie ihn in einen dunklen Kerker, wo der Arme vierzehn Tage und Nächte lang bei Wasser und Brot schmachten mußte. Er aber flehte unaufhörlich zu Gott, ihm doch sein Kind zu senden, damit es getauft werden könne. Am fünfzehnten Tag holte der Abt den jungen Mönch in seinen Beichtstuhl. Und nun beichtete er von der Liebe, dem Knecht, der kecken Frau, die ihn schlug und schwängerte, als er beim Liebesspiel unter ihr lag. Als er schließlich alles haarklein erzählt hatte, seufzte der Abt: „Mein lieber Sohn, heute noch sollen deine Leiden beendet sein. Du brauchst weder vor mir noch vor dem Prior die Augen niederzuschlagen. Gehe zu den anderen, singe und bete und sei ein braver Sohn wie zuvor. Und schließ mich ein in dein Gebet. Deine Sünden sind dir vergeben!

Nun sieh auch darauf, daß du ins ewige Leben ein-
gehst."

Damit endet die Geschichte vom schwangeren
Mönch. Erzählt hat sie der Zwingauer. Wir aber wollen
Gott anflehen, uns am Jüngsten Tage ins Himmelreich
aufzunehmen.

Das Liebespaar
auf der Linde

Laßt euch eine zweifellos wahre Geschichte erzählen, die ich vor mehr als zehn Jahren gehört habe. Es lebte einst ein Blinder, der eine wunderschöne Frau hatte. Sie war blutjung, bildhübsch und gut gewachsen, und er liebte sie mehr als sein Leben. Wahrhaftig, wer Gelegenheit hatte, sie zu sehen, wird mir zustimmen, daß sie ganz zauberhaft und von heiterster Wesensart war. Nun wurde der biedere Blinde unablässig von Furcht gequält, seine Frau könnte irgendwann mit einem anderen Manne anbändeln, und so dachte er: Ich will sie bewachen wie ein Schießhund, damit sie nicht in fremde Hände gerät! Das beste wird sein, wenn ich ihr zur Sicherheit einen Zaum anlege. Tatsächlich schleppte er nachts vor dem Zubettgehen eine Art eiserner Halfter herbei, mit dem er ihr beide Schenkel eng zusammenzwängte. So glaubte er seines Schatzes sicher zu sein. Erst früh bei Tagesanbruch öffnete er das Schloß und befreite sie von ihren Fesseln. Stets quälte ihn die Sorge um sein schönes Weib, und er dachte angstvoll: Herrgott, steh mir gnädig bei, es wäre mein Tod, wenn ich mein liebreizendes Frauchen verlöre.

Eines Tages sprach er zu ihr: „Liebe Frau, wir wollen verreisen! Ich habe es satt, länger hierzubleiben; anderswo wird's gewiß besser." In Wirklichkeit verhielt es sich so, daß in dieser Stadt ein Studiosus lebte, in den sich das Weibchen verliebt hatte. Der Blinde aber hatte von der Sache Wind bekommen, und das war der Grund für den plötzlichen Aufbruch. Der Student hatte sich inzwischen auf den Weg gemacht, den der Blinde entlangkommen mußte. Als er ihn kommen und seine Frau an der Hand mit sich führen sah, überlegte er: Ach Gott, hätte ich doch nur einen Einfall, der uns zu einem Stelldichein verhilft! Er näherte sich vorsichtig dem Paar, drückte der Frau einen Brief in die Hand und hauchte ihr zu: „Mich bedrückt dein Elend!" Auf dem Blatt hatte er den eben ersonnenen Anschlag in allen Einzelheiten beschrieben und ihr seine Liebe versichert. Als die hübsche Hausfrau das Schreiben gelesen hatte, fand sie den Plan ausgezeichnet, und sie wandte sich an ihren Mann: „Lieber Herr und Gebieter, ich seh da einen Apfelbaum. Laß uns hingehen, vielleicht gelingt's uns, ein paar Früchte zu pflücken. Es gelüstet mich sehr, von den Äpfeln zu kosten."

Der Blinde erwiderte grämlich: „Ich weiß nicht, was ich noch mit dir anstellen soll, um dich vor Fehltritten zu bewahren! Etwas an deinem Verhalten läßt mich argwöhnen, daß du mich hintergehen willst. Doch ich werd's schon zu verhindern wissen! Also begleite ich dich zu dem Baum. Ich selbst will dir ein paar Äpfel pflücken, die du so gepriesen hast und nach denen du so ein Verlangen zeigst."

Als der Student die beiden kommen sah, wußte er, daß alles nach Plan ging, denn er hatte alle Einzelheiten einkalkuliert und im Briefe mitgeteilt. In seiner Mütze hatte er ein paar saftige Äpfel mitgebracht. Mit diesen

Äpfeln stieg er auf den Baum, der in Wirklichkeit eine Linde war. Als die Frau ihn emporklettern sah, führte sie ihren blinden Mann zur Linde und sprach: „So, wir sind da. Doch wie soll ich jetzt zu einem Apfel kommen? Die Äste hängen zu hoch."

Da hob der Blinde seinen Krückstock und schlug auf die Äste ein, bis ein Apfel herabfiel, den allerdings der Schüler hinabgeworfen hatte. Der Blinde jedoch meinte, er habe ihn mit dem Stock heruntergeholt. Die Frau hob den Apfel auf, drückte ihn dem Blinden in die Hand, der ihn mit einem Messer in zwei Teile schnitt und die eine Hälfte seiner Frau reichte. Nachdem sie den halben Apfel gegessen hatte, drängte sie: „Lieber Mann, ich will unbedingt noch mehr von diesen köstlichen Früchten, oder ich komme um vor Verlangen."

Der Blinde schlug wieder mit seinem Krückstock an die Äste und lauschte, ob ein Apfel herabplumpste. Als nichts geschah, rief seine Frau ärgerlich: „Vergebliche Liebesmüh! Ich gebe keinen roten Heller für das, was du auf diese Weise herunterholst. Die Äpfel hängen zu hoch, du müßtest schon eine lange Gabel haben. Laß mich selbst auf den Baum steigen. Oben pflücke ich mir einen ganzen Sack voll und bin dann vollauf versorgt."

Der Blinde wehrte argwöhnisch ab: „Lieber nicht! Ich befürchte, ein anderer Mann steigt dir nach!"

„Sei unbesorgt! Komm her zu dem Baum und umschlinge ihn mit beiden Armen, dann bist du sicher, daß mir niemand nachsteigt. Und selbst wenn jemand nachkäme, würde er sich dabei nichts weiter einhandeln, als ein paar tüchtige Ohrfeigen!"

Der Blinde dachte: Da hat sie recht! Er half ihr beim Hochklettern, und als sie oben war, umschloß er den Stamm mit beiden Armen und lauschte angstvoll, was da oben passierte. Der Student rutschte langsam und vorsichtig zur Frau hin, an deren wohlgeformtem, rankem Körper er sich nun nach Herzenslust ergötzen wollte. Der Blinde begann mißtrauisch zu rufen: „He, schüttel die Äste, damit etwas herunterfällt!" Der Student aber war nicht auf den Kopf gefallen. Er wippte mit der Frau rhythmisch hin und her und ließ dabei ab und an einen Apfel aus der Mütze hinabfallen. Damit war der Blinde zufriedengestellt.

Da kam's, daß zufällig unser Herrgott und sein Jünger Petrus vorbeikamen. Als der Blinde sie hörte, rief er seiner Frau zu: „Wer kommt da? Schau hin, ob's Freund oder Feind ist!"

Da wandte sich Petrus an seinen Herrn: „Schau hin, Gebieter! Siehst du nicht die unverschämte Kränkung, die das Weib da oben ihrem Mann zufügt. Ich wünschte, er könnte sich mit eigenen Augen von diesem Frevel überzeugen!"

Unser Herrgott aber sprach: „Gib's auf! Selbst wenn er's mit eigenen Augen sähe, fände sie immer noch eine überzeugende Ausrede!"

Petrus sprach zweifelnd: „Das glaube ich nicht! Wie sollte sie das wohl anstellen?"

Darauf der Herrgott: „Wenn du's unbedingt erfahren willst, na schön, du wirst gleich erleben, wie sich die Frau aus der Schlinge zieht!" Und er gab dem Blinden sein Augenlicht wieder. Nun war der vordem Blinde ein riesengroßer Mann mit Bärenkräften. Als er plötzlich sehen konnte, was oben vorging, brüllte er wütend: „Verdammte Hure! Habt Ihr mich also wieder einmal zum Hahnrei gemacht? Dafür bringe ich euch beide um!"

Sankt Petrus rief erschrocken: „Herr und Gebieter! Laß diesen Wahnsinn nicht geschehen! Verhindere den Totschlag! Schnell, mach den Blinden wieder blind!"

Doch da begann auch schon die Frau zu sprechen: „Innig geliebter Mann! Diesen Beischlaf habe ich dem Herrgott gelobt als Opfer, wenn er dir das Augenlicht wiedergeben würde. Und wirklich haben mir heute sowohl der Student als auch der Gottessohn ihre Hilfe nicht versagt, denn Wunder über Wunder, du kannst wieder sehen! Das sollte für dich Grund genug sein, dich in Dankbarkeit auf die Knie zu werfen und uns beiden — dem wackeren Studenten und mir — heißen

Dank zu sagen. Und bitte auch unseren Herrgott, er möge dir heute und immerdar dein Augenlicht erhalten. Was stehst du noch da wie ein dummer Tropf?"

Tatsächlich fiel der Gehörnte auf die Knie und rief: „Liebe Frau, du hast mich nicht im Stich gelassen! Du hast es nur gut mit mir gemeint! Dafür daß du das rechte Mittel gefunden hast, mir das Augenlicht wiederzugeben, werde ich dich heute und mein Leben lang auf Händen tragen! Kommt beide herab, du und der Student. Er soll auf der Stelle belohnt werden für seinen Beistand!"

Als die Frau und der hübsche Student herabgeklettert waren, fiel der betrogene Ehemann dem Jüngling zu Füßen und sprach freundlich: „Gott im Himmel möge Euch danken in seiner unendlichen Güte! Laßt uns fröhlich sein! Ihr aber sollt für eure große Mühe gebührend belohnt werden!"

Die Frau hatte nichts dagegen, und sogleich wog der Gehörnte dem Studenten zehn Pfund Silber ab und schenkte sie ihm. Als Sankt Peter das sah, konnte er seinen Grimm nicht bezähmen, und er fragte den Herrgott: „Herr, soll ich ihm nicht raten, die Schlampe übers Knie zu legen?"

„Wenn du meinst. Also gut, es sei dir gestattet."

Sogleich ging Petrus auf die Frau zu und sprach sie an: „Gott zum Gruß! Was du deinem Manne angetan hast, hat mich fürchterlich geärgert. Wart, nun soll er's erfahren!"

Sie aber rief schnell gefaßt: „Sieh einmal her, lieber Mann! Der Kerl hier läuft mir die ganze Zeit schon nach und wollte mir das Opfer ausreden, das ich für dich gebracht habe. Er wollte dich auch weiterhin blind wissen, um mich desto leichter verführen zu können. Ich sage dir die reine Wahrheit: Ein ganzes Jahr schon stellt er mir nach. Treib's ihm bitte ein für allemal aus und durchbohre diesen Schuft mit deinem Dolch!"

Sofort riß der gehörnte Ehemann den Dolch aus der Scheide, so daß Sankt Petrus die Beine in die Hand

676

nahm und zu seinem Herrn zurückrannte. Als er sich bitter bei ihm beklagte, sprach der Herrgott lächelnd: „Aber Petrus, du hast es ja selbst so gewollt! Wer da mit einer Hiobsbotschaft ins Haus fällt, kann nichts anderes erwarten. Du warst töricht genug, die Arglist dieser Frau zu unterschätzen. Nun hast du dich überzeugen können, daß sie ihren Mann raffiniert hinters Licht führt, obwohl er seine Schande mit eigenen Augen sehen konnte!"

Petrus aber rief aufgebracht: „Herr, wenn ich die Macht dazu hätte, würde ich mich um jeden Preis an diesem verwünschten Weibsstück rächen. Die wagt es doch, mir frech ins Gesicht hinein zu behaupten, ich hätte ihr nachgestellt. Dazu fordert sie noch ihren Hahnrei auf, mich niederzustechen. Doch ich will mich in meinem Zorn nicht versündigen. Herr und Gott, sprich du, wie soll sie gestraft werden?"

„Warum gleich strafen, Petrus? Wahrlich, ich sage dir, man muß mit dem Sünder Nachsicht haben. Weißt du denn nicht mehr, daß ich für den sündigen Menschen selbstlos mein Leben hingeopfert habe? So nehme ich auch dieses Weib in meinen Schutz und Schirm. Ehe ich sie ins Verderben stürzte, wollte ich lieber noch einmal den Tod auf mich nehmen. Wer seine Sünden reuig beichtet und auf meine Gnade vertraut, dem wird seine Schuld vergeben und meine Huld nicht vorenthalten."

Damit ist unsere Geschichte zu Ende. Bitten auch wir Gott um seine Gnade.

Das untergeſchobene Kalb

Einst lebte in einem Dorfe ein Bauer, der ein ausnehmend schönes Töchterlein hatte. Er faßte den Entschluß,
sie mit einem benachbarten Bauern zu verheiraten. Eines
Tages lud er ihn zum Essen, und er ließ bei Tisch tüchtig
auffahren. Kunz soff kräftig und dünkte sich wunder wie
schlau. Da wandte sich schließlich der Vater des Mädchens an ihn: „Kunz, ich geb dir meine Tochter zur Frau.
Was hältst du davon?"

Kunz meinte bedächtig: „Mir wär's schon recht, doch
ich muß vorher meine Mutter fragen. Was die sagt, wird
getan."

Kunz tappte zu seiner Mutter und sagte: „Unser
Nachbar will mir seine Tochter geben. Wie denkst du
darüber?"

Sie erwiderte: „Lieber Sohn, wenn sie dir gefällt,
habe ich nichts dagegen. Unter den Nachbarn wird aber
gemunkelt, sie habe eine Menge Verehrer, die ihr nach-
steigen."

Kunz aber sprach entschlossen: „Sie gefällt mir! Also sei auch du nicht dagegen!" Er ging mit ihr zum Nachbarn, und man wurde sich rasch einig.

Der Brautvater aber sprach zu seiner Tochter: „Hör zu, ich gebe dich dem Kunz zur Frau. Dann hast du einen reichen, wohlhabenden Mann."

Die Tochter fuhr entsetzt zurück und schrie: „Was fällt dir ein, mich mit dem Kunz zu verkuppeln!" Sie rannte davon und dachte verzweifelt: Ich und der Kunz! Und dabei liebe ich einen anderen! Und wenn ich diesen Kunzenkerl flugs heiraten muß, ich lasse nicht von meinem Geliebten. Ich denke nicht daran, mein Glück aufzugeben.

Wirklich wurden Kunz und das Mädchen zusammengetan. Nachdem er sie heimgeführt hatte, lebten sie in den Flitterwochen in Saus und Braus. Da kam ihr Geliebter, ein Schneider, in das Dorf, in dem sie mit ihrem Mann lebte. Als die Schwiegermutter der jungen Frau von der Ankunft des Schneiderleins hörte, ließ sie ihre Schwiegertochter voller Argwohn nicht aus den Augen. Der Schneider überlegte: Ich merke schon, ich komme nicht unbeobachtet in ihre Nähe. Warten wir bis zum Sonntag, da haben wir Kirchweih im Dorf. Sie wird sicher hingehen. Vielleicht gelingt's mir dann, sie unter vier Augen zu sprechen. Er ging also nach Hause und wartete die Woche über ungeduldig auf den Sonntag. Tatsächlich ging Kunz mit seiner jungen Frau am Kirchweihsonntag zum Tanz. Auch ihr Geliebter, der Schneider, war gekommen. Er paßte eine günstige Gelegenheit ab, sie auf die Seite zu ziehen und ihr verliebte Worte zuzuflüstern: „Ach, du meine süße Herzallerliebste! Wenn's irgend geht, laß mich heute nacht zu dir!"

„Sei still, mein Liebster! Das ist unmöglich. Meine Schwiegermutter paßt auf wie ein Luchs. Ich hab eine Sterbensangst vor ihr, so daß ich dich nicht zu mir lassen kann. Ich fürchte, wir müssen uns für immer trennen."

Er aber bedrängte sie: „Was redest du da? Das weiß doch jedes Kind, daß eine Frau, die wirklich liebt, jedem

Aufpasser ein Schnippchen schlägt. Warum also willst du mich schmachten lassen?"

Die Frau erwiderte entschlossen: „Also gut, ich will sehen, was sich machen läßt. Komme heute abend zu unserem Haus. Siehst du am Zaun ein weißes Kopftuch hängen, dann besinn dich nicht lang und husch ins Haus hinein. Dann will ich dir zu Willen sein. Jetzt aber schnell fort! Wenn dich Kunz bei mir erblickt, ist alles verdorben." Rasch ging das Schneiderlein fort.

Am Abend kam er vors Haus, erblickte das weiße Kopftuch am Zaun und huschte ins Haus hinein. Drinnen drückte er sich in eine dunkle Ecke neben der Kammertür. Nach kurzer Zeit kam das Weib zu ihm und flüsterte: „Jetzt geht's noch nicht! Ich bitte dich herzlich, hab noch ein Weilchen Geduld!"

Nun hatte der Bauer im Stall ein zehn Tage altes Kälbchen. Die Frau nahm's auf die Arme, trug es ins Haus und legte es in einem Winkel nieder. Bald darauf rief Kunz nach ihr: „Beeilt Euch, es ist Zeit, zu Bett zu gehen!"

Sie rief zurück: „Ich will noch rasch das Feuer löschen. Morgen muß ich frühzeitig aus den Federn; dann fache ich es neu an." Damit goß sie Wasser über die glühenden Kohlen und ging mit ihrem Mann zu Bett. Der Schneider aber dachte: Wär ich nur draußen geblieben! Jetzt brächte sie mich bestimmt nicht mehr hinein. Nun ist es klar, daß sie sich nur einen Spaß mit mir macht. Komme ich mit heiler Haut davon, lasse ich mich nicht wieder hereinlegen!

Inzwischen sprach im Schlafgemach die Bäuerin zu ihrem Manne: „Weiß der Himmel, was ich gegessen habe! Ich halt's nicht mehr aus vor Schmerzen. Steh auf und hilf mir! Wirf alle Bettdecken über mich, damit ich ins Schwitzen komme."

Ihr Mann stand auf und packte sie tüchtig ein. Darauf meinte sie: „So, nun leg dich wieder nieder und rück schön nahe an mich heran!"

„Aber gern!" sagte ihr Mann. Bald wurde ihr von den

vielen Decken und der Nähe ihres Mannes derart heiß, daß ihr der Schweiß aus allen Poren brach. Da bat sie: „Lieber Mann, rück nun ein wenig beiseite, denn es ist mir indes zu heiß geworden."

Kunz erwiderte fügsam: „Aber natürlich! Gern tu ich alles, was du willst." Und so rückten sie beide auseinander. Als der Schneider dies merkte, schlich er leise dorthin, wo sie ihm den nackten Arsch auf dem Bett entgegenstreckte. Nun begann er sich an ihr zu ergötzen, bis er sie etwas zu heftig in Schwingungen versetzte. Besorgt wandte sich Kunz seinem Weibe zu: „Liebe Frau, du hast doch nicht etwa Schüttelfrost? Wart, gleich deck ich dich besser zu." Er griff über ihren Arsch hinweg und erwischte den Schneider beim Schwanz. Als er daran herumzerrte, war's für beide Teile wahrlich kein Vergnügen. Seine Frau eiferte: „Was machst du da? Laß uns weiterschlafen! Was gebärdest du dich wie unsinnig?"

„Ha, du weißt schon selbst, daß du mich schmählich betrogen hast mit diesem Schurken, den ich eben auf frischer Tat ertappt habe!"

Das Frauchen aber sagte gähnend: „Gib Ruhe! Es wird sich gleich alles aufklären. Zünde ein Licht an. Inzwischen halte ich den ‚Schurken' fest. Du kannst dich drauf verlassen. Dann wirst du selber sehen, was ich für ‚Schandtaten' vollbracht habe."

Der Mann brüllte: „Also gut! Halt ihn ja fest! Mein Wort, wenn er dir entwischt, schlage ich dich grün und blau!"

Sie lachte: „Ei freilich, Kunz, davon bin ich überzeugt."

„Wo ist das Licht, das ich anzünden soll?"

„Es liegt beim Herd, beeil dich nur!"

Während der Ehemann in der Küche zum Herd hintappte und dort das Licht auf einem Stuhle liegen fand, flüsterte die Frau ihrem Geliebten zu: „Schnell, hol das Kalb dort aus der Ecke! Es ist höchste Zeit! Ich will's bei der Zunge packen. Du aber mach nun, daß du fortkommst! Es geht ums Leben!"

Während Kunz am Licht herumhantierte, huschte der Schneider fix durch das Fenster. Endlich brannte die Kerze. Der Hausherr warf rasch einen Kittel über und stürmte dann mit entblößtem Schwert ins Schlafgemach, laut brüllend: „Jetzt ist's um dich geschehen! Lebendig kommst du nicht davon!"

Da redete ihm die Frau freundlich und begütigend zu: „Aber liebster Kunz! Bleib doch ruhig! Ich bitte dich herzlich, reg dich nicht so auf! Was hab ich denn Böses getan? Willst du etwa das Kalb totschlagen? Das wäre doch ein wahrer Jammer!"

Kunz stand vor ihr wie vor den Kopf geschlagen und stotterte: „Auf meinen Eid! Ich dachte, du hättest mir Hörner aufgesetzt. Daher wollte ich dich erschlagen. Doch ich sehe ja, daß du nichts Arges getan hast. Daß dich dieses verflixte Kalb auch vorwitzig am Hinterteil belecken mußte. Na freilich, es hat gemerkt, daß du das ganze Jahr über beim Kochen auf der Salztruhe gesessen hast. Deswegen hat's an dir herumgeleckt."

Die Frau aber tat sehr beleidigt und sagte schmollend: „Du hast mich mit deinem wüsten Wesen so erschreckt und mit deinem unsinnigen Verdacht meine Ehre so arg angegriffen, daß ich dir dies nie im Leben vergessen werde."

Da flehte Kunz ganz kleinlaut: „Liebe Frau, vergib mir meine Übeltat! Ich bitte dich herzlich! Ich kaufe dir auch zur Sühne einen neuen Mantel und einen neuen Rock. Trag mir's nicht nach!"

Die Frau lenkte ein: „Also gut, wenn du dein Versprechen hältst, will ich dir ausnahmsweise verzeihen!" Prompt kaufte ihr Kunz Mantel und Rock und versöhnte sich mit ihr.

Damit genug geplaudert von Kunz und dem Schneider. Übrigens hatte der Kleidermacher noch oft seinen Spaß mit der Bäuerin. Warum auch nicht? Solche Kunze sind nichts anderes wert, als daß man sie nach Kräften äfft!

IO.

Allerlei Schelmereien

Der Schinkendieb als Teufel

In einem Dorfe lebte einst ein armer Bauer. Nur zwei
Häuser weiter wohnte ein reicher Verwandter, und da
der Arme für zehn Kinder zu sorgen hatte, führte er
diesem oft genug sein Elend vor Augen. Aber selbst
die dringlichsten Vorstellungen der Not brachten nicht
mehr ein, als daß der Reiche den armen Schlucker samt
Frau und Kindern viermal im Jahr an seinen Tisch lud;
mehr tat er nicht für ihn. Eine so schmal bemessene Unterstützung schien dem Armen knausrig und jämmerlich
genug.

Einst um die Fastnachtszeit dachte er daran, wie viele
saftige Schinken der reiche Geizhals im Rauch hängen
hatte. Wenn er einen davon stahl, fiel dies gar nicht ins
Gewicht. So umschlich er spähend das Gehöft und überlegte, wo er am besten eindringen und einen Schinken
an sich bringen könne. Als sich im Hause alles zum
Schlafen niedergelegt hatte, verschaffte er sich Einlaß
durch den Hintereingang, den er nach gelungenem

Diebstahl wieder zur Flucht benutzen wollte. Er gelangte in die Küche, schob sich vorsichtig im Rauchfang in die Höhe, packte einen Schinken, lud ihn auf die Schulter und schnitt dann die Schnur durch. Die Beute war aber so schwer, daß er das Gleichgewicht verlor und mit dem Schinken unter ungeheurem Gepolter hinabstürzte.

Der Lärm ließ den Hausherrn aufschrecken. Eilig rief er seiner Frau zu: „Bleib du still liegen! Bei uns rumort ein Dieb. Erwisch ich den Kerl, ergeht's ihm übel!"

Nach seinem Sturz wagte der arme Schelm nicht mehr den Weg zur Hintertür, doch der Vorderausgang war mit Schloß und Riegel fest versperrt. Da stürzte er in seiner Not zum Küchenherd, streifte den Ruß vom Kesselboden und rieb sich damit Gesicht und Hände ein, bis er pechrabenschwarz wie ein Mohr aussah. Auch stopfte er sich Holzkohlestücke in den Mund, die er eilig zerkaute. Da polterte auch schon der Hausherr die Stiegen herab, hastete zum Küchenherd, riß ein glimmendes Holzstück heraus, blies aus voller Lunge in die Glut und schaute beim Schein der aufflackernden Flamme umher. Doch da blies von der anderen Seite der Dieb in den Brand, und als der Bauer im auflodernden Feuerschein vor sich eine schwarze Fratze erblickte, glaubte er den Teufel zu sehen und schrie: „Heilige Mutter Gottes! Rette mich!" Wieder bliesen beide kräftig in die Glut, und nun standen dem reichen Bauern vor Grauen die Haare zu Berge, denn der Dieb hatte das Maul sperrangelweit aufgerissen, so daß — von der zerkauten Kohle tiefschwarz gefärbt — Zunge und Gaumen zu sehen waren. Das war zuviel! Vor entsetzlicher Angst begannen dem Hausherrn die Sinne zu schwinden, so daß er an der Wand hinter sich nach einer Stütze tastete. Er war völlig davon überzeugt, den Leibhaftigen vor sich zu haben.

Nun sprach der Dieb drohend: „Blas nur zu, dann tu ich dir auch nichts! Doch bläst du nicht mehr, fährst du mit mir zur Hölle!"

Der Bauer wehrte zitternd ab: „Mag blasen, wer Lust hat! Mir hat der Anblick deiner furchterregenden Gestalt schon jetzt das Blut zu Eis erstarren lassen. Ach, wüßte ich nur, was Gott von mir erwartet, ich wollte stets nach seinem göttlichen Willen handeln!"

Als der Dieb merkte, daß er nichts zu befürchten hatte, fuhr er fort: „Dein festes Gottvertrauen hat dich vor dem Tode errettet, den du von meiner Hand empfangen solltest. Und noch eins mußt du wissen: Vor der längst fälligen Höllenfahrt hat dich bislang nur bewahrt, daß du deinen armen Verwandten mit Weib und Kindern viermal im Jahr an deinen Tisch gebeten hast. Sonst müßtest du wegen deines unerhörten Geizes in der Hölle furchtbare Qualen dulden."

Da rief der Bauer: „Wenn's dies ist, was Gott wohlgefällt, dann verspreche ich hoch und heilig, daß ich dem armen Schlucker zeit meines Lebens kräftig unter die Arme greifen werde. Er soll auf guten Rat und wirksame Hilfe stets und immer rechnen können."

Darauf sagte — scheinbar verdrießlich — der Dieb: „Hätte ich das nur geahnt! Kein Wort wäre über meine Lippen gekommen! Ich hoffte, dich doch noch in meine Gewalt zu zwingen. Dieser Vorsatz hat dich aber meiner Macht ganz und gar entzogen." Und weiter sagte er: „Es war schon eine rechte Infamie, die du dir geleistet hast! Das verzeihe ich dir nie und nimmer! Meine unversöhnliche Feindschaft ist dir sicher! Grad jetzt zur Fastnachtszeit, da man überall so recht zu unserer Freude lebt und handelt, gehen wir Teufel auf Seelenfang. Ich bin zu dir gekommen in der Hoffnung, dich in die Hölle holen zu können. Um dich zu wecken, hatte ich einen Schinken aus dem Rauchfang gerissen und bin dann mit ihm in die Küche hinabgepoltert. Leider läßt Gott nicht zu, daß ich dich packe und fortführe, denn du hast um seinetwillen Wunderdinge der Nächstenliebe versprochen, die du an deinem armen Verwandten beweisen willst. So muß ich zu meinem größten Ärger auf dich verzichten. Also geh hin, öffne die Tür, lege mir

687

wenigstens den Schinken davor und sperr dann hinter mir zu. Danach kannst du wieder ins Bett kriechen. Aber denke daran: Vielleicht komme ich übers Jahr erneut zu dir, um zu sehen, ob du dein Versprechen auch gehalten hast."

In fliegender Eile öffnete der Bauer die Tür, warf den Schinken weit hinaus auf den Hof und schloß hinter dem unheimlichen Besucher rasch wieder ab. Der Dieb aber stahl sich ungesehen in aller Seelenruhe in sein Haus zurück.

Im Bett sprach der Reiche zu seiner Frau: „Nie wieder riskiere ich so leichtfertig Kopf und Hals!" Und er berichtete ihr, was ihm widerfahren war. Die Worte aber, die ihm der „Teufel" gesagt hatte, blieben unauslöschlich in seinem Gedächtnis haften, so daß er den Armen fortan nach Kräften unterstützte. Er ließ dessen Haus neu erbauen, borgte ihm willig, was er benötigte, knauserte auch nicht mit reichen Geschenken, lud ihn mit seiner Familie häufig in sein Haus und zeigte sich überhaupt in jeder Hinsicht hilfsbereit.

Diese Geschichte lehrt, daß dann, wenn ein Armer unrechte Wege geht, oft genug die Schuld bei den Reichen zu suchen ist. Wie leicht wäre zu vermeiden, daß jemand auf Abwege gerät, wenn jeder seinem Nächsten in der Not nach Kräften beistünde! Kommt einem reichen Geizhals unversehens der Teufel ins Haus und versetzt ihn mit seinen Drohungen in Angst und Schrecken, dann wird er vielleicht ebenso übertölpelt wie der reiche Bauer in der Geschichte. Der entdeckte die Nächstenliebe ja auch erst aus Furcht vor den Höllenqualen, nicht aus Achtung vor der Liebe und Größe Gottes. Das sagt euch Hans Folz, der Barbier.

Die beiden Freunde und der Bär

Einst wanderten zwei Freunde, die allerdings von sehr
unterschiedlicher Wesensart waren, durch einen Wald.
Während sie so dahinschritten, plauderten sie über mancherlei, und sie schworen einander aufrichtige Treue bis
zum Tode. Der eine von den beiden hatte dunkle Lok-
ken, der andere war ein Rotschopf. Als sie so schwatzten,
trabte ihnen plötzlich auf dem Wege ein ungeheuer großer Bär entgegen. Vor Schrecken wußten sie kaum, wohin sie sich flüchten sollten. Als der Rotschopf die Gefahr erkannte, waren Eid und Treu vergessen, und er
dachte nur noch daran, wie er sich selber listig retten
könne. Er ließ seinen Freund im Stich und kletterte wie
eine Katze auf einen hohen Baum; von seinem sicheren
Sitz konnte er beobachten, was mit seinem Freunde geschah. Das war nun freilich ein unerhörter Verrat! Sein
Freund warf sich in Todesangst zu Boden, muckste und
rührte sich nicht und stellte sich einfach tot. Der Bär

trabte brummend auf die unbewegliche Gestalt zu, drehte sie um und beschnüffelte sie, denn er hielt sie für verwesendes Aas. Der untreue Rotschopf sah bei dieser Prozedur neugierig zu und überließ den Freund einfach seinem Schicksal, wie's die Art falscher Freunde ist. Schließlich ließ der Bär ab von dem „Toten" und trollte sich. Als der falsche Freund sah, daß der Bär fort war, rutschte er den Stamm hinunter, trat zu dem daliegenden Burschen und fragte spöttisch: „Sprich, mein Freund, was hat dir der Bär ins Ohr geflüstert? Ich sah oben vom Baum, daß er seine Schnauze an dein Ohr schob. Sag doch, welche Lehren hat er dir zugeraunt?"

Der Verhöhnte erwiderte: „Was soll ich dir sagen? Der Bär hat mich vor dem Kerl gewarnt, der da oben auf dem Baum hockt, denn er sei falsch und lasse seinen Freund in der Not im Stich."

Man soll sich also vor schlechten Freunden hüten. Der gute Freund ist zuverlässig, der schlechte bringt dich in Schwierigkeiten. Der gute steht dir bei, der schlechte steckt voller Bosheit. Solange dir's gut geht, schmiert er dir Honig um den Mund; brauchst du aber in der Not seine Hilfe, sind alle Freundschaftsbeteuerungen vergessen. Ein treuer Freund ist ein kostbarer Schatz, doch vor einem falschen Freunde muß man sich in acht nehmen. So brach der unzuverlässige Rotschopf bei der ersten Gefahr — beim Anblick des Bären — gewissenlos die Treue. Der Teufel soll ihn holen! Wer aber treu ist, dem wünsche ich die ewige Seligkeit.

Der betrügerische Blinde

In einer Stadt lebte einst ein Blinder, der Ritter und
Knappen um milde Gaben anflehte und auch stets reichlich bedacht wurde, denn er trug seine Bitte bescheiden
und höflich vor, wie's in solchem Fall angebracht ist. Er
verstand es auch vortrefflich, Dichtungen und Lieder
vorzutragen, so daß er keine Not litt und nicht nur in
dem Ort, sondern weit darüber hinaus bekannt wurde.

In der gleichen Stadt wohnte ein Bürgersmann, den
alle nur denkbaren guten Eigenschaften auszeichneten.
Er war stets von tadellosem Benehmen, zeigte sich edelsinnig und beschenkte gern Notleidende, wie er sich
anderen Leuten gegenüber immer zuvorkommend
verhielt. Wer bei ihm einkehrte, konnte einer guten
Aufnahme gewiß sein. Auch den Blinden lud er oft an
seinen Tisch und behandelte ihn, als säße er selbst oder
seine liebe Frau auf dem Platz des Gastes. Die Frau des
Hausherrn war freundlich, sittsam, edelsinnig und tugendhaft. Da sie auf den guten Ruf ihres Mannes be-

dacht war, behandelte sie den Blinden stets mit großer Freundlichkeit. Er legte alles aber ganz falsch aus, gab schließlich jede Zurückhaltung auf und flehte die Bürgersfrau an, ihm ihre Liebe zu schenken. Dieses unsinnige Verlangen stieß sie natürlich ab; sie war empört darüber, daß er ihr eine solche Verrücktheit überhaupt zutraute. Sein Ansinnen war ihr ekelhaft, und sie bat ihn, dieses Thema nie wieder zu berühren. Wenn er nicht zur Vernunft komme, werde sie sich über seine Unverschämtheit beim Hausherrn beklagen. Dennoch bedrängte sie der Blinde Tag für Tag mit Werbungen und Liebesseufzern. Als alles nicht verfing, fiel er eines Tages vor ihr auf die Knie und bat sie flehentlich um Erhörung. Sie aber fuhr ihn an, er solle endlich diesen hirnverbrannten Unsinn lassen und sich fortscheren. Wenn er nicht endlich aufhöre, werde sie ihm Zunge, Nase und Ohren abschneiden lassen. Auf diese Weise nachdrücklich und unter Drohungen zurechtgewiesen, zog er eingeschüchtert ab.

Nach dem Abendbrot ging der Hausherr mit seiner lieben Frau zu Bett, und als sie so beieinander lagen und Zärtlichkeiten austauschten, begann die tugendhafte Hausfrau: „Sag einmal, Liebster, gehört nun dieser närrische Blinde bereits zu unserem Haushalt, oder ist er unser Gast? Ich verstehe nicht, warum du dich so sehr um ihn bemühst. Warum überhäufst du ihn eigentlich so mit Aufmerksamkeiten? Da soll sich ein blöder Aff einen Reim darauf machen."

Der Hausherr fragte verdutzt: „Aber liebe Frau, was stört dich eigentlich an ihm?"

Sie erklärte: „Liebster, ich glaube einfach, du solltest ihm besser unser Haus verschließen. Was erhoffst du dir von ihm? Seine Gegenwart bringt dir weder Nutzen noch Ehre. Eher riskierst du am Ende Schaden und Schande."

Der Hausherr horchte auf: „Hat er dir etwas angetan, daß du von Schande sprichst? Hat er für einen anderen oder gar für sich selbst um deine Liebe geworben?"

Weinend gestand sie ein: „Ja, so ist's!"

Der Hausherr sagte aufgebracht: „Dann tu mir die Liebe und mach mit bei einem kleinen Spaß. Wir wollen ihm eine solche Lektion erteilen, daß er sich verzweifelt und entehrt trollen wird!"

„Sprich, was soll ich tun? Ich bin mit allem einverstanden."

„Sag ihm, du wolltest dich ihm hingeben!"

„Bei allen Teufeln, ich denke nicht daran! Mir liegt schon schwer auf der Seele, daß er mich für leichtfertig genug hielt, seinetwegen treulos zu werden und meinen guten Ruf aufs Spiel zu setzen. Fängt er noch einmal damit an, dann vergesse ich alle weibliche Sanftmut und lasse ihn umbringen."

„Bitte versprich's ihm doch, wenn du mich liebst. Du hast gar nichts zu befürchten, denn ich bin dabei, wenn er zu deinem Bett geschlichen kommt, und werde alles beobachten. Tu nur, was ich dir sage, damit wir's ihm tüchtig einträngen. Schärf ihm aber ein, er soll seinen Knaben — den Blindenführer — daheim lassen, damit er völlig hilflos ist. Ich versichere dir, das gibt einen Mordsspaß!"

Die keusche, tugendhafte Frau zögerte, denn sie fürchtete, ihr Mann riskiere bei der Sache üble Nachrede. Sie erklärte, das sei ganz unmöglich: „Wie soll ich die Sache überhaupt anpacken?"

„Sag ihm, ich sei sternhagelvoll und läge wie tot auf dem Lager. Er könne ruhig zu deinem Bett kommen und seinen Liebesdurst stillen. Liebste, hör auf mich und tu, was ich dir sage!"

Da versprach's ihm schließlich die Frau. Beim Abendessen fand sich — wie üblich — der Blinde ein. Da tat der Hausherr, als sei er stockbetrunken, und ließ es ruhig hingehen, als sich der Blinde seiner Frau näherte. Heimlich flüsterte ihm die Hausfrau zu, sie wolle ihn erhören, selbst wenn sie darum Leben, Seele und Ehre aufs Spiel setzen sollte. Wie vom Hausherrn vorher festgelegt, sollte dem Blinden in gewohnter Weise im Haus das

693

Nachtlager bereitet werden. Die Bürgersfrau tuschelte ihm zu, er solle nach dem Abendessen zu ihr kommen, wie ihr's ja bereits gehört habt. Bei diesen verheißungsvollen Worten hüpfte das Herz des Blinden vor Freude. Nach dem Essen wurde — wie üblich — vor dem Schlafgemach des Hausherrn das Lager für den Blinden aufgeschlagen. Dort schlief er stets, wenn ihn der Bürgersmann einlud und er die Nacht über im Hause blieb. Diesmal schickte er aber vor dem Schlafengehen seinen Blindenführer fort.

Hausherr und Hausfrau blieben wach und ließen in ihrem Gemach eine Menge großer Kerzen anbrennen, die das Zimmer hell erleuchteten. Ungeduldig wartete der Blinde, bis alles zur Ruhe gegangen und in süßen Schlummer versunken war, um endlich aufstehen und zum Bett der Bürgersfrau schleichen zu können. Als es an der Zeit schien, erhob er sich und tastete sich mit den Händen längs der Wände bis zum Schlafgemach. Er fand die Tür unverschlossen, öffnete sie und schob sich vorsichtig in den Raum. Sachte und behutsam setzte er einen Fuß vor den anderen und schlich leise wie ein Dieb durch das Zimmer. Überzeugt davon, daß ihn niemand sähe, ging er langsam auf das Bett zu. Der Hausherr sah ihm vom Bett aus mit heimlichem Vergnügen zu und schnarchte laut, um ihm den rechten Weg zu weisen. Als der Blinde bis zur Mitte des Raumes getappt war, tat der Hausherr, als sei er wach geworden, und stöhnte: „Frau, schläfst du schon?"

Sie erwiderte: „Nein, was hast du denn?"

„Mir ist sterbenselend! Ich glaube fast, ich mach's nicht mehr lange. Ach Liebste, was soll ich nur tun?"

„Was weiß ich? Laß dir vom Herrgott helfen!"

Als der Blinde den Wortwechsel hörte, machte er sich ganz klein und hockte sich nieder, damit ihn ja niemand entdecke. Er hatte keine Ahnung, daß der Hausherr all seine Anstalten beobachten konnte. Nun war aber bereits der Sommer vorbei, der Herbst hatte Einkehr gehalten, und es war hundekalt im Zimmer, so daß der

Blinde vor Kälte zitterte. Er trug nämlich nur Unterhose und Unterhemd, und so wurde ihm bei der Sache allmählich ungemütlich. Die grimme Kälte kroch ihm durch Mark und Bein. Im Bestreben, sich zu verbergen, kauerte der Unglückswurm nun auf dem Fußboden und wagte keinen Schritt. Ihn wärmte einzig und allein die Hoffnung, der Hausherr werde bald wieder einschlafen. Das schien ihm die einzige Möglichkeit, zum ersehnten Liebesgenuß zu gelangen. Also wollte er tapfer ausharren.

Da fing der Bürgersmann erneut an: „Mir ist auf einmal so hundeelend, daß ich sterben möchte. Ich muß in die Ecke gehen und mein Wasser abschlagen."

Nach diesen Worten erhob er sich und griff nach einer gefüllten Gießkanne, die er vorsorglich bereitgestellt hatte. Damit schritt er auf den Blinden zu, der in Todesangst auf dem Boden hockte. Dann entleerte er sich und die Kanne über ihn, so daß unter dem kräftigen Guß kein Faden trocken blieb. So wie er saß, war er vorn und hinten, an Kopf, Rücken und Beinen pitschepatschenaß, als habe man ihn eben als Wasserleiche aus dem Fluß gezogen. Der Blinde ließ sich regungslos einweichen und kauerte sich nur noch tiefer nieder. Der Hausherr ließ ihn hocken, ging zurück in sein Bett und begann wiederum zu jammern, ihm sei hundsmiserabel zumute. Als er sah, daß sich der Blinde leise regte, fing er plötzlich an zu lärmen: „Aufgewacht! Was hör ich da? Wenn ich mich nicht irre, sind Diebe im Haus und wollen mich berauben!" Der geängstigte Blinde kauerte sich rasch wieder nieder und stand tausend Ängste aus. Er fürchtete, man werde ihn umbringen, und war bereits halbtot vor Kälte. Er war reinweg verzweifelt, denn das Hemd war ihm bereits am Körper festgefroren, und der Frost quälte ihn so, daß er wie in Fieberschauern zitterte und mit den Zähnen klapperte.

Obwohl der Hausherr ihn beobachten konnte, rief er doch voll Schadenfreude nach Licht. Seine Frau solle aufstehen und eine Kerze anzünden. Nun wollte sich der

Blinde davonmachen; er hastete ängstlich tastend umher und suchte die Zimmertür. Da sprang der Hausherr auf ihn zu, packte ihn beim Schopfe und schrie: „Drauf auf ihn!", als sei er ein Dieb. „Ha, endlich habe ich dich! Morgen hängst du am Galgen!"

„Gnade, Herr!" winselte der Blinde. „Ich bin kein Dieb. Ich wollte nur ein Geschäft verrichten und habe mich in der Tür geirrt. Das ist alles."

„Bei Gott, verräterischer Feigling! Morgen früh hängst du am Galgen!" Er riß ihn zu Boden und prügelte ihn weidlich durch. Wütend stieß er ihn immer wieder zu Boden, trampelte auf ihm herum, deckte ihn mit wuchtigen Hieben ein und drohte in einem fort mit dem Strick. Der Lärm rief die Knechte herbei, und sie droschen den Blinden so zusammen, daß er Gott in alle Ewigkeit sein Elend klagen mochte. Da flehte er die Hausfrau um Hilfe an. Die ließ ihn schwören, er wolle die Stadt verlassen und nie wiederkehren; käme er zurück und geriete er ihrem Mann unter Augen, würde der ihn gnadenlos hängen lassen. Bereitwillig tat der Blinde den Schwur, und er hielt ihn auch. Man hatte ihm so übel mitgespielt, daß er sämtliche Haare verloren hatte und sein Kopf kahl war wie die Innenfläche der Hand. Nachdem er den Schwur geleistet hatte, ließ der Hausherr ihn hochheben und im hohen Bogen aus dem Fenster auf den Misthaufen werfen. So steckte er bis zum Morgen voller Weh und Todesangst bis an den Hals im übel duftenden Dung. Endlich fand ihn sein Junge. Er zog ihn heraus und führte ihn auf sein Geheiß hin rasch aus der Stadt. Man hatte ihm in dieser Nacht so übel mitgespielt, daß er nie wieder völlig genas und zu Kräften kam.

So hatte der elende Tropf mit seiner Untreue sein eigenes Unglück verschuldet. Ich kann nicht sagen, daß ich Mitleid mit ihm habe. So müßte es vielmehr jedem ergehn, den seine verrückte Gier jedes Maß verlieren läßt und zu Unverschämtheiten verleitet. Wer sich überhebt, soll gedemütigt werden. Übermut tut selten gut.

Wer hoch steigt, wird tief fallen. Unrecht Gut gedeihet nicht. Unmäßigkeit wird stets bestraft, und Hochmut kommt rasch zu Fall. Wer einen Nichtswürdigen erhöht und mit Ehren überhäuft, dem wird übel gelohnt, wenn er den Schelm nicht in die Schranken weist. Wer es nicht versteht, einem solchen Nichtsnutz seine Grenzen zu zeigen, erscheint selbst als Gimpel. Wer sich närrische Büberei nicht vom Leibe hält, wird ihr Opfer. Die Menschen vergelten nun einmal gute Taten übel. Sie sind nicht verläßlich und haben mit Guttaten, maßvollem Benehmen und gesellschaftlichem Ansehen nichts im Sinn. Man giert nach mehr und immer mehr, bis zuletzt nichts übrigbleibt als die nackte Hand. Glücklich der Mensch, der seine Grenzen kennt und sich mit dem begnügt, was ihm Gott an Ehren zumißt. Man soll sich hüten, die Ehre des Nächsten anzutasten, zumal dann, wenn er uns gegenüber stets gütig, freundlich und aufrichtig ist. Gott wirft seinen Zorn auf die, die falsch und untreu sind, die Strafe ereilt sie im Diesseits oder im Jenseits. Im Jenseits fallen sie in ewige Verdammnis, im Diesseits erwarten sie Schmerzen, Schaden, Schande und Leid, wie es dem Blinden erging, der in wahnwitziger Verirrung an seinem Wohltäter Verrat beging.

Man halte die Treue in Ehren und verabscheue die Untreue! Nachreue kommt zu spät.

Die Vergeltung

Es lebte einmal ein Blinder, der war so ungeheuer reich,
daß ihm nichts unerreichbar schien. Wegen seines großen Reichtums ging man ihm um den Bart, so daß er
hochmütig und anmaßend wurde.

Nun lebte ganz in seiner Nähe ein vornehmer, aber
armer Edelmann, den seine drückende Armut so weit
brachte, dem reichen Blinden die eigene Tochter zur
Frau anzutragen. Das Mädchen war schön, voller Liebreiz und trotz seiner Armut von stolzem, selbstbewuß-
tem Wesen. Ihrem Vater ging's eben wie vielen anderen: Er ließ sich zu einem Entschluß hinreißen, an den
er als begüterter, unabhängiger Mann nicht einmal gedacht hätte. Er sah über das Gebrechen des Blinden hinweg und gab ihm seine wunderschöne Tochter zur Frau.
Damit hatte er aber das stolze Mädchen zu einem Leben
voll Gram und Verzweiflung verurteilt. Die Aussicht auf
ein Leben an der Seite des Blinden vergällte ihr jede
Freude.

Der Blinde überlegte und befand, daß ihm eine Verbindung mit dem Edelfräulein nur vorteilhaft sein konnte. Er verlobte sich also mit ihr und beschloß, sie in sein Haus zu führen und eine großartige Hochzeitsfeier auszurichten. In der Hochzeitsnacht bereitete man während des Nachtmahls dem Blinden das Brautbett. Voller Ungeduld eilte er in sein Schlafgemach, tastete sich zu seiner Frau, schloß sie in die Arme und preßte sie leidenschaftlich an sich. Mit seinen Händen erfühlte er, daß sein liebes Eheweib einen weichen, schmiegsamen Körper hatte, und er fand an ihr alles, was ein Mann an einer Frau an Reizen nur finden kann. Der Blinde sah seine kühnsten Wünsche erfüllt, aber in den Becher seiner Freude floß ein bitterer Wermutstropfen: Man hatte ihm versichert, sie sei noch unberührt, doch sie hatte sich bereits vorher einem edlen Ritter hingegeben, der sie von Herzen liebte.

Als der Blinde im zärtlichen Liebesspiel so weit gekommen war, daß ihm der Schaden nicht mehr verborgen bleiben konnte, war er beleidigt und empört zugleich. Mit zornbebender Stimme fuhr er sie an: „Kein Zweifel! Man hat mich geschädigt!"

Sie erwiderte spöttisch: „Das ist zweifellos richtig. Ihr habt ja schließlich beide Augen verloren."

Der Blinde kreischte: „Laßt den unangebrachten Hohn! Solche Schmähungen haben mir gerade noch gefehlt! Schließlich haben mir's meine Feinde angetan!"

Die junge Frau erwiderte scharf und mit Nachdruck: „Dann laßt auch Ihr die Schmähungen! Mir haben's schließlich meine Freunde angetan! Den Schaden, den sie mir taten, will ich gern tragen. Was Euch Eure Feinde angetan haben, ist dagegen schlimmer als der Tod. Also kümmert Euch nicht um das, was mir widerfahren ist!"

Damit fertigte sie ihn so nachdrücklich ab, daß er nie wieder ein Schmähwort wagte, wie sehr ihn auch die Sache kränkte und aufbrachte.

Laßt euch meine Geschichte eine Warnung sein: Wer

selber im Glashaus sitzt, soll lieber nicht mit Steinen werfen! Wer den anderen wegen eines Körnchens im Auge schmäht und selber einen Balken darin hat, wird seinen Spott teuer bezahlen, wenn man ihm die unangenehme Wahrheit unter die Nase reibt.

Das Schneekind

Es war einmal ein Kaufmann, der hatte eine Frau, die er
mehr liebte als das eigene Leben. Sie beteuerte stets, ihn
gleichfalls zu lieben, doch das war gelogen; in Wahrheit
sah es in ihrem Herzen ganz anders aus. Nun war es
wieder einmal soweit, daß er von Hause fortwollte, da
er um des Verdienstes willen auf eine Handelsreise gehen mußte. Wie viele andere Kaufleute fuhr er auf das
weite Meer hinaus und gelangte in ein fernes Land, wo
er vorteilhafte Geschäfte abschließen konnte. Drei Jahre
blieb er dort, um Geld zu machen, und erst am Ende
des vierten Jahres kehrte er nach Hause zurück. Seine
Frau hieß ihn herzlich willkommen und führte ihm an
ihrer Hand ein Kindlein entgegen. Er fragte verwundert,
wem denn dieses Kind gehöre. Sie antwortete: „Mein
Herr und Gebieter, ich hatte einst große Sehnsucht
nach dir. In dieser Verfassung eilte ich in den Garten
und aß ein wenig Schnee. Da fühlte ich, wie deine Liebe
über mich kam, so daß ich dieses Kindlein empfing.

Ich schwöre es dir, daß es dein eigen Fleisch und Blut ist!"

„Nun ja, damit magst du schon recht haben", erwiderte er. „Wir wollen es also großziehen."

Zehn Jahre lang ließ er sich nicht anmerken, daß er ihre heuchlerischen Liebesbeteuerungen durchschaut hatte. Er ließ vielmehr dem Kind eine gründliche Ausbildung zuteil werden. So lernte es die Beizjagd mit dem Habicht, die Pirsch mit den Jagdhunden, das Schachspiel und viele andere Spiele. Er lehrte es mit Anstand reden und schweigen, er brachte ihm bei, wie man auf der Harfe, der Leier und auf allen anderen Saiteninstrumenten spielt, und unterwies es überdies in vielen unterhaltsamen Beschäftigungen.

Eines Tages befahl er seinen Dienern, die Schiffe wie üblich mit Lebensmitteln auszurüsten. Den Schneesohn nahm er mit auf seine Reise. So fuhr er auf das weite, wilde Meer hinaus, die Wogen warfen ihn hin und her und verschlugen ihn schließlich in ein herrliches Land, wo er einen schwerreichen Kaufmann kennenlernte. Der fragte ihn, was für Waren er anzubieten habe. Er aber bot den Schneesohn zum Verkauf und erzielte dreihundert Mark für ihn. Das war durchaus kein Pappenstiel. Zudem vermehrte er auf diese Weise sein Ansehen beträchtlich, hatte er doch seine Mühen um die Bildung und Erziehung des kleinen Bastards nicht umsonst aufgewendet. Der Kaufpreis, den er erhielt, übertraf seine Aufwendungen um das Doppelte.

Nun blieb er nicht länger in der Fremde, sondern er kehrte vergnügt nach Hause zurück. Bei seiner Ankunft kam ihm seine Gattin entgegen und begrüßte ihn zärtlich. Dann fragte sie ihn: „Wo hast du das Kind?"

Er aber erwiderte: „Der Sturm hat mich kreuz und quer über das wilde Meer getrieben. Dabei schlugen die Wellen über Bord und überspülten das Schneekind so lange, bis es zu Wasser wurde. Das ist ja auch nicht verwunderlich, du hast mir doch versichert, daß du es durch den Genuß von Schnee empfangen hast. Wenn du mir damit die Wahrheit erzählt hast, so brauchst du dich nicht beklagen. Es gibt nämlich kein Wasser, das nicht über Jahresfrist zu seinem Ursprung zurückflösse. Ich kann dir also versichern, daß es in absehbarer Zeit wieder in dich zurückfließen wird." So rächte sich der Kaufmann dafür, daß ihn seine Frau betrogen hatte.

Wenn ein gehörnter Mann überlegt, wie er die erlittene Kränkung rächen kann, und dabei List mit List vergilt, so beweist er große Klugheit. Die Frauen haben mit ihrer Durchtriebenheit ohnehin schon so manchen Mann hinters Licht geführt. Das ist euch ja sattsam bekannt.

Das Almosen

Es lebte einst ein großer Geizkragen, und er hatte eine
üble Gewohnheit angenommen, die ihm schließlich
großen Verlust eintrug. Er hielt nämlich von früh bis
spät seine gesamte Habe unter Verschluß und verwehrte
seiner Frau jeden Zugang. Nach Art rechter Geizhälse
schleppte er den Schlüssel stets mit sich herum, wo immer er ging oder ritt. Auch wußte er stets ganz genau,
wieviel Eier ihm die Hühner tagsüber gelegt hatten, so
daß seine Frau kein einziges Ei beiseite bringen konnte.
Selbst die Käselaibe waren genau abgezählt. Nichts überließ er ihrer Verfügungsgewalt, ja, sie hatte oft selbst
nicht einmal genug zu essen.

Eines Tages mußte er zur Mühle fahren, während
seine Frau das Haus hütete. Da kam ein armer Bettler zu
ihr und flehte sie inständig an, ihm doch um Gottes willen eine milde Gabe zu schenken. Voller Bedauern
klagte die Frau, sie würde ihm ja herzlich gern etwas geben, doch habe sie leider selbst nichts. „Mein hartherzi-

ger Mann hat die ganze Habe verschlossen, sogar Fleisch und Brot. Selbst wenn ich dem Hungertod nahe wäre, könnte ich mir nichts davon nehmen. Um des allmächtigen Gottes willen könnte ich Euch höchstens meine Liebe schenken."

Der Bettler antwortete: „Laßt Euern Spott, liebe Frau. Ich bin so arm und elend, daß solche Scherze den Falschen treffen. Wäre es Euch freilich ernst mit Eurem Angebot, so erbarmtet Ihr Euch meiner drückendsten Not. Man gibt mir zwar hie und da ein wenig Fleisch und Brot, so daß ich mein Leben fristen und den Hunger bannen kann. Doch wie viele Almosen ich auch erbettelt habe, nirgendwo konnte ich Liebesgunst gewinnen."

Da ergriff ihn die Frau bei der Hand und führte ihn zu einer Bettstatt, auf die sich beide niederlegten. Und siehe da, voll heißer Brunst trieb er seine Spiele mit ihr, wie es auf der Welt so üblich ist. Er nahm das gebotene Almosen in Empfang und versicherte, daß ihm nirgendwo eine größere Gunst zuteil geworden wäre. Sie aber sprach: „Was ich Euch bislang gegeben habe, steht für das Brot. Wenn Ihr Freude daran habt, so nehmt auch noch etwas für das Fleisch hin!"

Da machte sich der wackere Mann zum zweiten Mal über die Frau her und nahm sich das Almosen mit noch heißerer Brunst. Sie aber war mit der größten Hingebung bei der Sache. Am Ende rief er: „Heiliger Michael, laß dies ihrem Seelenheil zugute kommen! Was sie mir gar als Zugabe schenkte, möge ihr das heilige Grab entgelten. Solch köstliche Almosen habe ich zeit meines Lebens nicht genossen!"

Mit diesen Dankesworten trat er aus der Tür und stand überraschend dem Hausherrn gegenüber, der seine Fürbitte und Danksagung wohl vernommen hatte. Wütend stürmte er hinein zur Hausfrau und schrie: „Heraus mit der Sprache, Frau! Sagt sofort, was Ihr dem guten Mann da gegeben habt, der mir in der Tür entgegentrat und Euch ein wahres Dankeslied sang!"

„Nichts gab ich ihm! Habt Ihr mir jemals etwas überlassen, was ich einem anderen hätte schenken können? Ich kann ja kaum mein eigenes Leben fristen."

Da griff der Hausherr nach einem Knüppel und schlug damit so lange auf die Frau ein, bis sie die Wahrheit gestand und unter Tränen schluchzte: „Ich weiß ganz genau, daß man Almosen geben muß, wenn man in den Himmel kommen will. Ich hab doch auch eine Seele und will nicht wie irgendeine Heidenfrau dahinleben! So habe ich ihm denn für unser Seelenheil — als Buße für Eure und meine Sünden — meine Liebe geschenkt. Der Lohn für diese gute Tat wird uns allen beiden zugute kommen."

Als der Geizkragen diese selbst verschuldete Schmach erfuhr, fühlte er Kränkung und Verdruß. Er raufte seine Haare und jammerte: „Weh, daß ich je das Licht der Welt erblickte! Ich selber habe daran schuld, daß du deine Ehre verloren hast! Vor diesem Fehltritt hätte ich dich bewahren können! Aber nein, ich hielt ja alles vor dir verschlossen, wovon du selber hättest leben und den Armen geben können. Wir tragen beide in gleichem Maße Schuld und haben beide gefehlt! Nimm alles hin, was ich besitze! Gib den Armen Fleisch und Brot, damit sie den Hunger bannen können. Verschenkst du aber künftig solche Almosen, wie du sie heute ausgeteilt hast, so steht deine Ehre auf dem Spiel!"

So ertrotzte sich die Frau den Schlüssel zu den Kästen und die Hausgewalt. Von nun an hatte sie ein angenehmes Leben und konnte Almosen geben, soviel sie nur wollte.

Ich aber möchte gar zu gern wissen, ob sich eine Frau versündigt, wenn sie sich ebenso verhält wie jene. Eines dürfte klar sein: Wenn sie es aus reiner Nächstenliebe und um Gottes willen tut, so kommt dies einem reichen Almosen gleich.

Damit ist die Geschichte zu Ende. Glück und Erfolg all jenen Frauen, die solch ein Almosen aus freien Stükken geben.

Drei liſtige Geſellen

Einst fand ich auf einer Wiese drei ranke, stattliche Burschen, aufgeweckte, gewitzte Kerle, und sie klagten gerade einander ihr Mißgeschick. Der erste sprach verdrießlich zu seinen Gefährten: „Ach, meine Freunde, zu
meinem Kummer ist mir das Geld noch nie so rasch unter den Händen zerflossen wie in diesem Sommer!"

Der zweite fiel ein: „So abgebrannt wie in dieser
Woche war ich noch nie!"

Der dritte erklärte: „Auch ich habe heute den letzten
Heller ausgegeben. Doch paßt einmal auf. Wir sind gewitzte Burschen und sollten vor allem überlegen, wie
wir etwas in den Magen bekommen."

Nun schmiedeten die drei einen Plan und gingen
dann gemeinsam in eine Stadt, wo sie so lange suchten,
bis sie ein geöffnetes Wirtshaus fanden. Dort fragten sie
den Wirt, ob er sie beherbergen könne. „Aber natürlich
nehme ich euch auf!" sagte der Wirt diensteifrig. „Gott
segne euern Eingang, ihr Herren!"

707

Da hob der eine von den drei Burschen an: „Mit Verlaub, Herr Wirt, wir sind übereingekommen, auf deine Speisen zu verzichten. Das steht so in unseren Ordensregeln. Sei also nicht böse, Wirt, wenn wir in die Stadt gehen und die uns erlaubten Speisen besorgen."

Der Wirt beeilte sich zu versichern: „Aber liebe Freunde! Haltet's nur so, wie ihr wollt. Wenn ihr erlaubt, bin ich euch dabei behilflich."

Da erklärte der erste der drei Gesellen: „Ich werde mich um den Wein kümmern. Lieber Wirt, besorg mir doch bitte zwei Flaschen, von denen jede zehn Maß faßt." Nachdem er die beiden Flaschen bekommen hatte, füllte er die eine mit Wasser und verbarg sie dann unter seinem Mantel. Die andere trug er offen in der Hand und ging zum Weinkeller eines anderen Gastwirtes. Dabei dachte er: Daß mir nur kein Fehler unterläuft! Dann fragte er den Wirt: „Was kostet bei dir der Wein? Ich möchte diese Flasche füllen lassen."

Der Wirt dienerte: „Ein Maß kostet acht Pfennig."

„Gut, mein Schenk. Nun gib fein acht und füll mir die Flasche bis zum Rand!"

Als die Flasche voll war, verbarg er sie flugs unter dem Mantel und zog statt dessen die mit Wasser gefüllte Flasche hervor. Dann sprach er zum Wirt: „Nun laß uns gehen, ich will sie dir gern daheim bezahlen."

Da griff der Wirt schnell nach der Flasche und sagte verdrießlich: „Wenn ich jedem hinterherlaufen sollte, wie sollt ich dann meinen Wein verkaufen?"

Der Bursche sprach bedauernd: „Das tut mir leid. Dann muß ich die Flasche also leer heimtragen."

Der Wirt brummte unwirsch: „Das mag dir ruhig leid tun. Mir ist's egal!" Er nahm dem Burschen die Flasche ab und goß den Inhalt ins Weinfaß zurück.

Als der Bursche zu seinen Freunden zurückkam, frohlockte er: „Liebe Freunde, hier stifte ich den besten Wein, den's gibt! Laßt uns die Gläser heben!"

Da sprach der zweite Gesell: „Dann will ich losgehen und Brot besorgen, damit wir unseren Hunger stillen."

Er rannte los, bis er zu einem Bäcker kam, der knusprige Wecken feilbot. Als Verkäufer hatte er einen Knaben angestellt; zu dem der Bursche listig sprach: „Such mir Wecken für sechs Schillinge aus und begleite mich dann ein Stückchen Weges, damit ich's dir bezahlen kann."

„Aber gern!" sprach der Knabe.

Der Bursche klemmte die Wecken unter den Arm und ging dann schnellen Schrittes, gefolgt von dem Knaben, durch eine enge Gasse. An der Ecke ließ er einen Wecken in den Schmutz fallen und sprach: „Junge, heb den Wecken auf!" Während sich der Knabe bückte, rannte der Bursche um die Ecke, bog rasch in eine andere Gasse und lief dann schnurstracks zu seinen Freunden. Als der Knabe den Wecken aufgehoben hatte, suchte er vergeblich nach dem Käufer; es konnte ihm auch niemand sagen, wo er hingelaufen war. Niedergeschlagen ging er zu seinem Verkaufsstand zurück, wo er für den erlittenen Verlust auch noch verprügelt wurde. Kurz und gut: Der Bursche kam triumphierend zu seinen Freunden und lachte: „Hier sind herrlich knusprige Wecken, die unseren Hunger stillen werden."

Der dritte Bursche war darauf bedacht, sich nicht dümmer anzustellen, und überlegte, wie er Fische beschaffen könne. Er tat so, als sei er ein Klosterknecht, der für den Konvent Fische kaufen solle, rannte auf den Fischmarkt und begutachtete dort an den Ständen die Fische, bis er zu einem alten Fischer kam. Dort suchte er sich eine tüchtige Portion Fische heraus und sagte dann: „Macht's kurz: Was sollen die Fische kosten?"

„Na schön, paßt einmal auf, ich lasse sie Euch für einen Gulden."

Der Bursche meinte: „Na ja, es ist ganz gute Ware. Kommt mit mir ins Kloster. Dort bekommt Ihr den Gulden."

Der Fischer sagte: „Wenn's so ist, dann gebt das Geld diesem Knaben hier."

Bursche und Fischerknabe gingen einträchtig los und betraten schließlich eine Kirche, in der ein Mönch gerade einem alten Manne die Beichte abnahm. Der Bursche ging leise auf ihn zu und flüsterte: „Mein Vater, wenn Ihr mit dem Alten fertig seid, nehmt Euch bitte gleich den Fischer dort vor."

Der Mönch erwiderte bereitwillig: „Er soll sofort nach dem Alten drankommen. Setz dich inzwischen nieder und warte ein wenig, mein Sohn!"

Der Bursche huschte durch den Kreuzgang, schlüpfte auf der anderen Seite aus der Kirchenpforte und trabte vergnügt zu seinen Freunden: „Laßt uns fröhlich sein, meine Freunde. Es ist mir gelungen, die prächtigsten Fische heranzuschaffen."

Nun ließen sich's die drei schmecken und waren guter Dinge. So weit, so gut. Inzwischen hatte der Mönch dem Alten die Beichte abgenommen und wandte sich dem jungen Fischerknecht zu: „Komm her, mein Sohn!"

Der junge Fischer trat an den Mönch heran, der nun fortfuhr: „Knie nieder, mein lieber Sohn, und bekenne alle deine Sünden, die du in deinem Leben begangen hast. Ich will dir die Absolution erteilen."

Der Knabe aber wehrte ab: „Hört zu, bester Herr: Bezahlt mir die Fische und sagt Euch dann selbst Eure Sünden vor, solange Ihr Lust habt. Ich denke nicht daran zu beichten."

Der Mönch erwiderte verwirrt: „Was soll das? Ich weiß von keinen Fischen."

Der Knabe fuhr ihn an: „Die Pest Euch an den Hals! Ich werde Euch lehren, mir die Fische zu bezahlen!" Und er warf ihm die gröbsten Beschimpfungen an den Kopf, so daß die anderen Ordensbrüder aufmerksam wurden. Sie glaubten, der Knabe sei verrückt, liefen auf die beiden zu und fragten, was eigentlich los sei. Der Knabe schrie unaufhörlich nach seinem Geld, und der Beichtiger stotterte nervös: „Er hat mich mit groben Schimpfworten bedacht. Es scheint, er ist vom Teufel besessen."

Da nahmen die Mönche den Knaben in ihre Mitte, führten ihn mit Gewalt ins Kloster und eiferten: „Wir werden ihm den Teufel schon austreiben!" Sie schoren ihn ratzekahl und schlugen dann mit einer Geißel auf ihn ein, so daß das Blut umherspritzte. Dann packten sie ihn und drückten ihn in eine Kufe mit kaltem Wasser. Dazu murmelte ein Mönch aus einem Buche Beschwörungsformeln, und er schloß feierlich: „Hast du den Verstand verloren, dann mußt du so lange in diesem Wasser baden, bis du wieder zur Vernunft gekommen bist!"

Der Knabe aber flehte sie an: „Ihr lieben Herren! Ich beschwöre euch beim allmächtigen Gott, hört auf mit dieser Tortur! Ich bin ja ganz und gar bei Verstande und will euch alle Schulden erlassen, denn eure Beschwörung ist gar zu fürchterlich!"

Da zogen ihn die Mönche aus der Kufe und ließen ihn nach Hause gehen. Um den Kopf herum sah er schreckenerregend aus, geschoren wie ein Tollhäusler, und sosehr er sich beklagen mochte, er hatte zum Schaden auch noch den Spott. So hat der Mönchsorden den Fischerknaben wieder zur Vernunft gebracht.

Jeder möge aus dieser Geschichte folgende Lehren entnehmen: Trau nicht dem Wolf auf der Heide, dem Eid des Bauern, dem Gewissen des Adligen! Man wird von Wolf, Bauer und Edelmann beschissen, denn die Welt ist voller Arg und Hinterlist. So mag ein jeder auf seinen eigenen Vorteil bedacht sein und Betrügern aus dem Wege gehen. Man soll nicht gierig nach dem Besitz anderer schielen, sondern auf die eigene Tasche achten, damit man von den Menschen nicht verspottet wird und ein gottwohlgefälliges Leben führt. Gott nehme uns in seine Hut und führe uns nach unserem Tode in die ewige Seligkeit! Laßt uns alle gemeinsam Gottvater und seinen himmlischen Sohn bitten, daß er uns das ewige Leben schenke. Damit ist die Geschichte zu Ende. Übrigens ist alles tatsächlich so und nicht anders in Konstanz passiert.

Der Kuhdieb

Es geschah irgendwo am Rhein, da machte sich um Mitternacht heimlich ein Dieb auf den Weg und stahl eine Meile von seinem Dorfe entfernt eine Kuh. Suchend ging er mit dem gestohlenen Tier durchs Dorf, ob sich nicht jemand fände, der ihm den Weg ins nächste Dorf beschreiben könnte, in dem am Morgen Jahrmarkt sein sollte. So kam's, daß er in der Dunkelheit vor das Haus geriet, aus dem er durch die Hinterpforte die Kuh gestohlen hatte. Er rief dem Bauern zu, er solle ihm sagen, wie er zum Jahrmarkt käme. Der Bauer rief zurück: „Ich muß selber hin und Verschiedenes einkaufen." Er gesellte sich also zum Kuhdieb, ja, er trieb gar noch die Kuh hinter ihm her, bis der Morgen heraufzog und die Dunkelheit vertrieb. Da schrie der Bauer überrascht auf: „Halt, Freundchen! Wie du's auch angestellt haben magst: Das ist meine Kuh, und du hast sie gestohlen!"

Der Dieb aber sah ihm dreist in die Augen und lachte: „Behüte Gott! Du hast wohl den Verstand verloren, mich des Diebstahls zu beschuldigen! Das ist doch nicht etwa dein Ernst?"

Der Bauer fuhr ihn erbost an: „Bilde dir ja nicht ein, daß du mich betrügen kannst! Ich sehe doch eindeutig an Haut, Haar, Horn und Euter, daß es meine Kuh ist!"

Der Dieb erwiderte gelassen: „Nun hör mir einmal zu: Wenn ich sie dir wirklich gestohlen hätte, würdest du dich schön hüten, mir beim Treiben zu helfen."

Der Bauer wurde unsicher: „Du kannst mir glauben: Ich habe eine Kuh, die deiner aufs Haar gleicht."

Der Dieb lächelte spöttisch: „Das will ich dir glauben. Und sähst du erst die, die ich daheim im Stalle habe, würdest du die Augen weit aufreißen vor Staunen. Sie ist diesem Tier wie aus dem Gesicht geschnitten! Das ist doch nichts Neues. Und darum nennst du mich einen Dieb? Mensch, hätte ich sie dir gestohlen, hätte ich mich gehütet, sie dir zu zeigen oder sie gar von dir persönlich zum Markt treiben zu lassen. Hör also auf mit deinen Verdächtigungen. Hilf mir lieber, sie heil zum Markt zu bringen und dort so teuer wie möglich zu verkaufen. Dafür lade ich dich zu einem Viertelchen Wein ein."

Dies tat der Dieb, weil er fürchtete, entlarvt zu werden und die Kuh nicht mehr an den Mann bringen zu können. So schloß er lieber vorsorglich mit dem Bauern den erwähnten Handel, und das Bäuerlein brachte für den Dieb tatsächlich die eigene Kuh für den Höchstpreis an den Mann. Nach abgeschlossenem Handel fragte der Dieb: „Sag, wo wollen wir's uns jetzt wohl sein lassen?"

Der Bauer erwiderte: „Bei jedem Marktbesuch kehre ich in jenem Eckhaus ein. Dort betreibt ein redlicher Bäcker einen Ausschank."

Der Dieb war einverstanden: „Geh und laß alles vorbereiten. Ich muß vorher noch eine Kleinigkeit erledigen."

Als der Bauer alles bestellt hatte, erschien der Dieb in der Wirtsstube und sprach in großer Hast: „Leih mir doch rasch deinen Mantel und gib mir das Viertelkännchen, das du vom Wirt erbeten hast. Ich habe einen ausgezeichneten Wein entdeckt, den ich aber nicht offen herbringen kann. Laß inzwischen das Essen vorbereiten."

Nachdem ihm der Bauer Mantel und Kännchen gegeben hatte, machte sich der Dieb durch den Hinterausgang davon. Er kaufte sich Weißbrot und Wein, warf sich vor dem Dorfe auf eine Wiese und speiste höchst zufrieden. Da sah er einen Bäcker des Weges fahren. Flugs rannte der Dieb zur Straße und bot ihm einen Schluck Wein an mit den Worten: „Ich habe dich angehalten, da ich auf dem Markt diese Kanne eingetauscht habe. Nimm du sie dir. Lieber will ich ein Verlustgeschäft machen als das schwere, unhandliche Ding bis nach Hause schleppen." Beide wurden handelseins, und der Dieb machte, daß er fortkam.

Der Bäcker kam zum Jahrmarkt, spannte sein Pferd aus und stellte es im Hause seines Zunftgenossen ein. Als er mit dem Viertelkännchen den Wirtsraum betrat, saß dort immer noch das Bäuerlein und wartete auf den versprochenen Wein. Alle Gäste waren recht verwundert, als der Bäcker erzählte, wie's ihm ergangen war. Der Hauswirt betrachtete das Kännchen und entdeckte daran sein Hauszeichen. Jetzt erst ging dem Bauern ein Licht auf! Die Kuh gestohlen! Der Mantel auf Nimmerwiedersehen davon! Das Geld für das Viertelchen Wein aus eigener Tasche bezahlen! Das war ein schöner Reinfall! Und das Gespött der Leute hatte er umsonst. Zum Schluß konnte er nicht anders, er mußte über diese ungeheure Frechheit selber lachen.

Was soll man aus der Geschichte lernen? Es ist noch heute so, daß ein Unglück das andere nach sich zieht. Ob der Lauf der Gestirne oder das Treiben irgendwelcher Geister einen Einfluß darauf haben, kann ich nicht sagen. Eines aber dürfte sicher sein: Ich denke, zu dem Bauern paßt haargenau das Sprichwort: Ihm hat der Star den Blick getrübt. Trotz aller Erkennungszeichen ließ er sich um eine gute Milchkuh betrügen, dazu gab der Tölpel noch seinen Mantel und ein Viertelkännchen Wein als Draufzahlung. Ach du heilige Einfalt! Wo gibt's denn so etwas heutzutage? Solche unglaublichen Narren sind zum Glück selten geworden.

Laßt mich noch den Schluß erzählen: Als der Bauer heimkam und den ganzen üblen Handel seiner Frau beichtete, sagte die ganz geduldig und freundlich: „Gott soll dir verzeihen, bester Mann! Hast du nicht obendrein noch Spott und Hohn geerntet?"

Der Bauer brummte verdrießlich: „Natürlich! Ich kann's nicht leugnen."

„Gott verzeihe ihnen die Sünde!" meinte die Frau. „Das soll mir aber eine Lehre sein! In Zukunft werde ich den Stall besser sichern. Sei nicht traurig, lieber Mann! Es steht ja alles in Gottes Rat. Und besser ist's, man wird ärmer an Besitz als ärmer an Ehre."

Ach, gäb's doch noch mehr solche Frauen! Viele Männer hätten dann ein unbeschwertes, glücklicheres Leben. Das sagt euch Hans Folz, der Barbier.

Der Wettstreit
der drei Liebhaber

In irgendeinem Dorfe lebte einst ein Bauer, der hatte
eine so bezaubernde Frau, daß ihn jeder andere Mann
um diesen Schatz beneiden konnte. Freilich hielt sie sich
neben ihrem Manne eine stattliche Anzahl von Lieb-
habern. Eines Tages hatte sie in wohlüberlegter Reihen-
folge gleich drei von ihnen eingeladen, ohne daß der
eine vom anderen wußte.

Der erste war — ihr könnt's glauben — ein stattlicher
Diener Gottes. Er schlich zur Haustür, lugte durch einen
Türspalt, und als er sie neben ihrem Mann am Küchenherd sitzen sah, dachte er: Warten wir halt, bis es soweit
ist! Damit ging er um die Hausecke und setzte sich auf
eine Bank an der Hauswand.

Es dauerte nicht lange, da kam der zweite, und zwar
ein Edelmann. Auch er schlich zur Tür, legte sein Ohr an
das Holz und lauschte, was darin vorging, ob ihm nicht
eine Falle gestellt würde. Als er sie mit ihrem Ehetrottel

schwatzen hörte, dachte er: Hilft nichts, wir müssen ein Weilchen warten! Auch er tappte um die Hausecke, und als er dort den Pfaffen sitzen sah, fragte er verdutzt: „Nanu, wer seid denn Ihr?"

„Ein treuer Diener des Herrn!" erwiderte der Priester sanft und freundlich. „Doch was sucht Ihr hier, lieber Herr?"

„Ich glaub, wir suchen das gleiche", sprach verschmitzt der Edelmann. „Doch ich fürchte, wir sind heute beide vergeblich gekommen."

Da kam auch schon der dritte, ein Mordskerl von Bauernknecht. Auch er trat leise an die Tür und spitzte, ob es soweit sei. Als er die beiden Ehegatten drinnen plaudern hörte, murmelte er vor sich hin: „Also warten wir ein wenig!" Damit ging auch er um die Hausecke herum und stieß zu seiner Verblüffung auf die beiden Wartenden. Der Pfaffe redete ihn an: „Los, bekennt Farbe! Woher kommt Ihr und was wollt Ihr hier?"

„Man hat mich herbestellt, hier gäb's angeblich ein Wildbret zu jagen, doch mir will's scheinen, hier sind schon andere Jäger auf dem Anstand. Ich kann nicht sagen, daß ich begeistert davon bin."

Da sprach der Pfaffe schmunzelnd zu den beiden Mitleidenden: „Paßt auf, denn ihr scheint mir zwei Weltkinder zu sein, die nicht auf den Kopf gefallen sind. Strengt euch daher an und laßt uns überlegen, wie wir zu unserem Spaß kommen können, ohne daß ihr Mann etwas merkt. Wer den besten Einfall hat, bekommt von den anderen zwei ein Fäßchen Wein. Seid ihr einverstanden?"

„Mit Vergnügen!" erwiderte der Edelmann leise.

Auch der Knecht war einverstanden und sprach: „Immer zu, ich bin dabei! Doch ich habe eine Bedingung, Knecht Gottes: Macht Ihr den Anfang und bahnt uns armen Weltkindern den Weg!"

Der Pfaffe tat's. Er ging zur Tür, klopfte an und wurde vom Hausherrn eingelassen. „Was habt Ihr auf dem Herzen, Herr Pfarrer?"

„Ach, ich komm geradeswegs von daheim, mir sind unvermutet Gäste ins Haus gefallen. Als sich nun meine Haushälterin daran machen will, das Essen zu bereiten, ist kein Körnchen Salz und kein Blättchen Küchenkraut im Haus zu finden. Nun wollte ich deine liebe Frau darum bitten, mir ein wenig zu borgen. Sie bekommt's natürlich zurück."

Die Hausfrau sprach bereitwillig: „Aber selbstverständlich, wenn ich Euch damit einen Gefallen tun kann. Was hättet Ihr denn gern?"

„Laßt sehen, was Ihr im Hause habt!" Und er folgte ihr in die Speisekammer. Kaum waren sie beide allein, wurde er handgreiflich, grapschte nach all den lockenden Früchten und fand schließlich das begehrte Sträußlein zwischen ihren Schenkeln. Nun ging ein eifriges Mahlen an, bis alle Gewürzpflänzchen fein zerschroten waren. Nachdem er seine Begierde gestillt hatte, nahm er Abschied, doch bevor er durch die Tür trat, suchte er nach einem Tütchen. Das wies er dem Bauern vor und sagte, er habe die gewünschten Gewürze erhalten und sei voll und ganz zufriedengestellt. Als er wieder bei seinen Kumpanen auftauchte, wurde er mit großer Heiterkeit begrüßt: „Ei, Ihr geistlicher Trost! Eure unvermuteten Gäste aus fernen Landen sind Euch ja trefflich zupaß gekommen!"

Nun wollte der Edelmann sein Glück versuchen. Er klopfte an die Tür, der Bauer ließ ihn ein, hieß ihn herzlich willkommen und fragte: „Was wünscht Ihr, edler Junker? Es muß schon wichtig sein, da Ihr zu so später Stunde zu uns kommt."

„Ja, weißt du, wir waren gerade fröhlich beim Bechern. Und wie's so geht, wird allerlei geschwatzt. Nun wurde erzählt, du seist so schwer wie ein Ochse, und da habe ich mit den anderen gewettet, ich könnte dich samt deiner Frau Huckepack nehmen. Wenn du einverstanden und mir behilflich bist, lasse ich ein Fäßchen Wein springen."

Der Bauer versicherte eilfertig: „Aber mit Freuden!

Ich will Euch gerne helfen, lieber Junker. Sagt nur, was soll ich tun!"

„Alsdann, du legst dich auf den Bauch, und deine Frau legt sich auf dich, Rücken an Rücken. Dann tu ich euch nicht weh beim Zupacken und Hochreißen. Und spreizt die Beine, damit ich dazwischen treten kann, dann ist mir um meine Wette nicht bange!"

Nachdem sich Bauer und Bauersfrau nach Wunsch niedergelegt hatten, zückte der Junker seine Lanze und attackierte ihren haarigen Schild. Als er seiner Gier freien Lauf ließ, bekam auch der Bauer einiges zu spüren. Da schlang der Junker beide Hände um seinen Leib, zerrte an ihm und stöhnte: „Ihr seid ja ungeheuer schwer! Ich fürchte, ich muß aufgeben!"

Die Bäuerin aber eiferte: „Nein doch! Packt's noch einmal an, lieber Herr! Wir liegen doch hier fein trocken und bekommen keine nassen Kleider."

Der Bauer unten aber ächzte: „Lägst du hier an meiner Stelle, hättest du ihn nicht zu einem zweiten Versuch ermuntert. Hätte man dich so breit gequetscht wie mich, wär dir die Sache sicher nicht kurzweilig erschienen." Und zum Junker keuchte er mit erstickter Stimme: „Macht Schluß, Junker! Ich halt's nicht länger aus. Hätte ich vorher gewußt, was mich erwartet, nie wäre ich Euer Untermann geworden. Ihr quetscht mich ja so sehr, daß ich keine Luft mehr bekomme."

Da ließ es der Junker genug sein. Er verabschiedete sich und ging hinaus zu seinen Kumpanen. Den Schweiß von der Stirn wischend, lachte er und sprach: „He, meine Freunde, ich bring mein Fohlen zurück von der Weide. Dort hat es sich toll und voll gefressen! Ich denk, das Fäßchen Wein gehört mir."

Nun war der Knecht an der Reihe. Paßt auf, was der anstellte! Er hatte nämlich einen ganz besonderen Plan ausgeheckt. Auch er klopfte an und fand Einlaß. Der Bauer fragte: „Woher des Wegs so spät am Tag?"

„Hilf mir, ich bin in größter Gefahr! Wir saßen in der Schenke, und sitzen wir erst, dann fließt der Wein in

Strömen! Da bin ich mit einem zusammengeraten. Es ging auf Hauen und Stechen, und dabei habe ich ihm den Schädel eingeschlagen. Kannst du mich nicht ein Weilchen verbergen?"

Der Bauer sprach kopfschüttelnd: „Na schön! Kriech auf den Ofen rauf! Oben habe ich Birnen gedörrt. Dort bist du ungestört und sicher!"

Der Knecht kletterte hinauf, hockte sich nieder und schwieg eine Weile still. Plötzlich sprach er zum Bauern: „Pfui Teufel, was bist du doch für ein schamloser Patron! Nimmst einfach deine Frau auf der Ofenbank. Kannst du nicht warten, bis ihr im Bett seid?"

Der Bauer knurrte aufgebracht: „Was fällt dir ein? Ich halte es doch nicht so wie du! Du siehst wohl Gespenster?"

Der Knecht aber sprach unbeirrt: „Warum streitest du's ab? Ich seh's doch deutlich mit beiden Augen, so wahr ich hier oben hocke. Von deiner Frau sind nur die beiden Knie zu sehen."

Der Bauer stritt es erregt ab: „Was soll denn das? Ich sitze doch hier neben ihr, kann ich dir versichern. Wie kommst du dazu, mir so eine Schamlosigkeit vorzuwerfen? Dich juckt wohl das Fell?"

„Bei meinem Leben und bei allem, was mir teuer ist! Ich beschreibe doch nur, was du tust. Es nützt dir gar nichts, wenn du's abstreitest. Komm rauf und laß mich runter, dann wirst du sehen, ob ich recht habe oder ob mir der Wein die Sinne verwirrt hat!"

Das geschah. Der Bauer stieg hinauf, der Knecht hinunter. Unten machte sich der listige Schelm sofort über die Bäuerin her und fand, was er suchte und was auch der Schönen nicht zuwider war. Da schrie der Bauer oben erstaunt: „Du hast wahrhaftig recht! Ich seh nur ihre Knie, wie sie auf und nieder schwingen. Ich hätte es nie für möglich gehalten, wäre ich nicht deinem Rat gefolgt."

Nachdem er herabgestiegen war, schärfte ihm der Knecht ein: „Halt den Mund und sage keinem Menschen, daß ich bei dir war. Und jetzt laß mich hinaus, denn ich will erkunden, wie's draußen steht, ob sich der Tumult gelegt hat."

Der Bauer ließ ihn hinaus und stieß den Riegel vor die Tür. Als der Knecht zu seinen Kumpanen kam, hieß man ihn willkommen und erkannte ihm den Preis zu. Er hatte es schließlich so raffiniert eingerichtet, daß ihm der Bauer beim Grasen auf fremder Weide zusehen mußte, ohne ihm einen Vorwurf machen zu können.

Damit ist unsere Geschichte aus. Jeder, der einen anschlägigen Kopf hat, mag nun brüten, wie er's wohl angefangen hätte, sagt Hans Rosenplüt.

Der fünfmal getötete Pfarrer

Vor Zeiten mußte eines Tages ein Dorfpfarrer ganz plötzlich losreiten, um einen Kranken zu versehen. Er war schon gestiefelt und gespornt und bereit zum Aufbruch, als er merkte, daß der eine Stiefel unten in der Sohle einen klaffenden Riß hatte. Da überlegte er: Was soll das werden? Draußen ist es naß und schlammig, und wenn ich vom Pferd steigen muß, hab ich den Stiefel voller Dreck. Er rief nach seiner Haushälterin, sie solle sich das Loch einmal ansehen und ihm einen Hinweis geben, wer ihm den Stiefel ohne großen Zeitverlust nähen könnte.

Die Haushälterin meinte: „Reitet doch rüber zum Haus Eures Gevatters, ruft ihn heraus und bittet ihn, das Loch rasch zu vernähen, ohne daß Ihr erst den Stiefel ausziehen müßt. Schneller wird ihn Euch wohl niemand flicken."

Der Pfarrer ließ das Sakrament daheim, trabte eilends zum Laden seines Gevatters und bat: „Seht einmal her!

Ich hab's brandeilig und müßte mit zerrissenem Stiefel losreiten. Könnt Ihr nicht rasch unten einen Flicken ansetzen?"

Der Schuster meinte zuvorkommend: „Aber natürlich, wenn Ihr's so eilig habt. Ich ziehe den Riß schnell mit einem Pechdraht zusammen."

Nun paßt auf, was passierte! Der Schuster stach so ungeschickt zu, daß er den Pfriem in eine Ader des Fußes bohrte. Der Geistliche fiel ohnmächtig vom Pferd und verblutete. Nun war guter Rat teuer. Vor Bestürzung wußte der Schuster nicht, was er tun sollte; in seinem ganzen Leben hatte er so ein schreckliches Unglück noch nicht erlebt. Er rief nach seiner Frau, sie solle sich etwas einfallen lassen. Er müßte den toten Geistlichen loswerden, bevor jemand etwas von dem tragischen Geschehen erführe. Sie riet: „Erst wollen wir ihn und sein Pferd zu uns auf den Hof schaffen, damit ihn hier draußen niemand sieht." Sie brachten also Pfarrer und Pferd auf den Hof und heckten dann einen raffinierten Plan aus. Früh am Morgen, als es gerade hell wurde, hoben sie den Pfarrer in den Sattel und führten dann das Pferd auf einen Haferschlag, als sei der Pfarrer mutwillig ins Korn geritten. Als der Bauer, dem der Haferschlag gehörte, früh aufs Feld kam, rief er empört den Pfarrer an: „Herr, was tut Ihr da? Habt Ihr denn keinen Verstand, daß Ihr mir das Korn zerstampft? Dabei habt Ihr uns gelehrt, niemand solle seinem Nächsten Schaden wünschen oder gar zufügen. Und nun tut Ihr's augenscheinlich selbst!"

Obwohl der Bauer sich ergrimmt zeigte, ließ sich das Pferd nicht stören. Da es hungrig war, stapfte es weidend immer tiefer ins Haferfeld hinein. Bei diesem Anblick fuhr der Bauer erzürnt auf: „Herr, was soll das heißen? Hört Ihr nicht sofort auf mit dem Spaß, werdet Ihr's bereuen! Ich rate Euch im Guten: Macht mich nicht wütend! Bleibt lieber daheim und erledigt dort Euern Schreibkram, statt Euer Pferd meinen Hafer abfressen zu lassen. Wer soll mir den Schaden ersetzen?"

Wie sehr der Bauer aber auch fluchte und schimpfte in dem Glauben, der Geistliche erlaube sich eine unerhörte Dreistigkeit, das Pferd ließ sich nicht beirren und wollte nicht aus dem Haferfeld weichen. Jetzt packte den Bauern die Wut, und im Jähzorn ließ er sich dazu hinreißen, einen schweren Feldstein zu greifen und ihn voller Wucht dem Pfarrer vor die Brust zu schleudern, so daß er vom Pferde fiel. Der Bauer stierte den gefallenen Pfarrer an und wartete, ob er nicht endlich aufstehen wolle. Der aber lag mausetot vor ihm. Nun packte den Bauern das bleiche Entsetzen; er jammerte: „O Gott, was habe ich getan? Ich habe einen Mord begangen!" Kopflos lief er zu seinem Hof, nahm heimlich seine Frau beiseite und bat sie um Rat; er habe den Pfarrer umgebracht. Er schilderte ihr, wie alles zugegangen war, und seine Frau sagte am Ende: „Dann ist ihm recht geschehen! Mach dir deswegen keine Vorwürfe. Was ließ sich der Narr zum Diebstahl hinreißen? Er hätte daran denken sollen, was er uns jeden Tag vorpredigt, daß niemand seinem Nächsten schaden soll. Da er seine eigenen Lehren nicht befolgt hat, tut's mir nicht leid um ihn. Los, wir wollen ihn herbringen und warten, bis es Nacht und dunkel ist. Wir finden dann schon einen Ausweg, wie wir ihn ohne jedes Ärgernis wieder loswerden."

Als es Nacht geworden war, schleppten sie den toten Pfarrer vor die Tür ihres Nachbarn, wo sie ihn leise und vorsichtig an die Zauntür lehnten. So stand der Tote die ganze Nacht über am Zaun des Nachbarhauses.

Am nächsten Morgen, als es hell wurde, sprang der Nachbar aus dem Bett und rief seiner Frau zu: „Es ist Zeit! Ich muß auf den Acker reiten." Als er die Haustür aufriß, wurde er beim Anblick des Pfarrers bleich und rot. Er faßte sich aber und sprach ihn an: „Aber Herr Pfarrer! Was sollen die Narrenpossen? Warum habt Ihr mir einen solchen Schrecken eingejagt? Wie kommt Ihr her, und was tut Ihr da? Lauert Ihr jemandem auf? Um Gottes willen, so tut doch endlich den Mund auf! Ist

Euch nichts Besseres eingefallen, als Euch heute nacht an meinen Zaun zu lehnen?"

Der Bauer mochte es im Bösen und im Guten versuchen, der Pfarrer am Zaun gab keine Antwort. Der Bauer wurde ungeduldig: „Herr, was soll das heißen? Warum treibt Ihr heute nacht Eure Possen mit mir? Ich kann mir nur denken, daß Ihr es darauf anlegt, mich zu ärgern. Ich bitte Euch, geht Eurer Wege! Wollt Ihr den ganzen Tag über an der Zauntür stehenbleiben? Ich muß aufs Feld, es ist höchste Zeit! Laßt mich endlich raus, oder ich ziehe Euch eins mit dem Knüppel über, damit Ihr merkt, daß mit mir nicht zu spaßen ist!"

Wie sehr der Bauer auch tobte, der Pfarrer kümmerte sich keinen Deut darum, so daß den Bauern schließlich die Wut packte. Er stieß die Zauntür auf, so daß der Pfarrer zu Boden schlug und lang ausgestreckt vor ihm lag. Da packte den Bauern die Furcht, und er rief nach seiner Frau. Die kam sofort angelaufen und fragte ihn, was denn los sei. Er barmte: „Ach, liebe Frau, was soll ich nur tun? Was für ein Unglück, daß ich so früh aufgestanden bin! Mein guter Ruf und mein Besitz sind hin! Wie soll ich mich nur aus der Schlinge ziehen? Ich habe einen gräßlichen Mord begangen, denn ich habe unseren Pfarrer umgebracht. Da er nicht von unserer Zauntür weichen wollte, gab ich ihm einen Schubs, und ohne jeden Schmerzenslaut fiel er tot um."

Die Bäuerin fragte: „Wie kam's denn dazu?" Und als der Bauer es ihr erklärte, meinte sie: „Hör auf mit deinem Gejammer. Wenn er nichts Besseres zu tun hatte, als an der Zauntür zu stehen und Maulaffen feilzuhalten, mag er den Schaden tragen. Los, wir tragen ihn ins Zimmer und decken ihn so lange zu, bis wir einen Ausweg gefunden haben."

Sie behielten ihn im Zimmer, bis die Nacht hereinbrach. Da fiel der Bäuerin ein, daß ihr Nachbar der Mesner des Dorfes war, und sie rief erleichtert: „Schnell, lieber Mann! Vom Mesner trennt uns doch nur eine Holzwand. Wir lösen ein Brett und schieben ihn leise in die Wohnung des Mesners!"

Der Bauer seufzte: „Es gibt keinen anderen Ausweg! Ich bin einverstanden."

Die Bäuerin zwängte sich durch die Lücke und flüsterte: „Schieb ihn rüber!"

Sie packten zu zweit den dicken Pfarrer und quetschten ihn durch die Wandlücke ins Zimmer des Mesners. Da erblickte die Bäuerin einen Backtrog voller Brotteig, denn man wollte am nächsten Morgen backen. Da dachte sie: Das wird gehen! Sie winkte ihrem Mann zu und flüsterte: „Bring rasch ein Gefäß!" Der Bauer tat, was sie verlangt hatte, und nun schöpfte sie den ganzen Teig bis auf einen kleinen Rest aus dem Trog. Dann schleifte sie den Leichnam des Pfarrers zum Trog, drückte ihn hinein und füllte seine Hände und seinen Mund mit Teig. So erweckte sie den Anschein, der Pfarrer habe so lange Teig in sich hineingeschlungen, bis er daran erstickte. Dann schlüpfte das Paar wieder zurück; sie schlossen die Lücke in der Wand, legten sich nieder und schliefen den Schlaf des Gerechten.

Am Morgen rief der Mesner nach seiner Frau. Sie solle aufstehn und den Teig kneten; Mitternacht sei längst vorbei. Die Mesnerin sprang aus dem Bett, warf die Kleider über und huschte zu ihrem Brotteig, ob er auch gegangen sei. Als sie nach dem Teig tastete, war der Trog leer. Sie wußte nicht, was sie davon halten sollte, schlug vor Schrecken ein Kreuz und zündete ein Licht an, um damit zum Backtrog zu eilen. Als sie den Pfarrer entdeckte, fuhr ihr der Schreck in alle Glieder, und sie wäre fast in Ohnmacht gefallen. Nachdem sie sich ein wenig gefaßt hatte, betrachtete sie den Pfarrer genauer und sagte zu sich: „Das ist doch eine verrückte Sache! Hat dich der Teufel hergeholt, oder ist er gar in dich gefahren, daß du meinen Brotteig auffressen mußtest? Der Schlag soll dich treffen! Doch wie mir scheint, hat sich dir die Fresserei nicht ausgezahlt, du verfluchter Pfaffe! Da sitzt du nun, reißt die Augen auf und weißt nicht, wie du die Suppe auslöffeln sollst, die du dir eingebrockt hast. Es scheint, du hast dich so vollgeschlagen, daß du den Fraß nicht mehr verdauen kannst. Hat dich der Teufel hergebracht, so soll er dich auch wieder holen. Ich hatte immer geglaubt, du würdest mich und die anderen Leute ein frommes Leben lehren, dabei hat dich deine Gier zu einem Fraß verleitet, den jede Sau verschmäht hätte."

Der Mesner lag noch im Bett und schlief. Die Mesnersfrau rüttelte ihn wach und rief: „Um Gottes willen, steh auf und sieh nach, ob nicht etwa der Teufel seinen Spott mit unserem verrückten Pfarrer treibt! Wer hat im Leben schon so etwas Unsinniges gesehen?"

Der Mesner sprang auf und wollte sehen, was seine Frau in solche Aufregung versetzt hatte. Als er den Pfarrer erblickte, flüsterte er erschrocken: „Um Himmels willen! Wie ist denn das passiert? Wer hat denn so etwas Aberwitziges schon erlebt? Was für eine wahnsinnige Gier hat ihn getrieben, soviel Teig in sich hineinzuschlingen?"

Die Mesnerin meinte: „Es ist mir ja auch unbegreiflich!"

Da sagte der Mesner: „Wie dem auch sei, am wichtigsten ist, daß wir den Pfarrer wieder loswerden!"

Da riet die Frau: „Mir fällt nichts Besseres ein, als ihn in die Kirche zu tragen, ihm das Meßgewand überzuhängen, ihn dann an den Altar zu lehnen und die Frühmesse einzuläuten. Wenn dann die Leute in die Kirche strömen und ihn unbeweglich am Altar stehen sehen, werden sie glauben, er sei in tiefer Andacht versunken. So werden wir ihn los."

Der Mesner war heilfroh über den Vorschlag seiner Frau und handelte danach. Als er zur Frühmesse läutete, kamen die Bauern in die Kirche und warfen sich vor dem Altar und überall in der Kirche auf die Knie. Zuletzt drängte sich ein altes Weiblein durch die Menge, bis sie den Altar erreichte und das Meßgewand des Priesters zu fassen bekam. Sie hob es an den Mund, um es nach Bauernart zu küssen. Dabei brachte sie den Pfarrer aus dem Gleichgewicht, so daß er mit der ganzen Wucht seines schweren Körpers auf sie niederfiel und sie erschlug. Da begann ein großer Aufstand und lautes Wehklagen. Alles drängte zum Altar und wollte dem Pfarrer aufhelfen. Da war er vor Totenstarre schon bocksteif, so daß sich alle entsetzten. Nun hatte man sowohl den Tod des Pfarrers als auch den des alten Weibleins zu beklagen, das der Pfarrer erschlagen hatte. Nach vielem Jammern und Lamentieren hielt man's für das Beste, die Alte und den Pfarrer unter die Erde zu bringen.

So hatte der Rat der Weiber dem Pfarrer fünffachen Tod gebracht. Diese merkwürdige Geschichte hat Hans Rosenplüt, der Schnepperer, erzählt. Gott schenke uns allen Heil und Segen.

Anhang

Quellennachweis

Unseren Übertragungen liegen folgende Ausgaben zugrunde:

BB Georg Friederich Benecke, Der Edelstein getichtet von Bone-
rius, Berlin 1816.

EK Karl Euling, Heinrich Kaufringers Gedichte, Tübingen 1888
(Bibliothek des litterarischen Vereins in Stuttgart CLXXXII).

FF Hanns Fischer, Hans Folz, Die Reimpaarsprüche, München
1961 (Münchener Texte und Untersuchungen zur deutschen
Literatur des Mittelalters 1).

FH Hanns Fischer, Herrand von Wildonie. Vier Erzählungen, Tübingen 1959 (Altdeutsche Textbibliothek 51).

FK Hanns Fischer, Eine Schweizer Kleinepiksammlung des
15. Jahrhunderts, Tübingen 1965 (Altdeutsche Textbibliothek
65).

FM Hanns Fischer, Die deutsche Märendichtung des 15. Jahrhunderts, München 1966 (Münchener Texte und Untersuchungen
zur deutschen Literatur des Mittelalters 12).

FS 1 Hanns Fischer, Der Stricker. Verserzählungen I, 2. Auflage,
Tübingen 1967 (Altdeutsche Textbibliothek 53).

FS 2 Hanns Fischer, Der Stricker. Verserzählungen II, Tübingen
1967 (Altdeutsche Textbibliothek 68).

HGA Friedrich Heinrich von der Hagen, Gesammtabenteuer. Hundert altdeutsche Erzählungen, 3 Bände, Stuttgart und Tübingen 1850.

KE Adelbert von Keller, Erzählungen aus altdeutschen Handschriften, Stuttgart 1855 (Bibliothek des litterarischen Vereins
in Stuttgart XXXV).

LES Hans Lambel, Erzählungen und Schwänke, Leipzig 1872
(Deutsche Classiker des Mittelalters 12).

MH Heinz Mettke, Der arme Heinrich von Hartmann von Aue,
Halle (Saale) 1966 (Altdeutsche Textbibliothek 3).

MS Heinz Mettke, Fabeln und Mären von dem Stricker, Halle
(Saale) 1959 (Altdeutsche Textbibliothek 35).

NGA Heinrich Niewöhner, Neues Gesamtabenteuer. Das ist Fr. H.
von der Hagens Gesamtabenteuer. Die Sammlung der mittel-

hochdeutschen Mären und Schwänke des 13. und 14. Jahrhunderts, 1. Band, Berlin 1937.

RE Gustav Rosenhagen, Kleinere mittelhochdeutsche Erzählungen, Fabeln und Lehrgedichte. III. Die Heidelberger Handschrift cod. Pal. germ. 341, Berlin 1909 (Deutsche Texte des Mittelalters XVII).

RS Gustav Rosenhagen, Mären von dem Stricker, Halle (Saale) 1934 (Altdeutsche Textbibliothek 35).

SK Edward Schröder, Kleinere Dichtungen Konrads von Würzburg I, Berlin 1924.

Anmerkungen

DIE UNSICHTBAREN GEMÄLDE (1/1; S. 21)
LES I („Der Pfaffe Âmîs von dem Stricker"), Nr. 3 („Das unsichtbare
Gemälde"), S. 36—46; 314 Verse.

Herausragender Repräsentant kleinepischer Dichtung des 13. Jahrhunderts ist ein Mann, der sich der Stricker (d. h. „Wirker" oder
„Weber") nennt. Es handelt sich wahrscheinlich um einen südrhein-
fränkischen Autor bürgerlicher Herkunft, dessen Lebens- und Schaf-
fenszeit wohl in die erste Hälfte des 13. Jahrhunderts fällt. Er hat
zwei Epen (ein „Karls"-Epos und ein Artus-Epos mit dem Titel „Da-
niel vom Blühenden Tal") geschrieben, wurde aber vor allem als
Verfasser von Novellen, Fabeln, Schwänken, lehrhaften Verserzählungen (bîspel genannt), gesellschaftskritischen Kurzerzählungen und
des ersten deutschen Schwankzyklus („Pfaffe Âmîs") bekannt. Mit
dem Stricker begegnet uns ein Dichter, der — wenngleich in vielfäl-
tiger Hinsicht feudaler Ideologie und Stofftradition verhaftet —
zweifelsfrei den Weg stadtbürgerlicher Kunstausübung beschreitet.
Sein Hauptwerk ist der „Pfaffe Âmîs", in dessen Mittelpunkt in Gestalt des Klerikers Âmîs ein „Till Eulenspiegel" des 13. Jahrhunderts
steht. Sinn des ganzen Zyklus ist es, den Sieg der Klugheit über die
Dummheit zu gestalten, die der Stricker in allen Klassen und Schichten findet. Ihnen allen führt er vor Augen, daß letztes Endes weder
Besitz noch Geburt den Menschen in den Bewährungsproben des Lebens bestehen lassen, sondern die Ausbildung seines Verstandes, die
Anwendung intellektueller Fähigkeiten.

DAS BRENNENDE TUCH (1/2; S. 28)
LES I („Der Pfaffe Âmîs von dem Stricker"), Nr. 6 („Das Tuch"),
S. 54—60; 132 Verse.
(Vgl. Anm. zu 1/1).

DER ENTBLÖSSTE RITTER (1/3; S. 31)
FS 1, Nr. 10 („Der nackte Ritter"), S. 126—131; 100 Verse.

Die Geschichte vom entblößten Ritter gehört zu den realistischen
Kurzerzählungen des Strickers (vgl. Anm. zu 1/1). Hier wie in der
folgenden Erzählung wird die Welt des Adels ironisierend in ihrem

gewöhnlichen, von allem Glanz und Flitter entkleideten Alltag vorgeführt.

DER NACKTE BOTE (1/4; S.34)
RS Nr. 9 („Der nackte Bote"), S. 58—66; 224 Verse. (Vgl. Anm. zu 1/1 und 1/3).

DER TAPFERE BAUER UND DER UNGETREUE AMTMANN (1/5; S. 39)
BB Nr. 62 („Von einem amptman und einem ritter. Von offenunge des rechtes"), S. 207—211; 88 Verse.

Der Berner Dominikanermönch Ulrich Boner (urkundlich erwähnt zwischen 1324 und 1349) vereinte in seiner 1350 abgeschlossenen Fabelsammlung hundert Fabeln und Erzählungen. Er gab ihr den Titel „Edelstein", schrieb doch der Volksglaube den kostbaren Edelsteinen heilende Kräfte zu, und wie diese heilkräftigen Edelsteine sollten seine Fabeln und Erzählungen die Menschen nicht nur ergötzen, sondern auch belehren und läutern. Das Spektrum der angeprangerten Laster ist breit. So warnt Boner unter anderem vor Müßiggang, Torheit, Betrügerei, Habsucht, Undankbarkeit, Neid, Hoffart und Haß, wobei die moralischen Nutzanwendungen eine naiv-feste religiöse Überzeugung des Verfassers verraten. Die hier aufgenommene Erzählung fällt (neben einigen anderen) aus dem Rahmen der Sammlung, handelt es sich doch nicht um eine Fabel, sondern um eine auffallend kritische Kurzerzählung, die nicht allein Neid, Mißgunst, Bosheit und Unzuverlässigkeit anprangert, sondern überdies den Helfer und Retter des Bedrängten unter den schlichten, von der Feudalherrschaft bedrückten Männern des Volkes sucht. Der Bauer erscheint als tapferer, selbstloser Hüter des Rechts, der dank dieser Eigenschaften schließlich in die Klasse der Herrschenden aufsteigt. — Boners „Edelstein" gehört zu den ersten deutschsprachigen Büchern, die nach Erfindung des Buchdrucks verlegt wurden (1462 Druck bei Albrecht Pfister in Bamberg).

DER RICHTER UND DER TEUFEL (1/6; S. 42)
FS 2, Nr. 17 („Der Richter und der Teufel"), S. 31—42; 224 Verse.

Die Geschichte vom Richter und dem Teufel gehört zu den bekanntesten moraldidaktischen Kurzerzählungen des Strickers (vgl. Anm. zu 1/1). Neben der auffallenden Themenwahl (der ungerechte, die Armen bedrückende Richter wird zur Strafe vom Teufel geholt) nötigt die realistische Stoffgestaltung Interesse ab; der Leser bzw. Hörer wird in das bunte Gewimmel eines städtischen Marktes versetzt, das dem Erzähler die Möglichkeit eröffnet, den Bürger bei der Ausübung seines Gewerbes zu zeigen.

DER RIESE (1/7; S. 49)
MS Nr. 31 („Der Turse"), S. 141—144; 90 Verse.

Diese lehrhafte Kurzerzählung des Strickers (vgl. Anm. zu 1/1) geht auf ein bekanntes Märchenmotiv zurück und bietet eine gelungene Illustration des Lehrsatzes, daß gegen Herrenwillkür nur Einigkeit zu helfen vermag.

DIE REICHE STADT (1/8; S. 52)

MS Nr. 27 („Die reiche Stadt"), S. 114—115; 46 Verse.

Die Tendenz dieser Erzählung vom Stricker (vgl. Anm. zu 1/1) ist die gleiche wie in der Geschichte „Der Riese" (vgl.1/7), doch wird die Handlung in der zeitgeschichtlichen Realität, in der mittelalterlichen Stadt, angesiedelt.

DER RATGEBER (1/9; S. 54)

RS Nr. 157 („Der Ratgeber"), S. 132—135; 182 Verse.

Diese Herrscherlehre wird dem Stricker zugeschrieben (vgl. Anm. zu 1/1).

VON EINEM JUNGEN RATGEBER (1/10; S.59)

FS 2, Nr. 68 („Der junge Ratgeber"), S. 12-23; 308 Verse.

Diese Erzählung des Strickers (vgl. Anm. zu 1/1) ist wie die Geschichte vom Ratgeber (1/9) eine Herrscherlehre. Dem Regenten wird empfohlen, sein Ohr nur dem redlichen, rechtschaffenen, ums Wohl des Volkes besorgten Ratgeber zu öffnen.

DER KLUGE KNECHT (2/1; S.69)

FS 1, Nr. 8 („Der kluge Knecht"), S. 92—109; 338 Verse.

In dieser schwankhaften moraldidaktischen Erzählung des Strickers (vgl. Anm. zu 1/1) wird das damals allgemein beliebte Motiv vom ehebrecherischen Kleriker aufgegriffen. Die handlungsreiche, gut durchkomponierte Geschichte lenkt allerdings die Aufmerksamkeit des Publikums vor allem auf den Knecht, dessen „taktvoll eingesetzte Klugheit" gerühmt wird.

DIE WOLFSGRUBE (2/2; S. 76)

FM Nr. 22 („Hans Rosenplüt. Die Wolfsgrube"), S. 202—209; 192 Verse.

Der unter dem Namen Hans Rosenplüt schreibende Nürnberger Gelbgießer und Büchsenmacher Hans Schnepperer (um 1400 bis um 1470) ist einer der bekanntesten Handwerkerdichter des 15. Jahrhunderts. Vor allem als Meistersinger und Verfasser von Fastnachtsspielen erwarb er sich einen Namen. Aber auch zahlreiche derbe Schwänke entstammen seiner Feder, unter anderen die Geschichte von der Wolfsgrube.

DER PRIESTER IN DER REUSE (2/3; S. 81)

NGA Nr. 31 („Der Pfaffe in der Reuse"), S. 133—137; 388 Verse.

In der ersten Hälfte des 14. Jahrhunderts in Südwestdeutschland entstanden, wird dieser Schwank einem sonst nicht bezeugten Heinrich von Pforzen (Pforzheim?) zugeschrieben.

DER HERRGOTTSCHNITZER (2/4; S. 91)

NGA Nr. 33 („Der Herrgottschnitzer"), S. 144—146; 232 Verse.

Der Schwank stammt aus dem 13./14. Jahrhundert und wurde später von Hans Rosenplüt neugestaltet (vgl. Anm. zu 2/2).

DIE DREI MÖNCHE VON KOLMAR (2/5; S. 93)

NGA Nr. 30 („Die drei Mönche von Kolmar von Nieman"), S. 127—132; 404 Verse.

Der Verfasser dieser wohl dem 14. Jahrhundert zugehörigen Geschichte mystifiziert seine Autorschaft, indem er sich den Übernamen „Niemand" zulegt. Vielleicht veranlaßte ihn dazu die Furcht vor Vergeltung, wird doch die Handlung klar lokalisiert, so daß sein Angriff eindeutig auf die Ordensbrüder der Stadt Kolmar zielt. Die Kritik ist namentlich auf den Mißbrauch der Beichte gerichtet, wobei die drei Bettel- und Predigerorden (Dominikaner, Franziskaner und Augustiner) satirisch aufs Korn genommen werden. Man hat den Verfasser daher in Kreisen des weltlichen Klerus vermutet, der mit diesen Orden erbittert um das Recht des Beichtehörens stritt. Die Heimat des Dichters ist im südwestdeutschen Raum zu suchen, wahrscheinlich im Niederelsaß.

DER LIEBESZEHNTE (2/6; S. 103)

EK Nr. 12, S. 141—150; 325 Verse.

Dichter dieses Schwankes ist ein Bürger namens Heinrich Kaufringer, der um die Wende vom 14. zum 15. Jahrhundert in Landsberg am Lech gelebt hat. Das Gesamtwerk des Kaufringers umfaßt 27 Dichtungen; es setzt sich aus geistlichen Traktaten und frommen Legenden, aber auch aus weltoffenen Novellen und derben, fast an Moritaten gemahnenden Schwänken zusammen. Seine anschauliche, volknahe Sprache und sein Streben nach starken Wirkungen beim Publikum weisen ihn als Wegbereiter städtischer Unterhaltungsliteratur aus.

DER VERTAUSCHTE MÜLLER (2/7; S. 109)

FM Nr. 2 („Der vertauschte Müller"), S. 20—30; 370 Verse.

Dieser aus dem 15. Jahrhundert stammende Schwank wird durch eine Karlsruher Handschrift (um 1430 geschrieben) überliefert. Der Verfasser ist unbekannt.

DER TEUFEL IM KLOSTER (2/8; S. 120)

FM Nr. 19 („Hans Rosenplüt. Die Tinte"), S. 174—177; 114 Verse.

Diese derbdrollige Verspottung des unheiligen Lebens mönchischer Klosterinsassen wird in zahlreichen Handschriften Hans Rosenplüt zugeschrieben (vgl. Anm. zu 2/2).

DER PFAFFE IM KÄSEKORB (2/9; S. 123)
FK Nr. 13 („Der Pfaffe im Käsekorb"), S. 51—56; 98 Verse.

Der Schwank stammt aus der ersten Hälfte des 15. Jahrhunderts und wurde von einem schweizerischen Autor verfaßt, der das damals beliebte Thema vom ehebrecherischen Kleriker aufgriff. Einmalig in der mittelalterlichen Schwankdichtung ist die Liedeinlage, die eine Parodie auf ein kirchliches Prozessionslied darstellt.

DER DURSTIGE EINSIEDEL (2/10; S. 126)
FS 1, Nr. 12 („Der durstige Einsiedel"), S. 143—155; 392 Verse.

Mit dieser in bürgerlichem Milieu agierenden Geschichte ironisiert der Stricker (vgl. Anm. zu 1/1) die von klerikalen Fanatikern propagierte asketische Ideologie, indem er die Verkommenheit und Verlogenheit eines vorgeblich frommen Asketen entlarvt.

DES MUSES LEHRE (3/1; S. 137)
MS Nr. 29 („Des Muses Lehre"), S. 117—118; 60 Verse.

Mit diesem Lehrgedicht bietet der Stricker (vgl. Anm. zu 1/1) eine poetische Illustration des Sprichwortes: „Wenn einer im Glashaus sitzt, soll er nicht mit Steinen werfen."

DER NACKTE KAISER (3/2; S. 139)
FH Nr. 3 („Der nackte Kaiser. Der blôze keiser"), S. 22—43; 668 Verse.

Verfasser dieser Geschichte vom bestraften Hochmut ist der steirische Adlige Herrand von Wildonie, urkundlich bezeugt zwischen 1248 und 1278, der als Minnesinger (erhalten sind drei Lieder) und als Autor kleiner Versepen (überliefert sind vier) hervorgetreten ist. In ihnen geht es um verschiedenartige Themen: unter anderem um Frauentreue und um Ehebruch (vgl. 7/3). Wenngleich noch feudalhöfischer ästhetischer Tradition verhaftet, erweist sich Herrand in seinen Geschichten als Vertreter und Förderer junger, aufstrebender literarischer Genres (Schwank, Fabel, lehrhafte Kurzerzählung). Die Frische und Lebhaftigkeit seiner Sprache zeugt von einem ursprünglichen Erzähltalent.

DER BAUER UND DIE PRINZESSIN (3/3; S. 153)
HGA III, Nr. 63 („Turandot. Von Heinz dem Kellner"), S. 179—185; 228 Verse.

Diese an Unflätigkeiten nicht karge Geschichte vom bäuerlichen Dümmling, der die hoffärtige Prinzessin im Rededuell besiegt, ist Ende des 14. Jahrhunderts im alemannischen Raum entstanden. Als Autor wird der sonst nirgends erwähnte Heinrich der Kellner genannt.

DIE HALBE BIRNE (3/4; S. 158)
FF Nr. 4 („Die halbe Birne"), S. 22—28; 230 Verse.

Hans Folz (um 1450 bis vor 1515), der Autor dieser Erzählung, lebte von 1479 an als Barbier und Meister der Wundarzneikunst in Nürnberg. Er, der besonders als Reformator des Meistersangs in die Literaturgeschichte einging, hinterließ ein umfangreiches und vielgestaltiges dichterisches Werk: Meisterlieder, lehrhafte Sprüche, Fastnachtsspiele und Schwänke. Der vorliegende Schwank, der wider den Hochmut gerichtet ist, läßt es nicht fehlen an grell-erotischer Szenerie und kam damit dem Unterhaltungsbedürfnis des städtischen Publikums entgegen.

DAS HÄSCHEN (3/5; S. 164)
HGA II, Nr. 21 („Das Häselein"), S. 5—18; 506 Verse.

Diesen Schwank von der naiven Unschuld, die ein Adliger zunächst schamlos ausnutzt, schrieb um 1300 im Südwesten des deutschsprachigen Raumes ein unbekannter Autor. Enge thematische Beziehung besteht zur Geschichte vom „Sperber" (vgl. 9/4).

DAS ROSSLEDERNE KLEID (3/6; S. 176)
KE („Vom Ritter mit der Rosshaut"), S. 201—203; 82 Verse.

Einem Hans Raminger (vermutlich ein im 15. Jahrhundert lebender Schwabe) werden mehrere Dichtungen, darunter die hier wiedergegebene, zugeschrieben, ohne daß die Person dieses Autors näher bestimmbar ist.

DIE HEIMHOLUNG (3/7; S. 179)
KE („Nun volgt hernach ain spruch vom burger im harrnäsch"), S. 197—200; 120 Verse.

Der Autor dieser Erzählung ist unbekannt.

DER SPIEGEL (3/8; S. 183)
FM Nr. 4 („Der Spiegel"), S. 48—51; 114 Verse.

Dieser Schwank stammt aus dem 15. Jahrhundert und ist in einer Karlsruher Handschrift (um 1430) überliefert.

DER ROSENBUSCH (3/9; S. 186)
HGA III, Nr. LIIIX („Der weiße Rosendorn"), S. 17—28; 276 Verse.

Diese Dichtung eines Unbekannten stammt wahrscheinlich aus dem 15. Jahrhundert. Sie ist in einer Augsburger Handschrift von 1447 überliefert.

HAUSFRAU UND MAGD (3/10; S. 192)
KE („Ain spruch von ainer frawen vnd ir mayd, wie sy mitainander kriegen. 1514"), S. 222—224; 103 Verse.

Dieser Schwank vom bestraften Hochmut der Brotherrin wird

in der Handschrift selbst datiert. Auf den Autor gibt es keine Hinweise.

DIE ZWEI KÖNIGE (4/1; S. 197)

FS 2, Nr. 16 („Der arme und der reiche König"), S. 24—30; 184 Verse.

In diesem Lehrgedicht des Strickers (vgl. Anm. zu 1/1) wird erneut das für die frühbürgerliche Dichtung wesentliche Thema vom Lob der Klugheit und der Abstrafung der Torheit aufgegriffen.

PRIESTER UND BISCHOF (4/2; S. 201)

LES I („Der Pfaffe Âmîs von dem Stricker"), Nr. 1 („Âmîs und der Bischof"), S. 18—30; 336 Verse.

„Priester und Bischof" ist die erste Geschichte aus dem Schwankzyklus um den „Pfaffen Âmîs" vom Stricker (vgl. Anm. zu 1/1), eine der eindrucksvollsten literarischen Huldigungen an die Klugheit, an die geistige Überlegenheit des Menschen im Kampf gegen Ungerechtigkeit und Bedrückung durch die Mächtigen.

DAS ERZWUNGENE GELÜBDE (4/3; S. 210)

RS Nr. 6 („Ehe im Leben und im Tode"), S. 45—52; 246 Verse.

Autor dieser Geschichte ist der Stricker (vgl. Anm. zu 1/1).

DAS RÄDCHEN (4/4; S. 216)

HGA III, Nr. 58 („Das Rädlein. Von Johannes von Freiberg"), S. 111—124; 518 Verse.

Der Autor dieses derb-sinnlichen Schwankes, Johann von Freiberg, dürfte ein Fahrender aus dem obersächsischen Sprachraum gewesen sein. Sein Werk entstand ausgangs des 13. Jahrhunderts.

TUMULT IM BÜRGERHAUS (4/5; S. 226)

HGA III, Nr. 55 („Irregang und Girregar. Von Rüdiger von Müner), S. 37—82; 1450 Verse.

Als Autor dieses amüsanten und turbulenten Schwankes stellt sich ein Rüdiger von Müner vor, der aus dem westmitteldeutschen Sprachraum stammen dürfte und sein Werk zu Beginn des 14. Jahrhunderts geschaffen hat. Der stoffliche Kern seiner Geschichte, die verstellte Wiege, hat bereits im 13. Jahrhundert eine deutschsprachige Gestaltung erfahren. Der Verfasser legt eine durch andere Schwankmotive angereicherte und damit stark erweiterte Fassung vor, deren Einzelteile freilich nur unzureichend miteinander verzahnt sind. Die in der Erzählung enthaltenen Beschwörungsformeln sind möglicherweise der Wirklichkeit des Volkslebens abgelauscht.

DIE MARTINSNACHT (4/6; S. 248)

FS 1, Nr. 11 („Die Martinsnacht"), S. 131—142; 214 Verse.

Der in die dörfliche Welt führende Schwank des Strickers (vgl. Anm. zu 1/1) schildert eindrucksvoll, wie törichte Vertrauensseligkeit gestraft wird.

DER REIHER (4/7; S. 252)

NGA Nr. 15 („Der Reiher"), S. 55—60; 488 Verse.

Dieser Ausgang des 13. Jahrhunderts in Thüringen entstandene Schwank verknüpft zwei Motive: „die genäschige Hausfrau betrügt den Ehemann um eine delikate Speise" und „die listige Frau schiebt dem strafenden Ehemann eine Stellvertreterin unter, so daß er den Betrug seiner Frau nicht beweisen kann". Der Autor ist unbekannt.

DER ENTLAUFENE HASENBRATEN (4/8; S. 262)

NGA Nr. 16 („Der Hasenbraten von dem Vriolsheimer"), S. 61—62; 130 Verse.

Der Verfasser dieses Schwankes stammt aus Württemberg. Er lebte ausgangs des 13. Jahrhunderts. In seiner Geschichte wird das auch im ersten Teil des „Reihers" (vgl. 4/7) gestaltete Motiv von der genäschigen Ehefrau aufgegriffen, die ihren Mann um eine Delikatesse betrügt und die drohende Bestrafung durch eine List abzuwenden weiß.

DES WINZERS FRAU (4/9; S. 266)

NGA Nr. 12 („Des Weingärtners Frau und der Pfaffe"), S. 41—42; 86 Verse.

Der Schwank stammt aus dem 14. Jahrhundert und ist im oberdeutschen Raum anzusiedeln. Der Verfasser ist nicht bekannt.

DIE DREI WÜNSCHE (4/10; S. 269)

MS Nr. 23 („Die drei Wünsche"), S. 70—77; 228 Verse.

Das in der Volksdichtung weit verbreitete Motiv von den töricht vertanen Wünschen hat beim Stricker (vgl. Anm. zu 1/1) frühe Gestaltung gefunden. Die Darstellung bestrafter Torheit empfiehlt deren Gegenteil, die Klugheit.

DIE NACHTIGALL (5/1; S. 277)

HGA II, Nr. 25 („Die Nachtigall"), S. 75—82; 264 Verse.

Aus dem 13. oder dem 14. Jahrhundert stammt diese deutsche Fassung jener Geschichte, die in kräftig erotischer Tönung vom liebenden Sichfinden zweier junger Menschen im Baumgarten erzählt und die vor allem in Boccaccios Gestaltung (Decamerone V, 4) bekannt geworden ist.

DER MÖNCH ALS LIEBESBOTE (5/2; S. 283)

FM Nr. 37 („Hans Schneeberger. Der Mönch als Liebesbote"), S. 338—347; 324 Verse.

Das damals beliebte Schwankmotiv vom ahnungslosen Liebesboten gestaltet ein Autor des 15. Jahrhunderts, der wahrscheinlich im ostmitteldeutschen Sprachraum beheimatet war. Über den Dichter gibt es keine weiteren Hinweise.

DER ARME HEINRICH (5/3; S. 291)
MH, S. 1—42; 1520 Verse.

Diese frühe deutsche Novelle (entstanden um 1195) schuf der schwäbische Dichter Hartmann von Aue (1168—1210), einer der berühmtesten Epiker des Mittelalters. Von seiner Hand stammen außerdem eine Legende über „Gregorius" und zwei große Ritterepen („Erec" und „Iwein") nach dem Vorbild des Franzosen Chrétien de Troyes. Thema der Novelle ist die Frage nach dem rechten Verhältnis des Menschen zur Gesellschaft, das letzten Endes im rechten Verhältnis zu Gott beschlossen erscheint. Aufmerken läßt die Stoffwahl. In der zeitgenössischen Gegenwart angesiedelt, führt uns das Geschehen ins dörfliche Milieu, und dieses Milieu ist — entgegen der Norm feudalhöfischer Kunstübung — mit Sympathie und Achtung gesehen. Im Bauernmädchen, das sich in kindhaft-unbewußter, hingebungsvoller Liebe für den Geliebten opfern will, schafft Hartmann von Aue ein positiv akzentuiertes Gegenbild zur hochmütig-anspruchsvollen, sich versagenden adligen Herrin des Minnekultes. In Heinrich von Aue, der seinen Bauern ein gütiger und gerechter Herr ist, gestaltet er das Idealbild des adligen Herrn im Aktionsradius seiner sozialen Aufgaben; im achtungsvoll gezeichneten Freibauern, der dieses rechte Verhalten seines Herrn mit aufopfernder Pflege, ja mit der Hingabe der eigenen Tochter lohnt, wird diesem Idealbild eines Adligen das eines Bauern zur Seite gestellt. Die alle Standesgrenzen aufhebende Eheschließung zwischen dem Angehörigen des Hochadels und dem Bauernmädchen vollendet die eindrucksvolle, humanistische soziale Utopie Hartmanns von Aue.

DIE TOCHTER DES KAISERS LUCIUS (5/4; S. 319)
FM Nr. 8 („Kaiser Lucius' Tochter"), S. 71—88; 622 Verse.

Diese Erzählung wurde aller Wahrscheinlichkeit nach von Matthias von Günzburg (15. Jahrhundert) niedergeschrieben. Eine Lücke konnte durch den lateinischen Text der „Gesta Romanorum" überbrückt werden. Die Originalhandschrift ging verloren; wir kennen diese Dichtung nur aus einem Abdruck von Friedrich Heinrich von der Hagen.

DAS HERZ (5/5; S. 333)
SK („Das Herzmaere"), S. 12—40; 388 Verse.

Das „Herzmaere", die Geschichte vom verzehrten, den Tod bringenden Herzen des Geliebten, ist ein novellistisches Frühwerk des vielseitigen mittelalterlichen Dichters Konrad von Würzburg

(1220/30 bis 31. 8. 1287), der sich durch große Produktivität und hohe Formkunst auszeichnet. Konrads erklärtes künstlerisches Vorbild ist Gottfried von Straßburg („Tristan und Isolde"), dessen Liebesideal im „Herzmaere" feinfühlig nachgestaltet wird. Künstlerische Idee ist die Darstellung der unüberwindlichen, selbst den Tod überdauernden Kraft wahrer Liebe.

FRAUENTREUE (5/6; S. 343)

HGA I, Nr. 13 („Frauen-Treue"), S. 257—276; 420 Verse.

Die Anfang des 14. Jahrhunderts in Mitteldeutschland entstandene Dichtung von der „Frauentreue" gestaltet das Motiv vom tragisch ausgehenden Liebestrotz einer Frau, die den liebenden Mann mit ihrer Sprödigkeit in den Tod treibt, den sie schließlich auch selber auf sich nimmt. Der Verfasser ist nicht bekannt.

DER BUSSARD (5/7; S. 352)

HGA I, Nr. 16 („Der Busant. ‹Magelona.›"), S. 331—366; 1074 Verse.

Das nur sehr schlecht überlieferte Werk ist zu Beginn des 14. Jahrhunderts im Elsaß entstanden. Zugrunde liegt das Magelone-Motiv (zwei Liebende werden duch einen Bussard getrennt, der ein Kleinod raubt; nach vielen Fährnissen kommt es zur glücklichen Wiedervereinigung). Der Autor ist unbekannt.

SOCIABILIS (5/8; S. 373)

FM Nr. 1 („Sociabilis"), S. 1—19; 664 Verse.

Die Erzählung eines unbekannten Autors stammt aus dem 15. Jahrhundert und ist in einer um 1430 entstandenen Handschrift überliefert.

DIE LIEBESPROBE (5/9; S. 385)

FM Nr. 14 („Fröschel von Leidnitz. Die Liebesprobe"), S. 113—123; 286 Verse.

Fröschel von Leidnitz war ein bayrisch-österreichischer Dichter bürgerlicher Herkunft und lebte zu Beginn des 15. Jahrhunderts. Seine Geschichte entbehrt nicht leichter Komik, versagen doch die ersten zwei Ritter, nachdem sie den Abenteuer-Auftrag erfolgreich erfüllt haben, in der eigentlichen Prüfung, die nur bei Bewährung menschlich-charakterlicher Werte zu bestehen ist.

DIE RACHE DER BETROGENEN FRAU (5/10; S. 393)

EK Nr. 14, S. 166—186; 763 Verse.

Diese Erzählung entstammt der Feder Heinrich Kaufringers (vgl. Anm. zu 2/6). Der grausige Inhalt dieser wohl grellsten Geschichte des Autors gemahnt an die Handlungsführung späterer Schauerdramen und an blutrünstige Moritaten.

DAS AUGE (6/1; S. 411)
NGA Nr. 3 („Das Auge"), S. 154—157; 274 Verse.
   Die Geschichte stammt aus dem 13. Jahrhundert; sie wurde später
von Herrand von Wildonie (vgl. Anm. zu 3/2) neuerzählt.

DER BALKEN (6/2; S. 417)
FS 1, Nr. 7 („Der Gevatterin Rat"), S. 66—91; 650 Verse.
   In dieser moralischen Erzählung läßt der Stricker (vgl. Anm. zu
1/1) die hingebend treue Ehefrau auftreten, deren unbedingte Liebe
den wütenden Haß ihres Mannes überwindet. Bemerkenswert ist die
stoffliche Einbettung in bäuerliches Milieu.

RITTER ALEXANDER (6/3; S. 432)
FM Nr. 36 („Ritter Alexander"), S. 330—337; 259 Verse.
   Diese Erzählung von unbedingter Frauentreue ist in zwei Drucken
von 1490 und 1515 überliefert. Der Verfasser ist unbekannt.

FRIEDRICH VON AUCHENFURT (6/4; S. 439)
HGA III, Nr. 67 („Herr Friedrich von Auchenfurt. Von Jansen Enen-
kel"), S. 337—349; 328 Verse.
   Die ganz im Geiste feudalhöfischer Minneideologie geschriebene
Geschichte findet sich in der „Weltchronik" des Wiener Chronisten
Jans Enikel (zwischen 1230/40 bis nach 1280).

DIE GETREUE KAUFMANNSFRAU (6/5; S. 445)
HGA III, Nr. 68 („Zwei Kaufmänner und die treue Hausfrau. Von
Ruprecht von Würzburg"), S. 351—382; 946 Verse.
   Die Erzählung wurde um 1300 verfaßt. Ihr Autor, Ruprecht von
Würzburg, ist nur dem Namen nach bekannt. Das Werk gehört of-
fenkundig zur frühbürgerlichen Dichtung, ist es doch ein Preisgesang
auf die moralischen Eigenschaften einer Bürgersfrau, die mit ihrer
Treue zum Erwerb weiterer materieller Güter beiträgt. Beachtenswert
ist die recht realistisch anmutende Darstellung bürgerlicher Ehe-
schließungspraxis.

DIE VERSUCHUNG (6/6; S. 464)
HGA II, Nr. 27 („Frauenbeständigkeit"), S. 109—121; 468 Verse.
   Aus dem 13./14. Jahrhundert stammt diese Erzählung eines unbe-
kannten Autors, der das Motiv vom eifersüchtigen, die Treue seiner
Frau versuchenden und dafür zu Recht bestraften Ehemann aufgriff.
In einer erweiterten Fassung wird der Stoff in 6/7 gestaltet.

DER EDELMANN MIT DEN VIER FRAUEN (6/7; S. 471)
NGA Nr. 29 („Der Herr mit den vier Frauen"), S. 119—126; 570
Verse.
   Die Erzählung aus dem 13./14. Jahrhundert gestaltet ebenfalls das

Thema vom eifersüchtigen, seine Frau versuchenden und dafür ge-
züchtigten Ehemann (vgl. 6/6); sie ist eingangs durch das Ritter-Blau-
bart-Motiv erweitert.

Die Königin von Frankreich und der treulose Marschall (6/8; S. 482)

HGA I, Nr. 8 („Die Königin von Frankreich und der ungetreue Marschall"), S. 165—188; 678 Verse.

Ein alemannischer Dichter namens Schondoch (14. Jahrhundert),
über den nichts weiter bekannt ist, verfaßte die Geschichte von der
verfolgten Königin, deren Unschuld durch ein Tier — den Hund
eines gemeuchelten Ritters — erwiesen wird.

Ehefrau und Buhlerin (6/9; S. 495)

HGA II, Nr. 35 („Ehefrau und Bulerin. Von Hermann Fressant"),
S. 215—239; 776 Verse.

Der Dichter, Hermann Fressant, ist als Augsburger Stadtschreiber
um die Mitte des 14. Jahrhunderts bezeugt. Sein Werk, bekannt als
„Novelle vom Hellerwertwitz", ist offensichtlich Bestandteil früh-
bürgerlicher Literatur: Die kluge und geduldige Kaufmannsfrau bekehrt ihren leichtlebigen Ehemann, indem sie ihm die Schlechtigkeit
und Charakterlosigkeit seiner Buhlerinnen vor Augen führt.

Der Siegesgürtel (6/10; S. 510)

HGA I, Nr. 20 („Der Gürtel. Von Dietrich von Glaz."), S. 449—478;
888 Verse.

Von einer recht sonderbaren Art weiblicher Gattentreue berichtet
diese Erzählung: Die Frau gibt sich einem fremden Ritter hin, um
mit den so gewonnenen kostbaren Geschenken ihren Mann zu erfreuen. Der Autor der Geschichte, Dietrich von Glezze, lebte offenbar in der schlesischen Grafschaft Glatz (er nannte sich nach dem
Klessengrund am Fuße des Glatzer Schneeberges) und dichtete im
ausgehenden 13. Jahrhundert im Auftrage eines Gönners, des Vogtes
Wilhelm von Weidenau. Seiner Sprache nach muß er allerdings aus
Südwestdeutschland stammen.

Das Kerbelkraut (7/1; S. 527)

NGA Nr. 14 („Das Kerbelkraut"), S. 51—54; 278 Verse.

Der Schwank stammt von einem unbekannten Autor aus dem
13./14. Jahrhundert.

Die Hose des Buhlers (7/2; S. 533)

FF Nr. 6 („Die Hose des Buhlers"), S. 34—37; 124 Verse.

Der Schwank mit dem Ehebruch-Motiv ist dem Werk von Hans
Folz entnommen (vgl. Anm. zu 3/4).

DIE SCHNUR AM ZEH (7/3; S. 537)
FH Nr. 2 („Der betrogene Gatte, Der verêhrte wirt."), S. 10—21; 364 Verse.

Diese auch in anderer Gestaltung überlieferte Geschichte stammt von Herrand von Wildonie (vgl. Anm. zu 3/2). Es handelt sich also um ein verbreitetes Motiv, wenngleich Herrand versichert, er habe es nach einem Tatsachenbericht seines Schwiegervaters, Ulrichs von Lichtenstein (1198 bis 1275/76), gestaltet.

DER RITTER MIT DEN NÜSSEN (7/4; S. 548)
NGA Nr. 26 („Der Ritter mit den Nüssen"), S. 106—108; 202 Verse.

Der Schwank stammt von einem unbekannten Autor aus dem 14. Jahrhundert.

DER RITTER UNTER DEM ZUBER (7/5; S. 553)
NGA Nr. 24 („Der Ritter unterm Zuber"), S. 99—104; 396 Verse.

Als Verfasser dieses Schwankes gilt der am Schluß genannte Jakob Appet, der wohl ausgangs des 13. Jahrhunderts gelebt hat und im südwestdeutschen Raum beheimatet war.

DER CHORHERR UND DIE SCHUSTERSFRAU (7/6; S. 562)
EK Nr. 9, S. 113—120; 264 Verse.

Der Schwank mit dem Ehebruch-Thema, in dem das Motiv vom listig beschwichtigten Ehemann mit dem der schelmischen Rache des geängstigten Liebhabers verknüpft ist, wurde von Heinrich Kaufringer verfaßt (vgl. Anm. zu 2/6).

DIE PÄCHTERIN MIT DER ZIEGE (7/7; S. 568)
NGA Nr. 23 („Die Meierin mit der Geiß"), S. 96—98; 178 Verse.

Der Verfasser dieses Schwankes, dessen Urfassung wohl im 14. Jahrhundert entstand, ist unbekannt.

DER SCHREIBER (7/8; S. 572)
NGA Nr. 27 („Der Schreiber"), S. 109—112; 203 Verse.

Der Schwank stammt von einem unbekannten Verfasser aus dem 13./14. Jahrhundert.

LIEBESDURST (7/9; S. 578)
NGA Nr. 21 („Minnedurst"), S. 85—88; 276 Verse.

Der Schwank stammt von einem nicht bekannten Autor aus dem 14. Jahrhundert.

DIE LIST DER MAGD (7/10; S. 584)
NGA Nr. 11 („Frau Metze die Käuflerin von dem armen Konrad"), S. 35—40; 408 Verse.

Um 1300 in Würzburg verfaßt, bietet der Schwank eine lokal und personell erstaunlich exakt fixierte Skandalgeschichte aus dieser Stadt. Sein Dichter, der sich am Ende seiner Geschichte selbst mit Namen nennt, dürfte also ein Würzburger Bürger gewesen sein.

DIE BEICHTE (8/1; S. 597)

HGA II, Nr. 44 („Scheidung und Sühne"), S. 349—355; 84 Verse.

Der Schwank eines unbekannten Verfassers stammt aus dem 13./14. Jahrhundert.

DER ZAHN (8/2; S. 600)

NGA Nr. 20 („Der Zahn"), S. 83—84; 104 Verse.

Der anonyme Dichter dieser kurzen Erzählung war wohl im südwestdeutschen Sprachraum beheimatet und lebte im 14. Jahrhundert. Der Stoff war weit verbreitet.

DIE BÖSE ADELHEID (8/3; S. 603)

NGA Nr. 4 („Die böse Adelheid"), S. 18—20; 184 Verse.

Aus dem 14. Jahrhundert stammt dieser Schwank, dessen Verfasser nach den lokalen Anspielungen in der Augsburger Gegend beheimatet war.

DER LEBENDIG BEGRABENE EHEMANN (8/4; S. 608)

FS 1, Nr. 4 („Der begrabene Ehemann"), S. 28—36; 248 Verse.

In dieser Erzählung des Strickers (vgl. Anm. zu 1/1) wird das Motiv von der „bösen Frau" in schauerlicher Weise ausgesponnen.

DREI LISTIGE FRAUEN (8/5; S. 614)

NGA Nr. 18 („Drei listige Frauen II"), S. 69—74; 418 Verse.

Dieser Schwank war in mehreren Gestaltungen verbreitet. Die zugrunde liegende Fassung stammt aus dem 13./14. Jahrhundert. Ihr Verfasser ist nicht bekannt.

DIE LEICHTHERZIGE WITWE (8/6; S. 624)

BB Nr. 57 („Von einer frouwen und einem diebe. Von vrouwen untriuwe"), S. 186—191; 114 Verse.

Diese Frauenschelte gehört zu den moraldidaktischen Kurzerzählungen des Fabeldichters Ulrich Boner (vgl. Anm. zu 1/5).

DIE GENASFÜHRTEN LIEBHABER (8/7; S. 627)

FM Nr. 12 („Die verspotteten Liebhaber"), S. 105—108; 166 Verse.

Der Schwank eines Anonymus aus dem 15. Jahrhundert, der in einer Münchener Handschrift (um 1460) enthalten ist, wurde erstmals bei FM gedruckt.

DIE RACHE DER LISTIGEN SCHÖNEN (8/8; S. 632)

HGA I, Nr. 2 („Aristoteles und Phyllis"), S. 21—35; 554 Verse.

Die Geschichte ist wahrscheinlich ausgangs des 13. Jahrhunderts im südwestdeutschen Raum entstanden. Der unbekannte Dichter zeigt sich als gelehrter, recht belesener Mann, dessen formgestalterisches Vorbild offensichtlich Gottfried von Straßburg (um 1200) gewesen ist.

DIE EINGEMAUERTE FRAU (8/9; S. 641)

FS 1, Nr. 6 („Die eingemauerte Frau"), S. 50—65; 400 Verse.

Die Geschichte von der Zähmung einer widerspenstigen und boshaften Frau hat der Stricker verfaßt (vgl. Anm. zu 1/1).

DAS HEISSE EISEN (8/10; S. 650)

FS 1, Nr. 5 („Das heiße Eisen"), S. 37—50; 198 Verse.

Dieser lebhaft und anschaulich erzählte Schwank des Strickers (vgl. Anm. zu 1/1) gestaltet das Thema von der hochmütigen und ehebrecherischen Frau, die von ihrem gewitzten Ehemann arg gedemütigt und gestraft wird.

DIE BEIDEN FREUNDINNEN (9/1; S. 657)

NGA Nr. 3 („Die Gevatterinnen"), S. 15—17; 204 Verse.

Der Schwank eines unbekannten Autors stammt aus dem 13./14. Jahrhundert.

DIE VERTREIBUNG DES TEUFELS (9/2; S. 661)

HGA II, Nr. 28 („Die Teufelsacht"), S. 127—135; 324 Verse.

Die vor allem durch Boccaccio bekannt gewordene Novelle von der naiven Schönen, der die Liebesvereinigung als Vertreibung des Teufels religiös schmackhaft gemacht wird, ist hier von einem alemannischen Dichter des 14. Jahrhunderts gestaltet, allerdings in sehr verwilderter Form.

DER ANGEKLAGTE ZWETZLER (9/3; S. 668)

FM Nr. 5a („Der verklagte Zwetzler I"), S. 52—57; 196 Verse.

Diese Geschichte ist die in einer Karlsruher Handschrift (um 1430) überlieferte Fassung eines wiederholt gestalteten Stoffes. Ihr Verfasser ist nicht bekannt.

DER SPERBER (9/4; S. 673)

HGA II, Nr. 22 („Der Sperber"), S. 19—35; 370 Verse.

Die Geschichte von der unerfahrenen Schönen, die einem gewitzten Ritter als Kaufpreis für einen Sperber ihre Liebe schenkt, gehört zu den beliebtesten Novellenstoffen des Mittelalters. Die vorliegende — weitverbreitete — Fassung eines unbekannten Verfassers stammt aus der ersten Hälfte des 13. Jahrhunderts und ist in Südwestdeutschland entstanden.

Der närrische Müller (9/5; S. 680)

KE („Der Müller mit dem Kinde"), S. 463—470; 290 Verse.

Die Gestaltung des Motivs von der eingebildeten Schwangerschaft eines törichten Mannes entstand wahrscheinlich im 14. Jahrhundert. Der Verfasser ist unbekannt.

Der wahrsagende Baum (9/6; S. 686)

HGA II, Nr. 29 („Der wahrsagende Baum"), S. 141—144; 132 Verse.

Der Schwank eines unbekannten Autors stammt aus dem 13./14. Jahrhundert.

Das Gänschen (9/7; S. 689)

HGA II, Nr. 23 („Das Gänselein"), S. 41—48; 272 Verse.

Der unbekannte Verfasser dieses Schwankes, der das Motiv der eingebildeten Schwangerschaft eines jungen einfältigen Mönches (vgl. 9/5) gestaltet, lebte wahrscheinlich am Oberrhein. Entstanden ist seine Dichtung in der 2. Hälfte des 13. Jahrhunderts. Vorbild war offenbar die Geschichte vom „Sperber" (vgl. 9/4), in der — gleichsam als Gegenstück — von einer naiven Nonne erzählt wird.

Der schwangere Mönch (9/8; S. 695)

HGA II, Nr. 24 („Der schwangere Mönch. Von dem Zwingäuer"), S. 49—69; 544 Verse.

Der Autor dieser zu Beginn des 14. Jahrhunderts entstandenen Erzählung stammte vermutlich aus Oberfranken. Außer dem Namen wissen wir nichts über ihn. Zum Motiv vgl. 9/5 und 9/7.

Das Liebespaar auf der Linde (9/9; S. 708)

FM Nr. A 7 („Die Buhlschaft auf dem Baume A"), S. 485—492; 256 Verse.

Diese Geschichte aus dem 15. Jahrhundert ist in einer Münchener Handschrift (1460—1480) überliefert. Der Verfasser ist nicht bekannt.

Das untergeschobene Kalb (9/10; S. 716)

FM Nr. 34 („Jörg Zobel. Das untergeschobene Kalb"), S. 294 bis 299; 204 Verse.

Der derbe Schwank ist in einer Handschrift von 1468/69 enthalten (Entstehungsort Augsburg). Er gehört neben neun anderen Dichtungen zum Werk eines Mannes, der Georg (Jörg) Zobel genannt wird, wohl aus St. Gallen stammt und vermutlich im 15. Jahrhundert gelebt hat.

Der Schinkendieb als Teufel (10/1; S. 723)

FF Nr. 11 („Der Schinkendieb als Teufel"), S. 88—91; 136 Verse.

Die Geschichte stammt aus dem umfangreichen Werk von Hans Folz (vgl. Anm. zu 3/4).

DIE BEIDEN FREUNDE UND DER BÄR (10/2; S. 727)
BB Nr. 73 („Von zwein gesellen und einem bern"), S. 245—248;
64 Verse.

Der Lehrsatz von notwendiger Vorsicht gegenüber falschen Freunden wird in dieser didaktischen Dichtung des Ulrich Boner exempli-
fiziert (vgl. Anm. zu 1/5).

DER BETRÜGERISCHE BLINDE (10/3; S. 729)
NGA Nr. 32 („Der blinde Hausfreund"), S. 138—143; 412 Verse.

Der Schwank eines unbekannten Verfassers stammt aus dem
13./14. Jahrhundert.

DIE VERGELTUNG (10/4; S. 736)
NGA Nr. 7 („Der betrogene Blinde II"), S. 23—24; 86 Verse.

Die lehrreiche Erzählung eines unbekannten Autors entstand im
13./14. Jahrhundert.

DAS SCHNEEKIND (10/5; S. 739)
RS Nr. 7 („Das Schneekind"), S. 52—54; 90 Verse.

Mit dieser Geschichte vom betrogenen Ehemann, der die Lüge der
Ehebrecherin zur Waffe seiner Rache macht, greift der Stricker (vgl.
Anm. zu 1/1) einen alten, wiederholt gestalteten Stoff auf, dessen
lateinische Fassung (aus dem 10./11. Jahrhundert) unter dem Titel
„Modus Liebinc" überliefert ist.

DAS ALMOSEN (10/6; S. 742)
NGA Nr. 8 („Das Almosen"), S. 25—26; 134 Verse.

Diese Dichtung eines Unbekannten zum Thema des bestraften
Geizes entstand im 13. Jahrhundert.

DREI LISTIGE GESELLEN (10/7; S. 745)
FM Nr. 43 („Drei listige Gesellen"), S. 372—377; 220 Verse.

Die wohl aus dem Blickwinkel eines besitzlosen Fahrenden geschriebene Erzählung von den drei kecken Schelmen, die ihr Leben
mit Betrug und Diebstahl fristen, ist vermutlich im 13. Jahrhundert
entstanden. Überliefert ist sie in einer Augsburger Handschrift von
1524—1526.

DER KUHDIEB (10/8; S. 750)
FF Nr. 13 („Der Kuhdieb"), S. 99—102; 132 Verse.

Verfasser der Geschichte vom Triumph eines Schelms über einen
bestohlenen Bauern ist Hans Folz (vgl. Anm. zu 3/4).

DER WETTSTREIT DER DREI LIEBHABER (10/9; S. 754)
FM Nr. 23 („Hans Rosenplüt. Der Wettstreit der drei Liebhaber"),
S. 210—216; 218 Verse.

Hans Rosenplüt (vgl. Anm. zu 2/2) ist der Verfasser des Schwankes, in dem das Ehebruch-Motiv mit Übertölpelung des Ehemannes gleich verdreifacht dargestellt wird.

DER FÜNFMAL GETÖTETE PFARRER (10/10; S. 762)

FM Nr. 24 („Hans Rosenplüt. Der fünfmal getötete Pfarrer"), S. 216—226; 308 Verse.

Hans Rosenplüt (vgl. Anm. zu 2/2) greift hier einen verbreiteten Stoff auf. Die bedenkenlose Gestaltung dieses makaberen Themas ist wohl Zugeständnis an den Zeitgeschmack.

Zu dieser Ausgabe

Es war ein langgehegter Wunsch des Herausgebers, einen der lebensvollsten Teile der deutschen Volkskultur des Mittelalters unserer Zeit in repräsentativem Querschnitt neu zu erschließen. Daß damit längst nicht alles Mitteilenswerte vorgestellt ist, sei gern eingestanden, zeugt dies doch von der reich quellenden Fülle vielgestaltiger deutschsprachiger Kleinepik im Mittelalter.

Wenn das hier in dieser Sammlung Mitgeteilte in eine kompositorische Form gegossen wurde, die dem „Decamerone" des Boccaccio entlehnt ist, so mag die Idee hierzu als Bekenntnis einigen Stolzes auf die Leistungen unserer deutschsprachigen Volkskultur im Mittelalter gewertet werden, die renaissancehaftes Denken, Fühlen und künstlerisches Gestalten selbst in Jahrhunderten erkennen lassen, die man oft völlig verhüllt sieht vom sichtverengenden, hirnvernebelnden Dunkel kirchlicher Dogmatik, philosophischer Scholastik, klerikal verordneter Diesseitsverneinung. Ein weiterer Vorteil, den eine dem „Decamerone" nachempfundene Anordnung in zehn Zehnergruppen bietet, ist die kompositorische Akzentuierung bevorzugter und beliebter Themen, Motive, Stoffe, die dem Leser eine Vorstellung von den gehaltlich-inhaltlichen Eigenarten mittelalterlicher deutscher Kleinepik vermitteln.

Bei der sprachlichen Wiedergabe dieser versgebundenen Dichtung, die im Original nur noch dem Spezialisten zugänglich ist, habe ich mich für die Prosa entschieden, um dem ästhetischen Geschmack unseres Literaturpublikums entgegenzukommen. Andererseits wurde damit eine Wiedergabe möglich, die dem Original viel besser gerecht wird, als es eine dem Zwang des Metrums und der Reimbindung ausgesetzte Versübertragung könnte. Natürlich geht so manches von der altertümlichen Patina verloren, doch wiegt dies gering gegen den Gewinn an Wirkungsmöglichkeit. Diesen Gewinn hatte der Übersetzer auch im Auge, als er sich — bei allem Bemühen um Originaltreue — zu einem sprachlichen Wiedergabeverfahren entschloß, das oft mitten auf der Grenzscheide zwischen „Übersetzung" und Nacherzählung steht. Maßgebend war dafür der Wunsch, die Erzählungen des „Altdeutschen Decamerone" möchten in der gefundenen sprachlichen Fassung unbeschwert so genossen werden können wie eine historische Erzählung unserer Zeit. Vers- und reimbedingte sprachliche Eintönigkeit und Ödnis blieben also auf der Strecke; verdrießlicher Wiederholung und langweiligem Formelkram wurde das Daseinsrecht abgesprochen; syntaktische Längen fielen der verknappenden Schere zum Opfer. Dennoch: Aufbaueigentümlichkeiten und originalgegebene Stoffanordnungen blieben unangetastet — selbst dort, wo kompositorische Unlogik und gestalterische Flickschusterei auf der Hand liegen und zu Um- und Neugestaltung reizen. Allerdings ist das nachgestaltete Ergebnis nicht in allen Fällen gleich: Werke wirklich großer Künstler (wie Hartmanns von Aue oder Konrads von Würzburg) nötigten zu geduldigem, entsagendem Dienst am Wortkunstwerk des Meisters, zwangen zu sorgfältigster Überlegung bei der Wahl von Wort und Satz. Formal arg verwahrloste, originalsprachlich kaum genießbare Werke hingegen, deren Reiz einzig und allein im Stofflichen, in der Pointe vielleicht liegt, erfuhren rigorosere sprachgestalterische Eingriffe. Daß der „Übersetzer" auch in solchen Fällen redlich bemüht war, dem Original gerecht zu werden, möge man ihm glauben.

Der Quellennachweis ist im allgemeinen beschränkt auf die notwendigen bibliographischen Angaben. Der Umfang biographischer Informationen ist bestimmt von der Bedeutung des jeweiligen Autors und dem Fundus unseres Wissens über ihn. Viel ist's oft nicht, was mitgeteilt werden kann, steckt doch die wissenschaftliche Arbeit auf diesem Feld vielfach noch in den Anfängen. Literaturwissenschaftliche Deutung und Wertung treten zurück; nur bei Spitzenleistungen wurden dem Leser andeutend Wege zu tieferem Werkverständnis gewiesen. Auf Sacherläuterungen wurde völlig verzichtet, da der Text der Übersetzungen Dinge und Zusammenhänge ohne Schwierigkeiten erkennbar werden läßt und so ungestörte, genußvolle Lektüre gesichert ist.

Mein besonderer Dank gilt Frau Erika Weber und Herrn Herbert Greiner-Mai, die mit Geduld, Verständnis und Behutsamkeit das Ihre dazu beigetragen haben, daß dieses Buch erscheinen konnte.

Inhalt

I.
Mit den Augen des Volkes

2.
Unheilige Heilige

3.
Hochmut kommt vor dem Fall

4.
Siege der Klugheit

5.
Wunder wahrer Liebe

6.
Die treue Gattin

7.
Die Ehebrecherin

8.
Das böse Weib

9.
Närrische Liebe

10.
Allerlei Schelmereien

Anhang